W0302790

Eberhard Reuß

# Grand Prix

*Eberhard Reuß*

# Grand Prix

## 70 Jahre Großer Preis von Deutschland

Motor
buch
Verlag

Einbandgestaltung: Andreas Pflaum

Titelbild: 70 Jahre nach der Premiere – Damon Hill gewinnt den »Großen Preis von Deutschland 1996«
(Hartmut Dörrie/Hockenheim GmbH)

Bildnachweis:
AKG (1), ATP (1), Alfa Romeo (2), Auto Union (11), Robert Bosch GmbH (5), Bundesarchiv Koblenz (7), Continental (1), Rudolf Dittmann (1), Hartmut Dörrie/Hockenheimring GmbH (61), ELF (1), Fiat (1), Ford (1), Dieter Herz (3), ICN/Renault (7), Bernhard Kunz (8), Marlboro (1), Mercedes-Benz (40), Günther Molter (46), Dr. Benno Müller (3), National Motor Museum (4), NSU (2), Opel (2), Peugeot (1), Paul Pietsch (5), Pirelli (5), Porsche (6), Eberhard Reuß (41), Ulrich Schwab (16), Jad Sherif (13), Texaco (1), Toni Ulmen (1), Wolfgang Wilhelm (1).

ISBN 3-613-01836-5

1. Auflage 1997

Copyright © by Motorbuch Verlag, Postfach 103743, 70032 Stuttgart.
Ein Unternehmen der Paul Pietsch Verlage GmbH & Co.1. Auflage 1997.

Der Nachdruck, auch einzelner Teile, ist verboten. Das Urheberrecht und sämtliche weiteren Rechte sind dem Verlag vorbehalten. Übersetzung, Speicherung, Vervielfältigung und Verbreitung einschließlich Übernahme auf elektronische Datenträger wie CD-Rom, Bildplatte usw. sowie Einspeicherung in elektronische Medien wie Bildschirmtext, Internet usw. ist ohne vorherige schriftliche Genehmigung des Verlages unzulässig und strafbar.

Lektorat: Joachim Kuch
Innengestaltung: Stefanie Götz
Reproduktionen: Repro Schmid, 70469 Stuttgart
Druck: Maisch & Queck, 70839 Gerlingen
Bindung: Dieringer, 70839 Gerlingen
Printed in Germany

# Inhalt

# Vorwort

Es mag vielleicht den einen oder anderen möglicherweise erstaunen, doch auch vor Michael Schumacher wurden Formel-1-Rennen in Deutschland gefahren. Und lange bevor die höchste Klasse des Automobilsports auf den Namen Formel 1 getauft wurde, gab es bereits Grand-Prix-Rennen. Aber weil nicht nur im Motorsport die Zeit so rasend schnell vergeht, und wir in ihr, überdeckt das Vergessen ebenso rasch all das, was einmal wichtig schien und doch nichtig war. Die moderne Medienlandschaft füttert uns mit einer Fülle von Live-Übertragungen aus aller Welt, doch wer einmal wirklich Grand-Prix-Atmosphäre und die Formel 1 vor Ort sehen mag, den führt der Weg noch immer nach Hockenheim oder in die Eifel. Für frühere Generationen war der damals durchaus noch beschwerliche Weg zum Nürburgring überhaupt die einzige Chance, die schnellsten Rennwagen der Welt jemals selbst zu erleben. Auch dies trug dazu bei, daß aus dem 1926 erstmals gefahrenen »Großen Preis von Deutschland« ein Klassiker des Rennsports geworden ist, um den sich viele Legenden, aber auch weniger schöne Geschichten ranken. Spannen wir den Zeitbogen weit zurück zu den Anfängen des Motorsports in deutschen Landen, begleiten wir die Menschen, die mit ihren Maschinen ein kleines, aber überaus spannendes Stück Sportgeschichte geprägt haben, das auch immer ein Stück Sozial- und Zeitgeschichte war.

Dieses Buch wäre ohne die großzügige Unterstützung durch Presse- und Öffentlichkeitsstellen namhafter Konzerne nicht denkbar gewesen, wie ein Blick auf den Bildnachweis deutlich macht. Stellvertretend für die zahlreichen Helferinnen und Helfer bei vorliegendem Projekt richtet sich mein Dank an Agnès Carlier, Hartmut Dörrie, Donatella Filoni, Dieter Herz, Barbara Kinzer, Prof. Dr. Peter Kirchberg, Bernhard Kunz, Hermann Layher, Dr. Harry Niemann, Klaus Parr, Paul Pietsch, Oliver Schrott, Ulrich Schwab, Hartmut Tesseraux und alle anderen, die aus Platzgründen leider unerwähnt bleiben müssen. Ganz besonders hervorgehoben sei an dieser Stelle jedoch die noble Hilfsbereitschaft von Günther Molter und Dr. Benno Müller, ihrer Kenntnis und Beobachtungsgabe verdankt der vorliegende Band unendlich viel. Größeres Lob verdient allein die Geduld von Claudia und Charlotte, die beide das Entstehen auch dieses Buches tapfer über sich ergehen ließen.

Eberhard Reuß, im August 1997

# Benzin und blaues Blut

Als am 3. Juli 1886 Carl Benz mit seiner pferdelosen Kutsche erstmals durch die Innenstadt von Mannheim knatterte, wagte der *Generalanzeiger der Stadt Mannheim* die Prophezeiung: »Wir glauben, daß dieses Fuhrwerk eine gute Zukunft haben wird, weil dasselbe ohne viele Umstände in Gebrauch gesetzt werden kann und weil es, bei möglichster Schnelligkeit, das billigste Beförderungsmittel für Geschäftsreisende, eventuell auch für Touristen werden wird.« Der zu Kaisers Zeiten zwischen großer Fortschrittsgläubigkeit und kleinem Untertanengeist eingezwängte Bürger brauchte jedoch geraume Zeit, um die befreienden Möglichkeiten des Automobils tatsächlich auch zu erkennen. Selbst die Erfinder hegten gewisse Vorbehalte: Carl Benz hielt 20 km/h für eine ausreichende Spitzengeschwindigkeit, Gottlieb Daimler glaubte, die vorhandenen Straßen würden ohnehin kein höheres Tempo zulassen. In Frankreich sah man das beizeiten völlig anders, entdeckte die Euphorie der Geschwindigkeit und veranstaltete bereits am 22. Juli 1894 das erste Autorennen der Welt von Paris nach Rouen. Eine Art von Zu-

■ *29. Juli 1900, das Automobil erobert die Pferderennbahn: »Wo laufen sie denn? Wo laufen sie denn hin?!« - Starterfeld beim ersten internationalen Bahnrennen in Frankfurt am Main.*

■ *17. Juni 1904, Gordon-Bennett-Rennen im Taunus: Camille Jenatzy passiert mit seinem Mercedes die Haupttribüne samt Kaiserloge. Der Rennwagen des Belgiers mobilisiert aus einem Vierzylinder-Motor mit 12 Liter Hubraum rund 98 PS bei 1150 U/min.*

verlässigkeitsfahrt über eine Distanz von 126 Kilometern, bei der zwar mehr die Betriebssicherheit der Fahrzeuge denn ihre Schnelligkeit bewertet wurde, doch schon im darauffolgenden Jahr ging der Sieg bei dem ersten Wettbewerb unter Rennbedingungen, der Fernfahrt Paris-Bordeaux-Paris, eben an den Teilnehmer, der die 1 200 Kilometer lange Strecke am schnellsten bewältigte. Erfolge bei solchen Wettbewerben förderten den Verkauf siegreicher Marken. Als hilfreich erwies es sich auch, daß sich die französische Presse schnell der automobilsportlichen Wettbewerbe annahm, *Le Petit Journal* stiftete den ersten Preis bei Paris-Rouen. Im November 1895 gründete sich der »Automobile Club de France«, der alsbald die motorsportlichen Geschicke lenken sollte. Keine Frage: Ohne die Rennen wäre der Siegeszug des Automobils nicht vorstellbar. Der Rennfahrer und seine Maschine wurden mit der Jahrhundertwende zu den Helden des Fortschritts, symbolisierten die Dynamik und das Lebensgefühl der Epoche. Am 29. April 1899 übertraf Camille Jenatzy mit seinem Elektromobil-Rekordwagen erstmals die magische Marke von 100 km/h, ein Jahrzehnt später schaffte der »Blitzen Benz« über 200 km/h. Die Jagd nach dem Rekord entsprach dem Geist der Zeit. Zeichneten sich nicht auch Imperialismus und industrielle Revolution durch den Drang aus, radikal jedwede Grenzen technischer und geographischer Art zu überschreiten? In Italien priesen die Futuristen Schönheit und Schnelligkeit des Rennwagens. Mächtigen Wortes formulierte Marinetti in seinem Manifest: »Wir wollen den Mann besingen, der das Steuer hält, dessen Idealachse die Erde durchquert, der selbst auf ihrer Bahn dahinjagt.« Daß die Rennen und der Rausch der Geschwindigkeit geradezu zwangsläufig die ersten Todesopfer forderten, rief natürlich auch von Anfang an Gegner des Motorsports auf den Plan. Dr. Nacke, ein echter deutscher Medizinalrat, diagnostizierte anno 1904 bei »Autlern« eine Umneblung der Sinne. Wenn der Wagen dahinsause, entstehe beim Fahrzeugführer eine Trunkenheit, die als angenehm empfunden werde und zu immer kühnerem Fahren verleite, so daß der Mann am Lenkrad sich

■ *»Baron Pierre de Caters auf der Suche nach der verlorenen Zeit« - Stilleben mit Publikum am Rande des Taunuskurses beim Gordon-Bennett-Rennen anno 1904.*

■ *14. Juni 1907, Kaiserpreis-Rennen im Taunus: Carl Jörns rettet mit dem dritten Platz die »Ehre der Nation« und sichert Opel den von Kaiser Wilhelm II. gestifteten Preis für den bestplazierten deutschen Wagen. Ganz im Stil der Zeit kommt Jörns in seinem 65 PS-starken Gefährt ohne Vorderradbremsen und Stoßdämpfer aus.*

immer sorgloser verhalte. Ein kühnes ärztliches Urteil, das schon damals die Rennaktivitäten nicht zu bremsen vermochte. Zumal sich der Rennfahrer als heroisches Idol der fortschrittsgläubigen Zeit eignete. War es nicht auch ein typisches Zeichen jener bewegten Jahre vor dem Ersten Weltkrieg, daß der motorsportliche Wettbewerb der Nationen und Unternehmen mit dem Sieg des Stärksten martialisch als »Rennschlacht« umschrieben wurde, ehe 1914 vor Verdun und andernorts der Krieg, die wirkliche Schlacht, das wahre Abschlachten angeblich so zivilisierter Völker begann?

Die verspätete Nation Deutschland kam auch verspätet auf den Geschmack an motorsportlichen Veranstaltungen. Dem Automobilsport fehlte es in der Hierarchie des Wilhelminischen Kaiserreichs zunächst an Lobbyisten. Wie sagte doch Seine Majestät Wilhelm Zwo: »Solange ich noch warme Pferde habe, setze ich mich nicht in einen solchen Stinkkarren.« Autofahren war vor der Jahrhundertwende eine komplizierte Angelegenheit, bei der sich adlige Herren nur schmutzig machen konnten. Wenn man sich schon den Luxus eines Motorwagens leistete, dann hielt man sich einen eigenen »Einfahrer«, der sinnigerweise mit dem Begriff aus dem Wortschatz des ›französischen Erbfeindes‹ als »Chauffeur« bezeichnet wurde, so als wollte man zum anrüchigen Geschäft des ›Selbstfahrers‹ Distanz wahren. Doch das Automobil entfaltete schon damals seine alle Klassen und Standesdünkel überschreitende Faszination: Es begeisterte die Massen, obwohl sie sich nie und nimmer ein eigenes Gefährt hätten leisten können. Und es schlug immer stärker auch die adligen Herren in Bann, die sich vom hessischen Großherzog bis hin zum preußischen Kronprinz Heinrich bald sogar selbst hinters Lenkrad zu setzen begannen. So veranstalteten der »Deutsche Sportverein« und der »Mitteleuropäische Motorwagenverein« am 24. Mai 1898 das erste Automobilrennen in Deutschland, die Wettfahrt Berlin-Potsdam-Berlin über eine Distanz von 54 Kilometern. Bald ging es richtig »rennmäßig« zu: Be-

*Felice Nazzaro, mit seinem Fiat Sieger des Kaiserpreis-Rennens: Das Foto stammt vom verregneten Ausscheidungsrennen am 13. Juni 1907, bei dem sich in zwei Gruppen insgesamt 40 Fahrzeuge für das eigentliche Finale tags darauf qualifizieren konnten. Nach heutigen Maßstäben war der Kaiserpreis-Wettbewerb eine Art von Tourenwagenrennen: Die wirklichen Rennboliden jener frühen Epoche des Motorsports starteten beim französischen Grand Prix de l'ACF.*

sonderer Beliebtheit erfreuten sich die Internationalen Autorennen auf der Pferderennbahn von Frankfurt am Main, die am 29. Juli 1900 ihre Premiere erlebten. Die *Allgemeine Automobilzeitung* erteilte am 30. August 1903 anläßlich der Wettfahrten in Frankfurt-Niederrad überschwengliches Lob: »Denn die Automobilrennen haben die Physiognomie der Stadt verändert. Ein Pferderennen, ein Radrennen, eine fechterische Veranstaltung oder ein athletisches Meeting, wären sie noch so bedeutend, sie vermögen nie in gleicher Weise die Aufmerksamkeit des Publikums zu erregen, wie solch ein Autorennen, zu dem Besucher aus nah und fern kommen. Das Geräusch des Benzinmotors bildet eben selbst in der Musik eines großstädtischen Verkehrs eine Note, die nur schwer zu überhören ist. Karawanenweise waren die Automobilisten zu dem Rennen nach Frankfurt gekommen…«

Dem Vorbild des französischen ACF folgend hatte sich zuvor schon am 31. Juli 1899 in Berlin der »Deutsche Automobil-Club« formiert und sich zur Dachorganisation der verschiedenen Regionalclubs entwickelt. Vor allem aber schloß der DAC mit ausländischen Automobilclubs die Rennvereinbarungen für deutsche Teilnehmer ab. Mit den anderen Automobilclubs im Kaiserreich bildete der DAC den »Deutschen Automobil-Verband«, der bestimmte, wer Rennen fahren durfte: »Die Lizenz als Herrenfahrer soll nur den Personen der gebildeten Stände erteilt werden, welche sich in einer achtbaren selbständigen und unabhängigen Lebensstellung befinden, die mit einem gesicherten Einkommen verbunden ist, das ihnen zweifellos gestattet, die mit der Ausübung des Automobil-Sports verknüpften Ausgaben aus eigenem Vermögen zu bestreiten.« Diese Regularien sorgten dafür, daß der DAC beim Gordon-Bennett-Rennen des Jahres 1903 den beiden besten deutschen Fahrern die Startgenehmigung verwehrte: Otto Hieronymus war als Daimler-Ingenieur nur Angestellter, Wilhelm Werner arbeitete gar nur als Werksmonteur und Chauffeur des amerikanischen Millionärs und Daimler-Kunden Clarence Gray Dinsmore. Und so durften auf Anweisung des DAC nur ausländische Rennfahrer die drei deutschen Mercedes-Rennwagen in jenes denkwürdige Gordon-Bennett-Rennen in Irland steuern. Der US-Amerikaner Foxhall-Keene und der belgische Baron de Caters, die Ersatzfahrer der nicht standesgemäßen Mercedes-Bediensteten Hieronymus und Werner, blieben beide mit gebrochener Hinterachse auf der Strecke, doch der belgische »Pneumatikfabrikant« Camille Jenatzy gewann mit dem dritten 60 PS-Mercedes das damals bedeutendste Autorennen der Welt. Womit den Regeln zufolge das nächste Gordon-Bennett-Rennen in Deutschland stattfinden mußte, dem Herstellerland des Siegerfabrikats. Welche Ehre, welche Chance! Seine Majestät der Kaiser schaltete sich höchstpersönlich in die Vorbereitungen des prestigeträchtigen Großereignisses ein: Wilhelm der Zweite hatte im März 1903 erstmals die Deutsche Automobil-Ausstellung in Berlin besucht. Sein Bruder, Kronprinz Heinrich von Preußen, hatte zuvor einen respektablen Autocorso angeführt, bei dem 300 blumengeschmückte Fahrzeuge an der kaiserlichen Majestät geradezu parademäßig vorbeirollten. Von Stund an war Wilhelm Zwo den Automobilisten gewogen, ab November 1905 durfte sich der »Deutsche Automobil-Club« mit allerhöchster Genehmigung in »Kaiserlicher Automobil-Club« umbenennen. Als der Kaiser im November 1918 abdanken und ins Exil gehen mußte, wurde aus der exklusiven Herrenfahrervereinigung der »Automobilclub von Deutschland«, der einige Jahre später erstmals einen Großen Preis von Deutschland veranstalten sollte und auch künftig die Geschicke des deutschen Grand Prix lenkte.

Als erster Vorläufer jenes Großen Preises von Deutschland läßt sich also das Gordon-Bennett-Rennen bezeichnen, das am Freitag, dem 17. Juni 1904, auf einem abgesperrten Rundkurs durch den Taunus stattfand. Die Strecke in der damals preußischen Provinz Hessen-Nassau führte über 137,5 Kilometer, viermal war der Berg- und Tal-Parcours zu bewältigen, als theatralischen Start- und Zielort hatte Wilhelm II. die Saalburg ausgewählt, jene beflissene Monumentalrekonstruktion eines ehemaligen Römerkastells. Die Majestät regte auch an, eine Start- und Zieltribüne in Form einer römischen Arena zu errichten, um den Bogen von antiken Wagenrennen zu modernen Automobilrennen zu spannen. Der skurrile Historismus des wilhelminischen Kaiserreichs trieb noch andere Blüten: Die Reichspost kennzeichnete ihr Presse- und Telegraphenbüro mit der lateinischen Inschrift CURSUS PUBLICUS ... Fehlte nur noch, daß Seine Majestät in einer römischen Tunika aufgetreten wäre, aber Wilhelm Zwo begnügte sich mit einer blauen Husarenuniform und weißer Hose. Für Aufsehen sorgte da schon eher das weiße Kostüm von Kaiserin Auguste Viktoria, weil es in Schnitt und Farbe dasselbe war, das sie unlängst bei der Mainzer Brückeneinweihung getragen hatte...

Ach ja, ein Rennen fand auch noch statt, natürlich mit deutscher Gründlichkeit und Perfektion organisiert, auf gut befestigten und mit dem Bindemittel »Westrumit« gegen Staubverwirbelung bestens präparierten Straßen, von rund 3 000 Mann Militär und Polizei abgesichert und Tage zuvor und danach von Gala-Diners, Konzerten, Ballett-Aufführungen und Brillantfeuerwerken für die Damen und Herren Ehrengäste begleitet. Das Ambiente anno 1904 kann sich mit dem Grand-Prix-Zirkus Marke Bernie Ecclestone durchaus messen: Und exklusiver mag es in der blaublütigen Welt des Hochadels der Jahrhundertwende ohnehin zugegangen sein. Dem Gordon-Bennett-Rennen im Taunus fehlte zum vollen Erfolg nur ein deutscher Sieg. Der Korrespondent des *Motorwagen* notierte weitsichtig in seiner Vorschau auf das motorsportliche Großereignis: »Der Einfluß, den dieses Rennen auf die gesamte deutsche Automobilindustrie ausüben wird, ist heute noch nicht abzusehen. Sicher aber ist, daß er groß, sehr groß sein wird, denn das Interesse des großen Publikums für das Kraftfahrzeug und alles, was damit zusammenhängt, wird durch ein derartiges sportliches Ereignis in nie dagewesener Weise geweckt und genährt werden. Und gerade dieses Interesse ist es, was der deutschen Industrie bisher gefehlt hat, gerade das ist es, was ihr Nahrung gibt und dem Fabrikanten Mut macht, mit größerem Kapital, mit größerer Energie sich am Wettkampf zu beteiligen. Das diesjährige Gordon-Bennett-Rennen wird zur Evidenz beweisen, daß es kein anderes, kein besseres Mittel zur Kräftigung der Automobil-Industrie gibt, als das Rennen.«

Der Deutsche Automobil-Verband hatte für seine reglementbedingt auf drei Rennwagen je Nation beschränkte Mannschaft die beiden Werks-Mercedes mit den beiden Belgiern Camille Jenatzy und Baron Pierre de Caters nominiert. Aus ebenso nationalen wie regionalen Aspekten heraus komplettierte mit Fritz Opel erstmals auch ein standesgemäßer deutscher Rennfahrer das deutsche Dreier-Team: Erst vor kurzem hatte die Opel-Fahrradfabrik in Rüsselsheim die Produktion von Motorwagen in Angriff genommen, auch wenn es sich vorerst um Nachbauten französischer Vorbilder der Marke Darracq handelte. Was wunder, wenn welscher Wagenbau wahrlich versagte, bekrittelten damals deutschnational gesonnene Chronisten, als Fritz Opel mit seinem Opel-Darracq nach nur acht Kilometern ausschied, weil die Kardanwelle gebrochen war. Ob man nicht doch besser einen dritten Mercedes gemeldet hätte? Zu allem Überfluß hatte Baron Pierre de Caters gleich beim Start eine Viertelstunde eingebüßt, weil ein Kurzschluß in der Zündung kuriert werden mußte. Am Ende reichte es dem belgischen Chevalier zu Rang Vier. Blieb nur noch sein maßlos aufgeregter Landsmann Camille Jenatzy mit Ambitionen. Seine italienischen Rivalen nannten ihn in einer Mischung aus Spott und Respekt, »Barbarossa«, des langen rothaarigen Bartes wegen. Der Sieger des vorjährigen Gordon-Bennett-Rennens galt wieder als Favorit, doch bereits vor dem Rennen hätten Jenatzy und die Daimler-Verantwortlichen beinahe

■ *»Vivat!« - Zweite Herkomer-Konkurrenz anno 1906 über eine Gesamtdistanz von 1 647,7 km: Prinz Heinrich von Preußen mit einem Benz unterwegs von Innsbruck zum Brenner. Seine Kaiserliche Hoheit wird zum Namensgeber einer ähnlichen Langstreckenfahrt und erfindet obendrein noch den Scheibenwischer ...*

kapitulieren müssen. Die Stadt Frankfurt hatte eigens eine neue Stadtwaage angeschafft, alle Fahrzeuge des Gordon-Bennett-Rennens mußten vorfahren, doch ausgerechnet Jenatzys Mercedes scheiterte und übertraf das Limit von 1 000 kg um zwei Kilo! Bei Daimler in Cannstadt gingen die Waagen offensichtlich anders, eine Erfahrung, die sich 30 Jahre später am Nürburgring bestätigen sollte und zur Geburtsstunde der Silberpfeile wurde, weiß zumindest die Rennlegende zu berichten. Anno 1904 war nichts mit dem Abschmirgeln weißer Rennfarbe zu gewinnen, Camille Jenatzy entschloß sich vielmehr, die Sitzpolster seines Mercedes zu entfernen. Jetzt brachte der Wagen beim Nachwiegen zulässige 999,5 kg, doch laut Reglement mußte das Gefährt im Rennen »die zur unbedingten Sicherheit und notwendigen Bequemlichkeit des Fahrers unerläßlichen Einrichtungen« aufweisen, also auch über Sitzpolster verfügen, urteilte die Rennkommission und drohte schon mit Disqualifikation, als Jenatzy seinen langen Staubmantel hob und der Jury sein Hinterteil präsentierte. Richtig, »Barbarossa« hatte sich kurzerhand ein Sitzkissen auf seinen Hosenboden geschnallt... Camille Jenatzy war nicht nur clever, sondern fuhr für damalige Verhältnisse auch höllisch schnell im Rennen, womit auch der Grund für seinen anderen Spitznamen – »roter Teufel« – benannt wäre. Doch gegen den korpulenten Léon Théry im französischen Richard-Brasier-Rennwagen vermochte Jenatzys verwegene Jagd auf dem 98-PS-Mercedes nichts auszurichten. »Rotbart« war zwar meist schneller unterwegs, verlor aber beim Auftanken viel Zeit und die Führung, dann sollen durch die Bahn springende Zuschauer abrupte Bremsmanöver erzwungen haben, und schließlich weiß die Rennsage noch von einer geschlossenen Schranke zu berichten, die Jenatzy den Sieg gekostet habe. Der Korrespondent der *Frankfurter Zeitung* notierte im martialischen Ton der Zeit: »Aber wenn dann der Franzose Théry von einem ›Vive Théry‹ begrüßt werden kann, das wie ein heftiges Kleingewehrfeuer im Vergleich zu dem Breitseiten-Beifall der Jenatzy-Deutschen klingt, dann hört man bereits aus dem Ton heraus, daß Frankreich im Begriff ist seine Automobilrevanche zu nehmen...« Nach 550 Kilometern Renndisdanz hatte Théry elf Minuten weniger benötigt als der Zweitplazierte Jenatzy. Fünf Stunden und fünfzig Minuten war der Sieger unterwegs, was einen Schnitt von über 87 km/h ergab und den Berichterstatter des *Motorwagen* zu der Feststellung nötigte: »Der moderne Rennwagen hat längst aufgehört, sich mit dem Eilzug zu messen. Théry und Jenatzy haben – zunächst auf den abschüssigen Straßen bei Wehrheim und Limburg – das 180-Kilometertempo überschritten. Über drei Kilometer in der Minute! Man könnte einwenden, daß nicht dem Motor allein, sondern auch dem Gefälle diese wahnsinnige Geschwindigkeit zu danken war. Aber für Rahmen und Achsen, Räder und Federn und vor allem für die Fahrer fällt dies nicht ins Gewicht und wenn erst Chassis und Führer dieses unsinnige Tempo aushalten, dann wird sich auch der Motor finden, der es dem Wagen auch bei kurvenloser Fahrt in der Ebene mitteilt. Ist es wirklich möglich, daß wir diesem verrückten Ziele zustreben – der Schnellbahnfahrt auf der Landstraße?«

Die voll und ganz bejahende Antwort geben die französischen Rennfahrer und Konstrukteure: Immer mehr dieser Enthusiasten drängen in den motorsportlichen Wettbewerb, Clément-Bayard, Panhard & Levassor, Turcat-Méry, Pipe, Darracq, Renault, Peugeot und andere. Wozu noch Vorausscheidungsrennen für gerade mal drei Startplätze je Nation beim Gordon-Bennett-Rennen? Der Automobile Club de France geht alsbald seine eigenen Wege und veranstaltet anno 1906 ein großes Automobilrennen, bei dem alle Fabrikate ohne zahlenmäßige Beschränkung zugelassen sind. Das Rennen nennt sich »Grand Prix de l'ACF« und setzt bis heute Maßstäbe, wird zum Synomym für die wichtigste Rennveranstaltung des Jahres, auch wenn andere europäische Automobilclubs erst nach dem Ersten Weltkrieg ihr jeweils bedeutendstes Rennen »Grand Prix« nennen werden. Doch die Idee des ACF inspiriert in Deutschland auch den Kaiserlichen Automobil-Club, eine derartig bedeutende Veranstaltung nach französischem Vorbild zu organisieren. Gewiß, da gibt es schon seit 1905 die alljährliche »Herkomer-Fahrt«, eine frühe Art von Rallye, die auf den Modemaler Hubert von Herkomer zurückgeht, der anno 1903 dem Bayerischen Automobilclub einen Wanderpreis im Wert von 10 000 Goldmark vermacht hat, nebst dem Versprechen, stets den Sieger dieser Zuverlässigkeitsfahrt in Öl zu verewigen... Die international gut besetzte Herkomer-Fahrt entwickelt sich zum Erfolg für den deutschen Automobilismus, wird denn auch ab 1908 bis zu ihrem Ende anno 1910 in »Prinz-Heinrich-Fahrt« umgetauft – ist aber nun mal ausdrücklich kein Rennen. Das veranstaltet im Jahre 1907 vielmehr der Kaiserliche Automobil-Club, nennt es aber natürlich nicht Grand Prix, wie das der »welsche Erbfeind« tut, sondern vielmehr »Kaiserpreis«. Das Rennen findet auf dem bewährten Taunuskurs des Gordon-Bennett-Rennens von 1904 statt. 92 Wagen weist die Nennliste auf, 82 werden tatsächlich antreten. Mercedes ist mit Camille Jenatzy und Otto Salzer vertreten, Benz setzt den berühmten französischen Rennfahrer Victor Hémery ein, Felice Nazzaro, im April bereits Gewinner der Targa Florio, Louis Wagner und Vittorio Lancia fahren für Fiat, ein anderer künftiger Automobilfabrikant, Alfieri Maserati, startet für Bianchi. Angesichts der ebenso hochkarätigen wie umfangreichen Besetzung wird das Teilnehmerfeld in zwei Gruppen à 41 Wagen geteilt und bestreitet jeweils ein Ausscheidungsrennen einen Tag vor dem eigentlichen Kaiserpreis, der für Donnerstag, den 14. Juni 1907, terminiert ist. Für jeden angemeldeten Wagen sind 3 000 Mark zu entrichten, bei 92 festen Nennungen macht das unterm Strich 276 000 Mark. Im üppig gestalteten Rennprogramm wird folgende Rechnung aufgemacht: Bei durchschnittlichen Herstellungskosten von 30 000 Mark je Rennwagen wäre das gesamte Fahrzeugfeld über 2,7 Millionen Mark wert. Unkosten durch Transport, Training, Benzin, Schmierstoffe und Fahrer seien bei etwa 20 000 Mark je Werk anzusetzen, was sich bei 42 teilnehmenden Firmen auf 840 000 Mark summieren würde, ergänzt von 600 000 Mark für Reifen. Macht summa summarum 4,5 Millionen Mark. Ein gewöhnliches Automobil kostet anno 1907 den betuchten Käufer mindestens 5 000 Mark, die jährlichen Betriebskosten belaufen sich dabei zusätzlich auf rund 10 000 Mark. Ein Arbeiter kommt damals auf einen Wochenlohn von etwa 20 Mark, einer der 2 200 Sitzplätze auf den »Kaiser-Tribünen« am Startplatz kostet bei den beiden Ausscheidungsläufen 20 Mark, beim Rennen um den Kaiserpreis 40 Mark. Schon lange vor der Ära Ecclestone ließ sich trefflich an der Geldschraube drehen…

Im Gegensatz zu gegenwärtigen Formel-1-Rennen gab es trotz des damals üblichen Einzelstarts der Konkurrenten durchaus auch Überholmanöver, deren korrekte Ausführung eigens ein Regelwerk festlegte:

»a.) rechts fahren, b.) links überholen, c.) ein Überholen nicht verhindern (…). Eine absichtliche Nichtbefolgung der Bestimmung c.) wird mit Disqualifikation bestraft.« Das technische Regle-

■ *4. Juli 1914, Grand Prix de l'ACF bei Lyon: Louis Wagner unterwegs in einer schnellen Kurvenfolge am Ufer des Gier. Sein Mercedes erreicht eine Spitzengeschwindigkeit von über 190 km/h. Stallgefährte Christian Lautenschlager wiederholt seinen ersten GP-Sieg von 1908, Louis Wagner und Otto Salzer komplettieren auf dem zweiten und dritten Platz den Erfolg der Untertürkheimer. Sechs Tage zuvor hat die Ermordung des österreichischen Thronfolgers Franz Ferdinand und seiner Gemahlin in Sarajewo für Erschütterung und Empörung gesorgt, Europa steuert auf den Beginn des Ersten Weltkriegs hin.*

ment schreibt für die Kaiserpreis-Fahrzeuge ein Mindestgewicht von 1.175 kg und einen Hubraum von höchstens acht Litern vor, im Vergleich zu den »richtigen« Rennwagen mit weit über 100 PS beim französischen Grand Prix sind also allenfalls etwas schnellere Tourenwagen unterwegs. Felice Nazzaro gewinnt mit seinem 72 PS-starken 8-Liter-Vierzylinder Fiat auf dem 125 km langen, viermal zu umrundenden Taunuskurs. Fünf Stunden, 34 Minuten und 26 Sekunden benötigt der Italiener, was einem Durchschnitt von rund 85 km/h entspricht. Keine drei Wochen später wird Nazzaro, der Sohn eines Turiner Kohlenhändlers, auch im Grand Prix de l'ACF siegen, nun allerdings mit einem »richtigen« Fiat-Rennwagen, 830 kg leicht, 130 PS stark, mobilisiert von einem Vierzylinder-Motor mit 16,3 Liter Hubraum, gut genug für Tempo 160 und mehr... Nein, die Krone des Rennsports jener Jahre vor dem Ersten Weltkrieg, das war und blieb der Grand Prix de l'ACF.

Ernüchterung herrschte nach dem Kaiserpreis natürlich darüber, daß ein ausländisches Fabrikat und ein ausländischer Fahrer triumphierten. Bestplazierter Deutscher war Carl Jörns, der mit seinem Opel in fünf Stunden 39 Minuten und 49 Sekunden einen respektablen dritten Platz in der Gesamtwertung belegte. Kaiser Wilhelm II. höchstpersönlich gratulierte in der Fürstenloge und äußerte sich »sehr anerkennend über den ruhigen, sicheren, gleichmäßigen Gang der Opelwagen«, um dann »unter den begeisterten Zurufen der Menge« eilends den Startplatz zu verlassen. Eher beiläufig wurden von den damaligen Beobachtern schwere Unfälle registriert, die den Kaiserpreis überschattet hatten. Bei den Ausscheidungsläufen war ein Adler-Wagen verunglückt, Mechaniker Faber kam dabei ums Leben, Fahrer Goebel brach sich beide Beine. Auch beim eigentlichen Kaiserpreis-Rennen gab es einen Toten zu beklagen, als vor Weilburg Wagen Nummer 37a von der Strecke geriet, ein Metallurgique, dessen Fahrer Hugo Wilhelm bei dem Sturz einen Genickbruch erlitt...

Der vorherrschende Pioniergeist der Jahre vor dem Ersten Weltkrieg schien sich um solchen Blutzoll wenig zu scheren, der Sieg des technischen Fortschritts fordert eben seinen Preis: »Opfer müssen gebracht werden!« – sprach Otto Lilienthal und verschied anno 1896 nach seinem allerletzten, weil mißglückten Gleitflug. Diese pathetische Fortschrittsgläubigkeit wurde erst nach dem August 1914, in den Schützengräben von Verdun und andernorts an den Schauplätzen des Massenschlachtens zu Grabe getragen – und dies auch nur vorübergehend. Vergessen und Verdrängen gehört allem Anschein nach zum Wesen der Spezies Mensch, aber zu allen Zeiten haben sich warnende Stimmen erhoben: Bereits anno 1907 registrieren selbst unbefangene Zeitgenossen, daß schnelles Fahren auf öffentlichen Straßen mit Risiken verbunden ist. Erstmals wird im Deutschen Reich eine Statistik über Verkehrsunfälle geführt, derzufolge kam es bei den etwa 27 000 im Reichsgebiet zugelassenen Automobilen in der Zeit vom 1. Oktober 1906 bis zum 1. Oktober 1907 zu knapp 5 000 Unfällen mit 145 Toten und etwa 2 500 Verletzten. Zu einem Drittel waren Fußgänger und Radfahrer, zu einem Viertel Reiter und Fuhrwerke an den Schadensfällen beteiligt. Kollisionen zwischen Kraftfahrzeugen ereigneten sich 196mal, davon allein 152mal in Berlin, der Stadt mit der höchsten Fahrzeugdichte im Deutschen Reich. Autos über 40 PS galten als besonders gefährlich: Zwar gab es damals in Deutschland nur 56 dieser ›extrem starken Wagen‹, doch waren gerade sie 48mal in Unfälle verwickelt.

Auch im Automobilsport beginnt ein Umdenken: Die Rennen auf abgesperrten Landstraßen sind derart schnell geworden, daß anno 1907 erstmals eine permanente Rennstrecke eröffnet wird, die Brooklands-Bahn im englischen Weybridge. Zwei Jahre später findet in den USA das erste Rennen auf dem Indianapolis Motor Speedway statt. Auch im Deutschen Reich regt sich Interesse: Seine Majestät Wilhelm II. soll nach der Niederlage deutscher Automobile beim Kaiserpreis-Rennen den Bau einer Versuchs- und Erprobungsbahn für schnelle Wagen propagiert haben, als geeignete Orte hierfür nannte der Kaiser den Taunus, die Lüneburger Heide und schon sinnigerweise die Eifel. Doch Unternehmer, die auf eigenes Risiko eine solche Rennstrecke hätten verwirklichen wollen, fanden sich nicht in der Provinz, sondern in der Reichshauptstadt. Am 23. Januar 1909 wurde in den Räumen des Kaiserlichen Automobilclubs in Berlin die Automobil-Verkehrs- und Übungsstraße GmbH gegründet, mit dem Ziel im Grunewald zwischen Charlottenburg und Beelitzhof eine Straßenverbindung zu schaffen, die auch als Rennstrecke zu nutzen sein sollte. Bestehend aus zwei jeweils knapp neun Kilometer langen Geraden, verbunden durch zwei 180° Kurven war die AVUS im Stil der Zeit als Strecke konzipiert, auf der Vollgas Trumpf sein sollte, um die Zuverlässigkeit der Motoren einer besonderen Belastung zu unterziehen. Das, was anno 1909 opportun schien, erwies sich spätestens Ende der 50er Jahre als überholt: Die AVUS war und blieb ein simpler Hochgeschwindigkeitskurs, der im Zeitalter der Massenmotorisierung zur weitaus wichtigeren Stadtautobahn mutierte, die nur noch gelegentlich als Rennstrecke zu nutzen war.

Die Begeisterung für das AVUS-Projekt war zweifelsohne auch durch den Sieg von Christian Lautenschlager beim Grand Prix de l'ACF am 7. Juli 1908 geweckt worden. Der 31jährige Meister der Daimler-Fahrabteilung fuhr sein erstes

Rennen und hatte dafür mit Kalkül Benzin- und Reifenverbrauch auf dem 77 Kilometer langen, zehnmal zu umrundenden Straßenkurs bei Dieppe ermittelt. Lautenschlager plante mit schwäbischer Akribie die entsprechenden Aufenthalte an seiner Box und steuerte mit einer fahrtaktischen Meisterleistung seinen 135 PS-starken Mercedes zum Sieg. Hinter dem 12,8-Liter Vierzylinder aus Cannstadt folgten die beiden Benz aus Mannheim, gesteuert von Victor Hémery und René Hanriot, für den besten Wagen aus französischer Produktion, den Bayard-Clément von Victor Rigal blieb nur der vierte Rang, gefolgt von drei weiteren deutschen Fabrikaten, dem Mercedes von Willy Pöge, dem Opel von Carl Jörns und dem Benz von Fritz Erle. In Frankreich haderte man mit dem Schicksal und mit den von Michelin entwickelten abnehmbaren Felgen, die zwar raschen Reifenwechsel ermöglichten, aber angeblich auch die überaus häufigen Reifenschäden verursachten. Doch die beiden Fabrikteams von Mercedes und Benz starteten ebenfalls auf den Michelins und kamen zumindest im Falle von Lautenschlager dank stärker dimensionierter Felgen und höherem Luftdruck weitaus problemloser über die Runden. Immerhin, die französischen Automobilfabrikanten schienen nach der bitteren Niederlage auf heimischem Terrain das Interesse an weiteren Rennaktivitäten vorübergehend verloren zu haben. Für 1909 brachte der Automobile Club de France jedenfalls kein ausreichend großes Starterfeld für seinen Grand Prix zusammen, das Rennen wurde abgesagt. Erst anno 1912 konnte überhaupt wieder ein Grand Prix de l'ACF ausgetragen werden, denn wirtschaftliche Rezession und Krisenstimmung hatten zwischenzeitlich die Rennveranstaltungen in Europa auf ein Minimum reduziert. Nahezu sämtliche Automobilfirmen zogen sich von den teuren sportlichen Aktivitäten zurück. Die ersten Schritte für den Bau der AVUS hätten also kaum zu einem ungünstigeren Zeitpunkt in Angriff genommen werden können. Die für damalige Verhältnisse ohnehin exorbitant hohen Baukosten von rund 6,8 Millionen Mark waren zusätzliche Abschreckung für mögliche Finanziers. Die Pläne wurden abgespeckt, als die Bauarbeiten am 14. Juni 1913 endlich begannen, rechneten die Beteiligten mit Kosten von drei Millionen Mark. Doch der Erste Weltkrieg beendete den Fortgang des AVUS-Projekts. Vier Jahre Krieg, die Revolution von 1918/19, das Ende des Kaiserreichs und der Zusammenbruch der alten Ordnung erübrigten weitere Bemühungen um den Bau einer gebührenpflichtigen Automobilstraße, die auch für Rennzwecke genutzt werden sollte. Es brauchte weitere Zeit, ehe sich Hugo Stinnes einschaltete, der Herr über das größte Konzernimperium im Bereich der deutschen Schwer- und Elektroindustrie. Über zwei Millionen Mark steckte der Firmenmagnat in die AVUS AG und brachte als Haupteigner den Bau der Strecke Anfang 1921 doch noch zuende.

# Der Große Preis

Für viele Zeitgenossen war die AVUS damals geradezu die ideale Rennstrecke, zehn Meter breit, komplett asphaltiert und somit gegen die für Fahrer so gefährliche Staubaufwirbelung gefeit. Mit 20 km vielleicht etwas zu lang, wenn man die wenigen anderen damals vorhandenen oder im Bau befindlichen permanenten Rundkurse zum Vergleich nimmt: Monthléry 12,5 km, Monza 10 km, Brooklands 4,2 km, Indianapolis 4,024 km, von der Rüsselsheimer »Opelbahn« mit 1,5 km Kürze ganz zu schweigen. Immerhin, es war sinnigerweise Fritz von Opel der am 24. September 1921 das erste Rennen auf der AVUS gewann, sein bester Rundenschnitt lag bei 129 km/h. Der neuformierte AvD plante bereits 1923, erstmals einen Großen Preis von Deutschland auszurichten, zwei Fiat-Werks-Rennwagen mit Nazzaro und Bordino sollten auf der AVUS für gutes Geld ein Gastspiel gegen die einheimische Konkurrenz geben. Doch der damalige Automobilweltverband AIACR mochte wohl auch aus politischen Gründen nicht zustimmen. Die Siegermächte des Weltkrieges boykottierten ohnehin internationale Sportkontakte mit Deutschland. Belgien, im Jahre 1914 gegen jedes Völkerrecht von deutschen Truppen überfallen und regelrecht niedergewalzt, lehnte es verständlicherweise ab, eine deutsche Mannschaft zu den Olympischen Spielen 1920 in Antwerpen einzuladen. Vier Jahre später verzichtete das Nationale Olympische Komitee Frankreichs darauf, deutsche Sportler zu den Spielen in Paris einzuladen: Man könne nicht für die Sicherheit eines deutschen Olympia-Teams garantieren – eine durchaus glaubhafte Begründung. Erst recht, wenn man sich das explosive politische Klima im vorangegangenen Krisenjahr 1923 vor Augen hält: Die deutsche Reichsregierung weigerte sich, die ruinösen Kriegsreparationen weiterzuzahlen, französische Truppen besetzten das Ruhrgebiet, mit Streiks und passivem Widerstand hielt alsbald auch die Inflation Einzug in die junge Republik von Weimar. Nein, in solchen Zeiten war ein »Großer Preis von Deutschland« auf der AVUS undenkbar und angesichts des rasenden Verfalls der Reichsmark letztenendes auch gar nicht mehr zu finanzieren. Im Mai des Krisenjahres 1923 stand der Dollar bei 40 000 Mark, im Juli bei 170 000 Mark, Ende August bei 12 Millionen Mark, im November bei 4,2 Billionen Mark...

Der AvD schaffte es erst am 23. August 1925 wieder ein größeres Rennen mit allerdings bescheidener internationaler Beteiligung zu veran-

■ *Fritz von Opel im September 1921 bei Testfahrten auf der AVUS. Mit seinem Opel 8/25-Vierzylinder gewinnt er das erste Rennen auf der neuen Grunewaldstrecke mit einem Rundenschnitt von 128,84 km/h. Bereits 1923 sollte auf der AVUS erstmals der Große Preis von Deutschland stattfinden, doch namhafte deutsche Automobilfirmen ziehen ihre Nennungen zurück, begründet mit der wirtschaftlichen Notlage, in die die Industrie seit der Ruhrbesetzung geraten sei.*

stalten. Manche Chronisten bezeichnen diesen Wettbewerb auf dem Taunuskurs, der schon 1904 und 1907 Schauplatz klassischer Rennen gewesen war, als ersten Großen Preis von Deutschland. Die mit insgesamt 19 Fahrzeugen in drei Sportwagenklassen äußerst magere Beteiligung an dieser offiziell »Taunus-Rennen« genannten Veranstaltung sorgte wohl dafür, daß dem Prädikat »Grand Prix« damals eher inoffizieller Charakter zukam. Zur allgemeinen Überraschung siegte denn auch keiner der favorisierten Mercedes oder Bugattis, sondern mit einem respktablen Schnitt von 84,5 km/h ein 1,3-Liter 60 PS-NSU-Kompressorwagen, gesteuert von August Momberger, einem Oberprimaner, der als Praktikant im Neckarsulmer Werk arbeitete... Teamkollege Ernst Islinger komplettierte auf Rang Zwei den NSU-Erfolg. Die zeitgenössische Presse kommentierte: »Der Doppelsieg ist um so höher einzuschätzen, wenn man bedenkt, daß auf der historischen Rundstrecke insgesamt 438 km mit 700 Kurven bei dauerndem Niveauwechsel ununterbrochen mit höchster Schnelligkeit über fünf Stunden lang zu durchfahren waren.«

Der offiziellen Lesart zufolge fand somit also erstmals 1926 die Premiere des »Großen Preises von Deutschland« statt, und zwar – wie es sich für solch einen Anlaß wohl geziemte – in der Reichshauptstadt Berlin auf der AVUS. In Sachen nationaler Grand-Prix-Rennen war in Europa zuerst Italien anno 1921 dem französischen Vorbild gefolgt. Spanien zog 1924 nach, Belgien 1925 und ein Jahr darauf also auch Deutschland – übrigens einen Monat vor dem ersten »British Grand Prix«! Der AvD schrieb seinen ersten deutschen Grand Prix für Sportwagen aus, unterteilt in drei Kategorien: Klasse D von 2 bis 3 Liter Hubraum, Klasse E von 1,5 bis 2 Liter und die Klasse F von 1,1 bis 1,5 Liter. Im Gegensatz zu der damals gültigen 1,5-Liter-Formel für

■ *Wer nennt die Namen, kennt die Strecken? Es gibt in den 20er Jahren zahlreiche Straßenkurse und Bergrennstrecken in deutschen Landen, die Solitude wird eine wichtige Rolle spielen und in der ersten Hälfte der 60er Jahre sogar zum Schauplatz für Formel-1-Gastspiele.*

Grand-Prix-Rennwagen sorgte dieses Reglement für eine stattliche Anzahl von immerhin 46 Nennungen, die vereinzelt auch aus Frankreich, Italien, der Schweiz und der Tschechoslowakei kamen. Aus Brescia fand sich das OM-Werksteam ein, auch einige private Alfa Romeos, Bugattis und Talbots verliehen internationales Flair. Die Daimler-Benz AG, seit dem 28. Juni 1926 fusioniert, war zwar wegen eines Werkseinsatzes in Spanien nur inoffiziell vertreten, doch wäre es müßig darüber zu streiten, daß den Nennungen der beiden 2-Liter-Mercedes-Achtzylinder für Rudolf Caracciola und Adolf Rosenberger selbstredend offiziöser Charakter zukam: Sowohl Konzern-Direktor Max Sailer als auch der Technische Direktor Dr. Ferdinand Porsche waren vor Ort in Berlin, als am 11. Juli 1926 schließlich 38 Sportwagen in den ersten Großen Preis von Deutschland rollten, feinsäuberlich in besagte drei Klassen getrennt und nach Startnummern im 3-2-3-Schema aufgereiht. Punkt 14.00 Uhr wurde die große Hubraumklasse ins Rennen geschickt, zwei Minuten danach die mittlere und weitere zwei Minuten später die kleine Klasse.

Glaubt man zeitgenössischen Schätzungen, dann erlebten 230 000 Zuschauer diesen ersten Großen Preis von Deutschland, doch was als vielversprechender Beginn in die Annalen des

■ *23. August 1925, Taunusrennen: Wenn auch nicht der offizielle »erste Große Preis von Deutschland«, dann wenigstens so etwas wie die »Nullnummer« oder »Vorpremiere«. August Mombergers siegreicher 1,5-Liter-NSU-Sechszylinder mit Roots-Kompressor entwickelt damals rund 60 PS.*

Rennsports hätte eingehen sollen, entwickelte sich zu einem tödlichen Spektakel. »AVUS Caesar – morituri te salutant!«, titelte später ein Satireblatt und brachte den desaströsen Verlauf dieses ersten deutschen Grand Prix auf einen makabren, aber durchaus treffenden Nenner: Kurz vor Ende des Abschlußtrainings gab es das erste Todesopfer zu beklagen, als der NAG von Heine und der Chiribiri von Platé in der Südkehre kollidierten. Piroli, der italienische Chiribiri-Beifahrer, kam dabei ums Leben, während sich sein Landsmann am Lenkrad schwerste innere Verletzungen und einige Rippenbrüche zuzog. Der Renntag bescherte drei weitere Todesopfer, als in der vierten von insgesamt 20 Runden leichter Sprühregen einsetzte, der schließlich sintflutartige Ausmaße annahm und die Asphaltdecke der AVUS in eine spiegelglatte Rutschbahn verwandelte: »Spitzenreiter Adolf Rosenberger, der schon in der Nordkurve bedenklich ins Rutschen kam, geriet wenige Meter vor Beendigung der 7. Runde stark ins Schleudern. Das rechte Hinterrad seines Wagens verfing sich in der Eisenkonstruktion einer der Tribüne D gegenüberliegenden Zeittafel und knickte die starken, in Beton verankerten Winkeleisen wie Streichhölzer. Die Folgen waren entsetzlich. Ein mit Schreiben beschäftigter Zeitnehmer wurde auf der Stelle totgedrückt, zwei weitere auf dem Gerüst tätige junge Leute stürzten herunter in die zusammenbrechenden Eisenmassen. Der Mitfahrer Rosenbergers, Curt Coquelline, erlitt Knochenbrüche und schwere Quetschungen. Rosenberger selbst

■ *»Bahn frei!« – Das Programmheft zur GP-Premiere anno 1926.*

■ *11. Juli 1926, die verregnete Grand-Prix-Premiere auf der AVUS: Der Blick von den besseren, weil überdachten Plätzen in Richtung Nordkurve.*

kam mit einer Kopfverletzung davon«, notierte Reporter Schumann in seinem Rennbericht für den *Motorwagen*. Andere Augenzeugen mutmaßten, Rosenberger habe sich weit aus dem Fahrersitz herausgebeugt, um den betäubenden Dämpfen eines lecken Äthertanks – der war als Starthilfe vonnöten – zu entgehen, dabei habe der unglückliche Fahrer auf der regennassen Strecke die Kontrolle über den Mercedes verloren, möglicherweise, als er gerade einen langsameren Konkurrenten zu überholen versuchte. Der Große Preis von Deutschland wurde trotz dieses Geschehens nicht abgebrochen, was durchaus nicht ungewöhnlich zu nennen sein mag. Fatalismus im Rennsport hat eine lange Tradition, doch die Statistik belehrt uns Nachgeborene, daß der erste und einzige Formel-1-WM-Lauf der je nach einem tödlichen Unfall abgebrochen und nicht wieder neu gestartet wurde, jener triste spanische Grand Prix des Jahres 1975 war, als im Montjuich Park von Barcelona fünf Menschen starben, weil Rolf Stommelens Hill-Lola von der Piste flog, nachdem der Heckflügel des Rennwagens weggebrochen war. Und wenn wir an Imola 1994 denken, dann ahnen wir, daß uns von dem Großen Preis von Deutschland auf der AVUS anno 1926 gar nicht mal soviele Jahrzehnte trennen…

Der erste deutsche Grand Prix wurde also fortgesetzt, es gab weitere Unfälle mit insgesamt fünf krankenhausreifen Opfern, darunter auch drei Zuschauern, nämlich einem jungen Mädchen, einem Fotografen und einem Polizisten, die von dem aus der Bahn kreisenden Talbot des Pragers Hugo Urban-Emmerich gestreift worden waren. Der Berliner Lokalmatador Alfred Mederer knallte mit seinem Pluto-Sport gar in einen Tankwagen, kam aber mit gespaltener Oberlippe vergleichsweise glimpflich davon. Runde um Runde blieben defekte Fahrzeuge liegen, doch ein Sieger fand sich auch noch: Rudolf Caracciola. Seiner Persönlichkeit und seiner aufsehenerregenden Karriere, die nach dem AVUS-Grand-Prix erst ihren Anfang nahm, mag es zu danken sein, daß diesem ersten Großen Preis von Deutschland tatsächlich bis heute noch ein sportlicher Erinnerungswert zukommt. Der damals 25jährige Caracciola hatte beim Start sei-

■ *Das Ende im Zeitnehmerhaus: Zwei Studenten und ein Helfer, der rundenweise die aktuelle Reihenfolge nach Startnummern aufpinseln sollte, finden den Tod, als Adolf Rosenbergers Mercedes-Benz bei Tempo 150 von der Piste schleudert.*

*Erste Hilfe 1926 für Adolf Rosenberger. Der rennfahrende Geschäftsmann aus Pforzheim überlebt mit schweren Verletzungen den Unfall ebenso wie sein Beifahrer Curt Coquelline. Rosenberger wird noch bis 1929 bei jedem Großen Preis von Deutschland für Mercedes-Benz starten, ehe er sich vom Rennsport zurückzieht. Als 1933 die Nazis an die Macht kommen, emigriert der sogenannte Nichtarier beizeiten in die USA, wo Adolf Rosenberger sich Alan Roberts nennt und 1968 hochbetagt, in seiner deutschen Heimat aber nahezu vergessen stirbt.*

ner Klasse den Motor seines Mercedes abgewürgt, Beifahrer Eugen Salzer mußte anschieben und mit fast einer Minute Rückstand ging es der enteilten Konkurrenz hinterher. Ein mißglückter Boxenstop – oder im damaligen Rennjargon »ein übermäßiger Halt am Depot« – kostete wegen einer defekten Zündkerze weitere wertvolle Sekunden: »Regen, Regen, Regen. Das deprimierendste Rennen, das ich je gefahren hatte. Es war kein Gegner mehr da, gegen den man zu kämpfen gehabt hätte, die ausländische Konkurrenz hatte längst die Waffen gestreckt, jetzt galt es nur noch in anständiger Haltung und mit sportlichem Tempo ein Rennen nach Hause zu fahren, bei dem mir jeder Kilometer als sinnloses, überflüssiges Risiko erschien«, untertreibt Rudolf Caracciola Jahre später in seinen Rennerinnerungen. Er muß seinen ohnehin mit kritischem Fahrverhalten gesegneten Mercedes jenseits von Gut und Böse bewegt haben, um diesen enormen Zeitverlust wieder wettzumachen. Die AVUS 1926, das war der Beginn des »Regenmeisters« Rudolf Caracciola: Auf trockenem Asphalt hatte Minoia im Werks-OM mit einem Schnitt von 161,2 km/h die schnellste Rennrunde gefahren, auf nasser Strecke sank der Rundenschnitt auf 120 km/h, nur Caracciola kam auf Rundenzeiten jenseits von Tempo 150, was nichts anderes besagt, als daß »Caratsch« dazu mit Spitzengeschwindigkeiten um 200 km/h unterwegs gewesen sein muß! Die Fachzeitschrift *Das Auto* kommentierte: »Es gehört ein todesverachtender Schneid dazu, um bei einer derart unmodernen Bahn Rennen mit so großen Geschwindigkeiten auszufahren.« Es sollte bis 1931 dauern, ehe wieder ein Rennen auf der AVUS stattfand, die

*Triumph am Ende eines unheilvollen Rennens: Rudolf Caracciola und sein Beifahrer Eugen Salzer. »Caratsch« ist 25 bei seinem Sieg im Mercedes-Benz Zweiliter-Achtzylinder-Sportwagen, der mit Kompressor rund 170 PS leistet. Fünfzehn Jahre später wird Caracciola seinen sechsten und letzten Großen Preis von Deutschland gewinnen. Kein zweiter Rennfahrer hat die Geschichte des deutschen Grand Prix derart geprägt wie dieser elegante Routinier am Volant.*

■ *Feierlicher Empfang in Neckarsulm 1926: NSU begrüßt das Werksteam, das beim Großen Preis in der Klasse bis 1,5 Liter die ersten vier Plätze herausgefahren hat. In der Gesamtwertung ist Georg Klöble (Nr. 32) auf dem fünften Rang plaziert, Jakob Scholl (Nr. 28) Siebter, Ernst Islinger (Nr. 37) Achter und Josef Müller (Nr. 29) Zehnter.*

Rennstrecke der Zukunft in deutschen Landen lag in der Eifel, befand sich bereits seit 1925 in Bau und sollte schon 1927 Schauplatz des zweiten Großen Preises von Deutschland werden...

Über drei Minuten Vorsprung hatte Rudolf Caracciola vor dem Zweitplazierten herausgefahren, Christian Riecken auf einem der NAG-Werkswagen aus Berlin. Die 16 000 Reichsmark für den Sieg im ersten Großen Preis von Deutschland wurden mit der Daimler-Motoren-Gesellschaft geteilt und waren hart verdienter Grundstock für die Eröffnung von Rudolf Caracciolas eigener Mercedes-Benz-Niederlassung am Berliner »Kudamm«. Am Abend jenes 11. Juli 1926 fand im AvD-Clubhaus am Leipziger Platz die Siegesfeier statt, von der folgende Worte Rudolf Caracciolas überliefert wurden: »Gewiß, ich bin stolz auf meinen Sieg, aber ich bin mir klar darüber, daß ein solcher Sieg nichts bedeutet, daß man sich immer wieder bewähren muß, um sich wirklich oben an der Spitze zu halten.« Er hat sich an seine Maxime gehalten, Rudolf Caracciola wird den Großen Preis von Deutschland insgesamt sechsmal gewinnen, nach der AVUS noch fünf weitere Male auf dem Nürburgring, ein Rekord und eine Leistung mit Ewigkeitswert.

# Wir bauen uns eine Legende

Wenige Tage nach dem ersten deutschen Grand Prix, am 14. Juli 1926, wird die Luxussteuer auf Automobile abgeschafft. Nach wie vor bleibt das eigene Fahrzeug für die Masse der Bevölkerung unerschwinglich: Der Geldwert eines Kleinwagens beträgt etwa drei Jahresgehälter eines Facharbeiters. Rein statistisch kommt auf 100 Einwohner im Deutschen Reich ein Automobil, in Großbritannien und Frankreich entfallen auf 100 Einwohner immerhin rechnerisch 3,2 Autos, in den USA jedoch schon 21,7! Als Industrieprodukt bewegt das Motorgefährt aber bereits die wirtschaftliche Konjunktur im Deutschen Reich, denn Fabrikate wie Mercedes-Benz, Maybach, Horch, Wanderer, Adler-Triumph und BMW genießen weltweit einen guten Ruf. Personell wie technisch befindet sich der Automobilbau in der zweiten Generation, die Gründerväter sind längst verblichen oder befinden sich wie Carl Benz und Wilhelm Maybach hochbetagt auf dem Altenteil. Ihre dereinst vielbelächelte und verachtete Erfindung ist alltagstauglich und für den ausgereiften Serienbau geeignet. Und die Automobilindustrie zieht weitere Kreise: Der »Verein zur Vorbereitung der Autostraße Hansestädte-Frankfurt-Basel«, kurz »Hafraba« genannt, legt 1927 Pläne für ein Netz von Autostraßen vor, für die sich rasch die Bezeichnung »Autobahn« durchsetzt. In den USA gibt es bereits die ersten Highways und in Italien ist 1922/23 die 130 km lange Autostrada von Mailand zu den oberitalienischen Seen fertiggestellt worden. Der Straßenbau schafft Arbeit, auch in der armen Eifelregion, wo seit Frühjahr 1925 bis zu 2 500 Arbeiter rings um die Nürburg Erdmassen, Felsen und Steine wegräumen, um der Automobil- und Zulieferindustrie samt ehrgeizigen Rennveranstaltern ein Domizil besonderer Art zu schaffen. Vier Millionen Reichsmark soll der Bau der ersten permanenten deutschen Renn- und Teststrecke mit einer Länge von 28,265 km kosten. Die vielzitierten 176 Kurven des Nürburgrings beziehen sich auf die Kombination von Nordschleife (22,810 km) und Südschleife (7,747 km), die von 1927 bis 1929 Schauplatz des deutschen Grand Prix war. Erst ab 1931 dient allein die Nordschleife mit ihren etwa 135 Kurven als Austragungsort des Großen Preises von Deutschland. Rudolf Caracciola – wer sonst? – gewinnt das Eröffnungsrennen der Sportwagen am 19. Juni 1927, tags zuvor ist die neue Rennstrecke schon mit Motorradrennen eingeweiht worden. Wie schreibt doch »Caratsch« über den Nürburgring anno 1927: »So etwas hatten wir noch nicht erlebt. Da lag, mitten in den Eifelbergen, eine Straße, eine geschlossene Schleife mit fast 180 Kurven, die auf 22 Kilometer (sic!) verteilt waren. Eine Strecke mit Steigungen, die dem Motor scharf an die Lunge griffen, aber auch mit unsagbar schönen Ausblicken weit über das Land, auf Täler und Dörfer, Wald und Hügel. Rennfahrer bringen gewöhnlich weder Zeit noch Stimmung zum Nürburgring mit, um sich an der Landschaft zu erfreuen. Diese 22 Kilometer (sic!) sind eine bärig schwere Strecke, exakt 179 (sic!) Kurven, viele davon scharf, manche davon stark überhöht: im Hatzenbach, Breidscheid, im Karussell; andere wiederum sind schlank und schnell, das ist die gefährliche Sorte. Bei den spitzen, scharfen Ecken weiß jeder Fahrer, daß er langsam fahren muß, sonst wird er ohne Gnade aus der

Bahn geschleudert. Aber andere Kurven gibt es, die so harmlos und bieder sind, wenn man sie mit 95 Sachen richtig anschneidet; kommt jedoch einer mit 105 km/h daher und übersteuert den Wagen noch um eine Kleinigkeit, dann wird er gewöhnlich zehn Minuten später mit dem Sanitätsauto abgeholt…«

Es war in erster Linie der tüchtige Landrat Dr. Otto Creutz aus Adenau gewesen, der den Bau des Nürburgrings vor allem aus Gründen der touristischen Erschließung der ärmlichen Eifelregion betrieben hatte. Einsprüche der Naturschutzverbände und des Eifelvereins gegen die geplante Rennstrecke wurden zweieinhalb Monate nach bereits erfolgtem Baubeginn von den Behördenvertretern kurzerhand abgeschmettert. Großzügige Obhut und finanzielle Förderung durch Vater Staat sollten auch künftig die Entwicklung des Nürburgrings bis in die jüngste Gegenwart begleiten. Der Rennstreckenbau wurde als Arbeitsbeschaffungsprogramm mit Finanzhilfen des preußischen Wohlfahrtsministeriums und des Reichsverkehrsministeriums binnen zwei Jahren durchgezogen. Die ursprünglich veranschlagten Kosten ließen sich jedoch nicht halten, am Ende war man bei weit über 14 Millionen Reichsmark angelangt… Gezielt wurden Gerüchte in die Welt gesetzt, Dr. Creutz habe davon erhebliche Summen Geldes für sich selbst abgezweigt. Die falschen Anschuldigungen reichten im Nazi-Deutschland, um den mißliebigen »Vater des Nürburgrings« kaltzustellen. Als Jahre später dieselben Lügenmärchen erneut aufgetischt wurden, beging Dr. Creutz Selbstmord…

Mit dem zweiten Großen Preis von Deutschland am 17. Juli 1927 fand das wichtigste Motorsportereignis der Nation seine Heimstatt auf Jahrzehnte hinaus in der Eifel. Denn der Nürburgring blieb vorerst die einzige permanente Rennstrecke im Reichsgebiet, mit der bestehende Straßenkurse im Reich nicht konkurrieren konnten. Auch die beiden großen Automobilclubs arrangierten sich auf dem Eifelkurs: Der ADAC veranstaltete sein Eifelrennen, der AvD seinen Großen Preis von Deutschland – und beide entwickelten sich vor dem Zweiten Weltkrieg zu herausragenden Ereignissen, wurde doch auch das auf der Südschleife ausgetragene Eifelrennen Ende der 20er Jahre ebenso für Rennwagen ausgeschrieben wie der eigentliche Große Preis. Anno 1927 am Nürburgring blieb der deutsche Grand Prix jedoch weiterhin noch den Sportwagen vorbehalten, was natürlich auch daran lag, daß mit Mercedes-Benz ein einheimisches Fabrikat beste Siegchancen besaß und obendrein in der Grand-Prix-Klasse nicht mehr vertreten war, weil nach der Fusion die Mannheimer Abteilung im Gegensatz zum Stuttgarter Werk reine Rennwagen-Aktivitäten bremste. Mercedes-Benz beherrschte mit sieben Nennungen das 21 Sportwagen umfassende Feld, in dem ausländische Werkskonkurrenz wie schon im Vorjahr wieder weitgehend fehlte. Erneut wurde getrennt nach drei Hubraum-Gruppen gestartet, jeweils im Abstand von zwei Minuten. Verteilt auf 18 Runden

■ *17. Juli 1927: Bei der zweiten Auflage gastiert der Große Preis von Deutschland erstmals auf dem Nürburgring. Erneut als Sportwagenrennen ausgeschrieben, fehlt dem Grand Prix weiterhin herausragende internationale Beteiligung. Wieder ist das Feld in drei Gruppen aufgeteilt, die große Hubraumklasse darf zuerst an den Start und wird von sieben 6,8-Liter-Mercedes-Benz dominiert, die auch den Gesamtsieg unter sich ausmachen. Einziger, von Anfang an chancenloser Konkurrent ist ein 4,8-Liter Steyr, der mit über einer Stunde Rückstand den siebten und letzten Platz belegt. Mit der Zieldurchfahrt des Siegers waren damalige Rennen nämlich noch nicht beendet, wer klassiert werden wollte, mußte die komplette Renndistanz absolvieren, was nicht nur im Falle des einsamen Steyrs von Guillaume schon einige Zeit dauern konnte…*

*Kotflügel abgerissen, Reifenprofil völlig abgefahren, Gesicht mit Öl und Dreck geschminkt, aber den Lorbeerkranz des Siegers auf der Motorhaube: Otto Merz hat den zweiten Großen Preis von Deutschland gewonnen, Konstrukteur Ferdinand Porsche (der vierte Herr von links, mit Hut, Krawatte und hellem Anzug) genießt den Erfolg.*

à 28,265 km hieß das für etwa 75 000 Zuschauer, auch eine gehörige Portion Geduld mitzubringen, um tapfer auszuharren, bis wieder mal ein Fahrzeug vorbeirauschte. Was Wunder, daß schon damals Nürburgring-Ausflüge unter Mitführung von Getränken, Proviant, Feldkocher und Zelt logistisch vorbereitet werden mußten, um etwaige Durststrecken unbeschadet überstehen zu können. Zumal der Große Preis damals mit der Zielflagge zwar für den Sieger, jedoch nicht für alle anderen verbliebenen Teilnehmer in derselben Runde beendet war. Nein, es wurde weitergefahren, bis auch der letzte noch im Rennen befindliche Wagen die volle Distanz bewältigt hatte! So ging der zweite Große Preis von Deutschland erst rund 70 Minuten nach der Passage des Siegers zuende...

Und der hieß Otto Merz, damals 38 Jahre, ein Kerl von einem Mann, aber eine Seele von Mensch, eben »der gute Bär« aus Cannstadt. Bei der Fahrabteilung der Daimler-Werke hatte der schwäbische Bub nach der Jahrhundertwende Karriere gemacht und war weit in der Welt herumgekommen: Als Fahrer des Wagens von Graf Boos-Waldeck war Otto Merz am 28. Juni 1914 in Sarajewo Augenzeuge des Attentats auf Erzherzog Franz Ferdinand und dessen Gemahlin Sophie gewesen. Merz soll anschließend sogar den tödlich getroffenen österreichischen Thronfolger die Stufen zum Palais des Landespräsidenten hinaufgetragen haben. In Europa gehen die Lichter aus, aber nach Ende des Ersten Weltkriegs betreut Otto Merz wieder prominente Mercedes-Kunden: Etwa den späteren Papst Pius XI., den exilierten Kaiser Wilhelm II. und schließlich auch Adolf Hitler... Und als Werksfahrer bestreitet Otto Merz selbstverständlich auch Automobilrennen. Anno 1927 steuert er am Nürburgring das neueste Mercedes-Benz-Flaggschiff, den S-Sportwagen mit 6,8-Liter-Sechszylinder-Kompressormotor, ein weiterer Geniestreich von Konstrukteur Ferdinand Porsche, ein Treibsatz von 220 PS und damit stark genug, um das 1 940 kg schwere Gefährt auf eine Spitze von 208 km/h zu bringen – zumindest mit Rudolf Caracciola am Volant bei einem Beschleunigungsrennen in Antwerpen. Am neuen Nürburgring war solches Unterfangen weitaus schwieriger, ließ doch das ständige Kurvenfahren für den Typ S nur einen Rundenschnitt von knapp über Tempo 100 zu. »Caratsch« war am Ring bereits nach fünf Runden mit Motorschaden draußen, auch drei weitere der großen Mercedes-Benz-Sportwagen mit Prinz Schaumburg-Lippe, Rosenberger und Kimpel fielen aus, doch die verbliebenen drei Werkswagen belegten die ersten drei Plätze im Gesamtklassement. Die Reihenfolge Otto Merz – Christan Werner – Willy Walb wurde wesentlich vom enormen Reifenverschleiß bestimmt. Merz hatte nach der 13. Runde wohl zeitig genug die Gummis gewechselt, während Walb und Werner durchfuhren und jeweils kurz vor Rennende neue Pneus aufziehen mußten. Nach knapp fünf Stunden sah Otto Merz als Erster die Zielflagge, selbstredend hatte er diesen Grand Prix ohne Ablösung am Lenkrad absolviert. »Otto Merz hätte im Zirkus auftreten können, als Kraftmensch, so bärenstark war er«, erinnerte Richard von Frankenberg an den Cannstatter: »Wenn die Rennfahrer abends zusammensaßen und einen Sieg feierten, verblüffte er die fröhliche Gesellschaft oft damit, daß er hinter einem, der ganz normal auf seinem Stuhl saß, sich bückte, ein Stuhlbein umfaßte und nun den Stuhl mit dem Mann darauf mit einer Hand hoch in die Luft hob.« Natürlich vermochte Otto Merz auch, mit der bloßen Faust Eisennägel durch Tischplatten zu treiben und einen Wagen zum Reifenwechsel eigenhändig anzuheben. Und wenn ein defekter Kotflügel mal am Reifen schleifte, dann riß er das Blech kurzerhand ab – was allerdings anno 1929 noch dazu führen sollte, daß Otto Merz bei der Tourist Trophy disqualifiziert wurde...

Doch wo rohe Männerkräfte walten, konnte sich schon damals eine Frau entfalten: Elisabeth Junek, die mutige Tschechin, steuerte ihren 2-Liter-Bugatti auf den vierten Platz der Gesamtwertung, obwohl sie nach steter Führung in ihrer Gruppe II wegen einer defekten Ölleitung viel Zeit verloren hatte. Die zierliche Pragerin wurde nach dem Rennen von Otto Merz kräftig belobigt und geherzt: »Noch so eine Umarmung überlebe ich nicht«, gestand Elisabeth Junek. Die Damen waren in der Welt des Sports ohnehin auf dem Vormarsch: Selbst der IOC-Patriarch Baron Pierre de Coubertin vermochte nicht zu verhindern, daß ab 1928 erstmals Frauen bei den Olympischen Spielen an den Start gehen durften. Auch Deutschland war wieder mit einem Olympiateam in Amsterdam vertreten, seit September 1926 ist das Reich bereits Mitglied des Völkerbundes, Außenminister Gustav Stresemann und sein französischer Amtskollege Aristide Briand erhalten gemeinsam den Friedensnobelpreis. Es scheint, als kehre allmählich wieder Normalität in den zwischenstaatlichen Beziehungen zu den Siegermächten von Versailles ein, eine Reduzierung der Reparationszahlungen zeichnet sich ab, und damit auch die Chance der labilen Republik von Weimar, sich langfristig zu stabilisieren: Am 20. Mai 1928 geht die SPD als großer Gewinner aus den Reichstagswahlen hervor, die politische Rechte muß massive Verluste hinnehmen. Am 28. Juni stellt der neue Reichskanzler, der Sozialdemokrat Hermann Müller, sein Kabinett vor, das von einer demokratischen Reichstagsmehrheit aus SPD, DDP, DVP und Zentrum getragen wird. Der Staat von Weimar erlebt 1928 vielleicht seinen besten Sommer...

■ *28. Mai 1928, Eifelrennen: Die Nürburgring-Atmosphäre, die nachgeborene Generationen dereinst als »klassisch« bezeichnen werden. Das Publikum kommt zumeist per Fahrrad, das Automobil ist für den gewöhnlichen Ausflügler so teuer, daß es nur bewundert werden kann. Der Blick des Betrachters richtet sich auf Nürburg und Nordkehre, der Weg auf die Nordschleife ist gesperrt, richtig, erstmals wird 1928 die 7,7 km kurze Südschleife als Rennpiste erprobt.*

# Die grüne Hölle

Auch der Große Preis von Deutschland am 15. Juli 1928 spiegelt Deutschlands allmähliche Rückkehr in die internationale Staatenwelt wider: Mit Graf Rohan ist erstmals ein Funktionär des französischen ACF am Nürburgring vertreten, der große Ettore Bugatti verfolgt höchstpersönlich den Einsatz seiner vier Werkswagen, allesamt Grand-Prix-Modelle, denen man Kotflügel und Scheinwerfer angeschraubt hat, um sie dem Sportwagenreglement des Großen Preises von Deutschland anzupassen... Auch die Engländer sind erstmals vertreten, Sir Henry »Tim« Birkin rückt mit einem 4,4-Liter-Bentley aus, dem aktuellen Siegermodell der 24 Stunden von LeMans, noch ohne Kompressor und daher mit etwa 125 PS bei rund 2 000 kg beim deutschen Grand Prix chancenlos: »Es schien mir schon einige Zeit vergangen zu sein, seit ich den Mercedes zum letzten Mal sah; als ich jedoch auf die Gerade einschwenkte, vernahm ich das Heulen seines Laders hinter mir. Ich trat das Gaspedal voll durch, so gut es eben ging, aber das nützte gar nichts. Da tauchte schon die lange weiße Motorhaube mit dem silbernen Stern auf, ich sah

■ *15. Juli 1928, Großer Preis von Deutschland: Und wieder beherrschen die »weißen Elefanten« von Mercedes-Benz das Feld - vier Werks-SS rollen an den Start der Gruppe-I-Sportwagen. Mit der Nr. 1 Willy Walb, Nr. 5 Otto Merz, Nr. 4 Christian Werner, am rechten Bildrand halb verdeckt Nr. 6 Rudolf Caracciola, dessen Wagen am Ende des Grand Prix von Werner zum Sieg gesteuert wird, während Walb Werners Mercedes übernimmt und auf den dritten Rang lenkt.*

Caracciola mit seiner Schirmmütze und geradeaus gerichtetem Blick. Nur für eine oder zwei Sekunden waren wir nebeneinander, dann zog er davon«, schildert »Tim« Birkin den Bentley-Auftritt in der Eifel. Sein damaliger Beifahrer Walter Hassan wird Jahrzehnte später als Konstrukteur der kompakten Coventry-Climax-Motoren doch noch den Grand-Prix-Sport erobern, aber das ist ferne, unabsehbare Zukunft. In anderer Hinsicht gilt das damals auch für einen Ehrengast am Nürburgring: Denn Dr. Konrad Adenauer, dem Oberbürgermeister von Köln, wird dieses von Kriegen und Diktaturen hin- und hergerissene Jahrhundert noch eine ungeahnte Rolle offerieren…

41 Sportwagen rollen in drei Gruppen unterteilt an den Start, das Teilnehmerfeld ist nicht nur quantitativ stattlich, mit Louis Chiron präsentiert sich der vielleicht schnellste Rennfahrer der Welt auf dem Eifelkurs, am Ende des Jahres bezeichnen einige Chronisten den Monegassen gar als »Weltmeister«, auch wenn diesem Titel wohl eher keine offizielle Gültigkeit zugesprochen werden kann. Das respektable Teilnehmerfeld dürfte mit dazu beigetragen haben, daß sich gut 90 000 Zuschauer am Nürburgring einfinden – auch wenn die drückende Hitze dem Publikum zu schaffen macht. Aber auf Fahrer und Maschinen kommen noch stärkere Torturen zu. Alles ist zwar wohlvorbereitet für einen großen Renntag, doch die Regie in diesem Szenario gerät auf tragische Art und Weise daneben. In der vierten Runde rutscht Ernst von Halle mit seinem 1100er Amilcar von der Strecke und überschlägt sich: »Fahrer leicht verletzt«, heißt es zunächst, doch zwei Tage später stirbt der junge Frankfurter im Krankenhaus. Die makabre Ehre, als erstes Todesopfer in die Annalen des Nürburgrings einzugehen, trifft Vincenz Junek, der sich mit seinem Bugatti in der fünften Runde bei Breitscheid überschlägt und den Schädel bricht. Die verzweifelte Ehefrau Elisabeth Junek, die ihren Mann in der achten Runde am Lenkrad hätte ablösen sollen, berichtet später davon, daß unmittelbar vor dem Großen Preis von Deutschland ein Freund in einem Pariser Fachgeschäft eigens einen Sturzhelm für Vinzenz Junek gekauft hätte. Doch das damals eher ungebräuchliche Stück sei dann wider Erwarten nicht ins Hotel nach Adenau geschickt worden, weil der Verkäufer vergessen hatte, dem Bekannten der Juneks die nötigen fünf Francs Versandgebühr abzukassieren…

■ *Der dritte Großer Preis von Deutschland beschert erstmals ein recht ansehnliches internationales Teilnehmerfeld. Die Bugatti-Armada in der Gruppe II wäre den Werks-Mercedes sehr gefährlich geworden. Graf Gastone Brilli-Peri (Nr. 23) wird Klassensieger und plaziert sich in der Gesamtwertung auf dem vierten Rang. Doch das Rennen in brütender Hitze wird von schweren Unfällen überschattet: Vincenz Junek (Nr. 9) wird bei Breitscheid mit seinem Bugatti 35B-Achtzylinder tödlich verunglücken, während sein Beifahrer Vykus mit leichten Verletzungen davonkommt…*

Andere Fahrer haben mehr Glück: Paul Bischoff kann sich unverletzt aus den Flammen seines verunglückten Chiribiri retten, Willy Seibel rast mit seinem Bugatti 37A gegen eine Felswand, Fahrer und Beifahrer kommen mit schweren Verbrennungen noch relativ glimpflich davon. Bereits in der zweiten Runde ist auch Willy Walb mit einem der vier Werks-Mercedes-Benz

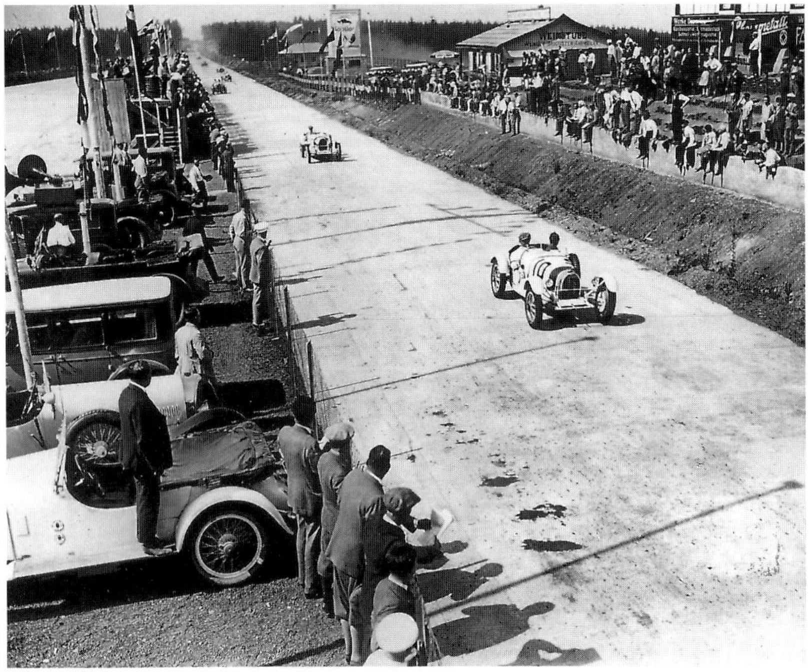

■ *Vor schwach besetzten Rängen auf der Gegengeraden hat sich das Feld der Gruppe II schon kurz nach dem Start auseinandergezogen: Graf Eckhart von Kalnein, ein ostpreußischer Herrenfahrer par excellence, peilt mit seinem Bugatti 35B die Nordkehre an.*

SS rausgeflogen, bleibt aber glücklicherweise unverletzt, so daß der Kurpfälzer in der 9. Runde den Werks-Mercedes von Christian Werner übernehmen kann: Bei einer Bodenwelle hatte es Werner wohl das Lenkrad verrissen und einen Arm ausgekugelt... Rudolf Caracciola führt und beschreibt seine Eindrücke im Mercedes – »der deutschen Eiche unter den Rennwagen« – später so: »Es war zum Verrücktwerden: tropische Sonnenglut, geblendet, von der Hitze gebraten, durstig, schlapp – dazu das ungeheure Gewicht des Wagens von ca. 1650 kg, das in jeder Runde durch die unzähligen Kurven gezwungen werden mußte...eine Runde noch, dann muß ich, an der Spitze liegend, aufgeben.« Doch Mercedes-Benz Rennleiter Alfred Neubauer bekniet den lädierten Christian Werner, Caracciolas Wagen zu übernehmen, schließlich sind Fahrerwechsel damals erlaubt: »Mensch – 18 000 Mark stehen auf dem Spiel! Der Sieg, die Ehre... wollen sie alles den andern schenken?« Christian Werner rafft sich auf: »Macht mir schnell Leukoplastbandagen. Ein oder zwei Runden werde ich durchhalten. Bis dahin habt ihr den Rudi vielleicht wieder fit...« – »Ja, diese Alten!«, triumphiert Neubauer und bearbeitet sodann Caracciola: »Rudi, tun Sie mir den Gefallen, nur noch eine Runde...!« Caracciola: »Ich stieg wieder ein, fuhr apathisch und wie im Traum eine Runde, und noch eine... an Rennen und Kampf kaum ein Gedanke... das Gehirn versagt, ganz automatisch schnellt die Hand zum Schalthebel, treten die Füße auf die Pedale, zwingt der Körper den Wagen durch die Kurven... dann nahm mich Neubauer aus dem Rennen. Christian Werner, der sich inzwischen erholt hatte, fuhr meinen Wagen weiter... bis zum Sieg!« Mercedes-Benz-Rennleiter Alfred Neubauer beschreibt Christian Werners »Erholungsphase« etwas ausführlicher: »Wir nehmen uns den Werner vor. Ein Kübel Wasser wird ihm einfach über den Kopf geschüttet, eine Zitrone zwischen die Zähne geklemmt, neue Bandagen werden angelegt. Werner stöhnt. Ich braue schnell ein Glas ›Rennfahrermixtur‹ zusammen... Malaga, schwarzer Kaffee, Zucker, Eidotter, einige Gewürze.« Und dann muß Christian Werner zwei Runden vor Schluß Rudolf Caracciola ablösen... Werner will Revanche für letztes Jahr, jagt den Spitzenreiter Otto Merz, heißt es in Neubauers Memoiren. Von seiner bald schon vielgerühmten Stallregie keine Spur. Merz rutscht prompt mit seinem Mercedes in der letzten Runde bei Breitscheid von der Strecke und beschädigt sich den rechten Hinterreifen, so daß Teamkollege Christian Werner als Erster die Zielflagge sieht!

Mit zeitgenössisch nationaler Sichtweise kommentiert der Korrespondent des *Motorwagen* den Rennverlauf: »Ettore Bugatti, der sicher geniale Konstrukteur aus Molsheim, mußte sich dem im Sportwagenbau größerem Können von Porsche beugen. Die kleinen Bugatti waren in der Höchstgeschwindigkeit sicher den Mercedes überlegen. Sie entwickeln ohne weiteres Geschwindigkeiten bis zu 190 km/h, sogar mit den Übersetzungen, die für den Nürburgring gewählt wurden. Die Mercedes-Benz liegen aber m.E. bei der 175 km/h-Grenze. Aber was hilft die Höchstgeschwindigkeit bei einem Rennen auf dem Nürburgring? Da kommt es in erster Linie, außer Zuverlässigkeit, auf Bremsen und auf schnelles Anzugsmoment an, und in dieser Beziehung waren die deutschen Wagen durchaus überlegen. (...) So endete der große Tag des deutschen Autosports mit einem klaren Siege einer deutschen Marke, mit dem Siege eines Konstruktionsprinzips, das sich sehr gut auch auf Verkehrstypen für den besonders verwöhnten Geschmack anwenden läßt. Nicht Rennwagen haben die schnellste Zeit gefahren,

■ *Der Herr links im Bild hat sich die Schulter ausgerenkt, der junge Mann rechts daneben ist von einem Hitzschlag außer Gefecht gesetzt worden: Aber zusammen haben Christian Werner und Rudolf Caracciola trotzdem den Großen Preis von Deutschland 1928 gewonnen...*

sondern Sportfahrzeuge klarsten Wassers, schwere Maschinen mit langsam laufenden, aber großdimensionierten Motoren.« Chefkonstrukteur Ferdinand Porsche indes quittierte noch im Oktober desselben Jahres seine Dienste und sagte der Daimler-Benz AG im Verlauf einer hitzigen Vorstandssitzung ebenso impulsiv wie unmißverständlich Adieu. Nach einem kurzen Zwischenspiel bei Steyr machte sich Porsche selbständig und gründete in Stuttgart ein Ingenieurbüro, man würde von ihm bald wieder hören...

Laut vernehmbar war nach jenem Großen Preis von Deutschland Kritik am Rennveranstalter: »Der AvD hat bewiesen, daß er auf der ganzen Welt als der repräsentative deutsche Klub angesehen wird. Kaum einem anderen Verbande wäre es gelungen, eine solch große Zahl von Nennungen für den Großen Preis hereinzubringen. Aber auch der AvD scheint an einem zu kranken, nämlich an einer gewissen Überorganisation, welche alle unsere Veranstaltungen auszeichnet. Man sollte es nicht für möglich halten, welche Fehler bei einer so einfachen Sache, wie es die Zeitangabe ist, unterlaufen können. Stärkere Heranziehung von Technikern in den Organisationsausschuß würde hier Abhilfe schaffen. Auch wäre es sehr wünschenswert, wenn die Veranstalter künftighin die doch bei Rennen unvermeidlichen Unfälle umgehend bekanntgeben würden«, bemerkt Reporter Szénásy in seinem Bericht im *Motorwagen*. Arg relativiert haben sich in der Eifel zu diesem Zeitpunkt auch die Hoffnungen, mit dem Nürburgring das große Geld zu machen, über 20 Millionen Reichsmark haben Bau und Unterhalt der Rennstrecke bis 1928 schon verschlungen, zuviel für den Kreis Adenau: Das Land Preußen und das Deutsche Reich werden Hauptgesellschafter in der neuen Nürburgring GmbH, die am 28. Juli 1928 gegründet wird. Der Reichsverband der Deutschen Automobilindustrie sowie ADAC und AvD schließen sich 1929 ebenfalls an. Und die Zeiten werden noch schwieriger...

# Tanz auf dem Vulkan

Wenigstens in sportlicher Hinsicht hat der deutsche Grand Prix mittlerweile internationale Reputation gewonnen, auch wenn das Rennen anno 1929 wiederum nur für Sportwagen ausgeschrieben wird. Dafür firmiert die Veranstaltung zum ersten – und zum einzigen – Mal unter dem Titel »Großer Preis der Nationen«. Der 14. Juli 1929 wird auch in der Eifel zum französischen Nationalfeiertag, denn Bugatti glückt die Revanche gegen Mercedes-Benz in Gestalt eines überzeugenden Doppelsieges von Louis Chiron und »Georges Philippe«, dem Sohn von Baron Henri de Rothschild. Guy Bouriat rundet den triumphalen Auftritt des Molsheimer Werks-Terzetts mit Rang Vier ab. Wie im Vorjahr hat Bugatti 2,3-Liter-Kompressor-Rennwagen in die Rennschlacht geworfen, 140 PS stark, 800 kg leicht und mit Lampen samt Kotflügeln reglementgerecht zu Sportwagen umgestylt. Dieses Mal gibt es am Nürburgring bei den Werks-Bugattis keine Probleme mehr mit glühenden Bremstrommeln, die Louis Chiron 1928 soviel Zeit beim Reifenwechsel gekostet hatten, so daß der berühmte Monegasse nur auf dem sechsten Platz landete. Chiron begleicht anno 1929 am Ring also seine offene Rechnung mit den »Weißen Elefanten« von Mercedes-Benz, deren ultimative Variante jetzt SSK heißt und über 300 PS mobilisiert. Vier dieser gewaltigen Maschinen nehmen das Rennen in Angriff, doch der vier Minuten später in der Gruppe II gestartete Chiron hat in bravouröser Manier nach vier von 18 Runden schon drei der mächtigen SSK passiert, rangiert damit auf Platz Zwei und schickt sich nach einer Rekordrunde von 112,58 km/h an, auch Spitzenreiter Rudolf Caracciola zu attackieren. Doch dem Rennpublikum – laut zeitgenössischen Angaben sollen sich damals über 280 000 Zuschauer ent-

■ *14. Juli 1929: Der französische Nationalfeiertag wird auch in der Eifel gebührend gefeiert. Mit Bugatti triumphiert bei der vierten Auflage des GP von Deutschland erstmals eine ausländische Marke, dem Titel des Rennens – »Großer Preis der Nationen« – durchaus angemessen. Der voll beflaggten Gegengeraden entlang steuert Bugatti-Meisterfahrer Louis Chiron in Richtung Nordkehre zu.*

■ *Im zeitgenössischen Pressebericht liest sich das wie folgt: »Am Sonntag, dem 14.7, fanden bei prächtigem Sonnenwetter die großen internationalen Automobilrennen auf dem Nürburgring statt. Über 15 000 Zuschauer wohnten den in allen Klassen gut besetzten Entscheidungen bei. Sieger im Gesamtklassement wurde der Franzose Louis Chiron auf Bugatti, der einen Gesamtdurchschnitt von 106,9 km/h erreichte. Klassensieger waren Momberger auf Mercedes-Benz und Burgaller auf Bugatti. Caracciola, der vorjährige Sieger, schied wegen Motordefekts aus. Unsere Aufnahme zeigt Chiron im Rennen.«*

lang der Strecke getummelt haben – ist der packende Zweikampf nur kurze Zeit gegönnt. Noch in der fünften Runde rollt Caracciolas SSK mit gebrochener Pleuelstange aus – Louis Chiron gewinnt mit über elf Minuten Vorsprung. Chirons Siegprämie beläuft sich an jenem 14. Juli 1929 auf 38 000 Reichsmark, der siegreiche Bugatti kostet etwa 28 000 Reichsmark, rund 33 000 Reichsmark werden für einen der unterlegenen Mercedes-Benz SSK verlangt, ein leitender Angestellter kommt damals auf einen Monatslohn von knapp 500 Reichsmark…

…sofern er nicht im Gefolge der Weltwirtschaftskrise alsbald seinen Arbeitsplatz verlieren wird: Der BLACK FRIDAY an der New Yorker Börse, jener 25. Oktober 1929, ruiniert das Leben von Millionen von Menschen auf der ganzen Welt. Binnen eines einzigen Tages fallen die durch Spekulation hochgetriebenen Aktienkurse um bis zu 90 %, am Ende dieses Schwarzen Freitags belaufen sich die Gesamtverluste an der Wallstreet auf über 15 Milliarden Dollar. Sämtliche Industrienationen geraten in den Sog des Börsencrashs, sind sie doch alle im Gefolge des Ersten Weltkrieges bei US-Banken hochverschuldet. Nun brauchen die Vereinigten Staaten selber Geld und ziehen ihre Kredite zurück: Am schlimmsten trifft dies das Deutsche Reich, das seit 1924 aus den USA Kredite im Wert von über 21 Milliarden Reichsmark bezogen hatte. Im Krisentaumel geht der Welthandel zugrunde, für die ohnehin exportabhängige deutsche Industrie werden die ausländischen Zollbarrieren immer höher, die ersten deutschen Großbanken brechen zusammen. Innerhalb eines Jahres steigt die Arbeitslosenzahl von 9 auf 16 %, im Jahr 1932 erreicht sie mit 30,8 % ihren traurigen Höhepunkt – 6,128 Millionen Deutsche sind ohne Arbeit und die NSDAP kommt innerhalb von zwei Jahren von ehedem 2,6 % auf 37,4 % der Reichstagsmandate, womit die Nazis ab 1932 zur stärksten Fraktion werden…

Das Geld ist knapp, auch im teuren Motorsport: Der für den 13. Juli 1930 wieder nur für Sportwagen ausgeschriebene Große Preis von Deutschland wird abgesagt. Aber noch immer gibt es einige Enthusiasten, die sich hierzulande den Luxus leisten, Rennen zu fahren. Heinrich Joachim von Morgen zählt zu diesen betuchten Herren und gewinnt mit seinem 2,3-Liter-Kompressor-Bugatti am 20. Juli 1930 das ADAC-Eifelrennen auf der Südschleife des Nürburgrings, übrigens wohl das erste Rennen in Deutschland, das ausschließlich für Rennwagen ausgeschrieben worden ist. Das Werksteam von Mercedes-Benz fehlt zwar, von internationaler Konkurrenz ganz zu schweigen in einem Feld von gerade mal acht (!) Fahrzeugen. Doch der damals 30jährige Heinrich Joachim von Morgen besitzt durchaus fahrerische Klasse, wie alsbald weitere Rennerfolge belegen. 1931 und 1932, als der Weltverband AIACR die Grand-Prix-Rennen für eine »freie Formel« ohne technische Limits ausgeschrieben hat, um den Automobilsport irgendwie durch die Weltwirtschaftskrise zu steuern, erweist sich der Generalssohn aus Berlin als der

■ *Neben Caracciola der herausragende deutsche Rennfahrer der frühen 30er Jahre: Bugatti-Privatier Heinrich-Joachim von Morgen, der am 27. Mai 1932 beim Training zum Eifelrennen unter reichlich mysteriösen, nie ganz geklärten Umständen tödlich verunglückt.*

■ *19. Juli 1931: Der Großer Preis von Deutschland ist erstmals für Rennwagen ausgeschrieben, was sich am siegreichen Mercedes-Benz SSK an den abmontierten Kotflügeln bemerkbar macht. In dem stark von Regen geprägtem Rennen gelingt es Caracciola die drei herausragenden Grand-Prix-Rennfahrer jener Zeit, Chiron, Varzi und Nuvolari, hinter sich zu lassen. Vielleicht das beste Rennen, das »Caratsch« je auf der Nordschleife fuhr, allemal jedoch ein Grand Prix, bei dem Beifahrer Wilhelm Sebastian (am rechten Hinterrad) entscheidend dafür sorgte, daß für das Auftanken und den Wechsel der beiden hinteren Reifen nur eine Minute und vier Sekunden benötigt wurden.*

einzige deutsche Rennfahrer, der dem längst auch international überragenden Rudolf Caracciola im eigenen Land Paroli bieten kann. »Caratsch« fährt 1931 quasi als Semi-Werksfahrer für die Daimler-Benz AG, die ihr eigenes Werksteam angesichts der desolaten Finanzlage aufgelöst hat, die aber, um ihren arbeitslos gewordenen Spitzenfahrer nicht an die ausländische Konkurrenz zu verlieren, ihm eine Saison lang kostenlos einen SSKL für Renneinsätze zur Verfügung stellt. Es wird ein grandioses Jahr für Caracciola: Am Wochenende des 12. auf den 13. April 1931 gewinnt der 30jährige die Mille Miglia, der erste Ausländer, der den Italienern den Sieg in dem legendären Straßenrennen streitig gemacht hat. Und in seiner deutschen Heimat gewinnt der mittlerweile ins schweizerische Arosa umgezogene »Caratsch« obendrein noch die drei wichtigsten Rennen des Jahres, am 7. Juni das noch einmal auf der Südschleife gefahrene Eifelrennen, am 19. Juli den erstmals auf der Nordschleife ausgetragenen Großen Preis von Deutschland sowie am 2. August das Internationale AVUS-Rennen, das erste Rennmeeting auf der Berliner Stadtautobahn seit jenem berühmtberüchtigten deutschen Grand Prix anno 1926. Am Ende der Rennsaison 1931 hat Caracciola Siegprämien und Startgelder in Höhe von rund 180 000 Reichsmark eingefahren…

Beim Eifelrennen erweist sich Heinrich Joachim Morgen als einziger ernsthafter Gegner für Rudolf Caracciola, beide lösen sich mehrfach an der Spitze ab, erst gegen Ende des fast dreistündigen Kampfes vermag »Caratsch« auf und davon zu ziehen und mit fast zweieinhalb Minuten Vorsprung zu siegen. Über sieben Minuten hinter dem Zweitplazierten von Morgen landet ein 25jähriger Nachwuchs-Herrenfahrer namens Manfred von Brauchitsch mit einem Mercedes SSK auf dem dritten Rang. Ein anderer halboffizieller Werksfahrer der Daimler-Benz AG hat es vorgezogen, am selben Wochenende in Polen zu starten: Der 30jährige Hans Stuck gewinnt dort prompt den Großen Preis von Lemberg, allerdings gegen mäßige Konkurrenz. Die richtige Nagelprobe für die deutsche Rennfahrerelite samt dem alle überragenden Caracciola findet erst beim Großen Preis von Deutschland statt, der endlich für Rennwagen ausgeschrieben ist und trotz bescheidener Sieges- und Startprämien in Gesamthöhe von 30 000 Reichsmark, davon 12 000 RM allein für den Sieger, erstmals nahezu alle GP-Spitzenfahrer der Epoche auf dem Eifelkurs versammelt: Luigi Fagioli und René Dreyfus starten für das Maserati-Werksteam, die Scuderia Ferrari, mit den Werkseinsätzen für Alfa Romeo betraut, schickt Tazio Nuvolari mit einem der legendären Tipo 8C-2300 Monza zum Nürburgring und Ettore Bugatti setzt gleich vier Werkswagen vom Typ 51 ein, gelenkt von Louis Chiron, Achille Varzi, William Grover-Williams alias »Williams« und Guy Bouriat. Aus den USA ist Phil »Red« Shafer mit seinem Buick-Special ausgerückt, eine Kombination, die im selben Jahr bei den 500 Meilen von Indianapolis immerhin Rang 12 belegte, am Nürburgring jedoch stets das Schlußlicht markiert, ehe in der 13. von 22 Runden Lenkung, Stoßdämpfer und Radaufhängungen bis zur Bruchgrenze durchgerüttelt sind... Mit Earl Howe und Sir Henry Birkin sind die besten britischen Privatfahrer ebenso vertreten wie der kommende französische Rennstar, der damals 23jährige Jean-Pierre Wimille, der in Eigenregie einen Bugatti einsetzt. Was für eine erlesene Besetzung! Und das in Zeiten absoluter Finanzkrise: Am 13. Juli 1931 hat das zweitgrößte deutsche Kreditinstitut, die Darmstädter- und Nationalbank die Zahlungen eingestellt, ein Run auf die Banken setzt ein, die Reichsregierung Brüning, ohne parlamentarische Mehrheit allein vom greisen Reichspräsidenten Hindenburg und seiner Hofkamarilla getragen, setzt wieder einmal eine Notverordnung in Kraft, zwei Tage lang, bis zum 16. Juli, bleiben alle Geldinstitute geschlossen. Trotzdem finden sich am 19. Juli 1931 nach offiziösen Angaben 108 000 zahlende Zuschauer rings um die Nordschleife des Nürburgrings ein, um bei heftigem Regen den bis dato bestbesetzten Großen Preis von Deutschland zu erleben, was dem glücklichen AvD Einnahmen in Höhe von über 200 000 Reichsmark beschert haben mag. Der Reichsrundfunk meldet sich erstmals mit einer Direktübertragung vom Nürburgring, die schneidende Stimme eines Dr. Karl Laven wird fortan den Großen Preis von Deutschland von Berlin bis München, von Posemuckel bis Hinterweidenthal verbreiten. Es ist dieser Grand Prix anno 1931, der auf Jahrzehnte hinaus die klassischen Maßstäbe des GP von Deutschland setzt – erstmals 22 Runden Nürburgring-Nordschleife, samt der unsichtbaren, aber dank Stoppuhr überaus realen Zeit-Schallmauer. Zunächst fällt die elf Minuten-Marke, dann sind zehn Minuten der Maßstab für eine Weltklasserunde am Ring, und am Ende der Grand-Prix-Geschichte auf der Nordschleife werden wir Mitte der siebziger Jahre bei sieben Minuten als magischem Grenzwert angelangt sein...

19 Rennwagen rollen in der GP-Klasse »Formule libre« ohne Beschränkung von Hubraum und Gewicht an den Start, dahinter folgen noch 14 »Klein-Rennwagen« bis 1100 Kubikzentimeter Hubraum, die auf eine verkürzte Distanz von 18 Rennrunden geschickt werden. Die Nordschleife ist lang genug, um mitunter für ebenso langwierige wie langweilige Prozessionen zu sorgen, etwas »Füllstoff« braucht ein Rennveranstalter da schon... Aber was zählen solche Überlegungen beim begeisterten deutschen Rennpublikum, wo doch Rudolf Caracciola einem grandiosen Sieg in diesem Regen-Grand-Prix anno 1931 entgegensteuert? Beim Start, übrigens noch immer in 3-2-3-Aufstellung gemäß der Reihenfolge der Startnummern, ist zwar Fagioli aus der dritten Reihe am besten weggekommen, doch bis zum Schwalbenschwanz zieht »Caratsch« an dem Maserati vorbei und kehrt als Spitzenreiter aus der ersten Runde zurück. Der »Regenmeister« gibt diese Führung nicht mehr ab, fährt einen beeindruckenden Vorsprung heraus, der ausreicht, um auch auf abtrocknender Piste vorn zu bleiben und die Schlußattacken Louis Chirons abzuwehren.

Die italienische Zeitschrift *Motori, Aero, Cicli e Sports* zieht ein Fazit dieses denkwürdigen Grand Prix: »Das Siegerauto wog stolze 1600 kg und hatte einen Hubraum von über sieben Litern, ein Rückschritt zu Fahrzeugen, wie man sie vor zwanzig Jahren gebaut hat: Ein Ergebnis, das dem Fort-

■ *2. August 1931: Rudolf Caracciola gewinnt das »Internationale AVUS-Rennen« nach hartem Zweikampf mit Heinrich-Joachim von Morgen.*

schritt ins Gesicht schlägt. Die beiden Bugatti von Chiron und Varzi sowie Nuvolaris Alfa Romeo beherrschten trotzdem all die altertümlichen, aber kräftigen Mercedes – mit Ausnahme des einen, den Caracciola zum Sieg fuhr.« Die Bugattis, Alfa Romeos und Maseratis, das sind Rennmotoren, mit etwas Blech darüber, während Caracciola seinen Mercedes-Benz SSKL als »Dampfer« charakterisiert, »den man mit sanfter Gewalt durch die Kurven lenken mußte, denn wenn der einmal aus der vorgeschriebenen Richtung kam, war der Traum aus, dann ging er hin, wohin er wollte. Wer ihn aber zu nehmen verstand, der fuhr damit wie auf einer Lokomotive.« In der Rennsaison 1932 fährt »Caratsch« dann selbst einen Werks-Alfa und kann vergleichen: »Hier ging alles so federleicht, Kupplung, Lenkung, schalten konnte ich mit den Fingerspitzen, und das Kurvenfahren war ein einziges Vergnügen. Der Alfa nahm die Kurven wie eine Tänzerin, leicht und elegant. Allerdings – auf der Geraden tanzte er auch, und das war weniger schön. Anfangs benötigte ich die Breite der ganzen Straße.«

Die Uhr ist für den SSKL-Rennwagen eigentlich also schon längst abgelaufen, doch Caracciola vollbringt wahre Wundertaten und gewinnt am 2. August 1931 auch noch das Internationale AVUS-Rennen, das allerdings entgegen des vollmundigen Titels ohne ernsthafte ausländische Konkurrenz stattfindet: »Unsere Wagen waren schnell«, schildert Caracciola, »so schnell, daß es überhaupt keine Reifen mehr dafür gab. Uns flogen einfach die Fetzen um die Ohren. Hans Stuck wurde von einem abfliegenden Brocken der Reifendecke der Arm verletzt. Von Morgen, der mit dem schnellen Bugatti antrat, kam nach drei Runden auf der blanken Leinwand zurück, und links vorn hatte er einen Platten. Die Reifenleute standen mit roten Köpfen da: So etwas war ihnen noch nicht vorgekommen. Doch dieses Avus-Rennen war eigentlich erst ein zahmer Anfang. Durch die sprunghafte Steigerung der Geschwindigkeiten sind wir seit jener Zeit die Reifensorgen nie wieder los geworden.« Der Rennschnitt bei seinem AVUS-Sieg anno 1931 beläuft sich auf 185,7 km/h, vier Jahre später, beim letzten großen AVUS-Rennen vor dem Umbau der Nordkurve zur Steilkurve schafft der Gewinner Luigi Fagioli einen Gesamtschnitt von 238,5 km/h... Auch dies mag veranschaulichen, welch technischen Fortschritt die Silberpfeil-Ära dem Rennsport noch bescheren sollte. Immerhin, auch die Reifenproduzenten hielten mit der Entwicklung Schritt, selbst schon anno 1931, als die Continental-Ingenieure zwei Stunden vor dem Start auf der AVUS für den SSKL von Caracciola Spezialreifen lieferten: »Das Rennen wurde ein wütendes Duell zwischen von Morgen und mir, und wenn ich es für mich entscheiden konnte, so nur aus zwei Gründen: Weil eben die ruhige Maschine des riesigen Mercedes-Benz in den letzten Runden doch größere Reserven hatte, als der nervöse, hochtourige Bugatti – und weil meine Reifen hielten.« Die Berliner Presse steht voll auf der Seite ihres Lokalmatadors Heinrich-Joachim von Morgen und schreibt von »Reifenschiebung« und »Günstlingswirtschaft«, während Mercedes-Benz-Rennleiter Alfred Neubauer gelassen kommentiert: »Die besten Reifen für den besten Fahrer! Und wenn morgen ein Herr Piefke kommen sollte, der besser fährt als Caracciola, dann wird fortan Herr Piefke die besten Reifen erhalten!«

Bald werden aber weder Herr Piefke noch Rudolf Caracciola für Mercedes-Benz Rennen fahren: Die Daimler-Benz AG hat sich bis Ende 1931 von der Hälfte ihrer Mitarbeiter getrennt, bis auf weiteres verabschiedet sich der Konzern vom großen Rennsport. Mittlerweile sind 5,66 Millionen Deutsche arbeitslos, seit Oktober hat die Reichsregierung die Dauer der Arbeitslosenunterstützung von 26 auf 20 Wochen gekürzt. Ebenso kurios wie antizyklisch schließt indessen im selben Herbst des Jahres 1931 am Rande des Pariser Automobilsalons Generaldirektor Klee von den Wanderer-Werken mit Ferdinand Porsche ein Abkommen über die Entwicklung eines Grand-Prix-Rennwagens. Porsche schwebt dafür ein Mittelmotorkonzept vor, auch dies ein absolut unzeitgemäßer Gedanke...

# Keine Ruhe vor dem Sturm

Das Krisenjahr 1932 bringt auch in der Politik immer kuriosere Konstellationen: Im Frühjahr kandidiert der ebenso erzkonservative wie senile Hindenburg noch einmal bei der Reichspräsidentenwahl, doch der greise Kriegsheld muß in einen zweiten Wahlgang, wo ihm ausgerechnet die Wähler der demokratischen Parteien zum Sieg verhelfen, um Hitler zu verhindern. Am 10. April 1932 setzt sich Hindenburg mit 53 % der abgegebenen Stimmen durch, der NSDAP-Führer kommt auf 36,8 % oder in Zahlen: 13,419 Millionen Wähler – ohne die Nazis geht auch im Reichstag rein rechnerisch bald nichts mehr, aber vorerst darf Zentrumsmann Brüning, der Reichskanzler von Hindenburgs Gnaden, mit Notverordnungen weiterwursteln. Es liegt aber etwas in der Berliner Luft, als die Rennsaison in Deutschland am 22. Mai 1932 auf der AVUS ihren ersten Höhepunkt erlebt...

»Caratsch« hat bekanntlich die Fronten gewechselt, fährt für Alfa Corse, doch gehört nach Intervention der düpierten italienischen Alfa-Spitzenfahrer Nuvolari, Campari und Borzacchini vorerst nur »inoffiziell« zum Werksteam. Caracciolas Alfa trägt deshalb zunächst noch die weiße Rennfarbe für Deutschland und nicht das italienische Rot. Am 17. April wird der »Tedesco« beim Grand Prix von Monaco hinter Nuvolari Zweiter, die Fama geht um, »Caratsch« habe dem angeschlagenen Alfa-Kollegen den Sieg geschenkt, bis zum deutschen Grand Prix Mitte des Jahres wird Caracciolas Alfa Romeo jedenfalls rot lackiert sein... Auf der AVUS hat sich der Wind für »Caratsch« gedreht und bläst dem einstigen Liebling der Berliner hart ins Gesicht: 200 000 Zuschauer feiern den schneidigen Manfred von Brauchitsch, der mit einem privaten SSKL den Werks-Alfa von Rudolf Caracciola schlägt. Freiherr Reinhard von Koenig-Fachsenfeld hatte den Brauchitsch-Mercedes erstmals mit einer Stromlinienkarosserie verkleidet, das 270 PS starke Geschoß erreichte auf der AVUS eine Spitzengeschwindigkeit von 230 km/h, mit dem herkömmlichen SSKL-Outfit hatte es Caracciola bei seinem Vorjahressieg auf eine Spitze von 209 km/h gebracht. Die Zeit war überreif für aerodynamische Experimente im Rennsport...

...aber noch keineswegs für besondere Streckensicherungsmaßnahmen: In der ersten Runde ist der tschechische Fürst Georg Christian Lobkowicz mit seinem Bugatti Typ 51 tödlich verunglückt, die Umstände sind merkwürdig. Der berühmt-berüchtigte Hellseher Hanussen soll den Sieg von Brauchitschs und den Tod Lobkowiczs prophezeit haben. Am 23. Mai 1932 schreibt die *Berliner Nachtausgabe* unter der Schlagzeile »ADAC war gewarnt!«: »Hanussen hat wiederholt in eindringlicher Weise beteuert, daß er die allerschlimmsten Befürchtungen für den Fürsten hege, und hat wiederholt gebeten, es möge vom ADAC eine Warnung an Lobkowicz ergehen. Die maßgebenden Stellen im ADAC haben jedoch von dieser, von Hanussen erbetenen Mitteilung an den Fürsten Lobkowicz Abstand genommen.«

Der Renntroß zieht von der AVUS weiter zum Nürburgring, Hanussen ist nicht im Gepäck mit dabei. Auch ohne seine düsteren Auspizien kommt es am Freitagnachmittag beim Training für das Eifelrennen zu einem weiteren Unglück: Heinrich Joachim von Morgen will neue Kolben

■ *Ein Kapitel für sich: Der Monegasse Louis Chiron schrieb über drei Jahrzehnte lang Grand-Prix-Geschichte. Manche zeitgenössische Quellen attestieren, Chiron sei 1928 »Weltmeister« geworden. Doch dieser Titel bezog sich wohl auf die Marke, denn der große Chiron selbst schrieb fast vier Jahrzehnte später: »Ich erinnere mich heute noch an die Freude in der ganzen Fabrik, als ich 1928 die Weltmeisterschaft für Bugatti errang; jeder bekam etwas, und ich muß bemerken, daß damals die Festlichkeiten über mehrere Tage gingen. Der Chef erhielt dafür das Kreuz der Ehrenlegion, während mir selbst diese Auszeichnung 1935 zuteil wurde.« Noch 1949 wird der Grandseigneur der Rennfahrerzunft in der Lage sein, den französischen Grand Prix zu gewinnen. Und bei seinem eigentlichen Heim-GP 1955 in Monte Carlo gelingt ihm ein Rekord mit Verdacht auf Ewigkeitswert: Mit 55 Jahren und 292 Tagen ist Louis Chiron bis heute der älteste Rennfahrer geblieben, der jemals einen Lauf zur Formel-1-WM bestritten hat. All dies ist der Erinnerung wert an einen der ganz Großen des Rennsports, der am 23. Juni 1979 kurz vor seinem 80. Geburtstag gestorben ist.*

in seinem Achtzylinder-Bugatti Typ 51 einfahren, ohne Hektik, nicht über 4 000 Touren drehend. Doch kaum auf die Strecke hinausgerollt, verunglückt von Morgen tödlich, als sein Bugatti in der Hatzenbach-Senke aus ungeklärter Ursache von der Strecke abkommt. Die Umstände dieses Unfalls sind bis heute mysteriös geblieben, die Erinnerung an Heinrich Joachim von Morgen, den damals nach Caracciola wohl besten deutschen Autorennfahrer, scheint auf ähnlich merkwürdige Weise seltsam rasch verblasst zu sein. Was wäre gewesen, wenn von Morgen – wie geplant – für die Auto Union hätte Rennen fahren können…?

Rudolf Caracciola gewinnt im Alfa Romeo P 2 das Eifelrennen, beim Großen Preis von Deutschland am 17. Juli 1932 sitzt er im neuen P 3, dem bald schon legendären Monoposto: Nur ein Fahrersitz befindet sich hinter dem prächtigen 2,7-Liter-Reihen-Achtzylinder aus zwei Blöcken, die jeweils mit einem Roots-Kompressor versehen sind, die den Alfa auf eine Motorleistung von rund 215 PS bringen. Bei nur 700 kg Trockengewicht schafft der Alfa Romeo P 3 locker Tempo 230 und ist in der freien Grand-Prix-Formel einsame Spitze. Nur neun Rennwagen der GP-Klasse rollen an den Start, das magere Feld wird einmal mehr mit insgesamt 22 Klein-Rennwagen bis 1,5 bzw. 0,8 Liter Hubraum aufgefüllt, »Voiturettes« also, die nicht die volle Renndistanz von diesmal 25 Runden zurücklegen müssen. Trotz der eher bescheidenen Besetzung sollen damals 140 000 Zuschauer die Nordschleife umsäumt haben: Im Nachhinein will es den Nachgeborenen wie ein Abschied von einer Epoche scheinen. Die Verhältnisse sind unruhig geworden in Deutschland, der Sport ist eine Art von Ventil in der verunsicherten Massengesellschaft der Moderne. Die Nation trauert mit Max Schmeling, der am 21. Juni in New York gegen den umstrittenen Punktsieger Jack Sharkey um seinen WM-Titel im

■ *Spätstarter: Nachdem ein Motorradunfall seine Laufbahn bei der Reichswehr beendet, sattelt Manfred von Brauchitsch um und wird mit 24 Jahren Hobby-Rennfahrer. Es dauert keine drei Jahre, bis der Draufgänger den großen Rudolf Caracciola besiegt. Am 22. Mai 1932 auf der AVUS ist es soweit, als Brauchitsch seinen Mercedes-Benz SSKL mit der Stromlinien-Verkleidung von Freiherr Reinhard von Koenig-Fachsenfeld fährt. »Von anfänglicher Motorüberhitzung bis zu einer schlechten Straßenlage war die Karosserie die Ursache von nicht endenwollenden Problemen«, notiert der Konstrukteur, doch Brauchitsch gewinnt mit diesem abenteuerlichen Gefährt trotzdem das AVUS-Rennen gegen Caracciolas Alfa Romeo…*

■ *17. Juli 1932: Ob mit oder ohne Alfa-Romeo-Stallregie – Rudolf Caracciola gewinnt mit dem Alfa Romeo Tipo P3 den deutschen Grand Prix.*

Schwergewichtsboxen betrogen worden ist. »Maxe« ist ein echtes Idol, wahrscheinlich der größte Sportler, dem diese Nation huldigen durfte. Vergleiche sind bisweilen gewagt, immer ungerecht und müßig, die Zeiten und die Verhältnisse sowieso längst andere, aber um trotzdem im Bilde zu bleiben: Max Schmeling verhält sich zu einem medienmäßig hochgepushten Boxer namens Henry Maske ungefähr so wie Rudolf Caracciola zu Michael Schumacher...

...natürlich gewinnt »Caratsch« auf dem Alfa Romeo seinen Heim-Grand-Prix, auch wenn Teamkollege Tazio Nuvolari sich gegen die von Vittorio Jano ausgegebene Stallregie sträubt: Bei Halbzeit startet der Mantuese eine Attacke auf Caracciola, übernimmt die Spitze und fährt mit 10.49,4 Minuten oder 126,6 km/h einen neuen Rundenrekord. Danach greift wohl die Boxenregie ein, Auftanken und Reifenwechsel spielt sich bei Caracciola in 95 Sekunden ab, bei Nuvolaris Boxenaufenthalt vergehen 160 Sekunden! Die Legende geht um, »Nivola« habe wütend einen Hammer – oder wars doch ein Schraubenschlüssel? – ergriffen und seinen allzu zeitlupenhaft agierenden Mechanikern gedroht, schneller zu machen... Selbst solche Spirenzchen kann man sich bei Alfa Corse leisten und feiert am Nürburging trotzdem einen dreifachen Erfolg in der Reihenfolge Caracciola – Nuvolari – Borzacchini. Derart überlegen erweist sich der P 3, daß Tazio Nuvolari nach dem Großen Preis etwas kokett gegenüber Rennreporter Corrado Filippini bemerkt: »Ich wünschte mir fast, der eine oder andere Automobilhersteller würde einen neuen Rennwagen-Typ bauen, dann könnten die Rennen vielleicht wieder interessanter werden.« Seine sicherlich nicht ganz ernst gemeinte Äußerung soll auf ganz und gar nicht absehbare Art und Weise bald in Erfüllung gehen...

■ *Die Zeiten sind schlecht, doch der Blick auf den Parkplatz bei Start und Ziel des GP spiegelt keineswegs die Krisenstimmung der Republik 1932 wider. Noch ist Motorsport allein eine Angelegenheit betuchter Herrschaften: Bald werden aber andere zum »Ruhme der Nation« im Sinne der Nazi-Ideologie das Kommando übernehmen...*

# Das Silber wird geputzt

Ende der Rennsaison 1932 zieht sich Alfa Corse zurück, die Scuderia Ferrari führt die Renngeschäfte weiter. Und 1933 wird ein Jahr des Übergangs im internationalen Motorsport, seit der Weltverband AIACR am 12. Oktober 1932 verkündet hat, ab 1934 ein neues Reglement einzuführen: Maximal 750 kg darf künftig ein Grand-Prix-Rennwagen ohne Reifen, Treibstoff, Öl und Wasser auf die Waage bringen, das soll in etwa den Status Quo sichern, den Alfa Romeo, Bugatti und Maserati zuletzt mit ihren Konstruktionen erreicht haben. Auf dem Papier wären das leichte Fahrgestelle mit Kompressor-Motoren in einer Größenordnung von etwa 2,5 bis 3 Liter Hubraum, ausgelegt auf höchstens an die 300 PS, schon aus Gründen der Sicherheit müßte das vollauf reichen. Wer ahnt schon damals, daß deutsche Ingenieurkunst, gepaart mit massiver finanzieller Unterstützung, diese Kalkulation der so gut durchdachten 750-Kilogramm-Formel binnen kürzester Zeit vollkommen über den Haufen werfen wird und silbern glänzende Renngeschosse mit weit über 600 Pferdestärken produziert...?

Doch nicht nur bei wohlmeinenden Rennsportfunktionären gibt es eklatante Fehleinschätzungen: Im Deutschen Reich ist eine andere Zeit angebrochen, sagen nicht nur die Nazis, seit am 30. Januar 1933 ihr »Führer« Adolf Hitler von Hindenburgs Hofschranzen in das Amt des Reichskanzlers gehievt worden ist. Ein Häuflein von ultrareaktionären Politamateuren will sich den Trommler sichern, der ihren ganz und gar undemokratischen Staatsvorstellungen ein populistisches Mäntelchen verpassen soll. Aber Vizekanzler Franz von Papen, Pressezar Alfred Hugenberg und all die anderen Tölpel werden von dem Ungeist, den sie riefen, innerhalb weniger Wochen und Monate hinweggefegt...

Hitler spielt geschickt auf der deutschnationalen Klaviatur: Am 11. Februar 1933 eröffnet er im festlichen Cut die Internationale Automobil- und Motorrad-Ausstellung am Kaiserdamm in Berlin. Es ist das erste Mal, daß ein Reichskanzler die Gesamtschau der deutschen Motorindustrie derart beehrt und obendrein der versammelten Schar der Unternehmer mit artigen Versprechungen hofiert: Allmähliche steuerliche Ent-

■ *3. Juni 1934: Manfred von Brauchitsch übernimmt im Mercedes-Benz W25 sofort die Führung im Eifelrennen. Das Los bestimmt den Startplatz, und so rollen zwei ältere private Alfa Romeo 8C-2300 neben dem neuen Silberpfeil aus der ersten Reihe an. Links im Bild der Schwede Per-Viktor Widengren, rechts außen die Französin Hellé Nice, während sich zwischen Widengren und Brauchitsch aus der zweiten Reihe der Schweizer Hans Ruesch mit seinem Maserati 8CM vorschiebt.*

lastung, großzügige Straßenbaupläne und natürlich Förderung der sportlichen Veranstaltungen verheißt der große Automobilfreund Hitler. Jakob Werlin, der glückliche Vorstand der Daimler-Benz AG, wird in einem Schreiben einmal stolz dem Führeradjutanten Wiedemann vorrechnen, wieviel Kilometer Hitler denn in Mercedes-Benz-Automobilen verbrachte: »Insgesamt legte der Führer im Kampfe um Deutschland bis zur Machtergreifung über eine Million Kilometer zurück. Diese Entfernung entspricht dem 23fachen Umfang des Erdballes«, verkündet Werlin am 18. Februar 1936...

Am 15. März 1933 wendet sich die Direktion der Daimler-Benz AG an Hitler und bittet um staatliche Subventionen für den Bau eines Grand-Prix-Rennwagens nach der neuen 750-Kilogramm-Formel, »um auch im künftigen Sport die deutsche Fahne vertreten zu können« und dies zur »Förderung des Ansehens des deutschen Namens«. Es geht um einen Reichsmark-Betrag in Millionenhöhe, aber inzwischen gibt es auch einen anderen Aspiranten auf staatliche Rennwagen-Prämien: Ferdinand Porsche unterzeichnet mit der Auto Union, dem seit dem 29. Juni 1932 aus Audi, DKW, Horch und Wanderer fusionierten Konzern, einen Vertrag zum Bau eines Grand-Prix-Rennwagens. Das bereits im November 1932 vorgelegte Konzept sieht die Konstruktion eines 4,4-Liter-16-Zylinder-Motors in V-Anordnung mit einer obenliegenden Nockenwelle und 32 Ventilen vor, der von einem Roots-Kompressor aufgeladen werden und – anders als damals üblich – vor der Hinterachse eingebaut werden soll. Klare Sache: Auch die Auto Union will für ihren Mittelmotor-Rennwagen Geld aus der Reichskanzlei loseisen. Hinter den Kulissen beginnt ein emsiges Feilschen. Die Daimler-Benz AG macht als älteste Automobilfabrik der Welt geltend: »Es würde unseres Erachtens deshalb dem Rechtsempfinden aller Deutschen widersprechen, wenn die Mittel (...) noch aufgeteilt würden an eine Firma, die sich mit dem Bau von Rennwagen noch nicht befaßt hat.« Das Reichsverkehrsministerium kommt zu einer interessanten Lösung des Konflikts: Beide Firmen werden unterstützt, die Daimler-Benz AG erhält freilich 500 000 Reichsmark, die Auto Union nur 300 000... Die jährlichen Zuschüsse werden sich in der Folge für beide Konkurrenten bei rund 400 000 bis 450 000 RM pro Rennsaison einpendeln, was mit zusätzlichen Siegprämien – 10 000 RM für einen GP-Sieg, 5000 RM für einen zweiten Platz – immerhin rund 25 % des Rennbudgets der Auto Union gesichert haben dürfte. Im Fall von Mercedes-Benz soll sich der Anteil der Subventionen auf nur rund 10 % belaufen haben, wahrscheinlich weil auch mit etwas größerem Aufwand Rennsport betrieben wurde, denn tendenziell scheinen die Untertürkheimer etwas mehr staatliche Unterstützung genossen zu haben, auch wenn sich die Daimler-Benz AG mit genauen Angaben eher zurückhielt. Die Auto Union kalkulierte anfangs für Entwicklung und Bau eines Grand-Prix-Rennwagens rund 50 000 RM ein, Ende der dreißiger Jahre etwa 70 000 RM.

Die Rennsportszene im Deutschen Reich veränderte sich auch in anderer Hinsicht grundlegend: Die Nazis sorgten dafür, daß alle Kraftfahrer-Vereine und Automobilclubs gleichgeschaltet und in den »Deutschen Automobil-Club« (DDAC) überführt wurden, der neben dem »Nationalsozialistischen Kraftfahrer-Korps« (NSKK) bestand. Oberster Herr in Sachen Motorsport wurde NSKK-Führer Adolf Hühnlein, ein alter NS-Kampfgenosse aus Oberfranken, der schon anno 1923 bei Hitlers Novemberputsch in München dabei war, dem Marsch auf die Feldherrnhalle. Der überzeugte Nazi präsidierte zugleich

■ *NSKK-Führer Adolf Hühnlein beherrscht den »deutschen Gruß«, Manfred von Brauchitsch hat damit als strahlender Sieger des Eifelrennens noch gewisse Schwierigkeiten. Aber auch der wütende Stallgefährte Luigi Fagioli muß erst lernen, daß die Zeiten sich geändert haben und die Mercedes-Stallregie in der Eifel lieber auf die deutsche als auf die italienische Karte setzt.*

der von ihm begründeten »Obersten Nationalen Sportbehörde« (ONS) und kontrollierte damit sämtliche Rennsportaktivitäten im Deutschen Reich. Selbstredend verlangte Hühnlein von deutschen Rennfahrern bald einen Ariernachweis, Juden bekamen keine Rennlizenz mehr: Erfolgreiche Sportfahrer wie der Dresdner Hans Lewy oder der Pforzheimer Adolf Rosenberger, eng mit Mercedes-Benz verbunden und ab 1931 Financier und Geschäftsführer von Ferdinand Porsches Stuttgarter Konstruktionsbüro, erkannten die Gefahr beizeiten und emigrierten 1933... Wer im Dritten Reich Motorsport betreiben wollte, mußte dem NSKK beitreten, konnte sich aber auch der SS anschließen – was durchaus einen Unterschied macht. Je nach Erfolg stieg auch der Dienstgrad, zwangsläufig wurde Rudolf Caracciola ebenso NSKK-Staffelführer wie Hermann

■ *Ein stilisierter Auto-Union-GP-Rennwagen ziert Programmheft und Plakat, nicht der Mercedes-Benz-Silberpfeil.*

Lang. Wer Rennen fahren wollte, mußte sich diesem Strukturprinzip des NS-Systems fügen, ob nun im Sport oder im Kulturleben, an den Hochschulen, in der Wirtschaft und im Staat. Unter Hühnleins Regie wandelte sich der Rahmen des GP von Deutschland zu einer Schaubühne des Regimes, minuziös durchorganisiert vom SA-Aufmarsch über Flaggenparade bis hin zum Kanonendonner, der den Beginn des Rennens signalisierte. Mit Blick auf die internationalen Gäste samt der ausländischen Pressevertreter gestattete das Ritual, daß noch beim letzten Vorkriegs-GP am Nürburgring der große französische Rennfahrer René Dreyfus trotz seiner jüdischen Herkunft mitfahren durfte. Daß in diesem durch und durch NS-geprägten Umfeld grandioser Rennsport geboten wurde, steht ebenso außer Frage, wie die Tatsache, daß die Nazis dies minutiös in ihr großdeutsches Propagandakalkül miteinbezogen: Der alljährliche Große Preis von Deutschland, das war – natürlich mit Ausnahme der Olympischen Spiele von 1936 – die größte Sportveranstaltung im Dritten Reich. Und bewiesen die Erfolge deutscher Rennwagen und Rennfahrer denn nicht die Leistungsfähigkeit der Nation und des Regimes? Auch in dieser Hinsicht hatten die Silberpfeile einen blendenden Erfolg…

Irgendwie entbehrt es nicht einer gewissen Pikanterie, daß der beste deutsche Rennfahrer ausgerechnet an »Führers Geburtstag«, nämlich am 20. April 1933, beim Training zum Grand Prix von Monaco schwer verunglückt: Rudolf Caracciola schleudert mit einem Alfa Romeo P 3 seines gemeinsam mit Louis Chiron betriebenen Rennteams in eine Steintreppe und zieht sich schwere Verletzungen zu. Der rechte Oberschenkelknochen ist zertrümmert, die Gelenkkugel gebrochen und zersplittert, die zeitgenössische Chirurgenkunst gelangt an ihre Grenzen. Daß »Caratsch« überhaupt wieder Rennen fahren wird, grenzt angesichts der damaligen Behandlungskünste an ein Wunder. Doch als sich nach vielen Operationen und mühsamer Genesung eine Testchance im neuen Mercedes-Benz GP-Rennwagen abzeichnet, trifft Rudolf Caracciola der nächste Schicksalsschlag: Am 2. Februar 1934 kommt seine Ehefrau »Charly« bei einem Lawinenunglück in der Nähe von Arosa ums Leben…

Die GP-Saison 1933 wird noch einmal nach den Regeln der Freien Formel bestritten, was die Aussichten auf deutsche Rennerfolge gen Null sinken läßt. Mercedes-Benz und Auto Union konzentrieren sich darauf, ihre neuen Grand-Prix-Modelle für 1934 zu entwickeln. Beim AVUS-Rennen rücken Manfred von Brauchitsch und Otto Merz mit zwei älteren Stromlinien-SSK-Rennwagen an, doch während eines Trainingslaufes am 20. Mai 1933 überschlägt sich der 44jährige Routinier auf regennasser Fahrbahn, wohl weil er nach einem Schlenker unglücklicherweise gegen einen Kilometerstein gerät. Wieder hat die AVUS ein Todesopfer gefordert, am darauffolgenden Renntag kommt trotzdem die Polit-Prominenz allen voran die Naziminister Goebbels und Göring ebenso wie ihre deutschnationalen Regierungskollegen Papen und Hugenberg. Sie erleben einen Sieg von Achille Varzi in einem Werks-Bugatti Typ 54, für Vorjahressieger Manfred von Brauchitsch reicht es nach fünf Reifenschäden am Ende nur weit abgeschlagen zum sechsten Platz. Brauchitsch scheint dennoch in die Rolle des kommenden deutschen Rennfahrerhelden hineinzuwachsen, denn eine Woche darauf belegt er mit seinem schwerfälligen Mercedes-Benz SSKL im Eifelrennen Rang Zwei hinter dem souveränen Tazio Nuvolari in einem Alfa Romeo P 3 der Scuderia Ferrari. Göring gratuliert sofort nach Rennende enthusiasmiert, hält eine flammende Rede, die darin gipfelt, daß er durchaus glücklich sei über den italienischen Sieg. Gleichwohl braucht man nicht viel Worte zu verlieren, um festzustellen, daß der Verlauf der Rennsaison 1933 aus deutschnationaler Sicht keine Begeisterung auszulösen vermag. Im gerade erst gleichgeschalteten Motorsport wird man in diesem Jahr auf die Austragung des Großen Preises von Deutschland verzichten…

Es dauert bis zum 13. November 1933, ehe der silberfarbene Auto Union seine erste Testfahrt auf der Südschleife des Nürburgrings absolviert. Rennleiter Willy Walb, wie Konstrukteur Ferdinand Porsche ja ebenfalls pikanterweise ein langgedienter Mercedes-Benz-Mann, hatte dem etwa 295 PS-starken, nach zeitgenössischen Maßstäben geradezu revolutionären GP-Rennwagen aus Zwickau also früher das Laufen beigebracht, als dies der Untertürkheimer Konkurrenz mit ihrer Neukonstruktion glückte. Erst im Spätherbst 1933 wird der unter der Regie von Hans Nibel konzipierte Mercedes-Benz M25A-Motor auf dem Prüfstand getestet, ein 3,4 Liter-Reihen-Achtzylinder mit zwei obenliegenden Nockenwellen und vier Ventilen pro Zylinder, der mit einem Roots-Kompressor versehen rund 280 PS mobilisieren soll, doch auf Anhieb auf etwa 325 PS bei 5 500 U/min kommt. Mit einer Spezial-Mischung von Esso aus 86 % Methylalkohol, 4,4 % Nitro-Benzol, 8,8 % Azeton und 0,8 % Äther leistet der Rennmotor schließlich 354 PS bei 5800 U/min, womit aber noch längst nicht das Limit erreicht ist. Ähnlich wie bei Auto Union experimentiert man auch in Untertürkheim mit weiteren Treibstoff-Varianten und größerem Hubraum. Das Aggregat wiegt anfangs nur 114 kg, bei der 4-Liter-Variante M25B liegt man Mitte der Saison 1934 dann schon bei 207 kg, immer noch ein Muster zeitgenössischen Leichtbaus. Auch das Rohrrahmen-Fahrwerk setzt Maßstäbe mit Einzelradaufhängung, Vollschwingachsen und hydraulischen Bremsen samt schnittiger Aluminiumverkleidung. Der Mercedes-Benz W25 wird angeblich weiß lackiert und absolviert Ende Februar 1934 in Monza – einen Monat nach Auto Union! – seine ersten ernsthaften Testfahrten, solange bis Manfred von Brauchitsch einen schweren Unfall baut, aber zum Glück unverletzt bleibt. Schon zuvor haben sich die Verantwortlichen in Untertürkheim sorgenvolle Gedanken über die Fahrerbesetzung gemacht: Man ist dabei, mit erstklassigem technischen Aufwand die Grand-Prix-Bühne zu betreten, doch wenn das Comeback von Caracciola scheitern sollte, sitzt am Volant möglicherweise nur die zweite Garnitur... Alfred Neubauer macht schließlich sogar Tazio Nuvolari ein Angebot, verpflichtet dann jedoch Luigi Fagioli, der 1933 bei der Scuderia Ferrari ein großes Jahr erlebte, während »Nivola« mitten in der Saison Enzo Ferrari verließ, weil er sich über mangelhafte Vorbereitung seines Alfa Romeo geärgert hatte. Nuvolaris Intimfeind Achille Varzi wird 1934 bei der Scuderia Ferrari Fagiolis Platz einnehmen, während »Nivola« bei Einsätzen für Bugatti und Maserati vom Regen in die Traufe

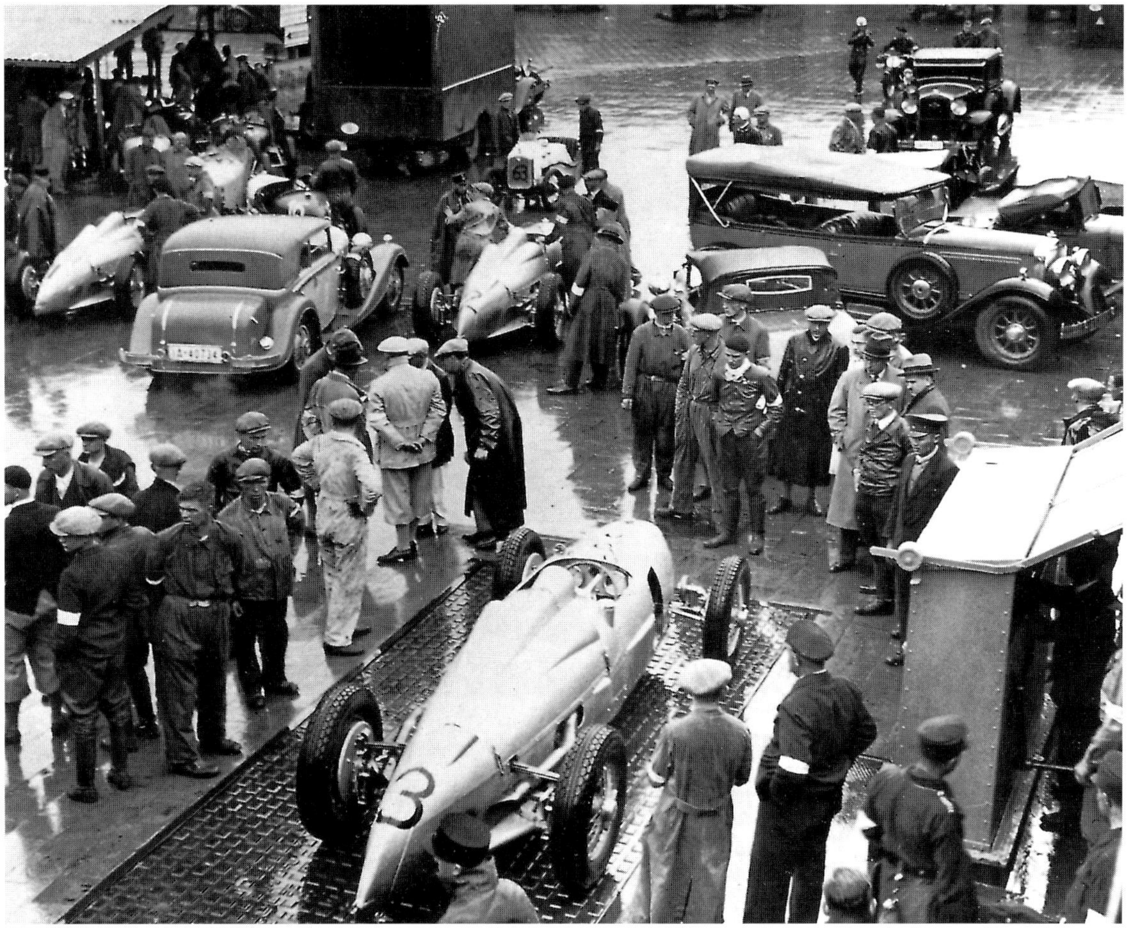

■ *Das alte Fahrerlager am Nürburgring, Dauerregen im Juli anno 1934 und im Vordergrund die berühmte Waage, die Kontrollinstanz der 750-kg-GP-Formel: Die »sächsischen Silberpfeile« haben vor dem Großen Preis von Deutschland offensichtlich weniger Probleme mit dem zulässigen Gewicht als ein paar Wochen zuvor die schwäbische Konkurrenz. Dem Auto Union von Ernst Günther Burgaller müssen nicht einmal die Reifen von den Felgen abmontiert werden, um innerhalb des Gewichtlimits zu bleiben. Im Hintergrund die beiden anderen für den deutschen Grand Prix gemeldeten Auto Union von Hans Stuck (Nr. 1) und August Momberger (Nr.2).*

■ *15. Juli 1934, Großer Preis von Deutschland: Reifenwechsel beim siegreichen Auto Union Typ A von Hans Stuck. Das völlig abgefahrene Profil des rechten Hinterrads gibt beredte Auskunft über die Beanspruchung des Conti-Gummis. Der GP-Sport fungierte stets als Katalysator für künftige Reifentechnologien. Und um detailreiche Vergleiche drastisch zu verkürzen: Die Konstruktion von Ferdinand Porsche fiel mit Blick auf den V16-Motor überaus konservativ aus, während sich damals der Reihenachtzylinder von Mercedes-Benz-Chefkonstrukteur Hans Nibel auf höchstem technischen Niveau präsentierte. Auch auf lange Sicht revolutionär blieb hingegen Porsches Entschluß, die verblockte Motor/Getriebe-Einheit hinter dem Fahrer zu plazieren: »Heckmotor« nannte man das damals, wir nachgeborenen Besserwisser bleiben bei der exakteren Bezeichnung »Mittelmotor«.*

kommt. Ende 1934 wird dann die Auto Union Tazio Nuvolari ein Angebot machen, doch weil die anderen Zwickauer Werksfahrer, allen voran Hans Stuck, um ihren Status gegenüber dem ebenso schnellen wie teuren Italiener fürchten, kehrt »Nivola« zur Scuderia Ferrari zurück, worauf sich sein Gegenspieler Achille Varzi zur Auto Union verabschiedet. Zu diesem Zeitpunkt hat Neubauer übrigens – trotz Caracciola! – auch Stuck ein Angebot gemacht, von Auto Union zu Mercedes-Benz zu kommen. Diese »Bäumchen-wechsel-dich-Spiele« belegen, wie hochprofessionell sich die GP-Rennszenerie in den dreißiger Jahren entwickelt hatte, mit dem kleinen, aber feinen Unterschied, daß die Stars von damals in der Öffentlichkeit mit dem Thema Geld viel diskreter umgingen als ihre neureichen Epigonen von heute.

Zu Beginn der ersten Rennsaison der 750-Kilogramm-Formel 1934 sorgt die Auto Union und nicht Mercedes-Benz für positive Schlagzeilen, als Hans Stuck am 6. März mit dem neuen GP-Rennwagen auf der AVUS drei Weltrekorde aufstellt: 217,110 km/h über die Stundendistanz, 217,018 km/h über 200 km und 216,875 km/h über 100 Meilen. Aber was sind einsame Rekordfahrten gegen die Konkurrenz eines richtigen Grand Prix? Für die Auto Union und Mercedes-Benz, nicht zuletzt aber auch für das so motorsportfreundliche NS-Regime stand viel auf dem Spiel: Am 19. April 1934 bestellt NSKK-Führer Adolf Hühnlein die Chefs der beiden Rennabteilungen nach Berlin, um gemeinsam festzulegen, wann die deutschen GP-Rennwagen ihre Premiere feiern und welche weiteren Rennen ihr Saisonprogramm umfassen wird. Natürlich muß das Debüt vor deutschem Publikum stattfinden, den Saisonauftakt bildet fast schon traditionell das AVUS-Rennen, das am 27. Mai 1934 zudem noch nach der Freien Formel, also ohne Gewichtslimit ausgetragen wird. Eine Woche darauf findet am Nürburgring das Eifelrennen für GP-Rennwagen der 750-Kilogramm-Formel statt. Zwei Heimrennen auf wohlbekannten Kursen, das ist auch eine gezielte Starthilfe...

...die für Mercedes-Benz freilich immer noch zu früh kommt. Noch am Morgen des Renntages ziehen die Untertürkheimer ihre Nennung zurück, es scheint erhebliche Probleme mit der Benzinzufuhr zu geben. Oder will man sich einfach nur eine drohende Blamage ersparen? Einzig erfreulich an dem AVUS-Auftritt ist für Mercedes-Benz die Rückkehr von Rudolf Caracciola, der am 24. Mai 1934 frühmorgens um 6.10 Uhr sein erstes Training im neuen Mercedes-Benz W25 mit Bravour besteht: Der Rekonvaleszent fährt mit 5.02 Minuten gleich 230,13 km/h eine schnellere Rundenzeit als seine Stallkollegen von Brauchitsch und Fagioli, auch wenn »Caratsch« das nach wie vor lädierte Bein zu schaffen macht. Über 200 000 Zuschauer finden sich zum AVUS-Rennen ein, angeblich soll sogar Reichskanzler Hitler anwesend sein, was seriöse Quellen jedoch ausschließen. Es wäre ohnehin dann der einzige Besuch des obersten Nazis bei einem Autorennen gewesen: So sehr Hitler den Rennsport förderte, so vermied der Diktator doch jedweden öffentlichen Auftritt bei einem Rennen. Nicht ein einziges Mal ließ er sich beim Großen Preis in der Eifel blicken, dies allerdings nicht unbedingt aus Sorge vor einer ähnlichen großdeutschen Blamage, wie sie sich am 27. Mai 1934 auf der AVUS vollzog. Es gab da jedesmal ganz andere triftige Gründe, die den Diktator abhielten. Beim Großen Preis am 15. Juli 1934 wäre beispielsweise ein Rennbesuch ohnehin nicht denkbar gewesen, zeigten sich doch der »Führer« und seine Paladine vollauf damit beschäftigt, ihr bis dato größtes Staatsverbrechen, die Ermordung von SA-Stabschef

Röhm und mindestens 83 anderen politischen Gegnern zu rechtfertigen...

Beim AVUS-Rennen 1934 übernimmt auf anfangs noch regenfeuchter Strecke Hans Stuck in einem der drei Auto-Union-Rennwagen resolut die Spitze und baut die Führung bis Halbdistanz auf 83 Sekunden vor Guy Moll in einem Stromlinien-Alfa-Romeo P 3 mit 3,2-Liter-Motor aus. Doch nach einem mit 82 Sekunden für Tanken und Reifenwechsel relativ langem Boxenstop versucht Stuck schnell wieder an die Spitze zu gelangen, fährt zu scharf an und ruiniert sich dabei die Kupplung, was zwei Runden später zu seiner endgültigen Aufgabe führt. Die anderen Auto-Union-Werksfahrer haben mit dem Ausgang des Rennens nichts zu tun: Prinz Hermann zu Leiningen ist bereits in der siebten Runde mit Motorschaden draußen, August Momberger landet auf einem enttäuschenden dritten Rang weit hinter den beiden siegreichen Scuderia-Ferrari-Alfas von Moll und Varzi – nicht nur Mercedes-Benz, auch Auto Union gebricht es an absoluten Spitzenleuten am Volant... Das Schöne am Rennsport ist stets auch seine Unberechenbarkeit gewesen, was mitunter eben für eine zwar zufällige, aber überaus hintersinnige Regie sorgt: Während die Nazis die angebliche Überlegenheit des reinrassigen deutschen Herrenmenschen verkünden, triumphiert vor den NS-Bonzen auf der AVUS Guy Moll, ein Jude aus dem damals noch französischen Algerien, mit 21 Jahren eines der größten Rennfahrertalente aller Zeiten, dessen vielversprechende Karriere leider schon am 15. August desselben Jahres mit einem Unfall bei der Coppa Acerbo in Pescara tödlich enden wird.

Beim Eifelrennen am 3. Juni 1934 ist nun auch Mercedes-Benz mit dabei, auch wenn nur Fagioli und von Brauchitsch starten, nachdem sich Caracciola noch nicht fit genug fühlt für das 15-Runden-Rennen auf der Nürburgring-Nordschleife. Doch wieder gibt es Probleme, einige neue Modifikationen wie etwa eine kleine Lufthutze auf der rechten Seite vor dem Cockpit, die der Kupplung bessere Kühlung verschaffen soll, haben das Gewicht der W25-Rennwagen um anderthalb Kilo über das Limit von 750 kg gebracht: Die Legende besagt, daß daraufhin Rennleiter Alfred Neubauer die weiße Rennfarbe abschleifen läßt, um die beiden Mercedes-Benz-Rennwagen wieder gewichts- bzw. reglementkonform zu bekommen. Fortan erstrahlen die W25 also in hochglanzpoliertem Aluminium, die Ära der Silberpfeile kann beginnen, so lesen und glauben wir es bis heute gern. Man vergesse darüber allerdings nicht, daß schon zuvor die Auto-Union-Rennwagen in silberner Renn-Livrée ausgerückt sind...

Im Glanze von Manfred von Brauchitschs Sieg bei der Rennpremiere des W25 im Eifelrennen anno 1934 ist so manches andere auch ein wenig überstrahlt worden. Etwa daß der Österreicher Emil Frankl gleich nach dem Start in der Südkehre mit seinem Bugatti tödlich verunglückt, auch daß Luigi Fagioli unbedingt seinen deutschen Stallgefährten gewinnen lassen muß. Das gebieten Rennleiter Alfred Neubauer und die höhere politische Einsicht: Spitzenreiter Fagioli läßt Brauchitsch zwar auf Boxenkommando hin vorbei, bleibt dem Deutschen jedoch dicht auf den Fersen. Beim planmäßigen Tankstop bekundet der wütende Fagioli seinen Unmut, diskutiert wild mit Neubauer, fährt dann zwar wieder weiter, aber nur um eine Runde vor Schluß seinen W25 völlig unvermittelt abzustellen und zu Fuß das Weite zu suchen. »Zündprobleme« heißt es bei Mercedes-Benz über Fagiolis Abgang... Den zweiten Platz hinter Manfred von Brauchitsch erbt auf diese Weise Hans Stuck für Auto Union, Louis Chiron wird im Alfa Romeo der Scuderia Ferrari weit abgeschlagen Dritter.

Anderthalb Monate später haben sich die Machtverhältnisse wieder vollkommen verkehrt: Bei ihrem ersten Auftritt im Ausland am 1. Juli 1934 in Montlhéry sind sämtliche Mercedes-Benz und Auto-Union-Rennwagen sang- und klanglos ausgeschieden, während Louis Chiron im Alfa P3 der Scuderia Ferrari diesen französischen Grand Prix gewinnt und damit den viel-

■ *Nach über viereinhalb Stunden Renndauer gewinnt Hans Stuck den Großen Preis von Deutschland: Das begeisterte Publikum scheint noch etwas am »deutschen Gruß« zu üben, aber so sind bereits anno 1934 die Zeiten, die den Volksgenossinnen und Volksgenossen noch soviel Hoffnung verheißen. Wir wissen zwar, wo das endete, aber der Blick von damals aus mag stark getrübt gewesen sein. Wofür nicht zuletzt auch die Faszination dieser mächtigen Rennwagen sorgte: Als Hans-Joachim Stuck 1997 beim »Festival of Speed« in Goodwood einen frisch restaurierten Auto Union V16, Jahrgang 1939, im Renntempo vorführt, fragt sich der »Strietzel«, wie es möglich war, daß sein Vater und die anderen Rennfahrerlegenden der 30er Jahre solch brachiale Gewalt drei, vier Stunden lang meistern konnten: »Selbst gemessen an heutigen Standards sind die schiere Kraft und die Beschleunigung dieser Rennwagen noch immer phantastisch...«*

leicht größten Erfolg seiner Karriere herausfährt. Womit der Große Preis von Deutschland am 15. Juli 1934 vollends zur Prestigefrage für die beiden deutschen Werksrennställe wird. Mercedes-Benz hat drei W25 gemeldet: Neben Luigi Fagioli und Manfred von Brauchitsch bestreitet Rudolf Caracciola nach Montlhéry erst sein zweites Rennen in der Saison 1934. Auch die Auto Union setzt drei Fahrzeuge ein, für Hans Stuck, August Momberger und den 38jährigen Ernst-Günther Burgaller, einen altgedienten Routinier, der mit privaten Bugattis zwar viele Rennen bestritten hat, aber keineswegs als absoluter Siegfahrer gelten kann. Andererseits ist es schon schwer genug, die neue Rennwagengeneration schnell um den Eifelkurs zu lenken: Der schlagartig einsetzende Kompressor, die mit der Kraft von über 400 PS beanspruchten, schmalen Reifen und nicht zuletzt die gewaltigen Lenkkräfte – all dies summiert sich zu respektvoller Anerkennung auch für die nicht ganz so erfolgreichen Rennfahrer jener Epoche.

Brauchitsch scheint arg übermotiviert, wie immer, wenn er auf dem Nürburgring startet: Die im Training gefahrenen Zeiten zählen nicht für die Startaufstellung im Rennen, denn die wird bis einschließlich 1936 noch immer per Los bestimmt. Trotzdem riskiert Brauchitsch auf seinen Proberunden etwas mehr als nötig, überschlägt sich prompt mit seinem W25 und bricht sich einen Arm und fünf Rippen. Weil der etatmäßige Reservefahrer Ernst Henne erkrankt ist, muß aus Düsseldorf eilends der 32jährige Hanns Geier in die Eifel beordert werden, ein Angestellter der Mercedes-Benz-Rennabteilung, der sich zunächst mit dem alten, zweisitzigen Alfa Romeo am Nürburgring vertraut machen darf, jenem Wagen, in dem Caracciola in Monte Carlo so schwer verunglückt war! Das Wrack war von »Caratsch« an Mercedes-Benz verkauft worden, wo das gute Stück repariert wurde und fortan zu Vergleichszwecken diente. Nicht minder kurios: Alfa-Romeo-Topfahrer Louis Chiron darf während der Trainingstage am Nürburgring auch einmal in einem Mercedes-Benz W25 Platz nehmen…

Über 200 000 Zuschauer pilgern am Rennsonntag zum Nürburgring, durchweg in der Hoffnung, einen deutschen Sieg feiern zu können. Chiron glückt ein Blitzstart, doch schon im Verlauf der ersten Runde übernehmen Stuck und Caracciola das Kommando. Der Auto Union hat bei Start und Ziel sieben Sekunden Vorsprung auf den Mercedes, dann folgen die Alfas von Varzi und Chiron, dann Fagiolis Mercedes und schließlich Moll im dritten Alfa der Scuderia Ferrari. Zur Freude des Publikums entwickelt sich das Rennen tatsächlich zu einer grandiosen Auseinandersetzung zwischen Stuck und Caracciola: »Dreizehn Runden lang fuhren wir wie die Teufel, und ich lauerte auf eine Gelegenheit, dem ›blonden Hans‹ auf und davon zu fahren«, schildert »Caratsch« den Zweikampf. Im Karussell zieht er außen (!) an dem in der eigentlich besseren, überhöhten Innenlinie kurvenden Stuck vorbei: »Es war ein mörderisches Duell, aber endlich hatte ich ihn – mit vielleicht 230 km/h raste ich über die Gerade von der Döttinger Höhe hinein in die Betonstrecke vor den Tribünen, ich hatte mich an die Spitze gekämpft – und kam in der nächsten Runde nicht wieder. Pech…« Caracciolas Motor hielt den Belastungen nicht stand, wohl auch weil die Vergaser mit Blick auf den anfänglich wolkenverhangenen Eifelhimmel auf kühlere Außentemperaturen eingestellt worden waren, das Rennen dann jedoch bestes Sommerwetter bescherte und der Achtzylinder die Hetzjagd in der Gluthitze schließlich mit einem Kolbenschaden quittierte. Rudolf Caracciola hatte gleichwohl Grund zur Genugtuung: »Das Rennen war für mich zuende. Aber es war schön gewesen, trotz alledem. Die Sorgen und Zweifel waren überwunden, ich wußte: ich konnte noch und wieder genauso gut fahren wie eh und je!«

Hans Stuck hat fortan keinen Gegner mehr zu fürchten. Luigi Fagioli im Mercedes liegt über zwei Minuten zurück, Louis Chiron steuert den einzigen überlebenden Alfa Romeo mit angeknackstem Getriebe immerhin noch auf den dritten Platz, allerdings mit über acht Minuten Rückstand. Und doch gibt es noch Aufregung bei Auto Union: Drei Runden vor Rennende zeigt Stucks Thermometer plötzlich weit über 100° Wassertemperatur an, der Spitzenreiter wird nervös, gestikuliert, zeigt auf den Wasserkühler. Doch der Wagen verliert kein Wasser, der Kühler zieht nicht die geringste Rauchfahne hinter sich her, also muß die Temperaturanzeige defekt sein, urteilt Ferdinand Porsche in der Auto-Union-Box: »Der Stuck soll weiterfahren…« Die Ferndiagnose erweist sich als richtig, auch wenn Hans Stuck es nicht glauben will: »Der Wagen läuft fabelhaft, obwohl das Thermometer weit über 100° zeigt. Die letzte Runde. Ich wage gar nicht mehr zu dem blöden Ding hinunterzusehen. Ich achte nicht auf die schreienden Menschenmassen, ich höre nur, wie der Motor klingt, beobachte die Tourenzahl und fahre, fahre, fahre über das Zielband und die Strecke, die auf einmal überflutet ist, und weiß nur noch halb im Unterbewußtsein: das Wunder ist geschehen – das große Wunder. Ich habe den Großen Preis von Deutschland – ich habe ihn – für immer – ich habe ihn…« Die Rennabteilung der Auto Union wird Hans Stuck zur Erinnerung ein silbern glänzendes, ein Meter langes Badethermometer schenken, das die Inschrift trägt: »Es zeigt nicht über 60 Grad, auch wenn es noch so heiß – und kocht das Hänschen nicht privat, kocht nichts beim Großen Preis!«

# Spielverderber

Wo immer die deutschen Rennwagen noch in der Saison 1934 antreten, sie siegen stets: Fagioli gewinnt die Coppa Acerbo, den spanischen GP und zusammen mit Caracciola auch den »Gran Premio d'Italia« für Mercedes-Benz. Stuck heimst im Auto Union Siege im schweizerischen und im tschechischen Grand Prix ein. Hätte sich die AIACR entschlossen, bereits mit Beginn der 750-Kilogramm-Formel eine Fahrerwertung als Europameisterschaft auszuschreiben, wie dies ab der Saison 1935 der Fall sein wird, dann wäre Hans Stuck wohl der erste Titelträger gewesen. Am Ende des Jahres 1934 hat sich also die Vorherrschaft deutscher Rennwagen auf den Bühnen des internationalen Grand-Prix-Sports ähnlich gefestigt wie die Nazi-Diktatur im Deutschen Reich. Ist es degoutant, solche Dinge miteinander zu verknüpfen? Die Nazis scheuen sich jedenfalls nicht davor: »Unsere Wagen und Motorräder sind nicht nur die schnellsten, sondern, wir können mit Stolz sagen, die besten der Welt«, verkündet Hitler am 14. Februar 1935 bei der Eröffnung der Internationalen Automobil- und Motorradausstellung in Berlin. Und selbstverständlich kündigt der »Führer« an, die Reichsautobahnen zum modernsten Straßennetz der Welt auszubauen und den deutschen Volksgenossen auch in bälde ihren Volkswagen zu präsentieren. Bis Ende des Jahres wird sich die Zahl der Arbeitslosen im Deutschen Reich auf rund zwei Millionen verringert haben, dafür sorgen freilich die geheime Aufrüstung und auch der Reichsarbeitsdienst. Die rund 3 800 km Reichsautobahn, die bis Kriegsende entstehen, bringen selbst zu Spitzenzeiten des Neubaus nur maximal 130 000 Arbeitsplätze bei miserabelster Bezahlung.

Die deutschen Rennwagen setzen ihre Erfolgsserie auch im Jahr 1935 ununterbrochen fort: Fagioli/Mercedes-Benz gewinnt in Monte Carlo, Varzi/Auto Union in Tunis, Caracciola/Mercedes-Benz in Tripolis, Fagioli/Mercedes-Benz beim AVUS-Rennen, Caracciola/Mercedes-Benz beim Eifelrennen und beim GP von Frankreich, Fagioli/Mercedes-Benz beim Penya Rhin-GP in Barcelona, Caracciola/Mercedes-Benz beim belgischen GP in Spa-Francorchamps am 14. Juli 1935 – womit die deutschen Rennwagen seit genau einem Jahr nicht mehr geschlagen worden sind. Und das nächste Rennen ist der Große Preis von Deutschland am 28. Juli... Es ist die Saison von Mercedes-Benz, nicht von Auto Union: In Untertürkheim hat man zwar den Tod von Dr. Hans Nibel, der am 25. November 1934 mit 54 Jahren an den Folgen eines Schlaganfalls verstorben ist, verkraften müssen. Doch unter Max Sailer als neuem Chef der Rennabteilung reißt die erfolgreiche Weiterentwicklung des Mercedes W25 nicht ab. Noch im Dezember 1934 fährt Caracciola im offenen GP-Modell auf der AVUS mit über 311,38 km/h einen neuen Weltrekord über fünf Kilometer mit fliegendem Start. Dank einer neuen Treibstoffmischung gelingt es, bei GP-Rennen den Verbrauch von 100 auf 75 Liter/100 km zu senken, ein ZF-Sperrdifferential hilft das Durchdrehen der Hinterräder zu verhindern und auch bei der Sichtung von Nachwuchsfahrern wird man fündig: Der 26jährige Hermann Lang, sinnigerweise Fagiolis etatmäßiger Rennmechaniker, darf beim Eifelrennen seinen ersten Einsatz im GP-Rennwagen bestreiten und wird trotz ei-

■ *26. Mai 1935, AVUS-Rennen: Neun Kilometer hin, neun Kilometer zurück, bei Spitzengeschwindigkeiten von 300 km/h... Zehnmal ist das Vollgas-Ritual im Finale zu exerzieren, Sieger Luigi Fagioli braucht im Mercedes-Benz W25 keine fünfzig Minuten dafür, was einen Schnitt von 239,68 km/h ergibt. Hans Stuck fährt im Auto Union die schnellste Runde: 260,52 km/h...*

nes Drehers im Pflanzgarten noch respektabler Fünfter. Es ist jenes Rennen, in dem Bernd Rosemeyer bei Auto Union den Durchbruch schafft. Auf der AVUS hat das ehemalige DKW-Motorrad-As am 26. Mai 1935 seinen Einstand im Mittelmotor-Rennwagen der Auto Union gegeben, im ersten von zwei Vorläufen kämpft Rosemeyer hinter seinem Capo Hans Stuck mit Luigi Fagioli um Platz Zwei, der schließlich das Finalrennen für sich entscheiden wird: »Auf den Geraden kam ich immer an Fagioli vorbei«, schildert Rosemeyer, »in den Kurven schnappte er mich mit seiner größeren Routine regelmäßig wieder. Dann wars mit einemmal aus. In der Nordkurve gabs einen Knall – einer meiner Hinterreifen hatte sich selbständig gemacht. Aber die Feuertaufe hatte ich nun hinter mir.« Am 16. Juni 1935 folgt Rosemeyers Kür zum Kronprinzen. Beim Eifelrennen führt Brauchitsch mit deutlichem Vorsprung – und überdreht nach acht von elf Runden seinen Motor, als er den Alfa Romeo von Balestrero überrunden will... Womit plötzlich Rosemeyer in Front liegt, nachdem er in derselben Runde Caracciola überholt hat! »Ein Stein, vom Gegner hochgeschleudert, zertrümmerte meine Windschutzscheibe, und der rasende Fahrtwind pfiff mir um die Ohren, daß es nur so seine Art hatte. Sehen konnte ich herzlich wenig, aber das war egal...« Rosemeyer scheint den Sieg bereits sicher zu haben, als plötzlich sein Auto Union Probleme bereitet: »Zwei Kerzen versagten den Dienst, mein Motor lief nur noch auf vierzehn Zylindern. Ich weiß heute, daß ich damals einen Fehler gemacht habe und in der letzten Runde doch noch meinen Motor auf die vollen Touren hätte jagen sollen, um Caracciola in Schach zu halten. Aber ich hatte eben noch zu wenig Erfahrung, und traute mich nicht, trotz der defekten Kerzen auf die volle Tourenzahl zu gehen. So kam es, daß Caratsch 1000 Meter vor dem Ziel noch an mir vorbeiging und mit knapp eineinhalb Sekunden Vorsprung das Internationale Eifelrennen gewann.«

Vor diesem Hintergrund wird der Große Preis einmal mehr zum »Rennen des Jahres«, einige Zeitzeugen behaupten gar zum »Rennen des Jahrhunderts« – wenn auch in einem ganz anderen Sinn, als man sich dies bei Mercedes-Benz und Auto Union zuvor ausgemalt hat... Der vollkommen unerwartete Verlauf dieses deutschen Grand Prix macht den ohnehin schon vielgerühmten Tazio Nuvolari vollends zur Legende. Mit damals 42 Jahren hat »Nivola« noch längst nicht den Zenit seines Könnens überschritten, nein, mit dem Mann aus Mantua muß immer gerechnet werden, selbst bei seinem allerletzten Renneinsatz, den Nuvolari am 10. April 1950 mit einem Klassensieg abschließen wird. Beim Eifelrennen anno 1935 hatte Nuvolari gefehlt, weil er tags zuvor auf der Autostrada bei Lucca mit dem Alfa Romeo »Bimotore« Weltrekordfahrten absolvierte: 321,420 km/h Schnitt über einen Kilometer, 323,125 km/h über die Meile, jeweils mit fliegendem Start. Ausgerüstet mit zwei 3,2-Liter-Achtzylinder-Motoren mobilisierte der Ungetüm insgesamt rund 540 PS, was für Rekordfahrten taugte, aber aufgrund miserabler Straßenlage, unstillbaren Hungers auf Reifen und Treibstoff einen Renneinsatz mehr als problematisch gestaltete. Aufgrund seines Gewichts war der Bimotore ohnehin nicht bei den GP-Rennen der 750-Kilogramm-Formel startberechtigt. In Tripolis hatte Nuvolari mit dem Ungetüm Platz Vier belegt, beim Avusrennen verpaßte der Italiener mit Rang Sechs im ersten von zwei Vorläufen die Qualifikation fürs Finale, in dem Chiron mit einer etwas zahmeren Bimotore-Variante mit zwei 2,9-Liter-Achtzylindern immerhin Zweiter wurde. Beim Großen Preis von Deutschland saß Nuvolari also wieder in einem der fast drei Jahre alten P3: »Die Alfa Romeo sind besser, als allgemein angenommen wird. Aber die beiden deutschen Konstruktionen haben uns gegenber einen großen Vorsprung. Wir werden auf dem Nürburgring einen besonders schweren Stand haben, zumal es für Mercedes-Benz und Auto Union feststeht, daß unter allen Umständen ein deutscher Wagen den Große Preis von Deutschland gewinnen muß.« Mit einem Starrachser – nur vorne besaß der modifizierte P3 Einzelradaufhängung – auf dem Nürburgring gegen die technisch weit überlegene Konkurrenz, das ähnelte dem biblischen Zweikampf zwischen David und Goliath. Auf dem Papier hieß das im Vergleich des Leistungsgewichts: Mercedes-Benz 1,68 kg/PS, Auto Union 2 kg/PS, Alfa 2,25 kg/PS. Die Motorvariante M25C entfaltet aus 4,3 Liter-Hubraum zwischen 445 bis 460 PS bei 5 800 U/min, auch dank des von Esso entwickelten Spezialkraftstoffs WW. Die Auto Union schickt ihren 4,95-Liter-16Zylinder mit rund 375 PS bei 4 800 U/min ins Rennen, während der 3,8 Liter-Achtzylinder im Alfa Romeo P 3 etwa 330 PS bei 5 400 U/min leistet. Bei den Trainingsläufen dominieren Rosemeyer mit einer Runde in 10.32 und Caracciola in 10.35 Minuten. Doch die Startaufstellung wird immer noch per Los bestimmt, nachdem eine ursprünglich geplante »Beschleunigungsprüfung« über 1,4 km von der Startlinie bis zur Südkehre zur Ermittlung der Startplätze von den Fahrern als »zu riskant« abgelehnt worden war. So gut gemeint der Gedanke war – »die spurtstärksten Autos sollten vorne stehen« – so kritisch wäre das Tempo bei Bremsversagen gewesen, hieß es damals. Die Methode, die Rundenzeiten des Trainings für die Startaufstellung heranzuziehen, wurde ab dem Großen Preis von Deutschland anno 1937 üblich... Dafür wird 1935 erstmals hypermodern mit einer richtigen Ampelanlage gestartet, was trotzdem nicht der Weisheit letzter Schluß ist: Der Auto Union von Hans Stuck säuft ab, sein Rennmechaniker Rudolf Friedrich versucht ihn anzuschieben, als der Starter die Ampelanlage betätigt... Rot-Gelb-Grün! Der Kanonenböller wird gezündet, die Meute rast los und Achille Varzi erfaßt mit seinem Auto Union den unglücklichen Helfer: Friedrich wird schwerverletzt, Varzi steht unter Schock, fährt trotzdem weiter, läßt sich aber nach absolut desolater Leistung in der 15. Runde von Ersatzfahrer Prinz zu Leiningen ablösen. Vorjahressieger Stuck kommt nach dem schlimmen Malheur als Letzter weg, um am Ende doch noch sensationell Zweiter zu werden... Die Strecke ist regennaß und wird nie völlig abtrocknen, was diesen Großen Preis von Deutschland zusätzliche Spannung bescheren wird. Vorne gibts zunächst die Fortsetzung des Duells vom Eifelrennen: Caracciola führt vor Rosemeyer, doch in der 6. Runde gerät der Komet am deutschen Rennfahrerhimmel bei Breitscheid aus der Umlaufbahn. Der Auto Union rollt zwar weiter, doch das Gasgestänge des 16Zylinders klemmt fortan. Nach dem fälligen Boxenstop dreht Rosemeyer wieder Rekordrunden und fährt bis zum

■ *16. Juni 1935, Eifelrennen, damals alljährliches Horsd'oeuvre vor dem Großen Preis von Deutschland: Dieses famose Foto aus dem Mercedes-Benz-Archiv ist so oft veröffentlicht und von bemühten Autoren doch immer mit falschen Zuordnungen versehen worden. Deshalb ein für allemal: Manfred von Brauchitsch (Nr. 7, Mercedes-Benz) übernimmt die Führung vor Hans Stuck (ganz links Nr. 1, Auto Union). Es folgen Luigi Fagioli (Nr. 6, Mercedes-Benz), Achille Varzi (Nr. 2, Auto Union), Rudolf Caracciola (Nr. 5, Mercedes-Benz), Renato Balestrero (Nr. 20, Alfa Romeo), Piero Taruffi (Nr. 15, Bugatti), René Dreyfus (Nr. 9, Alfa Romeo), Laszlo Hartmann (Nr. 16, Bugatti) und Philippe Etancelin (Nr. 12, Maserati). Bernd Rosemeyer in seinem Auto Union ist auf diesem Foto NICHT zu sehen, plaziert sich bei jenem Eifelrennen jedoch hinter Caracciola auf dem zweiten Platz. Ebenfalls hier nicht abgebildet ist der spätere Dritte, Louis Chiron, der mit seinem Alfa Romeo neben Rosemeyer zwar in der zweiten Reihe stand, aber ebenso wie der Deutsche beim Start sehr schlecht wegkam...*

*28. Juli 1935, Großer Preis von Deutschland: Schon wieder ein »Klassiker«, diesmal aus dem Werksarchiv von Alfa Romeo, Tazio Nuvolari mit seinem Alfa Romeo B-Typ unterwegs zu einem völlig unerwarteten, aber keineswegs unverdienten Sieg...*

elften Umlauf wieder auf Rang Zwei nach vorn, ehe das Gasgestänge wieder für Ärger und einen weiteren Boxenstop sorgt, womit die Auto Union ihre letzte Siegeschance verliert. Tazio Nuvolari scheint im Alfa Romeo erwartungsgemäß keine Rolle spielen zu können: Zwar kehrt er aus der Startrunde zwölf Sekunden hinter Caracciola als Zweiter zurück, dreht sich jedoch am Bergwerk und kann seine Fahrt erst hinter Rosemeyer, Fagioli, Brauchitsch und Chiron wieder aufnehmen. Der Monegasse stellt seinen Alfa Romeo in der 6. Runde mit Motorschaden ab, drei Runden zuvor geht im Werks-Alfa von Brivio das Differential entzwei. Bleibt nur noch Nuvolari für die Ehre Italiens... »Nivola« ficht mit Brauchitsch einen harten Strauß um Platz Drei, auf abtrocknender Fahrbahn schafft Nuvolari als Erster in diesem Grand Prix eine Rundenzeit unter elf Minuten und passiert von Brauchitsch. Die Ereignisse überschlagen sich, als Spitzenreiter Caracciola ab der 7. Runde zusehends Zeit verliert. Nach dem Rennen berichtet »Caratsch« von fürchterlichen Schwächeanfällen, Rennarzt Dr. Gläser wird später einen Bandwurm als Ursache identifizieren: »Das erste Mal, daß mich ein Beifahrer kampfunfähig gemacht hat«, kommentiert »Caratsch«... Der Mann aus Remagen ist auf seiner geliebten Nordschleife für einmal also indisponiert, sein ewiger italienischer Stallrivale Luigi Fagioli, nach sieben Runden auf Rang Zwei, 16 Sekunden hinter »Caratsch«, könnte profitieren, wenn nicht ein defekter Stoßdämpfer die Ambitionen des italienischen Nudelfabrikanten empfindlich einbremsen würde. Mercedes-Benz ist in Nöten und ab der 10. Runde liegt Tazio Nuvolari vorn. Doch als der Italiener planmäßig nach der 11. Runde zum Auftanken und Reifenwechsel an die Boxen rollt, benötigt seine Mechaniker-Crew geschlagene zwei Minuten und vierzehn Sekunden, um den Alfa Romeo P3 abzufertigen. Der Hebel der Handpumpe ist abgebrochen, der Treibstoff muß umständlich aus Kanistern in den Tank gekippt werden... Bei Mercedes-Benz geht der Boxenhalt in deutscher Gründlichkeit in nur 47 Sekunden über die Bühne, aus der 12. Runde kommt Manfred von Brauchitsch als klarer Spitzenreiter zurück, Tazio Nuvolari ist Sechster mit 53 Sekunden Rückstand – was nichts anderes besagt, daß der Italiener in seinem Groll über den mißratenen Boxenstop 34 Sekunden gegenüber von Brauchitsch wettgemacht hat... Bei Mercedes-Benz gibt Rennleiter Alfred Neubauer Warnsignal – und Manfred von Brauchitsch reagiert, verbessert umgehend zweimal den Rundenrekord: 10.33,4 Minuten und dann sogar 10.32,0 Minuten, niemand wird in diesem Großen Preis von Deutschland schnellere Rundenzeiten erzielen. Tazio Nuvolari schafft mit dem Alfa Romeo als Bestzeit eine 10.43er Runde... Aber Brauchitschs kühne Fahrweise kostet Reifengummi, ab der 16. Runde läßt es der Deutsche ruhiger angehen, liegt deutlich über der 11 Minuten-Marke für eine Nordschleifen-Runde, während Nuvolari weit über dem Limit seines veralteten Alfa P3 fährt und konstant 10.50er Runden herauspreßt: Vier Umläufe vor Schluß des Rennens hat der 43jährige Italiener nur noch 37 Sekunden Rückstand, es wird eng für Brauchitsch... Um auf der sicheren Seite zu sein, müßte Neubauer seinen Spitzenreiter zum Reifenwechsel an die Box beordern, aber der große Rennleiter zögert. Ein Stop würde mit An- und Abfahrt knapp eine Minute kosten, wäre Nuvolari dann nicht auf und davon? Doch Brauchitsch hätte andererseits die Chance, mit frischen Pneus noch einmal voll attackieren zu können. Neubauer entscheidet, Brauchitsch soll ohne Halt durchfahren, muß dabei seine Reifen schonen und trotzdem mindestens so schnell wie Nuvolari fahren. Das scheint dem 29jährigen Spitzenreiter tatsächlich zu gelingen: Zwei Runden vor Schluß liegt der Mercedes 32 Sekunden vor dem Alfa Romeo, aber wild erregt zeigt Brauchitsch bei seiner Boxenpassage auf die

*...trotz des Pechs eines Manfred von Brauchitsch. Auch dieses Foto steht bis heute unverändert als Sinnbild für das vielleicht legendärste Rennen in der Grand-Prix-Geschichte. In der Bildzeile heißt es im Stil der Zeit: »Brauchitsch's Sieg schien sicher. Da platzte der rechte Hinterreifen und kurz darauf folgte der linke.«*

■ *Blinder Passagier im Mercedes: Rudolf Caracciola und sein Bandwurm gemeinsam unterwegs zum dritten Platz beim Heim-GP anno 1935, was »Caratsch« den Titel eines »Deutschen Rennwagenmeisters« beschert. Und erster »Europameister«, damals gleichzusetzen mit der erst ab 1950 eingeführten Fahrerweltmeisterschaft, wird der 34jährige Deutsche am Ende der Rennsaison 1935 auch noch…*

Hinterreifen. Also doch noch ein Reifenwechsel nach der 21. Runde? Nein, Manfred von Brauchitsch überlegt es sich noch einmal anders: Wenn er nach der vorletzten Runde an die Box fährt, dann hat er diesen Großen Preis von Deutschland verloren. 43 Sekunden Vorsprung auf Nuvolari nimmt der Deutsche in die letzte Runde mit, das müßte reichen, um mit gemäßigtem Tempo die Reifen zu schonen und trotzdem vorn zu bleiben. Doch knapp neun Kilometer vor dem Ziel, eingangs des Karussells zerreißt es den rechten Hinterreifen des Mercedes. Brauchitsch fängt den schlingernden Rennwagen noch bravourös ab, wobei prompt auch der linke Hinterreifen in Fetzen fliegt… Mit Tempo 60 rumpelt der Mercedes auf den blanken Felgen in Richtung Zielflagge, Tazio Nuvolari zieht vorbei, übernimmt die Spitze und gewinnt eines der dramatischsten Rennen der Grand-Prix-Geschichte. Auch Stuck, Caracciola und Rosemeyer passieren Brauchitsch, der für seine Schlußrunde 17.04 Minuten benötigt: »Körperlich zerschlagen und hart am Zusammenbrechen verlasse ich meinen Wagen. Ich muß mich zusammennehmen, um den Tränen nicht freien Lauf zu lassen. Die Menschen starren mich wie ein Wundertier an. Was kann ich alles in den Augen der einzelnen lesen! Aufrichtiges Mitleid und ehrlich empfundene Trauer herrschen wohl vor, aber auch das will ich nicht. Mit meinen treuen Mechanikern bahne ich mir einen Weg bis zu meiner Box, wo ich mich still in eine Ecke setze. Hier kann ich mir den Schweiß vom Gesicht und das Blut von den durchgescheuerten Händen waschen, kann ungestört den Kopf auf einen Stoß neuer Reifen legen. Hier liegen sie in Massen herum, und ich hätte nur zwei Stück gebraucht! – Da sehe ich, wie sich von hinten ein Fotoreporter in meine Nähe schleicht und versucht, meinen vermeintlichen Zusammenbruch im Bilde festzuhalten. Mein Schaltvermögen ist aber schneller als sein Schießen. Voller Wut über diese Unverschämtheit ergreife ich blitzschnell eine neben mir stehende Bierflasche, die wie ein Geschoß haarscharf an dem Mann mit der Kamera vorbeifliegt…«

Auch Herrenfahrern fehlt manchmal die Beherrschung, was wir ja von unseren bürgerlichen Grand-Prix-Heroen heutiger Zeiten nur zu gut kennen, gelle…? »Ein wohlverdienter deutscher Sieg wird in der letzten Runde an die Italiener verschenkt«, empört sich der Korrespondent des Magazins *Der Motorist*. NSKK-Führer Hühnlein muß Nuvolari den Siegeskranz samt »Ehrenpreis des Führers« überreichen, das Gerücht hält sich, Hitler hätte ursprünglich diesen deutschen Grand Prix besuchen wollen, sei dann aber glücklich gewesen, wieder abgesagt zu haben: Undenkbar einem Italiener gratulieren zu müssen! Legende ist auch, der Rennleitung sei der Fauxpas unterlaufen, keine Platte mit der italienischen Nationalhymne bereitzuhalten, weil ja alles mit einem Sieg von Mercedes-Benz oder Auto Union rechnete. Aber, so geht die Mär, Nuvolari höchstpersönlich habe ausgeholfen, denn für alle Siegesfälle führte der Maestro stets eine eigene Platte mit der Hymne Italiens bei sich… Was ist Dichtung, was ist Wahrheit? Brauchitsch bekam natürlich den meisten Applaus, doch das deutsche Rennpublikum bedachte auch Nuvolari respektvoll mit Beifall. Der Große Preis von Deutschland mag von den Nazis durchaus zum Politikum in Gestalt eines nationalen Heldengedenktages stilisiert worden sein, doch der sportliche Gedanke scheint selbst solche perfiden Verbiegungen noch halbwegs überstanden zu haben. Der Begriff von Fairneß im Grand-Prix-Sport dürfte erst ein paar Jahrzehnte später richtig unter die Räder geraten sein: 1935 gab es Applaus für den triumphierenden Nuvolari, sechzig Jahre später jubelten die Fans am Hockenheimring darüber, daß Damon Hill in der Nordkurve rausflog und »ihrem Schumi« den Weg zum Sieg freimachte. So ändern sich die Zeiten…

…oder um noch einmal Nuvolari ins Spiel zu bringen, der nach seinem Sieg im Vanderbilt-Cup-Rennen 1936 in New York hochdotierte Werbeverträge ausschlug: »Ich weiß, daß ich Geld verschenke. Aber in dieser Stadt gibt es soviele Italiener, die Straßen kehren, Wege bauen und Eis verkaufen, daß wir diesen Amerikanern zeigen müssen: Auch wir haben Würde!«

# Die neue Rasse

Das Dritte Reich rüstet sich 1936 für einen bis dahin weltweit einzigartigen Propaganda-Feldzug: Die Olympischen Winterspiele vom 6. bis 16. Februar in Garmisch-Partenkirchen sind der Auftakt für die beispiellose Vereinnahmung des Sports für ideologische und politische Zwecke. Die Welt wird im Sommer 1936 nach Berlin blicken, wo vom 1. bis 16. August die Nazis die Naivität der IOC-Funktionäre nutzen, um vorzuführen, wie Volk und Vaterland im neuen Deutschland scheinbar glücklich ihrem Führer und seinem NS-Regime folgen. Der Wert einer Nation wird in Medaillen bemessen, suggeriert den deutschen Volksgenossen Tag für Tag die gleichgeschalteten Presse: 33mal Gold, 26mal Silber, 30mal Bronze – in der Nationenwertung belegt Deutschland den ersten Rang über alles, über alles in der Welt! Am 19. Juni 1936 hat Max Schmeling im fernen New Yorker Yankee-Stadium für eine der größten Sensationen in der Geschchte des Boxsports gesorgt, als er in einem WM-Ausscheidungskampf den bis dato unbesiegten Joe Louis in der 12. Runde k.o. schlägt. Der »braune Bomber« liegt am Boden und die braunen Herren im Dritten Reich hofieren Schmeling, doch dessen Integrität und Überzeugung wissen die Vereinnahmung durch das Regime zu vermeiden, was im Nazi-Deutschland schwer genug, aber nicht völlig unmöglich ist. Manchem Rennfahrerheroen mag dies gelingen, anderen nicht...

Das Rennjahr 1936 gehört Bernd Rosemeyer und der Auto Union, auch Tazio Nuvolari feiert mit dem neuen Alfa Romeo 4-Liter-12Zylinder grandiose Erfolge gegen die deutsche Konkurrenz, während Mercedes-Benz einen empfindlichen Rückschlag verkraften muß: Europameister Rudolf Caracciola gewinnt zu Saisonbeginn zwar noch in Monaco und in Tunis, doch dies bleiben die einzigen Siege im Zeichen des Sterns von Untertürkheim. Zum einen hatten sich die Daimler-Ingenieure mit der Konstruktion eines V12-Motors verzettelt: Das 5,5-Liter-Kraftwerk war in der Theorie für 600 PS ausgelegt, wog aber 300 kg – zuviel für einen GP-Einsatz, später aber wenigstens noch für Weltrekordfahrten verwendbar... Womit man nun noch einmal den bewährten Reihenachtzylinder auf 4,8-Liter-Hubraum vergrößerte, was in der Endstufe eine Leistung von 473 PS bei 5 800 U/min bescherte, die jedoch mit zahlreichen Ausfällen wegen gerissener Zylinder teuer bezahlt wurde. Zudem sorgte das verkürzte Fahrwerk des 36er W125 für eine überaus unruhige Straßenlage, die auch durch die neuerdings »starre« De-Dion-Hinterachse nicht gemildert wurde und zudem von Stößen und Vibrationen in der Lenkung ohnehin schon negativ beeinflußt war. Die Probleme waren derart eklatant, daß Mercedes-Benz bei vier Rennen seine Nennungen komplett zurückziehen mußte. Die beispiellose Blamage hatte allerdings eine segensreiche Konsequenz, die Mercedes-Benz-Rennabteilung wurde neuorganisiert und ein erst 30jähriger Ingenieur mit der Verantwortung für Bau und Vorbereitung der GP-Rennwagen betraut: Rudolf Uhlenhaut personifizierte bald die erfolgreichste Ära in der ohnehin ruhmreichen Mercedes-Benz-Rennsportgeschichte. Neben technischem Verständnis zeichnete Uhlenhaut nicht zuletzt die Fähigkeit aus, die Produkte seiner Ingenieurkunst auch selbst im Renntempo fahren zu können, ein Glücksfall: »Nachdem ich einige Kilometer gefahren hatte, stellte ich fest, daß ein Rennwagen einem normalen Personenwagen sehr ähnlich ist. Es gibt eigentlich keine großen Unterschiede, jedenfalls nichts Sensationelles«, schildert Uhlenhaut in liebenswürdiger Untertreibung seine erste Testfahrt im W125 Mitte August 1936, gut zwei Wochen nach dem für Mercedes-Benz peinlichen Ausgang des deutschen Grand Prix.

Die Schwäche des einen deutschen Rivalen, war nicht allein der Grund für die Stärke des anderen deutschen Kontrahenten: Die Auto Union hatte nach der eher mageren Bilanz der Saison 1935 ihr Rennbudget für 1936 auf rund eine Million Reichsmark verdoppelt, mehr Fahrzeuge, mehr Einsätze, mehr Rennfahrer lautete also das Rezept. Rennerfolge sollten nicht nur das nationale Prestige befördern, sondern auch den Export. Denn in der von den massiven Aufrüstungsbemühungen des NS-Regimes forcierten »Wehrwirtschaft« wurden Rohstoffe längst kontingentiert, Chancen auf zusätzliche Zuteilung und damit mehr Gewinn hatten nur Industriezweige mit hohem, devisenbringendem Auslandsabsatz. Das Duell zwischen Auto Union und Mercedes-Benz, die damals aufaddiert über 50 % des Umsatzes der deutschen Automobilindustrie erzielten, erhielt vor diesem Hintergrund noch ganz andere Dimensionen. Mit Ingenieur Dr. Karl Feuereissen bekam die Auto Union ab der Rennsaison 1936 auch einen neuen Rennleiter, Robert Eberan von Eberhorst brachte die Entwicklung des inzwischen auf Typ ›C‹-Stufe angelangten Mittelmotor-Rennwagens auf ein ungeahntes Niveau. Was mit dazu beitrug, daß der Vorstand der Auto Union den Ende 1936 ablaufenden Beratervertrag mit Ferdinand Porsche nicht mehr zu verlängern gedachte. Der »Herr Professor« betreute seinen Schützling Bernd Rosemeyer jedoch noch weiter und hatte obendrein mit seinem neuen Projekt »Volkswagen« ein ganz anderes Betätigungsfeld gefunden. Mit Detailveränderungen wie leicht erhöhtem Ladedruck und auf 6,1-Liter vergrößertem Hubraum leistete der Auto-Union-16Zylinder rund 520 PS bei 5 000 U/min, übertraf also erstmals die Konkurrenz von Mercedes-Benz. Was sich auf Papier so einfach schreibt und liest, vollzog sich auf den Rennstrecken freilich mit erheblichen Schwierigkeiten und nicht zuletzt auch unter tragischen Umständen: Denn bei den mittlerweile obligatorischen Vorsaison-Tests in Monza verunglückte am 4. Februar 1936 der hoffnungsvolle Nachwuchsfahrer Rudolf Heydel tödlich. Als ob der normale Trainings- und Rennbetrieb nicht schon genügend Risiken offerierte, begann die Auto Union im März 1936 eine ebenso schlagzeilenträchtige wie technisch fragwürdige, aber um so gefährlichere Motorsport-Variante in deutschen Landen: »Des Führers neue Straßen« sollten der Schauplatz für abstruse Weltrekordfahrten werden. NSKK-Führer Adolf Hühnlein sorgte dafür, daß Auto Union und Mercedes-Benz immer wieder auf einem eigens abgesperrten Teilstück der Autobahn zwischen Frankfurt und Heidelberg antraten, obwohl die Jagd auf den absoluten Geschwindigkeitsweltrekord dort gar nicht möglich war. Tempo 400 auf der acht Meter breiten Asphaltbahn grenzte nicht nur an Todesverachtung, sondern stellte den Probanden eigentlich das Zeugnis geistiger Unzurechnungsfähigkeit aus. Doch man fügte sich den Wünschen der Nazi-Bonzen, die es aus nationalem Ansehen heraus nicht zulassen mochten, Mercedes-Benz und Auto Union auf den Großen Salzsee im US-Staat Utah zu schicken, wo George Eyston 1937 den neuen Weltrekord auf 503 km/h schraubte. Die motorsportbegeisterten Nazis planten noch ganz andere Dinge: Mit dem Bau der steilwandartig überhöhten Nordkurve sollte die AVUS die schnellste Rennstrecke der Welt werden, doch die Arbeiten dauerten im Olympiajahr noch an und das Internationale AVUS-Rennen fiel 1936 aus. Nicht die einzige Absage: Frankreich möchte dem NS-Regime nicht Gelegenheit für weitere Propaganda-Auftritte der Silberpfeile geben und schreibt seinen Grand Prix für Sportwa-

■ *Die Neujahrswünsche für 1936 werden auch für die Auto Union in Erfüllung gehen, was nicht zuletzt an dem jungen Mann zwischen Hans Stuck (links) und Achille Varzi (rechts) liegt: Von Sieg zu Sieg steuert Bernd Rosemeyer und wird im Verlauf der Saison 1936 zum Idol der Nation.*

■ *26. Juli 1936, Großer Preis von Deutschland: Schnellstarter Manfred von Brauchitsch ist bereits aus der zweiten Startreihe (!) der Kameralinse entfleucht, während Hans Stuck (Nr. 2, Auto Union) und Bernd Rosemeyer (Nr. 4, Auto Union) die Verfolgung des vorerst enteilten Mercedes-Benz aufnehmen. Am Ende werden Rosemeyer und Stuck einen grandiosen Doppelsieg für das sächsische GP-Team herausfahren. Auf dem Bild auch zu erkennen die beiden Mercedes-Benz von Rudolf Caracciola (Nr. 12) und Hermann Lang (Nr. 20), dann Tazio Nuvolari (Nr. 22, Alfa Romeo), rechts daneben, von einem Lautsprecher etwas verdeckt, Luigi Fagioli (Nr. 16, Mercedes-Benz), dahinter der nächste Alfa Romeo C-Typ der Scuderia Ferrari mit René Dreyfus (Nr. 28), dann, in Richtung Bildmitte, von links nach rechts aus Sicht des Betrachters das Seite an Seite beschleunigende Terzett Jean-Pierre Wimille (Bugatti), Graf Antonio Brivio (Alfa Romeo) und Graf Carlo Trossi (Maserati). Der um 60° geneigte Leser greift nun endgültig zur Lupe und betrachtet sich sodann Dick Seaman (Maserati), dessen rechtes Vorderrad von einem Masten verdeckt wird. Von dort schweift der Blick wieder etwas nach links, wo sich Mijnheer Reus mit seinem Bugatti knapp vor dem Mercedes-Benz von Louis Chiron hält. Sodann orientieren wir uns an dem noch gut zu identifizierenden Auto Union: In dem sitzt der später viertplazierte Rudi Hasse, aus Sicht des Betrachters links daneben rollt der Alfa Romeo von Raymond Sommer, rechts neben Hasse starten Francesco Severi im vierten Alfa Romeo C-Typ der Scuderia Ferrari, daneben George Cholmondley-Tapper mit einem privaten Maserati und sein chilenischer Markenkollege Juan Zanelli. Und wer diesen Ausführungen geduldig gefolgt ist, dem sei noch verraten, daß ganz hinten Ernst von Delius im vierten Auto Union steht und noch nicht so recht in die Gänge gekommen ist…*

gen aus, Belgien verzichtet auf einen Grand Prix und in Spanien tobt seit Mitte Juli der Bürgerkrieg…

Nach eher mäßigem Saisonverlauf beginnt am 14. Juni 1936 beim Eifelrennen das große Erwachen des Bernd Rosemeyer, eine Gelbsucht samt wiederholten Leberschwellungen haben dem 26jährigen obendrein mehrere Krankenhausaufenthalte beschert, doch am Nürburgring erweist sich der Spitzenmann der Auto Union wieder in Hochform: Caracciola ist früh mit defektem Stoßdämpfer ausgefallen, bei regnerisch-kühlem Wetter liefern sich Nuvolari und Rosemeyer eines der packendsten Rennduelle in der Geschichte des Nürburgrings. Zu Beginn der achten von zehn Runden zieht der Deutsche vor der Nordkehre an seinem italienischen Konkurrenten vorbei. Wenige Minuten später meldet der Streckensprecher am Karussell dichten Nebel, der binnen kurzer Zeit die ganze Nordschleife umhüllt. Bei Sichtweiten zwischen 20 bis 40 Meter fährt Rosemeyer unbeirrt im einmal eingeschlagenen Renntempo weiter und nimmt Nuvolari in den verbleibenden zweieinhalb Runden über zwei Minuten ab! Paul Pietsch, der 1935 eine Saison lang mit dem Lingener bei der Auto Union fuhr: »Rosemeyer war zuvor ein bekannter Motorradrennfahrer, hatte niemals einen Frontmotorrennwagen bewegt, gewöhnte sich wohl von daher auch viel schneller an die Auto-Union-Heckschleuder. Und mit diesem Rennwagen hat er dann Dinge angestellt, die kein anderer gemacht hat.«

Vor dem Großen Preis von Deutschland befindet sich Rosemeyer zwei Wochen lang zur Leberkur in Bad Mergentheim, am 13. Juli 1936 heiratet der blonde Bernd seine Elly Beinhorn, die berühmte Fliegerin. Das prominente Ehepaar trifft am 23. Juli aus knapp anderthalb Flitterwochen zum Training auf dem Nürburgring ein und erlebt ein Rennwochenende nach Maß. Natürlich übernimmt beim Start Brauchitsch die Spitze – und alsbald wieder einmal sich selbst... Irgendwo schlägt der »rote Baron« mit seinem Mercedes an, stellt den Rennwagen beim Karussell ab, überprüft die Lenkung, fährt weiter und hält zu einem genaueren Check an der Box. Rosemeyer ist unterdessen in Führung gegangen, fährt als erster Rennfahrer beim Grand Prix auf dem Nürburgring eine Runde unter zehn Minuten! 9.56,6 oder 137,6 km/h Schnitt – unglaublich! Hermann Lang im zweitplazierten Mercedes kann nur nach Rosemeyers Routinestop von der 8. bis zur 9. Runde die Führung übernehmen. »Hermännle« fährt gleichwohl ein grandioses Rennen, denn bei einem Schaltmanöver hat er sich den rechten kleinen Finger gebrochen! Der bereits in der vierten Runde mit defekter Benzinpumpe ausgeschiedene Caracciola löst den jungen Schwaben am Lenkrad ab, das Publikum pfeift, auch Lang ist mit dem Wechsel ganz und gar nicht einverstanden und darf bald darauf Brauchitschs Mercedes übernehmen. »Caratsch« kommt in Langs W125 nur bis in die 13. Runde, dann quittiert der Kompressor seinen Dienst und Caracciola wird in Fagiolis W125 wechseln... Rosemeyer ist indes längst auf und davon, Nuvolari verliert Platz Zwei wegen eines Differentialschadens, womit Hans Stuck für einen Auto-Union-Doppelsieg sorgt, der von den Nachwuchsfahrern Rudi Hasse und Ernst von Delius auf den Plätzen Vier und Sechs komplettiert wird. Elly Beinhorn-Rosemeyer erinnert sich im Stil der Zeit an die letzte Runde: »Wir warteten auf unseren Sieger. Die Vier leuchtete an der Voranzeige auf. Und da kam er auch schon, trat ein letztes Mal aufs Gas und raste über die Ziellinie. Und in diesem Moment, da plötzlich auch alles nach mir rief, löste sich die Spannung der letzten Stunden in einem Tränenfluß. Ich wandte mich ab und verstand gar nicht, was alle von mir wollten. Schließlich kam Bernd, den riesigen Lorbeerkranz um die Schultern und den Preis des Führers in der Hand, auf mich zu, legte den Arm um mich und sagte: ›Dieser Sieg ist mein nachträgliches Hochzeitsgeschenk.«

*Der unvermeidliche NSKK-Führer Adolf Hühnlein gratuliert dem Sieger: Bernd Rosemeyer erhält die Trophäe, die »Adolf-Hitler-Preis« heißt, im Hintergrund der zweitplazierte Hans Stuck, während Ferdinand Porsche links außen die Hände noch in den Hosentaschen hat. Elly Beinhorn-Rosemeyer wird viel später über dieses Rennen schreiben: »Es hätte mich interessiert, einmal die allerinnersten Gedanken meines Mannes lesen zu können. An mir hatte er eine Frau, die weiß Gott anerkannte – aber erst nach eingehender, verständnisvoller Prüfung -, daß eine Leistung wirklich des Lobes wert war. Sicher gab es viele Tausende Frauen in Deutschland, die ihn schon für die reine Tatsache, daß er sich traute, über dreihundert Stundenkilometer zu fahren, von morgens bis abends angebetet hätten.«*

*Zwei Generationen im Bau von GP-Rennwagen auf einem Bild: Vorn der zu Überrundung anstehende Raymond Sommer mit seinem in die Jahre gekommenen B-Typ von Alfa Romeo, dahinter Luigi Fagioli im Mercedes-Benz W25, den später Rudolf Caracciola übernehmen und mit einer Runde Rückstand auf den fünften Rang lenken wird – die beste Plazierung für den Traditionsrennstall aus Untertürkheim beim Heim-Grand-Prix anno 1936, in der grandiosen Renngeschichte von Mercedes-Benz eine der blamabelsten Vorstellungen...*

»Für Millionen des deutschen Sportvolks ist Bernd Rosemeyer ein leuchtender Stern, der über Nacht vom Himmel geradewegs in den Rennwagen der Auto Union fiel«, schrieb Ernst Hornickel anno 1937 in einer Rosemeyer-Biogra-

■ *26. Oktober 1936: Die Reichsautobahn Frankfurt-Darmstadt wird gesperrt, Rudolf Caracciola geht mit seinem Mercedes-Benz auf Rekordjagd. Der vollverkleidete Monoposto wird von einem V12-Motor mit rund 700 PS angetrieben, das Aggregat mit 5,6-Liter-Hubraum war ursprünglich für den Einsatz bei GP-Rennen vorgesehen. Nun ist das Triebwerk stark genug, um drei Rekorde aufzustellen: Ein Kilometer mit fliegendem Start mit 364,4 km/h, eine Meile mit fliegendem Start mit 366,9 km/h und fünf Kilometer mit fliegendem Start mit 340,5 km/h. Die Auto Union und Bernd Rosemeyer müssen und werden reagieren, so ist das in diesen wahnwitzigen Zeiten.*

phie. Auch der NS-Propaganda kam der blonde Bernd ideal zupaß. »Wir alle lebten im Rahmen einer scheinbaren Hochkonjunktur – und wir, das heißt unsere Männer, waren die Helden dieser Zeit«, lautet ein vielzitierter Satz von Elly Beinhorn, der allerdings aus den frühen 50er Jahren stammt. Doch die Heroen der Rennstrecke waren auch ehrgeizige Leute, die um ihres Vorteils und ihres Rufes Willen handelten. Mochten sie dem NS-System zwar meist politisch indifferent gegenüberstehen, so wußten sie sich in ihrem Interesse der NS-Klaviatur durchaus zu bedienen. Professor Peter Kirchberg, Direktor des Werksarchivs der Auto Union, formulierte es mit Blick auf Bernd Rosemeyer einmal so: »Auch er trieb ›Image-Pflege‹, wie man heute sagen würde. Er wählte unter den Pflichtorganisationen, denen er als Motorsportler anzugehören hatte, wohl ganz bewußt jene aus, die unter den Wertbegriffen seiner Zeit gewissermaßen die der Garde einnahmen. Es gibt dazu keinerlei zugängliche Selbstzeugnisse, aber es scheint keineswegs ausgeschlossen, daß auch er die SS als wirksamste Schutzmacht ansah und daher seine Mitgliedschaft dort für am zweckmäßigsten hielt.« Hans Stuck mag am geschicktesten hinter den Kulissen agiert haben, um sich und seine nach der Nazi-Diktion »nicht-arische« erste Ehefrau Paula von Recznizek zu schützen. Als die Auto Union Ende 1938 Stuck keinen Vertrag mehr geben wollte, schaltete er die SS-Reichsführung ein – und blieb Werksfahrer... Richard von Frankenberg formulierte später süffisant: »Den Krieg über war Hans Stuck zur ›Wehrbetreuung‹ eingesetzt. Er hielt bei den Soldaten Lichtbilder-Vorträge und erzählte aus seiner Rennzeit. Er setzte sich dann rechtzeitig und geschickt nach Österreich ab und spielte nach 1945 in der Gegend von St. Anton ehemaliger Widerstandskämpfer. Er besaß noch aus seiner Austro-Daimler-Zeit die österreichische Staatsangehörigkeit neben der deutschen, und das verhalf ihm nun in der Nachkriegszeit sehr früh wieder zu einer internationalen Fahrerlizenz.« Andererseits scheint es unter den Rennfahrerassen jener Zeit auch weniger schauspielerisch veranlagte Talente gegeben zu haben: Manfred von Brauchitsch mag sich einmal salopp über Reichsjugendführer Baldur von Schirach und seine Gattin lustig gemacht haben, worauf der abgöttische Hitler-Verehrer am 1. April 1936 den Rennfahrer und dessen Bruder unter Assistenz von weiteren Nazis mit einer Hundepeitsche züchtigte. Der kompromittierte Brauchitsch wandte sich Monate später in dieser Angelegenheit per Brief vom 4. September desselben Jahres direkt an Hitler: »Inzwischen ist der Vorfall ohne mein Verschulden in weiteren Kreisen bekannt geworden. Ich bin der Auffassung, daß gerade eine Persönlichkeit, die sich in führender Stellung in der Bewegung befindet, andere Volksgenossen nicht ungesühnt mit der Hundepeitsche bearbeiten darf.« Die politische Naivität verblüfft: Wahrscheinlich konnte Manfred von Brauchitsch von Glück sagen, daß er weiter für Mercedes-Benz Rennen fahren durfte...

# Mißbrauchte Helden

Die AIACR hatte die 750-Kilogramm-Formel noch um ein Jahr bis einschließlich 1937 verlängert. Beizeiten war aber auch klar, daß das Reglement für 1938 GP-Rennwagen mit maximal 4,5-Liter-Hubraum ohne bzw. maximal 3 Liter-Hubraum mit Kompressor vorsah, jeweils bei einem Trockengewicht von höchstens 850 kg. Die Saison 1937 bescherte damit den Abschied von den bis dato stärksten GP-Fahrzeugen aller Zeiten. Es sollte bis Anfang der 80er Jahre dauern, ehe die Formel 1 der Turbo-Ära die 646 PS übertraf, die der Mercedes-Benz W125 anno 1937 bei 5 800 U/min mobilisierte. »Der markige Ton des Kompressormotors von 5,66 Liter Hubraum gehörte zum ohrenbetäubendsten und eindrucksvollsten, was je aus dem Auspuffrohr eines Automobils erschallte«, attestierte Denis Jenkinson, der unumstrittene Nestor der britischen Formel-1-Korrespondenten. Der singende Kompressorklang, der sich beim Gaswegnehmen in ein infernalisches Brüllen verwandelte, dazu die unerträglichen Auspuffgase des Spezialkraftstoffs, die für Kopfschmerzen, Augentränen und Atembeschwerden sorgten – was mögen das doch für Rennen gewesen sein, bleibt uns Nachgeborenen ein Hauch nostalgischer Schwärmerei. Nur ein Hauch, wohlgemerkt. Wie formulierte doch NSKK-Führer Hühnlein bereits anno 1935 über den Sinn des Rennsports? »Die Aufgabe, die uns obliegt, ist aus der nationalsozialistischen Jugend die Motorbegabtesten auszuwählen, sie zu lebendigen Trägern des Motorisierungsgedankens unseres Führers zu machen und sie an den motorisierten Dienst des Heeres heranzuführen.« Und schon lange vor dem Zweiten Weltkrieg fordert diese Ideologie ihre Opfer, auch weniger prominente etwa in Person des 21jährigen Johann Wolf, Mitarbeiter der Auslieferungsabteilung der Daimler-Benz AG, tödlich verunglückt am 8. Oktober 1936 auf dem Nürburgring, bei einer »Nachwuchs-Rennfahrerschulung«. Der Dresdner Sprach- und Literaturwissenschaftler Victor Klemperer, von den Nazis als Jude verfolgt, ist hellsichtiger Zeitzeuge jener Jahre. In seinen erst nach Ende des Zweiten Weltkrieges veröffentlichten Notizen über die Sprache im Dritten Reich (*LTI – Lingua Tertii Imperii*) schreibt Klemperer: »Eine Zeitlang sind die Sieger im internationalen Autorennen, hinter dem Lenkrad ihres Kampfwagens oder an ihn gelehnt oder auch unter ihm begraben, die meistphotographierten Tageshelden. Wenn der junge Mensch sein Heldenbild nicht von den muskelbeladenen nackten oder in SA-Uniform steckenden Kriegergestalten der Plakate und Denkmünzen dieser Tage abnimmt, dann gewiß von den Rennfahrern; gemeinsam ist beiden Heldenverkörperungen der starre Blick, in dem sich vorwärtsgerichtete harte Entschlossenheit und Eroberungswille ausdrücken.«

Der Größenwahnsinn des NS-Regimes manifestiert sich auch und gerade im Motorsport: Das AVUS-Rennen am 30. Mai 1937 wird nach der Freien Formel ausgetragen, was es Auto Union und Mercedes-Benz ermöglicht, mit vollverkleideten Stromlinienwagen an den Start zu gehen. Die umgebaute Nordkurve läßt Tempo 180 zu, was bei einer Spitze von etwa 360 (!!!) auf den langen Geraden reicht, um mit Rundenschnitten um 270 km/h die AVUS zur schnellsten Rennbahn der Welt zu machen. Die *Allgemeine Automobil Zeitung* hatte bereits am 28. November

■ 20. Februar 1937: Das alljährliche Ritual zum Auftakt der Internationalen Automobil- und Motorrad-Ausstellung in Berlin. Auto Union und Mercedes-Benz nehmen Aufstellung, Hitler schreitet die Parade ab: Links steht Hermann Lang stramm, von Hühnlein leicht verdeckt, Rudolf Caracciolas Händedruck wirkt noch etwas unbeholfen, aber Alfred Neubauer weiß, wie man bei solchen Anlässen mit der rechten Hand agiert. Wenn man Rennen fahren will, muß man sich damals irgendwie arrangieren. Der eine kann das ganz gut, der andere vermag seine persönliche Integrität halbwegs zu wahren und manche machen auch mit: Gepriesen sei die heutige Generation von GP-Rennfahrern, die sich nur der Diktatur des Geldes unterwerfen muß...

1935 vermeldet, »daß der geplante Kurvenumbau auf eine persönliche Anregung des Führers zurückgeht, der damit erneut sein großes Interesse am Kraftfahrsport begründet hat.« Mercedes-Benz setzt auf der AVUS sogar den 5,57-Liter-V12 ein, der eigentlich für Rekordfahrten vorgesehen ist und im »zahmeren« Renntrimm 598 PS bei 5 800 U/min leistet. Manfred von Brauchitsch steuert das über 1 100 kg schwere Gefährt zum Sieg im zweiten von zwei Vorläufen, ruiniert beim Finale jedoch gleich beim Start die Kupplung. »Wieder einmal sind die Reifen das Problem«, notiert Rudolf Caracciola nach den Trainingsfahrten: »Die Wagen leisten an die 600 PS, und mit der flachen Stromlinienkarosserie erreichen sie auf den Gerade 370, 380, selbst 390 Kilometerstunden. Rosemeyer knallt bei 370 ein Vorderreifen weg, eine böse, gefährliche Angelegenheit. Die Reifenleute zeigen bedenkliche Gesichter. Am Ende läuft es darauf hinaus: Entweder die Wagen voll ausfahren und alle zwei Runden neue Reifen auflegen oder nicht über 340 hinausgehen.« Im Training fährt Rosemeyer mit 283,7 km/h Bestzeit, auch am Renntag markiert er im Finallauf die schnellste Runde: 276,4 km/h, landet wegen eines Boxenstops jedoch erst auf Rang Vier, während der Sieg an Hermann Lang fällt, der seinen Mercedes-Benz-Stromlinienwagen bewußt nicht voll ausfährt und dadurch ohne Reifenwechsel über die Renndistanz kommt: Der 28jährige Schwabe fährt trotz »schonender Gangart« einen Gesamtschnitt von 261,7 km/h heraus... So endet das letzte große AVUS-Rennen vor dem Zweiten Weltkrieg, schon 1938 gibt es keine Neuauflage mehr: Bei derart hohen Geschwindigkeiten ist auf der schmalen Fahrbahn an sicheres Überholen nicht mehr zu denken. Im Training ist die Vorderachse bei Langs Stromlinienwagen bei Tempo 390 bereits leicht abgehoben, ehe »Hermännle« mit behutsamen Liften des Gasfußes eine Katastrophe verhindert. Auch im Motorsport stößt die Gigantomanie jener Jahre an ihre Grenzen.

Seit seinem Sieg in Tripolis und auf der AVUS gilt Hermann Lang endgültig als der Mann der Stunde, doch Bernd Rosemeyer rückt die Verhältnisse beim Eifelrennen am 13. Juni 1937 wieder auf eindrucksvolle Art und Weise zurecht, indem er für sich und die Auto Union den ersten Saisonsieg herausfährt. Rudolf Caracciola liefert sich in den ersten zwei, drei Runden ein beherztes Duell mit Rosemeyer, doch dabei ruiniert sich »Caratsch« die Reifen, muß außerplanmäßig an die Box und endet regelrecht deklassiert auf Platz Zwei. Hermann Lang spielt für einmal überhaupt keine Rolle, die Zündkerzen bereiten Probleme und werfen den Schwaben auf Rang Sechs zurück. Doch ohne jedes Wenn und Aber: Rosemeyer ist im GP-Sport das Maß aller Dinge, der einzige Auto-Union-Rennfahrer, der der maschinell überlegenen Konkurrenz von Mercedes-Benz Paroli zu bieten vermag. Niemand kann ahnen, daß dies der letzte Sommer des jungen deutschen Rennfahrerheroen sein wird. Beim Großen Preis von Deutschland am 25. Juli 1937

■ 30. Mai 1937, AVUS-Rennen: Bernd Rosemeyer mit dem Auto Union C-Typ in Stromlinienversion. Mit dem Bau der Steilwand als Ersatz für die alte Nordkurve soll die AVUS zur schnellsten Rennstrecke der Welt werden. Das politisch gewollte Unterfangen glückt, Rundenschnitte von 280 km/h werden möglich, doch um den Preis, daß den besten Rennfahrern der Welt die Reifenprotektoren um die Ohren fliegen. Spitzengeschwindigkeiten von 360 km/h machen den Rennbetrieb zur schmalen Gratwanderung am Rande des Verderbens. Der Kurs ist so schnell geworden, daß keine Rennen mehr gefahren werden können.

*Rudolf Caracciola mit seinem Stromlinien-Mercedes: »Caratsch« liefert sich mit Bernd Rosemeyer einen dramatischen Zweikampf und setzt sich im ersten Vorlauf nach sieben Runden mit sechs Zehntel Vorsprung durch bei einem Gesamtschnitt von 250,4 km/h. Aber es geht noch schneller: Im Finale, in dem Caracciola bereits nach drei von acht Runden aufgeben muß, gewinnt der immer stärker in den Vordergrund rückende Stallkollege Hermann Lang mit 261,7 km/h. Bis heute das schnellste Rennen, das hierzulande gefahren wurde...*

wird Bernd Rosemeyer sein letztes Rennen auf dem Nürburgring bestreiten...

Zuvor hat er mit dem publicityträchtigen Sieg im Vanderbilt-Cup Mercedes-Benz die Schlagzeilen in der US-Presse gestohlen, zu allem Überfluß glückt Auto Union gleich darauf ein Doppelsieg im belgischen Grand Prix, den Nachwuchsfahrer Rudolf Hasse vor Hans Stuck gewinnt, während Hermann Lang Dritter wird, knapp vor Christian Kautz, seinem neuen schweizer Teamkollegen bei Mercedes-Benz. Keine rosigen Zeiten also für die Untertürkheimer vor dem wichtigsten Rennen des Jahres: Fünf Mercedes-Benz W125 gegen fünf C-Typen von Auto Union. Erstmals kommt die Startaufstellung aufgrund der Trainingsergebnisse zustande, Rosemeyer schafft eine schier unglaubliche Bestzeit von 9.46,2 Minuten, sechs Sekunden schneller als Lang auf Startplatz zwei! Die geschlossen silbernen Reihen der zehn deutschen Werkswagen werden allein von zwei roten V12-Alfa-Romeo der Scuderia Ferrari unterbrochen: Tazio Nuvolari schafft den respektablen fünften, der 30jährige Giuseppe Farina den elften Startplatz noch vor Hans Stuck, dem Schlußlicht der deutschen Werkswagen. An die 300 000 Zuschauer erleben bei kühler, aber trockener Witterung einmal mehr die Auseinandersetzung Bernd Rosemeyer contra Mercedes-Benz: Caracciola hat zwar den besten Start erwischt, wird aber schon in der Südkehre von Lang passiert. Auch Rosemeyer zieht noch im Verlauf der ersten Runde vorbei an »Caratsch«, schnappt sich im Karussell auch Spitzenreiter Lang, der mit seinem PS-stärkeren Mercedes allerdings auf der langen Geraden von der Döttinger Höhe in Richtung Start und Ziel wieder an dem Auto-Union-Rennwagen vorbeizieht. Rosemeyer kontert sofort, will wie üblich

*13. Juni 1937, Eifelrennen: Europameister Bernd Rosemeyer (Nr. 1) holt sich endlich seinen ersten Saisonsieg gegen den Rennwagen des Jahres, vielleicht sogar des Jahrhunderts. Der Mercedes-Benz W125 ist bis heute das atemberaubendste, was in Untertürkheim je auf vier Räder gestellt worden ist: Hermann Lang (Nr. 7), Manfred von Brauchitsch (Nr. 8) und Rudolf Caracciola (Nr. 6) bändigen den bestialischen Vortrieb von über 600 PS, dahinter zwei weitere Auto Union mit Ernst von Delius (Nr. 2) und Rudolf Hasse (Nr. 4), di beiden Alfa Romeo von Tazio Nuvolari (Nr. 11) und Giuseppe Farina (Nr. 12), denen im Abgasnebel die beiden Mercedes-Benz W125 von Christian Kautz und Dick Seaman sowie Hermann Paul Müller (Nr. 5) in einem weiteren Auto Union C-Typ folgen.*

■ *25. Juli 1937, Großer Preis von Deutschland: Hermann Lang führt kurz nach dem Start in der Südkehre, Rudolf Caracciola, Bernd Rosemeyer, Hermann Paul Müller, Manfred von Brauchitsch, Ernst von Delius, Tazio Nuvolari und Rudolf Hasse folgen. Caracciola und Brauchitsch fahren einen Doppelsieg für Mercedes-Benz heraus: Was den beiden Rennfahrern noch am selben Spätnachmittag einen Eilflug nach Bayreuth beschert, weil der Diktator und Wagnerianer Hitler die Rennheroen bei den Festspielen vorführen möchte. Wahnfried...*

gleich zu Rennbeginn das Terrain klären – so wie dies Jahrzehnte später ähnliche Fahrkünstler namens Jim Clark und Ayrton Senna exerzieren werden. Aus der zweiten Runde kehrt Bernd Rosemeyer in einsamer Führungsposition zurück, Hermann Lang folgt mit neun Sekunden Rückstand! 9.53,4 Minuten gleich 137,8 km/h benötigte Rosemeyer für diese Runde und das, obwohl er auf diesen 22,81 km bis zum Überholen Langs gewiß noch einige Sekunden eingebüßt haben mag... Es wird die schnellste Runde des gesamten Großen Preises bleiben: Rosemeyer führt nach der dritten Boxenpassage mit zwölf Sekunden vor Lang, aber irgendwo muß er bei einem wilden Drift mit seinem Heck eine Grasnarbe oder ein anderes Hindernis gestreift haben. In der Südkehre fällt jedenfalls ein Stück Metall vom rechten Hinterrad des führenden Auto Union ab! Streckenposten bringen das Teil zur Rosemeyer-Box, wo man es alsbald identifiziert: Der Auto Union fährt ohne Sicherung des Zentralverschlusses! Per Lautsprecherdurchsage versucht man den Spitzenreiter zu warnen, aber Rosemeyer hat Glück im Unglück, mit dem lockergeschlagenen Hinterrad fängt er sich zwar noch einen Reifenschaden ein, doch der Spitzenmann der Auto Union schafft es trotzdem noch irgendwie an seine Box zurückzurattern, nachdem das führende Mercedes-Trio in der Reihenfolge Caracciola – Lang – Brauchitsch bereits seit 28 Sekunden entschwunden ist. Reparatur und Reifenwechsel kosten Rosemeyer 3.33,1 Minuten, vor lauter Hektik reißt sich der frustrierte Champion noch den Hintern seines Rennoveralls auf, als er sich wieder in seinen Rennsitz krümmt... Am Ende dieses GP fängt Bernd Rosemeyer noch in der Schlußrunde Tazio Nuvolari ab und wird Dritter, 61,4 Sekunden hinter dem Sieger, der einmal mehr Rudolf Caracciola heißt... Was vielleicht auch ein wenig daran liegt, daß Hermann Lang gar nicht erst in Versuchung gekommen ist, seinen Capo bei Mercedes-Benz zu attackieren: Ein Reifenschaden auf der Strecke sowie verölte Kerzen beenden mögliche Spekulationen des jungen Schwaben, der sich am Ende mit dem siebten Rang begügen muß, während Manfred von Brauchitsch eine Dreiviertel-Minute hinter dem souveränen

■ *Auf der Aufholjagd im leicht zerknitterten Auto Union: Bernd Rosemeyer und die Folgen seines unfreiwilligen Ausritts in der Anfangsphase. Hinter Caracciola und Brauchitsch reicht es noch zum dritten Platz.*

■ *Routinestop für Manfred von Brauchitsch: Wie auf Bestellung gibt es binnen einer Minute zwei neue Continental-Hinterräder Typ »Bergmeister« sowie über 200 Liter Spezialgemisch.*

Rudolf Caracciola den Mercedes-Benz-Doppelsieg komplettiert. Das Publikum spendet begeisterten Applaus, in dem die Erinnerung an einen schweren Unfall zu Beginn des Rennens fast völlig untergeht: In der fünften Runde hat der bestplazierte Auto-Union-Fahrer Ernst von Delius versucht, den unmittelbar vor ihm auf Rang Vier kurvenden Mercedes-Benz von Richard Seaman zu überholen. Von der Auto-Union-Box gab es zuvor ein Signal für Delius: Lautete es »Freie Fahrt«? Oder doch nur »Reifenwechsel in der nächsten Runde«? Ernst von Delius ist zweifelsohne zu allem entschlossen, als er nach der Döttinger Höhe ausschert und mit Seaman gleichzieht. Bei hoher Geschwindigkeit verliert der 25jährige Deutsche jedoch die Kontrolle über seinen Rennwagen, wahrscheinlich als der Auto Union nach einem weiten Satz über die zweite der beiden Brücken entlang der langen Geraden schräg aufsetzt. Seaman bremst bei Tempo 275 scharf ab, kann die Kollision zwar vermeiden, schleudert jedoch selbst am Streckenrand entlang, wo sein Mercedes-Benz an einem Pfosten hängenbleibt und der Engländer aus dem Sitz katapultiert wird. Mit Nasenbeinbruch, schweren Schürf- und Schnittwunden samt einem gebrochenen Daumen kommt Seaman jedoch halbwegs glimpflich davon. Der Auto Union hingegen überschlägt sich mehrfach und kommt abseits der Strecke noch jenseits der Hauptstraße in Richtung Koblenz zum Stillstand: Ernst von Delius zieht sich schwere Verletzungen an Kopf und Wirbelsäule zu und stirbt tags darauf in den frühen Morgenstunden des 26. Juli 1937. Daß es nach dem Unfall am Rennsonntag so schlimm um den jungen Deutschen steht, scheint von offizieller Seite verschwiegen worden zu sein. Die Vermutung liegt nahe, daß die Feierlichkeiten nach dem Großen Preis von Deutschland nicht getrübt werden sollten. Die Todesanzeige der Auto Union AG für Ernst von Delius schließt mit den Worten: »Dem Kampf um den Sieg hatte er sein Leben verschrieben – im Kampf um den Sieg gab er sein Leben. Wie in der Geschichte der deutschen Kraftfahrt, hat er sich auch in unseren Herzen ein bleibendes Denkmal errichtet.« Nur ein halbes Jahr später werden ›Betriebsführung und Gefolgschaft der Auto Union AG‹ wieder einen Nachruf formulieren müssen…

■ *Das Ende auf dem Weg zwischen Döttinger Höhe und Antoniusbuche: Der zertrümmerte Auto Union von Ernst von Delius – keine Chance für den Fahrer…*

# Heilloses Unheil

Die Rekordfahrten auf der Reichsautobahn Frankfurt-Darmstadt sind längst zum unverzichtbaren Ritual für Auto Union und Mercedes-Benz geworden, geradezu eine Frage des nationalen Prestiges. Weil der absolute Geschwindigkeitsweltrekord auf dem acht Meter schmalen Asphaltband mit Brückenunterführungen, Bodenwellen und Biegungen nicht zu packen ist, haben eben obskure Bestleistungen über den »fliegenden Kilometer« oder die »fliegende Meile« herzuhalten. Dazu müssen die deutschen Rennfahrer-Heroen mit ihren vollverkleideten GP-Rennwagen regelrecht Anlauf nehmen, mindestens fünf Kilometer lang, noch dazu in einer leichten Kurve. Bei der alljährlichen Rekordwoche Ende Oktober 1937 stellt Bernd Rosemeyer gleich 15 (!) Bestmarken auf und erreicht zeitweise Spitzengeschwindigkeiten von über 410 km/h: »Die Geschwindigkeit an sich ist überhaupt nicht spürbar. Der Wagen liegt wunderbar ruhig und gehorcht dem Steuer einwandfrei. Das Lenkrad darf nicht verkrampft gehalten werden. Es liegt nur ganz leicht zwischen den Fingerspitzen sozusagen, um keine Körperbewegungen auf die Lenkung zu übertragen. Die Steuerbewegungen betragen am Lenkrad vielleicht ein bis zwei Millimeter. Bei etwa 380 km/h werden die Stoßfugen der Betonstraßendecke als Schläge fühlbar, die eine Resonanz am Wagen erzeugen, die jedoch bei höherer Geschwindigkeit sofort wieder verschwindet. Beim Durchfahren der Brückenüberführungen erhält man einen furchtbaren Schlag auf die Brust, hervorgerufen durch die Luftverdrängung des Wagens, die sich nicht schnell genug ausgleichen kann. Den Wagen stets in Fahrbahnmitte zu halten, erfordert allerhöchste Konzentration. Das rechtzeitige Abfangen von Seitenwind und von Versetzungen an den Unterführungen erfordert ein solches Höchstmaß dauernder Bereitschaft zu instinktmäßiger, blitzschneller Reaktion noch bevor sich der Seitenwind oder ein anderer Einfluß voll auswirken kann, daß nach längstens ein paar Minuten die Nervenkraft einfach verbraucht ist. Dadurch ist die Belastung zum Beispiel des 10 Meilen-Rekords größer als die eines Grand-Prix-Rennens, obwohl die ganze Angelegenheit nur 2.40 Minuten dauert.« Auf einen Nenner gebracht ist das Ganze ein Grenzwerterlebnis am Rande des physischen und psychischen Kollaps. Eigentlich nicht zu verantworten, doch zu Zeiten des NS-Regimes gerade das Richtige, um den Wagemut des deutschen Edelmenschen zu demonstrieren – und natürlich auch die Leistungsfähigkeit deutscher Automobilbaukunst…

Mercedes-Benz scheint zu Beginn des Jahres 1938 einmal mehr die besseren Drähte zu NSKK-Führer Hühnlein und anderen Partei- und

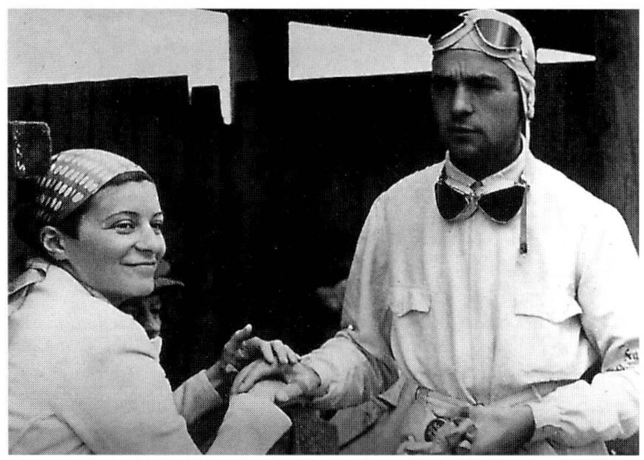

■ *»Mein Mann, der Rennfahrer!« – Elly Beinhorn und Bernd Rosemeyer: Ein deutsches Traumpaar…*

Regierungsstellen zu besitzen: Gerade noch rechtzeitig vor der am 18. Februar beginnenden Automobilausstellung in Berlin werden Termine für neue Rekordversuche auf der Reichsautobahn Frankfurt-Darmstadt arrangiert. In Untertürkheim ist man bestens gerüstet, aber natürlich darf und muß auch die Auto Union haste, was kannste ausrücken. Die winterliche Wetterlage sorgt ein paar Tage für Verzögerungen, erst am Morgen des 28. Januar 1938 riskiert Rudolf Caracciola um 8.12 Uhr einen Rekordversuch mit dem über 736-PS-starken Mercedes-Benz-Stromlinienwagen: 8,4 Sekunden hin und 8,24 Sekunden zurück über einen Kilometer mit fliegendem Start gleich 432,692 km/h, bei derselben Gelegenheit ergibt sich für die Meile ein Mittel von 432,5 km/h... »Der Zwölfzylindermotor dröhnt. Der Wind braust. Die Landschaft stürzt auf mich zu«, liest sich das stakkatoartig in Caracciolas Rennerinnerungen: »Der Zeitnehmer gibt die Rückfahrt frei. Wieder das Balancieren auf dem schmalen Band. Wieder die Brücken. Dutzendmal auf das Nadelöhr zielen, immer zwei Brücken voraus, und dann ist alles vorbei. Wir haben den Rekord!« Bernd Rosemeyer ist bei den ersten Gratulanten, sucht aber sogleich den Fehdehandschuh aufzunehmen: Ja, es geht wie einst im Mittelalter auch um persönliche Eitelkeiten und Rivalitäten, gerade zwischen den beiden besten deutschen Rennfahrern. Caracciola hat den Rekord, aber Rosemeyer will schnellstmöglich auf diese Herausforderung antworten, da stört auch nicht der stark aufkommende Seitenwind mit Spitzenwerten bis zu 11 m/sec. Nach einem Anwärmlauf und einem Motorcheck rückt Rosemeyer um 11.46 Uhr zu seinem Rekordversuch aus. Auto-Union-Rennleiter Dr. Karl Feuereissen wird sich später rechtfertigen, er habe noch gewarnt: »Rosemeyer, lassen Sie es doch lieber sein, es hat doch keinen Sinn bei dem Wind, wir wollen doch nichts riskieren.« Aber Rosemeyer hätte nur geantwortet: »Ach Doktor, einmal fahre ich noch, ich riskiere doch nichts, ich bin doch kein Anfänger, ich will bloß mal ausprobieren, wie das mit der Verkleidung geht. Ich fahre ruhig und taste mich doch nur an die Geschwindigkeit heran.« Der Rest ist Geschichte: Bei der Waldschneise nach Meßkilometer 8,8 erreicht der Auto Union etwa 440 km/h, als er von einer Windböe erfaßt wird. Bei diesem Tempo hat der verzweifelte Versuch noch gegenzusteuern keine Chance: Der Rekordwagen gerät außer Kontrolle, überschlägt sich und bleibt bei Kilometer 9,2 am Autobahndamm hängen. »Unser Bernd Rosemeyer ist uns heute auf der Autobahn bei Frankfurt/M., in Verteidigung seiner im Oktober 1937 aufgestellten Rekorde durch einen tödlichen Unglücksfall entrissen worden«, heißt es in der Todesanzeige der Auto Union AG: »Voll tiefster Trauer stehen wir alle an der Bahre dieses Mannes, dessen Tod eine Lücke in unsere Reihen gerissen hat, die niemals zu schließen sein wird.« Witwe Elly Beinhorn-Rosemeyer erhält ein Beileidstelegramm von Hitler: »Die Nachricht von dem tragischen Geschick Ihres Mannes hat mich tief erschüttert. Übermittle Ihnen mein aufrichtiges Beileid. Möge der Gedanke, daß er im Einsatz für deutsche Geltung fiel, Ihren tiefen Schmerz lindern.«

Noch im Tod wird das sportliche Idol der Nation für die Anschauungen des NS-Regimes mißbraucht: »Bernd Rosemeyer war und bleibt das Vorbild der rennbegeisterten Jugend und des für Deutschland einsatzbereiten SS-Führers. Sein Leben hieß: angreifen, kämpfen, siegen! Ob auf der Rennbahn, als SS-Führer oder am Steuer seines Flugzeuges – er kannte kein Zurück!« – lassen SS-Reichsführer Himmler und NSKK-Führer Hühnlein verkünden...

Das Eigentümliche jener letzten anderthalb Jahre vor der Entfesselung des Zweiten Weltkrieges durch die Nazis war die eindrucksvolle Leistungsfähigkeit, mit der in der deutschen Automobilindustrie weiterproduziert wurde. Ob bei den Plänen für das Volkswagen-Werk, dessen Bau am 26. Mai 1938 bei Fallersleben beginnt, bis hin zu den etwas weniger kostspieligen Anstrengungen der Rennabteilungen von Mercedes-Benz und Auto Union für die neue 3-Liter-Formel: Noch scheinen relativ wenige Vorbereitungen für den Einstieg der Autokonzerne in die Wehrwirtschaft getroffen zu sein. Alles nimmt weitgehend den gewohnten produktionstechnischen Verlauf, komme, was da wolle. Egal, ob Österreich »heim ins Reich« geholt oder die Tschechoslowakei zerschlagen wird. Der britische Premierminister Chamberlain regelt die sogenannte Sudetenkrise mit dem Münchener Abkommen noch einmal friedlich, aber durchaus im Sinne des NS-Regimes. Es sind Monate, in denen die auch in Deutschland durchaus vorhandenen Gegner der Nazis an der Politik des demokratischen Auslands irre werden müssen...

■ *28. Januar 1938, Reichsautobahn Frankfurt-Darmstadt: Eine Rekordfahrt zuviel für Bernd Rosemeyer.*

Einer, der dieses Hin- und Herlavieren aus nächster Anschauung erlebt, ist der 25jährige

■ *24.7.1938: Der neue Mann bei Auto Union im Karussell, doch Tazio Nuvolari kommt beim Großen Preis von Deutschland nicht weit. Nach einem Versuch, seine ölverschmierte Windschutzscheibe während der Fahrt zu reinigen, gerät der neue D-Typ-Rennwagen von der Strecke... Nuvolari wird sodann auf den Auto Union von H.P. Müller wechseln und noch auf den vierten Rang fahren. Der auf Basis eines 20 000 RM-Fixums geschlossene Vertrag mit »Nivola« war für die Auto Union ein vergleichsweise günstiges Schnäppchen: Man sagt, daß Caracciola in der Saison 1937 von Mercedes-Benz 150 000 RM bekommen habe. Nachwuchsfahrer wie Dick Seaman lagen bei jährlich etwa 12 000 RM, was damals immerhin noch zehnmal mehr war als das Salär gewöhnlicher Arbeitnehmer...*

Engländer Richard Seaman, seit 1937 Werksfahrer bei Mercedes-Benz. In seiner Heimat ist diese Konstellation durchaus ein Politikum, aber »Dick« fährt trotzdem, erstens bekommt man nicht jeden Tag die Chance, für ein Werksteam zu starten, und zweitens überwiegt selbst unter den Bedingungen des NS-Regimes noch der sportliche Wettbewerbsgedanke. Am 27. März 1939, knapp zwei Wochen nach Besetzung der »Rest-Tschechei« durch deutsche Truppen, drei Tage nach Einmarsch der Wehrmacht in das Memelgebiet, formuliert Seaman ein Schreiben an Lord Howe, den Präsidenten des britischen Rennfahrerclubs: »1. Ich wehre mich dagegen, Sport und Politik miteinander zu verquicken. Ich erwarte davon mehr Schaden als Nutzen. 2. Ich stehe mit allen meinen Kollegen von Mercedes-Benz in besten freundschaftlichen Beziehungen.« Ob es angesichts der politischen Lage dennoch opportun sei, als Brite für einen deutschen Rennstall zu fahren, will Seaman wissen? Lord Howe zieht politische Instanzen zu Rate und empfiehlt Seaman daraufhin, weiter für Mercedes-Benz zu fahren: »Jeder persönliche Kontakt mit Deutschland sollte so lange wie möglich aufrechterhalten bleiben.« In der internationalen Rennsportszenerie jener Jahre herrscht eine Form von Kameraderie, die keine politischen Barrieren kennt: Man fährt Rennen, das ist das Entscheidende. Der Propaganda-Rummel der Nazis erscheint wohl auch den deutschen Rennfahrern als zeitbedingtes Beiwerk, mit dem sich irgendwie ein Auskommen finden läßt. Das NS-Brimborium im Umfeld gehört halt dazu, wenn man in einem der beiden deutschen GP-Werksteams fährt. Und die Mehrheit des deutschen Volkes scheint ja auch hinter dem Führer dieses Regimes zu stehen... Last but not least lernt »Dick« Seaman als Mercedes-Werksfahrer auch eine reizende junge Deutsche namens Erica kennen und lieben, die Tochter des BMW-Mitgründers und Direktors Franz-Josef Popp. Die beiden werden heiraten, übrigens gegen den Willen von Richards Mutter, deren Aversion gegen Nazi-Deutschland selbst vor scheinbar rein privaten Dingen nicht Halt macht. Aber Erica Seaman ist ein ganz anderer Charakter, als ihre Schwiegermutter unterstellen mag. Als Richard Seaman am 26. Juni 1939 beim belgischen Grand Prix ums Leben kommt, meistert Erica Seaman auch dieses Schicksal. Und die junge Witwe zieht durchaus couragiert persönliche Konsequenzen und verläßt noch vor Ausbruch des Zweiten Weltkriegs ihre deutsche Heimat, in der ihr unvergessener Mann den größten Erfolg seiner viel zu kurzen Rennfahrerkarriere erlebte.

Die neue Grand-Prix-Formel hat einen schweren Start: Es gibt nur wenige Rennen, die obendrein mager besetzt sind. Der Große Preis von Deutschland am 24. Juli 1938, der traditionell die Mitte der Saison markiert, ist nach Pau, Tripolis und Reims erst der vierte Grand Prix des Jahres! Die Auto Union, die nach Rosemeyers tödlichem Unfall über einen Rückzug nachgedacht hat, taucht mit dem neuen D-Typ erstmals beim französischen Grand Prix am 4. Juli auf, doch in einem der beiden Stromlinienmodelle verunglückt Hermann Paul Müller bereits im Training. Rudi Hasse und Christian Kautz treten daraufhin am Rennsonntag in dem Mini-Feld von neun (!) Rennwagen mit den älteren C-Typ-Satteltank-Varianten an und scheiden bereits in der ersten Runde aus. Die drei gestarteten Mercedes-Benz W154 belegen in der Reihenfolge Brauchitsch – Caracciola – Lang die ersten drei Plätze, der vierte und letzte Rang fällt mit zehn Runden Rückstand an René Carrière in einem 4,5-Liter-Talbot, womit bewiesen wäre, daß die PS-schwächeren, aber hubraumgrößeren und weniger Sprit verbrauchenden Saugmotoren gegen die neue Generation von aufgeladenen 3-Liter-Triebwerken auf verlorenem Posten steht. Die französischen Sportwagen-Spezialisten haben sich mit ihren GP-Neukonstruktionen in eine technische Sackgasse manövriert: Staatliche Subventionen, wie sie ganz nach deutschem Vorbild seit Ende 1936 auch die französische Regierung gewährt, verheißen also nicht automatisch Erfolg auf der Rennstrecke. Über 1,3 Millionen Francs waren bis dato aus einem nationalen Rennwagenfonds geflossen, finanziert u.a. aus einer zusätzlichen Gebühr, die bei der Ausstellung eines Führerscheins zu entrichten war...

■ *Die seit 1936 am Nürburgring gebräuchliche Startampel versagt, doch irgendwie achten einige Fahrer auf Neubauers Fingerzeig oder belauern sich gegenseitig, so daß der Große Preis 1938 noch halbwegs regulär gestartet wird. Hermann Lang düst im Mercedes-Benz W154 als Erster davon, rechts im Bild folgen Tazio Nuvolari im Auto Union D-Typ und Dick Seaman bei seinem ersten Rennen des Jahres im W154, das der Engländer sensationell gewinnen wird. Auch gut vom Start weggekommen ist Rudi Hasse (links im Bild, Nr. 6) in seinem Auto Union C/D-Typ, ihm folgen Manfred von Brauchitsch, Rudolf Caracciola auf ihren W154, dann der beste Alfa Romeo, nicht mehr von der Scuderia Ferrari, sondern von Alfa Corse selbst betreut, mit Clemente Biondetti, rechts daneben Hans Stuck im zweiten neuen D-Typ von Auto Union. Dahinter reihen sich Piero Taruffi (ganz links, Nr. 28) im privaten Alfa Romeo der Scuderia Torino, Giuseppe Farina im Werks-Alfa (rechts daneben, aber vor Taruffi) und H.P. Müller in seinem Auto Union C/D-Typ...*

Mercedes-Benz dominierte die neue GP-Formel mit dem W154, der von einem Dreiliter-V12-Motor befeuert wurde, der zunächst rund 450 PS bei 8 000 U/min mobilisierte. Caracciola und Lang kassierten beim Renndebüt in Pau zwar eine blamable Niederlage gegen den Delahaye von René Dreyfus, doch bis zum Großen Preis von Deutschland hatten sich die W154 trotz hohem Konsum von Öl und Treibstoff – bis zu 145 Liter Rennsprit auf 100 km! – die technische Spitzenposition erobert. Erstmals in der Mercedes-Benz-Renngeschichte war der Fahrersitz neben die Kardanwelle plaziert worden, was dem W154 eine ultraflache Silhouette und erhebliche aerodynamische Vorteile verlieh. Auch die Auto Union setzte auf einen Dreiliter-V12-Motor, der gegen Ende des Jahres rund 485 PS entwickelte und gegen die Konkurrenz aus Untertürkheim wieder bestens zu bestehen vermochte. Beim Großen Preis von Deutschland feierte dieses Modell mit freistehenden Rädern sein Renndebüt, am Volant saßen Hans Stuck und Tazio Nuvolari! Nach seinem schweren Trainingsunfall im neuen Tipo 308 beim Saisonauftakt in Pau hatte »Nivola« die Nase voll und verließ Alfa Corse: Die Auto Union nutzte die Gelegenheit und verpflichtete Nuvolari ab dem Grand Prix von Deutschland: 20 000 Reichsmark erhielt der Maestro pauschal als »Engagementssumme«, dazu kam von Juli bis November 1938 ein monatliches Salär von 2000 RM, desweiteren garantierte die Auto Union ihrem neuen Spitzenfahrer pro Renneinsatz ein Startgeld von 3000 RM. Zum Vergleich: Teamkollege Rudi Hasse bekam damals ein Monatsgehalt von 1000 RM und pro GP-Rennen 2000 RM Startgeld. Die Renneinsätze waren jedoch spärlich geworden und die Auto Union garantierte ihrem Stammfahrer Hasse deshalb jährlich ein Mindesteinkommen von insgesamt 20 000 RM. In Relation dazu scheint der Nuvolari-Deal für die Auto Union also ein mehr als günstiges Schnäppchen gewesen zu sein: Und der italienische Spitzenrennfahrer war auch mit bald 46 Jahren immer noch jeden Pfennig und jede Lira wert...

Manfred von Brauchitsch hat gerade zuvor den französischen Grand Prix gewonnen: Genau die richtige Stimmungslage für den Großen Preis von Deutschland, den der impulsive Mercedes-Benz-Fahrer endlich für sich entscheiden will. Brauchitsch fährt im Training prompt 5,7 Sekunden schneller als Lang! Seaman und Caracciola folgen auf den Startplätzen Drei und Vier, allein Nuvolari als Trainingsfünfter vermag dem Tempo der W154 zu folgen. Mercedes-Benz hat von Beginn an das Rennen im Griff, im wahrsten Sinne des Wortes. Denn die Ampelstartanlage schaltet zwar von Rot auf Gelb, nicht jedoch wie vorgesehen nach 20 Sekunden auf Grün. Doch Alfred Neubauer signalisiert ohnehin gewohnheitsmäßig seinen Fahrern eigenhändig per Fingerzeig den Countdown. Lang schießt an die Spitze, Nuvolari ist nach der Südkehre Zweiter, wird dann aber sogleich von Seaman überholt. »Nivola« hat sich auf der Windschutzscheibe leider ein paar Spritzer Öl eingefangen und produziert beim Versuch, sich freie Sicht zu wischen, einen spektakulären Dreher, der die Aufhängung des Auto Union ruiniert. Nach einer Runde ist damit der schärfste Gegner von Mercedes-Benz aus dem Rennen: Lang führt vor Seaman und Brauchitsch. Erst auf Rang Vier folgt Caracciola, der Magen des Europameisters rumort, es wird nicht das Rennen von »Caratsch«. Und auch nicht das von Lang: Die Kerzen verölen, Lang wird langsamer, Seaman zögert zu überholen, doch Brauchitsch rast vorbei und schnappt sich die Führung, während das »Hermännle« seinen W154 an Reservemann Walter Bäumer weiterreicht, um in der 10. Runde den W154 des indisponierten Caracciola zu übernehmen. Auch die Auto Union bittet zum Fahrerwechsel und plaziert Nuvolari in den »Satteltank«-Wagen von Müller. An der Spitze ziehen aber Brauchitsch und Seaman auf und davon, wobei der Engländer das Tempo des Deutschen mühelos zu halten scheint. Nach dem ersten von zwei Boxenstops redet Neubauer auf Seaman ein: »Dick, lieber Junge, ich flehe Sie an! Lassen Sie Brauchitsch heute den Vortritt! Bleiben Sie nicht so dicht hinter ihm, der fährt mir sonst den Wagen zuschanden!« Richard Seaman kennt die Spielregeln, hält sich daran und attackiert nicht, womit das Rennen gelaufen wäre. Manfred von Brauchitsch liegt mit zehn Sekunden Vorsprung an der Spitze, als er in der 16. Runde zum Tankstop an die Mercedes-Benz-Box rollt: »Man wollte mich besonders schnell abfertigen«, heißt es in Brauchitschs Erinnerungen. »Dabei passierte dem Benzin einfüllenden Mechaniker das Pech, daß ihm der mit einigen Atmosphären Druck in den Tank hineingespritzte Betriebsstoff in einer großen Fontäne überlief und meinen Sitz, mich und das ganze Automobil mit Betriebsstoff überschüttete. Da fast gleichzeitig der Motor durch einen Mechaniker angeworfen worden war, stand innerhalb von einer Sekunde das Ganze in hellen Flammen. Ich behielt vollkommen meine Ruhe und verließ mich auf die Geistesgegenwart meiner Mechaniker, die auch sofort mit Feuerlöschern herbeisprangen. In der nächsten Sekunde wurde mir aber doch von unten, von oben und von den Seiten unangenehm heiß, und ich versuchte schleunigst aus meinem Sitz herauszukommen, was mir aber nicht sofort gelang, da ich erst das Lenkrad lösen mußte. Noch während ich den Versuch machte, die Sicherung zu lösen, sprang mein Rennleiter, Oberingnieur Alfred Neubauer, durch die Flammen zu mir, packte mich an den Armen und riß mich

■ *Über 300 Liter Treibstoff fassen die Tanks des Mercedes-Benz W154, beim Boxenstop werden pro Sekunde über 25 Liter Sprit durch den Auffüllstutzen gejagt: Die Choreographie der Rennmechaniker funktioniert perfekt, bis bei diesem Tankstop etwas von dem Benzingemisch überschwappt und den W154 Manfred von Brauchitschs sofort in Flammen setzt... Auf dem Bild ist der Brand bereits gelöscht, der Fahrer unverletzt in Sicherheit und Rennleiter Neubauer In Eile, um zu prüfen, ob der Wagen weiterfahren kann. Unterdessen hat die nervenstarke Mechanikerriege von Dick Seaman den W154 des Briten während (!) des spektakulären Zwischenfalls betankt und wieder ins Rennen zurückgeschickt, dem Sieg entgegen.*

aus dem brennenden Sitz, um mich dann wie einen Mehlsack auf die Straße zu werfen.« Neubauers Erinnerungen lesen sich etwas anders: »Verzweifelt versucht Brauchitsch, sich aus seinem Sitz zu befreien. Er kann den Verschluß des Steuers nicht lösen. Er kommt nicht frei... Ich springe hinzu, ohne lange zu überlegen, packe Brauchitsch am Kragen, zerre ihn aus dem Wagen, werfe hnzu Boden, wälze ihn auf der Erde, ersticke die Flammen, die bereits seinen Overall ergriffen haben.« In all der Aufregung absolviert Richard Seaman problemlos seinen Boxenstop, kommt sogar ohne zweiten Reifenwechsel aus, was Manfred von Brauchitsch übrigens nicht gelungen war... Seaman liegt nun einsam an der Spitze, zwei Minuten vor Caracciola/Lang, während Brauchitsch an fünfter Stelle das Rennen wieder aufnimmt. Alfred Neubauer erinnert sich an eine Warnung von Mercedes-Benz-Rennmechaniker Fridolin Zimmer: »Herr Neubauer, um Gottes willen, lassen sie den Mann nicht fahren! Der zittert ja am ganzen Leib! Ich kenne ihn genau, der landet im Graben!« Der Neubauer'schen Erzählvariante zufolge soll NSKK-Führer Hühnlein Brauchitsch zum Weiterfahren animiert haben... »Schon nach vier Kilometern, als ich über eine Bodenwelle mit guten 190 km/h fuhr und der Wagen einen Luftsprung von einigen Metern machte, hatte ich mein Lenkrad in der Hand. Was die nächsten Sekunden für mich waren, kann ich mit Worten nicht beschreiben. Der Wagen sauste steuerlos noch ein Stück geradeaus, raste in einen Graben«, schildert Manfred von Brauchitsch seinen Abflug am ›Schwedenkreuz‹: »Ich hatte Glück im Unglück, konnte vollständig unversehrt aussteigen, zurückgehen, mein Lenkrad aufsuchen und trat dann mit einem Polizeiauto die Heimreise zu den Tribünen an. Dort hatte ich nach meiner Rückkehr die Freude und Genugtuung, daß mich das Publikum wieder einmal, wie schon im Jahre 1935, als den moralischen Sieger feierte. Ich hätte mich jedoch lieber als den wirklichen Sieger gesehen. Aber auch dieses Pech hat mich nicht erschüttert und trotz des moralischen Nackenschlages werde ich wieder antreten und mit demselben Einsatz kämpfen.« Bei der Rückkehr an die Mercedes-Benz-Box zeigt Brauchitsch sein Lenkrad als CORPUS DELICTI, doch die Mechaniker glauben die Geschichte vom gelösten Bajonettverschluß nicht, auch für Neubauer ist die Lenkradgeschichte reine Schutzbehauptung des Rennfahrers: »Weil er nicht zugeben wollte, daß er nach all der Aufregung mit dem Brand die Nerven und – die Kontrolle über den Wagen verloren hatte.« Und so scheint in den allgemeinen Schuldzuweisungen fast etwas unterzugehen, daß Richard Seaman bei seinem ersten Renneinsatz des Jahres für Mercedes-Benz gleich den Großen Preis von Deutschland gewinnt. Seaman spricht von einem »recht glücklichen Sieg« und meint: »Selbst wenn ich die Gelegenheit gehabt hätte, Brauchitsch auch nur im Ansatz zu überholen, hätte er vermutlich sofort Gas gegeben, um mir davonzufahren.« Daß er in der sechsten Runde selbst die schnellste Rennrunde gefahren war, hielt Richard Seaman ganz gentlemanlike für nicht weiter der Rede wert...

# Das Ende einer Epoche

Die Zeichen stehen im Frühjahr 1939 auf Sturm: Hitler erklärt die besetzte Tschechei zum »Reichsprotektorat Böhmen und Mähren«, der »Schutzstaat Slowakei« wird ebenfalls den deutschen Besatzern unterstellt und am 26. März kündigt das Deutsche Reich den Nichtangriffspakt mit Polen. Die westliche Diplomatie reagiert mit emsiger Aktivität: Die Erkenntnis, daß sich der deutsche Diktator nicht an die Spielregeln des Völkerrechts hält, kommt reichlich spät. Zu lange haben Frankreich und Großbritannien gegenüber dem NS-Regime auf Verständigung gesetzt und Warnsignale ignoriert. Der Zug ist abgefahren, die Weichen sind auf Krieg gestellt...

Aber irgendwie sucht sich das Alltagsleben einzurichten, trotz der Drohung am Horizont: Mercedes-Benz und mit Verspätung auch Auto Union konzentrieren sich auf die Entwicklung von Rennwagen nach dem »Voiturette«-Reglement. Angesichts der deutschen Dominanz in der GP-Szenerie erfreuen sich vor allem in Italien die Rennen für diese aufgeladenen 1,5-Liter-Monopostos großen Interesses. Alfa Romeo und Maserati beherrschen die Szenerie, der Tripolis-GP am 7. Mai 1939 wird bereits für »Voiturettes« ausgeschrieben, die mit der Saison 1941 zur neuen GP-Rennwagenklasse befördert werden sollen... Mercedes-Benz stellt in der Rekordzeit von sieben Monaten zwei nagelneue W165-»Voiturettes« auf die Räder und feiert mit Lang und Caracciola in Tripolis einen Doppelsieg! »Angesichts unseres zu schnell entwickelten und konstruierten Wagens und der geringen Zeit für Testfahrten konnten wir wirklich keine Hoffnungen auf einen Sieg hegen«, resümiert damals Hermann Lang: »Es hätte vollkommen genügt, mit ihm an den Start zu gehen, um damit unter Beweis zu stellen, daß Deutschland auch auf diesem Gebiet mithalten kann.« Langs Sieg in Tripolis verschärft den immer offener schwelenden

■ *21. Mai 1939, Eifelrennen: Der vorletzte Start von Dick Seaman, fünf Wochen später wird der Brite mit seinem Mercedes-Benz beim belgischen Grand Prix tödlich verunglücken. Die Zeiten sind ernst geworden, was mittlerweile auch verhätschelten Rennheroen bewußt wird: Es gibt immer weniger internationale Rennen – und damit immer weniger Einsätze und Verdienstmöglichkeiten für die GP-Fahrer...*

Konflikt mit der angestammten Nummer Eins im Team von Mercedes-Benz: Rudolf Caracciola, 1938 noch einmal Europameister geworden, erfährt nicht mehr die gewohnte Vorzugsbehandlung. Auf dem ultraschnellen Mellaha-Kurs in Tripolis muß sich »Caratsch« im Training im Gegensatz zu Lang mit einer zu kurzen Übersetzung herumschlagen. Fürs Rennen bekommt »Hermännle« die Order, von Anfang an auf Tempo zu fahren, während Caracciola zu zurückhaltenderer Gangart vergattert wird... Die alte, aber ewig junge Geschichte beginnt: Der schnelle Nachwuchsfahrer läuft dem altgedienten Rennstar den Rang ab. Am Ende der Saison 1939 wird Lang »Caratsch« als Europameister ablösen. Verschärft wird der Konflikt wohl auch durch ein psychologisches Moment: Hermann Lang kommt aus ganz einfachen Verhältnissen, was Caracciola und Brauchitsch den Stallgefahrten mit dem starken schwäbischen Dialekt wohl immer wieder zu verstehen geben, weiß sich etwa Erica Seaman zu erinnern. Vom bescheidenen Monteur zum vielumjubelten Rennfahrer – das ist auch ein ungeahnter sozialer Aufstieg. Für die arrivierten Heroen, die auch im deutschen Rennsport der 30er Jahre immer noch aus der UPPER CLASS stammen, mag dies nicht ganz konvenieren. Um so schlimmer, daß sich »Hermännle«

■ *Der Rennfahrer des Jahres 1939 heißt Hermann Lang: Mit dem Aufstieg des aus einfachsten Verhältnissen stammenden schwäbischen Rennmechanikers zum veritablen Europameister im GP-Sport läßt sich seiten des NS-Regimes mehr anstellen als mit dem elitären, obendrein in der Schweiz residierenden Rudolf Caracciola. Das »Hermännle« hat das Zeug, zum volkstümlichen Liebling der Massen geschrieben zu werden, doch der Zweite Weltkrieg setzt dem Rennsport ein vorläufiges Ende. Aber noch 1940 wird in einem Rennfahrerbuch über Hermann Lang verbreitet: »Vor nicht zu langer Zeit sahen ihn Freunde sogar am Steuer eines Lastwagens: Er holte höchstpersönlich das Baumaterial für sein neues schmuckes Heim oben auf dem sonnigen Ipfweg von Bad Cannstatt, das inzwischen durch einen fröhlichen Umtrunk mit vollmundigem Rotenberger und Cannstatter `Zuckerle' geweiht wurde.«*

■ *11. Juni 1939, Wiener Höhenstraßenrennen – allein gegen die Uhr: Zum Spitzenrennsport der 30er Jahre zählen nicht nur Grands Prix und Rekordfahrten, sondern auch die klassischen Bergrennen, vom Schauinsland bis zum Großglockner. Auf dem Kahlenberg bei Wien wird »Bergkönig« Hans Stuck im 6-Liter-Auto Union V16 entthront. Auf der 4,12 km langen Auffahrt reicht es Stuck in beiden Läufen nur jeweils zum vierten Platz, was auch in der Gesamtwertung Rang Vier ergibt. Um die 520 PS besser auf die steile Piste zu bringen, montiert die Auto Union »Zwillingsreifen« an der Hinterachse.*

■ *23. Juli 1939: Noch einen letzten... Rudolf Caracciola gewinnt zum sechsten Mal den Großen Preis von Deutschland. Alfred Neubauer wird in seinen Erinnerungen schreiben: »Caracciola führt weiter – Runde um Runde wie in alten Zeiten. Es regnet – und bei Regen ist Rudolf Caracciola auf dem Nürburgring nicht zu schlagen. Noch immer nicht... Er ahnt nicht, daß er zum letztenmal auf der Nürburg (sic!), zum letztenmal in einem großen Rennen überhaupt siegen sollte.«*

beim Publikum größter Beliebtheit erfreut, was sich einmal mehr beim Eifelrennen am 21. Mai 1939 erweist, wo erstmals wieder die Auto Union gegen Mercedes-Benz antritt.

Der Führer hat seiner NS-Volksgemeinschaft inzwischen das erste Tempolimit auf deutschen Autobahnen verordnet: Höchstens 100 km/h sind auf Hitlers persönliche Weisung hin seit dem 3. Mai 1939 zulässig. Führer-Stellvertreter Heß warnt auch Parteigenossen vor Überschreitung: »Schuldige Fahrer können mit Konzentrationslager bestraft werden.« Und in derselben Order vom 1. Juni 1939 heißt es, »daß bereits zwei Fahrer und ein höherer Führer wegen diesbezüglicher Vergehen in Konzentrationslager verbracht wurden.« Auf dem Nürburgring darf noch schnell gefahren werden und Hermann Lang schafft über die 10 Runden-Distanz beim Eifelrennen einen sagenhaften Gesamtschnitt von 135,5 km/h – bis 1956 wird bei keinem Rennen auf der Nordschleife ein besserer Schnitt und auch keine schnellere Rennrunde als Langs 9.52,2 gleich 138,5 km/h herausgefahren. Hat das »Hermännle« Vorzugsbehandlung genossen? Von den fünf neukarosserierten und stark überarbeiteten V12-W154, die gegen fünf Auto Union D-Typen antreten, ist nur einer mit dem neuen Doppelstufen-Kompressor samt Zusatzvergaser ausgestattet, laut Neubauer will angeblich nur Lang das 480 PS-starke Ungetüm auf der Nordschleife fahren... Am Rennsonntag ruinieren Seaman und Brauchitsch beim Start ihre Kupplungen, Lang führt vor Caracciola und Nuvolari, in der vierten Runde rollt der Spitzenreiter zum Reifenwechsel und Spritfassen an die Mercedes-Box. »Caratsch« liegt nun vorn, doch Lang rast noch vor Nuvolari wieder als Zweiter zurück auf die Strecke. In der 7. Runde läßt Caracciola die Reifen wechseln und auftanken. Lang und Nuvolari ziehen vorbei, Caracciola brüllt seine Mechaniker an: »Ihr macht den Tank zu voll! Aufhören!« Caracciola kehrt auf Rang Drei ins Rennen zurück, doch Lang ist auf und davon, während Nuvolari nach einer taktischen Meisterleistung ohne Boxenhalt auf Rang Zwei einkommt. Keine Chance für Rudolf Caracciola, der seinen dritten Platz als »Sabotage« bezeichnet und wenige Tage später auch ein ärgerliches Protestschreiben an den Vorstandsvorsitzenden der Daimer-Benz AG richtet. Der große »Caratsch« versteigt sich darin sogar zu der Unterstellung, daß in der Rennabteilung von Mercedes-Benz eine regelrechte »Langpsychose« herrsche. Caracciola scheut sich auch nicht, wegen akuter Benachteiligung mit seinem Rücktritt zu drohen...

Die gekränkte Primadonna? Aber sicher! Das moderne Lamento eines Alain Prost über seinen McLaren-Teamkollegen Ayrton Senna hat eine lange Tradition. Mit dem kleinen, aber feinen

■ *Um ein Haar am Sieg vorbei: Paul Pietsch wird mit dem Werks-Maserati 8CTF Dritter beim letzten Großen Preis von Deutschland vor dem Zweiten Weltkrieg.*

■ *Ein Werbeplakat zieht anno 1939 ungeahnt eine Schlußbilanz…*

Unterschied, daß der Zwist zwischen Caracciola und Lang von Mercedes-Benz geschickt auf kleiner Flamme gehalten werden konnte, während die neuzeitliche Rennsport-Journaille sich für die schlagzeilenträchtigen Ego-Trips von Prost und Senna gerne instrumentalisieren ließ. Im Kern ist dieser Jahrmarkt der Eitelkeiten mit steten Eifersüchteleien zwischen den Stars bis heute die verbindende Gemeinsamkeit aller Epochen der Grand-Prix-Geschichte geblieben. Im Abstand von Jahren und Jahrzehnten wird das Urteil milder, da begrub auch ein Hermann Lang geraume Zeit später alte Ressentiments: »Was immer zwischen Caratsch und mir gewesen sein mag – eines muß ich offen zugeben: Er war für mich das ideale Vorbild, der größte Meister am Steuer. Er konnte traumhaft schön fahren, mit unnachahmlichem Stil. Ich habe ihn immer wieder studiert und bewundert…«

Der 23. Juli 1939 bietet die letzte Gelegenheit, Rudolf Caracciola noch einmal am Start eines GP von Deutschland zu erleben. Hunderttausende sind wieder in die Eifel gepilgert, als ob sie zu ahnen scheinen, daß hier und heute eine Rennsportepoche unwiederbringlich zuende geht. Mit dabei ist der damals 19jährige Günther Molter, später führender deutschsprachiger Fachjournalist und schließlich Pressechef von Mercedes-Benz: »Vielleicht beschlich diese gewaltige Menschenmenge tatsächlich das Gefühl, daß fern am Horizont sich etwas Schreckliches zusammenbraute. Die Zukunft schien ungewisser denn je, aber gerade deshalb waren wir wohl so rennsportbegeistert.« Mag sein, daß Abschiedsstimmung damals auch deshalb aufgekommen ist, weil der Große Preis von Deutschland 1940 nicht mehr in der Eifel, sondern auf dem neuen »Großdeutschland-Ring« in der Sächsischen Schweiz stattfinden sollte: Der 10 Kilometer lange Rundkurs bei Pirna entsprach völlig dem architektonischen Größenwahn der Nazis und bot Platz für eine Million Besucher! Zwei Drittel der Rennstrecke waren von den Zuschauerrängen aus einsehbar, mittels direkter Anbindung zur Reichsautobahn bei Dresden ergab sich auch eine günstigere Infrastruktur, die u.a. auch 350 000 PKW-Parkplätze vorsah… Im Vergleich zu solchen Perspektiven ist es bis heute erstaunlich geblieben, welche Menschenmassen trotzdem in den dreißiger Jahren zum Großen

Preis in die entlegene Eifel gelangten: »Wenn man sich vorstellt, wie schwer es damals war, auf den Nürburgring zu kommen, und dann Besucherzahlen von 200 000, 300 000 oder gar noch mehr, zu Fuß, per Fahrrad oder Sonderzug, nur wenige hatten ja ein Auto«, erinnert sich Paul Pietsch, damals noch nicht Verleger, sondern junger Grand-Prix-Rennfahrer: »Die Begeisterung war unglaublich. Die Eifel schien ein einziger Campingplatz zu sein. Wenn man auf der Nordschleife damals seine Runden drehte, dann fuhr man immer vorbei an winkenden Händen.« Paul Pietsch winken an jenem 23. Juli 1939 ganz besonders viele Zuschauer zu...

Maserati hat für den 28jährigen Schwarzwälder einen der neuen 8CTF-3-Liter-Achtzylinder gemeldet, auch Luigi Villoresi fährt am Nürburgring solch einen Werkswagen, der bei 6000 U/min rund 350 PS mobilisiert. Der US-Amerikaner Wilbur Shaw hat mit einem leicht modifizierten 8CTF am 30. Mai 1939 souverän die 500 Meilen von Indianapolis gewonnen. Im Vergleich zum US-»Brickyard« ist die starre, obendrein blattgefederte Hinterachse des Maserati auf dem Nürburgring gewiß ein Handikap. Doch mit couragiertem Einsatz samt reicher Nordschleifen-Erfahrung vermag Paul Pietsch dieses Manko auf erstaunliche Art und Weise zu kompensieren: Sein achter Startplatz mit einer Trainingszeit von 10.14,0 Minuten inmitten der Phalanx der fünf Auto-Union-Werkswagen sorgt für einiges Aufsehen. Die meisten Schlagzeilen bekommt allerdings Mercedes-Benz: Lang, Brauchitsch und Caracciola okkupieren die erste Startreihe, wobei »Hermännle« mit 9.43,1 Minuten eine wahre Traumrunde vorgelegt hatt, fast acht Sekunden schneller als Brauchitsch! Nachwuchsfahrer Heinz Brendel schafft im vierten Werks-Mercedes W154 hinter dem schnellsten Auto Union von H.P. Müller Startplatz Fünf. Der fünfte

*Das Werksteam der Auto Union anno 1939, positiv in die Kameralinse blickend. Die Zukunft birgt andere Perspektiven: Tazio Nuvolari, vielleicht der größte Rennfahrer aller Zeiten, gewinnt am 3. September 1939, zwei Tage nach Kriegsbeginn, in Belgrad den letzten Grand Prix, bevor in Europa endgültig die Lichter ausgehen. Nuvolari übersteht die Kriegsjahre, doch wie es im Sprichwort heißt: Vor den Vätern sterben die Söhne. Nach Giorgio Nuvolari am 26. Juni 1937, erliegt auch Alberto Nuvolari am 11. April 1946 einer heimtückischen Krankheit. Vater Tazio sitzt einen Monat später in Marseille wieder hinter dem Lenkrad eines Maserati 4CL: Bald geht die Legende um, der 54jährige Meisterfahrer suche geradezu den Tod bei einem Autorennen. Doch Tazio Nuvolari wird am 11. August 1953 auf dem Krankenbett sterben... Hermann Paul (»H.P.«) Müller und Georg (»Schorsch«) Meier werden nach dem Krieg wieder dort erfolgreich fahren, wo ihre Rennsportkarriere begann, bei den Motorrädern. Müller wird anno 1955 mit 46 Jahren sogar noch in der 250er Klasse auf einer Werks-NSU Motorradweltmeister. Uli Bigalke fährt nur ein einziges Mal für die Auto Union: Beim Eifelrennen 1939 wird er Sechster, ein gelungenes Debüt. Aber weil es zuviele Fahrer und zuwenige Rennen gibt, vertröstet die Auto Union den Novizen auf die kommende Rennsaison 1940. Am 12. August kommt der 30jährige Luftwaffenpilot Uli Bigalke ums Leben, oder wie es damals so zynisch heißt: »Er stirbt den Fliegertod...« Auch Rudolf Hasse fällt im Zweiten Weltkrieg: Der überaus bescheidene und zurückhaltende Brillenträger, dem man von seiner äußeren Erscheinung her nie und immer hätte zutrauen mögen, ein erfolgreicher GP-Rennfahrer zu sein, stirbt mit 36 Jahren in einem Kriegslazarett in Osteuropa.*

Silberpfeil aus Untertürkheim bleibt unbesetzt: Vorjahressieger Richard Seaman ist am 23. Juni 1939 beim belgischen Grand Prix in Spa-Francorchamps verunglückt und seinen schweren Brandverletzungen erlegen... Tazio Nuvolari hat im Samstagstraining am Nürburgring mehr Glück: Auf der Döttinger Höhe geht sein Auto Union in Flammen auf, »Nivola« kann sich mit knapper Not retten.

Brauchitsch startet am schnellsten, doch schon nach der Südkehre dröhnt Lang vorbei und fährt auf und davon: Mit sage und schreibe 27 Sekunden Vorsprung kehrt »Hermännle« aus der ersten Runde zurück! Brauchitsch ist Zweiter vor H.P. Müller, aber dann jagt schon Pietsch vorbei... Unter normalen Umständen wäre dieses Rennen gelaufen, aber wieder einmal sorgt das Eifelwetter für ungeahnte Überraschungen: Spitzenreiter Hermann Lang rollt nach Ende der zweiten Runde an die Mercedes-Benz-Box, die Zündkerzen sind verölt, der Motor hat gewaltige Aussetzer. Der Zusatzvergaser überflutet den Motor regelrecht mit Treibstoff, das Aggregat zieht eine bläuliche Rauchfahne hinter sich her, Anzeichen für einen Kolbenfresser. Der Wetterumschwung von trocken-warmen Trainings- auf feucht-kalte Rennverhältnisse hat die Einstellung der Düsen zu einem Glücksspiel werden lassen. Auch Brauchitsch stellt seinen W154 mit denselben Symptomen an der Box ab: Womit nun Paul Pietsch im Maserati die Führung übernimmt – und sie noch in derselben Runde nach Fehlzündungen wegen verölter Kerzen einbüßt... An der Maserati-Box kann das Problem jedoch nur unzureichend kuriert werden. Am Ende des Rennens stehen für Pietsch vier Boxenstops und zwei Dreher zu Buche: Auf diese Weise gehen fast sechseinhalb Minuten und der Sieg im Großen Preis von Deutschland verloren... Das Luftschiff »Graf Zeppelin« taucht bei Start und Ziel auf, an Bord wird im Reichsrundfunk über den Grand Prix reportiert: Tazio Nuvolari im Auto Union hat mittlerweile das Kommando übernommen, Alfred Neubauer will Hermann Lang in den W154 von Nachwuchsfahrer Heinz Brendel plazieren, doch der fährt gerade auf nasser Piste Rundenbestzeit, übersieht im Zweikampf mit Paul Pietsch das Signal von der Mercedes-Box und dreht sich ein paar Kurven weiter prompt ins Aus. Brendel meldet sich per Streckentelefon bei Neubauer, man möge doch bitte einen Wagen vorbeischicken: »Lauf gefälligst zurück!«, soll Neubauer zurückgebrüllt haben...

Mercedes-Benz hat somit nur noch ein Eisen im Feuer: Rudolf Caracciola, doch auch seinen W154 plagen Aussetzer. Ein Wechsel der Zündkerzen und »Caratschs« behutsame Fahrweise im stärker werdenden Regen sorgen für den Sieg, während die Konkurrenten von der Auto Union das Nachsehen haben. Stuck ist schon nach zwei Runden mit gebrochener Benzinleitung draußen. Nuvolari verliert in der 9. Runde die Spitze, als er den ersten und eine Runde später gleich einen zweiten Boxenstop einlegt, weil er verölte Kerzen wechseln lassen muß, ehe sein V12-Motor in der 19. Runde endgültig zu Bruch geht... Motorrad-As »Schorsch« Meier gerät ins Rutschen und muß seinen Auto Union mit gebrochener Aufhängung am Flugplatz abstellen. H.P. Müller und Rudi Hasse führen eine Weile, ehe Rudolf Carraciola in begeisternder Fahrt vorbeizieht und der unglückliche Hasse seinen Auto Union von der Strecke wirft, als er »Caratsch« zu folgen versucht. Mercedes-Benz und Auto Union sind beim »Heim-Rennen« somit nur noch mit je einem Rennwagen vertreten: Zwei Runden vor Schluß wird der zweitplazierte Auto-Union bei seinem letzten Tankstop in nur 15 Sekunden abgefertigt, Müllers Rückstand auf Spitzenreiter Caracciola beträgt damit nur 38 Sekunden, doch »Caratsch« zeigt sofort, wer Herr am Nürburgring ist, fährt prompt die schnellste Rennrunde und einen Vorsprung von einer Minute heraus. Nach weit über vier Stunden sieht Rudolf Caracciola als Erster die Zielflagge im Großen Preis von Deutschland, es ist »Caratschs« sechster und letzter Erfolg in seinem Heim-Grand-Prix – und deshalb vielleicht auch sein schönster...

NSKK-Korpsführer Hühnlein zelebriert ein letztes Mal deutschen Sieg und deutschen Gruß am Nürburgring, empört sich lautstark darüber, daß ein talentierter deutscher Fahrer wie Paul Pietsch auf einem ausländischen Wagen starten müsse, eine Schande das... Die abnorme Normalität des NS-Alltags geht keine anderthalb Monate später nahtlos in den Zweiten Weltkrieg über: »An die Stelle des Rennkampfwagens tritt von 1939 an der Tank, an die Stelle des Rennfahrers der Panzerfahrer«, wird Victor Klemperer schreiben...

# Wir sind noch einmal davongekommen

Heutige Generationen mag es erstaunen, wie schnell sich nach der deutschen Katastrophe wieder Motorsportbegeisterte (sollte man nicht besser »Verrückte« schreiben?) – fanden, um mit vor Krieg und Konfiskation geretteten Fahrzeugen im zerbombten und besetzten Deutschland Rennen zu fahren. Aber nach all dem Leid scheinen die Überlebenden in ihren Trümmerlandschaften nach jahrelangen Entbehrungen um so eher wieder ein Stück Ablenkung vom tristen Alltag herbeigesehnt zu haben. Sie alle waren noch einmal davongekommen und alles sollte nun anders werden...

Benzin ist rationiert, wer Glück und Beziehungen hat, bekommt Kraftstoffmarken für zehn Liter – pro Monat, wohlgemerkt. Wer noch einen Privat-PKW sein Eigen nennt, rüstet auf Holzvergaser um oder besorgt sich auf dem Schwarzmarkt Sprit. Von den Alliierten werden Fahrverbote verhängt. Trotzdem findet am 21. Juli 1946 bei Freudenstadt im Schwarzwald das Ruhestein-Bergrennen statt, die erste Motorsportveranstaltung in deutschen Landen nach Ende des Zweiten Weltkrieges. Am 29. September 1946 geht auf Teilstücken des Autobahndreiecks bei Karlsruhe-Durlach sogar das erste Rundstreckenrennen über die Bühne: Vor 50 000 Zuschauern gewinnt Hermann Lang in jenem Brescia-BMW-Coupé, mit dem Graf Giovanni Lurani und Franco Cortese 1940 bei der »Weltkriegsvariante« der Mille Miglia hinter den späteren BMW-Siegern Huschke von Hansten und Walter Bäumer eine Zeitlang auf Platz Zwei lagen. Beim ersten wirklich großen Nachkriegsrennen, das über 200 000 Zuschauer am 11. Mai 1947 in Hockenheim erleben, fehlt Lang allerdings. Seine GP-Siege für Mercedes-Benz hatten den biederen Schwaben ehedem bis zum NSKK-Staffelführer befördert, das reicht nach Kriegsende unter der US-Militärregierung für zehn Monate Haft...

Am Hockenheimring, ehedem 1932 eröffnet, und bis zum Bau des Motodroms ein Kurs, der sich aus zwei öffentlichen Straßen zusammensetzt und auch am örtlichen Friedhof vorbeiführt, gewinnt ein völlig unbekannter Fahrer namens Karl Kling in besagtem Brescia-BMW-Coupé die Sportwagenklasse. Ernst Loof ist Besitzer jenes Coupés. Mit seinen Veritas-Renn- und Sportwagen auf Basis des alten BMW 328-Sechszylinders wird der ehemalige BMW-Renningenieur für eine Weile die deutsche Motorsportszene jener Nachkriegsjahre prägen wie auch ein anderer Kopf der Bayerischen Motorenwerke: Alex von Falkenhausen, ehedem Chef der BMW-Motorradentwicklung, der mit seinem AFM-Eigen-

■ *Irgendwie durchgemogelt: Ein Mercedes-Benz W125 wird 1946 in Untertürkheim wieder ausgemottet...*

*11. Mai 1947: 200 000 Zuschauer erleben am Hockenheimring das erste große Nachkriegsrennen in Deutschland. Auf dem alten Kurs wird nach wie vor gegen den Uhrzeigersinn gefahren, das wird sich erst mit dem Motodrom-Neubau ändern, der 1966 eröffnet wird. Die neue Autobahntrasse Mannheim-Heilbronn zerschneidet die bisherige Rennstrecke, dafür gibt es sechs Millionen Mark Entschädigung von Bund und Land, was zusammen mit einigen eigenen Millionen reicht, um den neuen Hockenheimring anzulegen. Von der alten Strecke bleibt die Ostkurve erhalten, die im Foto von 1947 Karl Nothelfer mit seinem NSU-Fiat gerade passiert hat. Der Tuttlinger wird in der 1100er Sportwagenklasse Dritter mit einem Schnitt von 113,9 km/h...*

bau, selbstredend auch auf Basis des 328er, in Hockenheim hinter Kling Zweiter wird. Den Lauf der Rennwagen gewinnt der 46jährige Hans Stuck in einem kompressorlosen 1,1-Liter-Cisitalia: 62 PS leistet das Wägelchen des italienischen Industriellen Piero Dusio, der sich im Entwicklungsbüro von Vater Ferdinand Porsche und Sohn Ferry für die 1946/47 als höchste Rennwagenklasse aus der Taufe gehobene »Formel 1« einen revolutionären 1,5-Liter-Kompressor-GP-Rennwagen mit Mittelmotor und Allradantrieb konstruieren läßt. Doch Dusio geht das Geld aus, der Typ 360, quasi die Fortsetzung des ebenfalls sagenumwobenen Auto-Union-Tripolis-Rennwagens mit anderen Mitteln, wird nie am Start eines Grand Prix stehen...

In deutschen Fabriken werden wieder Autos gebaut: 1946 sind im Volkswagenwerk fast 10 000 Käfer bzw. Ex-KdF-Wagen gefertigt worden, zumeist für den Export und die Besatzungsmacht. Nur auf Bezugsschein gibts den VW auch für deutsche Zeitgenossen zum Preis von 5 000 Reichsmark – aber wie der Begriff schon andeutet: Dazu braucht man Beziehungen... Bei Mercedes-Benz ist 1946 wieder die LKW-Produktion angelaufen, 1947 rollen erstmals Personenwagen vom Band, meist 170V-Limousinen. Im Herbst haben die Untertürkheimer wieder ihren ehemaligen Rennleiter Alfred Neubauer reaktiviert, der zunächst die noch vorhandenen Rennwagenbestände sichtet. In Rüsselsheim geht Ende des Jahres der Opel Olympia in Serie. Der Vorkriegs-Kadett wird nämlich seit 1946 in der Sowjetunion auf demontierten Produktionsanlagen als Moskwitsch gefertigt. Enteignet und demontiert werden auch sämtliche Fabriken der Auto Union, ehe im August 1949 das Unternehmen aus dem Handelsregister Chemnitz gelöscht wird. Dennoch gibt es Ansätze, auch in der sowjetisch besetzten Zone Automobilsport zu treiben: Allen Schwierigkeiten zum Trotz wird das »EMW-Rennwagenkollektiv Eisenach« ein paar Jahre lang mit bescheidenen Mitteln in der Formel 2 konkurrieren, übrigens wie die westliche Konkurrenz auch auf Basis des BMW 328er-Sechszylinder-Stoßstangenmotors. Edgar Barth startet anno 1953 mit einem EMW gar beim Großen Preis von Deutschland, doch in der devisenarmen DDR ist Automobilsport auf höchster Ebene nur illusorisch und entspricht obendrein nicht unbedingt der kommunistischen Staatsideologie – auch wenn mit Manfred von Brauchitsch anno 1952 ein Star der Silberpfeil-Ära die Fronten wechselt und in der DDR rasch Karriere als Sportfunktionär macht...

Im Westen ändern sich die Verhältnisse dank Marshallplan und der Währungsreform von 1948 allmählich zum Besseren. Zigaretten, Kaffee und Schwarzmarkt haben als Säulen der Nachkriegswirtschaft ausgedient. Die weltpolitische Lage erleichtert den Westdeutschen den Wiederaufbau: Kalter Krieg, Ostblock, Eiserner Vorhang und Berlin-Blockade stehen für die Spaltung der Welt, während sich im Juni 1950 mit dem Beginn des Korea-Konflikts die Menschheit bereits wieder am Rande des atomaren Infernos eines Dritten Weltkrieges bewegt... Mit Gründung der Bundesrepublik Deutschland 1949 werden im Westen allmählich internationale Sportkontakte möglich: Noch bevor am 22. November 1950 die Deutsche Fußballnationalmannschaft ihr erstes Länderspiel nach Ende des Zweiten Weltkriegs bestreitet und in Stuttgart mit 1:0 gegen die Schweiz gewinnt, hat bereits wieder der Große Preis von Deutschland für Automobile stattgefunden...

*Ein Blick zurück nach vorn: Hans Stuck gewinnt 1947 mit seinem kleinen Cisitalia die Rennwagenklasse am Hockenheimring.*

# Neue Namen

Die »Fédération Internationale d'Automobile«, kurz FIA, nimmt als Nachfolgerin des alten Automobilweltverbandes AIACR ab 1950 Deutschland nun auf, deutsche Rennfahrer dürfen auch wieder im Ausland starten, den deutschen Automobilclubs wird gestattet, eine gewisse Anzahl von Rennen international auszuschreiben. Womit für den AvD die Voraussetzungen gegeben sind, am 20. August 1950 den Großen Preis von Deutschland zu veranstalten. Auch der alte Schauplatz steht wieder bereit: Auf dem Nürburgring werden die letzten Spuren von Panzerfahrten halbwegs getilgt, zerschossene, zertrümmerte oder verfeuerte Renngebäude sind instandgesetzt, seit 1949 gibt es auf der Nordschleife einen neuen Streckenbelag. Der AvD verzichtet allerdings darauf, seinen Großen Preis für die neue GP-Rennwagenklasse, die Formel 1, auszuschreiben, in der 1950 sogar erstmals eine Fahrerweltmeisterschaft ausgetragen wird. Die Entscheidung für einen Grand Prix mit der »kleinen« Formel 2 ist zum einen eine Kostenfrage, zum anderen kann der AvD bei dieser Konstellation mit einer großen Zahl deutscher Konstruktionen und Rennfahrer rechnen – vielleicht mag der eine oder andere ja sogar mit einem deutschen Erfolg rechnen...

Der oberflächliche Schein mag an alte Glanzzeiten erinnern: Gut 200 000 Zuschauer entlang der Nordschleife (allzu optimistische Presseangaben von damals berichten von über 400 000, gesichert scheint, daß etwa 140 000 Besucher Eintritt zahlten), dazu stehen die Vorkriegs-Asse Hans Stuck, Manfred von Brauchitsch, Hermann Lang und Paul Pietsch wieder am Start. Doch ihre silbern glänzenden AFM- oder Veritas-Formel-2-Rennwagen sind von den Vorkriegs-Boliden Marke Mercedes-Benz und Auto Union Lichtjahre entfernt. Die Helden der Silberpfeil-Ära sitzen in fragilen Zweiliter-Konstruktionen, die um die 130 PS leisten und den Strapazen von 16 Runden Nürburgring-Nordschleife kaum standhalten. Beim letzten Großen Preis 1939 war Hermann Lang im W154 mit 9.43,1 Minuten Trainingsbestzeit gefahren, jetzt schafft er mit seinem Veritas den siebten Startplatz in 11.21,1... Im Konzert des Grand-Prix-Sports geigen längst andere Virtuosen, einer der Größten drückt jenem sonnigen Augustwochenende am Nürburgring seinen Stempel auf: Der 32jährige Alberto Ascari beherrscht Training und Rennen, macht dem Namen seines berühmten Vaters alle Ehre, jenes Antonio Ascari, der 1925 in Montlhéry in einem Alfa Romeo tödlich verunglückte. Der Sohn sitzt in einem Rennwagen, den Enzo Ferrari in Maranello bauen läßt. Seine Scuderia Ferrari hat lange Jahre die GP-Einsätze von Alfa Romeo verantwortet, doch das Tischtuch ist zerrissen, seit Ende der 30er Jahre die Mailänder Firma Ferrari kaltstellt und von Portello aus selber wieder die Rennregie führt. Ferrari wird sich rächen, im Jahr 1950 ist er fast schon soweit, daß er den Alfa-Leuten in der Formel 1 Paroli bieten kann. Und mit Alberto Ascari verfügt Ferrari über einen Rennfahrer, der den Alfa-Stars Giuseppe Farina und Juan Manuel Fangio mindestens ebenbürtig ist. Mit Ascari und Fangio wird eine andere Generation um den vakanten Ruhm des besten Rennfahrers der Welt kämpfen. Tazio Nuvolari wird 58 und ist gesundheitlich schwer angeschlagen, auch wenn er am 10. April 1950 noch einmal bei einem Bergrennen

■ *Das Rennprogramm zu Neuanfang...*

gestartet ist und mit seinem kleinen Cisitalia-Abarth sogar Klassensieger und Fünfter in der Gesamtwertung wird, nur knapp fünf Sekunden hinter seinem jungen Landsmann Luigi Musso in einem Ferrari. Nuvolari ist nicht am Nürburgring, dafür sein alter Rivale Rudolf Caracciola, wenn auch nur als Ehrengast: »Caratsch« ist jetzt 49, hat mittlerweile die Schweizer Staatsbürgerschaft angenommen, was 1946 einen Auftritt bei den 500 Meilen von Indianapolis möglich machte – und nach einem fürchterlichen Trainingsunfall Rudi beinahe das Leben gekostet hätte... Einen richtigen Rückzug vom Rennsport bedeutet dies freilich noch nicht: Alfred Neubauer, nicht nur als interessierter Beobachter, sondern auch als ehrenamtlicher Starter am Nürburgring, offeriert »Caratsch« noch im September 1950 Testfahrten auf der Nordschleife. Neubauer hat zwei ausgelagerte W154 reaktiviert, um für einen Start bei der nach Freier Formel ausgeschriebenen, argentinischen Temporada-Rennserie Anfang 1951 gerüstet zu sein. Caracciola nimmt an und fällt nach den Testrunden sein Verdikt: »Das kann ich mir an den fünf Fingern abzählen, daß wir mit diesen Kisten keinen Lorbeer ernten werden. Überhaupt, ich finde, diese alten, stolzen Wagen, die einst so viele Siege errungen haben, sind einfach zu schade, um sie jetzt in Argentinien zu verheizen...« Caracciola behält recht, Mercedes-Benz wird zweimal klar geschlagen, so daß die Untertürkheimer ihr Comeback im Grand-Prix-Sport bis zur Einführung eines neuen Formel-1-Reglements 1954 verschieben. Aber dann sitzt längst nicht mehr Caracciola, sondern Fangio am Volant...

Beim Großen Preis des Jahres 1950 fehlt der Argentinier noch am Nürburgring: Fünf Tage nach seinem Erfolg mit der Formel-1-Alfetta beim Pescara-Grand-Prix rollt keiner der Formel-2-Maserati vom Automovil Club Argentina an den Start in der Eifel. Juan Manuel Fangio und José Froilan Gonzalez haben ihre Nennung zurückgezogen, womit Alberto Ascari im etwa 160 PS-starken V12-Ferrari Tipo 166 niemand mehr zu fürchten braucht. Der Schweizer Antonio Branca erwischt in seinem Simca-Gordini zwar den besten Start, doch schon auf der Gegengeraden sind Dorino Serafini im zweiten Werks-Ferrari und auch Alberto Ascari vorbeigezogen. Aus der ersten Runde kehrt Ascari als deutlicher Spitzenreiter zurück und gibt auch die verbleibenden 15 Runden lang seine Führung nicht mehr ab. Die gegenüber den Vorkriegsrennen deutlich kürzere Renndistanz erspart zwar Tankstops und Reifenwechsel, doch die Pneus werden dabei stark gefordert: Im Falle von Ascaris Ferrari führt das in der letzten Runde zu einem leichten Schlenker im Karussell, mit dem rechten Hinterrad gerät der Tipo 166 über den Rand

■ *20. August 1950, Großer Preis von Deutschland: Der Sohn eines berühmten Rennfahrers, der die Erfolge seines Vaters überbieten wird und dabei auf ähnlich tragische Art und Weise ums Leben kommt, Alberto Ascari in der Boxengasse kurz vor dem Start zum ersten deutschen Grand Prix nach Ende des Zweiten Weltkriegs. Der 32jährige Ascari gewinnt auf Anhieb sein erstes Rennen auf der Nordschleife. Zwei weitere Siege im Großen Preis folgen 1951 und 1952, was dem kommenden Weltmeister wie weiland Caracciola die Auszeichnung »Meister des Nürburgrings« beschert. Rechts hinten auf der Boxenmauer Alberto Ascaris berühmter kleiner Lederkoffer für seine Rennutensilien.*

der ausgebauten Innenschrägung, bei dem heftigen Stoß bricht die Hälfte der Drahtspeichen weg... Doch dem Tüchtigen steht bekanntlich auch das Glück zur Seite: Alberto Ascari reduziert das Tempo und steuert seinen immer heftiger schwankenden Ferrari behutsam ins Ziel. Fast zweieinhalb Minuten Vorsprung hat Ascari halten können, doch wenn der Große Preis auch nur eine Runde länger gedauert hätte, wäre das Hinterrad durchgebrochen, lautet die Diagnose der bestürzten Ferrari-Mechaniker...

*Alberto Ascari auf Siegfahrt im Formel-2-Ferrari Tipo 166 mit 2-Liter-V12-Saugmotor. Mit 10.43,6 = 127,77 km/h liegt Ascaris schnellste Rennrunde erwartungsgemäß weit hinter den Kompressor-Zeiten der Silberpfeil-Ära zurück. Aber vorbei ist vorbei: Seit 1946/47 heißt die höchste GP-Rennwagenklasse Formel 1, erstmals wird für 1950 eine Fahrerweltmeisterschaft ausgeschrieben. Doch der Große Preis von Deutschland zählt erst ab 1951 zum WM-Kanon: Bei der Nachkriegspremiere muß sich der AvD auch aus Kostengründen damit begnügen, 1950 den deutschen Grand Prix für die kleine Formel 2 auszuschreiben.*

*Nun fahren sie wieder: Die Nürburg am Horizont passiert der Franzose René Bonnet in seinem Deutsch-Bonnet mit Citroen-Motor den Streckenabschnitt Metzgesfeld. Unter den Bäumen am linken Bildrand wird das erste Zelt aufgebaut... Die Zeit bleibt nicht stehen: Ende 1964 werden die letzten Bestände des Rennstalls von René Bonnet veräußert, sie bilden den Ausgangspunkt für die neue französische Matra-Equipe.*

*27. August 1950: Toni Ulmen war am Nürburgring als Vierter der bestplazierte deutsche Rennfahrer beim Heim-GP. Eine Woche später startet der Düsseldorfer mit seinem Veritas-Meteor am Sachsenring und gewinnt dort so etwas wie das »ostzonale Pendant« des GP von Deutschland, um im Polit-Jargon der 50er Jahre zu bleiben. Sie sehen richtig! Im Hintergrund lugt SED-Chef Walter Ulbricht vom Plakat herab auf die werktätigen Massen des Arbeiter- und Bauernstaates. Noch darf Motorsport in der DDR in größerem Stil betrieben werden, weil der SED-Staat glaubt, die westliche Automobilindustrie bald übertreffen zu können.*

# Der erste Formel-1-WM-Lauf

Motorsport in deutschen Landen hat immer dann Konjunktur, wenn die Nation eigene Sieger feiern kann: Diese banale Erkenntnis galt schon lange vor der Ära Schumacher, auch und gerade zu Beginn der fünfziger Jahre. Mochte der Zweikampf in der Formel-1-WM zwischen Alfa Romeo und Ferrari noch so interessante Auseinandersetzungen bescheren, was war das für Otto Normalverbraucher im Vergleich zu den Zweikämpfen zwischen Mercedes-Benz und Auto Union?! Gradmesser sind die Zuschauerschätzungen am 29. Juli 1951 beim ersten Großen Preis von Deutschland, der zur Formel-1-WM zählte: 180 000 sollen es gewesen sein, was sich tatsächlich auf rund 80 000 zahlende Besucher reduziert. Noch immer eine ansehnliche Zahl, freilich kein Vergleich mehr zu den Vorkriegszeiten, auch wenn Ascari, Gonzalez und Fangio im Training die magische Zehn-Minuten-Marke unterbieten und sich damit durchaus mit dem Tempo zu Silberpfeil-Zeiten messen können. Nein, das Duell der italienischen Rennställe ist eher etwas für Kenner als für Mitläufer...

José Froilan Gonzalez hat zwei Wochen zuvor beim britischen Grand Prix den ersten Sieg für Ferrari bei einem Lauf zur Formel-1-WM herausgefahren: Der mächtige 4,5-Liter V12 im Tipo 375 entwickelt bei 7 500 U/min rund 380 PS und ist dem aufgeladenen 1,5-Liter-Reihenachtzylinder im Alfa Romeo damit zwar leistungsmäßig etwas unterlegen. Doch dafür benötigt der Ferrari am Nürburgring nur einen Tankstop, während die durstige Alfetta zweimal Treibstoff nachfassen muß, um über die Distanz von 20 Runden zu kommen. Das Rennen wird also zwangsläufig von der Boxenstrategie geprägt. Ehe das Duell beginnt, findet im Rahmenprogramm vor dem Großen Preis noch ein bestens besetztes Formel-3-Rennen statt: Ein 21jähriger Engländer namens Stirling Moss führt souverän mit über 40 Sekunden Vorsprung. In seinem Kieft mit 500er Norton-Motor legt er die zweite Rennrunde in 11.42,0 zurück, was einem Durchschnitt von 117 km/h entspricht und im Formel-1-GP immerhin für Startplatz 20 vor drei 4,5-Liter-Talbots gereicht hätte... Leider erweist sich das winzige Renngefährt dem Tempo nicht gewachsen: In der dritten von sechs Runden scheidet Moss mit gebrochener Aufhängung aus.

Mit fast halbstündiger Verspätung wird der Große Preis kurz vor 12.30 Uhr gestartet: Juan Manuel Fangio, der Vize-Weltmeister von 1950 und Spitzenreiter des '51er WM-Zwischenklassements, versucht die Flucht nach vorn. Binnen sechs Runden muß er ein Zeitpolster von mindestens 20 Sekunden auf die Ferraris herausfahren, ehe der erste von zwei Boxenstops ansteht. Die Rechnung scheint aufgehen zu können: Drei Sekunden liegt der Argentinier nach der ersten Runde vor Alberto Ascari, dahinter folgen Gonzalez und schließlich die Alfetta von Weltmeister »Nino« Farina. Dann reißt schon eine größere Lücke auf zu Platz Fünf, auf den sich Alfa-Gastfahrer Paul Pietsch vorgearbeitet hat. Die Mailänder wollten ihren vierten Werkswagen eigentlich Hermann Lang anvertrauen, doch das Arrangement kommt nicht zustande und die Alfa-Leute veranstalten stattdessen während der Trainingstage am Nürburgring einen Kandidatentest, bei dem sich der 50jährige Paul Pietsch gegen Alfa-

■ *29. Juli 1951: Nino Farina (rechts vorn) und Juan Manuel Fangio übernehmen mit ihren Alfa Romeo Tipo 159 zunächst die Spitze im Großen Preis von Deutschland. Unmittelbar nach dem Start folgt José Froilan Gonzalez im besten Ferrari 375 auf Rang Drei vor seinen beiden Stallgefährten Piero Taruffi und Alberto Ascari (letzterer ganz in Nähe der Boxen vorbeibeschleunigend). Dahinter Felice Bonetto in einer weiteren Alfetta, der schweizer Privatier Rudolf Fischer in seinem Ferrari, der Werks-Ferrari von Luigi Villoresi, Robert Manzon im schmalbrüstigen Simca-Gordini und am rechten Bildrand Alfetta-Gastfahrer Paul Pietsch Seite an Seite mit dem Talbot-Lago von Yves Giraud-Cabantous…*

Testfahrer Consalvo Sanesi, Altmeister Louis Chiron und den Schweizer Willi Daetwyler durchsetzt. Schon dieses verwirrende Verfahren wirft ein bezeichnendes Licht darauf, wie sehr sich die Alfa-Romeo-Strategen am Nürburgring verzettelten und auch bei Getriebeabstimmungen und Vergasereinstellungen ein wenig den Überblick zu verlieren schienen. Paul Pietsch hatte den Tipo 159 im Training nur drei Runden lang fahren können, was sich in der zweiten Runde mit einem Dreher im Karussell und schließlich im 13. Durchgang mit einem kapitalen Abflug in der Nordkehre rächt: »Ich wollte Villoresi noch vor der Kurve schnappen. Aber es reichte nicht mehr, ich fuhr zu schnell in die Kurve. Es war also mein Fehler«, erinnert sich Paul Pietsch: »Ich hatte sogar ziemliches Glück. Wenn ich nur ein bißchen schneller gewesen oder der Wagen in eine Querrinne geraten wäre, hätte ich mich wohl überschlagen. So biß ich mir nur die Lippe blutig und handelte mir Prellungen an den Beinen ein, mit denen ich gegen das Armaturenbrett schlug.« Womit auch die dritte Alfetta auf der Strecke bleibt: Kurz zuvor ist Bonettos Tipo 159 ein Opfer von Fehlzündungen geworden, und bereits in der 8. Runde hat Farina sein Gefährt mit defektem Getriebe abgestellt. Bleibt noch Fangio, doch der kämpft mit Kupplungsproblemen: In der vierten Runde übernimmt Ascari bei Breitscheid die Führung! Im Samstagstraining ist Fangio von der Piste geflogen, weil die Kupplung beim Runterschalten vor einer Linkskurve nicht gegriffen hat: Der anschließende Check der Alfa-Mechaniker vermag das Übel nicht zu kurieren, nach dem Start bleibt der Schalthebel im ersten Gang hängen, mit sanfter Gewalt schafft sich Fangio in den Zweiten und Dritten hoch, um für den Rest des Rennens nur noch den dritten und vierten Gang einzulegen. Probleme gibt es deshalb natürlich auch bei der Abfahrt aus der Alfa-Romeo-Box: Immerhin, in 38 Sekunden wird Fangios Alfetta zu Beginn der siebten Runde abgefertigt, nicht schlecht für Auftanken und Wechseln der Hinterräder. Der Argentinier ist auf Platz Drei zurückgefallen, Ende der neunten Runde braucht die Ferrari-Crew dafür bei Spitzenreiter Ascaris Tipo 375 stolze 50 Sekunden. Womit Gonzalez bis zu seinem einzigen Boxenstop eine Runde lang die Führung innehat, die danach aber nicht an Ascari, sondern wieder an Fangio fällt: 9.55,8 legt der Argentinier in einem energischen Zwischenspurt vor, was exakt der Trainingsbestzeit von Ascari entspricht! Über 14 Sekunden Vorsprung fährt Fangio heraus, ehe er sechs Runden vor Schluß zum zweiten Mal an der Alfa-Box hält: Diesmal vergehen 44 Sekunden, bis die Alfetta wieder ins Rennen rollt, wegen der Kupplungsprobleme hat Fangio den Motor abgewürgt... So liegt am Ende der 15. Runde wieder Ascari vorn, mit über 56 Sekunden Vorsprung vor Fangio, dessen Alfa-Motor immer rauher klingt. Das Rennen scheint gelaufen, doch vier Runden vor Schluß donnert der Spitzenreiter an der Ferrari-Box vorbei und zeigt wild gestikulierend auf seine Hinterräder! Eine Runde haben Ascaris Monteure Zeit, sich auf den Reifenwechsel vorzubereiten, über eine Minute Vorsprung auf Fangio rettet der Italiener an die Box... 39 Sekunden dauert der Reifenwechsel, dann jagt Alberto Ascari zurück ins Rennen – vor Juan Manuel Fangio. Dem tapferen Argentinier fehlt am Ende über eine halbe Minute auf den Sieger, nur noch der vierte Gang des Alfa Romeo hält, aber Fangio rettet seine angeschla-

■ *Stilstudien: Alberto Ascari im Ferrari Tipo 375 – »Sägetechnik, gestreckt«...*

■ *...Juan Manuel Fangio im Alfa Romeo Tipo 159 – »angewinkelt, entspannt«.*

■ *Eine demolierte Alfetta und das Glück im Unglück: »Wenn ich nur ein bißchen schneller gewesen oder der Wagen in eine Querrinne geraten wäre, hätte ich mich wohl überschlagen...« – Paul Pietsch erläutert das Ende des ersten Starts eines deutschen Rennfahrers bei einem Lauf zur Formel-1-WM.*

gene Alfetta auf Rang Zwei ins Ziel und hat für die schnellste Rennrunde obendrein noch einen wertvollen Zusatzpunkt eingeheimst. Alberto Ascari ist der strahlende Sieger, doch am Ende einer dramatischen Saison wird Juan Manuel Fangio trotzdem neuer Weltmeister. Alfa Romeo freilich zieht sich von der Grand-Prix-Bühne zurück: Mit der legendären, aber mittlerweile 13 Jahre alten Kompressor-Alfetta wird auf Dauer gegen die großvolumigen 4,5-Liter-Ferraris nichts mehr auszurichten sein. Der Entschluß ist konsequent, macht jedoch die Formel 1 zum konkurrenzlosen Terrain für die Scuderia Ferrari, denn außer den hoffnungslos unterlegenen Talbot-Lagos und Maseratis sowie dem notorisch unzuverlässigen BRM gibt es keine Kontrahenten mehr. Bei den Rennveranstaltern und der FIA schrillen die Alarmsignale: Weil ein neues Formel-1-Reglement zwar abgesegnet ist, aber erst mit Beginn der Saison 1954 in Kraft tritt, wird als Notlösung die WM 1952 und 1953 mit Formel-2-Rennwagen ausgefahren. Die kleinen Zwei-Liter-Monopostos bieten zwar mehr Markenvielfalt, doch Siege bei Grand-Prix-Rennen gibt es pikanterweise bald nur noch für Ferraris neuen Tipo 500-Vierzylinder...

wäre die Vorentscheidung in der Weltmeisterschaft – und jetzt dieses! In der Boxengasse tobt Alfred Neubauer, sogar Hermann Lang und Hans Herrmann stellen sich in Positur und halten Karl Kling ein großes Schild mit dem Buchstaben L für »langsamer« entgegen, doch der Gießener bleibt Fangio auf den Fersen. Bei der nächsten Boxenpassage zeigt Mercedes-Vorstandsmitglied Dr. Fritz Nallinger höchstpersönlich die Tafel, mit dem Resultat, daß Kling kurz vor der Südkehre Fangio überholt und die Führung übernimmt! Wir befinden uns in der 15. Runde und Kling hat soeben mit 9.55,1 die Bestzeit dieses denkwürdigen Rennens aufgestellt. »Ich war trotzdem nicht beunruhigt«, schreibt Fangio in seinen Memoiren, »denn mein Wagen lief perfekt. Ich begann Kling zu folgen und einen günstigen Moment abzupassen, um wieder in Führung zu gehen. Aber Kling fuhr vor seinem Heimpublikum und das animierte ihn zu absolut entschlossen schneller Gangart. Ich hatte daher keine andere Wahl, als meinerseits Druck auszuüben, um dann zu profitieren, wenn ihm irgendein Fahrfehler unterlaufen sollte...« Fangio deutet bei jeder Boxenpassage auf seinen Vordermann, als ob er zum Ausdruck bringen will, daß Kling nicht dahingehört. Der Deutsche räubert wild durch die Kurven, irgendwo scheint seine Hinterradaufhängung einen Schlag wegbekommen zu haben, in der 17. Runde fliegt der W196 am Schwalbenschwanz fast von der Strecke: Fangio überholt den Stallgefährten und taucht mit großem Vorsprung wieder bei Start und Ziel auf, während Kling bei seiner Passage wild in Richtung Rennwagenheck deutet. Zwei Runden später rollt der immer noch zweitplazierte Mercedes-Benz an die Boxen, wo der wutentbrannte Neubauer auf eine Erklärung wartet, nachdem er zuvor mit dem Stock seiner Signalflagge auf einige neugierige Boxengäste eingedroschen hat: »Ich wollte doch nur Zeit zum Tanken schinden, ich wußte, ich habe ein Leck an der Benzinzuführung«, soll der tapfere Karl Kling seinen wilden Parforceritt erläutert haben. Seit der zweiten Runde (oder wars doch erst die vierte?) habe er einen scharfen Treibstoffdunst gewittert – und dann halt auch ganz scharf Gas gegeben, darf man hinzufügen. In der 20. von 22 Runden ist Kling zum ersten und einzigen Mal an der Box gestanden, nicht etwas spät, um noch ein wenig Benzin nachzufassen? Oder war es eben doch nur die angeknackste Hinterachse...? Karl Kling ist Rennfahrer, ein schneller obendrein. Doch die besten Jahre seines Lebens sind ihm – wie sovielen anderen seiner Generation – im Zweiten Weltkrieg gestohlen worden. Der Gießener, Jahrgang 1910, hat überlebt und es doch noch zum Rennfahrer gebracht. Kling ist knapp ein Jahr älter als Fangio, aber die Zeitläufte haben den Deutschen viel später auf die Grand-Prix-Bühne gebracht. Allzuviel Zeit, um aus der Chance bei Mercedes-Benz etwas zu machen, bleibt Kling nicht: Auch deshalb kann ein ganz und gar integrer Mensch mitunter Spielregeln mißachten, um sich später nicht den Rest des Lebens Vorwürfe machen zu müssen, nicht alles riskiert zu haben.

Und so gewinnt Juan Manuel Fangio den deutschen Grand Prix, auch wenn er mehr an den unglücklichen Onofre Marimon denken mag als an den Sieg. Der Gesamtschnitt des Argentiniers fällt mit 133,5 km/h sogar schlechter aus als bei Farinas Vorjahreserfolg im etwa 80 PS schwächeren Formel-2-Ferrari. Gewiß, statt 18 Runden sind wie zu Vorkriegszeiten 22 Umläufe auf der Nordschleife zu absolvieren gewesen, aber das kühlere Rennwetter anno 1954 hätte der neuen Formel-1-Generation besser zupaß kommen müssen. Vielleicht trifft es Mike Hawthorns zeitgenössischer Kommentar am besten: »Die Wagen aus Maranello sind bis jetzt von den technischen Wunderwerken aus Stuttgart noch nicht völlig deklassiert worden...« Wahrscheinlich war an jenem 1. August 1954 mehr Juan Manuel Fangio als Mercedes-Benz der Gewinner dieses GP von Deutschland.

Der AvD läßt es sich nicht nehmen, im selben Jahr noch ein weiteres Formel-1-Rennen zu veranstalten: Man will die neuen Silberpfeile auch auf der AVUS präsentieren. Der Große Preis von Berlin am 19. September 1954 gilt sogar schon als Test für einen deutschen Grand Prix auf dem Hochgeschwindigkeitskurs. Zwei Wochen nach dem Gran Premio d'Italia ist zwar Mercedes-Benz mit drei Stromlinien-W196 für Fangio, Kling und Herrmann vertreten, doch Ferrari und Maserati lehnen ein Gastspiel dankend ab, so

■ *Es hat in der Geschichte des GP von Deutschland kaum einen traurigeren Sieger gegeben: Juan Manuel Fangio läßt die Ehrung durch Bundespräsident Theodor Heuss über sich ergehen. Die Gedanken des designierten Weltmeisters sind längst nicht mehr bei diesem Rennen. Es ist der Moment des stillen Gedenkens an Onofre Marimon, da bedarf es keiner Worte oder Siegeswidmungen. Es ist der Augenblick, der Fangios menschliche Größe offenbart.*

daß nur eine Handvoll Privatiers die Statisterie zu dem liefert, was die gut 100 000 Zuschauer von diesem Renntag erwarten. Die drei Werks-Mercedes ziehen denn auch ungefährdet ihre Kreise und wechseln fleißig untereinander die Spitzenpositionen in einem Schaukampf, bei dem das Endresultat doch schon vor Rennbeginn ohne viel Aufhebens von der Stallregie festgelegt worden ist. Karl Kling darf also zum ersten und einzigen Mal ein Formel-1-Rennen gewinnen, während der zweitplazierte Juan Manuel Fangio seine Rolle mit südamerikanischer GRANDEZZA herunterspielt: »Es war absolut gerecht, daß Kling vor seinem Heimpublikum siegte, eben weil er nicht um die Fahrerweltmeisterschaft fuhr. Das Rennen hätte von jedem von uns gewonnen werden können, aber Kling bot durchaus eine respektable Vorstellung und es schien richtig zu sein, daß er denn auch gewinnen sollte.« Nicht zu vergessen: Karl Kling fuhr das Rennen mit angebrochener Rippe, ein schmerzhaftes Souvenir seines jüngsten unfreiwilligen Abflugs in Monza… Mit einem Gesamtschnitt von 213,5 km/h hat das siegreiche Mercedes-Benz-Terzett zugleich ein weiteres Ziel erreicht: Die AVUS ist wieder inoffiziell die schnellste Rennstrecke der Welt, denn bei der '54er Ausgabe der 500 Meilen von Indianapolis hat Sieger Bill Vukovich »nur« einen Schnitt von 210,568 km/h vorgelegt, jubiliert man in Berlin… »Viel schneller wird man auf der AVUS nicht mehr fahren können«, schätzt Karl Kling, »es sei denn, man holt auf den beiden Geraden noch einiges mehr aus dem Wagen heraus. In den beiden Kurven haben wir das Menschenmögliche getan. Vor allem die Nordkurve hat uns ein wenig Kummer gemacht. Gewiß ist der Druck durch die Zentrifugalkraft gewaltig, aber noch schwieriger zu meistern sind die Bodenwellen. Erst wenn sie beseitigt sind, wird man noch schneller durch die

*■ 19. September 1954, Großer Preis von Berlin: Ist es ein ernsthaftes Rennen oder doch nur ein Schaufahren der übermächtigen Mercedes-Benz W196 auf der AVUS? Die geschlossene Formation der Silberpfeile läßt bereits in der Startaufstellung keine Zweifel bei der Antwort aufkommen: In der ersten Reihe von links nach rechts Juan Manuel Fangio (2), Hans Herrmann (6), Karl Kling (4), der spätere Sieger, dahinter der chancenlose Rest mit Jean Behra (14), der mit seinem kleinen Gordini die Silberpfeile ein paar Runden lang ärgern wird, daneben Jacques Swaters (18) sowie in der dritten Linie Altmeister Louis Rosier (20) mit seinem Maserati und André Pilette in einem weiteren Gordini.*

Nordkurve fahren können. So aber muß man dem Körper das letzte abverlangen.« Nicht unbedingt ein Plädoyer, den Großen Preis von der Eifel auf die AVUS zu verlegen. Andererseits bedeutet ein Formel-1-Rennen in der ehemaligen Reichshauptstadt, die damals zwar in West- und Ostsektor getrennt, aber noch längst nicht von einer Mauer geteilt ist, ein auch in Bonner Kreisen durchaus nicht unerwünschtes Politikum. Ein Großer Preis von Deutschland auf der AVUS scheint für 1955 durchaus im Bereich des Möglichen, ehe sich der AvD nach monatelangen Diskussionen entschließt, den deutschen Grand Prix doch wie gehabt am Nürburgring zu belassen. Als Renntermin wird der 31. Juli 1955 festgesetzt.

# Abschied mit Silberrand

»Der Nürburgring ist mir die liebste Strecke. Diese Feststellung hat nichts mit meinen drei Siegen im Großen Preis von Deutschland zu tun, sondern ich bin einfach der Meinung, daß man sich als Fahrer auf diesem Kurs nach Herzenslust austoben kann. Der Ring ist für mich die vollkommenste Strecke, die ich kenne, und hier ist nicht allein das Fahrzeug entscheidend, sondern in erster Linie das fahrerische Können. Ich freue mich jedesmal auf ein Rennen, das auf dem Nürburgring stattfindet und ich sage schon jetzt ›Auf Wiedersehen‹ beim Großen Preis von Deutschland 1955!« Diese Sätze diktiert Alberto Ascari am Rande des argentinischen Grand Prix in das Notizbuch von Günther Molter. Ascari scheint zu Beginn der neuen Saison wieder mit Fangio konkurrieren zu können, der Lancia D50 wirkt selbst im Vergleich zum Mercedes-Benz W196 vielversprechend, auch wenn die Italiener in der drückenden Hitze von Buenos Aires dann doch eine deutliche Niederlage hinnehmen müssen.

Aber für Alberto Ascari wird es kein Wiedersehen mit dem Eifelkurs mehr geben: Beim zweiten Formel-1-WM-Lauf des Jahres am 22. Mai 1955 in Monte Carlo gerät Ascari in der Schikane von der Strecke und stürzt mit seinem Lancia geradewegs ins Hafenbecken. Der 36jährige Doppel-Weltmeister übersteht den Unfall scheinbar ohne gravierende Verletzungen. Nur vier Tage später sitzt Alberto Ascari jedenfalls wieder am Lenkrad eines Renngefährts, in Monza will er den neuen Ferrari 750 Spyder seines Landsmanns Eugenio Castellotti testen, nur zum Spaß und aus Interesse, vielleicht auch ein wenig, um die eigenen Reflexe nach dem Unfall von Monaco zu prüfen. Aus der dritten Runde kehrt der rote Sportwagen nicht mehr zurück, in der Vialone-Kurve ist der Ferrari bei Tempo 240 von der Piste gerast. Alberto Ascari, der beste Rennfahrer Italiens und legitime Nachfolger des großen Tazio Nuvolari, ist tot.

Das Lancia-Team wird kurze Zeit später aufgelöst, Enzo Ferrari bekommt die verwaisten D50, läßt sie ein wenig modifizieren und unter eigenem Namen starten. So wird aus dem Lancia des genialen Konstrukteurs Vittorio Jano dann doch noch ein Siegertyp, aber das ist eine ganz andere Geschichte, die sich erst nach dem Formel-1-Rückzug von Mercedes-Benz abspielt. Die Untertürkheimer gewinnen in der Rennsaison 1955 mit Juan Manuel Fangio erneut die Formel-1-WM, siegen obendrein aber auch in der Sportwagen-WM und in der Tourenwagen-Europameisterschaft. Der Vorstand der Daimler-Benz AG bläst zum Rückzug, die deutschen Ingenieure haben bewiesen, was zu beweisen war: Die Herkunftsbezeichnung MADE IN GERMANY wird wieder weltweit zum Gütesiegel, die Motorsporterfolge der Untertürkheimer sind nur die weithin sichtbare Spitze der Erfolgsjahre des industriellen Wiederaufbaus im Westen des geteilten Landes. Das Wirtschaftswachstum scheint grenzenlos und gilt als Garant für Vollbeschäftigung: Die Automobilindustrie brummt geradezu im grollenden Viertakt-Klang des mittlerweile fast 290 PS-starken W196-Achtzylinders. Im August wird der millionste VW-Käfer vom Wolfsburger Fließband rollen. Alles scheint wieder machbar, Herr Nachbar! Registrieren nicht wenige Franzosen mit leiser Besorgnis: »Die Bundesrepublik Deutschland ist souverän«, erklärt Kanzler Adenauer bei der Ratifizierung des Deutschlandver-

■ *4. Dezember 1954, ein verfrühtes Weihnachtsgeschenk für Stirling Moss – und auch ein wenig für die Rennabteilung von Mercedes-Benz: Der junge Brite darf auf dem Hockenheimring erstmals einen W196 testen, der Rest ist Formsache – Moss wird in der Rennsaison 1955 Teamkollege von Fangio. »Was mich wirklich beeindruckt hat«, wird sich Stirling Moss noch Jahrzehnte später an diesen Testtag erinnern, »als ich aus dem Rennwagen herauskletterte und in meiner Hose nach einem Taschentuch suchte, um mein Gesicht abzuwischen, tauchte plötzlich ein Mechaniker auf, der mir heißes Wasser, Seife, Waschlappen und Handtuch brachte.« Dieser Perfektionismus bis ins kleinste Detail zeigt sich auch an dem merkwürdigen Kühlergrill des W196 von Moss: Keine anderthalb Monate sind vergangen, seit Mercedes-Benz den spanischen Grand Prix auch deshalb verlor, weil hochgewirbelte Zeitungsblätter vor Fangios W196-Kühler hängenblieben und die Motortemperatur auf kritische Werte anstiegen. Mercedes-Benz tüftelt an einer Lösung des Problems: Dieser häßliche Grill ist der erste Versuch, der schließlich zu einem engmaschigen Gitternetz führt, das vor der Kühleröffnung des W196 montiert wird und bei Bedarf vom Fahrer per Bowdenzug betätigt werden kann...*

trages mit den drei westlichen Siegermächten. Auch die Lufthansa darf wieder fliegen, was für eine Leichtmetall gewordene Metapher des westdeutschen Aufschwungs!

Aber was sich steil empor bewegt, stürzt mitunter unversehens wieder ab: Auch für diese Variante menschlicher Hybris findet sich ein grausam passendes Symbol, als es am 11. Juni 1955 bei den 24 Stunden von LeMans um 18.28 Uhr Ortszeit zur größten Katastrophe in der Geschichte des Motorsports kommt. Mike Hawthorn löst mit einer abrupten Vollbremsung zwecks Boxenstops eine folgenschwere Kettenreaktion aus. Der Mercedes-Benz 300 SLR von »Pierre Levegh« alias Pierre Bouillin kollidiert mit dem Austin-Healey von Lance Macklin und wird regelrecht in die Zuschauertribünen bei Start und Ziel katapultiert. 81 Tote und zahllose Verletzte sind zu beklagen, manche zeitgenössische Angaben berichten von noch mehr Opfern.

Wenn Rennfahrer bei ihrem Treiben zu Schaden kommen, so war und ist das bei nüchterner Betrachtung stets Teil ihres risikoreichen Geschäfts. Dank dieser fatalistischen, aber weitverbreiteten Sichtweise hat der Motorsport auch den tödlichen Verlust seiner Spitzenkräfte weitgehend unangetastet überstehen können. Kritisch wird das PS-Spektakel immer erst dann, wenn dabei Zuschauer zu Opfern werden. LeMans 1955 – das war das Inferno. Oder um einen vielleicht kühnen, aber doch treffenden Vergleich zu wagen: Unter den Bedingungen unserer modernen Medienlandschaft würde heute ein derartiges Unglück wohl zumindest in Europa reihenweise das Ende von Rennveranstaltungen nach sich ziehen. Anno 1955 ist es nur die Schweiz, die landesweit sämtliche Rundstreckenrennen verbietet. Bis heute ist es dabei geblieben. Insofern scheint es rückblickend durchaus eine weise Entscheidung des AvD gewesen zu sein, den Großen Preis von Deutschland 1955 nach dem Unfall von LeMans abzusagen. Offizieller Grund dafür war das verheerende Resultat einer vom Bundesverkehrsminister angeordneten Streckenüberprüfung des Nürburgrings durch die ONS Anfang Juli: Die festgestellten Mängel ließen sich bis zum vorgesehenen Renntermin am 31. Juli 1955 nicht behe-

■ *Das offizielle Rennplakat zum Großen Preis 1955, der nach der Katastrophe bei den 24 Stunden von LeMans nicht stattfinden wird.*

ben, der AvD verzichtete auf seinen Grand Prix. Selbst ein kluger Kopf wie Richard von Frankenberg polemisierte gegen diesen Entschluß und warf den Funktionären »Feigheit vor dem Feinde« vor. Natürlich wurden andernorts, in den Niederlanden, in Großbritannien und Italien, trotz des Unfalls von LeMans keine Grand-Prix-Rennen abgesagt. Aber in Frankreich und Spanien verzichteten die Veranstalter schließlich ebenfalls wie der AvD auf ihre Formel-1-WM-Läufe.

Die deutschen Rennfans kamen damit natürlich leider um die letzte Gelegenheit, noch einmal einen Auftritt von Mercedes-Benz-Formel-1-Rennwagen quasi vor der eigenen Haustür zu erleben. Das, was zu Beginn der 90er Jahre im Falle Sauber-Mercedes bzw. McLaren-Mercedes in manchem Blatt als »Rückkehr der Silberpfeile auf die Grand-Prix-Bühne« gefeiert wurde, ist trotz des finanziellen Aufwandes der heutigen High-Tech-Konstruktionen ein weitaus bescheideneres Unterfangen geblieben: Bescheiden, was die Ansprüche betrifft, bescheiden, was die Erfolge anbelangt. Gewiß, die Verhältnisse in der Formel 1 von heute haben sich gegenüber den 50er Jahren bis zur Unkenntlichkeit verändert. Vergleiche mögen da schwierig und auch ungerecht sein. Aber wenn heute Formel-1-Einsätze damit begründet werden, jüngere Käuferschichten anzusprechen und technische Kompetenz zu

■ *22. Oktober 1955, auf dem Werksgelände der Daimler Benz AG in Untertürkheim endet die Rückkehr der Silberpfeile in den Grand-Prix-Sport: Fangio ist wieder Weltmeister geworden, Mercedes-Benz hat auch die Sportwagen-WM und die Tourenwagen-EM gewonnen, der älteste Automobilhersteller der Welt hat bewiesen, was zu beweisen war, jetzt kommt die Stunde des Abschieds und die Zeit des Nachruhms, der bis heute übermächtig fortwirkt. Für das Erinnerungsalbum posieren von links nach rechts die Herren Alfred Neubauer, Hans Herrmann, Rudolf Uhlenhaut, W.I. Tak, Werner Engel, Karl Kling (vornübergebeugt), Peter Collins (knieend), Piero Taruffi (links auf dem W196), Juan Manuel Fangio (im W196), Stirling Moss (rechts auf dem W196), dahinter Wolfgang von Trips, Olivier Gendebien, die belgische Rennfahrerin Gilberte Thiron, John Fitch, der baden-württembergische Finanzminister Dr. Hermann Veit und Daimler-Benz-Vorstandsmitglied Dr. Fritz Nallinger.*

signalisieren, dann sollte man sich auch daran erinnern, daß Mercedes-Benz anno 1954/55 in der Formel 1 antrat, um zu beweisen, wer das größte Potential besitzt, die besten Autos der Welt zu bauen. Nur der Sieg zählte. So war es, so blieb es und so wird es nie wieder werden. Wie sagte doch Juan Manuel Fangio anno 1954 bei der GP-Premiere des W196 in Reims: »Für mich gab es keinerlei Zweifel über den Ausgang des Rennens, ein Mercedes würde auf jeden Fall als erster die Ziellinie überfahren.«

Es gibt 1955 trotzdem noch Mercedes-Benz-Testfahrten auf dem Nürburgring: Anderthalb Wochen nachdem beim britischen Grand Prix in Aintree die Herren Moss, Fangio, Kling und Taruffi mit ihren W196 die ersten vier Plätze belegt haben, absolvieren die Untertürkheimer trotz der Absage des Großen Preises von Deutschland ein eigenes Trainingsprogramm in der Eifel. Juan Manuel Fangio fährt mit 9.33,3 gleich 143,23 km/h die schnellste Rundenzeit, die bis dato auf der Nordschleife erzielt worden ist. Stirling Moss bestätigt mit 9.35,7 eindrucksvoll, der einzige Grand-Prix-Fahrer zu sein, der sich mit Fangio zu messen vermag. Für den tapferen Karl Kling stehen am Ende 9.47,0 zu Buche, Renningenieur Rudolf Uhlenhaut schafft beachtliche 9.51,8. Die genannten Zeiten hätten ein Jahr später beim GP für die Startplätze 1, 2, 3 und 6 gereicht (auch wenn man zur Ehrenrettung der italienischen Konkurrenz erwähnen muß, daß die GP-Trainingssitzungen anno 1956 etwas unter regnerischem Eifelwetter litten). Aber bereits zum Ende der Rennsaison 1955 wird sich die Daimler-Benz AG vom Grand-Prix-Sport zurückziehen: »Sie treten auf ihrem Höhepunkt ab, jeder vernünftige Sportler wünscht sich so etwas«, kommentiert Stirling Moss, der künftige Herausforderer von Juan Manuel Fangio.

# Italienische Mono(posto)kultur

In der Formel 1 herrscht 1956 italienische Mono(posto)kultur: Ferrari gegen Maserati, Fangio gegen Moss, vor allem aber Fangio gegen Ferrari: »Ferrari wollte vor allen Dingen beweisen, daß seine Rennwagen auch dann gewinnen können, wenn am Steuer des Wagens nicht gerade der Weltmeister saß. Zweitens wollte er, daß der Weltmeistertitel an Peter Collins ging, denn Collins war mit dem englischen Markt gleichbedeutend, während der argentinische Markt keine Einfuhren erlaubte«, gibt Juan Manuel Fangio damals zu Protokoll, während Enzo Ferrari noch Jahre später über seinen prominenten Ex-Angestellten notiert: »Fangio ist ein ganz großer Rennfahrer gewesen, der unter einem seltsamen Verfolgungswahn litt.«

Peter Collins, erst 24 Jahre, ungemein sympathisch und extrem pflegeleicht, gilt bei der Scuderia Ferrari als der kommende Mann. In Spa-Francorchamps und in Reims hat er 1956 seine ersten beiden GP-Siege im Lancia-Ferrari D50 herausgefahren. Der junge Engländer wird in Monza beim letzten WM-Lauf der Saison die Chance haben, seinen weltmeisterlichen Teamkollegen Juan Manuel Fangio zu entthronen – doch Peter Collins wird diese Gelegenheit ganz bewußt ungenutzt verstreichen lassen... Vor dem Großen Preis von Deutschland am 5. August 1956 steht es nach WM-Punkten noch 22:21 für Collins gegen Fangio, die Maserati-Asse Behra und Moss folgen mit 18 bzw. 13 Zählern. So offen, wie sich der Ausgang der Fahrer-WM auch präsentieren mag, ohne deutsche Beteilung lockt der Heim-Grand-Prix nur einige Zehntausend Besucher hinter dem heimischen Ofen hervor. Sechs Ferraris, zwölf Maseratis und zwei französische Gordinis, das ist das komplette Formel-1-Feld. Die britischen Rennställe BRM, Connaught und Vanwall, vorerst ohnehin nur chancenlose Außenseiter, sind gar nicht erst in die Eifel gekommen. Der AvD hat die Zuschauerpleite kommen sehen, erwägt eine Weile gar den Großen Preis für Sportwagen auszuschreiben, wird dann jedoch von der FIA zurückgepfiffen... Ganz anderen Ärger haben die deutschen Rennfunktionäre mit Mike Hawthorn: Der Brite soll am Nürburgring nach seinen Enttäuschungen bei BRM wieder einen Werks-Ferrari fahren. Doch der AvD lehnt die Nennung, ab weil für den draufgängerischen Hawthorn kein Versicherungsschutz abzuschließen sei. Die AvD-Versicherungspartner würden sich jedenfalls weigern, einen Mann unter ihre Fittiche zu nehmen, der ja wohl die LeMans-Katastrophe ausgelöst habe und gerade erst beim ADAC-1000-Kilometerrennen wegen gefährlicher Fahrweise (»Zweimal rechts überholt!«) verwarnt worden sei. Mike Hawthorn, ohnehin kein Freund deutscher Gründlichkeit, ärgert sich über die äußerst spitzfindige Behandlung. Ferrari arrangiert zwar umgehend einen Versicherungsschutz, aber Hawthorn verzichtet ebenso abrupt auf seinen Auftritt am Nürburgring: »Nach meinen Erfahrungen vom letzten Start auf dem Nürburgring bin ich nicht bereit, dort zu fahren, solange nicht die Vorschriften für Aufstellung und Sicherheit der Zuschauer dort verbessert und mindestens dem Standard an anderen Strecken Europas und anderen Teilen der Welt angeglichen werden.« Die Retourkutsche verfehlt nicht ihre Wirkung, der AvD mobilisiert alle anderen anwesenden Formel-1-Rennfahrer, die die Sicherheitsvorkehrun-

*Der strahlende Maestro im Kreise seiner getreuen Mechaniker: Mit dem Sieg am Nürburgring scheint Juan Manuel Fangio seinen vierten WM-Titel bereits sicher zu haben. Doch bei der Scuderia Ferrari kann sich selbst der argentinische Champion seiner Sache niemals gewiß sein.*

gen am Nürburgring unisono als vorbildlich bezeichnen. Die deutsche Presse widmet sich dem »Fall Hawthorn« mit großer Häme und textet: »Gegen seine Fahrweise sind die Zuschauer auf dem Nürburgring nicht sicher!« Es entbehrt nicht einer gewissen Pikanterie, daß gleich nach dem deutschen Grand Prix Baumaschinen anrollen, um bei Start und Ziel sowie im Streckenabschnitt Schwalbenschwanz einige Umbauten vorzunehmen, die auch der größeren Sicherheit von Fahrern und Zuschauern dienen sollen… Aber wieso sollte sich die Bigotterie der westdeutschen Nachkriegsgesellschaft nicht auch ein wenig am Rande der Rennstrecke wiederfinden? Aus den fernen USA ist der Rock'n'Roll in die Welt der Nierentische, des Wirtschaftswunders und der Freßwelle geschwappt. Infiziert von der Musik eines Elvis Presley und eines Bill Haley zeigt die deutsche Jugend erste gefährliche Symptome: Bei der Vorführung des US-Streifens »Außer Rand und Band« werden in unschöner Regelmäßigkeit vom enthemmten Publikum Lichtspielhäuser zertrümmert. Der bayerische Innenminister fordert in jenem August des Jahres 1956, »gegen die Halbstarken mit Brutalität vorzugehen, da die bisher stattgehabte Humanitätsduselei absolut wirkungslos ist.« Im selben Jahr wird auch ein Gesetz formuliert, daß sich »gegen das Herumfahren von Motorrädern aus purer Lust« richtet. Wer mit seiner Kreidler, Zündapp oder welchem Zweirad auch immer nicht zur »Erreichung eines Verkehrszieles« fährt, dem wird Bestrafung angedroht…

Sinnigerweise fördert Vater Staat ausgerechnet die Modernisierung des Nürburgrings, als ob Rennsport nichts mit »Herumfahren aus purer Lust« zu tun hätte. Anno 1956 wird der Eifelkurs vom Bund mit 250 000 Mark sowie vom Land Rheinland-Pfalz mit 230 000 Mark wie gewohnt reichlich alimentiert: Die sanierte Nordschleife bietet den Rennassen künftig noch besseres Terrain für schnelle Runden. Immerhin, die Formel 1 ist schon anno 1956 endlich schnell genug, um

*So sieht die Nordschleife 1956 aus, nicht nur für nachgeborene Betrachter eine unglaubliche Rennstrecke: Am Brünnchen peilen Umberto Magioli (8) und Harry Schell (12) mit ihren Werks-Maseratis die Ideallinie an, während im Hintergrund ein Lancia-Ferrari D50 auftaucht…*

■ *Der große Alberto Ascari ist tot – neben Luigi Musso erhebt auch Eugenio Castellotti Ansprüche auf die Thronfolge in Italien: Doch die neue Generation ist zu ungestüm und besitzt weder die fahrerische Reife noch die Klasse eines Ascari. Castellotti demoliert die Nase seines Lancia-Ferrari D50 beim vergeblichen Versuch, am Maserati 250F von Stirling Moss vorbeizuziehen. Nach einem Defekt an der Elektrik wird Eugenio auf den Rennwagen seines Landsmanns und Rivalen Luigi Musso umdirigiert, der bei seinem Formel-1-Comeback am Nürburgring noch von seinen gerade verheilten Verletzungen gehandikapt wird, die er sich bei einem Unfall beim ADAC 1000-km-Rennen zugezogen hatte. Der Fahrerwechsel verläuft kurios, denn Castellotti klettert aus seinem Wagen mit der Startnummer 3 zunächst in den defekten Lancia-Ferrari von Peter Collins, der ebenfalls an der Box steht... Der Irrtum wird zwar noch korrigiert, doch Eugenio Castellotti wird bei seiner wilden Aufholjagd sich auch mit Mussos Gefährt drehen und endgültig aufgeben.*

erstmals auch offiziell bei einem Großen Preis von Deutschland die alten absoluten Bestmarken eines Hermann Lang aus den 30er Jahren zu unterbieten. Der neue Rundenrekord wechselt zwischen Fangio, Collins und Moss, ehe einmal mehr Fangio mit 9.41,6 und einem Schnitt von 141,2 km/h den endgültigen Maßstab setzt. Juan Manuel Fangio schrieb damals über seine Siegesfahrt im Lancia-Ferrari D50: »Der Wagen war viel handlicher als der '54er Mercedes und hatte die besseren Bremsen, und so mußte ich mich eigentlich nur vor meinen Stallgefährten in acht nehmen. Collins fuhr wie ein Besessener und holte sich eine schnellste Runde nach der anderen. Ich mußte meine Trainingszeit um volle zehn Sekunden unterbieten, um mit ihm Schritt halten zu können. Aber er mutete seinem Ferrari zu viel zu und rollte an die Boxen, wo er de Portagos Wagen übernahm, den er allerdings ebenfalls bald verheizte. Ungefähr zur Mitte des Rennens war ich der einzige Überlebende des Ferrari-Teams. Ich wollte nichts mehr riskieren und fuhr die letzten Runden auf Ankommen.« Moss hatte zwar bei Halbdistanz noch einmal versucht, Druck auszuüben, aber Fangio reagierte prompt, indem er mit geradezu spielerischer Leichtigkeit seine absolute Rekordrunde hervorzauberte. Die Konkurrenz schien gelähmt, in manchen Fällen auch aus ganz anderem Grund: Undichte Treibstoffleitungen und Auspuffrohre nebelten Peter Collins und Bruce Halford ein, bei der damals zulässigen Zusammensetzung des Rennsprits aus Ingredienzen wie Methyl-Alkohol, Benzol, Nitro-Benzol und Tetra-Äthyl-Blei eine höchst gefährliche Angelegenheit. Collins mußte vor seinem Wagenwechsel erst wieder mit Riechsalz fitgemacht werden, Halford litt unter akuten Bewußtseinsstörungen, die ihn sogar die rote Flagge (»Sofort halten!«) und weitere Boxensignale ignorieren ließen. Der 25jährige Brite war nach einem Dreher angeschoben worden, weshalb ihn die Rennleitung zwecks Disqualifikation hatte herauswinken wollen. Doch so fuhr der immerhin an vierter Stelle einherkurvende Maserati-Privatier tapfer durch und vermochte sogar noch die Zielflagge wahrzunehmen. Seine Mechaniker mußten Bruce Halford dann allerdings aus dem Cockpit heben, ehe der vollkommen verwirrte Rennfahrer bewußtlos zusammenbrach und auf einer Tragbahre abtransportiert werden mußte. Zum Glück überstand Halford die Abgas-Tortur ohne weitere negative Folgen: Wenn man einmal davon absieht, daß ihn die Rennfunktionäre noch nachträglich wegen »Inanspruchnahme fremder Hilfe im Rennen« aus der Wertung strichen...

# Das Rennen aller Rennen

Den italienischen Werksrennställen erwächst in der Formel-1-Saison 1957 allmählich ernsthafte Konkurrenz aus England: Stirling Moss und Tony Brooks haben mit ihrem Vanwall gemeinsam den britischen Grand Prix gewonnen. Fahrerwechsel sind damals noch erlaubt, erst ab 1958 wird sich das bei Formel-1-WM-Läufen ändern. So kommt es in Aintree zu einem dramatischen Rennverlauf, als der führende Moss nach Zündungsproblemen an seinem Gefährt alsbald den nur an neunter Stelle plazierten Vanwall seines indisponierten Teamkollegen Brooks übernimmt und noch zum Sieg lenkt. Mit 290 PS bei 7400 U/min ist der Vierzylinder auf Norton-Basis inzwischen zwar leistungsmäßiger Spitzenreiter im Grand-Prix-Geschäft, aber auf der Berg- und Talbahn namens Nürburgring erweist sich keine zwei Wochen nach dem Triumph von Aintree, daß das Vanwall-Fahrwerk wie ein Schiff hin- und herschaukelt. Tony Brooks wird im Rennen dadurch regelrecht »seekrank«. Das Vanwall-Chassis verwindet sich gnadenlos, schon beim ersten Training rütteln die Vibrationen Teile der Verkleidung locker...

Nein, Vanwall und Moss sind für einmal also indisponiert, womit der Große Preis von Deutschland am 4. August 1957 zu einem Duell zwischen der Scuderia Ferrari und Weltmeister Juan Manuel Fangio wird. Der Argentinier hat sich zur Jahreswende entschlossen, mit Maserati gemeinsame Sache zu machen. Der längst ausgereifte 250F-Sechszylinder wird in den Händen Fangios zur wirksamsten Waffe im Kampf um die Weltmeisterschaft: Vor dem deutschen Grand Prix hat Fangio drei von bislang fünf WM-Läufen gewonnen. Die beiden anderen gingen eben an Stirling Moss in Aintree und zuvor an den Amerikaner Sam Hanks – richtig, die 500 Meilen von Indianapolis zählen noch immer (nämlich bis 1959) zum WM-Kalender, haben mit ihrem Ausgang jedoch nie einen Einfluß auf die Titelvergabe in der Fahrerweltmeisterschaft. Bei nurmehr drei ausstehenden WM-Läufen kann Fangio beim Großen Preis von Deutschland mit einem Sieg bereits vorzeitig wieder Weltmeister werden, die heute etwas verwirrende, damals aber übliche Streichresultatregelung machts möglich.

Fangio ist mittlerweile 46 Jahre und noch immer muß sich das komplette Starterfeld an den Leistungen des altgedienten Champions messen lassen: Mit seiner Freitagszeit von 9.25,6 unterbietet er seinen eigenen Rundenrekord aus dem Vorjahr um volle 16 Sekunden! Eine grandiose Bestmarke, am Ende 2,8 Sekunden schneller als Mike Hawthorn, der sich am Nürburgring für den Ärger vom letzten Jahr mit dem beachtlichen zweiten Startplatz revanchiert. Sein Ferrari trägt jetzt die Bezeichnung »Tipo 801« und ist im Grunde nichts anderes als der gute alte Lancia D50 ohne Seitentanks bzw. ohne seitliche Pontonverkleidung – wie der schon erwähnte Maserati 250F ein weiteres Beispiel dafür, wie lange in den 50er Jahren Formel-1-Rennwagen up to date bleiben.

Fangio hat zwar das Training zum Großen Preis von Deutschland dominiert, doch mit Blick auf das Rennen herrscht etwas Sorge im Maserati-Lager: Die Pirelli-Reifen sorgen zwar für bessere Haftung als die Englebert-Pneus bei Ferrari, doch im Gegensatz zu den belgischen Gummis würden die italienischen Pneus nicht die volle Distanz von 22 Runden überstehen. Maserati läßt die 260-Liter-Tanks der 250F von Fangio, Behra

*4. August 1957, ein Klassiker unter den Formel-1-Rennen – und ein Klassiker der Motorsport-Fotografie: Das Meisterbild von Julius Weitmann fängt das Feld kurz nach dem Start in der Südkehre ein. Mike Hawthorn (8) führt im Ferrari 801 vor seinem Freund und Teamkollegen Peter Collins (7), Juan Manuel Fangio (1, Maserati 250F), Jean Behra (2, Maserati 250F), Stirling Moss (10, Vanwall), Luigi Musso (6, Ferrari 801), Harry Schell (3, Maserati 250F), Stuart Lewis-Evans (12, Vanwall), Masten Gregory (16, Maserati 250F), Tony Brooks (11, Vanwall), Roy Salvadori (23, Cooper T43-Climax), Hans Herrmann (17, Maserati 250F), Francesco Godia-Sales (18, Maserati 250F), Edgar Barth (21, Porsche 550RS), Umberto Magioli (20, Porsche 550RS).*

und Schell nur zur Hälfte mit Sprit füllen, die Gewichtsersparnis soll den Fahrern helfen, einen Zeitvorsprung zu sichern, wenn bei Halbdistanz der ohnehin nicht zu umgehende Reifenwechsel mit dem Nachfassen von Treibstoff kombiniert wird. Doch Hawthorn und Collins durchkreuzen diese Strategie mit einem optimalen Start, der die beiden befreundeten Ferrari-Werksfahrer vor Fangios Maserati katapultiert. Erst in der dritten Runde zieht der Argentinier vor und fährt bis zu seinem Boxenstop am Ende der 12. von 22 Runden noch 28 Sekunden auf das britische Verfolgerduo heraus. Doch Reifenwechsel und Auftanken zehren den ohnehin knappen Vorsprung restlos auf, schlimmer noch: Fangio rollt erst etwa 45 Sekunden hinter Hawthorn und Collins wieder auf Rang Drei zurück ins Rennen. Als die beiden führenden Engländer die 13. Runde beenden, signalisiert ihnen die Ferrari-Box 45 Sekunden Vorsprung auf Fangio. Tatsächlich taucht der Maserati mit der Startnummer 1 jedoch erst 48 Sekunden später auf, die Pirellis und der Maestro müssen sich erst noch etwas aufheizen. Und weil eine Nürburgringrunde nun einmal über 22 km mißt und in den glückseligen fünfziger Jahren auch noch kein Sprechfunkverkehr zwischen Fahrer und Boxencrew erfunden ist, bekommen Hawthorn und Collins nach der 14. Runde das Schild »+48« zu sehen. Die beiden Spitzenreiter und ihr Rennleiter Romolo Tavoni beginnen messerscharf zu schließen, daß der vierfache Weltmeister wohl Probleme haben muß. Am Ende der 15. Runde signalisiert die Ferrari-Box zwar nurmehr ein Plus von 43 Sekunden, aber bei noch sieben verbleibenden Durchgängen kann selbst ein Juan Manuel Fangio diesen Rückstand niemals mehr wettmachen...

Doch »El Chueco«, das »Krummbein«, fährt längst jenseits von Gut und Böse: Tatsächlich hat der Argentinier in dieser 15. Runde nur noch 31 Sekunden Rückstand. Und als das vertrödelte Ferrari-Duo am Ende der 16. Runde die Boxentafel erblickt, muß die Herren Hawthorn und Collins der Schlag getroffen haben: 12 Sekunden hat Fangio binnen einer Runde wettgemacht! Das Publikum tobt, die beiden Engländer sind nun endlich aufgewacht, doch an diesem trocken-heißen Sonntagnachmttag in der Eifel vermag nichts und niemand mehr Juan Manuel Fangio vom Sieg abzuhalten. Der Vorsprung von Hawthorn und Collins schmilzt dahin: 26 Sekunden, 20 Sekunden, 13 Sekunden gar, die beiden Briten rasen längst an ihrem absoluten Limit dahin, aber der »Maestro« steigert sich in einen wahren Fahrrausch. In der 20. von 22 Runden macht Fangio volle zehn Sekunden wett! Mit einer Zeit von 9.17,4 Minuten gleich 147,8 km/h ringt er seinem Maserati 250F eine absolute Traumrunde ab und sitzt bei

■ *Es schien, als wäre selbst der Boxenstop bewußt in Überlänge inszeniert gewesen, um die Scuderia Ferrari in trügerischer Sicherheit zu wiegen. Was immer noch verblüfft, und auf diesem Bild mit geübtem Kennerblick auch zu identifizieren ist: Juan Manuel Fangio hat in aller Seelenruhe seinen Maserati 250F verlassen, um im Schatten der Boxengasse etwas zu trinken.*

■ *Denn sie wissen nicht, was sie tun: Hawthorn und Collins vertrödeln im Gefühl des sicheren Sieges wertvolle Sekunden, am Ende ist die Uhr abgelaufen, die Chance auf den Sieg verspielt – und die Geschichte des Motorsports um eine der größten Legenden reicher, Juan Manuel Fangio sei Dank!*

der Passage von Start und Ziel den beiden Ferrari-Fahrern bereits buchstäblich im Nacken. Am Ende der Gegengeraden attackiert Fangio den zweitplazierten Collins, ist innen schon vorbei, gerät aber leicht aufs Gras und rutscht nach außen weg, so daß der Engländer noch einmal dagegenhalten kann, ehe bei der Anfahrt zum Hatzenbach-Geschlängel der Maserati endgültig vorbeizieht. Diese dramatische 21. Runde ist noch nicht beendet, als Fangio sich in der Bergwerk-Passage auch an Spitzenreiter Hawthorn vorbeizwängt. Mit gut drei Sekunden Vorsprung jagt der Argentinier bei Start und Ziel in die letzte Runde und gewinnt schließlich nach über dreieinhalb Stunden Renndauer den Großen Preis von Deutschland zum dritten Mal in Folge und sichert sich damit auch seinen fünften WM-Titel! Es ist der 24. und letzte Sieg Juan Manuel Fangios in einem Lauf zur Fahrerweltmeisterschaft und alle kundigen Augenzeugen jenes 4. August 1957 am Nürburgring versichern bis heute glaubhaft, daß Fangio damals sein bestes Rennen überhaupt gefahren sei. »Ich habe Dinge getan, die ich niemals zuvor getan habe«, soll der Maestro noch auf dem Podium dem geschlagenen Mike Hawthorn zugeraunt haben, um im selben Atemzug hinzuzufügen: »Und ich möchte niemals wieder so fahren…« Und noch etwas wird Juan Manuel Fangio zu Protokoll geben, Jahrzehnte später, in einer Zeit, als in der Formel 1 der Begriff »Fairneß« längst zu einem unbekannten Fremdwort mutiert ist: »Hawthorn und Collins nahmen ihre unverhoffte Niederlage mit einer unglaublich sportlichen Haltung hin. Sie beglückwünschten mich, klopften mir auf die Schulter und freuten sich richtig über meinen Erfolg – und das, obwohl ein Stein von meinem Hinterrad Collins' Brille zerschlagen hatte. Sie waren zwei großartige Kerls, genau wie Stirling.«

■ *Die Revolution kommt auf kleinen Sohlen: Beim Großen Preis von Deutschland 1957 starten erstmals einige der kompakten Cooper-Climax-Rennwagen, hier im Bild Paul England mit seinem Formel 2, Typ 41. Keines der fragilen Mittelmotor-Gefährte sieht die Zielflagge, die Nordschleife fordert ihren Tribut. Doch schon im nächsten Jahr wird ein Cooper-Climax auf dem Nürburgring den zweiten Platz beim deutschen Grand Prix erobern… Das Ende der mächtigen Frontmotor-Rennwagen vollzieht sich in rasantem Tempo.*

# Rette sich, wer kann

Am 15. September 1957 schaffen CDU und CSU mit Kanzler Konrad Adenauer die absolute Mehrheit bei der Bundestagswahl: »Keine Experimente!« lautet der siegreiche Wahlslogan. Doch die Welt ist im Umbruch, die Sowjets schocken den Westen ein Jahr nach der blutigen Unterdrückung des ungarischen Volksaufstandes auch in technologischer Hinsicht mit ihrem Satelliten Sputnik I. Das Fernsehen erobert die Westdeutschen, deren Blickwinkel sich auch durch andere Segnungen der Massenproduktion zu verändern beginnt. Mittlerweile besitzt laut Statistik jeder 25. Bundesbürger ein Auto, Tendenz steigend. Das moderne Wirtschaftswachstum schlägt ein Tempo an, dem das Bewußtsein der noch biederen, aber immer neugieriger werdenden Bundesbürger kaum zu folgen vermag. Und so bringt der Sommer des Jahres 1958 den größten Sittenskandal der jungen Bundesrepublik via Kinoleinwand zurück ins öffentliche Bewußtsein: Rolf Thiele hat mit Nadja Tiller *Das Mädchen Rosemarie* verfilmt. Der Streifen verwandelt das Schicksal der am 29. Oktober 1957 ermordeten Prostituierten Rosemarie Nitribitt in einen bitterbösen Politsatire-Krimi über die verlogen-spießige Doppelmoral westdeutscher Wirtschaftsbosse. Die Politik bekämpft den Film, der gleichwohl zum Kassenschlager wird: Das Auswärtige Amt droht gar mit einem Boykott der Filmfestspiele von Venedig, falls der Rosemarie-Film in die offizielle Auswahl kommen sollte. Der Thiele-Streifen zeichne nämlich ein falsches Bild von der bundesrepublikanischen Wirklichkeit...

Außerhalb der geheiligten Ehe hat sich Promiskuität damals unter dem Nierentisch oder hinter Begriffen wie »Onkel-Ehe« oder »Bratkartoffelverhältnis« zu verbergen. Wie wohltuend erscheint einem aus heutiger Warte die sexuelle Libertinage, die das immer schon etwas exzentrischere Rennfahrervölkchen pflegte. Die Damen und die Herren liebten nicht nur den Motorsport leidenschaftlich. Allerdings umhüllte diskretes Schweigen etwa die Existenz des unehelichen Sohnes von Mike Hawthorn, auch wußte die Handvoll professioneller Journalisten feinsäuberlich zwischen Rennstrecke und Privatsphäre zu unterscheiden: Die Presse hütete sich davor zu verkünden, daß die werte Frau Mutter eines der besten deutschen Rennfahrers jener Jahre ein Bordell besaß... Eine gewisse Kontinuität scheint da übrigens geblieben zu sein, konnten die neugierigen Leser doch Anfang der neunziger Jahre nicht aus Automobil-Fachzeitschriften, sondern

■ *3. August 1958, ein spannender Großer Preis von Deutschland steuert auf ein verhängnisvolles Ende zu: Peter Collins auf seiner letzten Fahrt im Ferrari Dino 246. Einen Monat zuvor ist bereits Ferrari-Werksfahrer Luigi Musso beim französischen Grand Prix in Reims tödlich verunglückt...*

■ *Tony Brooks profitiert etwas vom Ausfall seines anfänglich souverän führenden Teamkollegen Stirling Moss: Doch seine Aufholjagd auf das Ferrari-Spitzenduo Collins/Hawthorn ähnelt durchaus der Parforcejagd des großen Fangio vom Vorjahr. Nein, der Sieg von Tony Brooks ist kein glücklicher Zufall. Doch der Erfolg wird von Peter Collins' tödlichem Unfall überschattet.*

erst aus einem deutschen Nachrichtenmagazin in der Rennszene längst bekannte »Rotlicht«-Geschichten über einen Rennmanager erfahren, dessen Name mir leider gerade entfallen ist...

Auch der Grand-Prix-Sport des Jahres 1958 bevorzugt die schnelle Nummer: Ein Formel-1-WM-Lauf darf nur noch über eine Distanz von maximal 300 km oder eine Dauer von höchstens zwei Stunden führen. Der Große Preis von Deutschland am 3. August schrumpft somit von 22 auf 15 Runden Nürburgring-Nordschleife. Was eigentlich auch als Sicherheitsmaßnahme gedacht ist, entpuppt sich freilich bald als kontraproduktiv: Bedingt durch die kürzere Renndistanz wird schärfer gefahren. Weil auch nicht mehr nachgetankt zu werden braucht, geraten die Rennwagen jetzt viel kompakter und leichter. Die Verkettung von Ursache und Wirkung mag komplexer sein, was aber im Verlauf der Formel-1-Saison 1958 bedenklich stimmt, ist eine schlimme Serie von tödlichen Unfällen, die einen Monat vor dem deutschen Grand Prix in Reims ihren Anfang nimmt, als Ferrari-Werksfahrer Luigi Musso von der Strecke rast und ums Leben kommt.

Das neue Reglement, das der Leichtbauweise Tür und Tor öffnet, trägt ebenfalls ungeahnt rasch dazu bei, daß die fragil wirkenden Mittelmotor-Konstruktonen von Vater Charles und Sohn John Cooper den mächtigen Frontmotor-Boliden alsbald das Nachsehen geben werden. Mit Glück und Können gewinnt Stirling Moss als Gast im privaten Cooper-Climax von Rob Walker den WM-Auftakt in Buenos Aires. Ein Zufall, heißt es. Doch auch beim 2. WM-Lauf siegt ein Walker-Cooper mit Maurice Trintignant gegen die 100 PS stärkeren Werkswagen von Ferrari, Vanwall, BRM und die nach dem Rückzug der Orsis noch verbliebenen privaten Maseratis. Bald werden sie auch auf schnelleren Strecken mit den flinken Mittelmotor-Rennern ihre Probleme bekommen und es beginnt endgültig eine neue Ära im Grand-Prix-Sport.

Wie die große weite Welt ist auch der Mikrokosmos namens Formel 1 Ende der 50er Jahre im Umbruch: Die Mineralölkonzerne, die zusammen mit der Reifenindustrie den Grand-Prix-Sport am Leben erhalten, wollen ihre finanziellen Anstrengungen mit etwas mehr Öffentlichkeitswirkung belohnt wissen. Direktes Sponsoring auf den Fahrzeugen ist zwar noch nicht erlaubt, aber das Prädikat »erfolgreich erprobt im Grand-Prix-Sport« wirkt wesentlich glaubwürdiger, wenn der Kunde an der Zapfsäule halbwegs den Sprit bekommt, den auch die Formel 1 schluckt. Weil die Umstellung der sensiblen Rennmotoren von alkoholhaltigen Spezialmischungen auf handelsüblichen Treibstoff jedoch nicht so ohne weiteres zu bewerkstelligen ist, einigen sich alle Beteiligten auf den Kompromiß, vorerst im Grand-Prix-Betrieb »Avgas« zu verfeuern, also Flugbenzin mit 100 bis 130 Oktan.

Die Formel-1-WM hat sich im Sommer 1958 zum packenden Zweikampf zwischen Mike Hawthorn und Stirling Moss entwickelt. Hawthorn hat im Ferrari die Nase bislang vorn, weil Moss im Vanwall häufigere Ausfälle verbucht hat. So auch beim Heim-GP in Silverstone, den pikanterweise der dritte englische Weltklassefahrer Peter Collins mit seinem Ferrari gewonnen hat. Der 26jährige Collins, bei der Scuderia ehedem in großer Gunst, scheint zwischenzeitlich bei Enzo Ferrari in Ungnade gefallen zu sein. Der Sieg in Silverstone offeriert nun sogar wieder eine vage Titelchance für Collins. Das deutsche Publikum läßt sich trotz

■ *Roy Salvadori hat zwar dreieinhalb Minuten Rückstand auf den siegreichen Vanwall, trotzdem reicht das für den sensationellen zweiten Platz des kleinen Werks-Coopers mit Mittelmotor. Und nicht wenige Experten frugen sich damals, was passiert wäre, wenn der Großer Preis von Deutschland nicht reglementbedingt von ehedem 22 auf nurmehr 15 Runden verkürzt worden wäre...*

dieser interessanten Konstellation nicht begeistern: Der Große Preis von Deutschland am 4. August 1958 wird mit rund 49 000 zahlenden Zuschauern erneut ein finanzieller Mißerfolg für den AvD. Auch die große deutsche Rennfahrerhoffnung, Wolfgang Graf Berghe von Trips, ist längst kein Publikumsmagnet, obwohl der 30jährige Rheinländer, seinen ersten Formel-1-GP auf dem Nürburgring fährt. 1956 hat Trips erst nach dem Großen Preis von Deutschland seinen ersten Formel-1-Testeinsatz bei Ferrari, im Sommer 1957 steckt »Taffy« nach einem Unfall beim ADAC-1000-Kilometerrennen in einem Gipskorsett und betätigt sich beim deutschen Grand Prix deshalb nur als Flaggenposten (!), aber jetzt sitzt Trips am Nürburgring endlich in einem Formel-1-Rennwagen. Die Scuderia Ferrari hat ihm den dritten Dino-V6 Werkswagen anvertraut, während der vierte Mann im italienischen Rennstall, Teamneuling Phil Hill, mit dem schwächeren 1,5-Liter-Formel-2-Ferrari vorlieb nehmen muß. Um das magere Feld von nurmehr zwölf Formel-1-Rennwagen aufzufüllen, verpflichtet der AvD wie schon im Vorjahr einige Formel-2-Teams. Aber auch diese Maßnahme fördert den Kartenverkauf nicht sonderlich: Porsche ist zwar wie bereits 1957 vertreten, doch wie bei den Läufen zur Sportwagen-WM sind mehr als Klassensiege vorerst noch die Ausnahme. Der Motorsport in deutschen Landen muß mit bescheideneren Resultaten vorlieb nehmen, auch der schnelle, manchmal etwas zu schnelle »Count Crash« ist im Grand-Prix-Geschäft noch längst kein Siegfahrer: Wolfgang Graf Berghe von Trips beeindruckt allerdings mit der fünftbesten Trainingszeit, schlägt sich auch im Rennen tapfer mit stetig nachlassenden Bremsen herum und rettet seinen Dino V6 unbeschadet auf Rang Vier ins Ziel. Doch zu diesem Zeitpunkt sind die Gedanken der Scuderia Ferrari bereits nur noch bei Peter Collins...

■ *Ohne Bremsen auf den vierten Platz ins Ziel gerettet: Der unberechenbare Wolfgang Graf Berghe von Trips demonstriert auf dem Nürburgring im Ferrari Dino 246 außerordentliche Qualitäten. Leider wird »Taffy« Wochen später beim italienischen Grand Prix wieder einmal einen schweren Unfall produzieren. Doch »Count Crash« hat Glück im Unglück und kommt mit einer schweren Knieverletzung noch relativ glimpflich davon.*

Stirling Moss hat sämtliche Konkurrenten gleich vom Start weg überrumpelt, baut seine Führung beeindruckend schnell aus, fährt bereits in der dritten Runde mit 9.09,2 einen Rekordschnitt von fast 150 km/h, liegt über 17 Sekunden vorn – und scheidet in der vierten Runde am Schwalbenschwanz mit defekter Zündung aus... Wieder ein verpaßter Sieg, der am Ende der Saison zum Titelgewinn fehlen wird: Hätte, könnte, wäre – Stirling Moss ist jetzt draußen und die Konkurrenz bei Ferrari kann frohlocken. Mike Hawthorn und Peter Collins führen sicher mit fast 30 Sekunden Vorsprung und ihr scheinbar abgeschlagener Verfolger heißt auch nicht wie im Vorjahr Juan Manuel Fangio sondern nur Tony Brooks. Hawthorn und Collins, die beiden unzertrennlichen Freunde, fühlen sich sicher und machen wieder denselben Blödsinn, fahren Seite an Seite, wobei Peter zwar in der fünften Runde die Führung übernimmt, aber seinem lieben Mike per Handzeichen zu verstehen gibt, sich am Ende mit Rang Zwei begnügen zu wollen... Doch das Ferrari-Duo hat seine Rechnung ohne Brooks gemacht: Innerhalb von vier Runden schiebt sich der Vanwall unaufhaltsam in den Windschatten der beiden Spitzenreiter, die sich verzweifelt gegen die Attacken ihres schnelleren Landsmanns zu wehren versuchen. Die Ferraris scheinen zwar auf den Geraden etwas schneller zu sein, doch die Trommelbremsen in den Dino 246V6 sind den Scheibenbremsen des Vanwall deutlich unterlegen. Zu Beginn der zehnten Runde schnappt sich Brooks ausgangs der Südkehre Hawthorn, um ein paar hundert Meter weiter in der Nordkurve auch Spitzenreiter Collins auszubremsen. Der Vanwall droht den beiden Ferraris davonzufahren, Peter Collins versucht dranzubleiben, doch im Bereich Pflanzgarten fordert der Brite seinem Dino V6 zuviel ab, gerät in einer Rechtskurve ins Schleudern, berührt mit den Hinterrädern die Böschung am Streckenrand und überschlägt sich. Der dichtauf folgende Mike Hawthorn ist Augenzeuge, weiß nicht, ob er anhalten und seinem Freund helfen soll. Hawthorn fährt weiter, um ein paar Kilometer nach Beginn der nächsten Runde seinen Ferrari mit defekter Kupplung bei Aremberg abzustellen. Über Streckentelefon läßt Mike Hawthorn nachfragen, wie es um Peter Collins steht: »Etwas angeschlagen, aber sonst in Ordnung«, lautet die Auskunft. An der Ferrari-Box führt Louise Collins ihre Rundentabelle unbeirrt bis zum Rennende weiter, noch scheint niemand zu befürchten, daß ihrem Mann Peter etwas Schlimmes widerfahren sein könnte... Und so gewinnt der 26jährige Tony Brooks den Großen Preis von Deutschland, der erste englische GP-Sieg auf dem Nürburgring seit Dick Seaman, fast auf den Tag genau vor zwanzig Jahren: »Erst nach der Siegerehrung erfuhr ich von Peters Unfall und daß er auf dem Weg ins Krankenhaus verstorben war«, erinnert sich Tony Brooks Jahrzehnte später und urteilt: »Nur Peter weiß es, aber man kann mit hoher Sicherheit sagen, daß er im Eifer des Gefechts einen Fehler machte. Wir alle fuhren am absoluten Limit und Peter hatte diese Grenze überschritten. Die Tatsache, daß für Irrtümer kein Platz war, ist ein weiterer Grund, warum es so befriedigend war, am ›Ring‹ gut zu sein. Zu jener Zeit waren Grand-Prix-Rennen eben so. Heute ist es nicht mehr derselbe Sport, was vielleicht auch besser so ist. Denn die Todesrate an Fahrern war schon damals in den 50er Jahren eine tragische Verschwendung von Menschenleben.«

Hinter dem siegreichen Vanwall folgen auf den beiden Ehrenplätzen bereits zwei 2,2-Liter-Cooper-Climax: Der 36jährige Engländer Roy Salvadori liegt mit seinem Werks-T45 vor dem privaten Rob-Walker-T45 des 40jährigen GP-Haudegen Maurice Trintignant. Was John Cooper bei Start und Ziel zu einer Rolle vorwärts animiert, schließlich gewinnt sein erst 20jähriger Werksrennfahrer Bruce McLaren auch noch die Formel-2-Wertung am Nürburgring – wären die kleinen 1,5-Liter-Rennwagen vom AvD nicht von der Formel-1-WM-Wertung ausgeschlossen worden, hätte der junge Neuseeländer zwei Weltmeisterschaftspunkte eingeheimst. Sein erfahrener australischer Teamkollege ist von John Cooper am Nürburgring vom Formel-1-Cockpit in den anderen der beiden Formel-2-Werkswagen aus Surbiton delegiert worden, doch wie schon im Vorjahr fällt Jack Brabham aus: Nach einem hurtigen Start fährt der 32jährige Australier vor der Südkehre mit seinem Cooper in das Heck des Maseratis von Joakim Bonnier. Niemand dürfte damals auch nur im Traum daran gedacht haben, daß Brabham ein Jahr später auf dem Weg zu seinem ersten von drei WM-Titeln sein sollte...

Weitere Details des Rennverlaufs interessieren die Beobachter dieses deutschen Grand Prix ohnehin nicht mehr: An der Ferrari-Box warten die Journalisten auf Neuigkeiten über den Zustand von Peter Collins. Die Rennoffiziellen versuchen wie üblich abzuwiegeln, seit der Rettungswagen den 26jährigen Rennfahrer in den Boxenbereich gebracht hat. Von schweren Kopfverletzungen wird geredet, ein Hubschrauber steigt auf und fliegt in Richtung der Bonner Universitätsklinik, doch noch an Bord stirbt Peter Collins. Mike Hawthorn will nach Bekanntwerden der Nachricht sofort vom Rennsport zurücktreten. Doch der 29jährige Brite wird diese Entscheidung noch einmal bis Saisonende vertagen: Denn nach wie vor führt er die WM-Wertung an, sechs Punkte vor Stirling Moss. Und Mike Hawthorn wird diese Sache noch zuende bringen, im Gedenken an Peter Collins, seinen toten Freund. Am 19. Oktober 1958 heißt der neue Weltmeister und Nachfolger von Juan Manuel Fangio tatsächlich Mike Hawthorn, ein Punkt Vorsprung auf Stirling Moss ist ihm nach dem letzten GP der Saison in Marokko geblieben. Der erste englische Formel-1-Champion heiratet und verkündet alsbald seinen Abschied vom Rennsport. Am 22. Januar 1959 kommt Mike Hawthorn bei einem Autounfall in seinem Jaguar ums Leben. Auf einer Umgehungsstraße in der Nähe von Guildford, ganz in der Nähe der Stelle, wo schon sein Vater tödlich verunglückt ist, hat sich der Weltmeister ein Privatrennen mit Rob Walker geliefert. Es heißt,

■ *BRM tritt 1958 zum ersten Mal bei einem deutschen Grand Prix an, doch das britische Team zahlt bei seiner Premiere auf der Nordschleife ähnliches Lehrgeld wie der Vanwall-Rennstall im Jahr zuvor: Zu Beginn der vierten Runde hält der tapfere Jean Behra den fünften Platz im BRM P25, wird aber am Ende dieses Durchgangs sein wild hüpfendes Gefährt wutentbrannt als »unfahrbar« an der Box abstellen. Schließlich hat Behra schon im Training einen BRM bei einem spektakulären Unfall zerlegt, noch einen derartigen Abflug mag »Jeannot« nicht riskieren. Hinterher wird der impulsive Franzose indes bedauern, nicht weitergefahren zu sein und einen möglichen zweiten Platz leichtfertig vergeben zu haben... Im Hintergrund des Bildes macht Cliff Allison im Lotus 16 Jagd auf Behra: Colin Chapmans Team wagt ebenfalls einen ersten Ausflug in die Eifel. Ein defekter Kühler zwingt Allison später leider zu einem 20minütigem Boxenstop, was sichere WM-Punkte kostet und am Ende den zehnten Platz beschert. Hinter Allisons Lotus ist im Bild auch der zweite BRM mit Harry Schell am Steuer zu sehen, der wegen defekter Bremsen vorzeitig aufgeben wird.*

Mike wollte sich wohl nicht von Walkers weißem Mercedes-Benz 300 SL abhängen lassen...

# Die Berliner Steilwand

Immer einmal wieder ist die AVUS in den fünfziger Jahren als Austragungsort für den Großen Preis von Deutschland ins Spiel gebracht worden. Der auf mittlerweile 8,25 km verkürzte Kurs, bestand wie ehedem aus den beiden Stadtautobahn-Teilstücken mit wechselndem Belag aus Asphalt und Beton, im Süden verbunden mit einer Spitzkehre, im Norden mit der berüchtigten 180° Steilkurve und ihrem bei Regen so tückischen Klinkerbelag. Graham Hill staunt in seinem Lotus-Climax: »Alles, was man sieht, sind Ziegel. Der Himmel verschwindet. Man wird nur noch von der Zentrifugalkraft gehalten. Einen Moment lang weiß man nicht, wohin man fährt, und im nächsten Augenblick glättet sich alles wieder und man hat die Steilwandkurve hinter sich und ist auf der langen Geraden.« Ganz unverblümt kommentiert Stirling Moss: »Wenn man in Deutschland eine der schlechtesten Rennstrecken der Welt und wahrscheinlich eine der besten der Welt hat, finde ich es sehr bedauerlich, daß man ausgerechnet die schlechteste ausgewählt hat, um dort zu fahren.«

Aber Geld und Image spielen schon damals im Grand-Prix-Sport eine nicht unbedeutende Rolle: Auf dem Nürburgring ließen 1958 und 1959 die Zuschauerzahlen deutlich zu wünschen übrig, Streckensicherung und Einlaßkontrolle waren wesentlich aufwendiger als auf der AVUS. Nicht zuletzt beschert die Politik dem Veranstalter interessante Konditionen: West-Berlin zeigt Flagge, der Senat übernimmt eine Ausfallbürgschaft in Höhe von 50 000 Mark und garantiert, daß auch in Ostmark bezahlte Eintrittsgelder nach dem Rennen anstandslos im Kurs 1:1 in Westgeld umgetauscht werden. Die Berliner Mauer steht noch nicht, Bewohner aus dem Ostteil können noch in den Westteil gelangen, sollen dann aber auch ohne DM in der Tasche die Ränge füllen. Doch der Kontrast zwischen dem längst wieder weltstädtischen Flair am Kudamm und dem immer noch von den Zerstörungen des Kriegs gezeichneten Osten Berlins ist auch für den Grand-Prix-Troß ernüchternd: Die Bevölkerung in der real existierenden sozialistischen Tristesse hat ganz andere Sorgen als ein läppisches Formel-1-Gastspiel zu erleben…

Die Verlegung des Großen Preises auf die AVUS rechnet sich nicht, obwohl der AvD sogar bei der Besetzung des Formel-1-Feldes tüchtig gespart hat: Nur 15 Teilnehmer sind fest nominiert worden, auf dem Nürburgring wäre ein knappes Dutzend zusätzlicher Rennwagen als »Füllstoff« vonnöten gewesen, so lassen sich auf der AVUS locker etwa 100 000 Mark Startgeld sparen. Wobei mit einem Preis von 10 000 Mark auch der Posten Streckenmiete um 5000 Mark günstiger liegt als bei der Nordschleife. Doch Spareffekte und Profit sind das eine, Atmosphäre und Sport das ganz andere bei dieser Kalkulation. Aus begründeter Angst vor Reifenschäden durch allzu hohe Beanspruchung auf dem Berliner Hochgeschwindigkeitskurs wird der Grand Prix auf der AVUS in zwei Läufen à 30 Runden ausgetragen, ein bis heute einmaliges Kuriosum in der Geschichte der Formel-1-WM. Im zweiten Durchgang dürfen nur die Teilnehmer starten, die den ersten HEAT überstehen. Die Startaufstellung erfolgt dann entsprechend dem ersten Zieleinlauf. Für das Schlußklassement werden beide Laufzeiten addiert, womit theoretisch also denkbar gewesen wäre, daß der Sieger des deutschen Grand Prix anno 1959 nicht ein-

■ *Berliner Fahrerlager-Atmosphäre anno 1959: Steter Regen trübt die Stimmung auf der AVUS das gesamte Training über und wird am Ende auch Jean Behra beim Rahmenrennen der Sportwagen zum Verhängnis... Gut beschirmt und vor Nässe geschützt werden gerade die Werks-Ferrari Dino 246 betankt. Ganz rechts lugt unter der Plane Dan Gurneys Rennwagen hervor.*

mal unbedingt als Erster die Zielflagge hätte sehen müssen: Ebenso verwirrend wie dämlich obendrein – und damit hoffentlich auch fürderhin eine Abschreckung für clevere Formel-1-Vermarkter, die mit Rücksicht auf Werbeblöcke und Einschaltquoten gerne etwas an den Spielregeln herumfingern würden... Gut 100 000 Zuschauer sollen das merkwürdige Grand-Prix-Gastspiel auf der AVUS am 2. August 1959 erlebt haben, es mögen auch einige Zehntausend weniger gewesen sein, allemal jedoch viel zuwenig für die optimistischen Erwartungen. Dieser Große Preis von Deutschland hätte eine eindrucksvolle Darstellung des freien West-Berlin sein sollen. Aber gerade weil man sich mit deutscher Gründlichkeit so sehr darum bemühte, scheint es erst recht schiefgegangen zu sein. Augenzeugen erinnern sich an eine von Anfang an restlos überforderte Rennorganisation, die das Stimmungsbild bei allen Beteiligten negativ beeinflußt habe. Das Wochenende ist vollends ruiniert, als am Samstag Jean Behra tödlich verunglückt. Der sowohl im Fahrerlager als auch beim Publikum ungemein beliebte Franzose wird bei einem Sportwagenrennen im Rahmenprogramm des GP auf den regennassen Klinkersteinen eingangs der Steilkurve zu weit in Richtung des oberen Kurvenrandes hinausgetragen. »Jeannots« Porsche-RSK-Spyder knallt gegen einen Betonklotz, ein überflüssiges Überbleibsel einer ehemaligen Flakgeschützstellung aus dem Zweiten Weltkrieg... Die Wucht des Aufpralls schleudert Jean Behra aus dem Cockpit heraus gegen einen Laternenpfahl, der beste Rennfahrer Frankreichs wird regelrecht guillotiniert und das komplett versammelte Formel-1-Gefolge sieht fassungslos von der Boxengasse aus zu. Auch Behras Freundin Michèle war Augenzeugin...

Der Schock sitzt tief, Huschke von Hanstein zieht die Nennung von Wolfgang von Trips im Formel-2-Werks-Porsche zurück: »Das sind wir unserem Freund Behra schuldig.« Und natürlich wird auch der verwaiste private Formel-2-Porsche Jean Behras nicht mehr beim Großen Preis von Deutschland starten, so daß Cliff Allison und Ian Burgess als Ersatzfahrer nachrücken dürfen. Allison sitzt in jenem Ferrari Dino 246, mit dem Jean Behra keine drei Monate zuvor beinahe in Monte Carlo gewonnen hätte. Der 38jährige Franzose verlor dann leider ein paar Wochen später die Nerven und seinen Platz bei der Scuderia Ferrari, als er seinen Rennleiter Romolo Tavoni k.o. schlug, weil der Behra vor versammelter Mannschaft in Reims als »Motorenschlächter« heruntergeputzt hatte. Nun lenkt Cliff Allison den mächtigen Frontmotor-Rennwagen aus Maranello zur Trainingsbestzeit auf der AVUS – und darf als ungesetzter Fahrer am Rennsonntag nur deshalb starten, weil sein gefeuerter Teamkollege tödlich verunglückt ist.

Der 27jährige Brite hat die Bestmarke von 2.05,8 gleich 237,5 km/h einer ähnlich absurden Konstellation zu verdanken: Allison glaubt, daß sein Dino V6 nicht ganz so hoch dreht wie die Triebwerke seiner etablierten Ferrari-Teamkollegen, folglich bleibt er gleich bei seiner ersten fliegenden Runde auf der Anfahrt zur Nordkurve in einem niedrigen Gang voll auf dem Gaspedal – und rast fast von der Strecke. Cliff Allison markiert dank dieser Einlage aber sinnigerweisedie Bestzeit und wird von seinen Monteuren nachträglich aufgeklärt, daß in seinem Ferrari eigentlich ein viel leistungsstärkerer Experimentalmotor eingebaut worden sei, dem man aus Gründen der Schonung allerdings einen längeren fünften Gang verpaßt habe... Bei Ferrari spielt man auf der AVUS nicht nur mit den eigenen Fahrern, sondern auch mit der Konkurrenz: Gut 300 PS mobilisiert der Dino V6 bei 9000 U/min, womit der altgediente Frontmotor-Bolide auf Hochgeschwindigkeitsstrecken die gut und gerne 60 PS schwächere Mittelmotor-Konkurrenz von Cooper-Climax immer noch hinter sich läßt. Neuzugang Tony Brooks hat sich bei der Scuderia Ferrari als Nummer Eins etabliert, besitzt mit 14 WM-Punkten sogar halbwegs intakte Titelchancen gegen den immer noch unterschätzten Außenseiter und WM-Spitzenreiter Jack Brabham, der mit seinem Werks-Cooper bereits 27 Zähler gesammelt hat. Für den eigentlichen WM-Favoriten Stirling Moss stehen nur 8,5 WM-Punkte zu Buche: Sein Rob-Walker-Cooper leidet auch auf der AVUS unter der notorischen Unzuverlässigkeit des Colotti-Spezialgetriebes. Die Modeneser Spezialisten haben beim Fertigen der Innereien des FIVE-SPEED-Gehäuses etwas gepfuscht und Zahnräder nicht exakt genug zugeschnitten, doch ehe der Fehler entdeckt wird, ist Moss beim deutschen Grand Prix bereits nach zwei Runden des ersten Laufs ausgeschieden. Und wieder einmal wird Stirling am Ende der Saison einen WM-Titel verpassen…

Kein Trost ist es, daß auf der AVUS auch die Werks-Cooper trotz ihres herkömmlichen Viergang-ERSA-Citroen-Getriebes bald draußen sind. Jack Brabham ficht eine Zeitlang einen harten Strauß mit Dan Gurneys Ferrari um Platz Drei, ehe der Australier seinen Cooper mit defekter Kupplung ausrollen lassen muß. Für einmal steht der kommende Weltmeister im Schatten seines Teamkollege Masten Gregory: Der bebrillte US-Amerikaner vermag nicht nur das Tempo der schnelleren Ferraris zu halten, resolut übernimmt er mit seinem kleinen Cooper am Ende der Runden 3 und 4 sogar die Spitze! Im INFIGHT verbiegt sich Gurney die Nase seines Ferrari an einem Hinterrad des flinken Cooper. Immer wieder schert Masten Gregory ausgangs der Nordkurve aus dem Windschattenpulk der drei Dino V6 von Tony Brooks, Dan Gurney und Phil Hill aus, in der 23. von 30 Runden des ersten Durchgangs, als Hills Ferrari bereits den Kontakt zum führenden Dreierpulk verloren hat, zieht der Cooper sogar wieder an die Spitze, doch diesmal scheint Gregory seiner Maschine etwas zuviel zugemutet zu haben, denn nur ein paar Sekunden später verendet der Vierzylinder-Climax mit gebrochener Kurbelwelle in einer mächtigen Rauchwolke. So fahren die beiden Werks-Ferraris völlig unbedrängt und in der gewünschten Reihenfolge Tony Brooks vor Dan Gurney über die Ziellinie. Phil Hill komplettiert über eine Minute dahinter den Ferrari-Erfolg, lediglich Cliff Allison ist schon bald nach Rennbeginn ausgeschieden. So fällt Rang Vier an den einzigen noch intakten, aber bereits überrundeten Werks-Cooper von Bruce McLaren, doch der Neuseeländer muß im zweiten Lauf dann doch noch wegen eines Defekts die Waffen strecken.

Joakim Bonnier mischt in seinem Werks-BRM in diesem zweiten Durchgang zwei Runden lang an der Spitze mit, aber dann vermag der Schwede das Tempo des Ferrari-Trios nicht mehr zu halten: »Während des Rennens erwies sich der BRM als der beste Rennwagen in der Steilkurve, wie wir es aber nicht anders erwartet hatten, waren wir auf den Geraden einfach nicht schnell genug.« Im BRM-Team mag der Schock über Jean Behras Tod besonders tief gegangen: Der Franzose, noch im Vorjahr die Nummer Eins bei

■ *2. August 1959, auf der AVUS findet eine Weltpremiere statt: Zum ersten und einzigen Mal in der Geschichte der Formel-1-WM wird ein Grand Prix in zwei Läufen ausgetragen! Die Belastungen der Reifen in der Steilkurve und auf den langen Geraden legen aus Sicherheitsgründen diese Halbierung nahe… Kurz nach dem ersten Start sind die ersten beiden Reihen bereits entschwunden, während sich der Rest des Feldes dem Betrachter entgegenbeschleunigt: Harry Schell (10, BRM P25), Bruce McLaren (2, Cooper T45-Climax), Innes Ireland (15, Lotus 16-Climax), Cliff Allison (17, Ferrari Dino 246), Hans Herrmann (11, BRM P25), Ian Burgess (18, Cooper T51-Maserati),Maurice Trintiguant (8, Cooper T51 Climax).*

■ *Dan Gurney mit seinem Ferrari Dino 246 in der Steilwand: In seinem zweiten Grand Prix für die Scuderia Ferrari, seinem zweiten Formel-1-Rennen überhaupt, fährt der 28jährige US-Amerikaner auf den zweiten Platz. Die Zahl scheint im Nachhinein zum Symbol des großgewachsenen Kaliforniers zu werden: Dan Gurney bringt alles mit, was einen künftigen Weltmeister auszeichnet. Aber wenn man zur falschen Zeit im richtigen Team oder zur richtigen Zeit im falschen Team sitzt, dann reicht es am Ende doch nicht zum ersten Rang…*

den Briten, sollte nämlich in Bälde wieder für den Rennstall aus Bourne starten. Und beinahe hätte BRM ein weiteres Opfer beklagen müssen… Für gutes Geld hatte das von Moss-Manager Ken Gregory und Moss-Vater Alfred geführte BRP-Team den blaßgrünen BRM P25, mit dem Stirling Moss zuvor Zweiter beim britischen Grand Prix in Aintree geworden war, an Hans Herrmann ausgeliehen. Das Gefährt war ein verkappter Werks-BRM und wurde auch in Bourne gewartet, leider so gut, daß im zweiten Durchgang des Großen Preises von Deutschland eine Bremsleitung bricht und beide Vorderradbremsen versagen – bei Tempo 290 auf der Anfahrt zur Südkehre, wohlgemerkt… Hans Herrmann rast geradeaus und versucht den BRM irgendwie an den Strohballen abzubremsen, doch der Rennwagen wird von dem Hindernis regelrecht in die Luft katapultiert: »Ich hatte Riesenglück, daß ich vorher aus dem Cockpit herausgefallen bin, meine Landung auf dem Beton war natürlich fürchterlich, ich weiß nicht, wie oft ich mich überschlagen habe, aber so unglaublich das klingen mag, außer Prellungen, Hautabschürfungen und einem Schock habe ich von dem fürchterlichen Unfall nichts davongetragen, es war wirklich wie ein Wunder, ich hatte unheimliches Glück damals.« BRP-Teamchef Alfred Moss weigerte sich übrigens, das havarierte Wrack nach England zurückzutransportieren, das sollten doch bitteschön die BRM-Verantwortlichen erledigen. Als man schließlich wieder im heimischen Chelsea ohne den P25 eintraf und nach dem Verbleib des Rennwagens gefragt wurde, spöttelte ein BRP-Mechaniker, daß der Rennwagen bei seinem Überschlag bis in die sowjetische Besatzungszone weitergekugelt wäre und die Russen ihn jetzt nicht mehr rausrücken würden…

Sieben von neun (!) gestarteten Rennwagen überstehen den zweiten Durchgang des deutschen Grand Prix. Völlig unbedrängt feiert die Scuderia Ferrari erneut einen Dreifach-Sieg, diesmal in der Reihenfolge Brooks – Hill – Gurney, was in der aufaddierten Gesamtwertung das Resultat Brooks – Gurney – Hill beschert. Das

■ *Noch ist `Schiebung' erlaubt: Die Kupplung an Harry Schells BRM P25 hat kurz vor Rennende ihren Dienst quittiert. Aber weil damals selbst bei ausreichend zurückgelegter Rundenzahl nur dann ein Renngefährt klassiert wird, wenn es nach Fallen der Zielflagge auch über die Ziellinie rollt, schiebt Schell seinen 550 kg schweren BRM tapfer weiter, um auf diese Weise wenigstens noch das Preisgeld für den siebten Platz zu ergattern.*

■ *Auch der zweite der beiden GP-Läufe am 2. August 1959 endet mit einem dreifachen Erfolg für die Scuderia Ferrari, nur liegt das Terzett diesmal wirklich dicht beieinander, als Rennleiter Leo Freiherr von Diergardt die Zielflagge schwenkt. Tony Brooks gewinnt vor Phil Hill und Dan Gurney, in der Gesamtwertung lautet die Reihenfolge jedoch etwas anders: Brooks vor Gurney und Hill...*

Spitzentrio scheint sich am Ende nicht einmal mehr besonders flotter Gangart befleißigen zu müssen: Tony Brooks benötigt für die zweiten 30 Runden fast drei Minuten mehr als im ersten Rennen über diese Distanz. Und so schließt sich der Kreis: Jean Behra ist tags zuvor tödlich verunglückt, sein englischer Rivale bei der Scuderia Ferrari gewinnt den Großen Preis von Deutschland. Wir wissen heute, daß dies der letzte GP-Sieg des 27jährigen Briten gewesen ist, der vorletzte Erfolg eines Frontmotor-Rennwagens in einem Lauf zur Formel-1-WM. Das ist damals nicht abzusehen, auch nicht, daß der hochtalentierte Tony Brooks nur zwei Jahre später seinen Rücktritt vom Motorsport verkünden wird. Kein Prophet brauchte man jedoch zu sein, um schon an jenem 2. August 1959 zu wissen, daß die Formel 1 und der Große Preis von Deutschland nie wieder auf die AVUS zurückkehren würden. Oder um Moss-Manager Ken Gregory unmißverständlich auf Englisch zu zitieren: »That was an awful weekend, a meaningless race on a stupid circuit.«

# Vom Regen in die Traufe

Nach dem Reinfall auf der AVUS sind die AvD-Funktionäre mit ihrem Großen Preis zwar für 1960 mehr oder minder reumütig wieder in die Eifel zurückgekehrt, doch mit äußerst knapper Mehrheit hat sich der Vorstand entschieden, Deutschlands wichtigstes Motorsportereignis für die Formel 2 auszuschreiben! Die Fachpresse kritisiert die Absage an die Formel 1: Der deutsche Grand Prix zählt nun nicht mehr für die Fahrer-WM des Jahres 1960. Auf Seiten des AvD rechtfertigt man sich damit, daß die 2,5-Liter-Formel sowieso zum Jahresende ausläuft und man mit Blick auf die Zukunft schon mal der neuen 1,5-Liter-GP-Formel ein Podium präsentieren möchte, auch wenn diese Rennwagenklasse derzeit noch als Formel 2 firmiert. Die deutschen Rennfunktionäre sehen die nicht ganz uneigennützige Chance, mit ihrem Entschluß wieder etwas mehr Rennpublikum anzulocken: Porsche reüssiert gerade mit seinem Vierzylinder-Boxermotor in der Formel 2 und wird sich mit seinem Werksteam im kommenden Jahr an der Fahrer-WM beteiligen. Ob die Aussicht auf einen Heim-Sieg nicht wieder mehr Besucher anlocken dürfte als beim letzten Grand Prix am Nürburgring? Und um in Sachen Publikum ganz auf Nummer Sicher zu gehen, wird der Große Preis mit der kleinen Formel 2 auch noch auf die 7,75 km kurze Südschleife verlegt: Da braucht man weniger Personal und glaubt obendrein besser verhindern zu können, daß sich Zuschauer ohne Eintrittskarte an die Strecke durchmogeln...

Doch ausgerechnet eine Woche zuvor, am 24. Juli 1960, veranstaltet der ADAC vor den Toren Stuttgarts zusammen mit den WM-Läufen des deutschen Motorrad-GP ein bestens besetztes Formel-2-Rennen. Dieser Große Preis der Solitude wird ein riesiger Erfolg und bildet ein paar Jahre lang die Basis für ein zweites Formel-1-Rennen in Deutschland neben dem Großen Preis: Sage und schreibe 250 000 Zuschauer erleben auf dem malerischen Straßenkurs rings um das Mahdental, wie Porsche quasi vor der eigenen Haustür eine bittere Niederlage kassiert. Wolfgang von Trips steuert in einem begeisternden Rennen den neuen, 170 PS starken Mittelmotor-Ferrari zum Sieg. Dahinter folgen vier Porsche mit Hans Herrmann, Joakim Bonnier, Graham Hill und Dan Gurney auf den Plätzen Zwei bis Fünf. Die größte Trumpfkarte der Schwaben hat allerdings gefehlt: Stirling Moss ist nach seinem Formel-1-Trainingsunfall in Spa-Francorchamps noch Rekonvaleszent. Ein fünfter Porsche, den die Zuffenhausener in der Saison 1960 dem Team von Rob Walker kostenlos zur Verfügung stellen, wird auf der Solitude von Motorrad-Champion John Surtees gefahren. Doch während »Big John« drei Stunden zuvor mit seiner MV Agusta an selber Stelle die 500er Klasse beim deutschen Motorrad-GP gewinnt, dreht er sich mit dem Formel-2-Porsche von der Piste und muß aufgeben... Der Sieg auf der Solitude scheint einen Wendepunkt in der Karriere von Wolfgang von Trips zu markieren, jetzt weiß »Taffy«, wie es funktioniert, Rennen im Kampf Rad an Rad zu gewinnen: »Es war nicht ein Abwarten und Wissen, ich komme zwei oder drei Runden vor Schluß doch sicher vorbei. Diese eine Kurve fuhr der Hans einfach schneller als ich, eingangs der Geraden, die Steinbachsee-Kurve. Und deshalb reichte es nicht, auf der Geraden vorbeizukommen. Ich studierte ihn genau.

■ *31. Juli 1960: Nicht Mercedes-Benz, sondern Porsche sorgt für den letzten Erfolg eines deutschen Rennwagens – wenn auch nur auf der Südschleife und bei einem Lauf für Formel-2-Rennwagen, der nicht zur Fahrerweltmeisterschaft zählt. Im strömenden Regen instruiert die Porsche-Boxencrew ihren Spitzenreiter und späteren Gewinner Joakim Bonnier, Rennleiter Huschke von Hanstein höchstpersönlich signalisiert »Gastfahrer« Wolfgang von Trips (fast völlig verdeckt) den zweiten Platz.*

Dann, drei Runden vor Schluß, hatte ich erst den Mut, auch so schnell durchzugehen, und dann war ich vorne.«

Immerhin könnte der AvD jetzt für seinen Großen Preis von der Aussicht auf eine spannungsgeladene Revanche profitieren: Doch die Scuderia Ferrari zieht die Nennungen für Wolfgang von Trips und Phil Hill unmittelbar vor Trainingsbeginn zurück. Es heißt, die Italiener hätten für den Auftritt der beiden Dino 156 zuviel Startgeld gefordert... So bleiben die 155 bis 160 PS starken Porsche fast allein auf weiter Flur, nur zwei andere Werks-Teams treten an, noch dazu in Minimalbesetzung. Cooper schickt Jack Brabham und Bruce McLaren, Lotus präsentiert Innes Ireland in einem Typ 18, der ersten Mittelmotor-Konstruktion von Colin Chapman. Mit ihren 15 bis 20 PS schwächeren Climax-FPF-Vierzylindern verfügen die beiden britischen Werks-Rennställe jedoch über ein Handikap gegenüber Porsche. Vom großen Rest der Privatiers ganz zu schweigen...

Huschke von Hanstein glückt es, mit ein paar Telefonaten nach Maranello Wolfgang von Trips noch in den neuesten Werks-Porsche Typ 718/05 zu lotsen, weshalb ausgerechnet Hans Herrmann, auf der Solitude ja der schnellste Porsche-Mann, ohne Cockpit dastehen würde! Und so bereitet man in Zuffenhausen noch eilends den dunkelblauen Walker-Porsche für einen Einsatz beim Großen Preis vor. Denn die eigentlichen drei Werkswagen sind ja für Joakim Bonnier, Graham Hill und Edgar Barth reserviert. So kommt Graf Trips in den Genuß, das Konkurrenz-Fabrikat aus Zuffenhausen eingehend testen und mit seinem Ferrari vergleichen zu können: »Das Fahrzeug ist, wie bekannt mit einem 6-Gang-Getriebe ausgerüstet, welches nicht immer leicht zu schalten ist. An meinem Fahrzeug trat öfters bei zu scharfem Bremsen Blockierwirkung an den Vorderrädern auf. Die Straßenlage ist sehr ähnlich dem Ferrari-Heckmotor-Wagen, mit dem Unterschied, daß die Vorderachse völlig fest am Boden liegt und der Wagen eher eine Übersteuerungstendenz aufweist.« Der ständige Regen erschwert allerdings das Urteil, zudem hält sich der honorige Trips an die Spielregeln (»Höchstdrehzahl liegt bei 8,2. Es wurde uns für kurze Momente eine Drehzahl von 8,5 bis 8,6 frei gegeben.«) und begnügt sich im Rennen mit maximal 8400 U/min. Bonniers Drehzahlbegrenzer zeigt nach Rennende 8700 U/min an, aber dafür gewinnt der Schwede den Großen Preis von Deutschland...

Die Hoffnungen, daß die deutsche Kombination Trips/Porsche jetzt erst recht die Massen in die Eifel lockt, werden von gewaltigen Regenschauern ertränkt: 25 565 zahlende Zuschauer erleben am 31. Juli 1960 den bis auf weiteres wohl am schwächsten besuchten Großen Preis von Deutschland aller Zeiten. Das Rennen zählt nicht zur Fahrer-WM, daß es dabei für Porsche und Cooper noch um den Gewinn der obskuren Formel-2-Weltmeisterschaft geht, mag selbst

■ *Aus Richtung Südschleife kommt die Schar der Verfolger via Gegengerade und anschließende Nordkehre bereits bald zu Start und Ziel zurück: Dan Gurney (21, Lotus 18-Climax) vor Hans Herrmann (14, Porsche 718), Edgar Barth (7, Porsche 718) und Graham Hill (8, Porsche 718).*

*Noch ein historischer Augenblick: Mit dem Laystall-Climax von Henry Taylor (24) startet letztmals ein Rennwagen mit Frontmotor beim Großen Preis von Deutschland. Der 27jährige Landwirt aus dem englischen Shefford vermag mit seinem Laystall-Climax jedoch lediglich den niederländischen Landedelmann Graf Carel Godin de Beaufort (22, Cooper T51-Climax) hinter sich zu lassen. Die beiden Kontrahenten firmieren am Ende mit jeweils drei Runden Rückstand auf dem 13. bzw. 14. Platz...*

*1960, als noch keine aufgedrehten TV-Kasper in der Boxengasse auf irgendwelche Jungmillionäre und andere arrogante Schnösel Jagd machten, gewährte die Grand-Prix-Prominenz geduldig Audienz, denn allenfalls eine Handvoll Journalisten interessierte sich für das Treiben der Herren Rennfahrer. Selbst der Dalmatiner wartet brav, bis Reporter Günter Jendrich (ganz rechts) die erste Frage rausgebracht hat: Von links nach rechts gedulden sich mit der treuen Hundeseele Joakim Bonnier, Hans Herrmann, Edgar Barth und Wolfgang von Trips.*

*Porsche plakatiert den Erfolg auf der Südschleife.*

Rennsportenthusiasten ausgesprochen schnuppe sein. Die vom Himmel herabstürzenden Sintfluten überschwemmen zwischenzeitlich die Haarnadelkurve im Streckenabschnitt Müllenbach, so daß der für 13.30 Uhr vorgesehene Start um über eine Stunde verschoben werden muß, ehe die Feuerwehr Abflußmöglichkeiten für das kniehoch stehende Wasser geschaffen hat. Der Dunlop-Reifenservice rückt für sämtliche Porsche sowie für Brabhams Cooper und Irelands Lotus die neuen SP-Gürtelreifen raus, womit der Kreis der Siegesanwärter feststeht: »Ich empfehle dringend, Felgen vorzubereiten, die den neuen Gürtel-Regenreifen der Dunlop GmbH aufnehmen können«, wird Wolfgang von Trips an Ferrari schreiben, »da ich gestern auf dem Nürburgring Gelegenheit hatte, die unerhörte Überlegenheit und Fahreigenschaft dieses Reifens bei Nässe zu studieren.« Bonnier erwischt den besten Start, in der Gischt nehmen Trips und Brabham die Verfolgung auf, der Rest des Feldes droht in den Wassermassen unterzugehen. In der achten Runde liegt plötzlich Trips vor Bonnier, doch bei leicht aussetzendem Regen fährt der Schwede die schnellste Rennrunde und taucht Ende der zehnten Runde wieder vor dem Deutschen auf, ehe der Himmel erneut seine Schleusen öffnet. Zu allem Überfluß zieht auch noch bis Rennende dichter Nebel auf. Bei Porsche muß man nur noch witterungsbedingte Widrigkeiten meistern, denn Jack Brabhams Cooper-Climax droht zu überhitzen (!), so daß der Weltmeister sein Tempo deutlich reduziert hat. Was letztlich auch Huschke von Hanstein nach 20 von 32 Runden dazu animiert, seinen beiden Spitzenreitern Entwarnung zu geben: Das Signal von der Porsche-Box beendet weitere Spekulationen, Bonnier und Trips halten ihre Positionen bis ins Ziel, der schwedische Porsche-Stammfahrer gewinnt und der deutsche Porsche-Gast akzeptiert den zweiten Platz beim Heim-Grand-Prix. So einer ist Wolfgang Graf Berghe von Trips.

# Taffys letzter Sommer

»Für mich ist Rennen Kampf, für mich ist Rennen Auseinandersetzung mit einem anderen Fahrzeug und einem anderen Fahrer, also sozusagen auch ein Zweikampf. Und in einem solchen Zweikampf kann man sich derartig aufheizen, das heißt man kann zu derartiger Rage kommen, ich meine sportlicher Rage, nicht irgendwie Wut oder sowas, sondern es macht einem ja Spaß, diese Sache, daß man da auch vielleicht irgendwann mal über seine Verhältnisse geht. Und da liegt auch eine Gefahr drin«, sinniert Wolfgang Graf Berghe von Trips am 23. Juli 1961 am Rande des GP der Solitude in einem Interview mit SDR-Hörfunkreporter Rainer Günzler. Vorjahressieger Trips ist an diesem Sonntag nicht am Start, die Scuderia Ferrari hat keine Meldung abgegeben, die Italiener konzentrieren sich ganz auf den Großen Preis von Deutschland vierzehn Tage später auf dem Nürburgring, das »Rennen des Jahres«, das wieder einmal zugleich das Prädikat »Großer Preis von Europa« trägt. Ferrari beherrscht mit dem 190 PS starken Tipo 156 die neue 1,5-Liter-Formel-1 nach Belieben, unklar ist allein die Frage, wer Weltmeister wird. So richtig schlau sind selbst Insider nicht aus der italienischen Stallregie geworden, gab es bei einigen Rennen nicht doch Absprachen, welcher der drei Werksfahrer gewinnen sollte? Nun, Richie Ginther ist leer ausgegangen, obwohl er in Monte Carlo doch als einziger den stärkeren V6 mit 120° Zylinderwinkel fahren durfte, aber in einem grandiosen Zweikampf dem brillanten Stirling Moss unterlag. Nein, die Weltmeisterschaft wird zwischen Wolfgang von Trips und Phil Hill entschieden, vor dem Nürburgring liegt der Deutsche nach Punkten wieder mit 27:25 vor seinem amerikanischen Teamkollegen. Trips hat in Zandvoort gewonnen, der erste Sieg eines deutschen Rennfahrers überhaupt bei einem Lauf zur Formel-1-WM, Hill siegt in Spa-Francorchamps, und nach dem Außenseitersieg Giancarlo Baghettis in Reims hat Trips wieder in Aintree zugeschlagen. Sein Triumph beim verregneten britischen Grand Prix hat auch den letzten Kritiker überzeugt: Wolfgang von Trips verfügt mit dem Ferrari zwar über den besten Rennwagen der Saison, aber der 33jährige versteht sein Gefährt mittlerweile auch meisterhaft zu lenken…

*23. Juli 1961, Großer Preis der Solitude: Das kleine Formel-1-Vorspiel vor dem deutschen Grand Prix am Nürburgring gewinnt Innes Ireland im Werks-Lotus gegen die komplette Porsche-Streitmacht. Altmeister Edgar Barth, hier im Streckenabschnitt Schattengrund unterwegs, kommt in einem Porsche 787 zum Einsatz, der eigentlich als Nachfolger des ehemaligen Typ 718 gedacht ist und den neuen, luftgekühlten Achtzylinder-Boxermotor hätte aufnehmen sollen. Doch das Triebwerk ist nicht einsatzbereit und wird leider erst für die Saison 1962 und damit im Grunde viel zu spät fertig. Edgar Barth steuert auf der Solitude den 787er mit bewährtem Vierzylinder-Boxer auf den achten Rang.*

*Das Duell des Jahres: Phil Hill und Wolfgang Graf Berghe von Trips.*

Deutschland liegt im Rennfieber und die Nation zu Füßen des sympathischen Herrenfahrers und Gentleman: Auch Porsche mischt mit, war für Stirling Moss vor Saisonbeginn sogar Geheimfavorit, doch der Achtzylinder der Zuffenhausener läßt auf sich warten und mit dem Vierzylinder aus ehemaligen Formel-2-Tagen wachsen die Bäume nicht mehr in den Himmel: »Ich kann mir nicht helfen – die neuen Porsche Formel 1 passen nicht in diese Gesellschaft«, notiert Günther Molter,Deutschlands Motorsport-Fachjournalist Nummer Eins, in *auto, motor und sport* anläßlich des niederländischen Grand Prix. Die bulligen 718er und 787er Porsche ähneln breitschultrigen Mittelgewichtlern, die Konkurrenten wirken dagegen behende und drahtig wie dürre Federgewichtler... Die Vierzylinder-Porsche-Boxer trifft denn auch ausgerechnet auf der heimischen Solitude ein weiterer Tiefschlag, als vor 300 000 Zuschauern Joakim Bonnier und Dan Gurney von Innes Ireland im schmalbrüstigen Werks-Lotus um Sekundenbruchteile geschlagen werden. Der trinkfreudige Schotte feiert seinen Triumph gewohnt ausgelassen – im Vorjahr war er in Stuttgart zusammen mit Jim Clark beinahe verhaftet worden: Jedenfalls berichtet die deutsche Presse nun, anno 1961 ausführlich darüber, daß Innes Ireland im Vollrausch eine Hotel-Bar zertrümmert, den Direktor vermöbelt und mit einer Pistole wild um sich geschossen habe. Innes Ireland hielt bis zu seinem allzu frühen Tod am 22. Oktober 1993 seine Version aufrecht, wonach zum einen alles nicht so schlimm und zum anderen die angebliche Pistole nur Resultat einer akustischen Verwechslung gewesen wäre. Er habe zusammen mit den Journalisten Bernard Cahier einfach ein paar Kanonenschläge abgefeuert, bloße Fasnachtsknallkörper... Wie auch immer, die Zeitungsberichte waren Grund genug für den AvD, Innes Irelands Nennung für den deutschen Grand Prix zu streichen: Erst auf Intervention des britischen Automobilclubs RAC und nach eigenen reumütigen Erklärungen durfte der Lotus-Werksfahrer das Training am Nürburgring aufnehmen. Rauh waren die Sitten, aber herzlich das Leben unter den Akteuren, hat sich Huschke von Hanstein einmal an die Zeit seiner eigenen »Solitude-Parties« erinnert: »Die Fahrer waren damals alle viel eher zu Späßen und Unsinn aufgelegt als die heutigen Lenkraddreher, die ja nur noch Getriebeübersetzungen und Drehzahlen im Kopf haben.« Aber einer aus jener fröhlichen Generation von Vollgasartisten mag doch etwas aus dem Rahmen gefallen sein, denn über Wolfgang von Trips weiß der langjährige Porsche-Rennleiter anzumerken: »Er war ein zerrissener Junge, wurde mit der Welt nicht fertig. Er war viel hier bei uns, wir waren so ein bißchen auch Eltern für ihn. Er hatte körperliche und seelische Schwierigkeiten. Eines Morgens kam er runter und sah so gesund aus. Er sagte: ›Ich habe mir Farbe drauf gemacht. Ich seh doch immer so elend aus, das ist ja schrecklich.‹ Er litt sehr darunter.«

Im Sommer 1961 ist Wolfgang von Trips dabei, den Zenit seiner Rennfahrerlaufbahn zu erreichen. Seine Zerrissenheit zwischen der familiären Verpflichtung als Alleinerbe von Burg Hem-

*Der Rennwagen des Jahres: Der Ferrari Tipo 156 wird die erste erfolgreiche GP-Konstruktion aus Maranello mit Mittelmotor und dominiert das erste Jahr der neuen 1,5-Liter-Formel 1. Allerdings sind die Erfolge der Saison 1961 mehr dem 190 PS-starken V6-Triebwerk als dem Chassis zuzuschreiben. Phil Hill unterwegs zu einer damals sagenhaften Trainingsbestzeit von 8.55,2 – über sechs Sekunden schneller als Jack Brabham und Stirling Moss, über zehn Sekunden besser als die schnellste Runde von Wolfgang von Trips.*

mersbach und seine Leidenschaft für die Welt des Rennsports, all das scheint sich nun doch zu fügen. »Wo Du nicht bist, da ist das Glück«, könnte die Lebensmaxime von Wolfgang Graf Berghe von Trips gewesen zu sein, wird Jahrzehnte später der ehemalige BRM-Teamchef Louis Stanley mutmaßen, noch immer tief beeindruckt von dem Rennfahrer, der so ganz und gar nicht in diese Szene gepaßt habe. Doch für ein paar sonnige Wochen im Jahr 1961 steht Wolfgang von Trips im Blickpunkt des Interesses der Nation. Der Bau der Berliner Mauer am 13. August wird Trips und die Formel 1 zwar wieder zur wichtigsten Nebensache der Welt machen, doch das Schicksal wird den scheinbar schon designierten Weltmeister noch einmal, zum letzten Mal, ganz nach vorn in die Schlagzeilen katapultieren.

Der Rummel um »Taffy« erreicht vor seinem Heim-Grand-Prix Ausmaße, die heutigen Wallungen des »Schumi-Fiebers« nicht unähnlich sind, auch wenn die damalige Medienlandschaft noch überschaubarer und weitaus weniger aufdringlich scheinen mag. Immerhin, auch »Taffy« schreibt schon für die BILD-Zeitung Autotests und läßt sich sogar noch ein paar Tage vor dem Großen Preis, am 3. August 1961, in einem F100-Düsenjäger der US-Kunstflugstaffel »Skyblazers« mit Mach 1 über die Vulkaneifel befördern. Da unten, am Nürburgring, wird es ernst, angeblich 300 000 Zuschauer wollen Wolfgang von Trips siegen sehen, immerhin 95 000 zahlen Eintrittsgeld, mit vier Mark sind Sie auf dem billigsten Streckenplatz dabei, das teuerste Ticket auf der Haupttribüne kostet 45 Mark. Die Erwartungen sind hoch, auch wenn auf der Nordschleife die PS-Überlegenheit der Ferraris eine etwas geringere Rolle spielt: In der Grand-Prix-Branche besteht kein Zweifel, übrigens auch nicht bei WM-Anwärter Wolfgang

■ *6. August 1961, die letzten Augenblicke vor dem Start: Während sich 25 Rennfahrer voll konzentrieren, steigt der 26. und letzte Starter seelenruhig in seinen Cooper T53-Climax. Der 30jährige Bernard Collomb, Hobby-Rennfahrer und Autohändler aus Nizza, beweist sich als Mann ohne Nerven. Will er den Triumph auskosten, daß wenigstens einmal alle auf ihn, den Hinterbänkler warten müssen...?*

von Trips, daß Stirling Moss seit Fangios Rücktritt unumstritten der beste Rennfahrer der Welt ist. Mit Rob Walkers Lotus-Climax 18/21 trauen dem 32jährigen Engländer nicht wenige einen ähnlichen Husarenritt zu, wie zweieinhalb Monate zuvor in Monte Carlo: Der Vierzylinder leistet zwar mindestens 30 PS weniger als der V6-Ferrari, was etwa 25 km/h Spitze kosten mag, doch der »Moss-Faktor« scheint das Manko aufwiegen zu können, während ausgerechnet Wolfgang von Trips im Training wieder einmal unfreiwillig die Rolle des tragischen Helden übernimmt. Am Freitag verendet der Motor seines Ferraris frühzeitig, »Taffy« hat nur eine 9.20er Zeit geschafft, während Teamkollege Phil Hill mit 8.55,2 eine sensationelle Bestmarke setzt. Am Samstagmorgen darf Wolfgang von Trips mit Erlaubnis der Rennleitung von 7.00 bis 8.00 Uhr ein Sondertraining bestreiten, um sein neues Ferrari-Triebwerk einzufahren. Heimspiel ist Heimspiel... Aber Reifenabrieb, Ölreste und veränderte Witterungsbedingungen scheinen die Strecke gegenüber dem Vortag etwas langsamer zu machen: Trips fährt im Abschlußtraining zwar zwei Sekunden schneller als sein Titelrivale aus den USA, doch »Taffys« 9.05,5 reichen nur zum fünften Startplatz.

Der Rennsonntag am Nürburgring beginnt wolkenverhangen, das sommerliche Eifelwetter gibt sich unberechenbar wie eh und je, die Massen strömen trotzdem zum Nürburgring, schließlich ist Trips-Tag. Doch der Held der Nation ist hypernervös, fühlt sich von neugierigen Menschen umzingelt: »Das Nürburgring-Hotel ist leider solchen Anstürmen nicht gewachsen und es wäre sehr zu hoffen, daß da mal etwas entsteht, wo der Rennfahrer ein bißchen abgekapselter ist.« Noch gibt es keine vollklimatisierten Motorhomes, auch an Bodyguards wird nicht gedacht: Am Himmel donnern die »Skyblazers«, während auf Erden Bundesverteidigungsminister Franz-Josef Strauß dem WM-Spitzenreiter seine Aufwartung macht. Immerhin, die US-Luftakrobaten bleiben oben, während seit diesem Frühjahr bereits die ersten von Strauß für 1,5 Milliarden Mark bei Lockheed georderten F 104 G »Starfighter« wieder heruntergefallen sind. Innerhalb der nächsten zwei Jahrzehnte werden 220 der 749 in Dienst gestellten Maschinen abstürzen oder bereits am Boden zu Bruch gehen. Aber das liegt anno 1961 noch in ferner Zukunft, das Volk ist seiner Obrigkeit ergeben, die Umerziehung zu politischer Skepsis vorerst undenkbar. Nein, die Deutschen sind noch nicht desillusioniert über ihre gewählten Repräsentanten.

Das Wetter am Nürburgring wäre an jenem 6. August für die F 104 übrigens wirklich denkbar ungünstig gewesen: Anderthalb Stunden vor dem Start zum Großen Preis von Deutschland geht ein heftiger Regenschauer nieder. Die Strecke trocknet zwar rechtzeitig wieder ab, ehe kein geringerer als Ehrengast Juan Manuel Fangio sich daran macht, die Startflagge zu senken. Doch der nächste Schauer kommt bestimmt, wissen langgediente Eifelkenner, selbst wenn zwischenzeitlich sogar die Sonne aufscheint. Die Qual der Reifenwahl ist noch nicht von derartigen Extremen wie Slicks, Intermediates oder Regenmischung geprägt, aber trotzdem heikel: Dunlop ist anno 1961 in der Formel 1 Reifenmonopolist und rät bei trockener Piste zum Typ D10, dem »Yellow Spot«. Pikanterweise hat Stirling Moss seine besten Trainingszeiten auf trockener Strecke jedoch mit dem Regenpneu D12, dem »Green Spot«, herausgefahren. Moss besteht darauf, mit diesem weicheren Typ das Rennen aufzunehmen. Wenn es weiter trocken bleibt, werden die D12 die Renndistanz von 15 Runden nicht überstehen, haben die Dunlop-Renningenieure gewarnt. Doch ebenso wie Stirling Moss sind auch Innes Ireland und Jim Clark bei Team Lotus gewillt, das Risiko einzugehen, dito Graham Hill im Werks-BRM sowie John Surtees und Roy Salvadori in den beiden Cooper-Climax des »Yeoman Credit Racing Teams«, sie alle lassen sich D12 Regenreifen aufziehen.

Jack Brabham im Werks-Cooper mit dem erstmals eingesetzten Climax-V8 übernimmt beim Start die Spitze, dicht gefolgt von Joakim Bonnier im besten Porsche und Stirling Moss im Walker-Lotus nebst den beiden anderen Werkswagen aus Zuffenhausen von Dan Gurney und Hans Herrmann, noch ehe der Trainingsschnellste Phil Hill im besten Ferrari in die Südkehre sticht. Der Amerikaner hat seinen Start verhauen, der eigentlich zügig ins Rennen jagende Wolfgang von Trips nimmt Gas weg, um nicht in den Ferrari seines Rivalen zu knallen, doch dabei verliert der V6 des Deutschen rapide an Drehzahl und Plazierung. Trips muß vorerst im geschlossenen Pulk mit dem zehnten Rang vorliebnehmen, während sich Spitzenreiter Jack Brabham bereits im Hatzenbach-Geschlängel verabschiedet: Sein Cooper ist vorn mit Regen-, hinten mit Trockengarnitur unterwegs, was sich an einer noch etwas feuchten Streckenstelle als Fehlgriff

*Stirling Moss gewinnt wahrscheinlich sein größtes Rennen, leider aber ganz sicher seinen letzten Grand Prix…*

erweist. Der neue 90° Climax V8, der auch ohne Benzineinspritzung bereits über 180 PS bei 8 500 U/min entwickelt, strandet allzufrüh an einem Baumstumpf, weil Dunlop die D12-Regenpneus nicht in der für den Cooper T58 benötigten, größeren Hinterrad-Dimension vorrätig hatte und »Black Jack« deshalb auf die kuriose Mischbereifung setzte. Irgendwie markiert dieser unfreiwillige Abgang auch den Anfang vom Ende der einstigen Cooper-Glanzzeiten in der Formel 1: Der zweifache Weltmeister Jack Brabham wird sich zu Saisonende verabschieden, um mit seinem australischen Kompagnon Ron Tauranac einen eigenen Rennstall zu gründen, die britische Vorherrschaft im Grand-Prix-Sport übernimmt fortan Team Lotus mit Colin Chapman und Jim Clark.

*»Wer das Ziel nicht kennt, kann den Weg nicht ahnen«, lautete der Schulspruch des bald 23jährigen Abiturienten. Ein Jahrzehnt ist darüber vergangen, und im Sommer 1961 scheint Wolfgang von Trips an seinem Ziel angelangt zu sein...*

Stirling Moss kehrt als Spitzenreiter aus einer turbulenten Startrunde zurück, Phil Hill hat sich eine Sekunde dahinter bereits auf Rang zwei etabliert, ehe im Respektabstand das Quartett Hans Herrmann, Dan Gurney, Graham Hill und Wolfgang von Trips folgt. Ein weiterer Mitfavorit ist wegen Reifenschadens bereits aussichtslos zurückgefallen: Joakim Bonnier rattert mit Plattfuß an letzter Stelle in Richtung Boxengasse, während sich bereits die nächste Hoffnung der Zuffenhausener verabschiedet, als Graham Hill mit seinem BRM nach einem mißglückten Ausbremsmanöver den Porsche von Dan Gurney touchiert. Und während in dieser zweite Runde am Schwalbenschwanz der Lotus von Innes Ireland in Brand gerät und vollkommen abfackelt, verliert auch der dritte Werksporsche die Chance auf einen Spitzenplatz: Hans Herrmanns schnelle Gangart wird von einer schleifenden Kupplung gebremst, ein Boxenhalt wirft den Schwaben aussichtslos zurück, auf Rang 13 endet die Fahrt. Weitere Formel-1-Einsätze in einem Werks-Porsche gibt es nicht mehr für den 33jährigen, denn Hans Herrmann wird alsbald von dem ihm ohnehin nicht allzu wohlgesonnenen Huschke von Hanstein aus dem Zuffenhausener Grand-Prix-Team ausgemustert.

Wolfgang von Trips hat seinen Rhythmus gefunden, beginnt die Lücke zu seinem Markenkollegen Phil Hill zu schließen und wird vom Publikum begeistert angefeuert. In der achten Runde zieht Trips an dem Amerikaner vorbei, fährt in 9.01,6 die bis dahin schnellste Runde des Rennens und scheint die zehn Sekunden Rückstand auf Spitzenreiter Stirling Moss verringern zu können. Das Ferrari-Duo steigert sich, Trips schafft 8.59,9, doch Hill hat im selben Durchgang die Tagesbestzeit von 8.57,8 vorgelegt! Für Moss droht die Situation immer kritischer zu werden, doch auch am Nürburgring wiederholt sich dasselbe Schauspiel wie in Monte Carlo: Die beiden Ferrari-Verfolger rücken nie näher als sechs Sekunden heran, Moss scheint mit Trips und Hill Katz und Maus zu spielen. »Und das nahm mir dann etwas den Elan und ich bin dann wohl noch scharf gefahren, aber es war doch eine gewisse Resignation, als ich sah, daß Moss noch soviel drauf hatte und ich nicht mehr näher an ihn rangekommen war«, wird der Graf später eingestehen. Zudem beginnt es leicht zu nieseln, womit sich Moss mit seinen auf trockener Piste fast abgefahrenen Regenreifen nun völlig auf der sicheren Seite befindet. Der Regen fällt heftiger und in der vorletzten Runde läßt sich Wolfgang von Trips noch von Phil Hill überrumpeln. Während Stirling Moss seinen ersten Großen Preis von Deutschland auf dem Nürburgring souverän mit über 20 Sekunden Vorsprung gewinnt, liefern sich die beiden Ferrari-Kontrahenten auf den letzten Kilometern noch ein Herzschlag-Finale. Einer versucht den anderen auf der langen Geraden in Richtung Antoniusbuche in die ungünstigere vordere Position zu komplimentieren, um dann mit gehörigem Geschwindigkeitsüberschuß aus dem Windschatten heraus in Richtung Start und Ziel auf und davon zu jagen. Wolfgang von Trips scheint des taktischen Geplänkels etwas überdrüssig und riskiert zuerst die Flucht nach vorn. Petrus belohnt den Mut und schickt in die letzte Kurvenpassage vor Start und Ziel noch heftigeren Regen herunter, der sowohl

Trips als auch Hill bei Tempo 210 bis 220 einige haarige Momente beschert, zugleich aber eine energischere Schlußattacke des Amerikaners verhindert. Mit einer guten Sekunde Vorsprung auf Phil Hill rast Wolfgang von Trips durchs Ziel, noch nie mag ein zweiter Platz am Nürburgring derart umjubelt worden sein wie an jenem 6. August 1961...

In der WM-Wertung steht es jetzt 33 zu 29 für den Deutschen, womit »Taffy« also bei einem Sieg in Monza bereits vorzeitig Weltmeister werden könnte: »Ich hielt dann an und wurde beglückwünscht und begrüßt. Das alles war ja nun im strömenden Regen und ich fuhr mit dem Wagen dann vor meine Box, sprang raus und dann gleich in die Box rein, wo kurz hinterher auch Phil hinkam. Wir beglückwünschten uns, wobei die Freude natürlich mehr auf meiner Seite war. Aber er war eigentlich auch, den Umständen entsprechend, nett.« Wolfgang von Trips wird mit diesem Rennen vollends zum Idol der Nation. Ein regelrechtes Vorbild, noch ganz im konservativen Stil seiner Zeit, doch in Rolle, Funktion und Ausstrahlung allenfalls vergleichbar mit einem rotblonden, Tennisbälle dreschenden Teenager aus Leimen, der sich ein Vierteljahrhundert später anschicken wird, die Herzen der Nation im Sturm zu erobern und der dies schafft, trotz seiner Millionen auf dem Konto und der Millionen vor den Fernsehgeräten. So ähnlich mag Wolfgang Graf Berghe von Trips auf seine Landsleute und Zeitgenossen gewirkt haben, vielleicht ja gerade deshalb, weil er mehr ein Herr denn ein Rennfahrer gewesen ist. Auch deshalb wird ihn eine knappe Mehrheit deutscher Sportjournalisten sogar noch als Toten zum »Sportler des Jahres 1961« wählen. Wo doch damals die deutschen Presse dem hehren Amateurgedanken huldigt und Rennfahrer gemeinhin als moderne Gladiatoren herabwürdigt, die nur des schnöden Mammons wegen ihr Leben aufs Spiel setzten. Und trotzdem bekommt der tödlich verunglückte Wolfgang von Trips 1193 Stimmen gegen 1182, die auf den Leichtathleten Manfred Germar entfallen. Unglaublich? Es gibt diese Episode aus dem Jahr 1960, eine Parklücke mitten in Mailand, gerade groß genug für den privaten Ferrari von Wolfgang von Trips, der mit Richard von Frankenberg eigentlich auf einem Empfang von Conte Giovanni Lurani erwartet wird. Doch die beiden blaublütigen Deutschen hören im Autoradio zufällig ein klassisches Konzert und lauschen lieber ergriffen bis zum Ende der Übertragung, um dann darüber zu disputieren, ob es denn nun das Dritte oder doch das Fünfte Klavierkonzert von Beethoven gewesen sei...

»Komm' Schatz, sie spielen unser Geräusch!«, werden sich gewiß einmal gestandene Formel-1-Weltmeister der 90er Jahre erinnern, wenn sie als Mittfünfziger mit ihrer Angetrauten ein paar Klangfetzen Techno-Music oder Phil Collins oder sonst etwas erhaschen: So ändern sich die Zeiten und wir uns in ihnen. Amen. Und Wolfgang von Trips wird trotzdem immer noch auf diesem Podest am Nürburgring stehen, neben Stirling Moss, dem großen Sieger: »Der Moss, der war einfach besser. Ich hätte ihn nicht kriegen können, ich bin vielleicht fünf oder sieben schnelle Kurven pro Runde so ganz optimal gefahren, auf dem letzten Meter bremsend, bis zum letzten Zentimeter driftend, aber der Moss fuhr sie alle so.« Und dann heißt es für uns Abschied nehmen, der Sommer des Jahres 1961 geht rasch zuende: Stirling Moss wird nie wieder bei einem Grand Prix auf dem Nürburgring starten, seine Karriere als Rennfahrer und ewiger Vize-Weltmeister endet nach einem schweren Unfall am 23. April 1962 in Goodwood. Aber Stirling Moss kommt mit dem Leben davon. Am 10. September 1961 ist Wolfgang Graf Berghe von Trips beim italienischen Grand Prix in Monza tödlich verunglückt, sein außer Kontrolle geratener Ferrari bringt 13 Zuschauern den Tod. Es ist der Tag, an dem der erste von der deutschen Industrie montierte F 104 G Starfighter zu seinem Jungfernflug vom Boden abhebt.

# Neue Köpfe

Am 13. April 1962 tritt in Hamburg eine nahezu unbekannte englische Musikcombo erstmals im gerade eröffneten Star-Club auf: *The Beatles* spielen Rhythm & Blues und Twist, den Modetanz der Saison. Vier Monate zuvor hat die Decca Plattenaufnahmen wegen der mangelnden Qualität der Liverpooler Band abgelehnt. Aber die Zeiten ändern sich rasch, Ende 1962 sind die Beatles dabei den Gipfel des Pop-Zeitalters zu erklimmen. Und dem rasanten Aufstieg der Fab Four nicht unähnlich, verblüfft ein junger, schüchterner Schotte namens Jim Clark die Grand-Prix-Szene, auch wenn der 26jährige Lotus-Werksrennfahrer am Ende der Saison noch knapp am WM-Titel vorbeischrammt.

1962 ist ein spannendes Jahr im Grand-Prix-Sport, die 1,5-Liter-Formel-1-Rennwagen bieten ein relativ ausgeglichenes Feld, die Vielfalt von Marken und Fahrern erfreut das Publikum. Stirling Moss, der ungekrönte Champion, fehlt, die neue Rangordnung im Reich des Motorsports liegt noch nicht fest, auch das sorgt für Spannung. Das mag auch das fachkundige Rennpublikum in Deutschland spüren, das trotz des miserablen Wetters in Scharen Richtung Eifel strömt: Von 360 000 Zuschauern berichten manche Chronisten über jenen Großen Preis am 5. August 1962 auf dem Nürburgring. Auch ohne solche Übertreibung sorgen die rund 87 000 Rennbesucher, die damals tatsächlich Eintritt bezahlen, für eine erfreuliche Bilanz beim AvD. Dabei haben sich die Herren Funktionäre um Sportpräsident Baron Dr. Leo von Diergardt zunächst sogar ziemlich knauserig gezeigt: Porsche-Rennleiter Huschke von Hanstein beschwert sich schriftlich über ein eher beschämendes Startgeldangebot. Schon damals gibt es feste Vergütungen in der Formel 1 und der AvD verweigert ausgerechnet Porsche die Anerkennung als besser zu honorierendes »A-Team«, obwohl die Zuffenhausener in Rouen gerade ihren ersten (und am Ende leider) einzigen Sieg in einem Formel-1-WM-Lauf gefeiert haben und Dan Gurney nach seinem Erfolg beim französischen Grand Prix nur eine Woche später, am 15. Juli 1962, beim Großen Preis der Solitude einen weiteren Triumph herausfährt. »Joakim Bonnier wurde Zweiter hinter mir, und die Freude im Porsche-Team und bei den Zuschauern kannte keine Grenzen«, wird sich Dan Gurney noch Jahre später an seine Ehrenrunde erinnern, »ich winkte der größten Zuschauermenge zu, die ich je bei einem Rennen – mit Ausnahme der 500 Meilen von Indianapolis – gesehen hatte. Die 350 000 Zuschauer machten ihrer Begeisterung auf eine Art und Weise Luft, die sogar die traditionellen italienischen Rennaficionados in den Schatten stellte. Die jungen und alten, weiblichen und männlichen Fans winkten, schrien, sangen und schwenkten ihre Fahnen. Am eindrucksvollsten für mich war, wie sie ihre Hüte und Kappen in die Luft warfen. Es hörte gar nicht mehr auf, Tausende und aber Tausende von Hüten tanzten in der Luft, fielen herab und wurden wieder hinaufgeworfen. Es sind unvergeßliche Szenen.« Auch weil sich Dan Gurney in die Assistentin von Porsche-Rennleiter Huschke von Hanstein zu verlieben beginnt: Sieben Jahre später wird aus Evi Butz Mrs. Gurney…

Der sparsame AvD läßt sich von Huschke von Hanstein noch schneller überzeugen und überweist an die Porsche-Rennabteilung schließlich

■ *15. Juli 1962, Großer Preis der Solitude: Nur eine Woche nach dem ersten (und leider einzigen) Sieg bei einem Lauf zur Formel-1-WM feiert Porsche beim »schwäbischen Heimrennen« sogar einen Doppelsieg. Wie in Rouen gewinnt Dan Gurney (10, Porsche 804), Joakim Bonnier (11, Porsche 804) wird Zweiter. Beim Start zu erkennen Jim Clark (1, Lotus 25-Climax), Trevor Taylor (2, Lotus 24-Climax), Ian Burgess (20, Cooper Special-Climax, verdeckt hinter Dan Gurneys Porsche), Jo Siffert (9, Lotus 24-BRM), Carel Godin de Beaufort (18, Porsche 718, verdeckt hinter Jo Sifferts Lotus), Tony Marsh (14, BRM P48-Climax), Heinz Schiller (8, Porsche 718), Kurt Kuhnke (22, Lotus 18-Climax), Bernard Collomb (19, Cooper T53-Climax) und der Rest...*

16 800 Mark Startgeld für das Zwei-Wagen-Werksteam beim Großen Preis von Deutschland. Ein ordentliches Antrittssalär ist schon damals wesentlich wichtiger als die eigentlichen Prämien für Sieg und Platz: 7000 Mark sind 1962 für den Gewinn des deutschen Grand Prix als Preisgeld ausgelobt, für den zweiten bis sechsten Rang gibt es gestaffelt 4000, 2500, 1500, 1000 und 500 Mark als Geldprämie. Auch 1963 und 1964 werden noch dieselben Tarife gelten, was für die damalige Stabilität der D-Mark spricht... Allemal sind die finanziellen Konditionen in den Maßstäben der Zeit durchaus ansehnlich: Am 23. Juli 1962 findet erstmals ein Kampf um die Box-Weltmeisterschaft in Deutschland statt. Fritz Gretzschel hat Harold Johnson, den Champion im Halbschwergewicht, aus den USA ins Berliner Olympia-Stadion locken können, weil er ihm das Rekordhonorar von 200 000 Mark für die freiwillige Titelverteidigung geboten hat. Herausforderer Bubi Scholz, der nach 15 Runden knapp nach Punkten unterliegt, kassiert 80 000 Mark – die bis dato wohl höchste Gage eines deutschen Berufsboxers. Ein nagelneuer VW-Käfer kostet damals knapp über 4000 Mark, was etwa dem anderthalb- bis zweifachen Netto-Jahreseinkommen eines gut

verdienenden bundesdeutschen Arbeitnehmers entspricht.

Und noch gibt es Arbeit in Hülle und Fülle, Vollbeschäftigung ist das Zauberwort der sozialen Marktwirtschaft: Hi-Tech ist im Ablauf der Produktion ebenso ein Fremdwort wie in der Formel 1 des Jahres 1962. Colin Chapman revolutioniert mit seinem kastenförmig aus simplen Alublechen zusammengenietetem Lotus 25 den Rennwagenbau, das Monocoque-Chassis wird die guten alten Rohrrahmenboliden über kurz oder lang ablösen, auch wenn »Jimmy Clarks Liegestuhl« dank filigraner Leichtbauweise sehr defektanfällig scheint. Es wird viel improvisiert, selbst bei Spitzeningenieuren wie Chapman, auch im Umfeld des Grand-Prix-Sports: Die FOCA-INBOARD-CAMERA ist erst eine Errungenschaft der späten 80er Jahre, anno 1962 läßt SWF-Redakteur Günther Jendrich eine massive 16-Millimeter-Kamera am Überrollbügel des Vierzylinder-Porsche von Graf Carel Godin de Beaufort montieren, um vom Freitagtraining der Formel 1 ein paar schöne Szenen für die ARD zu bekommen. Der ebenso großgewachsene wie korpulente Niederländer fährt zügig durch, verliert jedoch in der Fuchsröhre die Kamera, die mitten auf der Ideallinie strandet. Der nächste Fahrer, der diese Passage nimmt, heißt Graham Hill und hat bei Tempo 210 keine Chance mehr, mit seinem BRM auszuweichen: »Das einzige, was ich tun konnte, war, ungefähr um 15 Zentimeter von meiner Linie herunterzugehen, um das Ding nicht mit meinen Rädern zu treffen – ich wußte nicht, was es war, als es genau zwischen meinen Vorderrädern verschwand. Unglücklicherweise durchschlug es den Öltank, der genau hinter dem Kühler angebracht war. Das Öl floß natürlich auf die Straße und geriet auf meine Hinterräder. Ich drehte micht, geriet rückwärts in einen Graben auf der linken Seite der Strecke, kam wieder in die ursprüngliche Fahrtrichtung und raste wie ein großer Maulwurf mit großem Tempo diesem Graben entlang, wobei mir Räder und Aufhängungsteile abgerissen wurden – schließlich kam ich schräg auf der anderen Seite des Grabens zum Stehen, mein Auto sah sehr entblättert aus. Eigentlich lag es nur noch als Chassis im Graben. Glücklicherweise saß ich immer noch im Cockpit, allerdings ein wenig atemlos.« Auf dem Öl von Graham Hills BRM fliegt wenige Augenblicke später Tony Maggs im zweiten Werks-Cooper raus, doch auch Maggs bleibt auf wundersame Weise unverletzt, während sein Rennwagen als Totalschaden abgehakt werden muß. Graham Hill hat sich inzwischen aus seinem havarierten BRM befreit und warnt mit heftig geschwenkten Armen nachfolgende Konkurrenten. Das ist der Grand-Prix-Sicherheitsstandard der 60er Jahre…

Graham Hill muß für den Rest des Trainings und auch für das Rennen auf seinen Ersatzwagen umsteigen: »Ich fühlte mich ein wenig zerschlagen: Ich hatte meinen Hals, meine Brust, meine Arme und mene Schultermuskeln verrenkt und mir ein paar Hautabschürfungen zugezogen, aber ich war in der Lage am Rennen teilzunehmen.« Über seinem BRM-Rennstall schwebt zu Saisonbeginn das Damoklesschwert: Sir Alfred Owen will den Laden dichtmachen, wenn nicht mindestens zwei WM-Läufe gewonnen werden. Sinnigerweise siegt Graham Hill prompt beim Weltmeisterschaftsauftakt in Zandvoort und hält vor dem deutschen Grand Prix mit 19 Punkten knapp die Führung im WM-Zwischenklassement vor Jim Clark, der mit Siegen in Spa und Aintree auf 18 Zähler gekommen ist. Bruce McLaren, Sieger in Monte Carlo, steht bei 14 Punkten, selbst Titelverteidiger Phil Hill hat mit 13 Punkten noch theoretische Chancen, doch die Scuderia Ferrari fährt den Vorjahreserfolgen weit hinterher, das Team ist im Umbruch, acht führende Mitarbeiter haben Maranello im Zorn verlassen, allen voran Chefkonstrukteur Carlo Chiti. Nach einer sieglosen Saison 1962 werden auch die Tage von Weltmeister Phil Hill gezählt sein. Am Nürburgring schafft der 35jährige Amerikaner nur den 12. Startplatz, nach zwei Boxenstops wird er im Rennen seinen Ferrari bereits nach neun von fünfzehn Runden wegen schlechter Straßenlage abstellen… Ein anderer Ex-Weltmeister beendet ebenfalls in derselben Runde ein besonderes Debüt: Jack Brabham ist auf dem Nürburgring erstmals in seinem eigenen Formel-1-Rennwagen gestartet. An

■ *5. August 1962: Ricardo Rodriguez rettet im Regen mit dem sechsten Platz die Ehre der Scuderia Ferrari. Der jüngere der beiden rennfahrenden Rodriguez-Brüder ist erst zwanzig und gilt im Vergleich zum zwei Jahre älteren Pedro als das größere Talent. Doch die Welt wird nie erfahren, ob Ricardo tatsächlich das Zeug zum Weltmeister besessen hätte: Drei Monate nach dem Großen Preis auf dem Nürburgring verunglückt der junge Mexikaner tödlich, als er mit einem Walker-Lotus versucht, bei seinem Heim-GP Trainingsbestzeit zu fahren.*

■ *Über zweieinhalb Stunden Verfolgungsjagd im strömenden Regen: Dan Gurney (7, Porsche 804) muß sich am Ende nicht nur Graham Hill, sondern auch John Surtees (14, Lola Mk4-Climax) beugen.*

durcheinander. Die Wassermassen bringen Böschungen ins Rutschen, Schlamm und Dreck werden auf die Piste gespült, Teile der Strecke sind überflutet, so daß der Start von 14.00 Uhr auf 15.15 Uhr verschoben werden muß, zuvor dürfen die 26 Starter noch auf Erkundungsrunde hinausrollen. In dem allgemeinen Trubel der verspäteten Startaufstellung scheint Jim Clark zu sehr mit seiner beschlagenden Rennbrille beschäftigt zu sein, so daß er nach Anlassen des Motors vergißt, seine Benzinpumpe einzuschalten. Mit dem Resultat, daß der Werks-Lotus am Start absäuft und der Schotte erst als Letzter, weit hinter allen anderen das Rennen aufnimmt. Noch in dieser ersten Runde wird Jim Clark sechzehn (!) Konkurrenten überholen und auf das Spitzentrio Dan Gurney, Graham Hill und John Surtees ste-

zehnter Stelle endet die eher diskrete Rennpremiere des Brabham BT3 mit gebrochenem Gasgestänge.

Dan Gurney scheint in der Eifel die Hauptrolle spielen zu können: Seinem neuen Porsche 804 fehlen zwar ein paar PS gegenüber der Konkurrenz, doch nach ausgiebigen Vortests auf der Nordschleife sind die Schwaben für den Großen Preis von Deutschland bestens aussortiert. Gurney erreicht zwar nicht mehr seine famosen 8.44,4 von den Probefahrten von Mitte Juni, doch mit 8.47,2 gelingt es ihm gleichwohl in beeindruckendem Stil, die Pole Position zu okkupieren. Graham Hill, Jim Clark und John Surtees komplettieren die erste Startreihe, womit das Quartett beisammen wäre, das bis zum Ende der anderthalb Liter-Formel-1 anno 1965 das Geschehen auf den Grand-Prix-Rennstrecken bestimmen wird und auch diesem verregneten Großen Preis von Deutschland seinen Stempel aufdrückt. Doch zunächst wirbelt ein heftiger Wolkenbruch den Zeitplan am Nürburgring

■ *Erst sein zweiter Grand-Prix-Sieg, aber bereits der Grundstein für den Gewinn der Fahrerweltmeisterschaft 1962: Graham Hill bei der Zieldurchfahrt mit dem BRM P57 auf dem Nürburgring.*

■ *Eine ganz besondere Formel-1-Premiere in der Eifel: Brabham auf Brabham! Der zweifache Ex-Weltmeister Jack Brabham ist der erste Rennfahrer der Welt, der sich mit einer Eigenkonstruktion an den Läufen zur Formel-1-WM beteiligt. Viele belächeln den damals bereits 35jährigen Australier ob dieses Entschlusses, vier Jahre später wird Jack Brabham seinen dritten WM-Titel gewinnen und weise über all seine Kritiker lächeln...*

tig Boden gut machen, ehe der Lotus in der elften Runde beinahe von der Strecke rutscht und sich Jimmy mit Rang Vier zufriedengibt. Vielleicht wäre dieser Große Preis von Deutschland samt der Fahrer-WM 1962 ohne Clarks Startmalheur ganz anders ausgegangen...?

So liefern sich Hill, Surtees und Gurney über zweieinhalb Stunden hinweg ein begeisterndes Rennen: Auf der regennassen Piste wissen die drei Spitzenreiter nie, um wieviel sie ihr Limit noch hinausschieben dürfen, ohne einen Abflug zu riskieren. Gurney führt die ersten beiden Runden, ehe Hill auf der Gegengeraden hinter den Boxen vorbeizieht und am Ende dieses Durchgangs mit 10.12,2 die Tagesbestzeit herausfährt. Als sich der Amerikaner mit einer losen Batterie im Porsche-Cockpit befassen muß, jagt auch Surtees vorbei. Dan Gurney läßt sich zwar nicht abschütteln, aber so nah wird er mit seinem Porsche nie mehr in Tuchfühlung eines GP-Sieges kommen: Im November 1962 gibt Porsche bekannt, sich aus der Formel 1 zu verabschieden. Für Entwicklung und Produktion des neuen 911er werden Millioneninvestitionen benötigt: »Wir hatten 1962 einen Etat von anderthalb Millionen Mark für die komplette Grand-Prix-Saison, dann mußte gespart werden«, zieht Huschke von Hanstein später Bilanz, »aber keine fünf Jahre später gaben wir für unsere Teilnahme an der Sportwagen-WM vier bis fünf Millionen Mark aus.«

Graham Hill bleibt bis zum Ende des Rennens an der Spitze, aber keinen Augenblick lang kann er sich dort sicher fühlen, geschweige denn seine beiden Verfolger abschütteln: »Es hörte die ganze Zeit über nicht auf zu regnen, und die Bedingungen für den sagenhaften Kampf zwischen Gurney, Surtees und mir hätten nicht schlimmer sein können. Uns trennten in diesem Rennen, so glaube ich, nie mehr als fünf Sekunden – nur fünf Sekunden bei einem Rennen, das unter schrecklichsten Bedingungen zweidreiviertel Stunden dauerte.« Hills BRM scheint über die meisten Pferdestärken zu verfügen, doch Surtees reitet noch eine überraschende Schlußattacke, pirscht sich in der letzten Runde auf der langen Geraden zwischen Döttinger Höhe und Antoniusbuche, soweit es die Gischt zuläßt, in den Windschatten seines Vordermannes, um als Erster in die schnelle Rechtskurve vor Start und Ziel zu stechen. Aber dazu muß »Big John« Kampflinie fahren und dabei kommt ihm der zur Überrundung anstehende schweizer Restaurantbesitzer Heini Walter mit einem alten Vierzylinder-Porsche in die Quere, der den Lola-Climax einbremst, womit der BRM wieder auf und davon ist, dem Sieg entgegen: »Der Große Preis von Deutschland war wahrscheinlich das ermüdendste Rennen, das ich je gefahren bin«, erinnert sich Graham Hill, »ich sah auf dem Siegespodest sehr abgekämpft aus, obwohl ich besonders froh war, daß ich gewonnen hatte.« Der kommende Weltmeister muß übrigens noch geduldig die offizielle AvD-Siegerfeier am Sonntagabend absitzen, das ist Bedingung gewesen, damit er schon tags darauf wieder bei einem Tourenwagenrennen in Brands Hatch starten darf... Um 2.00 Uhr morgens fliegt Graham Hill gen England – und landet einige Stunden später total übermüdet mit einem 3,8-Liter-Jaguar in einem Erdwall am Rande des Rennkurses.

# Überlebenskünstler

Jim Clark gewinnt 1963 schier nach Belieben, es sei denn, sein Lotus 25 wird von technischen Defekten eingebremst. Beim WM-Auftakt in Monte Carlo zerbröselt noch das Getriebe des bis dahin klar führenden Schotten. Doch danach gewinnt Clark die nächsten vier WM-Läufe in Folge, womit er vor dem Großen Preis von Deutschland bereits klaren Kurs auf den Titel nimmt. Die Sache droht allmählich monoton zu werden, keine schöne Perspektive für den Jubiläums-Grand-Prix des AvD: Die 25. Auflage des Großen Preises findet zudem nur mit äußerst bescheidener deutscher Beteiligung statt. Carel Godin de Beaufort setzt neben seinem eigenen orangefarbenen Porsche 718-Vierzylinder auch ein zweites Modell für Gerhard Mitter ein. Der bald 28jährige Wahl-Schwabe ist zwar ein hochtalentierter Rennfahrer, doch für ständige Formel-1-Einsätze fehlen ihm Geld und Zeit. Er muß sich zuvörderst um seine Autowerkstätten in Böblingen und Tübingen kümmern, vom Motorsport allein läßt sich hierzulande noch nicht leben. In Zandvoort ist Mitter erstmals mit dem bulligen Porsche unterwegs und nach zwei Runden mit defekter Kupplung draußen. Beim Großen Preis der Solitude schlägt er sich tapfer und landet mit Rundenrückstand auf dem fünften Platz, eine Woche später, am 4. August 1963, steht der deutsche Grand Prix auf dem Programm...

Deutsche Entwicklungshilfe beschert derweil das Weltunternehmen Bosch der angeschlagenen Rennsportgröße Ferrari: Rechtzeitig für das Rennen auf dem Nürburgring gibt es für den modifizierten 156er V6 eine neue Benzineinspritzung, John Surtees, die neue Nummer Eins in Maranello, hat den roten Renner zuvor schon ausgiebig auf der Nordschleife getestet und Zeiten um 8.44 vorgelegt. Die Roßkur für das »Cavallino rampante« beginnt sich auszuzahlen: »Big John« ist ein begnadeter Tüftler und verkörpert den in jenen Jahren so erfolgreichen Typ des rennfahrenden Ingenieurs. In Silverstone hat er noch in der Nacht vor dem britischen Grand Prix eigenhändig einen Zusatztank in seinen Ferrari eingebaut, was am Renntag Platz Zwei hinter Jim Clark beschert, weil Graham Hills BRM kurz vor dem Ziel der Sprit ausgeht. Und nun schockt Surtees die Konkurrenz in der Eifel, als er gleich beim ersten offiziellen Training am Freitagmorgen mit 8.46,7 Bestzeit fährt. Nur Jim Clark gelingt es am Samstag, diese Marke noch um neun Zehntel zu unterbieten, was für das Rennen unerwartete Spannung verspricht. Für die Sensation des Wochenendes hat Lorenzo Bandini gesorgt, denn der 27jährige Italiener lenkt einen alten BRM P57 der Scuderia Centro Sud auf Startplatz Drei vor Weltmeister Graham Hill im Werks-BRM. Der Ende der letzten Saison von Ferrari geschaßte Lorenzo wird bald wieder eine zweite Chance in Maranello bekommen, wozu gerade der Große Preis von Deutschland auf ungeahnte Art und Weise beiträgt...

Zum Jubiläum gibt es ein gut besetztes GT-Rennen, eine Paraderunde ehemaliger Nürburgring-Sieger in neuen Mercedes-Benz 230 SL-Cabrios – vor allem aber zum ersten Mal seit 1959 keinen Regen beim Großen Preis von Deutschland! Sommerlich schwüle Temperaturen und hohe Luftfeuchtigkeit scheinen den sensiblen Formel-1-Rennern jedoch nicht minder große Probleme zu bereiten, als dies das schlimmste Eifelwetter hätte anrichten können. Jack Brabham in seinem BT7-

Climax V8 und Ian Burgess im anglo-amerikanischen Scirocco-BRM V8 bleiben am Start erstmal eine Weile sitzen, während Jim Clark in gewohnter Manier sofort in Führung jagt. Doch diesmal nimmt das Ganze einen völlig ungeahnten Verlauf, als auf der Abfahrt in Richtung Breitscheid plötzlich Richie Ginther im zweiten Werks-BRM den Spitzenreiter überholt. Der Lotus leidet unter sporadischen Fehlzündungen, nach Rennschluß werden die Monteure eine defekte Zündkerze als Ursache dafür diagnostizieren, daß Clarks Climax V8 über weite Strecken des Rennens nur auf sieben »Töpfen« gelaufen ist... John Surtees hat den Start verpatzt, holt aber rasch auf, während der ebenfalls miserabel weggekommene Lorenzo Bandini mit dem privaten Lotus 24 von Innes Ireland kollidiert, was beide Kontrahenten zur Aufgabe nötigt. Zu Beginn der zweiten Runde schnappt sich Surtees Spitzenreiter Ginther im Hatzenbach-Geschlängel und zieht im Schlepptau gleich Clark mit sich am BRM des Amerikaners vorbei. Dann nimmt auf der Bodenwelle am Streckenabschnitt Flugplatz das Verhängnis seinen Lauf, als Willy Mairesse sich und seinem Werks-Ferrari einen etwas zu weiten Satz zumutet, indem er bei Tempo 200 zwei Sprunghügel auf einmal unter die Räder nimmt: Der Rennwagen des gerade von seinem schweren Unfall bei den 24 Stunden von Le-Mans wiedergenesenen Belgiers landet verquer, aber in voller Fahrt auf der Piste, wobei das Gefährt schlagartig ausgehoben und über die Streckenbegrenzung katapultiert wird, ein abgerissenes Rad erschlägt einen Rettungssanitäter, während Willy Mairesse mit schwersten Verletzungen davonkommt. Anstelle des Belgiers wird Lorenzo Bandini die neue Nummer Zwei bei der Scuderia Ferrari, dient sich geduldig nach oben, um dann als anerkannt bester Rennfahrer Italiens und Aspirant auf den WM-Titel 1967 mit seinem

*4. August 1963, die Vorentscheidung im Großen Preis von Deutschland ist gefallen: Nach fast zweijähriger Durststrecke ohne Siege in der Formel-1-WM gewinnt Ferrari erstmals wieder einem Grand Prix, dank John Surtees, der auf dem Nürburgring zugleich seinen ersten GP-Erfolg feiern kann. Mit seinem nur noch auf sieben Zylindern laufenden Lotus 25-Climax V8 rettet sich der designierte Weltmeister Jim Clark aber noch als Zweiter ins Ziel.*

Ferrari beim Grand Prix in Monaco ums Leben zu kommen. Willy Mairesse wird Lorenzo Bandini nur zweieinhalb Jahre überleben: Der Nürburgring-Unfall beendet die Formel-1-Karriere von »Wild Willy«, über ein Jahr vergeht, ehe er wieder Rennen fährt, aber nicht einmal mehr für seinen Heim-GP in Spa-Francorchamps vermag er sich zu qualifizieren. Der Belgier fährt nur noch Sportwagenrennen, doch die Serie haarsträubender Unfälle reißt nicht ab. Und als schließlich niemand mehr Willy Mairesse einen Rennsportwagen anvertrauen mag, nimmt sich der 40jährige mit einer Überdosis Schlaftabletten das Leben...

In der vierten Runde übernimmt Jim Clark das Kommando, als sein Climax V8 eine Weile wieder sauber läuft, nur um bei den nächsten Aussetzern gleich zu Beginn des fünften Durchgangs wieder von John Surtees überholt zu werden. Clark muß den Ferrari bald kampflos ziehen lassen, womit die Vorentscheidung im Großen Preis von Deutschland gefallen ist, der Rest des Rennens scheint eine stete Variation von Motiven des Kinderliedes »Zehn kleine Negerlein«: Einer nach dem anderen scheidet aus, wobei alle Beteiligten von Glück sagen können, daß es dabei nicht noch zu einem weiteren Todesopfer kommt. An Chris Amons Lola-Climax bricht ein Lenkhebel, der Rennwagen gerät bei hoher Geschwindigkeit ganz in der Nähe von Mairesses Unfallstelle außer Kontrolle und spielt Pingpong zwischen den hohen Hecken am Rande der Strecke. Der 20jährige Neuseeländer kommt mit einem lädierten Bein und einem Schock noch relativ glimpflich davon. Sein sieben Jahre älterer Landsmann Bruce McLaren rast mit dem Werks-Cooper bei Aremberg eine Böschung hinunter: McLaren trägt eine Gehirnerschütterung davon und vermag sich nicht einmal mehr an den Unfallhergang zu erinnern. Am Karussell schleudert der Scirocco-BRM von Tony Settember durch einen Drahtzaun geradewegs in eine Zuschauerabsperrung hinein, aber das Publikum und der amerikanische Rennfahrer überstehen diesen unfreiwilligen Abgang noch einmal unbeschadet. Carel Godin de Beauforts Porsche verliert bei Tempo 150 im Streckenabschnitt Metzgesfeld ein Hinterrad, doch auch in diesem Fall über-

■ *Noble Geste: Dan Gurney (10, Brabham BT7-Climax) räumt Joakim Bonnier (16, Cooper T66-Climax) im Karussell die Ideallinie.*

steht der Rennfahrer den unvermeidlichen Ausflug weitgehend unbeschadet.

Und dann gibt es natürlich auch die »ganz gewöhnlichen« Ausfälle am Nürburgring: Kurz vor Rennschluß erwischt es ausgerechnet noch den tapferen schweizer Nachwuchsfahrer Jo Siffert, der den vierten Platz sicher vor Augen hat, ehe das Differential seines Lotus-BRM entzweigeht. Auf der Solitude ist dem »Seppi« nur eine Woche zuvor dasselbe technische Mißgeschick widerfahren, auf dem Nürburgring passiert das Ganze sowohl im Training als auch jetzt im Rennen. Die fälligen Reparaturen verschlingen weit über 30 000 Mark und ruinieren beinahe die noch junge GP-Karriere des 27jährigen Eidgenossen. »Seppis« vierter Platz fällt daher am Ende nicht minder sensationell an Gerhard Mitter: Durchfahren und Ankommen lautet die Parole für den jungen Deutschen ebenso wie für alle anderen der insgesamt noch neun im Rennen verbliebenen Starter. John Surtees gewinnt deutlich seinen ersten Grand Prix auf vier Rädern, obwohl sein Ferrari gegen Rennende immer rauher klingt. Jim Clark rettet seinen »Siebenzylinder«-Lotus auf den zweiten Rang ins Ziel und Richie Ginther fährt mit der linken Hand dem dritten Podiumsplatz entgegen, weil er mit der Rechten den immer wieder aus den Gängen springenden Schalthebel festhalten muß.

■ *Zahlreiche Ausfälle, aber auch eine gehörige Portion Talent befördern Gerhard Mitter im hoffnungslos veralteten Porsche 718 aus Carel Godin de Beauforts Privatrennstall am Ende noch auf den sensationellen vierten Platz.*

■ *Auf der Strecke geblieben: Eine erlesene Kollektion von Formel-1-Rennwagen, die den Strapazen des GP 1963 nicht gewachsen waren. Von links nach rechts der Brabham BT7-Climax von Dan Gurney, der Cooper T66-Climax von Tony Maggs, der Lotus 24-BRM von Innes Ireland (14), der Lotus-BRM von Jo Siffert (18), der Cooper T60-Climax von Mario Cabral (22) und der Scirocco-BRM von Ian Burgess.*

# Il Grande John

Je besser die Wirtschaftslage, desto kürzer die Rocklänge. Dieser künftige Leitsatz moderner Ökonomie wird im Sommer 1964 begründet, als Mary Quant am 1. Juli im »Swinging London« ihre erste Minirock-Kollektion vorstellt. Man gönnt sich in den westlichen Metropolen auch etwas flotte Exzentrik: Automagnat Henry Ford II. hat den Rennsport entdeckt. Angeblich will er 18 Millionen Dollar locker machen, um Ferrari zu kaufen. Doch Patriarch Enzo läßt den Deal platzen, worauf Ford die Millionen eben selbst verpulvert und wie zur Strafe in der Sportwagen-WM erbarmungslos Jagd auf die roten Renner aus Maranello macht. Das Geld liegt auch im Rennsport buchstäblich auf der Straße, das neue Formel-1-Reglement sieht Dreiliter-Triebwerke vor, die die filigranen Anderthalb-Liter-Einbäume ab 1966 ablösen werden. Grand-Prix-Starts werden damit kostspieliger, der Sport wandelt sich endgültig zum Geschäft, über kurz oder lang verschwinden die letzten Privatiers, während der Rubel zu den Werkrennställen rollt. Es entbehrt nicht einer gewissen Pikanterie, daß geradezu pünktlich zum Großen Preis von Deutschland die Bundesbank am 27. Juli 1964 den Tausendmarkschein einführt...

Was die deutsche Automobilindustrie indes nicht mehr zuwege bringt, exerziert inzwischen der japanische Honda-Konzern vor: Nach der rasanten Eroberung der Motorrad-WM starten die Asiaten nun auch in der Formel 1. Daß die Rennpremiere des Honda RA271 mit seinem quer vor der Hinterachse eingebauten V12-Motor ausgerechnet am Nürburgring stattfindet, reduziert jedoch von vornherein allzu hohe Erwartungen. Mit besonderem Kalkül haben die Japaner auch ihren Rennfahrer gewählt: Der US-Amerikaner Ronnie Bucknum hat weder einen Formel-1-GP noch je ein Rennen auf der Nordschleife bestritten. Etwaige Zeitrückstände mögen sich dann ja mit Verweis auf den ungeübten Mann am Lenkrad erklären lassen... Kein Wunder also, daß sich der 28jährige nur für den letzten Startplatz qualifiziert, auch wenn es heißt, der Honda mobilisiere bereits über 200 PS bei 12 500 U/min. Im Rennen wird Bucknum kurz vor Schluß bei Tempo 160 auf der Anfahrt zum Karussell von der Strecke abkommen, der US-Boy hat

*1. August 1964, eine Runde zuviel: Graf Carel Godin de Beaufort versucht im samstäglichen Abschlußtraining mit seinem alten Vierzylinder-Porsche noch ein paar Sekunden wettzumachen. Bei sage und schreibe 46 Formel-1-Rennen ist dieser Porsche 718 gestartet, doch im Streckenabschnitt Bergwerk zerschellt das Gefährt – und Carl Godin de Beaufort wird zwei Tage später seinen dabei erlittenen Verletzungen erliegen...*

■ *Aus dem berühmten Fahrerlager-Tunnel des alten Nürburgrings taucht John Surtees im Ferrari Tipo 158 auf: »Il Grande John«, wie ihn die Italiener seit seinen Motorrad-Erfolgen bei MV Agusta nennen (was auch auf einen italienischen Adelstitel anspielt und noch mehr wiegt als der daraus entstandene »Big John«!), gewinnt auf dem Nürburgring den ersten WM-Lauf der Saison 1964 für Ferrari. Nicht nur, aber auch weil WM-Spitzenreiter Jim Clark von Getriebe- und Motorproblemen gebeutelt wird. Daß John Surtees am Ende des Jahres Formel-1-Weltmeister wird, hätte selbst nach dem GP von Deutschland niemand für möglich gehalten, am allerwenigsten Surtees selbst.*

Glück, nur mit ein paar Kratzern und einem angeschlagenen Knie davon zu kommen. Tags zuvor ist Carel Godin de Beaufort ganz in der Nähe, in der schnellen Bergwerk-Passage mit seinem betagten Porsche 718 verunglückt. Das Gefährt überschlägt sich zweimal, Beaufort wird sofort herausgeschleudert: Der 30jährige Niederländer, der vielleicht amüsanteste Rennfahrer jener Jahre des Übergangs zum Vollprofitum in der Formel 1, zieht sich schwere innere Verletzungen zu, denen er am Montag nach dem Großen Preis erliegt. Edgar Barth, sein kollegialer Freund bei Porsche und tags zuvor Gastfahrer in einem Cooper-Climax von Rob Walker, will es nicht glauben: »Das kann doch nicht wahr sein! Tot? Das kann ich mit bei Carel einfach nicht vorstellen. Er war doch das Leben in seiner heitersten Form selbst.« Und über zwei Jahrzehnte später wird Thora Hornung formulieren: »Carel lebte heute, dachte vielleicht an morgen, aber nie bis übermorgen.«

Jim Clark wirkt entschlossener denn je, endlich

■ *2. August 1964, zäumen wir das Feld beim deutschen Grand Prix einmal von hinten auf: In der letzten, dem Betrachter also nächsten Startreihe steht einsam der GP-Debütant Ronnie Bucknum mit seinem gleichfalls zur Formel-1-Premiere ausrückenden Honda RA271. Davor von links nach rechts in der sechsten Reihe Giancarlo Baghetti (BRM P57), Edgar Barth (Cooper T66-Climax) und Gerhard Mitter (Lotus 25-Climax). In der fünften Startreihe von links nach rechts: Peter Revson (Lotus 24-BRM), Mike Spence (Lotus 33-Climax), Tony Maggs (BRM P57), Bob Anderson (Brabham BT11-Climax). In der vierten Startreihe von links nach rechts: Maurice Trintignant (BRM P57), Mike Hailwood (Lotus 25-BRM), Joakim Bonnier (Brabham BT11-BRM). In der dritten Startreihe von links nach rechts: Richie Ginther (BRM P261), Jo Siffert (Brabham BT11-BRM), Chris Amon (Lotus 25-BRM), Phil Hill (Cooper T73-Climax). In der zweiten Startreihe von links nach rechts: Bruce McLaren (Cooper T73-Climax), Jack Brabham (Brabham BT7-Climax), Graham Hill (BRM P261). Und LAST BUT NOT LEAST in der ersten Startreihe von links nach rechts: Lorenzo Bandini (Ferrari 156), Dan Gurney (Brabham BT7-Climax), Jim Clark (Lotus 33-Climax) und John Surtees (Ferrari 158).*

Der Nürburgring- und Formel-1-Neuling Ronnie Bucknum beißt die Zähne zusammen: Das Grand-Prix-Debüt des neuen 12-Zylinder Honda RA271 hätte kaum unter ungünstigeren Bedingungen stattfinden können und endet in der 12. Runde mit einem üblen, aber gerade noch mal glimpflich verlaufenen Unfall am Karussell.

den Formel-1-GP auf dem Nürburgring zu gewinnen: Am 19. Juli hat der Schotte im neuen Lotus 33 den exzellent besetzten Großen Preis der Solitude für sich entschieden, auch wenn bei dieser letzten Generalprobe vor dem deutschen Grand Prix John Surtees ein ebenbürtiger Gegner gewesen ist. Die Formel 1 nimmt Abschied von diesem malerischen Straßenkurs, schon im Jahr darauf ist ein neuerliches Gastspiel dem ADAC zu teuer, auch die nötigen Sicherheitsmaßnahmen werden immer schwieriger zu erfüllen – 1966 endet die Renngeschichte der Solitude. Beim letzten Auftritt der GP-Elite rutschen in der Startrunde gleich sieben Rennwagen auf einen Streich von der Piste, während Clark und Surtees dem Rest auf und davon fahren: »Jim Clark gewann zwar mit zehn Sekunden Vorsprung, aber endlich hatte mein Ferrari V8 eine überdurchschnittliche Leistung geboten«, kommentiert John Surtees, »dieses nicht zur WM-zählende Rennen war nämlich ungemein nützlich, um einige Experimente mit unserer Benzineinspritzung anzustellen, denn wir hatten ja Bosch quasi direkt vor der Haustür, und somit war die Solitude wohl der denkbar beste Kurs, den man sich für unsere Tests hätte vorstellen können.« Und »Il Grande John« ergänzt: »Wenn es noch etwas länger naß geblieben wäre, hätten wir schon dort gewonnen...«

Mit dem sechsten von insgesamt zehn WM-Läufen beginnt am 2. August 1964 auf dem Nürburgring die zweite Hälfte der Saison, und mit bereits drei Siegen und einem vierten Platz auf dem Punktekonto sieht Jim Clark mit 30 Zählern bereits wie der sichere Weltmeister aus. John Surtees liegt mit 10 Punkten scheinbar abgeschlagen auf dem sechsten Rang der WM-Tabelle, und doch wird der 30jährige Engländer nach einer kuriosen Verkettung von Können, Glück und schierem Zufall am Ende doch noch neuer Formel-1-Champion. Die Wende zu diesem ungeahnten Ausgang beginnt beim Großen Preis von Deutschland, wo Surtees zum ersten Mal in diesem Jahr von der Pole Position aus ins Rennen startet. Sowohl am Freitag als auch am Samstag markiert der siebenfache Motorrad-Weltmeister jeweils Bestzeit, auch wenn im Abschlußtraining Clark und Gurney nur vier bzw. neun Zehntel dahinter folgen.

Im sonntäglichen Vorprogramm gibt es ein Radrennen (!) über fünf Runden Nordschleife, die dabei sogar in entgegengesetzter Richtung unter die Drahtspeichen genommen wird. 60 Amateure strampeln sich fleißig ab, ehe sich um 14.00 Uhr die Profis der Vollgasbranche auf ihre Positionen begeben. Nach einem kurzen Intermezzo des brillant gestarteten Lorenzo Bandini im letztjährigen Ferrari Tipo 156 übernimmt wieder einmal Jim Clark das Kommando, doch Dan Gurney, John Surtees und anfänglich auch Graham Hill sitzen dem amtierenden Weltmeister im Nacken. Gleich nach Ende der ersten Runde bremst Surtees den Spitzenreiter eingangs der

Böse Zungen sprachen von »Altersblindheit«, wohlwollende Stimmen von »unglücklicher Verwechslung«: Als Jack Brabham nach zwei Dritteln der Renndistanz einen roten Ferrari in seinem Rückspiegel sichtet, schließt der Australier messerscharf, das müsse Spitzenreiter John Surtees sein, und macht sofort Platz. Zum Leidwesen von »Blind« – pardon! – »Black Jack« entpuppt sich der rote Renner als der Ferrari von Lorenzo Bandini, der auf diese Art und Weise Jack Brabham den vierten Platz wegschnappt, aus dem am Ende sogar noch – dank der Probleme des anderen Brabham-Werksfahrers Dan Gurney – sogar noch Rang drei wird. Auf der Anfahrt zur Nordkehre sehen wir Lorenzo Bandini knapp vor dem wütend über seinen Fehler attackierenden Jack Brabham...

■ *Der Nürburgring bringt dem besten Rennfahrer der 60er Jahre kein Glück, will es scheinen: Jim Clark fällt diesmal sogar aus und wird zum Saisonfinale die sicher scheinende Titelverteidigung verpassen. Doch in der kommenden Saison 1965 gewinnt der Schotte ganz nach Belieben – und erstmals auch den Großen Preis von Deutschland!*

Südkehre aus, Gurney schiebt sich eine Runde später vorbei. Nein, es ist nicht der Tag von Jim Clark, dem zunächst die Schaltung zu schaffen macht, ehe ein Ventilschaden die Fahrt des Lotus stoppt. Gurney gelingt es in der vierten Runde zwischenzeitlich die Führung zu übernehmen, aber Surtees vermag sofort zu kontern: »Das war der Beginn eines wirklich feinen Rad-an-Rad-Kampfes, der einige Runden dauerte«, resümiert John Surtees, »einige Male gelang es Dan für kurze Zeit vorbeizuziehen, aber ich spürte, seinen Brabham jederzeit im Griff zu haben, und wäre im Ernstfall sicher in der Lage gewesen, noch etwas zuzulegen, wenn es denn hätte sein müssen.« Aber Gurneys Brabham-Climax beginnt zu überhitzen, wohl auch deshalb, weil ein Stück Zeitung vor seinen Kühler geflattert ist und dort hängenbleibt. In der 10. Runde rollt der Amerikaner an die Brabham-Box, um sein Triebwerk überprüfen und Wasser nachfüllen zu lassen. Abgeschlagen und längst überrundet fährt Dan Gurney sogar noch mit 8.42,9 die bis dato schnellste Runde, auch wenn das der Zylinderkopfdichtung seines Climax V8 den Rest gibt. Aber John Surtees legt sofort neuen Rundenrekord in 8.39,0 gleich 158,2 km/h vor, als ob er nicht den geringsten Zweifel aufkommen lassen mag, wer hier und heute Herr am Ring ist... John Surtees gewinnt durchaus verdient zum zweiten Mal in Folge den Großen Preis von Deutschland. Zwei WM-Läufe lang hält die starke Form seines Teams noch an, dann ist Ferrari wieder Mittelmaß und John Surtees staunt damals wie heute, daß »in einer Saison, in der soviele Dinge in Maranello schiefgingen, ich am Ende dann in einem Rennen, in dem mein Ferrari wieder einmal absolut nicht konkurrenzfähig war, sogar mit der Weltmeisterschaft belohnt worden bin.«

# Jimmy am Ziel

»Wenn ich mich mit einem mir unbekannten Kurs vertraut mache, dann präge ich mir die üblichen Schilder und Zeichen ein«, hat Jim Clark einmal über seine Rennerfahrungen bemerkt, »aber es ist verrückt, daß ich mir am Nürburgring die erste Hälfte der Nordschleife viel eher einprägen konnte als die zweite Hälfte.« Es hat lange gedauert, bis auf der Nordschleife wirklich alles für den besten Rennfahrer seiner Epoche zusammenpaßt, aber am 1. August 1965 hält Clarks fragiler Lotus und der 29jährige Schotte vermag seine überragende Fahrkunst ungestört zu entfalten. Das Motto der Saison lautet: Wenn Clark startet, dann siegt er. Fünf von sechs WM-Läufen hat er vor dem Großen Preis von Deutschland bereits gewonnen. Einen, den in Monte Carlo, hat er auslassen müssen, weil die 500 Meilen von Indianapolis Priorität genießen – und prompt heißt der Sieger im Brickyard endlich Jim Clark. Da in der Formel-1-WM 1965 nur die besten sechs Resultate in die Wertung kommen, wäre Clark mit einem Sieg am Nürburgring vorzeitig Weltmeister – so früh wie nie zuvor und nie wieder ein Grand-Prix-Champion...

Und Jimmy ging zum Eifelkurs und ließ nicht den geringsten Zweifel daran aufkommen, wer gewinnen würde. So entstehen Legenden, auch und gerade im Motorsport. Am Freitagvormittag bemüht sich Clark nur um eine geeignete Fahrwerksabstimmung und überläßt seinem schottischen Landsmann Jackie Stewart das Feld. Die Entdeckung des Jahres fährt im zweiten Werks-BRM mit 8.30,6 Bestzeit, fast acht Sekunden schneller als Surtees' Pole vom Vorjahr. Aber die Strecke ist durch kleinere Umbauten schneller geworden, die Rennwagen sowieso, Stewarts vorläufige Bestmarke bewegt sich noch durchaus im Bereich des insgeheim Erwarteten. Doch dann fegt am Nachmittag Jim Clark mit seinem Lotus in 8.22,7 über die Nordschleife... Es hat in der Geschichte des Motorsports immer wieder Augenblicke gegeben, in denen Rennfahrer sämtlichen Konkurrenten turmhoch überlegen waren: Anno 1965 am Nürburgring muß die Namensliste Nuvolari – Caracciola – Rosemeyer – Ascari – Fangio – Moss endgültig um einen Namen erweitert werden. Graham Hill, der sich gegen seinen neuen Teamkollegen Jackie Stewart

■ *Der BRM P261 wäre in die Motorsport-Annalen als erfolgreichster GP-Rennwagen der anderthalb Liter-Formel 1 eingegangen – wenn es nicht die Kombination Clark/Lotus gegeben hätte... Graham Hill fährt am 1. August 1965 auf dem Nürburgring eines seiner besten Rennen, ist mit seinem BRM fast dreieinhalb Minuten schneller als im Vorjahr (!) – und wird trotzdem hinter Jim Clark mit rund 16 Sekunden Rückstand »nur« Zweiter...*

■ *Ein erstaunliches Comeback feiert dieses Gespann beim Großen Preis von Deutschland: Paul Hawkins ist mit diesem Lotus 33-Climax V8 am 30. Mai 1965 beim Grand Prix von Monaco über die Schikane hinausgeschossen, geradewegs ins Hafenbecken hinein... Doch wie anno 1955 der große Alberto Ascari übersteht auch der 27jährige Australier den Sturz ins Wasser unverletzt. Paul Hawkins muß allerdings bis zum Nürburgring warten, ehe sein völlig durchnäßtes Gefährt wieder trockengelegt, repariert und entrostet ist. Irgendeine undichte Stelle scheinen die Mechaniker freilich übersehen zu haben, denn nach drei Runden stellt Hawkins den Lotus wegen Ölverlusts ab...*

John Surtees hat in seinem Zwölfzylinder-Ferrari vergebens noch einmal alle Register zu ziehen versucht: Bereits nach der ersten Runde zwingen Schaltprobleme den Weltmeister an die Box. Der insgeheim erhoffte dritte Sieg in Folge beim deutschen Grand Prix erledigt sich auf diese Art und Weise von selbst. Surtees will trotzdem noch einmal beweisen, wozu er ohne diese Probleme in der Lage gewesen wäre, fährt also vor seinem endgültigen Ausfall in 8.26,1 neuen Rundenrekord. Doch Jim Clark zaubert eine Bestzeit von 8.24,1 hervor... Clarks Gesamtschnitt ist sogar schneller als Surtees' Rundenrekord vom Vorjahr, nein, der Schotte hat auf dem Weg zum vorzeitigen Gewinn seines zweiten WM-Titels keinen Schongang eingelegt: »Ich bin glücklich, daß ich es nun auch auf dem Nürburgring geschafft habe – schon immer wollte ich hier einmal ein großes Rennen gewinnen.« Der König der Formel 1 hat sich selbst gekrönt, aber künftige Thronprätendenten machen sich bereits bemerkbar: Jackie nur mit Mühe zu behaupten weiß, fährt ein grandioses Rennen, bleibt fast vier Minuten unter der Zeit, die John Surtees bei seinem überlegenen Vorjahressieg benötigte – und dennoch wird der famose BRM-Fahrer wieder »nur« Zweiter. In seinen Memoiren wird Graham Hill zur Beschreibung dieses denkwürdigen Großen Preises von Deutschland nur diese Sätze benötigen: »Jimmy Clark stürmte los und gewann, wobei er in der ersten Runde – trotz stehendem Start – einen neuen Rundenrekord aufstellte. Ich wurde Zweiter. Das war es. Jimmy hatte die Weltmeisterschaft gewonnen – keiner konnte ihn mehr einholen. Er hatte 54 Punkte und ich war Vizeweltmeister mit 36 Punkten. In einem normalen Jahr hätten 36 Punkte vielleicht für den Titel ausgereicht, aber Jimmys Vorstellung war einfach phantastisch gewesen.«

■ *Dan Gurney wird nach drei erfolgreichen Jahren den Formel-1-Rennstall von Jack Brabham verlassen, um sein eigenes Rennprojekt unter dem Namen »Eagle« zu starten: »Black Jack« hat dem schnellen Kalifornier anstandslos stets mit gleichwertigem, meist sogar besserem Material versorgt. Zum WM-Titel hat es Gurney gleichwohl nicht gereicht, jetzt zieht er Konsequenzen – und wird miterleben, wie Jack Brabham in der nächsten Saison Weltmeister wird...*

■ *1. August 1965: Jim Clark hat endlich den Großen Preis von Deutschland gewonnen, und der Sieg am Nürburgring beschert dem 29jährigen Schotten zugleich seine zweite (und leider auch letzte) Fahrerweltmeisterschaft. Mit Jimmy freuen sich neidlos Graham Hill (links) und Dan Gurney.*

Stewart vorerst etwas negativ, weil der 26jährige Schotte sein vielversprechendes Ring-Debüt nach einem Ausrutscher im Zweikampf mit Dan Gurneys Brabham mit defekter Vorderradaufhängung an der BRM-Box beendet; Jochen Rindt überaus positiv, weil der 23jährige »Deutsch-Österreicher« in beherzter Fahrt den zweiten Werks-Cooper auf Platz Vier ins Ziel steuert und damit erstmals WM-Punkte holt, »obwohl mich Bandini rundenlang blockiert hat.«

Die moderne TV-Technik macht mittlerweile Live-Übertragungen möglich, auch wenn dies auf der Nordschleife damals für ARD und ZDF wesentlich aufwendiger ist, als beispielsweise auf dem kürzeren Hockenheimring, dessen Neubau als »Motodrom« seiner Vollendung entgegensieht. Das Publikum rückt nicht nur via Tribünen näher, das Fernsehen wird allmählich weltweit in der Lage sein, für ein Millionenpublikum Rennen zu zeigen. Die Industrie beginnt sich stärker für den Motorsport zu interessieren, zuerst dürfen Mineralölfirmen und Reifenkonzerne mit kleinen Stickern auf den Formel-1-Rennwagen Reklame machen, aber bei der FIA ist eine großzügigere Regelung auch bei »branchenfremder Werbung« im Gespräch. Die Zeiten sind im Umbruch, das scheint auch ein kleiner, drahtiger Londoner Geschäftsmann zu wittern, der von der Formel 1 die Nase voll hatte, als sein Freund Stuart Lewis-Evans 1958 nach einem Unfall beim Großen Preis von Marokko ums Leben kam. Doch jetzt, anno 1965, taucht dieser Mann zielsicher wieder bei Grand-Prix-Rennen auf, er knüpft Kontakte zu Cooper, freundet sich mit Jochen Rindt an und wird Stammgast in der Formel 1. Der damals 34jährige Finanzjongleur hat schon ein ansehnliches Vermögen angehäuft, aber jetzt wird er eine Goldader entdecken, an der andere achtlos vorbeischlendern. Ja, der Mann heißt Bernie Ecclestone, und ein enthusiasmierter junger österreichischer Journalist namens Heinz Prüller schreibt damals: »Nebenbei ist Bernie einer der Nettesten und Menschlichsten in der Vollgasbranche.«

# Der zweite Frühling

Sie hatten ihn schon abgeschrieben, den Ton schienen andere anzugeben – und dann zeigte er sich allen Zweiflern in voller Kraft und Größe. Nein, die Rede ist (noch) nicht von Jack Brabham, dem zweifachen Formel-1-Weltmeister, der sich seit fünf Jahren auf rasantem Weg in die fahrerische Bedeutungslosigkeit verabschiedet zu haben schien. Nein, wir verweisen auf Revolutionsführer Mao Tse Tung, der mit 72 Jahren in die Fluten des Yangtsekiang steigt und den größten Fluß der Volksrepublik China durchschwimmt »wie ein Fisch im Wasser«. So lautet denn auch das Motto des Diktators an sein Volk und die Welt, Mao zeigt geschmeidige Stärke und macht deutlich, daß er noch längst nicht abgedankt hat. Wir schreiben den 16. Juli 1966, und nicht von ungefähr gewinnt Jack Brabham am selben Tag im fernen Brands Hatch den britischen Grand Prix, während sein ehemaliger Rennmonteur Denis Hulme den Doppelsieg der Brabham-Repcos in Brands Hatch vervollständigt. Ganz so alt wie der große rote Mao ist »Black Jack« zwar nicht, aber mit 40 Jahren zählt man in der Formel 1 schon damals zum Alteisen.

Doch Jack Brabham hat sich und seinen Rennstall mit Bedacht auf die neue Dreiliter-GP-Formel vorbereitet. Während die Konkurrenz von BRM, Ferrari, Honda, Maserati und Weslake mit reinrassigen, aber allzu kapriziösen Rennaggregaten herumexperimentiert, fährt der weise »Master Jack« einen nur auf mäßige 300 PS getunten, dafür aber zuverlässigen V8, der auf einem gut abgehangenen Oldsmobile-Motorblock basiert. Innerhalb von nur fünf Wochen im Sommer wird Brabham damit vier WM-Läufe in Folge gewinnen und damit den Grundstein zu seiner dritten

■ *7. August 1966, das Duell des Tages: Jack Brabham bezwingt in seinem Brabham BT19-Repco V8 den Cooper T81-Maserati V12 von John Surtees, gewinnt den GP auf dem Nürburgring und gesellt sich mit seinem dritten WM-Titel zu den größten Rennfahrern aller Zeiten.*

■ *Was Dan Gurney wohl denken mag? Der Weslake V12-Motor für das schnittige Eagle-T1G-Chassis ist immer noch nicht einsatzbereit, so daß der 35jährige Amerikaner am Nürburgring noch einmal mit einem auf 2,7 Liter Hubraum aufgebohrten Climax-Vierzylinder ausrücken muß und am Ende mit Rundenrückstand als Siebter in der Formel-1-Wertung klassiert wird...*

im vierten Gang zurück, was den Abstand zu Spitzenreiter Brabham von fünf auf über vierzig Sekunden anwachsen läßt. Bemerkenswert auch, daß in der Drei-Liter-Formel-1 bei steigender Motorleistung die Rolle der Reifen von Jahr zu Jahr wichtiger wird, was sich bei Regen noch weiter verschärft: Das Zeitalter der »Reifenkriege« beginnt und fordert am Nürburgring ein erstes Opfer. Jim Clark hat zwar die Pole Position herausgefahren, doch seine Firestone-Pneus sind damals bei Nässe hoffnungslos unterlegen, so

Weltmeisterschaft legen, während der eigentliche Titelfavorit John Surtees sich mit der Scuderia Ferrari überwirft und mitten in der Saison zu Cooper wechselt...

Der GP auf dem Nürburgring wird nach Brabhams Erfolgen in Reims, Brands Hatch und Zandvoort denn auch zum krönenden Schlußstein im soliden Titelfundament: »Der Sieg am Nürburgring bedeutete mir mehr als jeder andere Erfolg in diesem Jahr«, kommentiert Jack Brabham: »Es ging mir auf die Nerven, am Nürburgring nur immer mitleidig belächelt zu werden!« »Black Jack« hat sich und allen Kritikern an jenem 7. August 1966 bewiesen, daß er zu den ganz Großen in der Geschichte des Grand-Prix-Sports gehört. Die Bandbreite des Eifelwetters offeriert zunächst Nieselregen, dann wieder abtrocknende Fahrbahn und schließlich heftige Wolkenbrüche. Surtees im Cooper-Maserati V12 erwischt zwar den besten Start, doch noch vor Ende der ersten von fünfzehn Runden zieht Brabham auf der langen Geraden in Richtung Antoniusbuche in Führungspostion, die der Australier bis zum Ende des Rennens nicht mehr abgeben wird. Surtees hält zwar Kontakt, doch für eine ernsthafte Attacke findet sich keine Gelegenheit, zumal die Kupplung des Cooper-Maseratis nicht mehr richtig trennt: Die letzten beiden Runden legt Surtees

■ *Die neue Dreiliter-Formel 1 beschert stärkere Motoren, aber vorerst noch reichlich zusammengewürfelte Startfelder. Auf dem Nürburgring läßt der AvD 1966 sogar in getrennter Wertung einige Einliter-Formel-2-Rennwagen mitfahren – und wird dies 1967 und 1969, zu Zeiten der 1,6-Liter-Formel 2 also, wiederholen, weil das Aufgebot der Formel-1-Boliden zahlenmäßig noch arg zu wünschen übrig läßt. Anno 1966 gibt es im regulären GP-Feld ohnehin eine kunterbunte Mischung aus Neukonstruktionen und älteren Formel-1-Chassis: Im Bild liegen die beiden »echten« Dreiliter-Ferrari 312 von Mike Parkes (10) und Lorenzo Bandini (9) vor dem letztjährigen, auf zwei Liter Hubraum aufgebohrten BRM P261 von Graham Hill (5). Dahinter folgen Denis Hulme im Dreiliter-Brabham BT20-Repco (4), Bob Bondurant in seinem privaten BRM P261, Mike Spence im Reg Parnell-Lotus 25 mit Zweiliter-BRM V8-Motor und Ludovico Scarfiotti im »kleinen« Werks-Ferrari 246 mit auf 2,4-Liter Hubraum aufgebohrtem Dino V6.*

daß der Schotte im Rennen nicht den Hauch einer Siegchance hat und schließlich sogar von der Piste rutscht. Im Gegensatz zu Team Lotus hat

■ *Am Tag, als der Regen kam… – Peter Arundell signalisiert auf der Gegengeraden, daß er bei der nächsten Boxenpassage Reifen wechseln lassen will: Der zweite Fahrer bei Team Lotus leidet bei diesen sintflutartigen Verhältnissen ebenso wie seine Nummer Eins, Jim Clark, denn noch sind die Firestone-Pneus der Konkurrenz bei nasser Piste unterlegen. Zudem plagt Colin Chapman die Situation auf dem Motorensektor: In den beiden alten Lotus 33-Chassis verrichten zwei verschiedene Triebwerke ihren Dienst, bei Arundell ist es ein Zweiliter-BRM V8, bei Clark ein Zweiliter-Climax V8. Der Dreiliter-BRM H16-Motor wird erst in Monza eingesetzt und dient nur als Notlösung, ehe der neue Ford-Cosworth V8 für 1967 endlich zur Verfügung steht.*

die Scuderia Ferrari mit Firestone keinen festen Reifenvertrag und wechselt unmittelbar vor dem Großen Preis flugs zu den besseren Dunlops über, was sich mit dem sechsten Rang für Lorenzo Bandini jedoch nur begrenzt auszahlt. Die fahrerische Leistung von Jack Brabham unterstreicht nicht zuletzt, daß sein BT19 auf eigenhändig nachprofilierten Goodyear-Regenreifen zum Sieg rollt, die den Dunlop-Regenpneus eigentlich leicht unterlegen sind.

Wie in den Vorjahren wird der Große Preis leider erneut von schweren Unfällen überschattet. Im Freitagstraining verunglückt der 36jährige Franzose Guy Ligier mit seinem privaten Cooper-Maserati, wird aus dem Cockpit geschleudert und bricht sich ein Bein. Am Rennsonntag ereignet sich in der Startrunde ein schwerer Unfall, als vor der Quiddelbacher Höhe der Brabham-BRM von John Taylor – vielleicht von irgendeinem Konkurrenten geschnitten – ins Schleudern gerät, irgendwo anprallt und in Flammen aufgeht. Jacky Ickx beschädigt dabei, wohl nach einem Ausweichmanöver, seinen Formel-2-Matra, mit dem der 21jährige Belgier bemerkenswerte 8.52,0 im Training gefahren ist. Doch während Ickx mit dem Schrecken davonkommt, seinen Matra sogar noch langsam an die Boxen zurücksteuert, erleidet Taylor Verbrennungen zweiten und dritten Grades. Wochenlang liegt der 33jährige Brite im Krankenhaus, scheint bereits auf dem Wege der Genesung und erliegt dann doch am 8. September 1966 seinen Wunden. Noch werden tödliche Unfälle als Rennfahrerschicksal in der Vollgasbranche stillschweigend akzeptiert, das Risiko ist Teil des Motorsports. Doch mit Ein-

■ *Formel 1-Rennwagen sind 1966 noch relativ einfache Konstruktionen, die von kleinen, überschaubaren Teams gefertigt und betreut werden. Jedes Gefährt ist ein Einzelstück, der Bau und Einsatz von Ersatzfahrzeugen wäre damals noch viel zu aufwendig: Ein Totalschaden empfiehlt sich also nicht, Behutsamkeit ist dringend angeraten, auch angesichts der problematischen Situation auf dem Motorensektor, ideale Bedingungen für einen rennfahrenden Ingenieur wie Jack Brabham.*

führung der Dreiliter-Formel werden die Rennwagen viel schneller, leisten bald weit über 400 PS. Die neue Formel 1 ist doppelt so stark wie die alte, doch die Rennstrecken sind weitgehend gleich geblieben. Aus dem Spaß droht jetzt viel häufiger als bisher tödlicher Ernst zu werden. Die Risiken werden immer weniger kalkulierbar. Lorenzo Bandini wird diese späte Erkenntnis bereits 1967 mit dem Tod bezahlen. Und er bleibt nicht das letzte Opfer dieser Entwicklung.

# An der Schallmauer

Jim Clark verfügt seit Juni 1967 über den Lotus 49 mit dem Ford-Cosworth V8: Der neue Motor und sein neues Fahrwerk sind der Konkurrenz mindestens eine Nasenlänge voraus, doch mit Clark am Lenkrad ist diese Kombination im Prinzip nur durch technische Defekte zu bezwingen. Auf der Nordschleife unterstreicht der Schotte diese Behauptung ganz besonders eindrucksvoll. Um den Rennwagen vor der Anfahrt auf Start und Ziel etwas Tempo zu nehmen, hat die Nürburgring GmbH auch mit Blick auf den Großen Preis von Deutschland eine Bremskurve eingebaut, die nach Schätzungen der Fahrer etwa sieben Sekunden pro Runde kostet. Sicherheit geht vor, auch wenn damit die neue Grenzmarke von acht Minuten für eine Runde Nordschleife in weite Ferne rückt. Doch in der letzten halben Stunde des samstäglichen Abschlußtrainings legt Jim Clark mit dem Lotus 49 eine unglaubliche Bestzeit von 8.04,1 vor, fast zehn Sekunden schneller als WM-Spitzenreiter Denis Hulme im zweiten Werks-Brabham, das sind Welten... Doch dem rasenden Jimmy wird die Schau fast gestohlen, denn Jacky Ickx scheint in seinem winzigen Formel-2-Matra-Cosworth des Ken-Tyrrell-Teams den Gesetzen der Schwerkraft zu trotzen: In 8.14,0 läßt der Belgier das 450 kg leichte Gefährt regelrecht um den Ring fliegen, 220 PS mobilisiert der kleine Vierzylinder-Cossie, das sind höchstens 60 % der Leistung seines »größeren Bruders«, des Cosworth DFV8 in Clarks Lotus. Am Freitag rangiert nur Hulme vor Ickx, am Samstag wird allein Clark noch schneller unterwegs sein. Jacky Ickx gebührt im Formel-2-Matra also eigentlich Startplatz drei vor sage und schreibe fünfzehn Formel-1-Rennwa-

■ *5. August 1967, schlimme Bescherung im samstäglichen Abschluß-training: Ein Bremsdefekt hat den Lotus 49-Cosworth von Graham Hill bei Breitscheid aus der Bahn geworfen. Die vor Ort irreparablen Überreste besehen sich auf diesem Bild von rechts nach links Graham Hill, Colin Chapman, Ford-Motorsportchef Walter Hayes und der bald siebenjährige Damon Hill...*

■ *Der Angestellte befördert seinen Chef: Denis Hulme bringt Jack Brabham zurück zur Box, nachdem der amtierende Weltmeister mit dem Brabham BT24-Repco in der Fuchsröhre abgeflogen ist. Der üble Unfall im Freitagstraining wurde von einem Aufhängungsdefekt verursacht: Chefkonstrukteur Ron Tauranac rüstet sofort auf stärkere Bolzen um – am Rennsonntag fahren Denis Hulme und Jack Brabham einen Doppelsieg heraus.*

gen, zu denen sich am Nürburgring auch ausnahmsweise ein auf zwei Liter Hubraum aufgebohrter Pseudo-GP-Renner von BMW gesellt, ein reines Experimental-Gefährt, das die Bajuwaren normalerweise in der 1,6-Liter-Formel 2 mit Hubert Hahne einsetzen. Aber der AvD hat wie schon im Vorjahr die eher dünn gesäten Reihen reinrassiger Formel-1-Boliden aufgefüllt, verordnet jedoch diesmal für die fällige Formel-2-Sonderwertung auch voneinander getrennte Startaufstellungen, womit sich der schnelle Jacky Ickx in seinem Matra also erst 50 Meter hinter 17 Formel-1-Rennwagen einreiht... Was den 22jährigen Belgier indes nicht hindert, sich im Rennen bis auf Platz vier vorzukämpfen, ehe drei Runden vor Schluß ein Querlenker kollabiert: »Trotz meines Handikaps war ich schnell genug zwischen die Favoriten gefahren. Man kann sich also zurecht fragen, wo ich gelandet wäre, wenn ich mich gleich in die erste Startreihe hätte hinzugesellen dürfen«, schwärmt der kommende Kronprinz des GP-Sports. Gewiß, Denis Hulme gewinnt diesen Großen Preis von Deutschland, doch der Nürburgring hat einen neuen Helden namens Jacky Ickx.

Jim Clark kämpft wieder einmal mit der Tücke seines neuen Lotus: Der 49er ist schnell, aber auch noch überaus anfällig, der Schotte führt das Feld vor Hulme im Brabham-Repco und Gurney im Eagle-Weslake an, doch er vermag sich nicht entscheidend abzusetzen, weil er sich zunächst einen schleichenden Plattfuß einfängt, ehe bei verlangsamter Fahrt in Richtung Boxen auch noch das rechte Lotus-Vorderrad wegknickt... Graham Hill hat ebenfalls ein aufregendes Rennwochenende hinter sich, nachdem er bereits im Samstagtraining einen 49er an einem Erdwall verstümmelt hat, nachdem die Bremsen versagten: »Jackie Stewart hielt seinen Wagen an und kam zurück, um zu sehen, ob ich okay sei – er sah mehr geschockt aus als ich. Er war ziemlich weiß im Gesicht.« Die Aufregungen setzen sich auch im Rennen fort, als Hill vor der Südkehre im allgemeinen Gedränge nach dem Start aufs Gras gerät und mitten im Hinterfeld eine Pirouette dreht, ohne dabei jemanden abzuschießen... Danach muß Hill die Lotus-Box aufsuchen, um eine lockere Radmutter rechts vorn wieder anziehen zu lassen, ehe in der achten Runde die Hinterradaufhängung entzweigeht: Die stoische Geduld mit der Graham Hill diese Situationen übersteht, mag heute Kopfschütteln verursachen, erscheint damals aber durchaus als zeitgemäß. Noch agieren Rennfahrer brav als Versuchskaninchen für technische Experimente mit ungewissem Ausgang...

Dan Gurney sieht wie der sichere Sieger aus, ehe an seinem Eagle-Weslake V12 anderthalb Runden vor Rennende eine Halbwelle bricht und 45 Sekunden Vorsprung auf Denis Hulme wertlos macht. Der 31jährige Neuseeländer, den alle so sehr unterschätzen, gewinnt seinen zweiten Grand Prix, und dies wie zuvor in Monte Carlo auf einer absoluten Fahrerstrecke. Nein, so ein »Zufalls-Weltmeister«, wie viele Denis Hulme abstempeln werden, ist er am Ende der Saison denn doch nicht. Das weiß eher als alle anderen auch sein 41jähriger Teamchef Jack Brab-

■ *Die tollkühnen Männer in ihren fliegenden Kisten: Jackie Stewart demonstriert mit seinem BRM H16 ebenso eindrucksvoll wie unfreiwillig, daß die Dreiliter-Formel 1 auf der Nordschleife bereits 1967 mit »nur« 400 bis 420 PS schwer zu bändigen ist. Nicht von ungefähr werden die Grand-Prix-Boliden immer schneller – und am Ende zu schnell für den alten Nürburgring. Oder um Jackie Stewarts berühmte Antwort auf die Frage zu zitieren, was sich seit Caracciolas Zeiten am Ring geändert habe: »Die Bäume sind dicker geworden...«*

■ *Mit dem anderthalb Liter Formel 2-Matra MS7-Cosworth mischt Jacky Ickx in der Eifel fast das komplette Grand-Prix-Feld auf: Der junge Belgier und der Nürburgring – das wird eine glückliche Liebesbeziehung, auch wenn »Monsieur X« beim Großen Preis am 6. August 1967 mit gebrochener Radaufhängung auf der Strecke bleibt.*

ham, der deshalb auch beflissen alle neuen Teile erstmal für den Eigenbedarf verwendet, mit dem Resultat, daß »Black Jack« häufiger ausfällt als »Denny the Bear«: »Ich glaube, das hat mir erst den Gewinn der Weltmeisterschaft ermöglicht«, wird Denis Hulme noch Jahre später bekunden. Jack Brabham hat in der Fuchsröhre mit seinem neuen BT24-Repco einen fürchterlichen Trainingssturz heil überstanden, als links hinten ein Rad weggebrochen ist... Im Rennen vermag der Titelverteidiger den Brabham-Doppelsieg knapp vor Chris Amon im Ferrari zu komplettieren. Im WM-Klassement steht es somit 37:25 für Denis Hulme gegen Jack Brabham: Das ist zwar noch nicht der Sieg im Kampf um die Fahrerweltmeisterschaft, aber eine kleine Vorentscheidung...

# Street fighting men

Das Jahr der Revolten und Studentenproteste beginnt den Zustand in den Köpfen zu verwirren und zu verändern. Rudi Dutschke, Haupt der studentischen Rebellion, wird am 10. April von einem Attentäter angeschossen und lebensgefährlich verletzt, die außerparlamentarische Opposition formiert sich auf der Straße zum militanten Protest. Es geht gegen »Springer-Presse«, gegen die »Notstandsgesetzgebung« und auch gegen den fernen Krieg in Vietnam. In Frankreich droht im Gefolge der Pariser Mai-Unruhen die Regierung zu stürzen, Präsident Charles de Gaulle erwägt für einen Moment, die Republik mit Hilfe der in der Bundesrepublik stationierten französischen Truppen zurückzuerobern. Der Staatsnotstand sorgt auch dafür, daß die 24 Stunden von LeMans vom traditionellen Juni-Termin auf das Wochenende des 28./29. September 1968 verschoben werden müssen... Die westliche Welt scheint im Umbruch, während im Osten die Sowjetunion und ihre Satelliten den »Prager Frühling« am Ende eines kurzen, völlig verregneten Sommers beenden werden.

■ *7. April 1968, Hockenheimring: Das letzte Rennen für Jim Clark.*

Auch im Fundament des Motorsports steht kein Stein mehr auf dem anderen. Eine beispiellose Unfallserie erschüttert die Rennszene: Mike Spence kommt beim Training für die Indy 500 ums Leben, Ludovico Scarfiotti stürzt sich bei einem Trainingslauf zur Berg-EM am Roßfeld zu Tode und Jo Schlesser verbrennt im neuen, luftgekühlten Honda RA302 beim französischen Grand Prix. Doch den Auftakt zu diesem grausigen Nekrolog liefert am 7. April 1968 der unbestritten beste Rennfahrer der Welt: Jim Clark ist mit seinem Formel-2-Lotus am Hockenheimring tödlich verunglückt, sein erstes Rennen auf dem zwei Jahre zuvor eröffneten Kurs wird sein letztes... Die Angst grassiert im Fahrerlager: Wenn es selbst Jim Clark erwischen konnte, dann ist nichts und niemand mehr sicher. Die Zeit der Augenwischerei geht zuende, Dan Gurney wird 1968 erstmals einen der neuen Integralhelme aufsetzen, Jack Brabham und Jochen Rindt zählen zu den ersten, die in einem Formel-1-Rennwagen Sicherheitsgurte anlegen. Bald werden die GP-Protagonisten auch auf Mängel bei den Rennstrecken aufmerksam machen, und mit breiten Seitenstreifen, doppelten Leitplanken und Fangzäunen wird ausgerechnet der Hockenheimring künftig internationale Maßstäbe setzen: Leider erst als Konsequenz aus dem tödlichen Unfall von Jim Clark.

Die Serie von tödlichen Unfällen ruft hierzulande mehr denn je die Kritik von außen auf den Plan: ARD und ZDF verzichten 1968 auf die Übertragung von Formel-1-Rennen, die seit Anfang der Saison erlaubte »branchenfremde Werbung« auf den Rennwagen ist den Puristen des Amateurgedankens ein Greuel und gestandene TV-Funktionäre werden sich auch noch in den folgenden Jahren immer mal wieder vehement und bigott zugleich gegen die schändliche »Kommerzialisierung des Sports« wenden, doch dies sind bereits die letzten Rückzugsgefechte. Das Geld wird siegen, der Sport verkommt zur Show – und nicht zuletzt das Fernsehen und die Formel 1 sorgen weltweit für diese Entwicklung.

Der Große Preis von Deutschland flimmert 1968 also nicht über bundesdeutsche Mattscheiben. Aber wahrscheinlich hätten die elektronischen TV-Kameras sowieso kein brauchbares Bild liefern können, dichter Nebel und ständige Regenfälle trüben das gesamte Rennwochenende. Rund 85 000 Zuschauer verirren sich trotzdem in die Eifel. Bei Testfahrten auf trockener Piste hat Chris Amon mit seinem Ferrari V12 im Juni mit 7.57,3 inoffiziell erstmals die Acht-Minuten-Schallmauer durchbrochen, inzwischen sind den meisten Formel-1-Rennwagen unübersehbare aerodynamische Hilfsmittel gewachsen, mächtige Flügel und Spoiler, die von Rennen zu Rennen größer werden. Doch in der Nürburgring-Suppe gelingt Jacky Ickx im anderen Werks-Ferrari V12 eine 9.04,0 als absolute Bestmarke.

*Der Blick von BMW-Rennleiter Steinmetz gen Himmel verheißt nichts Gutes: Das erste Augustwochenende des Jahres 1968 beschert Dauerregen und Nebel… Hubert Hahne rückt wie schon im Vorjahr mit einer Zweiliter-Version des BMW-Vierzylinder-Apfelbeck-Motors aus. Das Chassis stammt übrigens noch immer von Lola und firmiert unter der aktuellen Bezeichnung T102. Dieser Zwitter zwischen Formel 2 und Grand-Prix-Rennwagen leistet etwa 265 PS, also rund 150 Pferdestärken weniger als die besten Formel 1-Boliden des `68er Jahrgangs. Was den 33jährigen Nürburgring-Kenner Hahne nicht davon abhält, mit seinem Lola-BMW beim Heim-GP als letzter, nicht überrundeter Fahrer immerhin noch auf den zehnten Platz zu gelangen.*

*4. August 1968: Ein Blick auf die vorletzte Startreihe und den McLaren M7A-Cosworth von Teamchef Bruce McLaren. Filigrane Flügelkonstruktionen sind in dieser Saison erstmals in Mode, bei McLaren begnügt man sich mit relativ gemäßigter Größe dieser »Tragflächen« oder »Wings«. Man vergleiche etwa den gleich dahinter stehenden Cooper T86B-BRM von Lucien Bianchi (Nr. 19). Manche Kontrahenten meinen damals sogar immer noch auf derartiges Flügelwerk verzichten zu können – und müssen sich wie Richard Attwood im BRM P126 (Nr. 11, rechts neben Bianchi) mit dem letzten Platz in der Startaufstellung und im Rennen begnügen. Damals sind die Rennwagen des Neuseeländers Bruce McLaren noch in auffälligem Orange lackiert, gerade die richtige Signalfarbe für Dauerregen und Nebel, von dessen Dichte dieses Bild eine weitere Geschichte erzählt. Es ist McLarens erster deutscher Grand Prix, den er mit seiner Eigenkonstruktion bestreitet und auf dem 13. und vorletzten Platz beendet.*

■ *Die erste Reihe mit den beiden Ferrari Tipo 312 von Jacky Ickx (9) und Chris Amon (8) auf den besten Startplätzen, während im Hintergrund Jochen Rindt (5) im Brabham BT26-Repco lauert.*

Diese Rundenzeit, bereits im Freitagstraining aufgestellt, wird das gesamte Wochenende nicht unterboten. Nur insgesamt sieben Rennfahrer schaffen überhaupt Zeiten unter der Zehn-Minuten-Grenze... Das Wetter wird von Tag zu Tag schlechter, am Samstag muß das gesamte Vormittagstraining abgesagt werden. Um wenigstens den Formel-1-GP zu retten, streicht der AvD sämtliche Rahmenrennen. Am Sonntagmorgen wird sogar noch ein zusätzliches, gezeitetes Formel-1-Training anberaumt! Kurz vor 15.00 Uhr wird der Start freigegeben, von Boykott redet damals niemand, die Funktionäre sind äußerst zuvorkommend, die »Grand Prix Drivers Association« wird eingehend kontaktiert. Graham Hill und Jo Bonnier inspizieren vor dem Start noch einmal den Kurs, so nimmt alles seinen Lauf und Jackie Stewart wird zum neuen Nürburgring-Helden: »Das Wetter war unbeschreiblich. Überall liefen kleine Bäche über die Fahrbahn. An manchen Stellen war der Nebel so stark, daß die Sicht nicht mehr als 50 Meter betrug. Unmöglich die Signaltafeln an der Boxenmauer abzulesen. Auf den langen Geraden mußte ich mich an Hecken und Bäumen orientieren, um zu wissen, wo ich mich überhaupt befand. Ich bin damals mit einem angebrochenen Handgelenk gefahren und hatte einen Spezialverband. Beim Start sind Graham Hill, Chris Amon und Jochen Rindt in Führung gegangen. Aber noch vor Ende der ersten Runde habe ich alle drei überholt. Von da an bin ich mein eigenes Rennen gefahren. Ab und an mußte ich einen Hinterbänkler überholen, aber zum Glück war der alte Ring so lang, daß mir das an diesem schlimmen Tag nicht allzu oft passiert ist. Im Ziel lag ich vier Minuten vor allen anderen. So gesehen war mein härtester Grand Prix auch mein bester.«

■ *Sekunden später hat sich Pole-Sitter Jacky Ickx bereits völlig überrumpeln lassen und taucht (ganz links im Bild) in der Gischt des späteren Siegers Jackie Stewart (6, Matra MS10-Cosworth) unter, während Graham Hill (3, Lotus 49B-Cosworth) vor Chris Amon (8, Ferrari 312) und Jochen Rindt (5, Brabham BT26-Repco) zunächst die Führung übernimmt. Schemenhaft zu erkennen auch noch der weiß-rote Honda RA301 von John Surtees (7), daneben Vic Elford im Cooper T86B-BRM (20) und Dan Gurney im Eagle T1G-Weslake (14). Im »Spray« hinter dem Kalifornier Piers Courage (22, BRM P126), vom Betrachter aus links Jack Brabham (4, Brabham BT26-Repco), schräg hinter Courage Jackie Oliver im zweiten Werks-Lotus 49B-Cosworth und der nasse, nicht weiter zu identifizierende Rest.*

■ *4. August 1968, Jackie Stewart und der Siegerspruch des Tages: »Wer Dir nach dem Rennen sagt, er liebe den Nürburgring, der lügt Dich an!«*

Allerdings verfügt »Jack the Hair« damals auch über die wohl besten Regenreifen, die Dunlops sind den Firestones bei Lotus und Ferrari und den Goodyears bei Brabham überlegen, konstatiert später der frustrierte Chris Amon, der auf der Hatz nach Hill seinen Ferrari kurz vor Schluß von der Strecke wirft. Graham Hill indes wähnt sich noch von dem Neuseeländer verfolgt und dreht sich in der 12. Runde im Streckenabschnitt Hohe Acht, der Lotus 49 bleibt mit abgewürgtem Motor quer auf der Piste liegen: »Oh Gott, dachte ich, wo ist Amon? Ich versuchte, ihn mit einem Auge zu erspähen und gleichzeitig den Wagen aus dem Weg zu schaffen. Da ich ihn mit dem Anlasser nicht in Bewegung setzen konnte, mußte ich aussteigen und ihn anschieben. Dabei dachte ich die ganze Zeit, daß mich Amon jeden Augenblick über den Haufen fahren würde. Tatsächlich war aber Chris in der Nordkehre – ungefähr 16 Kilometer vorher – in den Graben gefahren. Ich hatte das einfach nicht bemerkt.« Und so sichert sich Graham Hill noch Platz zwei hinter Jackie Stewart. Am Ende der Saison sind die Positionen im Kampf um die Weltmeisterschaft genau umgekehrt und Hill ist der neue Champion. Aber der Große Preis von Deutschland auf dem Nürburgring hat schon die künftigen Machtverhältnisse in der Formel 1 angedeutet.

# Der Ring des »Monsieur X«

»Er oder ich!« – Western-Atmosphäre liegt am letzten Juli-Wochenende des Jahres über dem Nürburgring. Jacky Ickx, der die Nordschleife aus dem Effeff zu beherrschen scheint, wittert beim Großen Preis von Deutschland stets die Möglichkeit, seinem Erzrivalen in der Formel 1 zu beweisen, wer der schnellere Mann ist. Jackie Stewart heißt der designierte König des GP-Sports, aber Jacky Ickx wird Jahr für Jahr am Thron des Schotten sägen – am Ende zwar stets vergebens. Doch am Nürburgring vermag der fast fünfeinhalb Jahre jüngere Belgier immer mal wieder das Intim-Duell für sich zu entscheiden. Zum ersten Mal passiert das in großem Stil anno 1969, als der 24jährige »Monsieur X« mit seinem Brabham-Ford das Training und – nach einem verpatzten Start – auch das Rennen beherrscht.

Am 21 Juli 1969 haben Neil Armstrong und Edwin Aldrin als erste Menschen den Mond betreten, am Vormittag des 1. August 1969 landen erstmals in einem offiziellen Zeittraining zwei Rennfahrer unter der Acht-Minuten-Grenze auf der Nürburgring-Nordschleife. Jackie Stewart

*■ Das Training beginnt: Jackie Stewart (Matra MS80-Cosworth), Denis Hulme (McLaren M7A-Cosworth) und Jochen Rindt (Lotus 49B-Cosworth) nehmen Anlauf auf die imaginäre Acht-Minuten-Schallmauer – sie werden ein Schlupfloch finden... Links im Bild noch in der Boxengasse der Formel-2-Brabham BT30 von Peter Westbury.*

■ 1. August 1969, Freitagnachmittag: Gerhard Mitter vor seiner letzten Fahrt im BMW F269 (rechts im Bild Rennleiter Steinmetz).

fährt im Matra MS80-Ford 7.55,6, Jochen Rindt peitscht seinen Lotus 49-Ford in 7.58,0 um den Kurs und kommentiert durchaus kritisch: »Auf dem Nürburgring zu fahren, ist jedes Jahr ein neuer Schreck für mich.« Für einmal fällt es Rindt schwer, seinen gewohnten Part des Stewart-Herausforderers zu spielen: »Auf dem Ring gab's unheimliche Schwierigkeiten mit der Straßenlage. Als wir die Bodenfreiheit so kalkulierten, daß mein Lotus nicht mehr aufsaß, hatte der Wagen überhaupt keine Straßenlage mehr. So mußten wir ihn tieferlegen und das Bodenstreifen in Kauf nehmen.« Erst in seiner letzten Trainingsrunde fährt Rindt auf Startplatz drei vor, obwohl sein Cosworth bereits zu stottern beginnt, Indiz für eine defekte Zündanlage, die die Lotus-Mechaniker trotz intensiver Nachtarbeit nicht kurieren können, Rindt wird im Rennen an aussichtloser Stelle aufgeben: »Der Große Preis von Deutschland bleibt mir jedoch vor allem durch den schrecklichen Unfall Gerhard Mitters in schlechter Erinnerung. Seit den Zeiten, als ich mit ihm als Copilot bei Porsche fuhr, schätzte ich ihn als zuverlässigen und sicheren Fahrer.«

Am Freitagnachmittag, als Jacky Ickx mit 7.44,2 das Kommando am Nürburgring übernimmt und Jo Siffert im Walker-Lotus 49 grandiose 7.50,3 vorlegt, ist Gerhard Mitter ums Leben gekommen, als sein BMW-Formel-2-Werkswagen am Schwedenkreuz von der Strecke rast, weil wahrscheinlich die Lenkung gebrochen ist... Der 33jährige Böblinger stirbt vor dem langersehnten Wendepunkt seiner Rennfahrerkarriere, als er gerade mit Ford Deutschland im Gespräch ist, um für die Saison 1970 in einem Formel-1-Team unterzukommen. An Mitters Stelle wird Rolf Stommelen antreten, der beim Großen Preis in einem von Roy-Winkelmann-Racing geliehenen Lotus 59B beherzt mit Dick Attwood und Kurt Ahrens um den zweiten Platz in der Formel-2-Wertung fightet. Der 26jährige Kölner behält sogar noch die Nerven, als in der letzten Runde in der Schikane vor Start und Ziel Flammen aus seinem Motor züngeln: Tapfer fährt Stommelen durch, löst die Gurte, stellt sein Gefährt in Reichweite des nächsten Feuerwehrpostens im Zielbereich ab, bringt sich erst dann in Sicherheit und rettet damit den Lotus vor dem Abfackeln.

Jacky Ickx fährt im Abschlußtraining 7.42,1 gleich 177,8 km/h, selbst der klare WM-Spitzenreiter Jackie Stewart muß sich da um drei Zehntel geschlagen geben. Das Publikum wittert eine Sensation, 116 000 zahlende Zuschauer erleben denn auch einen dramatischen Rennverlauf, nachdem Ickx beim Startsprint in Richtung Südkehre sich zunächst nur hinter Stewart, Siffert, Rindt, Hulme, Hill und McLaren einreihen kann. Während Stewarts Matra mit sechs Sekunden Vorsprung auf Sifferts Walker-Lotus aus der Startrunde vorbeijagt, hängt Ickx immerhin schon hinter Rindt, überholt in Runde zwei, schnappt sich Siffert im dritten Durchgang und verkürzt dabei den Rückstand auf Spitzenreiter Stewart um volle fünf Sekunden auf nurmehr 4,2 Sekunden! Die Sache wird ernst und der Brabham in Stewarts Rückspiegeln immer größer. Und als dem Schotten auch ab und an ein paar Gänge rausspringen, ist Ickx nicht mehr zu halten: Nach zwei Anläufen versucht es der Belgier zu Beginn der achten von 14 Runden noch einmal in der Südkehre und hat nach einer neuen Bestzeit von 7.43,8 genügend Schwung, um am führenden Matra endlich vorbeizuziehen, seinem zweiten GP-Sieg und dem ersten am Nürburgring entgegen: »Ich bin völlig abgespannt,

■ 3. August 1969, Männer ohne Nerven: Der designierte Weltmeister gibt noch kurz vor dem Start Autogramme! Erst ein Vierteljahrhundert später wird der scheinbar so schreibwütige Jackie Stewart offenbaren, daß er an Legasthenie leide...

■ *Die Reifen sind noch ein paar Zentimeter breiter geworden, weisen aber noch das gewohnte Profil auf – was sich anderthalb Jahre später mit Einführung der Slicks schlagartig ändert. Wir blicken in die dritte Startreihe, ganz rechts im Bildvordergrund Vic Elford mit dem privaten McLaren M7B-Cosworth von John Coombs, links davon Piers Courage mit dem Brabham BT26A-Cosworth von Frank Williams. Beide Rennfahrer werden im Rennen haarsträubende Unfälle mit viel Glück überstehen... In der zweiten Reihe sind Jo Sifferts Lotus 49B-Cosworth (rechts) und Denis Hulmes McLaren M7A-Cosworth zu identifizieren, während ganz im Hintergrund rechts Jacky Ickx mit seinem Brabham BT26A-Cosworth auf der Pole steht und sich mit Jackie Stewart (Matra MS 80-Cosworth) und Jochen Rindt (Lotus 49B-Cosworth) die erste Linie teilt.*

weniger körperlich groggy, sondern vielmehr geistig fertig. Das Schlimmste war die ununterbrochen notwendige Konzentration. Zu sagen, daß ich glücklich bin, ist nicht alles. Ich verhalf einem großartigen Team zum ersten Sieg seit langem. Das ist entscheidend.« Und das freut denn auch Jack Brabham, der nach einem Unfall bei Testfahrten wegen eines Gipsfußes sich am Nürburgring nur mit Krücken fortbewegt. »Black Jack« sucht einen Nachfolger als Nummer Eins, doch Jacky Ickx wird es wieder zur Scuderia Ferrari ziehen, die nach zahllosen Problemen und Ausfällen mit dem alten V12 gar nicht erst am Nürburgring erschienen ist. Und Jochen Rindt wird sich nicht von Lotus trennen – so daß Jack Brabham doch noch ein Jahr Formel 1 dranhängt... Ein anderer ganz Großer wird den rechtzeitigen Absprung leider verpassen, auch wenn er am Nürburgring kurzfristig auf einen Start verzichtet: John Surtees, Sieger vieler Rennschlachten in der Eifel, will mit dem neuen BRM P139 keinen Unfall riskieren, nachdem er am Freitag mit dem Gefährt nur eine Zeit von 8.12,1 gefahren ist. Womit am Rennsonntag nur noch 13 Formel-1-Rennwagen an den Start rollen werden... Nach dem Rückzug von Honda ist »Big John« bei der Truppe des egozentrischen Louis Stanley vom Regen in die Traufe gekommen, John Surtees wird sich umgehend – wie schon in der Formel 5000 – mit eigenen Konstruktionen an der Formel-1-WM beteiligen, leider ohne den durchschlagenden Erfolg, den der Champion als Rennfahrer hat verzeichnen können. Der Jubel um Jacky Ickx verdrängt nicht nur den Todessturz von Gerhard Mitter: Wieder sind es zwar typische Rennzwischenfälle, die sich jedoch auf der Nordschleife zu weitaus ernsteren Folgen summieren können, auf glückliche Art und Weise für dieses Mal jedoch ohne tödliche Folgen bleiben. Nach einem Sprung am Wippermann schlägt Mario Andretti mit seinem allradgetriebenen Lotus 63 hart auf, gerät von der Strecke, reißt sich an einem Zaun zwei Räder ab, schleudert quer über die Piste und kommt irgendwie zum Stillstand. Vic Elford jagt in seinem privaten McLaren als nächster um die Ecke, sieht die weitverstreuten Wrackteile viel zu spät, prallt auf ein abgerissenes Rad und überschlägt sich rücklings in die Bäume. Vic Elford zieht sich einen dreifachen Armbruch zu, sitzt hilflos eingeklemmt auf einem Pulverfaß mit 200 Liter Benzin und wird zum Glück vom rasch hinzugeeilten Mario Andretti befreit... Wir sind noch einmal davongekommen, aber wieviele Male noch? Und im Falle von Gerhard Mitter stellt sich diese Frage leider schon viel zu spät...

■ Brauerei-Erbe Piers Courage ist ein talentierter Rennfahrer, der seinem Freund Frank Williams bei Aufbau und Finanzierung eines Ein-Mann/Ein-Wagen-Teams etwas unter die Arme greift. Mit diesem Brabham BT26A-Cosworth beginnt für Frank Williams der Traum vom eigenen Formel-1-Rennwagen – der bereits ein Jahr später in Zandvoort zum Alptraum wird, als Piers Courage mit dem neuen Williams-De Tomaso in Zandvoort tödlich verunglückt. Frank Williams ringt sich durch, in der Formel 1 weiterzumachen.

■ Eingangs der siebten von 14 Runden fällt die Vorentscheidung, Jacky Ickx ist an Jackie Stewart vorbeigezogen und hält auf einer merkwürdigen Kampflinie in der Nordkehre seine Spitzenposition.

# Grand Prix in der Arena

Die Formel 1 scheint 1970 bessere Zeiten denn je zu erleben: Eine ganze Reihe großer Sponsoren steckt Geld in die Teams, der neue March-Rennstall füllt mit bis zu sechs Wagen die Startreihen, auch Weltmeister Jackie Stewart nimmt in einem der bulligen 701er Platz, die Ken Tyrrell ordern muß, weil sein eigenes Formel-1-Projekt noch nicht einsatzbereit ist. Stewart will mit Cosworth-Motoren fahren, Matra setzt mit Unterstützung von Simca wieder den eigenen V12 ein, BRM kommt mit Tony Southgate und anderen ehemaligen Technikern aus Dan Gurneys Eagle-Rennstall wieder auf Kurs und Ferrari scheint mit dem Zwölfzylinder-Boxermotor in der zweiten Saisonhälfte alles in Grund und Boden fahren zu können, wäre da nicht ein Jochen Rindt, der im neuen, keilförmigen Lotus 72 mit seitlichen Wasserkühlern und innenliegenden Scheibenbremsen von Sieg zu Sieg geeilt ist. Die Teilnehmerzahlen sind so gewaltig nach oben geschnellt, daß zehn Fahrer fest gesetzt werden, während der bisweilen schnellere Rest ein separates Qualifikationstraining absolvieren muß. Der Grand-Prix-Sport gewinnt an Farbigkeit, die aber angesichts einer neuen Unfallserie bald wieder zu verblassen droht: Bei Testfahrten in seinem neuen CAN-AM-Sportwagen ist Bruce McLaren am 2. Juni tödlich verunglückt, am 21. Juni rast Piers Courage beim niederländischen GP mit seinem Williams-DeTomaso von der Strecke und kommt im Aufschlagbrand ums Leben. Sein Freund Jochen Rindt gewinnt das Rennen in Zandvoort und fordert bald mit Blick auf den bevorstehenden GP von Deutschland eine Überprüfung der Sicherheitsstandards auf dem Nürburgring: »Wir ziehen alle an einem Strang, die Veranstalter und Rennfahrer. Es geht um den Fortbestand von Rennen überhaupt, denn die sich häufende Zahl von

*Streckenposten bei ihrer Lieblingsbeschäftigung, während Mario Andretti im March 701-Cosworth die Rückkehr an die Box signalisiert...*

zum Teil tödlichen Unfällen könnte zu einem Verbot führen.« Die Befürchtungen von Rindt und der Formel-1-Fahrervereinigung sind nicht unbegründet: Der hochtalentierte finnische Rennfahrer Hans Laine ist beim Training zum ADAC-1000-Kilometer-Rennen auf der Nordschleife tödlich verunglückt. Was man Rindt und Kollegen allenfalls ankreiden kann, scheint ihr sehr spät artikulierter Protest: Am 8. Juli, keine vier Wochen vor dem Großen Preis von Deutschland, inspizieren Jochen Rindt und Graham Hill im Auftrag der GPDA den Nürburgring. Ihr Urteil ist eindeutig: »zu gefährlich«... Die Rennfahrer listen 18 Punkte auf, die bis zum Formel-1-GP am 2. August zu erfüllen sind, andernfalls werde das Rennen auf der Nordschleife boykottiert. In der noch verbleibenden Zeit sind zehn Kilometer neue Leitplanken und breitere Sturzräume indes nicht mehr termingerecht anzulegen. Der AvD reagiert rasch und kommt mit der Hockenheimring GmbH ins Geschäft: Der Große Preis von Deutschland wird am 2. August 1970 erstmals im Motodrom stattfinden... Es entbehrt nicht einer tragischen Ironie, daß der Berliner Herbert Schultze, einer der erfahrensten deutschen Rennfahrer, am 12. Juli mit seinem Alfa Romeo beim Großen Tourenwagen-Preis auf der Nordschleife tödlich verunglückt. Was den AvD übrigens nicht davon abhält, am 2. August, zeitgleich mit dem Großen Preis am Hockenheimring, ein Formel-2-Rennen auf der Nordschleife zu veranstalten: Flagge zeigen, heißt wohl das Motto...

Und was in der Eifel nicht wenige befürchtet, aber sehr viele in Hockenheim erhofft haben, tritt tatsächlich ein: »Nun haben wir also die Chose: Der Große Preis von Deutschland in Hockenheim war ein Erfolg. Bei Fahrern und Zuschauern hat er Anklang gefunden. Den Fahrern gefiel das hohe Maß an Sicherheit und der hervorragende Zustand der Strecke. Den Zuschauern die große Zahl der Durchfahrten, die sie fast ununterbrochen am Renngeschehen teilhaben ließ und einen einzigartigen Überblick gewährte«, kommentiert *sport auto* und stellt die Gretchenfrage: »Warum sollte bei uns nicht auch, wie in England und Frankreich, der Grand Prix wechselweise auf dem Nürburgring und in Hockenheim ausgetragen werden?« Und Helmut Zwickl schreibt in *auto, motor und sport*: »Die Zuschauer grölten: Was hier geboten wurde, war Grand-Prix-Sport in höchster Vollendung, da fuhr niemand sein einsames Rennen wie am Nürburgring. Die Charakteristik der Hockenheim-Arena bringt es mit sich, daß Mann gegen Mann, Rad an Rad gekämpft wird. Die Piste liegt den Zuschauern wie eine Slot-Racingbahn zu Füßen.«

Bereits im Training kann das Publikum wilde Windschattenjagden auf die Bestzeit erleben, auch wenn Jacky Ickx mit seinem Ferrari 312B die Pole Position auch ohne solche »Ansaughilfe« im Alleingang herausfährt, was die PS-Überlegenheit des Maranello-Boxermotors eindrucksvoll unterstreicht. Über 450 PS soll der 12-Zylinder entfesseln, für die sieggewohnte Cosworth-Armada wird die Lage immer schwieriger. Vor der ersten Schikane erreichen die Boliden ihre Höchstgeschwindigkeit, Mario Andretti schafft mit seinem March 701-Cosworth 9600 U/min

■ *Der Duft der großen, weiten Grand-Prix-Welt: Parfümhersteller Yardley sponsert das BRM-Werksteam und unternimmt in Hockenheim die ersten Versuche in Sachen Öffentlichkeitsarbeit... O wie schön naiv und heiter waren doch die Anfänge der Kommerzialisierung in der Formel 1 noch anno 1970! Kundige Beobachter haben inzwischen registriert, daß sich die Damen um einen BRM H16 aus dem Baujahr 1967 gruppieren, der in Yardley-Farben umlackiert worden ist: Den aktuellen BRM P153 gibt es nämlich nur in begrenzter Anzahl, so daß auf dem Hockenheimring sogar der dritte Werksfahrer, der kanadische Millionärssohn George Eaton, mangels Untersatz pausieren muß.*

■ *2. August 1970: Wer damals dabei war, hat wahrscheinlich den spannendsten Großen Preis von Deutschland aller Zeiten gesehen. 31 Runden sind gefahren, noch scheint Jacky Ickx im Ferrari 312B den Lotus 72-Cosworth von Jochen Rindt auf Distanz halten zu können, während sich an der Außenseite der Sachskurve die Fotografen sputen, um den monumentalen Dreher von Clay Regazzoni noch vor die Linse zu bekommen. Eingangs des Motodroms ist nämlich gerade der 12-Zylinder-Boxer des zweiten Ferraris hochgegangen.*

im fünften Gang, was etwa Tempo 285 entspricht. Jacky Ickx und sein Teamkollege Clay Regazzoni sind mit annähernd 300 km/h unterwegs.

Hubert Hahne versucht mit 35 Jahren noch einmal einen ernsthaft gemeinten Einstieg in die Formel 1 und hat sich für den Großen Preis einen nagelneuen March 701 gekauft, doch das silbern lackierte Gefährt scheint sich als 18 000 Pfund teurer Fehleinkauf zu erweisen: »Wir mußten zwei Tage lang arbeiten, bis das Auto ansprang. Da waren etliche Leitungen falsch gepolt«, beschwert sich Hahne, nachdem er die Qualifikation fürs Rennen deutlich verpaßt hat. Später droht er den March-Herren Max Mosley, Alan Rees und Robin Herd Regreßansprüche an, doch als der neun Jahre jüngere Ronnie Peterson daraufhin mit dem inkriminierten Gefährt bei Testfahrten auf passable Zeiten kommt, wird sich Hubert Hahne rasch vom Rennsport verabschieden...

Besser macht es da Rolf Stommelen, der freilich auch im zweiten Werks-Brabham sitzt. Während sein Chef bereits am Start stehen bleibt und alsbald nach einem Motorschaden seine durchaus noch vorhandenen Hoffnungen auf die Weltmeisterschaft abschreiben kann, kommt Stommelen als Fünfter ins Ziel. Zwei WM-Punkte sind eine schöne Belohnung, auch wenn der Kölner am Ende überrundet ist und sich zuvor vom brasilianischen Formel-1-Neuling Emerson Fittipaldi in einem älteren Lotus 49C hat abhängen lassen müssen. Noch scheinen nur wenige zu ahnen, über welch außergewöhnliches Fahrtalent der erst 23jährige »Fitti« verfügt...

Die Führung in diesem bemerkenswerten Großen Preis wechselt ständig zwischen Ickx und Rindt, während zwei Runden taucht auch Regazzoni als Spitzenreiter im Motodrom auf. Siffert und Amon, die anfänglich mit ihren Werks-March im Slipstream-Schlepptau hingen, werden Opfer ihrer überlasteten Cosworth V8. Auch Regazzoni verabschiedet sich mit Motorschaden und dreht dabei im Motodrom eine unfreiwillige, aber umso spektakulärere Pirouette, was dem 30jährigen Tessiner Beifall auf offener Szene beschert: Über 100 000 Zuschauer in der völlig überfüllten Betonarena sind begeistert. Zwei Runden vor Schluß übernimmt Jochen Rindt im Lotus 72 das Kommando und hält den Ferrari 312B von Jacky Ickx bis ins Ziel knapp hinter sich: »Ich hatte keine Chance gegen Dich«, wird Ickx dem 29jährigen Sieger auf dem Podium anvertrauen, »mein Ferrari übersteuerte zu stark in der Ostkurve, und im Motodrom warst Du sowieso schneller.« Jochen Rindt hat seinen fünften Saisonsieg in der Tasche und der Gewinn der Fahrerweltmeisterschaft scheint bei 20 Punkten Vorsprung auf Jack Brabham nur noch Formsache. Dank der überragenden Aerodynamik seines Lotus und eines extrem lang übersetzten fünften Gangs scheint der Deutsch-Österreicher auch für die beiden nächsten WM-Läufe auf den Hochgeschwindigkeitskursen von Zeltweg und Monza bestens gerüstet: »Mir war es stets möglich, auf der Geraden Jacky Ickx klar zu distanzieren«, no-

■ *Viele kluge Köpfe verglichen schon immer Grand-Prix-Rennfahrer mit den Gladiatoren der römischen Antike. Doch erst mit dem Umzug des GP nach Hockenheim kommt das stimmige Ambiente à la Circus Maximus hinzu. Durch das Motodrom schlängeln sich Emerson Fittipaldi (Lotus 49C-Cosworth), Rolf Stommelen (Brabham BT33-Cosworth), John Surtees (Surtees TS7-Cosworth), Ronnie Peterson (March 701-Cosworth), Denis Hulme (McLaren M14A-Cosworth) und François Cevert (March 701-Cosworth). Ganz im Bildhintergrund ist ausgangs der Sachskurve Graham Hill (Lotus 49C-Cosworth) unterwegs.*

tiert Jochen Rindt ausführlich für die Leserschaft von *sport auto* über seinen Hockenheim-Sieg, »und das, obwohl der Ferrari wesentlich mehr PS hat, was sich beim Beschleunigen zeigte. Er konnte mich zum Beispiel in der Kurve nach der Start- und Zielgeraden problemlos überholen, jedoch hat mich dies nicht beunruhigt, denn ich wußte, daß ich ihn auf der Geraden wieder schnappen würde – trotz seiner höheren Leistung. Auch erlaubte es mir die Straßenlage meines 72, in den engen Kurven des Motodroms vor ihm zu bleiben, bis hin zum Ziel, und gerade das war es ja, was für die letzte Runde und den Zieleinlauf wichtig war. Während des ganzen Rennens spielte ich mit den Ferraris Katz und Maus, obwohl ich mich natürlich stark konzentrieren mußte, denn mein Vorteil war so gering, daß ich mir keinen Fehler erlauben durfte. Auch weiß ich meine Gegner zu schätzen. Sowohl Ickx als auch Regazzoni fahren erstklassig. Bei Jacky hat mich das nicht so sehr überrascht, umso mehr jedoch bei Clay, zeigte er doch bisher in der Formel 2 oftmals sehr akrobatische Manöver und vergaß dabei oftmals die eigene Sicherheit – und die der anderen. In Hockenheim hat er sich derlei jedoch nicht geleistet, sondern fuhr überraschenderweise tadellos. Dazu ist natürlich zu sagen, daß die Formel 1 zur Zeit mit ihren 300 km/h – und mehr – zu delikat ist, um irgendetwas zu riskieren. Bei diesen Geschwindigkeiten gibt es keine verzeihbaren Fehler – und der gute Clay weiß das sehr genau.« Und am Ende seines letzten Berichts für *sport auto* fügt Jochen Rindt hinzu, im Kampf um die Krone des Automobilsports, alle »unnötigen Nervenanspannungen« zu vermeiden: »Einige Zeitungen schrieben davon, daß ich von der Bühne des Automobilsports abzutreten gedenke. Gewiß hat mich der Tod meines Freundes Piers Courage sehr berührt und vielleicht noch mehr meine Frau Nina. War sie doch mit Sally, der Frau von Piers, sehr befreundet und hat demzufolge ihren Leidensweg miterlebt. Für mich ist jedoch eines gewiß: Ich habe bislang keinerlei Entscheidung gegen den Motorsport getroffen. Ich habe zur Zeit nur ein Ziel: Weltmeister zu

■ *»It's Jochen!« – Das Publikum steht kopf, einige Zuschauer tummeln sich sogar auf den Tribünendächern, während Jochen Rindt ausgangs der 50. Runde als erster auf den Zielstrich zurast.*

■ *Das Zeremoniell wirkt hemdsärmelig, aber aufrichtig: Noch dröhnt keine Kitsch-Version von Beethovens »Ode an die Freude« an Zuschauers Ohr, noch gibt es keine vorgeschriebene Champagner-Dusche – ein Grand-Prix-Sieger bedarf damals keiner stilisierten Rituale. Auch ohne Brimborium genießt Jochen Rindt den Triumph von Hockenheim – daß es sein letzter bleiben wird, scheint damals undenkbar.*

werden. Zwar bin ich wohl auf dem besten Weg dorthin, doch ist der Titel noch nicht gewonnen. Seit zehn Jahren habe ich mich nur nach diesem einen Ziel orientiert und ich sehne den Tag herbei, an dem ich genügend Weltmeisterschaftspunkte gesammelt habe, um nicht mehr eingeholt werden zu können.«

Am 5. September 1970 verunglückt Jochen Rindt in Monza beim Abschlußtraining zum Großen Preis von Italien und erliegt kurze Zeit später seinen schweren Verletzungen. Am 4. Oktober 1970, nach dem Sieg von Emerson Fittipaldi im Großen Preis der USA , steht fest, daß zum ersten und einzigen Mal in der Geschichte der Formel 1 ein Toter zum Weltmeister gekürt wird...

# Streckenkosmetik

Rund 17 Millionen Mark soll der Umbau der Nürburgring-Nordschleife kosten, damit die Formel 1 mit ihren scheinbar immer ängstlicheren Heroen in die karge Eifel zurückkehrt. Bis 1976 sind rund 20 Millionen Mark verbaut. Vater Staat zahlt wieder einmal, auch wenn kluge Leute wie José Rosinski, der Sicherheitsexperte der Obersten Internationalen Sportbehörde CSI, raten, das Geld lieber gleich in den Bau einer neuen Rennstrecke zu investieren. Aber von der Nordschleife mögen traditionbewußte Funktionäre und willige Politiker nun mal nicht lassen, da taucht gar das Argument auf, entlang eines kürzeren Kurses könne man nicht mehr genug zahlende Zuschauer unterbringen, um auf seine Kosten zu kommen...

Derweil wollen der örtliche BMC und die Hockenheimring GmbH den Anspruch auf einen Formel-1-GP aufrechterhalten: Am 13. Juni 1971 findet im Motodrom das nicht zur WM zählende »Jochen-Rindt-Gedächtnisrennen« statt, rund 400 000 DM Startgeld locken und Siegprämien von 50 000, 40 000 und 35 000 DM für die drei Erstplazierten sind auch nach damaligen Verhältnissen ein fürstliches Salär – der AvD wird dem Vernehmen nach bei seinem Großen Preis von Deutschland am 1. August 1971 nur 375 000 Mark für das komplette Formel-1-Feld bezahlen... Die Eintrittspreise in Hockenheim sind entsprechend teuer, obendrein fehlt WM-Spitzenreiter Jackie Stewart und so kommen statt der erwarteten 100 000 nur 60 000 Besucher, die einen klaren Start-Ziel-Sieg von Jacky Ickx in einem letztjährigen Ferrari 312B erleben. Es ist der erste Saisonsieg für den Belgier, der eigentlich als klarer Titelfavorit gehandelt worden war...

Bundesverkehrsminister Georg Leber sorgt zwischenzeitlich für Empörung in Kreisen hurtiger Autofahrer: Der Sozialdemokrat votiert für Tempo 100 auf deutschen Landstraßen, nach der Sommerpause soll eine Gesetzesvorlage in den Bundestag eingebracht werden. Ist das jetzt Ideologie oder Sicherheitsbestreben? Das fragt sich auch mancher der Formel-1-Artisten, als sie die neue Nordschleife erleben. Jacky Ickx, der klassische Vertreter der konservativen Kurzhaar-Fraktion, mault: »Der Ring erinnert mich jetzt an die Champs-Elysées.« Jackie Stewart, der langhaarige Wortführer der Systemkritiker, fährt am Freitag mit 7.19,0 gleich 187,3 km/h die Trainingsbestzeit und läßt wissen, »am Nürburgring nach wie vor keine Runde zuviel fahren« zu wollen. Goodyear und Firestone setzen 1971 erstmals profillose Reifen ein: Die Slicks scheinen wie Kaugummi zu kleben und werden mit immer besseren Mischungen dafür sorgen, daß die Formel-1-Rundenrekorde von Jahr zu Jahr schneller purzeln. Doch am Nürburgring ist nicht allein bessere Reifenhaftung gefragt: An Henri Pescarolos March 711 bricht zum dritten Mal in Folge ein Radnabenträger, und Teamchef Frank Williams konstatiert verzweifelt, daß sich auf der Nordschleife nach wie vor alles an einem Rennwagen verbiegt und verwindet: »Jeder andere Fahrer hätte mir den Laden bereits hingeschmissen.« Einer fehlt in der Eifel: Pedro Rodriguez, je nach Standpunkt des Beobachters der mutigste oder der verrückteste Formel-1-Artist seiner Epoche, ist am 11. Juli 1971 bei einem unbedeutenden Interserie-Rennen auf dem Norisring ums Leben gekommen. Pedro lag im Ferrari 512M des Schweizers Herbert Müller an der Spitze des Fel-

■ *Hockenheim bekommt noch einmal einen Nachschlag in Sachen Formel 1: Doch dem »Jochen-Rindt-Gedächtnisrennen« am 13. Juni 1971 ist bei hohen Eintrittspreisen und ohne WM-Spitzenreiter Jackie Stewart kein großer Erfolg beschieden. Bemerkenswert indes bleibt der kurze Trainingsauftritt des Turbinen-Lotus 56B: Der schnelle Hockenheimring wäre das ideale Terrain für das über 475 PS starke, ehemalige Hubschraubertriebwerk, das pro Kilometer einen Liter Kerosin verbraucht. Leider beendet eine Stichflamme beizeiten die Bemühungen des glücklosen Turbinen-Piloten Dave Walker: Der Lotus 56B ist vor Ort nicht mehr reparabel. Ende August wird Emerson Fittipaldi noch einmal mit dem 56B bei einem Lauf zur Formel 5000-EM (!) in Hockenheim starten und hinter dem Lola von Frank Gardner sogar Zweiter werden.*

des, als ihm in voller Fahrt ein überrundeter Nachzügler in den Weg geriet... Noch glauben viele Grand-Prix-Stars, ohne solche gutdotierten Gastauftritte finanziell nicht über die Runden zu kommen, erst immer häufigere Formel-1-Testfahrten und höhere Fixgehälter werden solch gefährliche Verlockungen Ende der 80er Jahre allmählich stoppen.

Am Samstag schlägt Jacky Ickx mit dem Ferrari 312B2 zurück: 7:19,2 – Tagesbestzeit, nur zwei Zehntel hinter Jackie Stewarts Pole. Es wäre noch schneller gegangen, sagt der Belgier: »Kein Problem, man findet immer neue Sekundenbruchteile, die sich zu Sekunden addieren. Meine 7.19,2 fuhr ich mit einem Motor, der um 500 Touren weniger drehte, das macht sieben km/h weniger auf der Geraden. Wir werden für das Rennen den Motor wechseln.« Hier, auf dem Nürburgring will der Belgier doch noch eine Wende in der Weltmeisterschaft erzwingen, auch wenn es nach Punkten bereits 42:19 für Stewart steht... Beim Start am Rennsonntag, pünktlich um 13 Uhr, schießt der Ferrari sofort an die Spitze des Feldes, doch Stewart zwängt seinen Tyrrell bereits eingangs der Nordkehre in Front: »Er kam so schnell aus meinem Windschatten heraus, daß ich annehmen muß, er war auf der Geraden einfach schneller«, wird Ickx später zu Protokoll geben. 130 000 Zuschauer warten vergebens auf ein spannendes Duell zwischen den beiden Spitzenreitern des Rennens und der WM-Wertung. Aus der Startrunde kehrt Stewart nach 7.37,2 zurück, Ickx ist mit 7.40,2 bereits abgehängt, dahinter folgen Regazzoni mit einer 7.41,2 und Siffert mit 7.44,2. Stewart

■ *1. August 1971, Premiere für die »abgeholzte Nordschleife«: Kurz nach dem Start windet sich das Feld durch das neugestaltete Hatzenbach-Geschlängel. Jackie Stewart (2, Tyrrell 003-Cosworth) führt vor Jacky Ickx (4, Ferrari 312B2) und Clay Regazzoni (6, Ferrari 312B2). Dahinter Denis Hulme (McLaren M19-Cosworth), Jo Siffert (BRM P160), Ronnie Peterson (March 711-Cosworth), Mario Andretti (Ferrari 312B2), François Cevert (Tyrrell 002-Cosworth), Tim Schenken (Brabham BT33-Cosworth), Emerson Fittipaldi (Lotus 72-Cosworth), Rolf Stommelen (Surtees TS9-Cosworth), Henri Pescarolo (March 711-Cosworth) und Howden Ganley (BRM P153).*

■ *Das Schöne an den siebziger Jahren in der Formel 1 war die aerodynamische Vielfalt der GP-Rennwagen: Ausgedehnte Versuche in sündhaft teuren Windkanälen schienen undenkbar, viele Wege führten in Richtung Abtrieb. Wie langweilig nimmt sich doch die heutige Generation von Formel-1-Boliden aus, aerodynamisch ausgefeilt, doch unterscheidbar allein noch aufgrund des Reklame-Designs. Anno 1971 hingegen fuhr nur March mit diesem merkwürdigen Servierbrett-Spoiler: Andrea de Adamichs 711er wird übrigens von einem Alfa Romeo V8-Motor angetrieben, auch dies ein kurzes Experiment. Die »Alfisti« werden es ab 1976 mit einem 12-Zylinder-Boxer bei Brabham probieren und für 1979 sogar einen eigenen GP-Rennwagen einsetzen.*

steigert das Tempo, beim Versuch mitzuhalten, fliegt Ickx am Wippermann raus: »Ich habe mich gedreht. Öl? Nein. Sand? Ach wo. Die Reifen? Alles o.k.« Siffert kämpft sich an seinem Landsmann Regazzoni vorbei, ehe der BRM mit defekter Zündspule zurück- und dann schließlich ganz ausfällt. Doch von hinten stürmt Cevert im zweiten Tyrrell heran, der im Startgewühl vor der Südkehre von Petersons March am Hinterrad getroffen worden war und einige Plätze verloren hat. Der Franzose jagt unaufhaltsam nach vorn, und in der siebten Runde schiebt sich der Tyrrell eingangs der Südkehre an Regazzonis Ferrari vorbei. Cevert fährt im 10. Durchgang sogar neuen Rundenrekord mit 7.20,1 gleich 186,8 km/h: »Ich muß sagen, daß es mich wirklich freute, diese beste Formel-1-Zeit auf einem so harten Kurs wie dem Nürburgring vorgelegt zu haben. Anschließend fuhr ich weiter, ohne meine Geschwindigkeit groß zu ändern. Die letzte Runde war sehr unangenehm für mich: Erschöpft wie ich war, beging ich einige Fehler, die mich hätten teuer zu stehen kommen können. Dann endlich das Abwinken und die große Erleichterung: Zweiter beim Großen Preis von Deutschland.« Ganz vorne indes fährt Jackie Stewart souverän ohne jedweden ernsthaften Herausforderer zum Sieg: »Ich war auf ein viel härteres Rennen gefaßt.« Die Formel-1-WM 1971 ist damit so gut wie entschieden, auch wenn der Schotte die Parole ausgibt: »Wir müssen weiter und weiter siegen...«

Zu den Verlierern auf dem Nürburgring zählt Rolf Stommelen, der in der Schlußphase mit seinem Surtees TS9 nicht einmal mehr Rundenzeiten unter acht Minuten zustande bringt: »Ich wollte mich mit diesem immer schlechter liegenden Wagen nicht erschlagen...«

Später gibt der Kölner zu allem Überfluß auch noch ein Interview, in dem er sich lautstark über seine Benachteiligung bei Team Surtees beklagt. Er erhalte nicht die neuesten Teile: »Weil ich einfach schneller bin als John.« Dieses Selbstbewußtsein wird Stommelens weitere Formel-1-Laufbahn nicht gerade fördern, auch wenn Rolf seine riskante Flucht in die Öffentlichkeit zu verteidigen sucht: »Ich wollte bisher den Teamfrieden nicht stören und bin ruhig gewesen. Nachdem ich aber nicht einmal für den deutschen Grand Prix einen optimalen Wagen bekam, fürchtete ich, als schlechter Formel-1-Fahrer zu gelten.« Die Interessen von Ford Deutschland werden sich bald auf einen drei Jahre jüngeren deutschen Nachwuchsrennfahrer konzentrieren: Jochen Mass heißt der, und gewinnt im Rahmenprogramm des GP das Rennen der Formel Super Vau und fährt dabei neuen Klassenrekord in 8.50,7 gleich 154,9 km/h...

■ *Zuviel geplaudert: Rolf Stommelen kommt mit seinem neuen Teamchef und Rennfahrerkollegen John Surtees nicht zurecht. Das Material, das ihm Surtees zu Verfügung stellt, sei zweitklassig. Am Nürburgring entlädt sich der Frust des Kölners – aber fortan wird die Formel-1-Karriere Stommelens auf dem absteigenden Ast sein, ehe sie so recht begonnen hat.*

# Die rote Gefahr

Sommerliche Vorfreude liegt über dem Land: In München läuft der Countdown für die Olympischen Spiele. Die Jugend der Welt ist wieder zu Gast in Deutschland, 36 Jahre nach der Nazi-Olympiade zeigt sich ein anderer Staat von seiner besten Seite. Es werden heitere Spiele, und mancher Gast muß so manches Vorurteil über uns Deutsche revidieren. Es hätten unvergeßlich schöne Sommerspiele sein können, aber ein palästinensisches Terrorkommando macht am 5. September 1972 ein Blutbad daraus... Dabei haben die staatlichen Instanzen geglaubt, das Problem Terrorismus im Griff zu haben, als Anfang Juni der harte Kern der Baader-Meinhof-Bande in die Fänge der Polizei geraten ist. Das Land wird zudem aufgewühlt von den im November anstehenden Bundestagswahlen, es wird eine Abstimmung über die Ostverträge: Die Schwarzen sehen die rote Gefahr, die Roten sehen schwarz, wenn die Entspannungspolitik scheitert...

Während in Wolfsburg bereits Mitte Februar der VW-Käfer die Tin Lizzy von Ford mit 15 007 634 gefertigten Exemplaren als das meistgebauteste Auto der Welt abgelöst hat, und in Schweden Anfang August Volvo just vom Fließband auf Gruppenarbeit umstellt, inszeniert in Maranello der große Enzo Ferrari wieder einmal etwas Sommertheater: Nach dem Doppelsieg seiner Scuderia im Großen Preis von Deutschland kündigt der Commendatore den Rückzug aus der Formel 1 an. Wir wissen, daß nichts daraus geworden ist, doch sinnigerweise wird Ferrari nach dem Triumph von Jacky Ickx und Clay Regazzoni am Nürburgring fast 21 Monate lang keinen Grand Prix mehr gewinnen...

Rund 150 000 Besucher erleben am 30. Juli 1972 das vielleicht beste Rennen, das Jacky Ickx in seiner großen Karriere gefahren hat. Es ist die Krönung eines perfekten Wochenendes, bei dem der Belgier alle bestehenden Bestzeiten regelrecht pulverisiert: »Ich bin sehr glücklich glücklich vor allem für mein Team, denn man kann nicht immer verlieren«, kommentiert der 27jährige Belgier seinen makellosen Start-Ziel-Sieg. Ickx ist auf dem Gipfel seines Könnens, und doch wird er nie wieder einen Grand Prix gewinnen, geschweige denn Formel-1-Weltmeister werden.

■ *30. Juli 1972: Alle Möglichkeiten standen ihm offen, in der nächsten Saison wird er sein viertes Jahr bei Ferrari in Folge verbringen – und dennoch oder gerade deshalb vermag Jacky Ickx in Maranello nichts mehr zu bewegen. Auf dem Nürburgring gewinnt der Belgier seinen achten Grand Prix, doch von Stund' an geht es mit »Monsieur X« in der Formel 1 rapide bergab. Welch ein verschwendetes Fahrtalent.*

*Die Zukunft des GP-Sports scheint Emerson Fittipaldi zu gehören. Auch wenn der 25jährige Brasilianer mit seinem Lotus 72D-Cosworth (der aus Reklamegründen eigentlich JPS 72D heißt) in der Eifel an zweiter Stelle liegend ausscheidet, wird »Fitti« am Ende der Saison zum jüngsten Formel-1-Weltmeister aller Zeiten gekürt. Im Bild hat er sich gerade an Ronnie Peterson im March 721G-Cosworth auf den zweiten Platz vorbeigeschoben. Am Horizont sind die Duellanten Clay Regazzoni und Jackie Stewart zu erkennen.*

Das Leben und der Rennsport im besonderen tendieren ins Absurde.

Es ist eine merkwürdige Saison: Titelverteidiger Jackie Stewart schlägt sich mit einem Magengeschwür und dem jungen Emerson Fittipaldi herum, der den guten alten Lotus 72, der mittlerweile im schwarz-goldenen »John-Player-Special«-Look glänzt, auf WM-Kurs trimmt. Jacky Ickx steht den beiden Kontrahenten in nichts nach, nur läßt ihn sein Ferrari 312B2 in den entscheidenden Rennen im Stich. Am Nürburgring ist es für einmal anders, da bleibt »Fitti« auf der Strecke: Nachdem der Brasilianer sich rasch auf Platz Zwei vorgearbeitet hat, verliert sein Getriebe Öl, zu Beginn der elften Runde verkündet eine blaue Rauchfahne das vorzeitige Ende, ehe sogar das das Heck des Lotus in Flammen aufgeht, die am Streckenrand, auf halbem Weg zur Nordkehre, jedoch rasch gelöscht werden können. Fittipaldi ist draußen und Stewart hängt fast seit Rennbeginn hinter Clay Regazzoni fest, was des Schotten Wunsch nach einem baldigen Einsatz des neuen Tyrrell 005 um so plausibler macht. Aber Ken Tyrrell stellt bereits vor dem Nürburgring-Wochenende klar: »Vor zwei Jahren sind wir zu einer Beerdigung nach Graz geflogen, ich will nicht bald auch nach Glasgow fliegen.« Sowohl Stewart als auch Cevert haben mit dem kompakten Gefährt bereits schlimme Unfälle überstanden, und so versucht der Schotte mit seinem letztjährigen Siegerwagen wenigstens noch Platz zwei herauszufahren. Doch Regazzoni wehrt sich mit allen Mitteln, bis es in der letzten Runde bei Kilometer 3,2 im Abschnitt Hocheichen kracht: »Stewart wollte mich überholen, ich war innen, er war außen, er hat mich geschnitten, wir haben uns berührt, und er ist eben rausgeflogen. An dieser Stelle überholt man nicht.« Regazzonis Ferrari kann ungestört weiterfahren, während Stewart mit dem Tyrrell in den Leitplanken hängt: »Die Kurve gehörte mir. Er rempelte mich buchstäblich von der Straße. Vorher hat er mich auf der Geraden immer wieder durch Zickzack-Fahren am Überholen gehindert.« Der wütende Weltmeister wird später im Fahrerlager von Ferrari-Monteuren abgedrängt, ehe er »Rega« den Marsch blasen kann. Derweil stöhnt ein österreichischer Formel-1-Novize: »Es ist zum narrisch werden.« Niki Lauda ist mit dem zweiten Werks-March wieder einmal ausgeschieden. Während im Training Luftblasen im Benzinkreislauf den Boliden beuteln, strandet der 721G im Rennen wegen eines Öllecks. Ronnie Peterson, bei March die unbestrittene und von Laudas Sponsorgeldern mitfinanzierte Nummer Eins, schafft mit dem dritten Rang hingegen sein bestes Saisonresultat. Der Vize-Weltmeister von 1971 wird trotzdem zu Lotus wechseln, weil Mosley & Co. schon für 1972 das Blaue vom Himmel versprachen und nicht zu halten vermochten. Der 23jährige Lauda hingegen spielt bei den künftige Kalkulationen von March keine Rolle mehr: Gewogen und zu leicht befunden, behaupten nicht wenige Experten...

Rolf Stommelen hat noch ein vorletztes Mal den Eifelland-March aufgeboten: Sponsor Günther Hennerici hat seine Caravan-Fabrik verkauft, der neue Besitzer überläßt Stommelen den Formel-1-Kramladen, dessen Betrieb pro Rennwochenende rund 20 000 DM kostet. Am Nürburgring schafft es Stommelen, das nötige Geld aufzutreiben, in Zeltweg endet das Abenteuer... Andere GP-Teams scheinen im Geld zu schwimmen, die Zigarettenindustrie macht's möglich: Marlboro ist in großem Stil bei BRM eingestiegen, aber die Resultate lassen zu wünschen übrig, auch wenn Howden Ganley mit viel Glück und Durchhaltevermögen drei WM-Punkte einheimst. Das Team von Louis Stanley fällt am Nürburgring mehr dadurch auf, daß es den bei Sportveranstaltungen verabredeten, freiwilligen Reklameverzicht der deutschen Tabakindustrie einfach ignoriert. Während Colin Chapman aus John Player Special einfach »JPS« macht, prangt auf den BRM das ganze Wochenende über »Marlboro« ... Im Jahr darauf drohen Geldbußen in Höhe von 200 000 Mark, erst dann wird die Tabakwerbung auf Formel-1-Rennwagen, Renn-Helmen und Overalls verschwinden. Doch Jugendschutz, Lungenkrebsvorbeugung und Anti-

■ *Im Hinterfeld balgen sich Arturo Merzario (19, Ferrari 312B2), Brian Redman, später immerhin Fünfter (5, McLaren M19A-Cosworth), der weithin unterschätzte Niki Lauda (23, March 721G-Cosworth) und Andrea de Adamich (16, Surtees TS9B-Cosworth).*

raucherkampagnen sind das eine, lukrative Formel-1-Gastspiele das andere. Und so wird sich über zwei Jahrzehnte später sogar das Bundeskanzleramt einschalten, damit der GP-Zirkus in der Eifel für Zigaretten werben darf und deshalb wieder am Nürburgring Station macht...

Mit Schleichwerbung haben ARD und ZDF anno 1972 noch große Probleme: Für die samstägliche *Sportschau* wird live zum Nürburgring geschaltet, Günther Wölbert und Fritz Danco treten in schicken weißen Rennoveralls auf, die leider den Nachteil haben, daß gut lesbar »Goodyear« draufsteht, was die beiden Moderatoren aber übersehen haben. Dumm gelaufen, das gibt Ärger... Das ZDF will für das abendliche *Aktuelle Sportstudio* WM-Spitzenreiter Emerson Fittipaldi als Live-Gast: »Bedaure, vor einem Großen Preis gehe ich um neun Uhr schlafen , gibt der Brasilianer zu verstehen. Jackie Stewart soll nun als Ersatz herhalten: »Mein Arzt bestimmt meinen Tagesablauf. Tut mir leid – ich muß zeitig ins Bett«, worauf der AvD Jacky Ickx anbietet. Die Absage aus Mainz ist eindeutig: »Der kann doch nie Weltmeister werden.« Sauer sind Motorsportfreunde darüber, daß am Sonntag nur eine zehnminütige Zusammenfassung des Renngeschehens gezeigt wird: ARD und ZDF haben sich voll und ganz auf die Olympischen Spiele konzentriert und sich den elektronischen Live-Übertragungsaufwand für den Großen Preis gespart. Auch 1976 wird das wegen Olympia in Montreal der Fall sein, dafür gibt es 1980 eine Live-Übertragung, denn die Olympischen Sommerspiele in Moskau werden von der Bundesrepublik wegen des sowjetischen Einmarschs in Afghanistan boykottiert. Der kundige Leser merkt: Fernsehen war nicht immer nur Kommerz. Und im Nachhinein amüsieren einen denn auch die damaligen Klagen über die Formel-1-TV-Berichterstattung. ARD bzw. ZDF begnügten sich 1969 bzw. 1971 mit 45minütigen Zusammenschnitten, was ja etwa heutigen Übertragungen entspricht, man muß halt nur die Werbezeiten abziehen, gelle?! Übrigens: 1973 wurde wieder live vom Nürburgring übertragen...

Und wie vergleichsweise bescheiden nehmen sich doch anno 1972 noch die Ansprüche der am GP-Zirkus partizipierenden Formel-1-Teams aus. Die Mark steht damals im Vergleich zum Schweizer Franken etwas besser da, die zwischen Veranstaltern und Rennställen vereinbarten Fixprämien sehen demzufolge statt in »Fränkli« umgerechnet rund 360 000 Mark für das Formel-1-Starterfeld an Prämien vor, rund 73 000 Mark kassiert Ferrari, etwa 30 000 Mark gehen an Team Tyrrell. Rolf Stommelen erhält etwa 6800 Mark Startgeld und fürs Rennen noch rund 500 Mark Prämie... Die Einnahmen des AvD sollen sich damals übrigens auf rund 1,8 Millionen Mark belaufen haben, dazu zählen auch die 30 000 Mark, die aus Rüsselsheim geflossen sind, um im Rahmenprogramm wieder ein »Opel-Rennen« fahren zu dürfen. Für den Preis bekommt man fast schon einen Porsche Carrera, mit 210 PS damals das schnellste deutsche Automobil in Serienbau.

■ *Ein Mann mit Ellenbogen: Clay Regazzoni rempelt bei einer Abwehraktion Weltmeister Jackie Stewart von der Piste. Sagt die Anhängerschaft des Schotten. Daß mit Clay nun mal nicht gut Kirschen essen ist, hätte der Champion wissen müssen, behauptet die Tessiner Fraktion im Fahrerlager. Bemerkenswert: Der BRM P160C von Reine Wisell trägt trotz Tabakwerbeverbots ungestraft den Namen seines Zigarettensponsors zur Schau. Kenner der Materie bemerken auf Regazzonis Helm ebenfalls unverhüllt Reklameaufkleber für Glimmstengel. Auch Ferrari-Stallgefährte Jacky Ickx wirbt im selben Stil für ein Konkurrenzprodukt...*

# Einmal Hölle und zurück

Der Sommer 1973 beschert der konsternierten westlichen Zivilisation Bilder vom hunderttausendfachen Hungertod in der afrikanischen Sahel-Zone. Doch auch der grausige Tod eines jungen Formel-1-Rennfahrers sorgt im selben Sommer für nicht viel weniger Schlagzeilen...

Die Hinrichtung des 25jährigen Roger Williamson durch Verbrennung bei lebendigem Leib flimmert live aus Zandvoort über Millionen von Mattscheiben: Ist das ein heilsamer Schock? Ein Leserbrief in der Zeitschrift *Motoring News* aus jenen Tagen: »Ich gratuliere Eurem Kreuzfahrer der Sicherheit zum Sieg in Zandvoort, doch sagen Sie mir, Mr. Stewart, wie oft fuhren Sie an Roger Williamson vorüber, bis er verbrannt war?»

Die Nerven liegen blank, als sich der Formel-1-Troß in der Woche nach Zandvoort in Richtung Nürburgring auf den Weg macht: Soetwas wie mit Roger Williamson darf nie wieder passieren... Am Freitag diskutieren Jackie Stewart, Denis Hulme, Ken Tyrrell, Huschke von Hanstein und Paul Fürst Metternich zweieinhalb Stunden über Sicherheitsmaßnahmen am Nürburgring und andernorts. Erfahrene Rennsportfotografen registrieren das ganze Wochenende über die angespannte Atmosphäre, die AvD-Kontrolleure sind noch rigoroser als sonst, da darf man nicht hin, dort muß man draußenbleiben, es herrscht ein ungutes Klima.

Wie schon in Zandvoort fehlt auch in der Eifel die Scuderia Ferrari: »Ich habe mich freundschaftlich von Ferrari getrennt«, erzählt Jacky Ickx. Auf seinem heißgeliebten Nürburgring sitzt der Belgier endlich wieder in einem potentiellen Siegerfahrzeug, dem McLaren M23: »Jeder erwartet von mir nun Wunderdinge. Ich kenne aber weder den Cosworth-Motor, noch den Wagen.« Ickx fährt nach zwei Trainingsstunden bereits 7.09,7, Erzrivale Stewart kommt mit vollem Tank auf 7.07,8. Doch der Belgier kann nicht mehr zulegen, weil sein Triebwerk auf der

■ *Einmal im Leben Aug' in Aug' mit dem Weltmeister: Autogrammstunde mit Emerson Fittipaldi am Rande des GP von Deutschland 1973.*

*■ 5. August 1973: Das Tyrrell-Duo Stewart/Cevert übernimmt vom Start weg das Kommando, womit die Entscheidung bereits gefallen ist. Hinter den beiden Tyrrell 006-Cosworths eingebremst werden Peterson (Lotus 72D-Cosworth, hinter Stewart) und Ickx (McLaren M23-Cosworth, hinter Cevert). Links außen stürmt Lauda (21, BRM P160E) in Richtung Südkehre, dahinter auf einer Linie die beiden McLaren M23-Cosworth von Revson (8) und Hulme (hinter Ickx), während rechts im Bild Reutemann (Brabham BT42-Cosworth, hinter Peterson) fährt. Von Laudas BRM verdeckt, Pace im Surtees TS14-Cosworth, hinter ihm sein Landsmann und älterer der Fittipaldi-Brüder, Wilson, dem Stommelen und Mass folgen.*

Strecke verendet. Ickx bleibt deshalb auf dem vierten Startplatz hängen, denn am Samstag regnet es, und als die Piste halbwegs abgetrocknet ist, liegen wohl zuviel Sand und Dreck auf dem Asphalt, so daß die Sieben-Minuten-Schallmauer auf der Nordschleife überraschenderweise unangetastet bleibt.

Jochen Mass darf zum zweiten Mal bei einem Formel-1-GP einen Surtees TS14 fahren: »Die ersten Kilometer sind furchterregend. Die Reaktionen des Wagens sind unterschiedlicher als die des Formel 2, man ist mit viel mehr Masse viel schneller, und es dauert lang, bis man sein ganzes Denken mit der Strecke synchronisiert hat. Eigentlich ist man in einem Formel 1 nur noch Passagier, die Kurvengeschwindigkeiten sind so hoch, daß man nichts mehr tun kann, wenn etwas schiefläuft.« Wenn man Ronnie Peterson heißt, gelingt es einem aber manchmal, diese Ansicht zu widerlegen: Als am Samstag nach einem weiten Sprung Petersons Lotus 72 schräg aufsetzt und bei Tempo 200 das linke Vorderrad abknickt, hält der Schwede den ausbrechenden Rennwagen auf Kurs und schafft es irgendwie auf der Strecke zu bleiben... Im Rennen ist Peterson leider bereits in der ersten Runde mit defekter Elektrik draußen. Die unlängst formierte ONS-Sicherheitsstaffel ist präsent, doch wie ernst sich ein Crash auswirkt, hängt auch von Zufällen ab: Howden Ganley hat am Freitag Glück im Unglück und bleibt unverletzt, als sein Iso-Williams in der Schikane vor Start und Ziel in die Leitplanken knallt. Frank Williams läßt den havarierten Totalschaden gar nicht erst reparieren, Ganley muß auf den Start verzichten. Entlang der Nordschleife haben die Verantwortlichen höchste Sorgfalt obwalten lassen, aber dann passiert es bei einem beiläufigen Showprogramm, daß am Samstag neben der Zielgeraden ein Drachenflieger zu Tode stürzt und dabei auf den Tribünenplätzen mehrere Zuschauer verletzt. Ausgerechnet Huschke von Hanstein, der sich gern an den Sicherheitswünschen nachgeborener Rennfahrergenerationen reibt, verliert im Fahrerlager die Kontrolle über sein Motorrad, verfehlt knapp Ken Tyrrell, reißt jedoch dessen Freund Dr. Frank Faulkner zu Boden, der deswegen vorübergehend im Krankenhaus landet.

Noch Jahrzehnte später verwundert es den Betrachter, daß am Renntag selbst nicht noch schlimmeres passiert ist. Zumal bei dem Unfall von Niki Lauda in der zweiten Runde, als am BRM des Österreichers im Abschnitt Kesselchen bei weit über 200 km/h der rechte Hinterreifen platzt: »Mittlerweile war ich im fünften Gang, und in einer voll zu fahrenden Links-Rechts-Kombination flog ich nach links in Richtung Felsen, ritt 400 Meter über eine Böschung, fürchtete einen Überschlag, verfehlte knapp einige Streckenposten, die hinter einer Mauer standen, bevor ich zum Stillstand kam.« Lauda hat Glück, sich nur das rechte Handgelenk zu brechen... Das Rennen selbst ist an Monotonie kaum zu überbieten: Die beiden Tyrrell von Stewart und Cevert fahren auf und davon, während Ickx froh ist, den McLaren auf Rang Drei zu halten. Carlos Pace holt mit dem Surtees erstmals WM-Punkte, fährt im letzten Durchgang mit 7.11,4 sogar neuen Rundenrekord, während Jochen Mass im dritten Surtees von Weltmeister Emerson Fittipaldi im Kampf um den letzten WM-Punkt knapp geschlagen wird. »Fittis« linker Fuß ist allerdings noch immer angeschlagen, Schmerzen bereitendes Souvenir eines Trainingsunfalls von Zandvoort, als an seinem Lotus wieder einmal etwas gebrochen ist. Der Brasilianer fällt nach dem deutschen Grand Prix mit 42 Punkten auf Rang drei der WM-Wertung zurück. Stewart führt mit 60 Zählern vor Cevert mit 45... Die Vorentscheidung in der Weltmeisterschaft ist gefallen, und Kenner der Materie ahnen, daß Cevert heute hätte schneller fahren können als seine Nummer Eins. Aber Stewart soll zum Ende seiner grandiosen Karriere zum dritten Male Weltmeister werden und der Franzose assistiert ihm dabei: »In den langsamen Partien

■ Der traurige Held von Zandvoort fährt am Nürburgring in seinem March 731-Cosworth ein einsames Rennen am Ende des Feldes: Eine Woche ist es erst her, daß David Purley vergebens versucht hat, seinen Freund Roger Williamson aus dem brennenden Wrack des Werks-Marchs zu befreien.

■ *Mit etwas mehr Trainingsrunden und einem besseren SET-UP wäre McLaren-Gastfahrer Jacky Ickx dem Tandem Stewart/Cevert vielleicht doch etwas nähergerückt. Aber das sind schon wieder mindestens zwei Konjunktive zuviel...*

war Cevert schneller, in schnellen Kurven war ich schneller. Es war eine Frage der unterschiedlichen Reifen , erläutert Stewart und wehrt etwaige kritische Anmerkungen mit einem Schuß Ironie ab: »Der Franzose hat mir eingeheizt. Eine Frechheit, einen alten Mann so schnell vor sich herzutreiben.« Und François Cevert hält sich vorbildlich an die erwartete Rollenverteilung: »Ich habe alles gegeben, doch Jackie fuhr verdammt gut. Ich hatte keine Chance, ihn zu überholen.« Und für beide wird dieses Rennen einen ebenso ungeahnten wie endgültigen Abschied markieren: Stewart hat seinen 27. und letzten Grand Prix gewonnen. Cevert, der designierte Nachfolger des Schotten als Nummer Eins bei Tyrrell, wird beim Training zum letzten WM-Lauf des Jahres am 6. Oktober 1973 in Watkins Glen tödlich verunglücken. Und Ken Tyrrell wird mit seinem Formel-1-Team leider nie wieder an die Erfolgsära Stewart/Cevert anknüpfen können, trotz manch anderer illustrer Fahrerbesetzung...

■ *Rolf Stommelen kommt zu einem unverhofften Gastspiel im dritten Werks-Brabham BT42-Cosworth, weil Andrea de Adamich nach der Massenkarambolage von Silverstone wegen eines gebrochenen Beines außer Gefecht gesetzt ist. Und wieder gilt die Anmerkung: Was für ausgefallene aerodynamische Ideen (in diesem Fall von Designer Gordon Murray) ließen sich in der Formel 1 der 70er Jahre noch umsetzen.*

# Glücks-Clay

Die eigentliche Aufregung des Sommers hat sich hierzulande wieder gelegt, als der Formel-1-Zirkus seine Zelte beim Großen Preis von Deutschland aufschlägt: Wir sind Fußball-Weltmeister, das Saisonziel von Beckenbauer, Breitner, Müller & Co. ist erreicht, die Nation ist ein paar Wochen völlig ballaballa gewesen, auch wenn dieser Titelgewinn mit dem der »Elf Freunde« zwanzig Jahre zuvor nicht zu vergleichen ist. Wir sind längst wieder wer, die Fußball-Weltmeister von München haben sich ihre Siegprämie von 60 000 DM pro Nase mit den DFB-Honoratioren selbst ausgehandelt, während die »Helden von Bern« sich über gespendete Fernsehgeräte, Reisetaschen und Unterwäschesets freuen durften. »Aber sie spielen noch für Deutschland!«, sagen tapfer die Unverbesserlichen, die noch an einen tieferen Sinn des Spiels außerhalb von Ruhm und Geld glauben. Der moderne Profi-Sport ist zum Anachronismus geworden, die Fassaden, die treue Funktionäre nach außen hin zur Schau stellen, können die Umbrüche nicht mehr länger kaschieren. Das gilt auch und gerade für die Formel 1 und ihren alljährlichen Auftritt am Nürburgring...

*4. August 1974: Nürburgring-Neuling Jody Scheckter steuert im Tyrrell mit der schönen Typenbezeichnung 007 einem unerwarteten zweiten Platz entgegen. Seinem Spitznamen »Fletcher« (nach einer Möwe, die bei ihren Flugversuchen immer wieder abstürzt; eine gefiederte Hauptrolle aus dem Kinohit »Die Möwe Jonathan«) macht der junge Südafrikaner immer weniger Ehre: Bis zum letzten Rennen der '74er GP-Saison hat Scheckter noch Chancen auf die Weltmeisterschaft.*

Auf keiner anderen Rennstrecke der Welt kosten unfreiwillige Ausflüge mittlerweile mehr Geld und Gesundheit als auf der Nordschleife: Das Freitagtraining wird von einem schweren Unfall des Neuseeländers Howden Ganley eröffnet, bei Kilometer 2,8 im Bereich Hatzenbach sackt hinten die Radaufhängung des obskuren japanischen Maki-Cosworth V8 zusammen. Ganley bricht sich beide Fußgelenke und wird nie wieder bei einem Formel-1-GP starten. Auch der Große Preis selbst endet mit einem üblen Unfall und dem vorzeitigen Ende einer Formel-1-Karriere: Mike Hailwood fliegt im Yardley-McLaren nach der Pflanzgarten-Kuppe ab, zwei Runden lang klemmt »Mike the Bike« mit gebrochenen Beinen in den Trümmern seines havarierten Rennwagens, bis der GP endlich abgewunken ist und der Brite aus dem Wrack herausgeschnitten werden kann...

Ronnie Peterson bricht am Wippermann links hinten die Felge seines Lotus 72. Emerson Fittipaldi, mit dieser Saison von Lotus zu Marlboro-McLaren gewechselt, schimpft: »Chapman ist wahnsinnig. Letztes Jahr brachen die Melmag-Felgen vier- oder fünfmal. Und man verwendet sie immer wieder.« Das Vertrauen von Ronnie Peterson in Mr. Lotus ist indes noch längst nicht gebrochen: An den Motortrakt des zerstörten Lotus 72 wird über Nacht das Monocoque des Lotus 76 drangeschraubt: »So schlecht ist der Wagen nicht, nur in der Lenkung fühlt er sich schwer an«, urteilt Peterson über den kuriosen Rennwagen-Zwitter, mit dem er sogar drei WM-Punkte holen wird... Niki Lauda, seit seinem Wechsel zu Ferrari über Nacht zum schnellsten Mann im GP-Feld und zum großen WM-Favoriten avanciert, hat bei Testfahrten im Mai sagenhafte 6.58,2 gefahren: »In dieser Runde wurde mir wie nie zuvor bewußt, daß ich keine Chance habe, wenn das Geringste passiert.« Jody Scheckter, der neuen Nummer Eins bei Tyrrell, fehlten damals 25 Sekunden auf Laudas Zeit! Am Donnerstag vor dem Großen Preis läßt sich der Südafrikaner von Jackie Stewart in einem Ford Capri viermal um die Nordschleife chauffieren und dabei etwas Nachhilfeunterricht geben. Scheckters Teamkollege Patrick Depailler spricht offen aus, was wohl fast alle Fahrer denken: »Das große Problem für uns ist, daß die Strecke zu schnell ist und trotz allem überall zu gefährlich. Es wird hier nie genügend Sicherheit geben. Die Länge der Strecke ist weniger schlimm, aber es sind die verdammten Ecken. Man kann den Kurs jetzt einfacher lernen, aber er hat von seiner Gemeinheit nichts verloren.«

Das Interesse an der Formel 1 außerhalb der deutschen Fachpresse scheint 1974 etwas größer geworden zu sein: BMW-Rennleiter Jochen Neerpasch hat den 23jährigen Hans-Joachim Stuck bei March untergebracht, Ford-Motorsportchef Mike Kranefuß greift weiterhin dem bald 28jährigen Jochen Mass unter die Arme. Doch der Weg zum Erfolg ist weitaus steiniger als sich euphorische Schreiberlinge ausgemalt haben. Nachdem schon Carlo Pace mitten in der Saison Team Surtees verlassen hat, kündigt Jochen Mass unmittelbar vor dem Großen Preis, fährt aber trotzdem noch seinen Heim-GP für Surtees: »Er wollte es immer noch nicht wahrhaben«, kommentiert der Deutsche. Hans-Joachim Stuck schlägt sich im Training nach zwei Motorschäden weit unter Wert, fürs Rennen bekommt er einen Leih-Cosworth V8 von Bernie Ecclestones Brabham-Rennstall. Der starke Mann der Formel-1-Konstrukteursvereinigung FOCA pflegt ein immer erfolgreicheres System des gegenseitigen Gebens und Nehmens, seit er 1971 die Reste des von Ron Tauranac weitergeführten Brabham-Teams gekauft hat. Gemeinsam sind sie in der FOCA stark, und um die Show am Laufen zu halten, ist Ecclestone auch der Mann für unkonventionelle Wege, wenn sie denn zu seinem großen Ziel führen. Es gibt damals viele Sorgenkinder in seinem noch überschaubaren Formel-1-Reich: Frank Williams etwa, der dringend Geld braucht, dessen Vertrag mit Marlboro aber ausläuft, und der deshalb am Nürburgring gegen Bares erstmals einen französischen Formel-2-Rennfahrer namens Jacques Laffite ans Lenkrad läßt...

■ *Auch der alles besserwissende TV-Rennanalytiker hat in jüngeren Jahren einmal Fehler gemacht: Niki Lauda fährt im Training Bestzeit – und wirft im Rennen keine drei Kilometer nach dem Start seinen Ferrari 312B3 von der Piste. Von da an ging's in der Saison 1974 für den schnellen Österreicher steil bergab.*

Der Kampf um die Fahrer-Weltmeisterschaft verläuft spannend wie schon lange nicht mehr, doch am Nürburgring sind leider zwei der Thronprätendenten allzufrüh aus dem Rennen: Emerson Fittipaldis McLaren M23 kommt beim Start nicht weg und wird ausgerechnet vom Gefährt seines Teamkollegen Denis Hulme torpediert. Niki Lauda zieht trotz seiner Pole nicht nur

■ *Beinahe hätte Clay Regazzoni das Kunststück eines anderen Ferrari-Werksrennfahrers wiederholt: Mike Hawthorn war 1958 nur mit einem einzigen GP-Sieg Formel-1-Weltmeister geworden. Auf dem Nürburgring holt sich Regazzoni 1974 seinen ersten und einzigen Saisonsieg. Am Ende werden die Scuderia Ferrari und der Tessiner im Kampf um den WM-Titel jedoch buchstäblich auf der Zielgeraden noch von der Kombination McLaren/Emerson Fittipaldi abgefangen.*

gegen den eigenen Stallgefährten Clay Regazzoni den kürzeren, sondern liegt in der Südkehre sogar noch hinter Jody Scheckter. Vor der Nordkehre versucht der Österreicher sich noch vorbeizubremsen, doch der Ferrari stellt sich quer, berührt den Tyrrell und springt mit dem rechten Hinterrad über das linke Vorderrad des Konkurrenten, um schnurstracks von der Strecke in die Fangzäune zu wirbeln: »Das hätte einfach nicht passieren dürfen«, lamentiert Lauda und sucht nach einer Erklärung für seinen Fehler. Kurz vor dem Start ist rechts vorn wegen eines Plattfußes ein neuer Reifen montiert worden, der sei wohl nicht recht auf Temperatur gewesen, deshalb sei der Ferrari beim scharfen Anbremsen weggerutscht: »Das hätte ich wissen und berücksichtigen müssen«, streut der Österreicher Asche auf sein Haupt, rechtfertigt allerdings auch seine forsche Attacke: »Ich wußte, daß die erste Runde entscheidend ist. Wenn ich mich nicht sofort hinter Clay klemmte, würde er auf Nimmerwiedersehen verschwunden sein.« Regazzoni erfüllt die Befürchtungen seines ausgeschiedenen Teamkollegen schier nach Belieben: Binnen drei Runden kauft der Tessiner dem Rest des Feldes den Schneid ab – 7.26,7 mit stehendem Start, dann 7.16,1 und 7.13,5 als Nachschlag, das sind elf Sekunden Vorsprung auf Jody Scheckter, der dankbar sein muß, daß sein Tyrrell 007 die Kollision mit Laudas Ferrari schadlos überstanden hat. Doch der Nürburgring-Neuling braucht ein paar Runden, um davon vollkommen überzeugt zu sein. Gegen Regazzoni gibt es an diesem Tag auf ungewohntem Terrain ohnehin nichts zu gewinnen. Am Ende seiner ebenso monotonen wie überzeugenden Solofahrt nimmt der Ferrari-Rennfahrer noch Gas weg, gewinnt trotzdem mit rund 50 Sekunden Vorsprung, während Scheckter in der elften von 14 Runden sogar noch neuen Rundenrekord fährt, eine Zehntel schneller als »Regas« eigene Bestzeit an diesem trüben Sonntag. Der Tessiner liegt nun mit 44 Punkten an der Spitze der WM-Wertung, Scheckter folgt mit 41 Zählern, während Fittipaldi und Lauda vorerst auf 37 bzw. 36 WM-Punkten sitzenbleiben. Und Clay Regazzoni grinst nach seinem ersten und am Ende einzigen GP-Gewinn der Saison: »Ich widme diesen Sieg mir selbst!«

Einzig belebendes Element eines wenig spannenden GP am Nürburgring ist die Kampfgruppe Mass-Peterson-Depailler-Ickx-Hailwood, die sich um den vierten Platz balgt. In der siebten Runde verabschiedet sich der Tyrrell in die Leitplanken, als Patrick Depailler im leichten Regen Ronnie Peterson attackiert und von der Strecke rutscht. In der elften Runde beendet leider ein Motorschaden die letzte, durchaus überzeugende Vorstellung von Jochen Mass im Surtees TS16. Womit es am Ende des Rennens dem zweiten Deutschen im Feld unfreiwillig zukommt, noch für ein klein wenig Aufregung zu sorgen, denn kurz vor Schluß geht dem March 741 von Hans-Joachim Stuck der Sprit aus. Mit dem letzten Schwung rollt der »Strietzel« als Siebter der Ziellinie entgegen: »Im Regen machte ich viel Terrain gut, als es wieder ganz trocken wurde, sah ich im Rückspiegel, daß die Reifen nicht mitmachen, deshalb schlug ich eine ruhigere Gangart ein.« 40 Jahre ist es damals her, seit Vater Stuck im Auto Union den Großen Preis von Deutschland gewinnen konnte…

# Reifenprüfung

Nichts ist gewiß auf dieser Welt, das müssen wir in den optimistischen 70er Jahren erst noch lernen, und noch unsicherer als politische Prognosen sind Formel-1-Rennen auf der Nordschleife, was indes nicht immer an der Rennstrecke liegt, wie wir ab dem 1. August 1975 mit Beginn des Freitagstrainings zum Großen Preis von Deutschland erfahren werden…

…denn in diesem Jahr, bei extrem heißen Sommertemperaturen platzen die Reifen reihenweise: Im Training verzeichnen fleißige Chronisten sage und schreibe 22 Reifendefekte, am Rennsonntag sind es 15! Jochen Mass, mit dem zweiten Marlboro-McLaren M23 ein Wochenende lang der Geheimfavorit, erwischt es bei Tempo 270 in der Fuchsröhre, als es links vorn den Pneu zerfetzt: »Da hat man dann keine Chancen mehr«, konstatiert Mass, nachdem er auch diesen Abflug überstanden hat: »Der Ring ist eben immer eine diffizile Strecke, selbst wenn man ihn so gut kennt wie ich: Man fährt ihn immer und überall mit erhöhtem Blutdruck«, das hat der Dürkheimer nach seinem ersten Crash im Training verkündet, als es seinen McLaren im Abschnitt Eschbach von der Strecke gehauen hat. »Puls bei 180!«, konstatiert Olympia-Sportarzt Professor Dr. Josef Keul, der im Training einige Herz-Kreislauf-Messungen vornimmt. Die Unfälle ähneln einander: Irgendeiner rattert über die Curbs und verstreut dabei Dreck, Splitter und Steine auf der Piste, auf denen der nächstfolgende ins Schleudern gerät oder sich einen Reifenschaden einfängt. Goodyear hält inzwischen das Formel-1-Gummimonopol und Chefingenieur Bert Baldwin wird sich nach dem Großen Preis für das unerwartete Reifenmalheur auch bei Niki Lauda entschuldigen: »Mein Beileid, aber was da passierte, war von uns nicht mehr zu kontrollieren.« Typische Nordschleifen-Unfälle gibt es allerdings auch noch – den schlimmsten übersteht Weltmeister Emerson Fittipaldi unverletzt just an der Stelle, wo im Vorjahr Mike Hailwood von der Strecke geknallt ist: »Das Auto brach nach einem Sprung aus, versetzte zweimal um 45 Grad und schlitterte 300 Meter seitwärts über die Randstreifen. So ist das also, wenn Dir die Leitplanken ins Gesicht schlagen.«

Trotz der nicht enden wollenden Serie von Rei-

■ *3. August 1975: »Eher wird Hans-Joachim Stuck Formel-1-Weltmeister, als Helmut Kohl Bundeskanzler!«, mag es damals aus Ferrari-Rot gefärbten Kreisen klingen. Der amtierende rheinland-pfälzische Ministerpräsident und designierte Kanzlerkandidat von CDU und CSU besucht mit Gattin Hannelore und den Söhnen Peter und Walter noch regelmäßig den Großen Preis von Deutschland in der Eifel.*

*Was wäre gewesen wenn? Niki Lauda vermochte sich mit seinem Ferrari 312T nicht von seinem Verfolger Patrick Depailler im Tyrrell 007-Cosworth abzusetzen: Ein gebrochener Kipphebel an der Vorderradaufhängung des Tyrrell beendet nach neun Runden etwaige Spekulationen auf einen Außenseitersieg. Aber aufgrund eines Reifenschadens kommt auch Lauda noch um den sicheren Sieg.*

fenschäden, einer muß ja irgendwie durchkommen, und der gewinnt diesen Großen Preis von Deutschland am 3. August 1975. Carlos Reutemann heißt der Glückspilz: »Ich war der, den am ehesten ein Reifenschaden hätte treffen müssen. Denn ich war, als Jochen Mass verunglückte, der Mann nach ihm. Mass kreiselte, spielte rechts und links an den Leitplanken Pingpong. Ich bremste herunter. Zweiter Gang, dann erster, Steine flogen, Grasbrocken und Trümmer wären überall verstreut. Sieben Runden später kam ich gerade zum Karussell, als das Wrack von Scheckters Unfall weggefegt wurde. Die Chancen, mir einen Reifen aufzuschlitzen, betrugen 100:1.« Auch das überstehen die Reifen seines Brabham BT44B. Und auf wundersame Weise überlebt Reutemanns Cosworth V8 selbst 115° Wassertemperatur: »Ich war fast sicher, daß der Motor auseinanderfliegt. Darum habe ich mich erst in der letzten Runde wieder getraut, auf die Armaturen zu blicken.« Der 33jährige Argentinier begnügt sich zum Schluß mit maximal 9000 U/min, absolviert die letzte Runde in 7.31 und gewinnt immer noch mit über 90 Sekunden vor Jacques Laffite im Williams! Teamkollege Ian Ashley hat sich im Training bei einem Unfall im Abschnitt Pflanzgarten einen Knöchel gebrochen, doch jetzt lacht dem arg gebeutelten Rennstallbesitzer Frank Williams doch noch das Glück: »Endlich Geld, ich hatte es bitter nötig, denn im Transporter ging der Motor kaputt. Ich mußte mir 1000 Pfund pumpen und nochmals 500 fürs Abschleppen. Kein anderer bringt der Formel 1 mehr Opfer als ich.« Im Schlepptau von Frank Williams taucht am Nürburgring ein gewisser Walter Wolf auf, ein 36jähriger Austro-Kanadier, der mit seiner Ölbohrfirma Millionen scheffelt und sich einen angeblich 400 000 Mark teuren Lamborghini gönnt. Wolf greift Williams finanziell unter die Arme, Ende des Jahres gehört der Rennstall dem Ölprinzen und Frank Williams wird zum bloßen Angestellten des Teams, das seinen Namen trägt…

Es ist der Große Preis der stillen Helden: Tom Pryce sitzt seit der zehnten Runde im Benzin, der Tank seines Shadow ist leck. Der Waliser fährt trotzdem eisern durch und wird Vierter: »Damit der Schmerz nachläßt, gurtete ich mich bei voller Fahrt los, um vorzurutschen, damit ich, falls das Zeug Feuer fängt, sofort hätte rausspringen können.« Die eilige Flucht aus dem Fahrzeug folgt indes sofort nach dem Überqueren der Ziellinie, als Tom Pryce sich den Overall vom Leib reißt und mit Wasser übergießen läßt…

Was für Jochen Mass gilt, trifft auch für Hans-Joachim Stuck zu – selten sind die Umstände so günstig, um ganz weit vorn zu landen: »Der March 751 ist so unproblematisch zu fahren, daß es ein Wunder ist. Kein Vergleich zum Auto des vorigen Jahres. Ich kann mit ihm schräg über Kuppen springen, mit einem Rad aufsetzen, artistische Sachen riskieren wie Franz Klammer auf Abfahrts-Skipisten, der March 751 erlaubt alles.« Doch wie für Mass ist auch für Stuck im Rennen leider alles viel zu schnell vorbei: »Ich fuhr im Fünften voll die Döttinger Höhe entlang. Etwa 10 600 U/min standen an, als ich die Antoniusbuche passierte. Da zerplatzte meine Maschine mit einem richtigen Knall. Aber ich hätte wegen eines sich auflösenden Reifens sowieso an die Boxe gemußt.« Am Nürburgring gibt es sogar noch einen dritten Deutschen am Start, nein, nicht Rolf Stommelen, der nach seinem fürchterlichen Montjuich-Unfall noch zuschauen muß, wie in seinem Hill-Cosworth der Australier Alan Jones zwei WM-Punkte einfährt. Nein, der dritte Mann aus deutschen Landen heißt Harald Ertl, ist zwar gebürtiger Österreicher, lebt aber längst in Mannheim als Rennfahrer und Motorsportjournalist. Ertl hat für 135 000 DM einen gebrauchten Hesketh 308 gekauft, inklusive zweier Cosworth V8-Triebwerke: »Wir haben das Auto nur putzen, Benzin und Öl einfüllen und das Getriebe umübersetzen müssen, sonst nichts.« Und weil sich Ertl für den Erwerb des Gefährts 60 000 DM geliehen hat, lautet seine Renntaktik: »Ich habe keine Angst vor den PS, ich will und darf den Wagen nur nicht verknittern.« Und Harald

■ *Wenn einen die Formel 1 nicht entdeckt, dann kauft man sich eben selbst einen Formel-1-Rennwagen und startet beim deutschen Grand Prix. Harald Ertl demonstriert auf ebenso zupackende wie abenteuerliche Art und Weise, was im Grand-Prix-Sport noch Mitte der siebziger Jahre alles möglich war.*

Ertl gelingt das Kunststück, obwohl er ab der achten Runde ohne Bremsen unterwegs ist und sich in der 14. Runde noch einen Plattfuß einfährt. Wohl nie zuvor ist in der Geschichte des Großen Preises von Deutschland ein achter Platz derart bejubelt worden...

Der schnellste Mann des gesamten Wochenendes rettet wenigstens noch den dritten Platz ins Ziel: Niki Lauda beherrscht mit seinem neuen Ferrari 312T mit Beginn der europäischen Saison die Formel-1-WM und steht in der Eifel unmittelbar vor dem Titelgewinn. »Ohne Risiko so schnell wie möglich sein«, heißt Laudas Maxime. Das reicht am Samstag um 13.19 Uhr zur schnellsten offiziellen Trainingsrunde, die je auf der Nordschleife gefahren worden ist – 6.58,6, mit einem Schnitt von 196 km/h um den Ring! »Am meisten freut mich, daß ich die Trainingszeit erzwang«, schildert Niki Lauda voller Genugtuung. Nichts und niemand scheint den 26jährigen Wiener und seinen über 500 PS starken Ferrari-12-Zylinder aufhalten zu können, doch im Rennen heftet sich der erstaunliche Patrick Depailler mit seinem Tyrrell eisern auf die Fersen Laudas, ehe der Franzose ausgangs der neunten Runde an die Box rollt, um eine gebrochene Stoßdämpferbefestigung reparieren zu lassen. Aus dem nun absehbaren Ferrari-Doppelsieg wird nichts, weil Regazzoni in der zehnten Runde mit Motorschaden ausfällt, und eine Runde später Lauda mit zerfetztem linken Vorderrad samt verbogenem Frontspoiler die Ferrari-Box ansteuert. Am Bergwerk hat sich der Österreicher einen Reifenschaden eingefahren, ziemlich genau dort, wo er 1973 mit dem BRM nach einem Reifendefekt rausgeflogen ist. Niki Lauda riskiert es, 14 Kilometer Nordschleife auf drei Rädern und einer Felge mit Tempo 100 zu bewältigen – und wird dafür mit dem dritten Platz belohnt! Am Ende der Saison wird der neue Weltmeister zu Protokoll geben: »In seiner jetzigen Form ist der Nürburgring nicht mehr tragbar. Der Nürburgring war für mich das gefährlichste Rennen der gesamten Saison. Das ist wirklich ein komisches Gefühl, wenn man mit 310 km/h im Auto über einen Hügel hupft. Du sitzt drin wie eine Puppe und hast keine Chance, wenn der Wagen hochginge.«

Aber am 3. August 1975 ist alles gut gegangen, weit über 150 000 Zuschauer haben die Nordschleife umsäumt. Rekordbesuch, raunen die Kenner. Es ist ein heißer Tag gewesen, auf dem Heimweg verkaufen sie entlang der Staus sogar pures Leitungswasser, weil die Getränke ausgegangen sind. Und wie in den alten Zeiten beten sie noch einmal den Rennverlauf nach, diskutieren dies und das, als ob sie irgendwie schon ahnen, daß so ein Tag nie mehr wieder kommen wird. Und ein BMW-Fahrer mag den ungläubig staunenden Freunden noch ein ums andere Mal zum besten geben, wie Ronnie Peterson im Freitagtraining ein Boxensignal übersehen hat, daraufhin prompt bei Breitscheid mit dem alten Lotus 72 ohne Benzin ausgerollt ist, um sich dann bei unserem Erzähler auf dem nahegelegenen Parkplatz einen Reservekanister Superbenzin zu borgen...

■ *Einer kam durch: Carlos Reutemann bleibt in seinem Brabham BT44B-Cosworth auf wundersame Art und Weise von jedweder Reifenpanne verschont, was dem Argentinier am Ende geradezu zwangsläufig den Sieg im Großen Preis von Deutschland beschert. Im Hintergrund folgt noch kurze Zeit bis zum Ausfall wegen eines Schadens an der Hinterradaufhängung James Hunt im Hesketh 308-Cosworth. Das Bild ist bei Rennmitte aufgenommen, zu diesem Zeitpunkt rangieren Reutemann und Hunt auf den Rängen vier und fünf.*

# Überlebt

Ferrari und Niki Lauda dominieren auch in der Saison 1976, freilich vermag James Hunt, bei McLaren Nachfolger von Emerson Fittipaldi, den es zu dem brasilianischen Eigenbau-Formel-1 seines Bruders Wilson gezogen hat, durchaus dem Tempo des Österreichers zu folgen. Doch der lebenslustige Engländer weist dank etlicher Ausfälle einen deutlichen Punkterückstand auf, wobei sich vor dem Rennen auf dem Nürburgring noch nicht einmal endgültig sagen läßt, wieviel Zähler Hunt tatsächlich auf Lauda fehlen: In Jarama hat der Engländer zwar gewonnen, doch sein McLaren war an der Hinterachse 18 mm zu breit. Hunt wird disqualifiziert, erhält am 5. Juli 1976 aber trotzdem wieder den Sieg zurück, dank eines Urteils des FIA-Appellationsgerichts, das ebenso kurios wie fragwürdig feststellt, ein Rennfahrer könne nicht für den Regelverstoß seines Teams bestraft werden. Unmittelbar vor dem GP auf der Nordschleife hat Hunt seinen Heim-GP in Brands Hatch gewonnen, doch nach seinem Ausfall im Gefolge einer Karambolage hätte er beim Neustart des Rennens gar nicht mehr antreten dürfen. Diese neun WM-Punkte wird James Hunt bald wieder am grünen Tisch verlieren...

So ist der aktuelle Stand vor dem Start am Nürburgring – Lauda 58, Hunt 35 Zähler – mit Vorsicht zu genießen. Neben diesen Querelen wird das Jubiläum »50 Jahre Großer Preis von Deutschland« beinahe zwangsläufig von heftiger Kritik der Rennfahrer an der Nordschleife begleitet: »Es müßte ein Wunder geschehen, wenn bei diesem Grand Prix nicht etwas Fürchterliches passiert«, betätigt sich Niki Lauda als ungeahnter Prophet in eigener Sache.

Noch hat der Nürburgring seine Zulassung als Formel-1-Rennstrecke, doch die läuft Ende des Jahres ab. Und andernorts sind die Weichen längst gestellt worden, denn weitgehend unbemerkt hat sich Bernie Ecclestone bereits im März 1976 im badischen Motodrom mit dem damaligen Prokuristen der Hockenheimring GmbH, Gustav Schrank, getroffen: Die Formel 1 wird ihr deutsches Gastspiel im nächsten Jahr in Hockenheim geben... Aber das Agreement bleibt geheim, während sich in der Eifel manche noch Hoffnungen für 1977 machen.

*1. August 1976, Niki Lauda vor dem Start zum Großen Preis von Deutschland: Der ritterhelmartige Kopfschutz ist in dieser Rennsaison bei vielen GP-Fahrern en vogue. Aber das wird sich nach Laudas Feuerunfall schlagartig ändern.*

■ *Eines muß man Bernie Ecclestone lassen: Sinn für Optik und Ästhetik besitzt der große Boß der Formel 1. Diese »Nummern-Boys« beim Vorstart zum deutschen Grand Prix anno 1976 wären unter der Ägide Ecclestones jedenfalls undenkbar gewesen. Aber noch hat Bernie auf Veranstalterseite nicht das Sagen... In der Aufstellung hinter Jochen Mass im McLaren M23-Cosworth der March 761-Cosworth von Ronnie Peterson.*

Und noch einmal beginnt das gewohnte Spiel auf der Nordschleife: Wen haut es diesmal raus? Diesmal ist Brambilla der Schrottkönig, gleich zwei March 761 arbeitet »Vittorio der Schreckliche« im Training auf, am Rennsonntag wird der unerschütterliche Italiener auch noch ein drittes Fahrzeugwrack hinterlassen... Einer, der sich und den Nürburgring besser im Griff hat, darf nur Zuschauer spielen: Jacky Ickx ist ausgerechnet vor dem deutschen Grand Prix von Walter Wolf gefeuert und durch Arturo Merzario ersetzt worden: »Ich bin hier, um über die Höhe der Abfindung zu diskutieren«, erzählt der zutiefst gedemütigte Ickx: »Was mich aber viel mehr stört, ist, daß so etwas mein Image schä-

■ *Der erste Start – oder: Als die Formel-1-Welt am Nürburgring noch heil war. Vorneweg Clay Regazzoni (2, Ferrari 312T2), dahinter James Hunt (McLaren M23-Cosworth), Jacques Laffite (26, Ligier JS5), Jochen Mass (McLaren M23-Cosworth, gut erkennbar auf Slicks unterwegs!), Carlos Pace (Brabham BT45-Alfa Romeo), Jody Scheckter (3, Tyrrell P34), der gewaltig schleudernde Lotus 77-Cosworth von Mario Andretti, der unmittelbar vor Niki Lauda (Ferrari 312T2), Patrick Depailler (Tyrrell P34-Cosworth) und Vittorio Brambilla (March 761-Cosworth) abdreht. Links davon findet Ronnie Peterson (10, March 761-Cosworth) eine Lücke, dahinter der Lotus 77-Cosworth seines Landsmanns Gunnar Nilsson, der weiße Surtees TS19-Cosworth von Alan Jones und der Shadow DN5-Cosworth von Tom Pryce. Sodann Rolf Stommelen (Brabham BT45-Alfa Romeo), eine Dreiergruppe mit (von innen nach außen) Chris Amon (Ensign MN05-Cosworth), John Watson (Penske PC4-Cosworth) und Emerson Fittipaldi (Fittipaldi FD04-Cosworth) sowie rechts am Bildrand Arturo Merzario im Wolf-Williams FW05-Cosworth.*

digt.« Seit November 1975 hat Wolf 1,2 Millionen Dollar in das Team von Frank Williams gesteckt, jetzt gehört es ihm und Williams wird frustriert seine eigenen Wege gehen, um noch mal ein eigenes Formel-1-Projekt auf die Beine zu stellen. Die meisten Rennställe sind in Geldnöten: Don Nichols hat für sein Shadow-Team als neuen Geldgeber Tabatip aufgetan. Obwohl am Nürburgring Tabakreklame eigentlich verboten ist, prangt das ganze Wochenende Zigarillo-Werbung auf den Rennwagen von Jarier und Pryce. Rund 450 000 DM hat der Deal für drei Formel-1-WM-Läufe gekostet, im Vergleich zu anderen Sponsorsummen ein Sonderangebot, das Tabatip-Boß Heinrich Villiger schließlich ködern wird, im nächsten Jahr Hauptsponsor von Shadow zu werden. Immerhin 550 000 Franken hat der schweizer Rennfahrer Loris Kessel gelöhnt, um die europäische GP-Saison auf einem der zwei Brabham BT44B von John McDonald zu bestreiten. Doch der Teamchef tritt am Nürburgring mit Lella Lombardi und Rolf Stommelen an, für die Lavazza bzw. Warsteiner und der AvD nochmal extra löhnen. Der hinters Licht geführte Loris Kessel reist in die Eifel an, fordert 310 000 Franken zurück und läßt die beiden McDonald-Brabham pfänden... Die Lombardi ist damit draußen, doch Stommelen kommt für 20 000 DM im dritten Brabham-Alfa unter und fährt damit am Rennsonntag sensationell auf den sechsten Platz: »Ich habe auf Anhieb einen Punkt gemacht, obwohl ich mit dem Auto nur insgesamt drei Runden trainiert hatte und mit ihm eigentlich so fahren mußte, wie ich es vorfand. Mein Dank gilt deshalb vor allem Bernie Ecclestone, der mich ohne große Sprüche hat fahren lassen.«

Das Eifelwetter läßt nur am Freitag Bestzeiten zu, das gesamte Rennwochenende ist verregnet, die Sonne läßt sich erst wieder zum Ende des GP blicken, aber da ist es schon zu spät, möchte man im Nachhinein formulieren... Die Schallmauer von sieben Minuten bleibt unangetastet, heftiger Gegenwind hat sowohl Hunts Pole Position in 7.06,5 als auch Laudas 7.07,4 negativ beeinflußt, die Reifen sind robuster als beim Gummifiasko im Vorjahr, dafür scheinen sie weniger Haftung zu bescheren. Die Artisten des Formel-1-Zirkus wirken etwas ratlos, was die Wetterlage betrifft. Unter die Rubrik »Berühmte letzte Worte« vor dem Start fällt Niki Laudas Bemerkung: »Ich werde bezahlt, um zu siegen, nicht um nur zu fahren. Und am Ring gibt es Hunderte von Kombinationen, die mir zuwider sind. Die Antipathie läßt sich nicht überspielen, das ist ein Faktum, aber ich muß sie töten.«

Am 3. Oktober 1976 finden wieder einmal die letzten freien Wahlen in der Bundesrepublik statt, zumindest legt das der Wahlkampf-Slogan der CDU/CSU nahe: »Freiheit statt Sozialismus!« Bei Start und Ziel zeigt sich Kanzlerkandidat Helmut Kohl, schon als rheinland-pfälzischer Ministerpräsident ist er häufiger Stammgast am Nürburgring gewesen. Sage und schreibe 48,6 % wird Kohl einfahren – und trotzdem nicht Kanzler werden. Der geborene Verlierer, wird nicht nur so mancher Sozialdemokrat lästern, sondern sogar Parteifreund Franz-Josef Strauß, der ebenfalls am Nürburgring das Bad in der Menge sucht. Dazu gibt es reichlich Gelegenheit, denn der für 13.30 Uhr vorgesehene Start verzögert sich, weil die ungestümen Akteure des Renault-R5-Pokalrennens viel zuviele Fangzäune niedergewalzt haben. Zu allem Überfluß melden die Streckenposten dann auch noch Regen entlang der gesamten Nordschleife. Herbert Linge, der Chef der ONS-Sicherheitsstaffel, fährt mit Goodyear-Cheftechniker Bert Baldwin noch einmal um den Kurs, überall stehen Pfützen. Also werden an allen Rennwagen Regenreifen aufgezogen, nur Jochen Mass entscheidet sich bei seinem McLaren M23 für Slicks: »Mike Kranefuß und ich haben die hochgehenden Wolken gesehen und auf trocken gesetzt.« Mass steht nur in der fünften Reihe, was das Pokern etwas erleichtern mag. Die größeren Hoffnungen aus deutscher Sicht liegen bei Hans-Joachim Stuck, seine viertbeste Trainingszeit führt dazu, daß der »Strietzel« unmittelbar vor dem Start noch ein Fernsehinterview geben muß. Weshalb Mechaniker Lynn den March aus dem Fahrerlager die Tunnelauffahrt hochsteuert, leider muß er dabei anhalten, dann noch mal anfahren – und ruckzuck verbrennt dabei die Kupplung... »Sie funktionierte dann nicht mehr, und so fiel ich nach dem ersten Start weit hinter das Feld zurück«, wird Stuck sein Pech beklagen. Und so stürmt um 14.05 Uhr der schräg hinter dem Bayern postierte Clay Regazzoni beim Start vorneweg, ehe James Hunt bei Aremberg die Spitze übernimmt, weil der Schweizer mit seinem Ferrari eine monumentale Pirouette dreht. Noch vor Ende der ersten Runde zieht Ronnie Peterson in Front, weil James Hunt sofort in Richtung Boxengasse abdreht, um sich Trockenreifen aufziehen zu lassen! Jochen Mass jagt auf seinen Slicks bereits an zweiter Stelle vorbei, unterwegs zum sicheren Sieg, denn schon am Schwalbenschwanz liegt der McLaren vor dem March, und demnächst wird Peterson die Boxen anpeilen, um auf Trockenreifen umzurüsten, so wie dies bereits 13 andere Konkurrenten, darunter auch Niki Lauda, vorexerziert haben. Jochen Mass aber führt nun mit einem komfortablen Vorsprung von 46,7 Sekunden auf James Hunt: »Jochen hätte ich unter diesen Umständen nicht mehr einholen können, für ihn wäre es ein wohlverdienter Heimsieg gewesen«, wird James Hunt später sagen... Doch bei Start und Ziel sind nur noch 13 Rennwagen aus der zweiten Runde zurückgekehrt: Um 14.23 Uhr und 55 Sekunden ist Niki Lauda bei Kilometer 10,4 zwischen Ex-Mühle und Bergwerk mit

Tempo 200 über einen Bordstein gerattert, der Ferrari wird buchstäblich ausgehebelt, dreht sich in Fangzäune und Leitplanken an der Böschung, geht in Flammen auf, schleudert auf die Piste zurück und wird vom Surtees des US-Amerikaners Brett Lunger torpediert, ehe auch der Hesketh von Harald Ertl in die beiden Wracks hineinkracht. Der glückliche Zufall will es, daß damit die Strecke dicht ist und andere Rennfahrer zu Hilfe kommen können. Der ONS-Rettungswagen trifft etwa 30 bis 40 Sekunden später ein, mit dem an Bord befindlichen 100 kg-Löscher läßt sich das Feuer rasch ersticken, doch zuvor ist Niki Lauda nicht von Streckenposten, sondern von Arturo Merzario aus dem Inferno befreit worden: »Die Flammen um den Wagen schlugen mir bis zur Schulter. Ich ging an den Ferrari, Niki hockte drin, hatte den Helm halb über das Gesicht hochgezogen, ich habe ihm die Gurtschnalle geöffnet, die er selbst nicht aufbekam. Dann habe ich versucht, ihn herauszuziehen, aber die Griffe an seinem Fahreranzug auf den Schultern und an den Seiten waren schon abgeschmort.« Brett Lunger eilt hinzu, unmittelbar vor dem Rennen hat der 30jährige erfahren, daß sein Vater gestorben ist. Lunger startet trotzdem und ist auf diese absurde Weise dann doch noch zur rechten Zeit am richtigen Ort: »Ich habe mich vor Lauda vorn auf den Wagen gestellt und an den Schultern gezogen, Arturo hat die Beine herausgeholt. Da die Plastikverschalung, auf der ich zur Hälfte stand, wegschmolz, bin ich mit Lauda in den Armen umgekippt.« Harald Ertl, der die Flammen zunächst mit einem Handfeuerlöscher bekämpft hat, wähnt Niki Lauda in Sicherheit: »Er lag links neben der Strecke im Gras, um ihn herum bewegten sich die Fahrer. Sie entkleideten ihn, während der Arzt einen Kopfverband vorbereitete. In Anbetracht der Zeitspane (ca. 45 Sekunden), die er im brennenden Auto gesessen hatte, sah er nicht gerade

■ *Der Sechsrad-Tyrrell P34-Cosworth war eine der kühnsten Konstruktionen in der Grand-Prix-Geschichte: Andere Rennställe experimentierten in der Folgezeit ebenfalls mit drei Achsen, eine vorn und zwei hinten, aber die Versuchsfahrzeuge gelangten nie zum Einsatz in der Formel-1-WM. Die Konfiguration mit einer Tandem-Vorderachse und einer konventionellen Hinterachse setzte ohnehin nur Tyrrell ein. Die Saison 1976 bescherte einen GP-Sieg (Jody Scheckter im schwedischen Anderstorp) und zahlreiche exzellente Plazierungen. Im WM-Schlußklassement rangierten Scheckter und Depailler auf den Plätzen drei und vier. Am Nürburgring steuerte Jody Scheckter den P34 auf den zweiten Platz, Patrick Depailler (im Bild) hätte ähnliches zuwege bringen können, wenn er nicht nach dem Neustart durch einen Dreher von Clay Regazzonis Ferrari 312T2 von der Piste geflogen wäre.*

schlimm aus. Äußerlich ließen sich Verbrennungen im Gesicht (kein Helm, relativ dünne Gesichtshaube mit großem Ausschnitt) und an den Händen sowie Blutspuren im Gesicht erkennen. Als ich dann hörte, wie er sich mit John Watson unterhielt und diesen fragte, wie sein Gesicht aussähe, fiel mir ein Stein vom Herzen. So schlimm konnte es also gar nicht sein.« Das scheint auch der Eindruck der Rennfunktionäre zu sein, in deren Namen geraume Zeit später Streckensprecher Jochen Luck dem ob des Rennabbruchs irritierten Publikum verkündet: »Lauda flog infolge eines weggebrochenen Hinterrads in die Leitplanken, stieg aber mit eigener Kraft aus und stand neben seinem Wagen, als die ONS-Streckensicherung kam.« Ein Satz, drei Fehlinformationen – die Verwirrung ist groß, erst recht, als das Feld wieder zum Neustart zusammengetrommelt wird. Nur ein einziger Rennfahrer weigert sich, Chris Amon, der mit dem fragilen, aber schnellen Ensign gerade ein erstaunliches Comeback in der Formel 1 feiert: »Ich habe in meinem Leben so viel Schreckliches gesehen und nun hier das Versagen. Kein Gott kann von mir verlangen, daß ich mich am Nürburgring noch einmal in ein Auto setze.«

Gegen 15.00 Uhr rollen noch 21 Rennwagen auf die Startplätze – doch Hans-Joachim Stuck bleibt stehen, sein March ist immer noch

Ein dusseliges Fernsehinterview wird Hans-Joachim Stuck womöglich einen Spitzenplatz kosten: Wobei allerdings auch Spekulaton bleibt, ob seinen March 761-Cosworth anstelle einer von seinem Mechaniker gegrillten Kupplung nicht noch ein anderes Gebrechen heimgesucht hätte…

ohne Kupplung: »Beim zweiten Start, wo dann noch dazu vor mir alles frei war, weil der Niki ja nicht mehr antreten konnte, kam ich gar nicht in Gang, denn meine Batterie war leer.« Und weiter: »Nach diesem Unfall gibt es viele Dinge, die mich beunruhigen, aber ich hoffe immer, daß es mich nicht erwischt. Aber das hat der Niki sicher auch gemeint.« Der Neustart über 14 Runden läßt Jochen Mass keine Chance mehr auf den Sieg: »Schicksal – den Grand Prix hätte ich gern gewonnen. Es wäre drin gewesen, auch wenn mir Teddy Mayer das Schild ›Hunt im Kommen, warten‹ gezeigt hätte, würde ich die rechte Hand vor die Augen gehalten haben.« Vorbei, James Hunt führt vom Start bis ins Ziel, Jochen Mass produziert im Zweikampf mit Mario Andretti drei Dreher, arbeitet sich wieder nach vorn und wird mit Rang drei belohnt, weil Clay Regazzoni mit dem Ferrari in der 12. Runde die Leitplanken touchiert. Es bleibt dennoch das beste Resultat von Jochen Mass bei seinem Heimrennen… Aber ist das nach dem Unfall von Niki Lauda noch wirklich wichtig? Beinahe erwischt es auch noch Ronnie Peterson, als es seinen March nach einem weiten Satz am Flugplatz regelrecht von der Strecke haut und der Schwede beim Aufprall in Fangzäune und Leitplanken kurz das Bewußtsein verliert: »Der Wagen setzte nach dem Sprung quer auf, dann bumste er noch einmal hoch und noch einmal und dann war es dunkel.«

Niki Lauda wird währenddessen per Rettungshubschrauber in die Berufsgenossenschaftliche Unfallklinik nach Ludwigshafen transportiert, deren Ärzteteams auf die Behandlung schwerer Brandwunden spezialisiert sind. Doch die Hautverletzungen sind von sekundärer Bedeutung, Lauda schwebt in höchster Lebensgefahr, weil heiße, hochgiftigen Kohlenmonoxiddämpfe Lungen und Atemwegsorgane verätzt haben. Eilends wird der Patient über den Rhein in das Städtische Klinikum nach Mannheim verlegt, wo Chefarzt Dr. Klaus Peter konstatiert: »Noch atmet Lauda. Man weiß aber nicht, wie es übermorgen sein wird.«

Fernab in der Eifel ahnt niemand den Ernst der Lage, auch wenn James Hunt seinen Sieg eher zurückhaltend kommentiert: »Ich habe jetzt noch eine Chance, Weltmeister zu werden, aber diesen Sieg will ich im Kampf gegen Niki auf der Rennstrecke erringen. Wenn er bei den restlichen Rennen der Saison zuschauen muß, bereitet mir das Gewinnen nicht mehr so viel Freude.« Patrick Depailler, der mit seinem Tyrrell-Sixwheeler in aussichtsreicher Position mit dem drehfreudigen Ferrari von Clay Regazzoni kollidiert und von der Strecke geflogen ist, nimmt in Sachen Nürburgring kein Blatt mehr vor den Mund: »Diese gefährliche und unmoderne Rennstrecke ist für uns erledigt.«

Das Schicksal Niki Laudas scheint in den nächsten Tagen allein der Boulevardpresse zu gehören: Deutschlands dünnste Tageszeitung produziert die dicksten Schlagzeilen. Am Dienstag, dem 3. August, heißt es: »Niki Laudas Kampf mit dem Tod – Mein Gott, wo ist sein Gesicht?!« Tags darauf wird vermeldet: »Niki Lauda: Furchtbare Nacht – Der Hals schwoll an – Er wäre beinahe erstickt«, ehe am Donnerstag, dem 5. August, Entwarnung gegeben wird: »Niki Lauda kommt durch – …aber wie lebt ein Mann ohne Gesicht?« Tage später meldet sich Niki Lauda selbst zu Wort, ohne zur Klärung des Unfallhergangs etwas beitragen zu können: »Vom Wegfahren von den Boxen bis zum Transport im Hubschrauber erinnere ich mich an absolut nichts. Was ich in den Filmen vom Unfall gesehen habe, läßt mich etwas ratlos, eine endgültige Antwort ist mir nicht möglich.«

# Späte Genugtuung

Die Formel 1 ist wieder nach Hockenheim zurückgekehrt und wird dort bleiben, denn die Pläne für einen kürzeren, neuen Nürburgring sind 1977 sind ferne Zukunftsmusik. Daß ein Jahr nach seinem schweren Unfall ausgerechnet Niki Lauda den Großen Preis von Deutschland gewinnt, entbehrt nicht gewisser Pikanterie: »Jeder Sieg ist wichtig, aber dieser ist besonders süß«, lächelt der kommende Weltmeister. Vergessen sind die Demütigungen nach Laudas Aufgabe beim Regen-GP in Suzuka, wo sein Eingeständnis, er habe sich nicht noch mal umbringen wollen, nicht nur den WM-Titel, sondern auch viel Reputation gekostet hat. Doch nach dem Lauda-Sieg in Hockenheim meint nicht nur Titelverteidiger James Hunt: »Es dürfte nun sehr schwer sein, Niki Lauda die Führung in der Weltmeisterschaft wieder zu entreißen.«

Das Stadion in Hockenheim ist vollbesetzt, sogar Zusatztribünen sind aufgebaut worden, doch gut 130 000 Zuschauer erleben keine dramatischen Windschattenspiele wie sieben Jahre zuvor, denn die Rennwagengeneration der späten 70er Jahre ist aerodynamisch etwas ausgefeilter, die Motoren drohen leichter zu überhitzen und die Fahrer planen deshalb die entscheidende Attacke langfristig vor, um dann vollendete Tatsachen zu schaffen. Wer den Windschatten nutzt, der will vorbei und auf und davon, was mit der Kraft eines 12Zylinders ganz gut klappt: Niki Lauda studiert Spitzenreiter Jody Scheckter bis in die 13. Runde hinein, ehe er den Wolf-Cosworth des Südafrikaners vor der ersten Schikane ausbremst. Daß Scheckter später nicht mehr kontern kann, liegt zum einen an der PS-Zahl seines V8, zum anderen an Problemen mit der Benzinpumpe. Mario Andretti hängt hingegen Runde um Runde im Windschatten von Carlos Reutemanns Ferrari, ohne daß der Lotus 78 einen Weg am stärkeren 12Zylinder vorbei findet und der »Cossie« V8 schließlich an Überhitzung eingeht. Erschwert wurden Andrettis Attacken übrigens auch, weil Colin Chapman bei seiner ersten Ground-Effect-Konstruktion zwar auf höhere Kurvengeschwindigkeiten kommt, dafür jedoch auf den langen Geraden gegenüber der Konkurrenz an Tempo verliert. Kurze Windschattenhilfe scheint vor allem noch im Training wirksam, schildert Hans-Joachim Stuck: »Der Windschatten wirkt bis 250 Meter hinter dem Wagen, dort fangen die Turbulenzen an. Der Helm beginnt zu tanzen, und Du weißt, Du bist drin, es wird windstill, und Du wirst angesaugt.« Ein guter Windschatten bringt ein Drehzahlplus von 200 bis 300 Touren und ein etwa um fünf km/h höheres Tempo. Jody Scheckter hat im Abschlußtraining überraschend das bessere Ende für sich, weil sein Bruder Ian im March-Cosworth den Wolf-Cosworth ein wenig zur Pole Position gezogen haben soll. Hans-Joachim Stuck schafft im siegträchtigen Brabham-Alfa-Romeo leider nur den fünften Startplatz: »Weil mir im Abschlußtraining etwas Saublödes passierte. Ich will aus der Boxengasse, bekomme die grüne Flagge, rausche los und fahre über einen Wagenheber der Wolf-Truppe.« Beide Frontkühler des Brabham BT45B werden dabei angeschlagen und verlieren Wasser...

Mit über 525 PS bei 12 300 U/min ist der Alfa Romeo V12 das stärkste Triebwerk in der Formel 1, der Renault-Turbo von Jean-Pierre Jabouille, der zuvor in Silverstone sein GP-Debüt

■ *Die Formel 1 kehrt zurück in die Arena von Hockenheim, diesmal auf Dauer: Beim Morgentraining parken in der Boxengasse die für 1977 erheblich modifizierten Tyrrell P34 mit Ronnie Peterson (stehend rechts daneben Teamchef Ken Tyrrell) und Patrick Depailler. Das Sechsrad-Konzept birgt immer mehr Tücken in sich, vor allem die Reifenentwicklung für die kleinen Vorderräder läuft zuungunsten von Tyrrell. Am Ende der Saison wird das interessante Experiment beendet. Hinter dem Tyrrell-Duo steht der Surtees TS19 von Vittorio Brambilla, auf der Start- und Zielgeraden dröhnt gerade der McLaren M23-Cosworth des Spaniers Emilio Villota vorbei.*

erlebte und in Hockenheim nur kurz bei Testfahrten vor dem Großen Preis aufgetaucht war, mobilisiert damals nur 500 äußerst unzuverlässige Pferdestärken. Leider hat der Milano-Boxermotor auch den größten Durst des gesamten GP-Feldes, so daß am Sonntag die Tanks der Brabham-Alfa randvoll gefüllt werden müssen, sage und schreibe 215 Liter Treibstoff schleppen die beiden Rennwagen von John Watson und Hans-Joachim Stuck mit an Bord. Trotzdem ahnt der »Strietzel«: »Der Sprit wird für die Hockenheim-Distanz wohl kaum reichen.« John Watson hält sich aus diesem Grund lieber benzinsparend hinter dem am besten gestarteten Wolf-Cosworth von Jody Scheckter, doch in der 8. Runde geht der Alfa-Treibsatz des Nordiren hoch. Hans-Joachim Stuck verzichtet in der Spitzengruppe ebenfalls auf spritfressende Attacken, wird durch den Ausfall von Weltmeister James Hunt trotzdem auf den dritten Platz nach vorn durchgereicht, ehe zwei Runden vor Schluß die ersten Aussetzer seinen Brabham-Alfa durchschütteln: Mit 8500 U/min schleicht der Bayer um den Kurs – »Stuck, Tuck, Tuck« wird ein Boulevardblatt tags darauf titeln... Trotz Oropax und Helm hört Stuck den Jubel des Publikums bei seiner Zieldurchfahrt: »Mein Motor war plötzlich ganz aus. Ich bin im Leerlauf ins Ziel gerollt. Dort plumpsten mir ganze Felsbrocken vom Herzen.« Der dritte Rang ist das beste Formel-1-Resultat des langen Grainauers – und wird es leider bleiben... Denn am Ende der Saison muß Stuck gehen, weil Lauda von Ferrari zu Bernie Ecclestones Brabham-Alfa-Team wechselt.

■ *31. Juli 1977, aus der ersten Runde kehrt die Spitzengruppe ins Motodrom zurück: Jody Scheckter (20, Wolf WR2-Cosworth) führt vor John Watson (7, Brabham BT45B-Alfa Romeo), dem späteren Sieger und Weltmeister Niki Lauda (11, Ferrari 312T2), Titelverteidiger James Hunt (1, McLaren M26-Cosworth), Hans-Joachim Stuck (8, Brabham BT45B-Alfa Romeo) und Jacques Laffite (26, Ligier JS7).*

■ *Der Rennwagen des Jahres heißt Lotus 78-Cosworth, Colin Chapmans erstes »Flügelauto« oder neuhochdeutsch »Wing-Car«: Noch gelingt es die Feinheiten der neuen Kreation nicht überall in den Griff zu bekommen. Auf Hochgeschwindigeitskursen wie in Hockenheim scheint es nicht allein wegen des Cosworth V8 an Vortrieb zu fehlen: Titelaspirant Mario Andretti hat nie eine Chance, um den Sieg mitzufahren. Mehr noch: Andrettis Ausfall bei gleichzeitigem Sieg von Lauda sorgt bereits für eine Vorentscheidung in der Weltmeisterschaft.*

Auch für Jochen Mass sind die Tage bei McLaren gezählt, der 30jährige erweist sich 1977 zwar als fleißiger Punktesammler, doch für ein Spitzenteam, mit dem Weltmeister James Hunt immerhin noch drei WM-Läufe gewinnt, ist das zuwenig. Ausgerechnet in Hockenheim geht für Mass alles schief: Bei Tempo 240 in der Ostkurve platzt am neuen McLaren links vorn ein Reifen, rückwärts kracht der M26 in die Leitplanken, fängt kurz Feuer, das Mass sogar selber zu löschen vermag. Doch fürs Abschlußtraining muß der Deutsche auf seinen altgedienten M23 umsteigen, so daß er seine Vortagszeit nicht mehr verbessern kann und auf den 13. Startplatz abrutscht. Im wieder reparierten M26 kämpft sich Jochen Mass im Rennen bis auf den siebten Rang vor, ehe das Getriebe zerbröselt, schade drum…

Die größte Aufregung des gesamten Rennwochenendes spielt sich beim Start ab: Am Rennmorgen hat der Kranaufbau eines Abschleppwagens die Ampelstartanlage zertrümmert, so daß der Große Preis per Flagge gestartet werden muß… Auch wenn Niki Lauda im Dunlop-Turm Starter Gerd Kroeber zuvor noch ausführlich instruiert hat, wie das grüne Tuch zu senken ist: Weiter hinten in den Startreihen nimmt man den Flattermann kaum wahr… Patrick Depailler bleibt im Sechsrad-Tyrrell stehen – »Ich sah das grüne Fähnchen überhaupt nicht!« – und löst damit Ausweichmanöver samt Kollisionen aus. Der Shadow von Alan Jones und Clay Regazzonis Ensign bleiben reichlich verbogen auf der Strecke, Brett Lunger rollt mit seinem privaten McLaren M23 zu einem Check an die Box. Während in der allgemeinen Verwirrung Hans Heyer in seinem eigentlich nicht fürs Rennen qualifizierten ATS-Penske dem enteilten Feld unerlaubterweise hinterherstartet: »Da fuhr ich einfach los, obwohl ich wußte, daß ich damit der 25. Wagen der Startaufstellung war. Da mir keine schwarze Flagge gezeigt wurde, konnte ich einen Hauch Grand-Prix-Luft schnuppern.« In der zehnten von 47 Runden bricht Heyer die Schalthebelbefestigung und das Piratenstück ist beendet… Mit Klaus Ludwig soll sogar noch ein vierter deutscher Rennfahrer für Hockenheim ein Formel-1-Cockpit bekommen, doch die Nennung erfolgt nicht fristgerecht, außerdem verlangt Jackie Oliver zuviel Geld für das Gastspiel in seinem Shadow-Team. Und so wird aus dem vielversprechenden Monoposto-Talent von 27 Jahren am Ende noch der Nachfolger von Hans Heyer als inoffizieller Tourenwagenkönig von Deutschland… Vierzehn Tage später wird Alan Jones im neuen Shadow DN8 in Zeltweg den österreichischen Grand Prix gewinnen, ein halbes Jahr nachdem Tom Pryce in einem Shadow in Kyalami tödlich verunglückt ist. Gegen Shadow-Co-Sponsor Franco Ambrosio hat die italienische Justiz zwischenzeitlich wegen hochgradiger Finanzbetrügereien Haftbefehl erlassen…

■ *Im Siegertrubel von Hockenheim, von links nach rechts: AvD-Sportpräsident Huschke von Hanstein, der drittplazierte Hans-Joachim Stuck, GP-Gewinner Niki Lauda, AvD-Präsident Paul Alfons Fürst von Metternich und der Zweite des Rennens, Jody Scheckter.*

# Der Preis ist heiß

Ein Wochenende lang wird das Motodrom zum größten Backofen Deutschlands: 35° im Schatten peinigen Publikum und Fahrer, der Asphalt erhitzt sich auf 100°, die Reifentemperaturen nähern sich der Marke von 125°, was im Krieg zwischen Goodyear und Michelin den amerikanischen Gummimischungen entgegenkommt. Der US-Konzern hat sich im Kampf gegen die französische Konkurrenz, die nur Ferrari und Renault beliefert, mittlerweile auf Spitzenteams konzentriert. Weniger aussichtsreiche Goodyear-Kunden müssen sich mit zweitklassiger Ware begnügen, die verächtlich »Holzreifen« genannt wird und auch die Ambitionen deutscher Rennheroen stark einbremst. Das ZDF betreibt mit 13 Fernsehkameras für die Berichterstattung nach damaligen Maßstäben trotzdem einen immensen Aufwand, sogar ein mobiles Team ist in der Boxengasse unterwegs, ganz ohne aufgeregten Firlefanz. Die Dächer der Übertragungswagen werden permanent mit kaltem Wasser berieselt, damit die teure Elektronik in der Hitzeglut nicht zusammenbricht.

Im Programmheft grüßt als Schirmherr des Großen Preises noch Dr. Hans Karl Filbinger, der gerade erst am 13. Juli 1978 vor dem Stuttgarter Landgericht seine Klage gegen Rolf Hochhuth verloren hat: Der Schriftsteller darf den amtierenden Ministerpräsidenten von Baden-Württemberg und Marinerichter a.D. weiterhin einen »furchtbaren Juristen« nennen, weil Filbinger noch kurz vor Kriegsende, nämlich am 16. Februar 1945, am Todesurteil für den 22jährigen fahnenflüchtigen Matrosen Walter Gröger mitgewirkt hat... Am 7. August wird Ministerpräsident Filbinger seinen Rücktritt erklären.

Auf ganz anderer, viel unbedeutenderer Ebene gibt es auch in Hockenheim ein Trauerspiel zu bewundern: Deutsche Formel-1-Rennfahrer, die sich nur auf den hinteren Rängen tummeln. Rolf Stommelen schafft im Arrows den 17. Startplatz, Jochen Mass reicht es mit dem ATS für die vorletzte, Harald Ertl im Ensign gar für die letzte Reihe. Und sieben Minuten vor Trainingsende ist der Vorjahresheld Hans-Joachim Stuck für seinen Heim-GP immer noch nicht qualifiziert: »Stellt den Flügel so steil ihr könnt!«, brüllt der Grainauer, hetzt im Ersatzwagen des maroden Shadow-Rennstalls hinaus und schafft noch eine Runde in 1.56,40, was für den 24. und letzten Startplatz reicht: »Das Auto übersteuerte wie blöd, ich fuhr wie bescheuert.« Ein Skandal, wie schlampig die Wagen vorbereitet waren. Ein Haufen abtrünniger Mitarbeiter um Jackie Oliver und Tony Southgate hat beim Abgang Ende des Vorjahres gleich die Pläne für den neuen Shadow DN9 mitgehen lassen und daraus den eigenen Arrows FA1 auf die Räder gestellt. Stuck weiß das nicht, als er bei der Resttruppe von Shadow-Boß Don Nichols anheuert, der Formel-1-Karriereknick des Grainauers nimmt seinen Anfang... Vor dem Londoner High Court werden Oliver & Co. zwei Tage nach dem Großen Preis von Deutschland verdonnert: »Der Arrows ist zu 40 % eine Shadow-Kopie und darf nie wieder gegen den DN9 eingesetzt werden.« Nebenbei sickert vor Gericht durch, daß 840 000 DM von Warsteiner im Team stecken, aber auch noch eine halbe Million Dollar von Signore Ambrosio, der seit Frühjahr 1978 wegen Devisenschiebereien im Knast sitzt...

Beim Abschlußtraining bricht an Ronnie Petersons Lotus rechts hinten ein Querlenker, nur gut,

■ *Noch herrscht aerodynamische Vielfalt in der Boxengasse, doch der Siegeszug des neuen Lotus 79 setzt Maßstäbe, an denen bald niemand mehr vorbeikommt: Mit der Folge, daß ab 1979 die Formel-1-Rennwagen einander immer mehr ähneln werden: Genießen wir also noch einen Blick auf die variantenreiche GP-Welt 1978, in der der Arrows FA1 von Riccardo Patrese (Nr. 35) am Hockenheimring seinen letzten Auftritt erlebt, weil die britische Justiz gleich nach dem deutschen Grand Prix weitere Einsätze verbietet, da der Arrows eine nahezu vollständige und dazu gestohlene Kopie des Shadow DN9 ist. Im Hintergrund der neue Fittipaldi F5A (Nr. 14), in der kurzen, aber traurigen Geschichte des brasilianischen Formel-1-Rennstalls das einzige Gefährt, das einigermaßen dem Können seines famosen Fahrers Emerson Fittipaldi angemessen ist. In Hockenheim reicht es »Fitti« am Ende zum vierten Platz... Im Bildhintergrund der Surtees TS20 von Rupert Keegan und die beiden McLaren M26 von James Hunt und Patrick Tambay.*

daß das in der Opelkurve und nicht in der ultraschnellen Ostkurve passiert ist. Zaungast Innes Ireland kommentiert: »Ein normales Lotus-Training wie zu den Zeiten, als ich für Chapman fuhr!« Mario Andretti gelingt es prompt, die Bestzeit seines wehrlosen Teamkollegen zu unterbieten: 1.51,90 gegen 1.51,99 – die Ground-Effect-Lotus 79 fahren 1978 in einer anderen Formel-1-Welt, auch wenn Niki Lauda im Brabham-Alfa nur 39 Hundertstel auf Andrettis Pole verliert. Die Überlegenheit von Lotus, vo allem aber die Hitze steigt einigen zu Kopf: James Hunt kollidiert in der Boxeneinfahrt mit Vittorio Brambilla, der Italiener haut dem Engländer mit der Faust auf den Sturzhelm: »Verflucht Hunt, Du bist total crazy. Ich langsam zur Box, niente Sprit! Warum fährst Du mir in die Karre?« Ferraris Nummer Uno, Carlos Reutemann, 14 Tage zuvor in Brands Hatch noch Gewinner des britischen Grand Prix, resigniert, denn Michelin kann noch keine vergleichbaren Qualifikationsreifen wie Goodyear anbieten: »Ich habe ab und zu eine freie Runde gehabt und wurde, obwohl ich jenseits von Gut und Böse kurbelte, einfach nicht schneller.«

Für 25 000 Mark hat Leichtmetallfelgenhersteller Günter Schmid im Fahrerlager ein Hospitality-Zelt aufbauen dürfen, inbegriffen im Preis sind 100 Fahrerlager-Karten für Gäste von ATS. Die Formel-1-Konstrukteursvereinigung FOCA tritt erstmals bei einem Grand Prix als Veranstalter auf und kassiert fleißig ab. Der AvD hat kalte Füße bekommen und sich für rund 100 000 DM von Bernie Ecclestone und Max Mosley ausbezahlen lassen. Im Vorjahr soll der AvD in Hockenheim bei Einnahmen von rund einer Million Mark noch 300 000 DM Gewinn gemacht haben. Ein gutes Geschäft für die FOCA empört sich *auto, motor und sport*-Chefredakteur Ferdinand Simoneit: »Erst nach dem Grand Prix waren die AvD-Herren in Aktion: Fürst Metternich und Huschke von Hanstein nahmen die Siegerehrung vor, denn für Ehre und Ruhm sind sie immer zu haben – nur das Risiko scheuen sie.« Nicht alle zahlen für ein Zelt im Fahrerlager: Uniroyal lehnt ab, 25 000 DM zu löhnen, doch BMW springt ein und präsentiert den neuen M1-Sportwagen, den Jochen Neerpasch für sehr viel Geld ab 1979 im Formel-1-Rahmenprogramm auftreten läßt. Da sind die 60 000 DM, die Renault in Hockenheim angeblich für das R5-Markenpokalrennen an die FOCA zahlen muß, ein Pappenstiel. Ford Deutschland verzichtet indes darauf, den neuen Capri zu zeigen: Für 200 m² Ausstellungsfläche sollen rund 30 000 DM verlangt worden sein... Ausgangs der Sachskurve hat Ecclestone eine hölzerne Pressetribüne errichten lassen, die angestammten Pressesitze auf der überdachten Haupttribüne werden für 120 DM pro Platz an normale Zuschauer verkauft, was die schon immer empfindliche Journaille am mei-

■ 30. Juli 1978, einer heißesten Renntage in der Geschichte des deutschen GP: Die beiden Lotus 79 übernehmen das Kommando, beim Start liegt noch Mario Andretti kurz vor Ronnie Peterson. Dahinter folgen Niki Lauda (Brabham BT46-Alfa Romeo), Alan Jones (Williams FW06), John Watson (Brabham BT46-Alfa Romeo), James Hunt (McLaren M26), Jacques Laffite (Ligier JS9), Carlos Reutemann (Ferrari 312T3), Emerson Fittipaldi (Fittipaldi F5A), Gilles Villeneuve (Ferrari 312T3), Riccardo Patrese (Arrows FA1, leicht auf der Grasnarbe), Jody Scheckter (Wolf WR5), Jean-Pierre Jabouille (Renault RS01-Turbo) und der aus Platzmangel leider ungenannt bleibende Rest...

sten zu empören scheint. FOCA-Anwalt Max Mosley erweckt den Eindruck, all das habe sich am Ende doch nicht gerechnet: »Am Freitag gähnte Leere auf den Tribünen, Samstag waren es nur 40 000 und am Sonntag 90 000 Zuschauer. Geschäftlich gesehen also ein ernüchterndes Ergebnis – gerade oder nicht einmal kostendeckend.« Hört, hört, lächeln wir Jahrzehnte später, zu Zeiten, in denen es selbstverständlich ist, daß die FOCA in Eigenregie Formel-1-WM-Läufe vermarktet: Hockenheim 1978, das war die Nagelprobe für den Sieg der Kommerzialisierung Marke Bernie Ecclestone...

Und so, wie der AvD sich ein wirtschaftliches Standbein absägt, so eliminieren sich auch die deutschen Rennhoffnungen selbsttätig zu Beginn des Rennens in der zweiten Runde. Denn am ATS von Jochen Mass bricht beim Anbremsen der ersten Schikane rechts vorn die Radaufhängung, wodurch der gelbe Renner nicht mehr zu halten ist und den Shadow von Hans-Joachim Stuck gleich mit von der Piste schießt: »Der Mass krachte mit etwa 100 km/h in mein Heck, es war als hätte mich ein Elefant in den Hintern getreten.« Jochen Mass erzählt: »Ich zog den Kopf ein, erwartete den großen Aufprall...« Und der »Strietzel« zeigt Galgenhumor: »Der Mass schlug genau dort in der Leitplanke ein, wo ein Streckenposten stand. Der Mann ist jetzt noch vom ATS-Lack gelb im Gesicht. Und Mass braun wie ein Neger, vom Dreck, weil er soviel Sand aufgeschaufelt hat.« Kein Rennen für die Deutschen, nicht einmal für den Wahl-Deutschen Harald Ertl, der im Ensign allerdings ein grandioses Rennen fährt und sogar schneller unterwegs ist als sein Teamkollege, ein 25jähriger Brasilianer namens Nelson Piquet, der in Hockenheim seinen ersten Grand Prix bestreitet. Kurz vor Schluß zieht Ertl auf der Start- und Zielgeraden sogar am Ferrari von Gilles Villeneuve vorbei, ehe in der 41. Runde der Cosworth hochgeht: »Ich wußte, ich bin Sechster, ich mach' einen Punkt – und dann so ein blöder Motorschaden«, bedauert Harald Ertl, der sich zum Trost wenigstens auf seine in fünf Tagen bevorstehende Hochzeit mit Frau Vera freuen darf... Fehlt nur noch Rolf Stommelen in der mageren deutschen Rennbilanz: Der wird das Opfer des Rennleiters, der beim Start bereits auf Grün schaltet, obwohl die hinteren Reihen gerade erst aus der Aufwärmrunde heranrollen... Scheckters Wolf ist wegen Dampfblasenbildung im Treibstoff nur weggeschlichen, Patrese und Pironi weichen aufs Gras aus, Reutemann wird von Depailler touchiert, weil der Tambay umfahren will, und dabei bekommt die Schnauze von Stommelens Arrows etwas ab, was den Kölner zu einem Boxenhalt zwingt und weit zurückwirft... Er fährt das Rennen zwar auf dem elften Platz zuende, wird dann jedoch wegen Verlassens der Rennstrecke nachträglich disqualifiziert: Auf dem Weg an die Box hatte Stommelen nach der Sachskurve etwas abgekürzt. Nicht nur die Rennkommissare sind ihm auf den Fersen, laut Presseberichten soll die Steuerfahndung entdeckt haben, daß der Rennfahrer in den Jahren von 1971 bis 1975 Einnahmen aus Werbeverträgen nicht exakt verbucht haben soll, die Rede ist von angeblich 173 000 Mark hinterzogenen Steuern... James Hunt lassen die AvD-Funktionäre nur rund zwanzig Minuten im

■ *Ronnie Peterson und die »Black Lady« des GP-Zirkus: Bis heute gibt es viele, die behaupten, daß der Schwede der schnellere Mann im Lotus 79-Cosworth war. Die Loyalität Ronnie Petersons zu seiner formalen Nummer Eins im Team, Mario Andretti, dem designierten Weltmeister, blieb dennoch ungebrochen – bis zu Ronnies letztem Rennen, das in Monza auf tragische Art und Weise enden sollte.*

Vollgastempo Runden drehen, auch der Brite hatte wie Stommelen den Weg in Richtung Boxengasse abgekürzt, ehe er mit der Schwarzen Flagge rausgewunken wurde. Die Mühlen der Justiz mahlen mal schneller, mal langsamer, und doch entschlüpft ihnen in Hockenheim ein Sünder: Hector Rebaque heimst einen WM-Zähler ein, obwohl der Mexikaner nach einem Ausrutscher von Streckenposten angeschoben worden ist... »Schade, diesmal wären zwei, wenn nicht sogar drei WM-Punkte drin gewesen« , bedauert Keke Rosberg. Der 29jährige Finne setzt in Eigenregie einen Vorjahres-Wolf ein, den er zuvor erst über eine verregnete Vorqualifikation am 27. Juni für das offizielle Training zum Großen Preis hat durchboxen müssen. Der Andrang in der Formel 1 wird immer größer, der Preisgeld-Kuchen, den die FOCA verteilt, macht Appetit... Leider hat sich Keke Rosberg die Wolf-Schnauze am McLaren von Patrick Tambay verbogen: Nach dem fälligen Boxenstop reicht es dem Finnen nur zum zehnten Platz. Die ersten Teams setzen bereits Computer ein, ganz bescheiden: Tyrrell kann ein paar Fahrdaten von Patrick Depailler und Didier Pironi auf einer Cassette aufzeichnen lassen, maximal erfaßbar sind 30 Minuten, der Zahlensalat kann allerdings erst nach Ende der Trainingssitzung umkopiert, aufgeladen und ausgewertet werden... Neuester Schrei sind auch Intercom-Gegensprechanlagen, die vorerst nur an den Boxen die Verständigung zwischen Fahrer und Team erleichtern. Aber was nützen teure Innovationen, wenn man in der Hitze von Hockenheim nicht einmal ordinäre Dampfblasenbildung in den Benzinleitungen in den Griff bekommt: Alan Jones wird dadurch im neuen Williams-Cosworth einen greifbar nahen zweiten Platz verlieren...

...womit wir doch noch an die Spitze eines sehr langweiligen Rennens gelangt sind. Colin Chapman hat klaren Marschbefehl für Mario Andretti und Ronnie Peterson erteilt: »Zieht Euch gegenseitig im Windschatten, bis ihr alle Gegner abgeschüttelt habt.« Mehr braucht Mr. Lotus nicht zu sagen, denn Peterson akzeptiert anstandslos, daß Andretti die Nummer Eins ist und gewinnen soll. Trotzdem erwischt der Schwede den besten Start, während ihm Andretti vier Runden lang im Schlepptau folgt. Beide begnügen sich mit maximal 10 200 U/min – 400 Touren unter der zulässigen Nenndrehzahl... »Aber nach fünf Runden beschloß ich, daß ich dieses Spiel nach meinen Regeln, mit meinen Karten spiele«, rekapituliert Andretti sein baldiges Überholmanöver. Mit Peterson im Windschatten reduziert der Amerikaner auf 9500 U/min: »Ich schlich dahin, zwei Sekunden langsamer, als ich hätte sein können. Ich fuhr so langsam wie möglich, bremste so früh wie möglich, gewann so knapp wie möglich.« Die Lotus-Konkurrenten sind weit abgeschlagen oder längst ausgefallen. Peterson aber hält sich loyal wie schon die gesamte Saison über an den Nichtangriffspakt: Mario soll Weltmeister werden, alles andere wird diesem Ziel untergeordnet. Daß Ronnie seinen zweiten Platz in der 37. Runde durch Getriebeschaden verliert, ist Pech. So erbt Jody Scheckter im Wolf-Cosworth den Ehrenplatz hinter Mario Andretti, und dies obwohl der Südafrikaner nach der ersten Runde letzter war... Eine glänzende Vorstellung des heimlichen Gewinners dieses GP, denn kurz vor dem Rennen ist Scheckters Wechsel nach Maranello publik geworden, 600 000 Dollar Jahresgehalt soll der Südafrikaner bei Ferrari bekommen, nur Lauda dürfte damals bei Brabham-Alfa noch mehr Honorar erhalten haben: »Geld ist nicht das Allerwichtigste«, plaudert Scheckter, »zu Ferrari zieht mich die Herausforderung, die größte, härteste meiner Karriere. In zwei Jahren bin ich entweder Weltmeister oder ein total gebrochener Mann.« Für den Titel des Jahres 1978 kommt nach Hockenheim allerdings nur noch Mario Andretti in Frage. Fast schon ein Gesetz der Serie, wer im Motodrom siegt, wird Champion, nach Rindt 1970 und Lauda 1977 nun also Andretti: »Ich fühle mich sehr wohl, ich glaube jetzt ist die Lage geklärt. So ein Lotus läuft wirklich wie ein Uhrwerk.« In Monza wird Mario tatsächlich Champion, während Ronnie ums Leben kommt...

# Die Luft ist raus

Monate zurückliegende Rennresultate und eine merkwürdige Streichpunkteregelung sorgen dafür, daß vor Hockenheim nur noch Ferrari mit Jody Scheckter und Gilles Villeneuve oder Ligier mit Jacques Laffite für den Gewinn der Fahrer-WM in Frage kommen, während der mittlerweile schnellste Mann im Feld längst ohne jede Titelchance ist: Alan Jones hat den Williams FW07 zum Spitzenauto entwickelt, auch wenn 14 Tage zuvor Teamkollege Clay Regazzoni in Silverstone den ersten Williams-GP-Sieg feiern kann, weil Jones von seinem Cosworth V8 im Stich gelassen wird. Auf dem schnellen Hockenheimring ist der bullige Australier wieder Favorit, auch wenn der 32jährige Haudegen dies abschwächt: »Es dürfte schwierig sein, Jabouille im Rennen auf den Fersen zu bleiben. Auf der Geraden ist der Renault schneller als mein Gerät!« Jean-Pierre Jabouille hat in Dijon erstmals mit dem französischen Turbo-Renner einen Grand Prix gewonnen, im Trainings-Trimm mit hohem Ladedruck sind für den mit zwei KKK-Abgasturboladern bestückten 1,5-Liter-V6 um die 600 PS mobilisierbar, mit 1,5 bar »Renndruck« dürfte der

■ *29. Juli 1979, das Feld von 24 Formel-1-Rennwagen rollt in die Einführungsrunde zum deutschen Grand Prix: Vorneweg Alan Jones (27, Williams FW07-Cosworth), dahinter Nelson Piquet (6, Brabham BT48-Alfa Romeo), Jean-Pierre Jabouille (15, Renault RS10-Turbo), Jacques Laffite (26, Ligier JS11-Cosworth), Clay Regazzoni (28, Williams FW07-Cosworth), Jody Scheckter (11, Ferrari 312T4), Didier Pironi (3, Tyrrell 009-Cosworth), Niki Lauda (5, Brabham BT48-Alfa Romeo) usw. Noch ist es nicht verboten, sich in der Einführungsrunde als Erster davonzumachen, obwohl man nicht auf der Pole steht...*

■ *Ferrari hat für gutes Geld Jody Scheckter eingekauft und der Südafrikaner holt tatsächlich die Weltmeisterschaft 1979 – auch wenn profunde Kenner der Materie wissen, daß in dieser Saison auch Gilles Villeneuve das Zeug zum Weltmeister gehabt hätte.*

Renault relativ standhafte 525 Pferdestärken entwickeln, braucht aber weitaus mehr Treibstoff für eine komplette GP-Distanz. Jean-Pierre Jabouille erobert zwar im Abschlußtraining den besten Startplatz, wirkt jedoch nach dem sonntäglichen Warm-up äußerst nachdenklich: »Mit vollen Tanks ist gut hinken. Man merkt das Gewicht des Renners. Die Ford und Ferrari scheinen mir besser zu gehen.«

Beim Start schießt denn auch Alan Jones in Front, während Jean-Pierre Jabouille sich bemüht, den Anschluß zu halten, bis er mit seinem Renault in der achten Runde in der Sachskurve rausfliegt: »Ich war wirklich am Limit, attackierte hart, um ihn zu halten. Es war mein Fehler.« Womit dieser Große Preis von Deutschland im Prinzip bereits entschieden ist...

Währenddessen ist Hans-Joachim Stuck, ob seiner Formel-2-Siege gern als »König von Hockenheim« apostrophiert, erstmals bei einem Auftritt im Motodrom von einem gellenden Pfeifkonzert begleitet worden. Die Empörung des Publikums gilt allerdings weniger dem »Strietzel« als vielmehr dem ATS-Renner des Bayern. Gleich in der ersten Runde sackt das Gefährt eingangs des Motodroms beim Anbremsen in sich zusammen: »Vorne ist ein Teil des Monocoques gebrochen, das ist einfach unglaublich. Jetzt kann ich nur hoffen, daß der neue Wagen in Österreich halbwegs gut geht.« Es bleibt bei der Hoffnung, und so ist dies Hans-Joachim Stucks letzter Auftritt bei einem deutschen Formel-1-Grand-Prix. Pikanterweise hat Stuck vor Saisonbeginn ein Angebot von Frank Williams abgelehnt, und so sitzt also in Hockenheim sein letztjähriger Shadow-Teamkollege Clay Regazzoni im zweiten Williams FW07 und macht gehörig Dampf,

■ *Die hohe Zeit des Windschattenfahrens in Hockenheim ist längst dahin. Aber nicht nur im weitläufigen Motodrom, sondern auch auf anderen Grand-Prix-Kursen entwickeln sich allzuviele Formel-1-Rennen zu monotonen Prozessionsfahrten: René Arnoux (Renault RS10-Turbo) vor Niki Lauda (Brabham BT48-Alfa Romeo) und Mario Andretti (Lotus 79-Cosworth). Im Hintergrund wird gerade noch Jean-Pierre Jabouilles in der Sachskurve gestrandeter Renault RS10 von Helfern beiseite geschoben.*

schnappt sich Jody Scheckter und Jacques Laffite und kurvt hinter Alan Jones auf dem zweiten Platz. Auch Gilles Villeneuve beeindruckt, Runde um Runde arbeitet sich der Kanadier an Tambay, Pironi, Arnoux, Piquet, Andretti und Lauda vorbei bis auf den fünften Platz nach vorn, ehe der Heckflügel seines Ferrari bricht und die Reparatur den Kanadier auf den neunten Rang zurückwirft. Auch Jacky Ickx, seit Dijon bei Ligier Ersatzmann für den beim Drachenfliegen abgestürztzten Patrick Depailler, vermag endlich ein überzeugendes Rennen zu liefern. Mit dem Verhalten der Wing Cars wird sich der Belgier zwar nicht mehr anfreunden, aber in Hockenheim sind wenigstens einmal wieder WM-Punkte in Reichweite, ehe der Ligier-Cosworth im Hardtwald Opfer eines Reifenschadens wird... Ein defekter Reifen bringt denn auch noch einmal etwas Spannung in diesen Großen Preis: Vier Runden vor Schluß ist der Abstand zwischen Jones und Regazzoni auf 7,1 Sekunden geschmolzen, aus dem rechten Hinterreifen des führenden Williams entweicht Luft, doch Clay Regazzoni ahnt nichts von den Problemen seines Teamkollegen: »Ich wußte gar nicht, daß ich auf Alan aufholte, von den Boxen bekam ich keine Zeichen.« Alan Jones zittert sich indes zum Sieg: »Ich hoffte nur, daß Clay nicht schneller würde, denn ich bin nicht sicher, wie er reagiert hätte, wenn er knapp hinter mir gewesen wäre.« Aber Regazzoni heißt nicht Reutemann, auch das wird Jones später lernen... Für heute rettet sich der Australier jedenfalls mit rund drei Sekunden Vorsprung ins Ziel, ehe der Pneu nach der Auslaufrunde in sich zusammensackt: »Seit meinem letzten Grand-Prix-Sieg 1977 in Österreich ist für mich ein halbes Jahrhundert vergangen«, atmet der Australier tief durch, »ich habe das Gefühl, ich hätte heute das allererste Mal gesiegt.« Und Frank Williams bekennt strahlend: »Für mich ist Alan einer der weltbesten Fahrer, auf gleichem Niveau mit Villeneuve und Reutemann. Und Patrick Head hat den Grundstein unseres Erfolgs gelegt. Mit dem FW07 hat er einen großen Coup gelandet. Wir verdanken Patrick und seinen technischen Fähigkeiten mindestens 50 Prozent unseres Erfolgs.« Williams verfügt dank der Finanzhilfe saudi-arabischer Sponsoren in der Saison 1979 angeblich über ein Budget von knapp drei Millionen Dollar, zum ersten Mal in seiner Zeit als Formel-1-Rennstallbesitzer gibt es keine Geldprobleme. Für nächstes Jahr soll der Etat sogar um eine weitere Million aufgestockt werden: »Wir haben zum Großangriff auf die Weltmeisterschaft 1980 geblasen. Diese Summe brauchen wir, um für Renault und Ferrari ein ernsthafter Gegner zu sein. Ich liebe den Gedanken, die stärkste Macht der Insel gegen die beiden Vertreter des Kontinents zu sein.« Und übersprudelnd gesteht Frank Williams in Hockenheim: »Ich bin ziemlich verdreht, aber die Jahre des Mißerfolgs sind jetzt passé. Es hat so lange gedauert zu siegen, daß ich jetzt alles tun werde, um ein potentieller Sieger zu bleiben. Aber der Weg, der vor uns liegt, ist lang und schwer.« Alan Jones grinst: »Frank hat endlich Blut geleckt. Und weil er ein Haifisch ist, will er immer mehr davon. Und das gefällt mir außerordentlich gut.«

*Der Williams FW07 ist keineswegs eine bloße Kopie des im Vorjahr so erfolgreichen Lotus 79: Patrick Head hat vielmehr den perfektesten »Wing-Car« der Epoche gezeichnet, dessen Qualitäten derart groß sind, daß das mehr oder minder modifizierte Williams-Chassis von 1979 bis Anfang 1982 für Spitzenresultate taugt. Clay Regazzoni erlebt im FW07 einen zweiten Frühling, hat ausgerechnet in Silverstone den ersten Grand Prix für den Formel-1-Rennstall von Frank Williams gewonnen und wird auf dem Hockenheimring hinter Alan Jones, der unumstrittenen Nummer Eins im Team, Zweiter.*

Haifisch Frank Williams wird sich am Ende des Jahres von Clay Regazzoni trennen und einen neuen zweiten Mann angeln, einen Fahrer, den er wie früher einen Jacky Ickx sehr bewundert, einen Routinier, der von Ferrari zu Lotus gewechselt ist, und in Hockenheim gerade zwei der schlimmsten Unfälle seiner Karriere überlebt hat: Carlos Reutemann. Am Samstag bricht vor der ersten Schikane etwas an seinem Lotus 79, mit über 200 km/h fliegt der Argentinier ab. Vielleicht hat auch eine Schürze geklemmt, und binnen Bruchteilen von Sekunden mag der Ansaugeffekt seines Wing-Cars abgerissen sein und den Wagen unkontrollierbar gemacht haben. Der 37jährige Argentinier steht unter Schock, wird von Ärzten durchgecheckt, klagt am Rennsonntag über Gleichgewichtsstörungen und Kopfschmerzen, startet aber trotzdem – und schleudert in der zweiten Runde wieder von der Strecke: »Ich sah Patrese kommen und wollte ihn

■ *Von der Silhouette her betrachtet, hätte der Arrows A2 glatt als einer der elegantesten Rennwagen der Epoche durchgehen können: Allein der frontale Anblick dieses »Bombers« auf vier Rädern beendete sofort derartige Vergleiche. Damals glaubten viele Konstrukteure, mit Hilfe von ultrabreiten Seitenkästen auf üppiges Flügelwerk am Heck verzichten und trotzdem genügend Abtrieb erzeugen zu können. Doch so schön die Theorie, so chancenlos war auch dieser Arrows A2, mit dem Jochen Mass in Hockenheim 1979 gleichwohl einen beachtlichen sechsten Platz herausfuhr.*

vorbeilassen. Ich hatte keine Lust in den infight zu gehen. Nachdem er mich überholte, hat er mich berührt und in die Leitplanken geschickt, mit mehr als 200 km/h. Zwei Unfälle in zwei Tagen. Es ist sehr schwer für mich.« Doch bei Williams wird es für Carlos Reutemann nicht viel leichter...

Jacques Laffite komplettiert in Hockenheim das Siegerpodium, doch mit dem vierten Platz tastet sich Jody Scheckter trotz eklatanter Reifenprobleme im Motodrom immer näher an die Weltmeisterschaft heran, zumal sein wahrscheinlich schnellerer Ferrari-Stallgefährte Gilles Villeneuve nur Achter geworden ist und wieder keine WM-Punkte verbuchen kann: »Rennen wie diese sind verdammt ärgerlich«, wird der Südafrikaner später dozieren, »ich fuhr, so hart ich konnte und machte während der 45 Runden nicht einen einzigen Fehler. Hand aufs Herz: Es gibt nicht viele Rennen, von denen ich das behaupten kann. Aber in Hockenheim fuhr ich wirklich perfekt.« Die Belohnung sind billige drei WM-Punkte. Gilles Villeneuves nicht minder großer Einsatz wird noch schlechter belohnt: »Mein Wagen war einfach nicht schnell genug, es war nichts zu machen.« In Maranello scheinen die Weichen schon längst auf den Titelgewinn von Jody Scheckter gestellt zu sein, sicher ist sicher: »Was Gilles anbelangt«, wird Weltmeister Scheckter am Ende der Saison sagen, »so hätte ich den Titel wahrscheinlich früher gewonnen, wenn ich nicht so einen schnellen Teamkollegen gehabt hätte. Aber er machte einige Fehler, Fehler, die ihm wohl eine Chance auf die Weltmeisterschaft gekostet haben. Ich wollte die Dinge einfach auf meine Art anpacken, das tun, was ich tun mußte und versuchen, mein Bestes zu geben. Und das hat sich letztenendes ausgezahlt.«

# Am Rande des Abgrunds

In dem immer glamouröser werdenden Formel-1-Zirkus der späten siebziger Jahre mögen viele Beobachter Patrick Depailler zu lange und zu Unrecht unterschätzt haben. Als er aus Scheckters Schatten allmählich herauszuwachsen schien, verzettelte sich Ken Tyrrell mit seinem Sechsrad-Projekt. Der Wechsel zu Ligier schien für Depailler gerade zur rechten Zeit gekommen zu sein, bescherte seinen zweiten GP-Sieg und sogar eine kleine Chance auf den WM-Titel – ehe ein riskanter Drachenflug über dem Massif Central in der Nähe seiner Heimatstadt Clermont-Ferrand alle Hoffnungen zu beenden schienen. Aber sechs Monate und neun Operationen nach dem Absturz startet Patrick Depailler wieder beim Saisonauftakt 1980 in Buenos Aires. Der Franzose wird seinen Alfa Romeo binnen eines weiteren halben Jahres gewaltig voranbringen: »Bei mir ist die Rechnung bis jetzt aufgegangen, und bei Alfa auch. Es kann also nur besser werden. Ich bin sicher, daß es nicht mehr lange dauern wird, bis die Alfas an der Spitze mitfahren.« Und Depailler sagt auch offen: »Heutzutage sind wir in den Kurven so schnell, daß wir unbedingt größere Auslaufzonen brauchen. Ohne sie bedeutet jeder Fahrfehler oder technischer Defekt ein Desaster. Und das kann keiner wollen. Ich bin mutig, aber nicht verrückt. Wenn sich die Strecken nicht sicherer machen lassen, müssen wir mit den Kurvengeschwindigkeiten herunter.« Eine Woche vor seinem 36. Geburtstag werden am 1. August 1980 Patrick Depaillers düstere Befürchtungen auf schreckliche Weise wahr, als sein Alfa Romeo bei Reifentestfahrten am Hockenheimring mit Tempo 260 aus der Ostkurve fliegt. Hinter den Leitplanken, an denen der Alfa zerschellt, liegen bereits die Fangzaunrollen, die erst drei Tage später für den Großen Preis aufgebaut werden und Patrick Depaillers Leben hätten retten können... Ist die Lenksäule gebrochen? Oder hat eine der Plastikschürzen in den Seitenkästen geklemmt und den nicht mehr manövrierbaren Rennwagen aus der Bahn geworfen? Die Spuren auf dem Asphalt deuten nur darauf hin, daß Patrick Depailler mit letzter Verzweiflung noch eine Gewaltbremsung versucht hat...

Der tödliche Unfall Patrick Depaillers markiert den traurigen Höhepunkt eines seit Monaten schwelenden Streites: Das FOCA-Lager der um Bernie Ecclestone gescharten Mehrzahl der Teamchefs wehrt sich gegen das von FISA-Präsident Jean-Marie Balestre für 1981 angekündigte »Schürzen-Verbot«. Die auf Cosworth V8-Motoren angewiesenen FOCA-Rennställe befürchten, ohne die von ihnen fein ausgetüftelte, auf optimalen Ground-Effect abzielende Aerodynamik gegen die neue Turbo-Motoren-Generation von Renault und Ferrari chancenlos zu sein. Der Internationale Motorsportverband in Person von Balestre will die Wing-Cars aus Sicherheitsgründen verbieten. Vier Wochen vor dem Großen Preis von Deutschland hat Weltmeister Jody Scheckter seinen zum Saisonende geplanten Rücktritt vom Motorsport damit begründet, daß ihm die rapide gestiegenen Kurvengeschwindigkeiten zu riskant geworden seien...

Alfa Romeo wird in Hockenheim mit einem Rennwagen für Bruno Giacomelli starten und der kleine Italiener holt sogar noch zwei WM-Punkte: »Patrick war ein sehr guter Freund von mir. Alle guten Resultate, die wir dieses Jahr erzielt haben, verdanken wir vor allem ihm.« WM-Spit-

■ *Beengte Verhältnisse in der Boxengasse, mit dem wachsenden Aufwand der Teams wird auch der Andrang des Publikums größer. Noch gibt es keine »schwarzen Sheriffs«, die den Zugang zum geheiligten Fahrerlager verwehren. Mit ein paar Tricks schafft man es ab und zu sogar in den Boxenbereich und erhascht einen Blick auf Jacques Laffite (26), der mit seinem Ligier JS11/15-Cosworth auf die Strecke hinausfährt und am Rennsonntag überraschend den deutschen Grand Prix gewinnen wird. Derek Daly (4) im Tyrrell 010-Cosworth und Keke Rosberg (21) im Fittipaldi F8-Cosworth warten währenddessen auf bessere Zeiten – und dies durchaus im doppelten Wortsinn.*

zenreiter Alan Jones gibt sich unsentimental: »Ich bin Rennfahrer. Ich werde bezahlt, um Rennen zu fahren und zu gewinnen. Wenn ich der Meinung bin, der Job, den ich tue, paßt mir aus irgendwelchen Gründen nicht mehr, dann kann ich ja aufhören. Ich kann feststellen, daß die Kurvengeschwindigkeiten und die damit verbundenen g-Werte eine Grenze erreicht haben. Das glaube ich, und das sage ich auch. Nur, wenn dann ein Verband hingeht und in einem Handstreich die Schürzen verbietet, halte ich das nicht für richtig.«

Der Tanz auf dem Vulkan geht weiter: Let's go party! Am Mittwoch vor dem Großen Preis ist Patrick Depailler beerdigt worden, noch am selben Abend steigt im »Dorian Gray« am Frankfurter Flughafen »PLAYBOY's Formel-1-Party« unter dem Motto: »Nichts geht mehr. Alles steht.« Für 500 DM Eintritt kann jeder rein, neun Formel-1-Rennfahrer sollen auch gesichtet worden sein, darunter Mario Andretti, Carlos Reutemann, Elio de Angelis, Rupert Keegan und Harald Ertl. THE SHOW MUST GO ON – am Rennsonntag donnern sogar die Kunstflieger der »Red Arrows« über's Motodrom, Niki Lauda hat nach seinem Rücktritt von der Formel 1 wieder mal einen freien Sonntag und kommentiert live für das ZDF, wie seine einstigen Kollegen im Kreis herumfahren... Jody Scheckter hätte besser gleich seinen Ferrari-Sitz räumen sollen, lästern nicht wenige über den 21. Startplatz des amtierenden Champions, der treuherzig bekundet: »Ich ziehe mich vom Motorsport zurück, weil ich's nicht mehr bringe. Wie soll ich es dann ausgerechnet hier noch bringen?« Mario Andretti registriert einen eklatanten Stimmungswandel bei Lotus: »Chapman ist müde. Er sorgt sich um seine unverkauften Autos, um seine unverkauften Boote...« Am Samstagnachmittag bereitet Didier Pironi bei der Procar-Serie, dem BMW M1-Markenpokal, Verdruß, als er Stuck und Surer von der Piste rempelt, obendrein eine Schikane ausläßt und trotzdem Sieger bleibt. Hans-Joachim Stuck entrüstet sich vor laufender Fernsehkamera: »Das ist ja ein Mörder.« Aber wen interessiert das schon...?

Harald Ertl zahlt 100 000 DM für das zweite ATS-Cockpit und vermag sich nicht zu qualifizieren, weil er sich einfach nicht mehr binnen kürzester Zeit auf das völlig andere Fahrverhalten eines Wing-Cars umstellen kann. Weil sein eigenes Einsatzfahrzeug wegen eines Antriebswellendefektes nicht starten kann, wechselt ATS-Stammfahrer Marc Surer in das Ertl-Auto und wird Zwölfter: »Es war hoffnungslos. Der Wagen schob sehr stark über die Vorderräder. Die Schürzen waren nämlich innerhalb kürzester Zeit auf beiden Seiten abgeschliffen.« Für das komplette Rennwochenende verbucht die ATS-Truppe aus Start- und Punktgeldprämien insgesamt 31 646,15 DM errechnet *sport auto*, die beiden in Hockenheim erfolgreichsten Teams heißen Williams mit insgesamt 206 690,69

DM und Ligier mit 136 445,56 DM an Einkünften. Dank Bernie Ecclestone gedeihen die Geschäfte im Formel-1-Zirkus immer besser. In Jarama hat der FOCA-Boß sogar erstmals demonstriert, daß er auch ohne FIA und FISA-Segen (und auch ohne Ferrari und Renault) auf eigene Faust einen Grand Prix durchzieht. Aber noch hat in Paris Jean-Marie Balestre das Sagen und streicht nachträglich den spanischen WM-Lauf aus der Weltmeisterschaftswertung. Bei McLaren ist mit John Watson und GP-Neuling Alain Prost immer noch kein deutlicher Aufwärtstrend in Sicht, so daß Marlboro massiv einen gewissen Ron Dennis als neuen Teamchef ins Spiel bringt. Der einstige Rennmechaniker von Jack Brabham wird einen Konstrukteur namens John Barnard verpflichten, der in den USA für Jim Halls legendäres Chaparral-Team erfolgreich ein neuartiges Chassis aus Kohlefaser-Verbundstoff kreiert hatte. Marlboro investiert 1981 angeblich 100 Millionen Dollar für einen mehrjährigen Vertrag mit dem neu strukturierten McLaren-Team…

Doch am 10. August 1980 geben noch andere den Ton an beim Großen Preis von Deutschland: Die Neuauflage des Duells Jones/Williams gegen Jabouille/Renault wird beim Start zwar vom Australier gewonnen, der in sensationellen 1.45,85 gleich 230,896 km/h sogar die Pole Position erobert hatte. Doch noch auf dem Weg zur ersten Schikane beschleunigt der französische Turbo den »Cossie« erbarmungslos aus. Fortan scheint Jean-Pierre Jabouille das Rennen im Griff zu haben, auch wenn der Druck des Williams nie nachläßt: »Einmal hat Alan den totalen Angriff gefahren, er kam verdammt nah heran, mußte aber unmittelbar darauf schwer zurückstecken, denn sein Drift war jenseits von Gut und Böse.« Der munter anzuschauende Paarlauf endet in der 27. von 45 Runden nachdem der Renault immer rauher geklungen hat: »Ich bin vom Gas gegangen, habe maximal 10 200 gedreht, obwohl 10 800 möglich sind«, dann ist Jean-Pierre Jabouille draußen, während fast zeitgleich auch der zweite Renault von René Arnoux ausfällt, bei beiden Turbo-Triebwerken lautet die Diagnose Ventilfederbruch…

Jochen Mass, der einzige Deutsche am Start, rollt ebenso wie sein Arrows-Teamkollege Riccardo Patrese nur langsam von der Linie. In beiden Fällen ist die Kupplung überhitzt, wird aber, dann mit allmählichem Abkühlen wieder funktionstüchtig, so daß es für Mass noch zum achten Platz vor Patrese reicht: »Ich fuhr einfach mit der kopierten Abstimmung von Patreses Auto, doch diesmal setzte schon nach zwei Runden dieselbe Tendenz zum Übersteuern ein.« Probleme beim Start haben zunächst auch einen Titelaspiranten weit zurückgeworfen, doch Nelson Piquet liefert im Brabham BT49 ein phantastisches Rennen und arbeitet sich vom letzten Platz bis auf Rang vier nach vorn: »Meine Kupplung rutschte. Ich habe sie aber keineswegs beim Start verbraten.

■ *Die Scuderia Ferrari erlebt das miserabelstes Jahr ihrer gesamten Formel-1-Geschichte: Vermochte 1979 der allzu breit bauende 12Zylinder-Boxermotor dank seiner PS-Kraft die mangelnden »Wing-Car«-Eigenschaften des 312T4-Fahrwerks zu kompensieren, hat das modifizierte 312T5-Chassis gegen die immer ausgefeilteren Konkurrenzprodukte keine Chance mehr. Als Konsequenz konzentriert sich Ferrari längst auf den neuen Turbo V6, doch der wird 1980 nur beim Training zum italienischen Grand Prix (ausnahmsweise in Imola!) eingesetzt. Mit dem 312T5 holt Weltmeister Jody Scheckter 1980 sage und schreibe zwei WM-Punkte! Vize-Weltmeister Gilles Villeneuve hamstert sechs Zähler, von denen ein Pünktchen aus dem GP Deutschland stammt. Der Kanadier wartet hier auf Startplatz 16: Villeneuve fährt trotzdem engagiert wie immer – und wird für ein aufopferungsvolles Rennen wenigstens mit dem sechsten Platz belohnt.*

■ *10. August 1980: Diesmal führt Jean-Pierre Jabouille vom Start weg, doch der Franzose vermag mit seinem Renault RE25-Turbo seinen Rivalen Alan Jones im Williams FW07B-Cosworth nicht abzuhängen. Als Jabouilles Turbo-Renner fast schon erwartungsgemäß wieder einmal vor Rennende verglüht, sieht Jones wie der sichere Sieger aus.*

Als sie abgekühlt war, konnte ich sie wieder benutzen. Es war ein leichtes Rennen, ich hatte keine Schwierigkeiten.« Das hätte auch Spitzenreiter Alan Jones mit Fug und Recht sagen können, wenn nicht fünf Runden vor Schluß dem linken Vorderrad seines Williams die Luft ausgegangen wäre… Nach einem hurtigen Reifenwechsel jagt der Australier wieder zurück ins Rennen und ist auf den dritten Rang hinter Jacques Laffite im Ligier und Carlos Reutemann im zweiten Williams zurückgefallen: »Nun, zwei Runden vor Schluß hatte ich 18 Sekunden Rückstand auf meinen Teamkollegen Reutemann, der Sieger Laffite umsonst jagte, und 17 Sekunden Vorsprung auf meinen härtesten WM-Gegner Piquet. Also wartete ich auf ein Boxensignal. Aber die Stallorder kam nicht. Das war ein taktischer Fehler.« Alan Jones ist stinksauer, sorgt sich um den Titelgewinn und steigt trotz seines dritten Platzes nicht auf das Podest: »Solange FISA-Präsident Balestre da oben herumturnt, ist das kein Platz für mich. Was hat er eigentlich da zu suchen? Ich meinte, es würden nur Fahrer geehrt und nicht Funktionäre.« Noch immer grollt Jones über seinen von der FIA gestrichenen Sieg von Jarama.

Doch auch beim vom Rennglück begünstigten Sieger will keine Freude aufkommen. Jacques Laffite trauert um seinen tödlich verunglückten Freund Patrick Depailler: »Ein schöner Sieg, aber kein schöner Sonntag. Ich kann die Gedanken an Patrick nicht verdrängen. Wenn er heute hier mit dabei wäre, hätte ich einen phantastischen Tag erlebt. Ich bin hierher gekommen, indem ich mir immer wieder sagte, wenn Du nicht gewinnst, wird das Messer aus der Wunde gezogen. Ich sehe keinen Sinn darin ein Rennen zu fahren, um den Sieg dann Patrick zu widmen. Ich bin untröstlich, daß kein anderer gewonnen hat.« Das Schicksal ist grausam. Und Jacques Laffite sagt auch: »Der Tod von Patrick ist sicher nützlich für uns Überlebende – die Verantwortlichen machen sich jetzt wieder einmal Gedanken um die Sicherheit. Aber es ist ein Wahnsinn, daß erst Leute wie Ronnie Peterson oder Patrick Depailler sterben müssen, ehe etwas geschieht.«

■ *Zehn Tage zuvor ist Patrick Depailler mit seinem Alfa Romeo 179 in der Ostkurve tödlich verunglückt: Das Autodelta-Werksteam tritt trotzdem beim Großen Preis an und Bruno Giacomelli steuert diesen Alfa Romeo 179 auf den fünften Platz. Giacomelli hatte selbst darauf bestanden zu starten, weil dies durchaus im Sinne von Patrick Depailler gewesen wäre.*

# Privatfehden und andere Eitelkeiten

In Radio und Fernsehen rollt die musikalische »Neue Deutsche Welle« über das Land und verkündet bald das sinnstiftende Motto der 80er Jahre: »Ich will Spaß, ich geb' Gas!« Doch ausgerechnet in der Formel 1 steht zum ersten Mal seit 25 Jahren beim Großen Preis von Deutschland kein deutscher Rennfahrer am Start, selbst der unentwegte Günter Schmid vertraut seinen gelben ATS-Renner lieber dem Schweden Slim Borgudd an. Der ehemalige ABBA-Trommler bringt wenigstens Geld mit und hat zwei Wochen vor Hockenheim in Silverstone sogar einen WM-Punkt für den pfälzischen Formel-1-Stall abgestaubt... Jochen Mass und Warsteiner sind bei Arrows durch den Südtiroler Siegfried Stohr samt dessen Hauptsponsor ersetzt worden, während sich Hans-Joachim Stuck bei der ARD-Live-Übertragung am Rennsonntag als Gastkommentator verdingt hat. Seine alte Hausmarke engagiert sich zwar mittlerweile in der Formel 1, doch Jochen Neerpasch ist weg von BMW, und der Turbo-Motor, den er quasi im Handgepäck zu Talbot mitnehmen wollte, läuft nun doch unter bayerischem Firmen-Logo bei Brabham. Im offi-

■ *Der neue Mann neben Gilles Villeneuve bei Ferrari heißt Didier Pironi: Der Kanadier ist die unbestrttene Nummer Eins, hat mit dem neuen 126CK-Turbo in unglaublicher Manier die WM-Läufe in Monte Carlo und Jarama gewonnen. Doch Pironi vermag in Hockenheim beim zehnten Grand Prix der Saison wenigstens zum dritten Mal das direkte Trainingsduell mit Villeneuve zu gewinnen. Die Rivalität der beiden Stars wird schließlich eskalieren... Noch sind solche Aluminium-Monococques Formel-1-Standard, doch McLaren fährt bereits mit Kohlefaser-Chassis: 1982 in Zolder hätte dieser neue, extrem belastbare Werkstoff in einem Ferrari-Chassis vielleicht das Leben von Gilles Villeneuve retten können und in Hockenheim Didier Pironi vor dem Ende seiner Rennfahrerkarriere bewahrt...*

ziellen Training zum britischen Grand Prix hat Nelson Piquet mit dem Brabham-BMW-Turbo bereits ein paar Runden gedreht, doch in Hockenheim verzichtet Bernie Ecclestone auf weitere Demonstrationsfahrten: »Man soll Rennen fahren, wenn man sicher ist, daß man alles getan hat. Wir wissen, daß wir noch oft ausfallen werden. Es wird immer einmal etwas kaputt gehen.« Und für Brabham gibt es vorerst noch wichtigeres, denn Nelson Piquet kann mit dem konventionellen BT49C-Cosworth noch den WM-Titel einheimsen...

Zumal der Brasilianer im Motodrom nach einem ungeahnt dramatischen Rennverlauf als überglücklicher Sieger abgewunken wird. Selbst Bernie Ecclestone zeigt plötzlich ungeahnte Emotionen: »Das ist gut für die Weltmeisterschaft 1981. Ehrlich, es tut mir leid für Renault und – ganz besonders – für Frank Williams. Aber als Sportler, der ich immer in erster Linie bin, muß ich sagen, daß ein Brabham-Sieg hier die beste Lösung war.« Piquet weist nun nur noch acht Punkte Rückstand auf Reutemann auf, und noch stehen fünf WM-Läufe auf dem Programm: »Es war wirklich kein leichter Sieg, ich habe ungeheuer kämpfen müssen. Nach einer leichten Kollision mit René Arnoux zu Rennbeginn hatte ich später im Rennen auf der linken Seite die Schürze verloren. Ich konnte mir deshalb auch nicht die Frage nach irgendwelcher Taktik stellen. Ich mußte immer angreifen, zwei Stunden lang. Ohne intaktes Schürzensystem sollte ein Auto wie unseres eigentlich unfahrbar sein, aber es ging. Mit Einsatz.«

Die großen Verlierer sind die Williams, wo sich Weltmeister Alan Jones und Teamkollege Carlos Reutemann nicht mehr grün sind, seit der Argentinier sich zu Beginn der Saison in Brasilien weigerte, seinen ersten Platz dem hinterdreinfahrenden Australier zu schenken. Mit

■ *Nelson Piquet kommt zu einem überraschenden Sieg im Großen Preis von Deutschland: Nachdem der Brasilianer im Vorjahr gegen Alan Jones äußerst unglücklich und umstritten seine Titelchancen verlor, gibt es 1981 eine Art von ausgleichender Gerechtigkeit. Nelson Piquet holt sich im Brabham BT49C-Cosworth – mit dessen Vorgängermodell Niki Lauda partout nicht mehr im Kreis herumfahren wollte! – schmeichelhaft, aber nicht unverdient seinen ersten WM-Titel. Das Foto zeigt Piquet während des Samstagmorgentrainings auf Regenreifen: Goodyear feiert in Hockenheim den ersten GP-Sieg nach rund sechsmonatiger Rennpause, der »Reifenkrieg« mit Michelin, Pirelli und Avon erreicht einen neuen Höhepunkt.*

scheinbar stoischer Entschlossenheit hat Reutemann in der WM-Wertung bis zum Großen Preis von Deutschland einen soliden Vorsprung von 17 Punkten auf Piquet herausgefahren, während der schnelle, aber oft allzu ungestüme Jones mit Ausrutschern und Ausfällen von Rennen zu Rennen wertvolles Terrain verliert. Doch in Hockenheim wendet sich das Blatt erstmals auch zu Ungunsten von Carlos Reutemann, der im Williams-Ersatzauto starten muß, weil bei seinem gewohnten Gefährt Wasser aus dem Kühlsystem dringt: »Ich ahne Böses. Nicht ohne Grund habe ich gestern schon Wetten angenommen, daß ich meinen WM-Vorsprung ganz verliere«, orakelt der Argentinier düster. Gleichwohl gelingt es ihm vom Start weg, dem aus der Pole Position optimal gestarteten Renault-Turbo von Alain Prost zu folgen, während René Arnoux, der Teamkollege des kommenden französischen Superstars, wegen einer überhitzten Kupplung Platz um Platz verliert und sich zu allem Überfluß ausgangs der Ostkurve an Piquets Brabham-Frontspoiler ein Hinterrad beschädigt. Nach einer langen Schleichfahrt zum Reifenwechsel ist Arnoux in diesem Rennen chancenlos. Kurze Zeit später verglüht der Ferrari-Turbo von Didier Pironi, während der rote Renner von Gilles Villeneuve mit Reifenproblemen und reichlich unorthodoxer Straßenlage das komplette Mittelfeld hinter sich blockiert. Aber ganz vorn plagen den jetzt noch einzigen aussichtsreichen Turbo-Wagen Probleme: Alain Prost kann nicht davonfahren, weil der Drehzahlbegrenzer seines Renault 400 U/min zu früh zumacht... Carlos Reutemann vermag davon nicht zu profitieren, Alan Jones und Nelson Piquet ziehen rasch vorbei, es scheint als würde der Argentinier zusehends an Selbstvertrauen verlieren. Zwar kommt er später wegen der abgerissenen Brabham-Schürze noch einmal an seinem brasilianischen Titelrivalen vorbei, doch Reutemanns Cosworth V8 klingt immer rauher und quittiert in der 28. Runde schlagartig seinen Dienst. Zu dem Zeitpunkt hat bereits der Intimfeind des Argentiniers das Kommando übernommen: Alan Jones exerziert ein im Motodrom-Infield eigentlich absolut unmögliches Überholmanöver, das allein den Besuch dieses Großen Preises rechtfertigt. Als Spitzenreiter Prost in der 21. Runde eingangs der Sachskurve auf den zur Überrundung anstehenden Arnoux aufläuft, nutzt Jones einen winzigen Moment des Mißverständnisses, um mit einem Zickzack-Manöver durch die Lücke zwischen den beiden Renault-Turbos zu preschen und die Führung zu übernehmen. Auf den Rängen tobt das Publikum, 85 000 sollen damals im Motodrom sein, und sie erleben, wie jetzt der Weltmeister seinen Konkurrenten auf und davon fährt. Es scheint, als könne Alan Jones in Hockenheim der Weltmeisterschaft noch eine entscheidende Wende geben. Zum Leidwesen des Australiers geschieht dies allerdings auf ganz andere Art und Weise, denn bei zwischenzeitlichem Nieselregen sind beim führenden Williams Motoraussetzer zu hören, Alan Jones wird immer langsamer, gibt verzweifelte Zeichen zu seinem Team, wird in der 39. Runde von Piquet und Prost auf den dritten Platz durchgereicht und muß schließlich wegen Dampfblasenbildung im Benzinsystem an die Boxen, wo auch ein Wechsel der Zündbox das Leiden des Cosworths nicht kurieren kann: »Man sitzt im Cockpit, ruckelt hin und her, als wolle man sich selbst anschieben, obwohl man weiß, daß das nichts nützt. Da fühlt man sich hundeelend.« Dieselben Symptome wie in Monte Carlo, als Alan Jones den sicheren Sieg an Gilles Villeneuve verlor. Der Champion verläßt wütend das Motodrom und droht: »Ich werde weiterfighten, aber erneut Weltmeister werden kann ich wohl dieses Jahr nicht mehr.« Aber dafür wird »Jonesy« wenigstens noch zu verhindern wissen, daß sein Erzrivale Carlos Reutemann zu Titelehren kommt…

Im Vergleich zum Vorjahr sind die Rundenzeiten etwa zwei Sekunden langsamer geworden: Das Verbot der beweglichen Schürzen für die Saison 1981 hat die Kurvengeschwindigkeiten nur leicht reduziert, dafür klagen die Fahrer jetzt auch über gestauchte Rücken und schmerzendes Gesäß. Schuld sind die mittlerweile extrem geringen Federwege der neuen Wing-Car-Generation. Die findigen Konstrukteure umgehen nämlich geschickt die vom neuen Reglement geforderten sechs Zentimeter Bodenfreiheit: Sämtliche Formel-1-Rennwagen verfügen mittlerweile über hydraulische Systeme, die das Chassis bei der Kontrolle in der Boxengasse auf reglementkonformen Abstand vom Asphalt hochliften. Draußen auf der Rennstrecke wird das Monocoque wieder so weit abgesenkt, daß die festmontierten Schürzen auf der Fahrbahn schleifen und die entsprechend gestylten Seitenkästen wieder Unterdruck, eben den bewährten Saugeffekt aufbauen. Die Fliehkräfte zerren in den Kurven nach wie vor an Kopf und Nacken der Formel-1-Rennfahrer – das ist der Fortschritt in Sachen Sicherheit… Immerhin, anno 1981 weiß im Cosworth-Lager mittlerweile jeder, daß mit solchen Kniffen auf Dauer kein Kraut mehr gegen die Turbo-Motoren von Renault und Ferrari gewachsen sein wird: Auf der Geraden vor der ersten Bremskurve ist Arnoux mit 296 km/h schnellster Fahrer, dahinter folgen Prost mit 295 km/h, Pironi mit 293 km/h und Villeneuve mit 291 km/h Spitze. Piquet schafft mit dem besten Cosworth 289 km/h – was wunder, daß sich FOCA-Boß Bernie Ecclestone für seinen Brabham-Rennstall als erster aus dem Cosworth-Club verabschieden wird.

Der letzte Rennfahrer, der in der Turbo-Ära der Formel 1 noch mit einem Cosworth V8 Weltmeister werden wird, befindet sich übrigens am Rennsonntag nicht einmal mehr im Motodrom. Der Mann heißt Keke Rosberg und hat sich mit dem maroden Fittipaldi-Ford nicht einmal mehr für den Großen Preis von Deutschland qualifizieren können: »Zu einem Neubau haben wir kein Geld. Wer einmal meine reichlich zerfledderte Karosserie gesehen hat, der ahnt, daß uns das Wasser am Hals steht. Was bleibt mir? Ich hoffe auf ein paar CanAm-Rennen bei Paul Newman Ende des Jahres und freue mich am Fliegen: Als in Hockenheim die Autos im Kreis geprügelt wurden, saß ich in meiner Maschine, rauchte eine Zigarette, hörte den Motoren zu und guckte mir die Alpen von oben an.«

*2. August 1981: Alan Jones demonstriert im Williams FW07C-Cosworth eindrucksvoll sein Können. Kein anderer Formel-1-Rennfahrer ist bis heute in der Lage gewesen, einen Spitzenreiter beim deutschen Grand Prix in der Sachskurve auszubremsen. Allein dies Manöver mag illustrieren, daß der bullige Australier nicht ganz zu unrecht bis heute die höchste Wertschätzung von Teamchef Frank Williams genießt.*

# Denn sie wissen nicht, was sie tun

Die Turbo-Technologie lockt erstmals reihenweise Autokonzerne als Motorzulieferer in den GP-Zirkus: Bernie Ecclestones Konzept der weltweiten Kommerzialisierung hat die Formel 1 als Showbühne und Werbeveranstaltung interessant gemacht. Das bekommt auch das Personal positiv zu spüren. Niki Lauda, den Sorgen um seine Airline plagen, wird für angeblich vier Millionen Mark Jahresgage von Ron Dennis wieder reaktiviert. McLaren sichert sich obendrein einen Turbo-Motor aus Zuffenhausen, der dank des Geldgebers den Doppelnamen TAG-Porsche bekommt. 1982 in Hockenheim ist Lauda allerdings noch mit Cosworth-Kraft unterwegs, als er sich während des Freitagstrainings in die Fangzäune dreht, nachdem er vor der Nordkurve noch am March von Rupert Keegan vorbei will. Der McLaren kann repariert werden, doch Lauda zieht sich eine schmerzhafte Handgelenksprellung zu und verzichtet am Samstag auf seinen Start. Kein gutes Omen, ein Symptom für die schaurige Kehrseite der Formel 1 in der Saison 1982: Gilles Villeneuve ist in Zolder tödlich verunglückt, als er während des Abschlußtrainings mit dem March von Jochen Mass kollidierte. Der Deutsche übersteht beim französischen Grand Prix einen Abflug bei Tempo 280 mit schweren Rückenprellungen, muß nicht nur auf den Start in Hockenheim verzichten, sondern wird sogar nie wieder ein Formel-1-Rennen fahren. In Kanada hat sich zuvor GP-Neuling Riccardo Paletti nach einer Startkollision mit dem Ferrari von Didier Pironi und anschließendem Fahrzeugbrand tödliche Verletzungen zugezogen. Die Unfallserie schadet dem Geschäft, ARD und ZDF erwägen den Verzicht auf Formel-1-Übertragungen, eine

*7. August 1982, freies Training am Samstagmorgen: Das, was von Didier Pironis Ferrari 126C2-Turbo übrigblieb...*

■ 8. August 1982: Das Turbo-Zeitalter der Formel 1 gliedert das Grand-Prix-Feld in eine Zwei-Klassengesellschaft. Die Teams, die über Turbo-Treibsätze verfügen, fahren vorneweg. Die Rennställe, die vorerst noch auf Saugmotoren zurückgreifen müssen, dröhnen hinterher. Nach dem Start zum Großen Preis sortieren sich die Hinterbänkler von der Saugerklasse zur Einfahrt in die Nordkurve: 26 Jacques Laffite (Ligier JS19), 4 Brian Henton (Tyrrell 011), 5 Derek Daly (Williams FW08), 14 Roberto Guerrero (Ensign N181), 12 Nigel Mansell (Lotus 91), 9 Manfred Winkelhock (ATS D5), 10 Eliseo Salazar (ATS D5), 29 Marc Surer (Arrows A4), 31 Jean-Pierre Jarier (Osella FA1C), 20 Chico Serra (Fittipaldi F9), 18 Raul Boesel (March 821) – alle von Ford-Cosworth V8-Motoren befeuert, bis auf Laffites Ligier, den ein Matra V12 antreibt.

*Aus der ersten Runde kommt René Arnoux als Spitzenreiter zurück, doch Nelson Piquet im Brabham BT50-BMW wird alsbald an dem Renault RE30B des Franzosen vorbeiziehen. Auf dem dritten Platz noch Alain Prost (Renault RE30B) vor Patrick Tambay (Ferrari 126C2), Andrea de Cesaris (Alfa Romeo 182), Riccardo Patrese (Brabham BT50-BMW), Michele Alboreto (Tyrrell 011), Keke Rosberg (Williams FW08), Bruno Giacomelli (Alfa Romeo 182).*

Woche vor dem Großen Preis tritt Max Mosley bei der SDR-Live-Sendung *Pro und Contra* auf: »Das Fernsehen hat kein Recht, am Zuschauer Zensur auszuüben.« Als Gegenanwalt verkündet Claus-Hinrich Casdorff, stellvertretender WDR-Chefredakteur: »Ich bin dafür, daß wir vom Fernsehen uns gemeinsam bemühen, der Formel 1 die finanzielle Grundlage zu nehmen. Denn wenn wir sie nicht mehr übertragen, dann werden die Sponsoren sehr schnell ihr wichtiges Geld sicher für andere wichtige Aufgaben ausgeben.«

Vor Hockenheim hat Didier Pironi eindeutigen Kurs auf den WM-Titel genommen. Der Ferrari-V6-Turbo leistet im Rennen sehr standhafte 600 PS, die den 30jährigen Franzosen zu einem soliden Vorsprung von neun Punkten auf John Watson im McLaren-Cosworth davongetragen haben. Der Tod von Gilles Villeneuve scheint fast vergessen, und auch der Streit, der sich zuvor zwischen dem Kanadier und dem Franzosen entsponnen hatte, weil Pironi in Imola entgegen der Stallorder Villeneuve den Sieg raubte, ist längst unabänderliche Geschichte. Beim Freitagtraining im Motodrom scheint Didier Pironis Überlegenheit geradezu erdrückend: Alain Prost, der den Rest des Feldes anführt, hat auf seinen Landsmann fast eine volle Sekunde eingebüßt. Trotz der neuen, von Jody Scheckter allzu eng konzipierten Schikane vor der Ostkurve, ist Pironis Bestzeit nicht einmal eine halbe Sekunde schlechter als Prosts letztjährige Pole Position. Am Samstag, dem 7. August 1982, regnet es über Hockenheim in Strömen. Wetteränderung ist für das nachmittägliche Abschlußtraining nicht in Sicht, niemand wird Pironis Zeit vom Freitag unterbieten können. Aber auch auf nasser Piste will der Franzose wohl demonstrieren, wer in der Formel 1 den Ton angibt. Um 10.16 Uhr fährt Didier Pironi mit seinem Tipo 126C aus der Ferrari-Box, nach zwei verhaltenen Einführungsrunden weiß Pironi, an welchen Stellen das Wasser besonders hoch steht, kennt die beste Linie und gibt tüchtig Gas, fährt die dritte Runde in 2.10,941. Keiner wird diese Regenzeit mehr an diesem Samstag unterbieten, und Didier Pironi rast weiter im völligen Blindflug an den Gischtfontänen langsamer Konkurrenten vorbei und erkennt zu spät, daß sich der Renault von Alain Prost im Wege befindet. Der Ferrari wird von dem rollenden Hindernis hochkatapultiert, knallt mit dem Heck voran auf die Piste und überschlägt sich auf dem Seitenstreifen in Richtung Innentribüne weiter: Der Unfall ähnelt auf fatale Weise dem Szenario, das Gilles Villeneuve in Zolder das Leben gekostet hat, doch Didier Pironi überlebt blutüberströmt mit zertrümmerten Beinen. Der Franzose wird wenige Stunden später operiert, die Kunst der Chirurgen verhindert sogar eine drohende Amputation. Ferrari-Chefingenieur Mauro Forghieri wird sagen: »Wenn man schon verunglücken muß, dann nur in Hockenheim. Hier und in der Klinik in Heidelberg gibt es die beste Hilfe der Welt.«

Wie zum Hohn herrscht am Rennsonntag strahlender Sonnenschein, bis zum Start des Großen Preises um 15.00 Uhr wird das Publikum im Motodrom noch mit drei Rahmenrennen, dem Warm-up der Formel 1, den Aufwärmrunden zur Deutschen Rennsporttrophäe sowie einem Show-Programm bei Laune gehalten. Herrliche Zeiten! Das Rennen der Formel Ford 2 000 gewinnt damals ein 22jähriger Brasilianer mit dem komplizierten Namen Ayrton Senna da Silva... In der Formel 1 bleibt Pironis Pole frei, so daß René Arnoux ohne direkten Vordermann vom dritten Startplatz aus seinen Renault-Kollegen Alain Prost auf dem Weg zur Nordkurve ausbeschleunigen kann. Ob Arnoux noch einmal wie zwei Wochen zuvor in LeCastellet die Stallregie mißachten und vor Prost bleiben wird? »Vorne fahren darf ich weiterhin, ich darf nur nicht mehr vor Alain gewinnen«, spöttelt Arnoux nach dem Großen Preis, den er aus ganz anderem Gründen nicht als Sieger beendet: »Der Wagen begann an der Vorderachse fürchterlich zu vibrieren, ich konnte ihn bei hoher Geschwindigkeit und beim Bremsen kaum noch auf der Straße halten.« Nelson Piquet stürmt bereits in der zweiten Runde an die Spitze und zieht mit den nur halbgefüllten Tanks seines Brabham-BMW locker davon, während der vorsichtige Patrick Tambay im einzigen verbliebenen Ferrari in der 10. Runde auf den zweiten Platz vorstößt: »Hätte Arnoux keine Probleme gehabt – ich hätte das nie geschafft!« Im zweiten Renault ist Alain Prost nach Fehlzündungen und anschließendem Boxenstop längst draußen, womit sich seine Titelhoffnungen endgültig verflüchtigen... Patrick Tambay gibt zu: »An Piquet war in keinem Moment heranzukommen – ich habe es auch nicht versucht. Ich habe ihn einfach wegfahren lassen, da ich beschäftigt war, mich von Arnoux hinter mir abzuseilen.«

Das Publikum fiebert mit, ob die von Brabham ausgetüftelte Boxenstop-Strategie erstmals funktionieren wird. Die Idee, mit wenig Benzin an Bord zu starten, einen großen Vorsprung herauszufahren und bei einem raschen Halt mit Nachtanken und Reifenwechsel wieder nach vorn zu spurten, wird die Formel 1 revolutionieren. Woran auch das ab 1984 aus Sicherheitsgründen verordnete Tankverbot nichts ändern wird. Denn der mittlerweile arg abhandengekommenen Spannung zuliebe wird die FIA ab 1994 Tankstops während eines Grand Prix wieder zulassen, wovon ein junger deutscher Rennfahrer noch ungeheuer profitieren wird. Aber 1982 geht die Tankstop-Taktik von Nelson Piquet aus einem ganz banalen Grund schief, weil der Brasilianer vor der miserablen Ostkurven-Schikane mit dem langsameren ATS-Cosworth des Chilenen Eliseo Salazar kollidiert: »Da hatte ich also kurz vor dem geplanten Boxenstop 27 Sekunden Vorsprung. Ich war selbst gespannt, ob der Trick wirklich klappt. Nun, Salazar hat nicht nur mir, sondern auch Brabham und vor allem BMW einen wichtigen Sieg kaputtgemacht. Und da sollte man nicht die Nerven verlieren?! Ich stieg aus dem Auto und attackierte meinen Gegner mit den Fäusten und den Füßen. Es war das erste Mal, daß ich so etwas machte. Und ich habe keine Schuldgefühle, ich werde mich dafür nicht entschuldigen«. Eliseo Salazar gibt zu Protokoll: »Ich hatte gedacht, wir könnten nebeneinander durch die Schikane fahren – doch dann zog Nelson einfach nach innen.« Das rechte Vorderrad des ATS ist dabei gegen das linke Hinterrad von Piquets Brabham geknallt: »Ich bin zwar traurig, daß ich das Rennen auf diese Weise mitentschieden habe. Aber ich bin nicht allein schuldig. Ich habe Piquet Platz gemacht und Gas weggenommen. Daß ich auch noch stehenbleibe, um ihn vorbeizulassen, kann wohl keiner von mir verlangen.« Immerhin, zum ersten Mal ist einer der gelben ATS-Rennwagen bestens im TV-Bild, während der zweite ATS von Manfred Winkelhock wieder einmal längst

■ *Vorentscheidung: Patrick Tambay ist an René Arnoux vorbei und unterwegs zu seinem ersten Grand-Prix-Sieg.*

draußen ist. Der 29jährige Schwabe fährt seine erste GP-Saison und hat seine Heim-Premiere in der Formel 1 bereits nach vier Runden beendet: »Der 4. Gang ging nicht rein, die Kupplung löste nicht. Ausgerechnet hier, wenn das in Amerika oder sonstwo passiert wäre, aber ausgerechnet hier...« ATS-Teamchef Günter Schmid kommentiert: »Der Junge hat beim Start schon wieder seine Kupplung verbrannt, kein Wunder, daß er dann keine Gänge mehr wechseln kann.«

Mit dem unerwarteten Ausfall Nelson Piquets ist die Luft aus dem Rennen endgültig draußen. Villeneuve-Ersatzmann Patrick Tambay fährt seinen ersten GP-Sieg nach Hause: »Mir tat nach dem Unfall nicht nur Didier leid, sondern auch das ganze Team, das sich nach dem Unfall von Zolder gerade wieder gefangen hatte.« Der 33jährige Franzose hatte mit der Formel 1 eigentlich schon abgeschlossen, als er von Ferrari noch einmal überraschend reaktiviert worden war: »Es war kein sehr hartes Rennen, Didier oder Gilles hätten es noch lockerer gewonnen. Es war als hätten sie neben mir im Auto gesessen. Ohne sie hätte ich nie und nimmer gewinnen können, denn sie haben mein Auto bei den Tests erst so gut gemacht, daß man damit siegen kann.«

John Watson verliert zehn Runden vor Schluß vier wertvolle Punkte, als an seinem McLaren beim Anbremsen der Ostkurven-Schikane vorn rechts ein Querlenker bricht, wahrscheinlich die Spätfolge einer leichten Kollision mit dem Alfa Romeo von Andrea de Cesaris. So erbt am Ende Keke Rosberg den dritten Platz, obwohl er mit seinem Ersatzfahrzeug starten mußte: »Reifen taugten nicht, Auto schmierte über alle vier Räder, Getriebe war hakelig, Gänge sprangen raus, Benzindruck mies«, rapportiert der Finne über seinen Williams FW08-Cosworth. Bislang hat Keke Rosberg nicht einmal einen Grand Prix gewonnen, doch nach Hockenheim weiß der 33jährige, daß er 1982 noch Weltmeister werden kann: »Mit Didier Pironi fehlt ja leider der WM-Leader. Ich bin also hinter Watson zweiter Mann.« Recht hat Rosberg, denn was ist in diesem Jahr 1982 nicht alles möglich?! In der Sommerpause kriselt es in Bonn, die sozial-liberale Koalition wird auseinanderbrechen, und keine Woche nachdem der Finne tatsächlich neuer Formel-1-Weltmeister ist, wird mittels des »Konstruktiven Mißtrauensvotums« ein CDU-Politiker Bundeskanzler, dem selbst viele Parteifreunde dies nicht zugetraut hätten. Aber hier enden bereits alle vergleichenden Assoziationen – denn Keke Rosberg wird im Gegensatz zu Helmut Kohl nur ein Jahr amtieren...

Und noch ein letztes: Ende Oktober rollen am Nürburgring die Baumaschinen an, die Arbeiten für eine neue »Kurzrennstrecke« beginnen. Die alte SPD/FDP-Bundesregierung hatte noch flugs die Summe von 40 Millionen Mark angewiesen, um sich damit aus dem Gesellschaftervertrag zu verabschieden, 99,9 % der Anteile an der Nürburgring GmbH gehören nunmehr dem Land Rheinland-Pfalz, das grünes Licht für den Neubau gibt, der am Ende 84 Millionen Mark verschlingen wird.

# Außer Rand und Band

»Bis heute gab es drei Favoriten für die Weltmeisterschaft: Prost, Piquet und Tambay. Aber ab jetzt sind es vier!«, tönt am 7. August 1983 der souveräne Sieger des deutschen Grand Prix, René Arnoux: »Im Moment habe ich nur eines im Kopf – und das ist die Weltmeisterschaft.« Arnoux kann gut frohlocken, der 14 Tage vor Hockenheim erstmals bei einem WM-Lauf eingesetzte Ferrari 126C3 ist nun auch fahrwerksmäßig in der Lage, über 620 Turbo-PS akkurat in Vortrieb umzusetzen: »Ich konnte extrem spät bremsen, in den Schikanen lag das Auto traumhaft auf der Straße – und dann hatte ich wohl auch noch einen Sonntags-Motor erwischt. Das Auto war einfach zu gut, ich mußte Patrick überholen…« Womit auch das entscheidende Manöver in einem ansonsten ereignisarmen Rennen angesprochen ist. Denn in der zweiten Runde überrumpelt Arnoux seinen führenden Stallgefährten Patrick Tambay vor der dritten Schikane: »Ich habe keine Ahnung, was er sich dabei gedacht hat, denn das war ein verdammt gefährliches Manöver. In der zweiten Runde macht man so was normalerweise nicht, schon gar nicht mit

■ *7. August 1983, als die Welt bei der Scuderia Ferrari noch heil war: Patrick Tambay im Ferrari 126C3 führt nach der ersten Runde das Feld vor seinem Teamkollegen René Arnoux an. Dahinter folgen Nelson Piquet (Brabham BT52B-BMW), Alain Prost (Renault RE40), Andrea de Cesaris (Alfa Romeo 183T/B), Eddie Cheever (Renault RE40), Mauro Baldi (Alfa Romeo 183T/B), Riccardo Patrese (Brabham BT52B-BMW), Stefan Johansson (Spirit-Honda 201C) und der Rest.*

*Ein zweiter Platz scheint sicher, der Sieg wäre mit etwas Glück möglich gewesen: Doch wieder einmal sieht der Brabham BT52B-BMW von Nelson Piquet nicht das Ziel. Aber wer zuletzt lacht, lacht bekanntlich am besten: Am Ende der Saison bringt ein gewaltiger Endspurt der bayerischen Turbo-Motorenwerke Piquet zum zweiten Mal die Weltmeisterschaft.*

24. von 45 Runden zum geplanten Boxenstop, für Reifenwechsel plus Nachtanken benötigen die Italiener 13,08 Sekunden. Jetzt führt Piquet, bis auch er in der 31. Runde zu seinem Stop die Box ansteuert. Die Brabham-Crew braucht 11,12 Sekunden, womit erwartungsgemäß also René Arnoux wieder das Rennen anführt. Piquet folgt 15 Sekunden dahinter, reduziert den Abstand innerhalb von vier Runden auf zehn Sekunden, kommt bis fünf Runden vor Schluß sogar bis auf fünf Sekunden an den Ferrari heran – ehe drei Runden vor Rennende der Brabham-BMW wegen eines geplatzten Benzinfilters Feuer fängt und ausfällt...

Das Turbo-Zeitalter der Formel 1 wird vorerst noch von zahllosen Zufällen geprägt: Die immer stärkeren Treibsätze platzen immer öfter und den ebenso frustrierten wie verwöhnten Lenkradassen platzt immer öfter der Kragen. Andrea de Cesaris wird im Turbo-Alfa Romeo völlig überraschend Zweiter: »Irgendwie ahnte ich, daß das Auto heute halten würde – und am liebsten hätte ich einem Teamkollegen«, grollt der Vorjahressieger, den ein dumpf klingender Motor erst zu einem Boxenstop und dann zur Aufgabe zwingt. Einer der sechs Ferrari-Zylinder hat sich verabschiedet...

Womit René Arnoux das Rennen unbedrängt von der Spitze aus kontrollieren kann. Denn WM-Tabellenführer Alan Prost ist wegen überhöhter Motortemperatur noch kurz vor dem Start auf seinen Reserve-Renault gewechselt, dessen 5. Gang rausspringt und schließlich ganz aus dem Getriebe abhanden kommt: »Mir war klar, daß ich Glück brauchen würde, aber ein paar Punkte wollte ich wenigstens noch abstauben.« Bleibt nur noch Nelson Piquet im Brabham BT52B als Gegner für René Arnoux: Der Ferrari rollt mit rund zwölf Sekunden Vorsprung in der

*Tankstops samt Reifenwechsel sind binnen eines Jahres fester Bestandteil der Rennstrategie geworden: Die Choreographie der Mechaniker nimmt immer bewundernswertere Formen modernen Balletts an. Hier wird gerade der Alfa Romeo 183T/B von Andrea de Cesaris kunstvoll abgefertigt – am Ende wird der Auftritt mit dem zweiten Platz belohnt.*

te ich laut gejubelt. Ich weiß überhaupt nicht mehr, wann ich zum letzten Mal eine Zielflagge gesehen habe.« Dabei kann de Cesaris jubeln, daß er am Rennsonntag nicht in Polizeigewahrsam geblieben ist: Bei der samstäglichen Ankunft in Hockenheim hat sich der Italiener mit zwei Polizeibeamten angelegt, einen fährt er dabei mit dem Pkw um, was dem Polizisten eine ambulante Behandlung, de Cesaris aber einen Haftbefehl der Staatsanwaltschaft Mannheim einbringt, der gegen 15 000 DM Kaution aufgehoben wird. Die Sportkommissare brummen de Cesaris zusätzlich 10 000 DM Strafe auf. Ungeschoren kommt hingegen Landsmann Elio de Angelis davon, der im Fahrerlager den 64jährigen Denis Jenkinson umwirft: »Ich tat es mit voller Absicht und würde es wieder tun!« Weil »Jenks«, der Nestor der britischen GP-Berichterstatter, sich doch erdreistet hatte zu schreiben: »Das Schlimmste, was Lotus in den letzten Jahren passierte, war Elio de Angelis. Mansell ist der viel bessere Fahrer.« Manfred Winkelhock muß 8000 DM Strafe zahlen, weil er ohne Durchfahrtsschein ins Fahrerlager will und einen Kontrolleur mit den Worten »Ich haue Dir auf die Batterie« bedroht haben soll... Niki Lauda kommentiert: »Ich hätte alle ins Loch gesperrt. Solch ein Benehmen schadet nur dem Ruf der gesamten Formel-1-Truppe – und der ist schon schlecht genug.« Lauda selbst gerät ebenfalls in die Fänge der Sportkommissare: Beim Tankstop verpaßt er die McLaren-Box um fünf Meter und setzt dann im Rückwärtsgang zurück, was nunmal verboten ist und dem Österreicher den fünften Platz kostet... Didier Pironi taucht im Hockenheimer Fahrerlager auf, im Juni hat er die 21. Operation hinter sich gebracht. Er muß sein rechtes Bein schonen, glaubt aber immer noch an ein Formel-1-Comeback im nächsten Jahr, das es dann doch nie geben wird.

Das ganze Jahr über beherrscht das Reizthema »Waldsterben« die Republik«, am 20. Juli 1983 verkündet die Bundesregierung, ab 1986 nur noch mit Katalysator ausgerüstete Neuwagen zuzulassen. Gezielte Appelle, auf unnötige Autofahrten zu verzichten, scheinen selbst beim einzigen deutschen Formel-1-Rennstall auf fruchtbaren Boden zu fallen: Gleich im ersten Zeittraining stellt Manfred Winkelhock seinen ATS-BMW-Turbo mit gebrochenem Getrieberitzel im Hardtwald ab. Sodann rollt das Reserveauto mit Lagerschaden aus, womit anderthalb Stunden Reparaturpause bis zum ersten offiziellen Qualifikationstraining bleiben. Das reicht Konstrukteur Gustav Brunner und seiner Crew jedoch nur, um Winkelhocks Ersatzwagen wieder auf Vordermann zu bringen: Nachdem 32 von 60 Minuten Trainingszeit gelaufen sind, will Winkelhock aus der ATS-Box rollen, doch Unregelmäßigkeiten in der Motronic und ein erneuter Lagerschaden beenden dieses Unterfangen... Der Waiblinger hat keine einzige gezeitete Trainingsrunde fahren können, und als es den ganzen Samstag hindurch regnet, gibt es für Winkelhock keine Chance mehr, sich für seinen Heim-GP zu qualifizieren: »Mehr als arbeiten können die Leute auch nicht. Was uns hier passiert ist, war einfach riesiges Pech...« Nicht nur *Spiegel* und *Stern* beginnen in polemischen Artikeln an den Qualitäten der pfälzer ATS-Truppe zu zweifeln. Mittlerweile gibt es hierzulande sogar einen jungen Rennfahrer der Extraklasse, von dem es gar heißt, er hätte in Hockenheim schon einen ATS fahren sollen. Doch das sind Gerüchte, die jenem Stefan Bellof nicht weiterhelfen...

Und während der 25jährige Gießener von einem ganz und gar nicht unumstrittenen Manager betreut wird, engagieren sich namhafte deutsche Hersteller lieber als Motorlieferant, denn als Formel-1-Sprungbrett für deutschen GP-Nachwuchs: BMW wird nach Hockenheim gewaltig aufrüsten und Nelson Piquet 900 PS-Treibsätze offerieren, was mit dem überraschenden Gewinn der Fahrer-WM belohnt wird und Alain Prost zum Wechsel seines Renault-Arbeitsplatzes nötigt. Auch mit flachem Unterboden, ohne jedweden Ground-Effect sind die Turbo-Rennwagen

*Keke Rosberg ist amtierender Weltmeister, doch mit dm Williams FW08C-Cosworth steht der Champion auf dem ultraschnellen Hockenheimring gegen die Turbo-Armada auf verlorenem Posten: Der elfte Rang ist ein mageres, aber absehbares Resultat.*

■ *Alain Prost (vor dem überrundeten Osella FA1E von Piercarlo Ghinzani) muß sich zwar mit dem vierten Rang begnügen, doch der Franzose scheint im Renault RE40-Turbo auf dem besten Weg zur Weltmeisterschaft.*

schneller als die Wing-Cars jemals waren. Der Ferrari 126C3 wiegt unter 550 kg und entfaltet im Trainingstrimm weit über 800 PS. Die Forschungslabors der Mineralölkonzerne liefern immer klopffesteren Spezialsprit, von dem einige Zeitgenossen behaupten, daß er höhere Oktanzahl aufweist als die vom Reglement erlaubten 102 ROZ. Ohne Turbo-Motor gibt es in der Formel 1 nichts mehr zu gewinnen: Weltmeister Keke Rosberg wartet bei Williams auf den Honda-Turbo, der in Hockenheim im Spirit-Rennwagen von Stefan Johansson Test- und Rennkilometer sammelt. Bei Porsche fiebert Chefingenieur Hans Mezger der bevorstehenden Rennpremiere des Turbo-McLaren entgegen: »Wir müssen in Zandvoort endlich ins Wasser springen, damit wir wissen, ob es kalt oder warm ist.«

# Formel 1 im Doppelpack

Zusammen mit Ayrton Senna gilt er rasch als die Formel-1-Entdeckung des Jahres, doch beim Heim-GP in Hockenheim fehlt Stefan Bellof, denn der Lauf zur Endurance-WM im kanadischen Mosport genießt Vorrang, schließlich steuert der junge Porsche-Werksfahrer dem Titel eines Langstrecken-Weltmeisters entgegen. Auch wenn 1984 erstmals zwei Formel-1-WM-Läufe in Deutschland stattfinden: Bellof wird beim Großen Preis von Europa auf dem neuen Nürburgring ebenfalls nicht starten, denn bis dahin ist das Team von Ken Tyrrell, für das der Gießener zusammen mit Martin Brundle fährt, bereits aus der Formel-1-WM 1984 ausgeschlossen worden. Nach dem Detroit-GP sind Beschuldigungen laut geworden, wonach Tyrrell mit untergewichtigen Autos und dem späteren Nachfüllen von Wasser und Bleikügelchen manipuliert haben soll. Stefan Bellof sagt: »Ich halte mich aus allem raus. Mein Job ist es, Auto zu fahren. Und wenn ein Auto dasteht, dann fahr' ich.« Vor dem deutschen Grand Prix ist über Tyrrells Widerspruch vom FIA-Appellationsgericht noch nicht entschieden, so daß für den verletzten Brundle und den abwesenden Bellof die Ersatzfahrer Stefan Johansson und Mike Thackwell das fragwürdige Vergnügen haben, sich auf dem schnellen Hockenheimring mit ihren beiden Tyrrell-Cosworth gegen die geballte Turbo-Armada um den letzten freien Startplatz zu balgen. Die Cossies leisten rund 530 PS, die stärksten Turbos zwischen 800 bis 900 PS... Am Ende gewinnt der Schwede um 55 Hundertstelsekunden das Duell in der Formel Ford gegen den Neuseeländer – und ist damit im Rennen.

Um die Formel-1-WM konkurrieren vor Hockenheim in erster Linie die beiden McLaren-TAG-Porsche von Alain Prost und Niki Lauda: Sieben Siege in elf WM-Läufen, inklusive des GP von Deutschland, bei dem der Franzose souverän seinen vierten Saisonerfolg herausfährt: »Es gibt mir keine Genugtuung, Lauda geschlagen zu haben. Nach Brands Hatch war ich mir das schuldig.« Da war WM-Spitzenreiter Prost nämlich an erster Stelle liegend mit Getriebeschaden ausgefallen und durfte zuvor bei einem Neustart nicht vom ersten Platz ins Rennen, obwohl er zum Zeitpunkt des Abbruchs geführt hatte. Alain Prost vergißt in Hockenheim jedoch nicht, sich beim zweitplazierten Teamkollegen zu bedanken: »Beteiligt am Sieg ist Niki sowieso, denn er traf die riskante Reifenwahl, der ich mich anschloß. Und er war es auch, der rund zehn Umläufe vor Schluß aufhörte zu drücken. Dank seines Verhaltens war ich nie gezwungen, das Äußerste vom Motor und von den Reifen zu verlangen.« Niki Lauda hat das Rennen bereits im Training verloren, wie übrigens oft in diesem Jahr: Nach heftigen Motoraussetzern und einem spektakulären Dreher bleibt Lauda nach dem Abschlußtraining nur auf dem siebten Startplatz hängen, während Prost auf der Pole Position steht. So heißt denn Laudas Rennstrategie durchfahren und wenigstens Zweiter werden: »Mein Auto übersteuerte von Anfang an, sonst war alles perfekt. Ich konnte gegen Alain nichts machen, wollte daher nur meine sechs Punkte holen.« Prost steht in Hockenheim zwar unter besonderem Druck, schließlich hat er sich bei FISA-Präsident Jean-Marie Balestre für eine verbale Entgleisung entschuldigen müssen, weil er in Brands Hatch zu »Monsieur le President« gesagt

■ *Diesmal wenigstens für den Heim-Grand-Prix qualifiziert: Manfred Winkelhock im ATS D7-BMW. Dafür kommt die Gustav-Brunner-Konstruktion wieder einmal nicht ins Ziel.*

haben soll: »Du bist immer noch der gleiche Mistkerl wie früher.« Aber eine Sperre droht dann doch nicht. Und auch das Gerede, Prost werde im Ernstfall nervös, er habe schon im Vorjahr bei Renault einen WM-Titel vergeigt, entbehrt in Hockenheim jeder Grundlage: Der Franzose fährt sein Rennen sehr sicher nach Hause, auch wenn zunächst Elio de Angelis im Lotus-Renault bis zur siebten und dann Nelson Piquet im Brabham-BMW bis zur 21. Runde an der Spitze liegen, ehe der Italiener mit Motorschaden und der Brasilianer mit defektem Getriebe aufgeben müssen. Alain Prost ist stets in Schlagdistanz gewesen, kein Grund zur Beunruhigung. Nein, den Titelkampf gegen Niki Lauda wird Prost am Ende der Saison in erster Linie deshalb verlieren, weil er in Zeltweg und Monza ausfällt, während der Österreicher beide Male gewinnt. Nach Hockenheim steht es wohlgemerkt noch 43,5 zu 39 für Prost.

*Gewogen und für gut befunden: Ayrton Senna bestreitet 1984 seine erste Formel-1-Saison für das bis dahin eher mittelmäßige Toleman-Team. Senna holt trotzdem 13 WM-Punkte und sein Teamchef Alex Hawkridge wird bekennen: »Senna hat noch viel mehr Reserven, als sich die Leute vorstellen können – und er holt diese aus sich heraus, wann immer es nötig ist.« Der Rennfahrer ist besser als das Team: Als Ayrton Senna 1985 für Lotus fährt, holt die Toleman-Hart-Truppe keinen einzigen WM-Zähler mehr: Hauptsponsor Benetton übernimmt den kompletten Laden und krempelt das Team um – aber das ist wieder eine ganz andere Geschichte...*

Auch weiter hinten im Feld bietet der deutsche Grand Prix das gewohnte Bild: Der unglückliche Manfred Winkelhock qualifiziert dieses Jahr zwar den gelben ATS-BMW-Turbo, doch ein defekter Lader wirft den Schwaben bis ans Ende des Feldes zurück und nach 31 Runden ganz aus dem Rennen... Das Toleman-Team setzt eine traurige Unfallserie fort: Johnny Cecotto ist zuvor beim GP-Training in Brands Hatch verunglückt und hat sich beide Fußgelenke gebrochen, jetzt rast Ayrton Senna in Hockenheim mit dem TG184-Hart-Turbo von der Strecke, als in der fünften Runde der Heckflügel bricht. Doch der Brasilianer übersteht den Unfall auf der Anfahrt zur ersten Schikane unverletzt.

Der 5. August 1984 scheint den Abschied des GP von Deutschland und der Formel 1 vom Hockenheimring zu markieren, doch erstens kommt es anders und zweitens als man denkt. Während sich in der Eifel alles auf den herbstlichen Großen Preis von Europa vorbereitet, und das ZDF seine Produktionskosten für die Live-Übertragung vom Hockenheimring auf 350 000 DM beziffert, veranstaltet das Fachmagazin *sport auto* im Motodrom noch einen Fahrzeugtest mit dem Arrows-BMW-Turbo von Marc Surer. Die nominell 650 PS bei 10 500 U/min des Vierzylinders sorgen für imposante Beschleunigungswerte: Von 0-100 km/h vergehen 3,1 Sekunden, von 0-200 km/h ganze 6,4 Sekunden, ein Kilometer mit stehendem Start absolviert der Arrows in 16,6 Sekunden...

...und dann folgt die etwas ernüchternde Formel-1-Premiere auf dem neuen Nürburgring am 7. Oktober 1984: Nur 43 000 Zuschauer tummeln sich bei naßkaltem, windigen Eifelwetter auf den Tribünen. Ob es daran liegt, daß die treuen Nürburgringfans befürchten, Niki Lauda könnte am neuen Ring vorzeitig Weltmeister werden, da bleiben wir lieber daheim? Nein, die Atmosphäre beim Publikum scheint nicht so recht rüberzukommen, es fällt noch schwer, sich daran zu gewöhnen, so weit weg vom Schuß zu sitzen. Die großzügig dimensionierten Auslaufzonen stoßen bei den Fahrern zunächst auf Begeisterung, bis der Regen im Freitagstraining das Gras in eine nasse Rodelbahn verwandelt und Tambay, Surer und Piquet ihre Rennwagen regelrecht im Schlamm versenken. Zu allem Überfluß rutscht Prost beim sonntäglichen Warm-up auf der »sichersten Rennstrecke der Welt« mit seinem McLaren in einen Wagen der ONS-Sicherheitsstaffel...

Auch Lauda hat seine Schwierigkeiten mit der Aussicht, bei einem Punktestand von 63 zu 53,5 Punkten bereits am Nürburgring zum dritten Mal Weltmeister werden zu können: Erst hemmt seinen McLaren-TAG-Porsche ein Kurzschluß in der Elektrik, dann wird ein Ölleck entdeckt – und am Ende rangiert der immer nervöser wirkende Lauda nur auf dem 15. Startplatz! Alain Prost, hinter Nelson Piquet Trainingszweiter, wittert längst Morgenluft und fährt einem makellosen Start-Ziel-Sieg entgegen: »Ich habe die ganze Zeit nicht an Niki Lauda gedacht, nur an den möglichen Sieg und die neun WM-Punkte. Ich wußte auch

■ *5. August 1984: Das übliche Bild der Rennsaison, Niki Lauda schafft mit seinem McLaren MP4/2-TAG-Porsche nur einen mäßigen Startplatz und muß sich mühsam nach vorn kämpfen, während sein jüngerer Teamkollege Alain Prost längst davongefahren ist. Zu Beginn der vierten Runde zwängt sich Lauda (8) eingangs der Nordkurve am Renault RE50 von Patrick Tambay (15) vorbei auf den sechsten Platz. Dahinter folgen Teo Fabi (Brabham BT53-BMW), Michele Alboreto (Ferrari 126C4), René Arnoux (Ferrari 126C4), Keke Rosberg (Williams FW09B-Honda) und der Rest des Feldes.*

lange Zeit gar nicht, wo Niki liegt, erst als er Vierter war, gab mir meine Box ein Signal. Es lief wie am Schnürchen. Fünf Runden vor Schluß ließen zwar meine Hinterreifen etwas nach, aber der Vorsprung war ja groß genug.« Bis zur fünften von 67 Runden hat sich Niki Lauda auf Rang sechs vorgearbeitet, dann ist der Vormarsch des Österreichers vorerst beendet, zumal Lauda ausgangs der 22. Runde in der Zielkurve einen Dreher produziert, als er eine Kollision mit dem überrundeten Spirit-Hart von Mauro Baldi zu vermeiden sucht. Soetwas schlägt die Moral, vor allem aber die Reifen an... Trotzdem wird Lauda am Ende Vierter, weil die beiden Werks-Renault von Patrick Tambay und Derek Warwick wegen eines Elektrikdefekts bzw. eines gebrochenen Auspuffs samt Laderschadens langsamer werden und schließlich ausfallen. Viel hätte nicht gefehlt, dann wäre Niki Lauda sogar noch unmittelbar hinter Alain Prost gelandet, denn kurz vor dem Ziel geht dem zweitplazierten Nelson Piquet das Benzin aus, so daß Michele Alboreto im Ferrari noch vorbeischlüpft, um ebenfalls mit dem letzten Schwung und leerem Tank ins Ziel zu rollen... Nur zwanzig Sekunden später folgt Laudas McLaren, während sich Alboreto und Piquet lachend in die Arme fallen. Die Entscheidung in der Fahrer-WM ist bis zum letzten Rennen in Estoril vertagt, während Lauda so schnell wie möglich das Weite sucht, triumphiert vorerst Prost: »Ich hätte noch bis in die Nacht weiterfahren können«.

Bemerkenswert an der Formel-1-Premiere am neuen Nürburgring ist die hellseherische Fähigkeit von Keke Rosberg mit Blick auf das sogenannte Castrol-S, die erste Kurve nach dem Start: »In dieser Kurve werden gleich in der Startrunde einige Wagen liegenbleiben.« Nun, dazu braucht man eigentlich kein Prophet zu sein, daß aber auch Rosberg selbst mit seinem Williams-Honda hinausrutscht, ist denn doch pikant, auch wenn die von der Rallye-Zunft bekannte Rolle des »Fliegenden Finnen« diesmal einem Brasilianer zufällt: »Senna flog mit seinem Toleman direkt über meinen Kopf«, berichtet Rosberg ganz unaufgeregt. Im Gefolge dieser Kollision bleiben auch noch Marc Surers Arrows, Piercarlo Ghinzanis Osella und der ATS von Gerhard Berger auf der Strecke. In seinem dritten Grand Prix ist der 25jährige Tiroler quasi über Nacht zur Nummer Eins im Team des pfälzer Felgenfabrikanten geworden, gleich drei Rennwagen stehen Berger zur Verfügung. Denn Günter Schmid hat seinem eigentlichen Stammfahrer Manfred Winkelhock nach Monza gekündigt. Winkelhocks Rechtsanwalt klagt, sein Mandant habe noch Geld zu bekommen, die letzte

■ *Ersatzmann für Stefan Bellof: Mike Thackwell hat das äußerst fragwürdige Vergnügen, den gegen die Turbo-Konkurrenz absolut chancenlosen Tyrrell 012-Cosworth fahren zu müssen. Am Ende fehlen 55 Tausendstelsekunden zum letzten Startplatz, auf dem der Tyrrell 012 von Stefan Johansson rangiert.*

■ *In eine herb-schöne Landschaft mit langer Rennsporttradition wird ein Retortenkurs installiert: Das ganze Prozedere läßt sich mit einer Herztransplantation vergleichen. Ein künstliches Herz soll dem Patienten das Überleben sichern. Doch anders als erhofft, braucht der neue Nürburgring längere Zeit der Genesung… Erst der lange Entzug der sündhaft teuren Formel-1-Blutkörperchen fördert die Widerstandskräfte: Aber anno 1984 pulsieren die Boliden noch im Kreislauf – im Bild Niki Lauda, Teo Fabi, Patrick Tambay und Kollegen während des Freitagstrainings zum Großen Preis von Europa.*

Abschlagszahlung in Höhe von 50 000 DM datiere vom letztjährigen (!) Großen Preis von Deutschland. Schmid weist darauf hin, beim Amtsgericht Mannheim 251 000 DM für Winkelhock hinterlegt zu haben. Somit kommt es auch nicht zur angedrohten Pfändung eines ATS-Rennwagens: »Ich hab' dem Manfred immer wieder gesagt, er soll mir eine Rechnung schicken. Ein Vertrag besteht nämlich nicht«, läßt Günter Schmid durchblicken. Weil ihm BMW für 1985 keine Turbo-Motoren mehr zur Verfügung stellt, macht Schmid seinen Formel-1-Rennstall bis auf weiteres dicht.

Nein, die schönen Zeiten im Grand-Prix-Geschäft sind vorbei, es geht um immer mehr Geld, Macht und Eitelkeit, denkt sich mancher auf den Tribünen und im Fahrerlager: Aber selbst an diesem trüben, kalten Herbstsonntag in der Eifel gibt es einen kleinen Lichtblick. Nigel Mansell heißt der Mann, der mit seinem Lotus-Renault nach einem miserablen Start bis auf den vorletzten Platz

■ *7. Oktober 1984, die Folgen einer absehbaren Startkollision im Castrol-S: Elio de Angelis (11, Lotus 95T-Renault) enteilt dem Chaos, Teo Fabi (2, Brabham BT53-BMW) hat die Orientierung verloren, während Jonathan Palmer (RAM 02-Hart), Philippe Alliot (RAM 02-Hart), Jo Gartner (Osella FA1F-Alfa Romeo) und Stefan Johansson (Toleman TG184-Hart) folgen. Den Notausgang übers Gras hat Nigel Mansell (12, Lotus 95T-Renault) gewählt, bei der Havarie auf der Strecke geblieben sind bereits Keke Rosberg (Williams FW09B-Honda), Piercarlo Ghinzani (24, Osella FA1F-Alfa Romeo), Marc Surer (Arrows A7-BMW) und Gerhard Berger (ATS D7-BMW) ebenso wie der nicht im Bild befindliche mutmaßliche Auslöser der Kollision: Ayrton Senna (Toleman TG184-Hart).*

■ *Nach dem Erfolg am Hockenheimring gewinnt Alain Prost auch auf dem neuen Nürburgring. Doch beim makellosen Start-Ziel-Sieg des Franzosen klaffen auf den weiten Zuschauerrängen unübersehbare Lücken...*

zurückgefallen ist, sich aber wieder auf den sechsten Platz nach vorn kämpft: »Die Fahrt hatte richtig Spaß gemacht, mein Lotus ging wunderbar. Dann plötzlich – ohne Vorwarnung – peng! Der Motor ging fest, und ich drehte mich.« Das kundige Publikum hat durchaus noch ein Gespür für Leistungen, Nigel Mansell bekommt stürmischen Applaus, es wird nicht das letzte Mal sein...

■ *Trost für Prost? Alain Prost hält zwar die Vergabe des WM-Titels bis zum letzten Grand Prix der Saison in Estoril offen, aber es wird dem Franzosen am Ende wieder nicht zum Gewinn der Weltmeisterschaft reichen. Doch McLaren-Chef Ron Dennis weiß längst, was er an dem damals 29jährigen Franzosen hat.*

# Es kriselt

Stell' Dir vor, die Formel 1 ist am Nürburgring, und keiner geht hin! Was niemand zu befürchten wagte, passiert am 4. August 1985: Der Große Preis von Deutschland lockt nur 45 618 Zuschauer in die Eifel. Statt erwarteter 4,5 Millionen DM an Einnahmen aus dem Eintrittskartenverkauf sollen nur rund 3,2 Millionen DM in die Kasse gekommen sein. Wohlgemerkt, allein das komplette Formel-1-Feld kostet den AvD damals rund 3,5 Millionen Mark. Zählt man Streckenmiete, Personalkosten und andere Kleinigkeiten hinzu, dann ist das Rennen ein finanzieller Reinfall. Bernie Ecclestone tut unmißverständlich kund: »Das ist ein ganz schlimmer Platz hier, er gehört niedergebrannt. Ich kann nicht verstehen, wie man für soviel Geld soviel Mist machen konnte.« Und der Formel-1-Boß fügt hinzu: »Wer soviele Millionen in den Bau einer Rennstrecke steckt, der hätte auch für genügend Hotels und ausreichende Straßen sorgen müssen. Die richtige Strecke für einen Grand Prix in Deutschland liegt im Großraum Frankfurt.«

Es ist ein merkwürdiges Rennwochenende, das naßkalte Eifelwetter hat früher die Fans doch auch nicht abgeschreckt, wenn der Sport gestimmt hat. Stimmt er aber wirklich noch, der Motorsport? Das Publikum sitzt weitab von der Strecke, ein grandioses Reglement beschränkt den Treibstoffverbrauch der mittlerweile über 1 000 PS starken Grand-Prix-Geschosse auf 220 Liter Sprit, was dazu führt, daß auf manchen Strecken kein Rennen mehr, sondern ein Economy-Run stattfindet. Spritsparen in der Formel 1 als Beitrag zur Schonung unserer Umweltressourcen? Dabei ist die Formel-1-WM 1985 absolut noch offen, Michele Alboreto im Ferrari führt mit 37 Punkten das Zwischenklassement an, Alain Prost folgt im McLaren-TAG-Porsche mit zwei Zählern Rückstand, Elio de Angelis, Ayrton Senna, Nelson Piquet und Keke Rosberg haben in der ersten Jahreshälfte jeweils einen Grand Prix gewonnen, die Show scheint abwechslungsreicher denn je – und vielleicht schafft ja auch Stefan Bellof in der Eifel bei seiner Rennpremiere mit dem neuen Tyrrell-Renault-Turbo den Durchbruch? Außerdem bemüht sich im GP-Zirkus mittlerweile das Team von Erich Zakowski aus Niederzissen, auch wenn Dr. Jonathan Palmer das Heimrennen des Zakspeed-Turbo wieder einmal frühzeitig beenden wird...

Nein, in der Eifel kommt trotzdem noch kein deutsches Formel-1-Fieber auf, dazu bedarf es wohl erst eines deutschen Weltmeisters in der höchsten Klasse des Motorsports. Zudem boomt damals eine ganz andere Sportart, die sich in der Glotze obendrein mit relativ geringem technischem Aufwand übertragen läßt: Tennis wird die liebste Freizeit- und Fernsehbeschäftigung hierzulande, seit am 7. Juli 1985 der 17jährige Boris Becker als erster deutscher, als erster ungesetzter und auch als jüngster Tennisspieler aller Zeiten in Wimbledon das Herreneinzel gewonnen hat. Bald werden ARD und ZDF im Streit mit den privaten TV-Sendern Tennis rund um die Uhr übertragen, die Preise für Exklusivrechte schaukeln sich hoch – und bald wird auch Bernie Ecclestones FOCA-Truppe von der angeblich so schönen neuen Medienvielfalt profitieren und gnadenloser denn je abkassieren, den Herren Thoma und Kirch sei Dank...

Aber noch sitzen wir 1985 in der kalten Vulkaneifel und rätseln darüber, wie es der un-

*4. August 1985: Diesmal firmiert der Formel-1-Ausflug in die Eifel wirklich unter dem Prädikat »Großer Preis von Deutschland«. Kurz nach dem Start ist Pole-Setter Teo Fabi (Toleman TG185-Hart) bereits regelrecht untergetaucht, auf gleicher Höhe beschleunigen (von links nach rechts) Ayrton Senna (Lotus 97T-Renault), Stefan Johansson (Ferrari 156/85) und Keke Rosberg (Williams FW10-Honda) am schnellsten auf die Castrol-S-Kurve zu. In zweiter Linie folgen (von links nach rechts) Alain Prost (McLaren MP4/2B-TAG-Porsche), Elio de Angelis (Lotus 97T-Renault) und Michele Alboreto (Ferrari 156/85). Dahinter aufgereiht Riccardo Patrese (Alfa Romeo 184T/B), Nelson Piquet (Brabham BT54-BMW), Niki Lauda (McLaren MP4/2B-TAG-Porsche), Nigel Mansell (Williams FW10-Honda) und der Rest der Meute.*

scheinbare Teo Fabi geschafft hat, seinen Toleman TG185-Hart, der bald Benetton heißen wird, am neuen Nürburgring auf die Pole Position zu stellen? »Wir haben hier zum ersten Mal den neuesten Pirelli-Qualifikationsreifen, und der ist wesentlich besser als das Material, das uns vorher zur Verfügung stand«, kommentiert der 30jährige Italiener seine erstaunliche Trainingsbestzeit. Es scheint das Wochenende der Außenseiter zu werden, denn den zweiten Startplatz nimmt Stefan Johansson im zweiten Werks-Ferrari ein. Dem Schweden, der zu Saisonbeginn den fristlos gefeuerten René Arnoux ersetzt hat, fehlen allerdings stolze 1,2 Sekunden auf Fabis Pole. Die Nummer Eins bei Ferrari, WM-Aspirant Michele Alboreto, folgt erst auf dem achten Platz: »Ich habe die ganze Nacht nicht geschlafen, ich habe nur an meine Taktik gedacht. Ich spielte viele Möglichkeiten durch, denn ich mußte unbedingt Punkte machen – um jeden Preis.«

Leider trübt sich der gute Eindruck über Teo Fabis Leistung, als der Italiener am Samstag im Regen seinen Trainingswagen an einer Leitplanke irreparabel zerschmettert... Und am Sonntag rückt der kleine Fabi schon beim Start mit rutschender Kupplung wie gewohnt wieder sofort ins zweite Glied zurück, um den Sieg fahren andere. Ayrton Senna zum Beispiel, der vom fünften Startplatz aus bis zum Castrol-S an die Spitze sprintet, allerdings noch vor Ende der ersten Runde von Keke Rosberg im Williams-Honda überholt wird, ehe der Brasilianer in der 16. Runde mit seinem Lotus-Renault wieder an dem Finnen vorbezieht. Elf Runden bleibt Senna vorn, dann bricht die linke Antriebswelle, womit Rosberg erneut das Kommando übernimmt, ehe er zusehends Probleme mit seinen Bremsen bekommt, sich dabei die Reifen ruiniert und deshalb nach 44 Runden einen Boxenstop einlegen muß. Womit nun der Weg zum Sieg frei ist für Michele Alboreto: »Mein Ferrari war großartig. Der Motor verbrauchte so wenig Benzin, daß ich das gesamte Rennen über mit vollem Ladedruck fahren konnte. Prost konnte mich nicht gefährden, sein Motor war wohl nicht so stark wie meiner. Probleme hatte ich nur während der letzten Runden, weil meine Reifen Gummi-Krümel vom Asphalt aufgelesen hatten, die Vibrationen der Vorderachse verursachten. An die Weltmeisterschaft will ich jetzt gar nicht denken, erst einmal stehen für mich die einzelnen Grands Prix im Vordergrund.« Alain Prost ist ein sehr deprimierter Zweiter, zumal er den Kontakt zu Alboreto erst in der Schlußphase nach einem Dreher mit seinem McLaren-TAG-Porsche verloren hat: »Erst lief mein Motor nicht allzu gut, doch er erholte sich irgendwie im Verlauf des Rennens. Als ich in der Schlußphase Alboreto angreifen wollte, spielten meine Bremsen leider nicht mehr richtig mit. Das Pedal trat sich immer weicher. Deshalb auch der Dreher.« In seinem WM-Duell mit Alboreto steht es jetzt 46:41 für den Italiener, womit bereits wieder Unkenrufe ertönen, Prost werde ja doch nie Weltmeister.

Der amtierende Champion beendet am Nürburgring einen langen Leidensweg: Nach sechs Ausfällen in Folge sieht Niki Lauda endlich wieder einmal eine Zielflagge, wird Fünfter und hat sogar die schnellste Rennrunde gefahren: »Ich hätte gewinnen können, wenn diese Schlamperei nicht passiert wär'...«, raunzt der Österreicher über die Mechaniker-Crew, die das rechte Hinterrad seines McLaren-TAG-Porsche unzureichend befestigt hat und bei einem zusätzlichen Kontrollstop das Malheur entdeckt: »So etwas darf in einem professionellen Team nicht passieren. Nur eine Runde mehr und ich hätte bös' auf die Schnauze fallen können.« Das Vertrauen des Weltmeisters in Ron Dennis hat im Verlauf der Saison ohnein bereits gelitten, keine zwei Wochen nach dem Rennen auf dem Nürburgring wird Niki Lauda in Zeltweg zum zweiten und diesmal endgültigen Mal seinen Rücktritt als Formel-1-Rennfahrer verkünden.

Auch Stefan Johansson hätte weit vorne landen können, wenn er nicht, von Fehlzündungen gebremst, in der ersten Kurve ausgerechnet an den Ferrari seines Teamkollegen Michele Alboreto geraten wäre. Während »Albo« ungestört weiterfahren kann, fängt sich Johansson hinten rechts einen Reifenschaden ein, der ihn aussichtslos zurückwirft: »Ich hatte von dem Moment an natürlich nichts mehr zu gewinnen und nichts mehr zu verlieren, und dementsprechend machte ich hemmungslos Dampf.« Was sich in Rundenzeiten niederschlägt, mit denen der Schwede mit Rosberg und Senna hätte mithalten können, so aber nur überrundet auf dem neunten Platz endet. Einen Rang davor kommt Stefan Bellof im neuen Tyrrell-Renault-Turbo ein: »Schon nach fünf Runden begann sich der rechte Hinterreifen aufzulösen und ich machte den Fehler, zu spät die Reifen wechseln zu lassen.« Wieder einmal hat sich das größte deutsche Formel-1-Talent unter Wert verkaufen müssen, denn weil Tyrrell eine Ausfuhrgenehmigug für die neuen, effektiveren

■ *Michele Alboreto gewinnt etwas glücklich, aber nicht unverdient: Ein paar Wochen lang sieht es so aus, als könne der 28jährige Ferrari-Werksfahrer Italiens erster Fahrerweltmeister seit Alberto Ascari werden. Doch der Konkurrent im Hintergrund des Bildes heißt Alain Prost und gibt sich längst noch nicht geschlagen.*

Carbonbremsscheiben fehlt (!), ist Bellof mit herkömmlichen Stahlbremsscheiben gefahren: »Obwohl extra große Kolben in das Bremssystem eingebaut wurden, mußt' ich auf das Pedal treten wie ein Affe, damit das Ding langsamer wurde.«

Auch für Manfred Winkelhock setzt sich bei seinem neuen Rennstall RAM-Racing der gewohnte Formel-1-Leidensweg fort, als nach neun Runden der Motor platzt: »Aber vorher hatte ich bereits zu wenig Leistung. Wenn ich ins Ziel gekommen wär', das hätt' mich gewundert.« So endet in dem Team des ehemaligen Londoner Gebrauchtwagenhändlers John McDonald der letzte Grand Prix des tapferen Schwaben: Am 11. August verunglückt Manfred Winkelhock bei einem Lauf zur Gruppe C-WM in Mosport mit einem Kremer-Porsche 962 C tödlich.

Und irgendwie rundet es das triste Bild dieses Wochenendes in der Eifel ab, daß auch das ZDF mit der Live-Übertragung des *Aktuellen Sportstudios* vom Nürburgring wohl etwas danebengreift. In *Rallye Racing* beschreibt Achim

■ *Stefan Bellof fährt sein erstes und einziges Formel-1-Rennen in Deutschland: Bei seiner Renn-Premiere im neuen Tyrrell 014 mit Renault-Turbomotor reicht es dem 27jährigen Gießener am Ende nur zum achten Platz. Doch für 1986 scheint Stefan Bellof mit Ferrari handelseinig zu werden.*

Schlang den »einlullenden Schwachsinn« und kommentiert die Leistung des »kasperhaften« Moderators: »Wer jetzt glaubte, schlimmer könne es nicht werden, unterschätzte Karl Senne. Im anschließenden Gespräch mit Clay Regazzoni zog das Mainzelmännchen alle Register der Geschmack- und Taktlosigkeit. Einen querschnittsgelähmten Ex-Rennfahrer und Mitmenschen zu fragen, ob er seinen Rollstuhl unterdessen genauso liebe wie einst seinen Rennwagen – beide hätten schließlich vier Räder – das ist schon starker Tobak.« Und die Kollegen von *sport auto* formulieren: »Lieber Senna als Senne.« Immerhin präsentiert das ZDF die einzige technische Innovation des Wochenendes: Eine Live-TV-Kamera an Bord eines Formel-1-Rennwagens, leider scheint das teure Stück am eigens dafür eingesetzten, dritten Werks-Renault etwas deplaziert, denn François Hesnault fährt ein einsames Rennen, liefert keine spektakulären Szenen und ist schon nach acht Runden mit defekter Kupplung draußen. Auch seine erfahrenen Teamkollegen Patrick Tambay und Derek Warwick sehen keine Zielflagge – es ist Renaults letzte Vorstellung mit einem eigenen Werksteam bei einem Großen Preis von Deutschland...

Das war der 4. August 1985 am Nürburgring, der Tag des langen Abschieds von der Formel 1. Stefan Bellof versucht diplomatisch zu bleiben: »Der Ring ist ziemlich öde, alle sagen das. Aber ich fahre, wo man mich läßt.« Leider läßt Ken Tyrrell den 28jährigen Gießener auch am 1. September 1985 in Spa-Francorchamps fahren, als Gast in einem Brun-Porsche 962 C. In den Leitplanken in der Raidillon-Passage nach Eau Rouge endet der Traum von einem Formel-1-Weltmeister aus Deutschland. Porsche-Renningenieur Klaus Bischof wird sagen: »Vermutlich solange wir leben, ist kein neuer Stefan in Sicht. Es gibt keinen, den ich menschlich so hoch eingeschätzt habe. Er war immer für uns da, hat oft noch mit beim Aufladen geholfen. Der Stefan hatte für sein Alter sehr viel Verantwortungsbewußtsein, obwohl seine Flachsereien und Späße etwas anderes vermuten ließen.«

Der Tod von Stefan Bellof deprimiert alle Rennsportfreunde in Deutschland. Auch in der Kleinstadt Kerpen, wo Automatenhändler und Go-Kart-Geldgeber Jürgen Dilk seinem 16jährigen Schützling Michael Schumacher eröffnet: »Junge, ich mache nicht mehr weiter. Wenn Du Dich auch irgendwann totfährst, hänge ich mich auf.« Im Jahr darauf machen die beiden trotzdem weiter, aber das wird eine ganz andere Geschichte...

■ *Ken Tyrrell behauptet, Stefan Bellof sei das größte deutsche Rennfahrertalent nach dem Zweiten Weltkrieg: Und weil der kommende Grand-Prix-Star und amtierende Sportwagen-Weltmeister bei Tyrrell nicht viel verdient, bestreitet er für angeblich 25 000 Mark pro Rennen 1985 in einem privaten Porsche 962 die Läufe zur Gruppe C-WM. Leider erst nach jenem 1. September in Spa-Francorchamps ist sich Ken Tyrrell bewußt, daß er diese Gastspiele außerhalb der Formel 1 hätte unterbinden müssen...*

# Sparen statt fahren

Bernie Ecclestone hat bei der FISA einen Beschluß angeregt, wonach künftig nur noch eine GP-Strecke pro Land zugelassen wird: In England setzt sich Silverstone gegen Brands Hatch durch, in Deutschland der Hockenheimring gegen den Nürburgring. Was nach Ecclestones Vorjahresschelte niemanden mehr überrascht, zumal dem FOCA-Boß nicht sämtliche Werberechte auf der Eifelrennstrecke zugestanden werden. Die Hoffnungen der Nürburgring GmbH, etwa im Wechsel mit Brands Hatch alle zwei Jahre den Schauplatz für einen Großen Preis von Europa liefern zu können, werden auf Jahre hinaus scheitern – solange, bis die für Ecclestone mißliche Werbesituation in der Eifel ganz in seinem Sinne geklärt ist. Dazu wird sich sogar der Bundeskanzler einschalten und auch dafür sorgen, daß 1997 beim Großen Preis von Luxemburg auf dem Nürburgring Zigarettenreklame gezeigt werden kann…

Rund 5,3 Millionen Mark soll 1986 die FOCA für ihren Auftritt am Hockenheimring erhalten haben, der wahre Treibstoff in der Formel 1 ist das Geld, da kann den Turbo-Rennern wohl umgekehrt immer mehr der Benzinhahn zugedreht werden: Die durstigen 1 000-PS-Geschosse müssen sich mittlerweile mit 195 Liter Sprit bei einem Grand Prix begnügen, darin sind sich sogar die längst versöhnten Streithähne Balestre und Ecclestone einig gewesen. Womit künftig nicht mehr unbedingt die schnellste Kombination von Fahrer und Rennwagen gewinnt, was 90 000 Zuschauern im Motodrom aber einen überaus dramatischen Rennverlauf beschert, dem Jubiläum »60 Jahre Großer Preis von Deutschland« durchaus angemessen…

■ *Während sich der querschnittgelähmte Frank Williams noch Monate nach seinem folgenschweren Autounfall unter ärztlicher Aufsicht befindet, besorgt sein Kompagnon Patrick Head (rechts im Bild) in bewährter Manier die Renngeschäfte: Und der immer noch allenthalben unterschätzte Nigel Mansell beweist in der psychisch angespannten Situation der Williams Grand Prix Engineering Ltd. bewundernswerte fahrerische Qualitäten.*

■ *Nelson Piquet bekommt bei Williams-Honda das bis dahin wohl höchste Salär seiner Rennfahrerkarriere – und verliert dennoch oder gerade deshalb viel von seinem Nimbus als vermeintlicher Superstar des gesamten GP-Feldes. In Hockenheim feiert der 33jährige Brasilianer erst seinen zweiten Saisonsieg.*

McLaren-Neuzugang Keke Rosberg steht ein halbe Saison lang klar im Schatten von Weltmeister Alain Prost: In Hockenheim kündigt der bald 38jährige Finne an, Ende des Jahres seine Rennfahrerkarriere abzuschließen, »in einem Alter, wo man sich über die Zukunft Gedanken machen muß. Sonst ist es vielleicht zu spät.« So wie bei Elio de Angelis, der am 15. Mai 1986 bei Testfahrten in LeCastellet mit dem ultraflachen Brabham BT55 tödlich verunglückt ist. Ein weiterer Mosaikstein, der Motorenlieferant BMW dazu führen wird, sich aus der Formel 1 zu verabschieden... Ein anderer Grund hierfür liegt auch im verschärften Benzinreglement: Mit einem Vierzylinder-Turbo sind die geringeren Spritvorgaben kaum einzuhalten, ohne noch konkurrenzfähig zu bleiben. Auch Keke Rosberg nennt diese Treibstoffregularien ausdrücklich als Motiv für seinen Rücktritt: »Ein weiterer Formel-1-Flop – aber davon habe ich jetzt wirklich schon zuviele erleben müssen.« Ein paar Stunden später fährt Keke Rosberg seinen McLaren-TAG-Porsche auf den besten Startplatz. Seine Rundenzeit von 1.42,013 gleich 240 km/h ist sage und schreibe fünf Sekunden schneller als die '84er Pole Position von Alain Prost, als die Formel 1 zuletzt auf dem Hockenheimring gastierte! Keke Rosberg wirkt entschlossener denn je und führt – nach einem kurzen Intermezzo von Ayrton Senna – ab der zweiten Runde, ehe Nelson Piquet im Williams-Honda attackiert. In der fünften Runde zwängt sich der Brasilianer vor der dritten Schikane vorbei: »Nicht völlig problemlos, aber ich dachte mir, Keke wußte, daß er letztlich keine Chance hatte.« Piquet führt bis zum Reifenstop in der 15. Runde, Rosberg bleibt bis zu seinem Reifenwechsel in der 19. Runde vorn, dann führt Prost eine Runde, ehe auch er an der McLaren-Box neue Pneus faßt, so daß ab der 21. Runde wieder Piquet das Kommando übernimmt. Damit wäre der Große Preis entschieden, wenn nicht Nelson Piquet in der 26. Runde völlig überraschend noch einmal neue Reifen aufziehen lassen müßte. Nun liegt wieder Keke Rosberg vorn: »Nelsons Reifenstops waren meine einzige Chance, aber auch mein Untergang. Ich habe geahnt, er muß mit dem Williams zweimal zum Reifenwechseln, während ich nur einen Stop plante. Aber dafür hatte er gegen Ende des Rennens auch die besseren Reifen. Wäre nicht mein Spritproblem gewesen, hätte mich das wahrscheinlich trotzdem den Sieg gekostet.« Nelson Piquet wird nach dem Rennen berichten: »Ich hatte nur einen Reifenstop geplant, aber einen zweiten einlegen müssen, sonst lief alles wunderbar.« Denn von der 26. bis zur 39. Runde macht der Brasilianer seinen Rückstand von 17 Sekunden auf Rosberg wett und übernimmt wieder die Führung. Der Finne versucht noch zu kontern, rollt jedoch in der letzten Runde vor der Ostkurven-Schikane ohne Benzin aus: »Da kannst Du nichts machen, da hockst Du im Auto, rackerst Dich ab, schwitzt, knallst über die Randsteine, bist am Limit und auch der Bordcomputer freut sich und sagt in der letzten Runde: Welcome home, noch 1,9 Liter im Tank, bis die Kiste trotz seiner Nachricht furztrocken liegenbleibt.« Bei Williams-Honda stimmt die Kalkulation der Benzinanzeige: Nach Ende der Auslaufrunde findet sich in Piquets Tank gerade noch ein Liter Treibstoff... Die beste Einlage bietet Weltmeister Alain Prost. Bei seinem McLaren-TAG-Porsche

■ *Elio de Angelis ist mit der neuesten Brabham-Konstruktion von Gordon Murray am 15. Mai 1986 bei Testfahrten in LeCastellet tödlich verunglückt. Doch das schnelle Geschäft kennt kein Innehalten. Derek Warwick wird als Ersatzfahrer für den extrem flachen BT55 mit BMW-Vierzylinder-Turbo verpflichtet. Auf dem Hochgeschwindigkeitskurs von Hockenheim fällt die mangelnde Balance des BT55 etwas weniger ins Gewicht, weshalb Derek Warwick als Siebter sogar sein bestes Saisonresultat herausfährt. BMW wird sich für über ein Jahrzehnt aus der Formel-1 verabschieden, um dann mit Frank Williams gemeinsame Sache zu machen.*

■ *Noch ein Ersatzmann: Philippe Alliot kommt in Hockenheim erstmals im schnellen Ligier JS27-Renault zum Zug, weil Jacques Laffite vierzehn Tage zuvor beim britischen Grand Prix schuldlos Opfer einer Massenkarambolage geworden ist: Der 42jährige Franzose hat sich offene Schienbeinbrüche und einen mehrfachen Beckenbruch zugezogen, die »Jacquots« Formel-1-Laufbahn abrupt beenden. Auf dem Hockenheimring hätte Jacques Laffite seinen 177. Grand Prix bestritten und wäre damals neuer Rekordhalter geworden. Der unvergessene Graham Hill hatte es auf 176 Grand-Prix-Starts gebracht.*

reicht der Sprit bis 150 Meter vor dem Ziel, so daß der kleine Franzose aus dem Cockpit klettert und zu schieben beginnt: »Ich kann Ihnen sagen, so ein Auto ist verdammt schwer, wenn man vorher hart gearbeitet hat... Nun, meine Aktion hat immerhin noch etwas Stimmung in das Rennen gebracht. Als ich dann erschöpft aufgab, wurde ich sauer. Da wurde mir nämlich bewußt, daß diese Computeranzeige für das Benzin mich geschlagen, ja betrogen hatte. Ich war noch mit 2,5 Litern Benzin im Plus...«

Ayrton Senna wird Zweiter, hat aber das Renngeschehen an der Spitze mit seinem Lotus-Renault nie ernsthaft bestimmen können: »Eine Siegeschance hätte ich nur dann besessen, wenn die anderen ausgefallen wären oder technische Probleme bekommen hätten. Ich mußte mir mein Rennen einteilen und trotz spritsparender Fahrweise versuchen, so weit wie möglich vorne zu landen.« Unter diesen Umständen muß sich auch Nigel Mansell mit dem dritten Platz zufrieden geben, schließlich klagt der WM-Spitzenreiter über heftige Probleme im zweiten Williams-Honda: »Ab Runde zwei war mein Auto unfahrbar, etwas muß vorne gebrochen sein, ich war immer und überall kurz vor dem Rausfliegen. Selbst im vierten und fünften Gang drehten die Räder noch durch.« Nach Hockenheim führt der 33jährige Engländer mit 51 Punkten das Zwischenklassement an, während Prost mit 44, Senna mit 42 und Piquet mit 38 Zählern folgen: Es scheint so, als könnte die Williams Grand Prix Engineering Ltd. das so schlimm begonnene Jahr wenigstens mit dem Gewinn der Fahrerweltmeisterschaft ausklingen lassen. Am 8. März ist Frank Williams auf der Fahrt zum Flughafen von Nizza in einem Leihwagen schwer verunglückt, wochenlang kämpfen Ärzte um das Leben des querschnittgelähmten Formel-1-Teamchefs. Frank Williams überlebt und kehrt nach langer Rekonvaleszenz im Rollstuhl zu den GP-Rennen zurück, ist in Hockenheim allerdings nicht vor Ort...

Der Rennfahrer, mit dem Frank Williams seinen ersten WM-Titel gewonnen hat, findet hingegen noch ein letztes Mal zur Stätte seiner besten Rennen zurück. Doch der Alan Jones von 1986 ist grau und rund geworden, im Lola-Ford von Carl Haas hat der 39jährige Australier die Lust an seinem überraschenden Formel-1-Comeback längst verloren. Zu schwachbrüstig ist der neue Ford-V6-Turbo, zu groß sind die Ansprüche des gealterten Champions. Teamkollege Patrick Tambay sagt über Alan Jones in Hockenheim: »Er ist ein Nörgler, er zerstört die Stimmung im Team, statt den Leuten Mut zu machen.«

■ *27. Juli 1986: Das Reglement beschert der Formel 1 der Turboära den permanenten Treibstoff-Notstand. Alain Prost führt die Absurdität von Benzin-Limits in der Vollgasbranche augenfällig vor, zumal die Schiebeaktion sowieso verboten ist und Prost aufgrund der gefahrenen Renndistanz ohnehin noch auf dem sechsten Rang klassiert wird... Im Hintergrund der Benetton B186-BMW von Gerhard Berger, mit dem der Österreicher einen neuen Rundenrekord aufgestellt hat: Ein langwieriger Boxenstop, bei dem ein Verbindungsrohr im Ansaugtrakt des Turbomotors befestigt werden muß, bringt den Tiroler um eine Spitzenposition.*

# Im Namen der Dose

Wie im Vorjahr kämpft das unumstrittene Spitzenquartett um Formel-1-Titelehren, mit dem kleinen, aber feinen Unterschied, daß vor dem Großen Preis von Deutschland am 26. Juli 1987 die Punktabstände im WM-Zwischenklassement noch geringer sind als anno 1986. Ayrton Senna führt im Lotus-Honda mit 31 Zählern, die Williams-Honda-Teamkollegen bzw. -Streithähne Nigel Mansell und Nelson Piquet haben jeweils 30 Punkte gesammelt, und Weltmeister Alain Prost sitzt auf 26 WM-Punkten fest. Die »Großen Vier« machen auch am Hockenheimring die vier besten Startplätze unter sich aus, wobei bereits das Freitagstraining entscheidet, weil der Samstag in Hockenheim wieder einmal verregnet ist – was insofern bedauerlich ist, weil erstmals das Abschlußtraining zum Großen Preis von Deutschland live in den dritten ARD-Fernsehprogrammen übertragen wird, und sich auf der nassen Piste nun dummerweise nichts Nennenswertes tut... Mansell – Senna – Prost – Piquet lautet die Reihenfolge der besten Trainingszeiten, wobei für die meisten Schlagzeilen jedoch der neue Ferrari-Mann Gerhard Berger sorgt: Beim Anbremsen der Nordkurve knickt links vorn die Radaufhängung weg und der Ferrari knallt in die Reifenstapel, wobei der Heckflügel über die Schutzzäune hinwegschleudert, geradewegs auf die Nordtribüne, wo ein unbekannter Fan das Souvenir sogleich mitgehen läßt... Gustav Brunner, damals gerade erst wieder weg aus Maranello, bemerkt über die Qualitäten des neuen Ferrari-Chefkonstrukteurs John Barnard: »Der hat gedacht, er könne auf dem Wasser wandeln. Jetzt

■ *Das Zakspeed-Team bestreitet seine dritte Saison in der Formel 1, Martin Brundle hat in Imola die ersten und (wie sich viel später herausstellen wird) einzigen WM-Punkte für den Rennstall aus Niederzissen geholt: Gut beschirmt wartet Christian Danner auf den Beginn des Trainings. Eine defekte Antriebswelle beendet am Rennsonntag die Chancen des Müncheners auf eine Plazierung in den Punkterängen.*

muß er feststellen, daß er noch nicht einmal schwimmen kann.«

Ayrton Senna wird am Samstagabend per Hubschrauber für ein Zehn-Minuten-Interview ins *Aktuelle Sportstudio* zum ZDF verfrachtet, für etwas Small Talk mit einem kommenden Champion. Im Hintergrund zieht Honda dazu bereits die Fäden für den Brasilianer, der Lotus verlassen wird. Im Fahrerlager kursieren Gerüchte über einen bevorstehenden Wechsel McLarens zu Honda-Motoren. »Für uns würde in diesem Fall die Welt nicht untergehen«, meint Hans Mezger, der Konstrukteur des TAG-Porsche-Triebwerks. Eine Woche vor Hockenheim hat Alain Prost einen neuen Zwei-Jahres-Vertrag bei McLaren unterzeichnet, der »Professor« scheint schon zu wissen, daß er demnächst mit Honda-Triebwerken fahren wird. Die Japaner werden die Liaison mit Frank Williams tatsächlich kündigen, auch wenn sich der Titelkampf in der Formel-1-WM 1987 bald nur noch auf die beiden Williams-Honda-Fahrer konzentriert. Nach Auffassung von Honda hätte der Mann im Rollstuhl bereits im Vorjahr mit einer klaren Stallregie die Fahrerweltmeisterschaft für Williams-Honda sicherstellen müssen. Doch Frank Williams meint auch 1987 in Hockenheim: »Bei diesem Thema wären meine beiden Fahrer sowieso taub und blind. Ich sage immer nur zu Nigel und Nelson: Don't crash, also keinen Unfall bitte…« Allemal scheint in der Formel 1 gegen Honda kein Kraut mehr gewachsen zu sein, auch schon mit Blick auf das neue Formel-1-Reglement, das ab 1989 Turbomotoren verbietet und nur noch 3,5-Liter-Sauger zuläßt. Der Chefredakteur von *sport auto*, ein gewichtiger Mann namens Norbert Haug, sieht bereits die gelbe Gefahr für den Grand-Prix-Sport heraufziehen und richtet in einem Leitartikel beschwörende Worte gen Untertürkheim: »Das Daimler-Benz-Management spricht nach dem Kauf von Dornier und AEG gern vom ›Synergie-Effekt‹ und meint damit Entwicklungen der verschiedenen High-Tech-Häuser, die sich gegenseitig befruchten und somit die größtmögliche technische Kompetenz auf die Beine bringen. Was bietet sich da mehr an, als den ›Synergie-Effekt‹ augenfällig an der Formel-1-Front zu demonstrieren? Ein Chassis von Dornier, Elektronik-Bauteile von AEG, Zwölfzylinder-Saugmotor von Daimler…« Ob Edzard Reuter gelächelt hat…?

*Weil etwa 70 % einer Runde auf dem Hockenheimring bei Vollgas zurückgelegt werden, bedarf es einer konsequenten Bevorratung von Turbo-Treibsätzen: Bei Minardi platzen die Triebwerke anno 1987 besonders häufig, was wohl auch ein wenig an den beschränkten finanziellen Möglichkeiten liegt, mit denen der große Carlo Chiti seinen V6-Turbo vergebens zur Rennreife trimmt. Immerhin tragen die hochexplosiven italienischen Sechszylinder den schönen Namen »Motori Moderni«…*

Erstmals in der Geschichte des deutschen Grand Prix gibt es einen Generalsponsor: Mobil Oil stylt den Start- und Zielturm zur überdimensionalen Öldose um und tauft das Rennen auf den Namen »MOBIL Großer Preis von Deutschland«. Gegen Cash läßt Bernie Ecclestone auch VIPs und die »Happy Few« auf besondere Art und Weise verwöhnen, während draußen vor den Toren der Sicherheitsdienst darüber wacht, daß Normalsterbliche draußen bleiben. Im einstigen Fahrerlager macht sich der Formula One Paddock Club breit, mit blau-weiß-gestreiften Hospitality-Zelten auf grünem Kunstrasen, umrahmt von Pflanzendekor und künstlichen Springbrunnen. Das richtige Ambiente, um bei gediegenem Catering, garniert vom Formel-1-Nervenkitzel, über geschäftliche und private Dinge zu plaudern. Das gesamte Package wird von Jahr zu Jahr noch etwas verfeinert, und wirft in Verbindung mit der Vermarktung von TV-Senderechten und Werbung entlang der Rennstrecke immer mehr Millionen ab, aber im Grunde sind wir schon jetzt am Ende einer langen Entwicklung angelangt, die einmal mit dem «Gordon-Bennett-Rennen« und dem «Kaiserpreis« begonnen hat. Zum vollkommenen Glück von Bernie Ecclestone, fehlt jetzt nur noch ein deutscher Rennfahrer, der Weltmeister werden kann…

Um 14.30 Uhr wird die Meute auf die Einführungsrunde geschickt, Ayrton Senna ist noch eilends auf seinen Reserve-Lotus gewechselt: »Bei meinem Einsatzwagen traten Probleme auf, ich kam nicht auf die gewünschte Endgeschwindigkeit.« Doch auch im Muletto vermag der Brasilianer vom Start weg die Spitze zu übernehmen, ehe er auf dem Weg zu ersten Schikane weiß, das etwas mit dem sechsten Gang nicht stimmt: »Nigel, Alain und Nelson fuhren auf der

■ *26. Juli 1987: Der erste »Große Dosen-Preis von Deutschland« beschert Foto-, Film- und Fernsehkameras ganz neue Perspektiven beim Startprozedere. Ganz gewohnt hingegen beschleunigt sich Ayrton Senna (Lotus 99T-Honda) an die Spitze des Feldes, gefolgt von Alain Prost (McLaren MP4/3-TAG-Porsche), Nigel Mansell (Williams FW11B-Honda), Nelson Piquet (Williams FW11B-Honda), Michele Alboreto (Ferrari F1-87) und der restlichen Meute.*

Geraden mühelos an mir vorbei.« Mansell liegt vorn, doch Prost bleibt dran und attackiert den Briten in der 8. Runde mit Erfolg, womit der Franzose endlich seinem 28. GP-Sieg entgegenzusteuern scheint: Ein neuer Weltrekord, nachdem Jackie Stewart vierzehn Jahre zuvor am Nürburgring seinen 27. und letzten Sieg bei einem Formel-1-WM-Lauf gefeiert hat... Doch bei seinem routinemäßigen Boxenstop zu Beginn der 19. Runde zwecks Reifenwechsel schießt nach 6,77 Sekunden Stillstand Prost etwas zu früh los und klemmt dabei unter der McLaren-Schanuze noch Wagenheber und Stoppschild ein... Hinter Mansell setzt der Franzose das Rennen auf dem zweiten Platz fort, um nach dem in 9,16 Sekunden absolvierten Reifenstop des Briten wieder die Führung zu übernehmen. Doch Nigel Mansell scheint noch zulegen zu können – bis zur 26. von 44 Runden: »Vom Start weg lief es eigentlich sehr gut. Ich ließ dann Alain Prost den Vortritt, weil mir der Benzinverbrauch etwas Sorgen machte. Ich lag schon hinter ihm auf der Lauer und war mir sicher, daß ich ihn wieder packen könnte. Dann passierte es, der Motor war hinüber, von einer Minute auf die andere – ohne jede Vorwarnung. Aus, vorbei, Ende.« Mit 33 Sekunden Vorsprung auf Nelson Piquet sieht sich Alain Prost auf der sicheren Seite, doch nach dem Benzinmalheur vom Vorjahr gibt es diesmal anderen Ärger: »Erst traten Fehlzündungen auf, die ich sofort mit der Elektrik in Verbindung brachte. Dann leuchteten die grüne und die rote Lampe im Cockpit auf, und aus wars. Der Keilriemen der Lichtmaschine war gerissen...« Fünf Runden vor Schluß erbt der überglückliche Nelson Piquet die Spitze – und seinen ersten Saisonsieg: »Das war kein leichtes Rennen für mich, aber der Sieg ist natürlich ein tolles Trostpflaster für das völlig verkorkste Training. Gleich zu Beginn traten ganz erhebliche Fahrwerksprobleme auf. Mein Williams holperte und sprang durch die Gegend, daß mir gar nichts anderes übrig blieb, als vom Gas zu gehen und Tempo wegzunehmen. Ich dachte, vielleicht Dritter zu werden, und hatte mich damit eigentlich abgefunden, zumal ich weiteren Ärger hatte. Die Anzeigen in meinem Cockpit fielen aus – außer der Drehzahl hatte ich null Information! Vor allem der Spritverbrauch machte mir natürlich Sorgen. Über Funk unterrichtete mich meine Box zwar über meinen Spritvorrat, ich vertraute diesen Aussagen aber nicht hundertprozentig. Die Anzeige in den Boxen ist nicht unbedingt zuverlässig.« Und Wunder über Wunder, 18 Runden vor Ende meldet sich das Display wieder voll funktionstüchtig zurück: »Da sah ich, daß ich tatsächlich genügend Vorräte hatte, und gab Gas – trotzdem hätte es nie zum Sieg gereicht, wenn Alain nicht liegengeblieben wäre. Der ist schon ein tolles Rennen gefahren. Als ich ihn dann ausrollen sah, brauchte ich nichts anderes mehr zu tun, als das Auto vorsichtig und sicher ins Ziel zu tragen.« Böse Zungen werden am Ende der Saison 1987 nicht ganz unberechtigt behaupten, daß Nelson Piquet auf diese Art und Weise denn auch seinen dritten WM-Titel eingeheimst hat...

Stefan Johansson widerfährt ein ganz besonderes Erfolgserlebnis, weil er den zweiten Platz mit einem »McLaren-Dreirad« ins Ziel rettet. In der letzten Runde fängt sich der Schwede rechts vorn einen Plattfuß, fährt mit seinem lahmenden Rennwagen jedoch tapfer weiter, auch wenn am Ende die rechte Vorderradaufhängung samt Felge verbogen sind, während der Reifengummi nur noch in Fetzen dranhängt: »Ja, der Reifen explodierte ausgangs der ersten Kurve, gleich zu Beginn meiner letzten Runde. Also mußte ich mehr als sechs Kilometer im Schneckentempo zurücklegen!« Auch Ayrton Senna weiß über seinen dritten Platz heldenhafte Dinge zu erzählen, denn bei Vollgas ist seine aktive Radaufhängung zusammengebrochen. Ein Leck in der Hydraulik hat dazu geführt, daß der von einem Computer kontrollierte Idealabstand zwischen Chassis und Fahrbahn nicht mehr geregelt werden kann. Der Lotus-Honda ist förmlich durchgesackt und eigentlich nicht mehr sicher zu dirigieren: »Ich wollte schon aufgeben, entschloß mich dann aber durchzufahren.«

An jenem 26. Juli 1987 wäre es selbst für ewige Hinterbänkler möglich gewesen, ganz weit nach vorn in die Punkteränge zu fahren: Leider plagen ausgerechnet beim Heim-GP die beiden Zakspeed-Turbos von Martin Brundle und Christian Danner heftige Zündungsprobleme. Der Brite hat dabei obendrein noch am Start den Motor abgewürgt und zusätzliche Sekunden verloren... Nach dem dritten Boxenstop gibt Christian Danner auf: »Mit dem Ausfall war meine Pechserie des Wochenendes allerdings noch nicht beendet. Auf der Rückfahrt rutschte ich mit meinem BMW M3 in den Straßengraben und mußte mit der Bundesbahn weiterreisen.« Am Ende rangieren ausgerechnet auf dem Hochgeschwindigkeitskurs von Hockenheim drei Rennwagen mit Cosworth V8-Motoren in den Punkterängen: Mit Blick auf das neue, ab 1989 geltende Reglement sind schon jetzt 3,5-Liter-Triebwerke zugelassen. Die FIA hat für die Saugerklasse 1987 sogar eine Zusatzwertung ausgelobt, mit Fahrer- und Teamwertung. Doch die Resonanz ist dürftig, nur Tyrrell, Lola, March und AGS treten mit den 3,5-Liter-Cossies regelmäßig an, um sich von den über 400 PS stärkeren Turbo-Treibsätzen verblasen zu lassen. Für solchen Heroismus werden im Motodrom Philippe Streiff und Jonathan Palmer in ihren beiden Tyrrell 016 mit den Plätzen Vier und Fünf belohnt, während Ivan Capelli im March 871-Cosworth V8 den letzten WM-Punkt einheimst, obwohl er das Rennen sogar aus der Boxengasse hat in Angriff nehmen müssen.

■ *Ein kräftezehrender Grand Prix nähert sich seinem Ende: Ayrton Sennas Lotus 99T-Honda verfügt bereits 1987 über eine aktive Radaufhängung, deren Weiterentwicklung jedoch Probleme bereitet, weil – wie in Hockenheim – die Hydraulik, die stets den Idealabstand zwischen Straße und Unterboden aufrechterhalten soll, immer mal wieder versagt. Sennas Lotus ist deswegen regelrecht in sich zusammengesackt und schleift zeitweilig auf dem Asphalt entlang. Eingangs der Start- und Zielgeraden zeigen sich an dem Rennwagen deutlich die Spuren dieses Zwischenfalls.*

# Über das Wasser gewandelt

Ayrton Senna hat sich schon vor seinem Wechsel zu McLaren-Honda als im Grunde tiefreligiöser Mensch geoutet: Auf dem Jahrmarkt der Eitelkeiten im Grand-Prix-Zirkus erweist sich das als schwerer taktischer Fehler. Über den kommenden Champion wird gespöttelt, weshalb Senna künftig seine Gefühle nur noch in homöopathischer Dosierung zum besten gibt. Vor dem Großen Preis von Deutschland am 24. Juli 1988 gewährt der 28jährige trotzdem einen kleinen Einblick in seine Gemütslage: »Nirgendwo auf der Welt fühle ich mich in einem Rennwagen freier als in Hockenheim. Wenn ich aus dem Motodrom in den Wald hineinrase, ist das wie in einem Tunnel – man ist mit sich allein. Und am Ausgang wartet die erste Schikane, wo man richtig mit den Gängen spielen kann. Ein Hochgenuß. Herrlich auch die Schikane in der Ostkurve – eine Mutprobe am Limit. Dann riechst Du die frische Waldluft im Cockpit. Nach der dritten Schikane hat man genug von der großen Leere und freut sich jedesmal auf den Augenblick, wenn man plötzlich ins vollbesetzte Stadion, in dieses offene Feld kommt. Unbeschreiblich.«

Nach diesem Kompliment muß Ayrton Senna in Hockenheim endlich mit einem Sieg belohnt werden. Auch der Himmel hat ein Einsehen und schickt dreißig Minuten vor dem Start einen gewaltigen Platzregen herunter... GP-Novize Bernd Schneider schildert seine drastischen Fahreindrücke: »Während der ersten Kilometer konnte ich nicht viel mehr sehen als die Nase meines Autos...« Die idealen Bedingungen also für Ayrton Senna: »Wasser und Öl waren auf der Strecke, meine Bremsen arbeiteten nicht richtig, und die Reifen wurden immer schlechter.« Und trotzdem gewinnt er fast nach Belieben, obwohl Alain Prost mehr Schneid entwickelt als zwei Wochen zuvor in Silverstone, wo der Franzose in aussichtsloser Position den völlig verregneten britischen Grand Prix freiwillig beendet hat... Während der ersten dreißig Runden in Hockenheim kann Prost den Rückstand auf Senna in einem Rahmen von 10 bis 14 Sekunden halten. Wobei der einsame Spitzenreiter in der 9. Runde eine Schrecksekunde erlebt, als es Philippe Alliot bei seiner bevorstehenden Überrundung gut meint, vor der Ostkurven-Schikane Platz machen will, dabei jedoch von der Piste rutscht und mit seinem Lola-Cosworth beinahe Sennas McLaren-Honda abschießt: »Eigentlich hatte ich es kommen sehen, daß Alliot rausfliegt, denn als ich mich ihm näherte, sah ich, er fährt auf Slicks, und zwar viel zu schnell für diese Bereifung...« In der 35. Runde dreht sich Alain Prost in der Ost-

■ *Wieder ein neues Gesicht bei Zakspeed: Der 24jährige Bernd Schneider darf sich in der Formel 1 versuchen, doch sein etwas betagtes Gefährt ermöglicht nur bescheidene Resultate. Schneiders zeitiger Einstieg in die Grand-Prix-Szene führt geradewegs in eine Sackgasse.*

■ *24. Juli 1988, eine besondere Premiere: Erstmals findet auf dem Hockenheimring der Großer Preis von Deutschland im Regen statt. Das Feld kehrt aus der Einführungsrunde zurück, angeführt von Ayrton Senna (McLaren MP4/4-Honda) folgen Alain Prost (McLaren MP4/4-Honda), Michele Alboreto (Ferrari F1-87/88C), Gerhard Berger (Ferrari F1-87/88C), Nelson Piquet (Lotus 100T-Honda) und Alessandro Nannini (Benetton B188-Ford). Im Hintergrund auf dem Weg in Richtung Opel-Kurve zu sehen (von rechts nach links, also in der Reihenfolge der Startplazierung): René Arnoux (Ligier JS31-Judd), Alex Caffi (Dallara F188-Cosworth), Philippe Alliot (Lola LC88-Cosworth), Yannick Dalmas (Lola LC88-Cosworth), Bernd Schneider (Zakspeed 881), Piercarlo Ghinzani (Zakspeed 881), Jonathan Palmer (Tyrrell 017-Cosworth), Stefano Modena (EuroBrun ER188-Cosworth) sowie Oscar Larrauri (EuroBrun ER188-Cosworth), das Schlußlicht der Startaufstellung.*

kurve, die abgefahrenen Hinterreifen sind schuld gewesen, wird der Franzose später sagen. Immerhin rettet er noch sicher den zweiten Platz ins Ziel. Verloren hat Prost das Rennen schon beim Start, als er hinter Senna, Berger und Nannini erst als Vierter in die Nordkurve jagt und ein Dutzend Runden braucht, um wenigstens an dem Benetton-Ford und dem Ferrari vorbeizukommen: »Ich sah ein, daß ich mich mit dem zweiten Platz begnügen mußte. Bei diesem Wetter ist das schließlich auch kein schlechtes Ergebnis – Regen mag ich während der Rennen nicht besonders gerne...« Ayrton Senna fügt sogleich hinzu: »Ich mag Regenrennen auch nicht. Aber ich finde mich mit schlechten Bedingungen einfach ab.« Hockenheim ist der neunte WM-Lauf der Saison gewesen und zum neunten Mal hat ein McLaren-Honda MP4 gewonnen: »Gewinnen wird nie langweilig«, verkündet Ron Dennis, »ich will jetzt alle 16 Rennen gewinnen.«

Der Mann, der diese atemberaubende Siegesserie anderthalb Monate später in Monza beenden wird, ist in Hockenheim schon mit dem dritten Rang hochzufrieden. Denn Gerhard Berger muß in der 34. Runde in der Ostkurve durchs nasse Gras rodeln, um dem Zakspeed von Piercarlo Ghinzani auszuweichen, wobei der Ferrari ein wilden Dreher produziert: »Ehrlich gesagt war ich überzeugt, daß es kracht. Für mich ist es ein kleines Wunder, den Rückweg auf die Piste gefunden zu haben. Mehr als der dritte Platz war aber eh' nicht möglich. So lange ich wegen des Benzinverbrauchs auf den Geraden nicht

*Als die Formel-1-Welt noch jünger war: Alain Prost auf dem zweiten Platz, Sieger Ayrton Senna, Gerhard Berger als Dritter – und irgendwie wird der Betrachter das Gefühl nicht los, daß die Gesichter von Formel-1-Rennfahrern schneller zu altern scheinen…*

schneller als mit einem Formel 3 fahren kann, sind die McLaren für mich absolut unerreichbar. Die können sich einen Dreher erlauben und kommen trotzdem auf Platz zwei ins Ziel.«

Berger kann allerdings von Glück sagen, daß er überhaupt starten konnte. Tags zuvor, fünf Minuten vor Ende des Abschlußtrainings hätte er auf der Anfahrt ins Motodrom um ein Haar einen schlimmen Unfall verursacht: »Ich fuhr im sechsten Gang mit 13 000 U/min, das sind gut 320 km/h, als ich auf Eddie Cheever auflief. Natürlich sah ich, daß er einen Sauger überholen wollte, dachte aber sogleich – okay, wenn's zu eng wird, dann weichst Du eben mit zwei Rädern aufs Gras aus…« Doch dabei bricht der Ferrari aus und kreiselt quer über die Strecke – ohne weitere Folgen: »Wir haben wohl beide Schuld und hatten viel Glück, daß der Dreher so glimpflich ablief.« Es ist nicht der erste und noch lange nicht der letzte adrenalinfördernde Moment, den Gerhard Berger mit scheinbar stoischer Gelassenheit wegsteckt…

Und noch mag der 28jährige Österreicher glauben, bei Ferrari in naher Zukunft Weltmeister werden zu können. Gerhard Berger hofft auf den Wundermann John Barnard und dessen neuen Saugmotor-Ferrari V12, nach dem Großen Preis fliegt der Tiroler zur Sitzprobe nach England, wo fernab von Maranello große Ideen verwirklicht werden, die auf der Rennstrecke dann leider meistens wie Seifenblasen platzen. Vor dem Rennwochenende in Hockenheim geht das Gerücht um, Enzo Ferrari sei gestorben. Aber Rennleiter Marco Picchini beruhigt neugierige Journalisten im Motodrom: »Ich habe heute noch mit Herrn Ferrari telefoniert. Er ist krank, aber es geht ihm besser als im Juni.« Am Sonntag, dem 7. August 1988, ein halbes Jahr nach seinem 90. Geburtstag stirbt Enzo Ferrari.

Im letzten Jahr der Formel-1-Turbos fahren die McLaren-Honda in einer eigenen Welt: Obwohl das Reglement für 1988 den Ladedruck auf maximal 2,5 bar beschränkt, den Spritverbrauch bei einem Grand Prix auf 150 Liter reduziert und den Turbo-Rennwagen mindestens 40 kg mehr Gewicht aufbürdet, sind die 3,5-Liter-Sauger nicht in der Lage einen einzigen Grand Prix zu gewinnen. Gegen die 680 PS des Honda-V6-Turbo steht aber auch die noch ernsthaft verbliebene Turbo-Konkurrenz von Ferrari auf verlorenem Posten, von Exoten wie Megatron (Ex-BMW), Osella (Ex-Alfa Romeo) und Zakspeed ganz zu schweigen. Aber ab 1989 soll alles anders werden, dann sind die Sauger unter sich, und dann könnte es auch wieder für namhafte Automobilkonzerne interessant sein, sich in der Formel 1 zu engagieren. Am Donnerstag vor dem Großen Preis von Deutschland besuchen Bernie Ecclestone und Max Mosley in Untertürkheim Mercedes-Benz-Vorstandsmitglied Jürgen Hubbert. In der Gruppe C-Weltmeisterschaft sind die Rennaktivitäten des Teams von Peter Sauber 1988 unterstützt worden, jetzt fallen die Würfel, 1989 als Sauber-Mercedes-Team im Silberpfeil-Look anzutreten. Mit dem Segen von Vorstandschef Werner Niefer werden bald auch Planspiele für die Formel 1 ausgeheckt, schließlich taucht Jochen Neerpasch wieder auf der Szene auf, plant bei Mercedes-Benz ein neues Junioren-Team wie einst bei BMW. In Untertürkheim scheint alles auf ein Formel-1-Comeback hinauszulaufen, ehe Edzard Reuter alles wieder umwerfen wird.

Ein talentierter deutscher Formel-1-Rennfahrer könnte das Geschäft beleben, also her mit dem Nachwuchs, sagt sich Bernie Ecclestone und läßt im Rahmenprogramm des GP von Deutschland am Samstag die komplette deutsche Formel-3-Spitze gegen starke internationale Konkurrenz antreten. Der Sieger bekommmt 50 000 DM, für die Plätze zwei und drei sind noch 30 000 bzw. 20 000 DM ausgesetzt, der Rest geht leer aus. Das Ganze nennt sich »Euro-Challenge« und findet bezeichnenderweise nur ein einziges Mal statt: Der Franzose Eric Chéli gewinnt klar vor Michael Bartels, Platz 6 fällt an Karl Wendlinger, den österreichischen Schützling von Gerhard Berger im Team von Helmut Marko. Joachim Winkelhock, der jüngere Bruder des drei Jahre zuvor tödlich verunglückten Manfred Winkelhock, ist Trainingsschnellster, führt das Rennen lange Zeit an, baut dann aber Dreher und kollidiert bei der anschließenden Aufholjagd mit dem finnischen Nachwuchsmann Jyrki Jarvilehto, der sich der Einfachheit halber J.J. Lehto nennt. Das wars für Joachim Winkelhock, der am Ende der Saison wenigstens noch Deutscher Formel-3-Meister wird. Mit Hilfe von Camel wird der 28jährige Schwabe 1989 als zweiter Mann bei AGS untergebracht, doch das kleine französische Formel-1-Team steht mit Saisonbeginn unter dem Schock des schweren Unfalls von Philippe Streiff. Der 34jährige Rennfahrer bleibt querschnittgelähmt und Winkelhocks Geld dient wohl nur dazu, um den Rennstall über Wasser zu halten. Nach sieben vergeblichen Anläufen, sich für einen Grand Prix zu qualifizieren, wird sich der deutsche Formel-1-Novize von AGS verabschieden. Sein einstiger Formel-3-Teamchef namens Willi Weber hat derweil für 1989 einen 20jährigen Anfänger namens Michael Schumacher verpflichtet.

Schon bei den offiziellen Formel-1-Testfahrten vor dem Großen Preis von Deutschland 1988 hat Bernie Ecclestone zusammen mit hilfreichen Zigarettensponsoren dafür gesorgt, daß Joachim Winkelhock im Formel-1-Zakspeed und Michael Bartels im RIAL-Ford von Günter Schmid ein paar Goodwill-Runden drehen dürfen. Als einziger deutscher Rennfahrer in der Formel 1 betätigt sich 1988 der 24jährige Bernd Schneider. Der Saarländer bleibt aber ebenso wie sein routinierterer Teamkollege Piercarlo Ghinzani mit dem alten Vierzylinder-Turbo von Zakspeed meistens schon im Training hängen: Vor Hockenheim hat sich Schneider bei sechs von acht WM-Läufen nicht qualifizieren können. Doch wenigstens bei seinem Heimspiel in Hockenheim geht endlich wieder einmal alles gut: Die exakt 2,48 bar Ladedruck, die das von der FIA verordnete Pop-Off-Ventil am ZAK zuläßt, reichen für 630 PS und den 22. Startplatz, auch wenn das Chassis schon längst nicht mehr der letzte Schrei ist. Im Rennen schafft Schneider seine erste Zielankunft bei einem Formel-1-GP und wird Zwölfter: »Körperlich waren die 90 Minuten gar nicht so anstrengend, aber psychisch war's nicht einfach, denn der rutschige Asphalt erlaubte keine Fehler.« Wie bescheiden waren damals doch noch die Erwartungen... Günter Schmid ist 1988 wieder in der Formel 1 aufgetaucht, rund acht Millionen Mark Werbeetat seiner RIAL-Felgenfabrik läßt er es sich kosten, um mit einem kompakten Rennwagen von Gustav Brunner wieder im GP-Geschäft mitzumischen. Das Auto ist gut, und der Fahrer Andrea de Cesaris taugt ebenfalls etwas, auch wenn der impulsive Italiener in Hockenheim wegen zweier Dreher nebst Boxenstop statt Achter nur Dreizehnter wird: »Gut 30 Runden fuhr ich ohne Kupplung und mit lockerem Schalthebel. Der zweite Dreher passierte nur deshalb, weil ich mich verschaltete.« Andrea de Cesaris hatte zuvor schon für Aufregung gesorgt, weil er mit Tempo 100 durch die Boxengasse rauschte, obwohl damals im Training höchsten 50 km/h zulässig sind... Trost spendet die Tennis-Weltranglistenerste und frisch gekürte Wimbledon-Siegerin Steffi Graf, wobei die 19jährige auch mal im RIAL Platz nehmen darf: »Muß ich da wieder raus?« Worauf Günter Schmid erwidert: »Okay, Steffi, wenn wir das nächste Mal in Hockenheim testen, darfst Du einige Runde drehen!« Noch arbeitet Gustav Brunner bei RIAL, obwohl er schon bei Erich Zakowski einen Vertrag unterschrieben hat: Gerade rechtzeitig zum Großen Preis scheint indes das von Schmid deshalb ausgebuddelte Kriegsbeil wieder begraben zu sein. Sowohl der RIAL-Boß als auch Zakowski lassen sich immerhin auf einen aufschlußreichen Vergleichstest für *sport auto* ein: Rial gegen Zakspeed, 590 Saugmotor-PS gegen 630 Turbo-Pferdestärken. Von 0-100 km/h benötigt der Rial 3,4 Sekunden, der ZAK 4,1, von 0-200 km/h vergehen beim Rial 6,9 Sekunden, während der ZAK in sieben Sekunden auf 180 km/h kommt, ehe die Fahrt wegen einer defekten Kupplung vorzeitig abgebrochen werden muß...

Manchmal gebricht es nicht nur in technischen Dingen: Weltmeister Nelson Piquet, schon bei Williams-Honda von Nigel Mansell allzu oft entzaubert, befindet sich bei Lotus-Honda auf dem absteigenden Ast und gewinnt kein einziges Rennen mehr. Daß der neue Lotus 100T erhebliche aerodynamische Defizite aufweist, erklärt einiges, aber leider nicht alles. In der Regenschlacht von Hockenheim geht »Lord Nelson« sogleich unter, nachdem er tollkühn entschieden hat, Trockenreifen aufzuziehen. Nun ist den Kollegen Alliot, Caffi, Larini und Streiff derselbe Fehlgriff unterlaufen, doch rauscht aus diesem Quartett niemand gleich in der ersten Runde mit Karacho von der Piste, wohl aber Nelson Piquet: »Das war ein wirklich böser Abflug. Auf der Anfahrt zur Schikane schwammen meine Reifen auf – Aquaplaning! Ich ging sofort vom Gas, aber das nutzte nichts. Der Lotus brach nach links aus, dann nach rechts, und ich konnte ihn nicht mehr halten. Frag' nicht, warum das passierte – vielleicht ist in dieser Passage neuer Asphalt? Auf den ersten Kilometern waren meine Slicks nämlich ebenso gut wie die Regenreifen.« Alain Prost kommentiert: »Ich wäre nie auf Slicks gestartet, auch nicht, wenn Senna sich dafür entschieden hätte. Das Risiko war einfach zu groß.« Und Ivan Capelli schüttelt den Kopf: »Piquet ist verrückt. Für Trockenreifen war zuviel Wasser auf der Bahn.«

# Im Grenzbereich

Es liegt was in der Luft in deutschen Landen. Während sich im Osten Menschenmassen zusammenrotten, um in diesem Sommer unter dem immer löchriger gewordenen Eisernen Vorhang durchzuschlüpfen, und der Rest des Volkes seinen miefigen SED-Herrschern ausgerechnet zum Staatsjubiläum in die karge Festtagssuppe spucken wird, da denken wir im Westen an Wachstum ohne Ende. Edzard Reuter ist der Phänotyp der Zeit, die Kassen sind voll, die Banker machen mit bei der Vision, den ältesten Autohersteller der Welt in einen modernen Technologiekonzern zu verwandeln. Am Ende werden dieser fixen Idee zuliebe rund 36 Milliarden Mark im Fegefeuer der Eitelkeiten und Fehlkalkulationen verheizt sein. Aber das liegt noch in ferner Zukunft, denn im Sommer 1989 geht es der bundesrepublikanischen Wirtschaft bestens. Der Wagemut ist groß und im Formel-1-Bassin wittern die Haie den einen oder anderen großen Fischzug...

Porsche begibt sich wieder aufs Sprungbrett, bekundet unverhohlen Interesse an eine Rückkehr in die Formel 1. Es wird eine ungeahnte Bauchlandung. Aber ein 3,5-Liter V12 mit Mitteltrieb soll es sein, die Entwicklungskosten belaufen sich angeblich auf 65 Millionen DM. Wer bekommt den Zuschlag und wird zahlen? Der korpulente Späthippie und Finanzjongleur Jean-Pierre van Rossem, der sich eben erst mit seinem Onyx-Rennstall im GP-Zirkus wichtig macht? Der japanische Makler Akira Akagi, der die Reste von March aufgekauft und nach seinem Unternehmen Leyton House benannt hat? Es darf den ganzen Sommer über spekuliert werden... Mercedes-Benz steht mit Sauber vor dem Gewinn der Gruppe C-Weltmeisterschaft, aber in Deutschland muß man der Kundschaft erst mal erklären, was das überhaupt für eine Rennserie ist. Immerhin, die Motorsportstrategen in Untertürkheim planen auf lange Sicht und kündigen an, ein Juniorenteam aus der Taufe zu heben, das systematisch für höhere Aufgaben geschult werden soll. Was auch anno 1989 nur die Formel 1 sein kann. Der Fahrerwahl scheint das Motto zugrundezuliegen: Warum in die Ferne schweifen, wo das Gute liegt so nah? Am Samstag vor dem Großen Preis von Deutschland gewinnt in Hockenheim der 20jährige Österreicher Karl Wendlinger den achten Lauf zur Formel-3-DM. Der 22jährige Mönchengladbacher Heinz-Harald Frentzen wird mit 1,06 Sekunden Rück-

■ *Sieben Mann suchen die Lösung eines Problems, während der Boß Günter Schmid alles überblickt und Formel-1-Novize Volker Weidler im Rial ARC2-Ford seines Teamkollegen Christian Danner geduldig wartet. So sehen die deutschen Hoffnungen vor dem Heim-GP aus. Wir befinden uns bei den Vortests zum Großen Preis von Deutschland und noch glaubt man im pfälzer Rennstall, die Qualifikationshürde meistern zu können.*

stand Zweiter, nachdem er im Motodrom durchs Gras ackerte und wertvolle Zeit verlor. Der dritte Titelkandidat hat sich mit seinem Reynard bereits in der Startrunde ausgangs der Ostkurven-Schikane in den Kies gedreht: »Ich habe den dritten Gang nicht reingebracht«, sagt Michael Schumacher.

Die Zukunft ist ein großes weites Feld, die Gegenwart eine Spielwiese für hoffnungslose Illusionäre: Auf dem Papier steht Erich Zakowski vor seiner besten Saison, mit Yamaha hat Zak sogar einen exklusiven Motorlieferanten. 600 PS leistet der japanische V8 auf dem Prüfstand, im Training bleiben davon höchstens 560 Pferdchen übrig, schätzt Zakspeed-Konstrukteur Gustav Brunner, der bald wieder weiterzieht, nachdem sich der treue Zakspeed-Sponsor West kurz nach dem Großen Preis von Deutschland verabschieden wird: »Wir können als erfolgreiche Zigarettenmarke nicht länger ein erfolgloses Formel-1-Team unterstützen«, heißt es in der Pressemitteilung. Die leidige Vorqualifikation ruiniert so manche deutsche Hoffnung: 20 Teams mit 39 permanenten Startern sorgen 1989 dafür, daß sich bei jedem GP-Wochenende am Freitagmorgen von 8.00 bis 9.00 Uhr 13 Kandidaten um vier freie Plätze für das eigentliche Qualifikationstraining balgen müssen. Wer scheitert, muß sofort zusammenpacken und den Heimweg antreten, während das verbleibende Quartett sich mit den 26 gesetzten Fahrern um die insgesamt 26 Startplätze messen darf... Bernd Schneider und Aguri Suzuki scheitern in Hockenheim wieder einmal in besagtem Pre-Qualifying und belegen einträchtig die letzten beiden Plätze, wobei der Japaner sogar noch spektakulär in den Fangzäunen der Nordkurve landet, während Schneiders Yamaha V8 von Anfang an 200 Touren zuwenig dreht... Dank Christian Danners glücklichem vierten Platz beim Detroit-GP bleibt ab Hockenheim dem zweiten deutschen Formel-1-Rennstall Rial die Vorqualifikation erspart, doch weder der Münchner noch sein Teamkollege, der 27jährige GP-Neuling Volker Weidler, schaffen den Sprung ins sonntägliche Starterfeld. Weidler wird sogar disqualifiziert, weil während des samstäglichen Abschlußtrainings zwei flugs hinzugeeilte Rial-Mechaniker den am Streckenrand liegengebliebenen Rennwagen mit Schiebehilfe wieder flott gemacht haben. Aber der junge Weinheimer ziert ohnehin das Ende der Zeitentabelle, drei Tausendstel hinter Christian Danner. Teamchef Günter Schmid philosophiert: »Egal, welche Abstimmung wir fahren, wir sind immer gleich schnell.« Während Christian Danner längst erkannt hat: »Das Auto war vom ersten Rennen an eine Gurke. Nur hat es da keiner gemerkt, weil die Konkurrenz noch schlechter dastand.« Ein Rennen später darf Weidler gehen, in Jerez fliegt Danner aus dem Team – nachdem Schmid eine ausstehende Ratenzahlung beim Manager des Münchners moniert hat. Noch in Hockenheim hatte der Rial-Boß 1,3 Millionen DM gefordert, zahlbar bis spätestens zum 30. September 1989. Schmids gesamter Rennetat liegt bei angeblich acht Millionen Mark: »1990 bin ich nur dabei, wenn ich Sponsoren finde. Aus eigener Tasche kannst Du die Formel 1 nicht mehr bezahlen.« Am Ende der Saison muß der pfälzer Felgenfabrikant seinen Ex-Rennfahrern recht geben, das Monocoque verwindet sich tatsächlich, das Auto hat wirklich nicht viel getaugt: »Die Anlenkpunkte der Aufhängung bewegen sich bei Extrembelastung um zwei Millimeter.« Und so wie Erich Zakowski wird auch Günter Schmid seinen Formel-1-Laden dicht machen...

...was FOCA-Präsident Bernie Ecclestone indes leicht verschmerzen kann, denn schon beim Großen Preis von Deutschland am 30. Juli 1989 hat der Formel-1-Boß durchblicken lassen: »Ich will nur deutsche Teams, die gewinnen können. Das sind wir den Zuschauern schuldig.« In der ARD-*Sportschau* tut Moderator Hans-Joachim Rauschenbach kund: »Mit deutschen Formel-1-Rennfahrern ist es wie mit Kartoffeln, die Besten liegen unter der Erde...« Wer unter diesen Umständen trotzdem nach Hockenheim kommt, der interessiert sich für die Formel 1 und nicht für irgendwelche chauvinistischen Anwandlungen: Das Publikum strömt in Scharen, am Rennsonntag sind erstmals seit Jahren wieder über

*■ Das Formel-1-Comeback des Jahres feiert Renault: Zusammen mit Williams beginnt eine dauerhafte Liaison, die aufsehenerregende Erfolge bescheren wird. Die erste Version des französischen 3,5-Liter-Zehnzylinders mobilisiert bei 12 200 U/min etwa 635 PS. Acht Jahre später leistet die aktuelle Drei-Liter-Variante des Renault-V10 bei 17 200 U/min deutlich über 750 PS... Nichts ist von Dauer auf dieser Welt, aber ab und zu erlebt auch ein gestandener Fahrer einen »zweiten Frühling«: Riccardo Patrese zeigt sich mit dem Williams FW12C-Renault überaus motiviert und demonstriert dies in Hockenheim mit dem fünften Startplatz im Abschlußtraining und Platz vier am Rennsonntag. Im WM-Schlußklassement wird Patrese Dritter. Die beiden GP-Siege für Williams-Renault fährt allerdings sein neuer belgischer Teamkollege Thierry Boutsen in Montreal und Adelaide heraus.*

■ *30. Juli 1989: Die Startaufstellung zum GP von Deutschland spiegelt die gewohnte Hackordnung der Formel 1 anno 1989 wider. Ayrton Senna vor Alain Prost (beide McLaren MP4/5-Honda), dahinter Nigel Mansell vor Gerhard Berger (beide Ferrari F1-89). Doch der Tiroler wird gleich mit Hilfe der von Ferrari erstmals im GP-Sport eingesetzten Halbautomatik zeigen, wie man vom vierten Startplatz aus bis zur Nordkurve selbst einen Ayrton Senna gnadenlos ausbeschleunigt. Noch brauchen Berger und Mansell die Kupplung zum Einlegen des ersten Ganges, den Rest besorgen danach die flinken Fingerspitzen, die am Lenkrad angebrachte Kipphebel zum Rauf- und Runterschalten bedienen. Die Konkurrenz wird alsbald nachziehen und ähnliche Wunderwerke moderner Getriebetechnologie konstruieren...*

100 000 Zuschauer beim deutschen Grand Prix am Hockenheimring zu Gast, und das, obwohl Bernie Ecclestone die Eintrittspreise nach wie vor auf Hochpreis-Niveau gehalten hat. Der große Zampano staunt denn auch über den Massenandrang im Motodrom: »Ich kann nicht sagen, woran es liegt. Vielleicht haben die Leute die Formel 1 neu entdeckt.«

Wahrscheinlich interessiert das kundige Publikum einfach die Aussicht, eine Neuauflage des gigantischen Duells zu erleben, das schon seit der letzten Saison den GP-Zirkus geprägt hat: Ayrton Senna gegen Alain Prost, immer noch zusammen bei McLaren-Honda, doch seit Imola 1989 heillos entzweit und sich erbarmungslos bekämpfend: »Die Situation mit Prost ist unerfreulich«, bekennt Weltmeister Senna vor Hockenheim, »aber sie ist eine Tatsache. Ich muß damit leben, so gut es geht.« Der Brasilianer weist 20 Punkte Rückstand auf Alain Prost auf, der Franzose hat die letzten beiden WM-Läufe gewonnen, Senna ist seit vier Rennen nicht mehr ins Ziel gekommen. Die Situation ist ernst, der amtierende Champion klagt erstmals über ständige Testfahrten: »Formel-1-Fahren an der Spitze bedeutet harte Arbeit, die in die Knochen geht. Für meinen Geschmack ist alles schon überzogen. Wir testen einfach zuviel. Es vergeht fast kein Tag, an dem ich nicht im Auto sitze, und die Verschnaufpausen werden immer kürzer.« Doch erst einmal wieder auf der Rennstrecke unterwegs vergißt Senna solche Anwandlungen: In Hockenheim ist er ganz in seinem Element und steuert seine 680 Honda-PS scheinbar problemlos auf die Pole Position. Auf seiner schnellsten Runde hat der Brasilianer allerdings in der Zielkurve auf einem Randstein den Kohlefaserunterboden seines McLaren aufgeschlitzt – vor Ort irreparabel, Senna muß fürs Rennen in sein Ersatzauto umsteigen. Prost ist ein sicherer Trainingszweiter, auf die Bestzeit seines Rivalen fehlt allerdings eine Sekunde: »Eine halbe Sekunde ging im Verkehr verloren, die andere halbe Sekunde ist der Senna-Faktor.«

Gerhard Berger eröffnet das Rennen mit einem Paukenschlag: Vom vierten Startplatz aus katapultiert der Österreicher seinen Ferrari bis zur Nordkurve an die Spitze, doch die etwa 645 PS seiner V12-Maschine und das verbrauchsbedingt höhere Startgewicht lassen Berger gegen die beiden McLaren-V10-Honda keine Chance. Innerhalb von drei Kilometern sind Senna und Prost anstandslos vorbei: »Ich wollte die beiden bei ihrem Zweikampf um den Titel nicht aufhalten.« Senna und Prost trennen nur ein paar Zehntel, während das Ferrari Gespann Berger/Mansell den Abstand zu den beiden Spitzenreitern bei respektablen drei Sekunden hält: »Am Anfang hat McLaren nur mit uns gespielt«, erläutert später Nigel Mansell, »Hockenheim ist die absolute McLaren-Strecke. Lange Geraden, drei Schikanen, wenige echte Kurven. Unser Chassis kommt nicht zum Tragen.« Zum Vergleich: Senna und Prost erreichen auf der Geraden vor der ersten Schikane 328 bzw. 322 km/h, die Werte für Berger und Mansell liegen bei 317 bzw. 316 km/h. In der 14. Runde erlebt der Brite aus nächster Nähe wieder einmal einen spektakulären Berger-Unfall: »Ich habe nur noch Rauch gesehen und wußte gleich: Das wird ein gigantischer Abflug.« In der ersten Schikane hat es den Österreicher bei Vollgas rausgehauen, der Ferrari schießt über die Curbs in die Höhe und rutscht quer über die Strecke. Ein Reifendefekt links hinten? Eine angeschlagene Felge? Oder gar ein Aufhängungsbruch? Im Gegensatz zu seinem Imola-Unfall gut drei Monate zuvor hat Gerhard Berger in Hockenheim mehr Auslauf, schlägt nirgendwo an und kann seinen Ferrari wieder einzufangen: »Der Abflug selbst hat aus dem Cockpit weniger dramatisch ausgesehen als von außen. Wenn Dir bei 300 km/h der Hinterreifen platzt, hast Du alle Hände voll zu tun. Bis Du Zeit hast, Dich zu erschrecken, ist eh' schon alles vorbei.«

Das nächste Drama spielt sich in der McLaren-Box ab, als Prost in der 18. Runde zum einzigen Reifenwechsel reinkommt: »Wenn irgend etwas bei uns nicht funktioniert, dann sind es die Boxenstops«, wird der Franzose kommentieren. Die Hinterräder seines McLaren rotieren während der Montage. »Alain hat zu früh die Bremse gelöst, behauptet Ron Dennis, »Kupplungsprobleme«, sagt Prost. Sage und schreibe 18 Sekunden gehen für den Reifenwechsel drauf, mindstens zehn zuviel. Das Duell mit Senna scheint verloren. Doch als der Spitzenreiter in der 20. Runde die McLaren-Box zu seinem einzigen Reifenwechsel ansteuert, nimmt das Prozedere sogar 23 Sekunden in Anspruch, weil den Monteur des rechten Hinterrades Bedenken beschleichen, ob die Felge exakt befestigt ist. Der zweite Versuch klappt, aber Ron Dennis wird sich noch bei Ayrton Senna entschuldigen: »Wir haben Dich heute schwer bestraft. Aber besser ein paar Sekunden an den Boxen verloren als ein verlorenes Rad bei 300 km/h.« Jetzt liegt Prost vier Sekunden vor Senna an der Spitze, die beiden liefern sich einen grandiosen Zweikampf, wobei der Vorsprung des Franzosen nur zehntelsekundenweise schmilzt...

In der 29. Runde lenkt ein nicht minder dramatisches Intermezzo den Blick von diesem Duell ab, als plötzlich Emanuele Pirro mit seinem viertplazierten Benetton-Ford eingangs des Motodroms bei Tempo 280 km/h geradeaus und in die merkwürdige Streckenbegrenzung aus überdimensionalen Styroporklötzen rast: »Ich holte auf Nigel Mansell im Ferrari eine Sekunde pro Runde auf! Doch dieser schöne Traum endete jäh, als ich nach dem Rennen im Krankenwagen aufwachte.« Der Unfall sieht zum Glück dramatischer aus, als er letztenendes ist. Pirro winkt Hilfe herbei, wird an den Tropf gehängt und auf eine Tragbahre verfrachtet. Doch außer einem Schock, Prellungen und einer harmlosen Schnittwunde hat der 27jährige Italiener beim abrupten Ende seines dritten Formel-1-Rennens keine weiteren Blessuren davongetragen: »Zunächst glaubte ich, eine Aufhängung sei gebrochen. In Wirklichkeit habe ich bei der Einfahrt ins Motodrom die Randsteine berührt, weil ich nicht mehr fit genug war.« Emanuele Pirro ist das Cockpit seines neuen Benetton zu eng geraten: »Mein Kopf ragte zu weit nach oben und wurde vom Fahrtwind hin- und hergerissen. Das setzte mir auch bei späteren Einsätzen so sehr zu, daß ich Krämpfe bekam.«

An der Spitze fahren die beiden Titelrivalen weiter am Limit, drei Runden vor Schluß trennt die zwei McLaren-Honda nicht einmal mehr eine Sekunde, als Prost schlagartig langsamer wird und Senna anstandslos passieren läßt: »Ich bekam den sechsten Gang zwar rein, aber es tat sich nichts«, schildert Prost den Moment, in dem das Rennen verloren ist, »ich hätte Ayrton heute das Leben schwergemacht. Im Windschatten entwickeln sich Turbulenzen, so daß das Überholen bei zwei gleichwertigen Autos praktisch unmöglich ist.« Auch Senna sieht das ausnahmsweise einmal genauso: »Ob ich auch ohne Alains Problem gewonnen hätte, kann ich wirklich nicht sagen. Aber ich kam ihm ständig näher und hatte noch Zeit für einen Angriff.«

Ayrton Senna darf sich nur ein paar Augenblicke über den Sieg freuen, McLaren-Mitbesitzer Mansour Ojjeh wird dem Weltmester eröffnen, das tags zuvor Sennas langjähriger Manager und väterlicher Freund Armando Botelho den Kampf gegen sein Krebsleiden verloren hat. Sie alle haben es Senna verschwiegen, um seinen Renneinsatz nicht negativ zu beeinflussen... Als Ayrton Senna das Motodrom verläßt, trägt er eine Sonnenbrille, hinter der er seine Gefühle verbergen kann.

■ *Alain Prost macht mobil: Zwar verliert er beim GP auf unglückliche Art das Duell mit Ayrton Senna, doch am Ende der Saison sichert sich Prost im ebenso umstrittenen wie dramatischen Finale von Suzuka seinen dritten WM-Titel. Dem Franzosen gelingt damit ein besonderes Kunststück: Niemals zuvor und niemals danach hat Ayrton Senna im WM-Klassement gegen einen Teamkollegen den kürzeren gezogen – nach Punkten wohlgemerkt, aber auf die kommt es am Ende nun mal an.*

# Es boomt

Seit Jahr und Tag läuft dasselbe Spiel, immer im Vorfeld des GP von Deutschland rauscht es im Blätterwald: Steht Mercedes-Benz vor dem Einstieg in die Formel 1? Doch so nah wie im Sommer 1990 ist das mögliche Comeback noch nie gewesen. Rennleiter Jochen Neerpasch betont: »Wenn die Gruppe C auf die Beine kommt, bleiben wir dort. Wir könnten höchstens in die Formel 1 gezwungen werden, wenn das mit den Sportwagen nicht funktioniert.« Mercedes-Benz gewinnt zwar 1990 wieder die Sportprototypen-WM, doch Neerpasch plant längst für den vollen Einstieg in den GP-Sport mit eigenem Chassis: »Als Motorenlieferant könnten wir ja höchstens so gut wie Honda sein.« Die Rückkehr der Silberpfeile scheint sich für 1993 anzubahnen, Bernie Ecclestone verbreitet über das aktuelle Engagement von Mercedes-Benz in der Gruppe C: »Die Deutschen verschwenden nur Zeit und Geld.« Die Mercedes-Benz-Junioren haben sich eine Stufe höhergearbeitet, reüssieren im Gruppe C-Sauber, fahren aber nach wie vor auch im Monoposto: Michael Schumacher wird die Formel-3-DM gewinnen, doch beim Großen Preis von Deutschland tritt 1990 im Rahmenprogramm erstmals die Formel 3 000 auf. Eddie Irvine heißt der Sieger, während Karl Wendlinger und Heinz-Harald Frentzen als Fünfter und Sechster noch in die Punkteränge fahren. Von der Pole Position aus ist der Sohn des unvergessenen Graham Hill ins Rennen gestartet, führt nach der ersten Runde das Feld an – und dreht sich in der Nordkurve in die Reifenstapel... Damon Hill bringt es am Ende der Saison trotzdem zu einem Formel-1-Testvertrag bei Williams, wobei sich der reife Nachwuchsmann wie weiland Gilles Villeneuve noch um zwei Jahre jünger macht, denn Damon ist nicht am 17. September 1962, sondern 1960 zur Welt gekommen.

Schon vor Hockenheim steht fest, daß Porsche den V12 für Footwork-Arrows bauen wird. Der japanische Konzernchef Wataru Ohashi hat am 2. Februar 1990 den Arrows-Rennstall für rund 15 Millionen Mark gekauft und zahlt weitere 80 Millionen Mark Entwicklungskosten für den Porsche-Motor, der 1991 einsatzbereit sein soll. Der Vertrag läuft bis 1993 mit Option auf ein weiteres Jahr. Es heißt, Porsche ist ursprünglich auch bei Onyx im Wort gewesen, doch die angeblich 100 Millionen Mark, die Monsieur van Rossem bietet, lösen sich in Luft auf, weil der belgische »Finanzexperte« zwischenzeitlich wegen seiner geschäftlichen Transaktionen hinter schwedischen Gardinen gelandet ist...

Am Rennsonntag ist das Motodrom ausverkauft. 125 000 Zuschauer, und das trotz Eintrittspreisen zwischen 80 und 250 DM – über 15 000 Rennfans sollen aus der DDR gekommen sein, um endlich einmal vor Ort einen Formel-1-GP zu erleben. Die allgemeine Begeisterung wird nicht zuletzt aber wieder einmal vom Zweikampf zwischen Alain Prost und Ayrton Senna gespeist. Die WM-Entscheidung zugunsten des Franzosen durch das Duell anno 1989 in Suzuka nebst anschließender Disqualifikation von Senna, der Wechsel Prosts zu Ferrari und jetzt, vor Hockenheim, drei Siege in Folge und erstmals die WM-Führung vor Senna im McLaren-Honda. Da mag das fachkundige heimische Publikum auch verschmerzen, daß kein deutscher Formel-1-Rennfahrer im Motodrom antritt.

Die Erwartungen, die das Duell Prost gegen

■ *29. Juli 1990, Schlußphase am Hockenheimring: In der Opel-Kurve eingangs der Start- und Zielgeraden schiebt sich Ayrton Senna (McLaren MP4/5B-Honda) immer näher an Spitzenreiter Alessandro Nannini (Benetton B190-Ford) heran. In der 34. von 45 Runden liegt Senna wieder vorn und wird zum dritten Mal in Folge den Großen Preis von Deutschland gewinnen.*

Senna zu verheißen scheint, sind jedoch schon nach dem Freitagstraining dahin. Ayrton Senna und sein neuer Teamkollege Gerhard Berger fahren einsame Bestzeiten, während der Trainingsdritte Alain Prost bereits sage und schreibe anderthalb Sekunden zurückliegt: »Ich bekomme keine komplette schnelle Runde zusammen, weil die Qualifikationsreifen Blasen ziehen«, entschuldigt sich Prost, während bei McLaren-Honda Ron Dennis frohlockt: »Wir haben unsere Hausaufgaben nach dem Grand Prix von England hervorragend erledigt.« Neuer Unterboden, neue Flügelprofile, stärkerer Motor und Testfahrten über Testfahrten, das ist das Rezept, mit dem Ayrton Senna und McLaren-Honda in Hockenheim die entscheidende Wende im Titelkampf einleiten. Beim samstäglichen Abschlußtraining verzichtet das McLaren-Duo sogar auf weitere Zeitenjagd: »Wir waren soweit weg von den Ferrari, daß wir sicher sein konnten, die erste Startreihe zu verteidigen. Da wir bei den letzten Rennen immer Probleme mit den Reifen hatten, erschien es uns sinnvoller, schon heute für das Rennen zu üben«, stellt Berger fest, und Senna pflichtet ihm bei: »Die Reifenfrage für das Rennen zu klären war wichtiger, als die Freitagszeit zu unterbieten.«

Aus ganz anderen Gründen läßt es Alessandro Nannini am Samstag ruhiger angehen: Noch immer klagt der Italiener über ein steifes Genick – Folge eines üblen Unfalls am Vortag. In der dritten Bremskurve hat es Nanninis Benetton-Ford bei Tempo 220 aus der Bahn geworfen: »Ich bin über den Randstein gefahren, und das Auto hat sofort Abtrieb verloren. Nach einem halben Dreher bin ich rückwärts in die Leitplanken eingeschlagen und dann durch die Luft geflogen.« Beim Warm-Up am Sonntagmorgen fährt der Italiener bereits wieder die fünftbeste Zeit und ist dabei sogar um einen Hauch schneller als sein Benetton-Teamkollege Nelson Piquet, der sich den Kopf über die richtige Rennstrategie zerbricht: »Ich würde am liebsten durchfahren, fürchte aber, daß die Reifen die gesamte Distanz bei der Hitze nicht durchhalten.« Doch am Ende entscheiden sich Piquet und Nannini, das Risiko einzugehen…

Sein Landsmann Emanuele Pirro beendet das Rennen wie im Vorjahr erneut in ärztlicher Behandlung, diesmal gleich kurz nach dem Start, als Stefano Modenas Brabham mit defekter Kupplung nur dahinschleicht, Pirro mit seinem Dallara-Ford auszuweichen versucht, dabei aber

■ *Nicola Larini (Ligier JS33B-Ford) auf der Anfahrt in die Boxengasse, im Hintergrund Emanuele Pirros Dallara BMS190-Ford, der bei der fast schon üblichen Startkollision in Hockenheim auf der Strecke geblieben war.*

■ Ferrari-Neuzugang Alain Prost führt vor dem deutschen Grand Prix im WM-Klassement. Der erste Titelgewinn für den italienischen Traditionsrennstall seit 1979 scheint greifbar nah, doch selbst Prost wird an der Scuderia Ferrari – und an der Aufholjagd von McLaren-Honda – scheitern... Für künftige Ambitionen auf die Formel-1-WM-Krone bedarf die Scuderia Ferrari erst eines gewissen Michael Schumacher (der 1990 allerdings gerade noch dabei ist, die deutsche Formel-3-Meisterschaft zu gewinnen).

■ Neuauflage: »Brabham im Brabham« – doch zum einen gehört das von immensen Schulden belastete Brabham-Formel-1-Team mittlerweile einem japanischen Unternehmen namens »Middlebridge«, zum anderen verfügt David, der jüngste der drei Söhne Jack Brabhams bei weitem nicht über die fahrerische Klasse seines Vaters. Der 24jährige Grand-Prix-Neuling hat allerdings das Pech, direkt aus der Formel 3 in eine bereits hoffnungslos abgewirtschaftete Grand-Prix-Truppe zu kommen, deren jüngste Kreation namens Brabham BT59-Judd fast 100 PS weniger leistet als die schnellere Konkurrenz.

das Vorderrad des Brabhams von David Brabham berührt und in die neue Boxenmauer knallt. In gewisser Weise eine gelungene Bewährungsprobe für das teure Stück Beton, das auf Anweisung der FIA im Rahmen der großzügigen Erweiterung des Boxenbereichs entstanden ist. Dafür mußte die Start- und Zielgerade um acht Meter näher an die Haupttribüne versetzt werden, was den Kurs um 4,15 Meter auf angeblich exakt 6,80155 km verlängert und sogar etwas schneller macht, weil sich die Kurvenradien eingangs und ausgangs der Start- und Zielgeraden leicht vergrößert haben. Für rund 500 000 Mark ist das Medical Center am Hockenheimring mit Blick auf intensiv-medizinische Versorgung erweitert worden. Doch Emanuele Pirro bleibt der Ernstfall erspart, auch wenn der 28jährige nach dem Startunfall kurze Zeit bewußtlos ist. Der in die Kollision verwickelte und stehengebliebene Philippe Alliot wird von eifrigen Sanitätern aus den Gurten befreit, doch weder der Fahrer noch sein Ligier-Ford haben tatsächlich etwas abbekommen. Alliot will das Rennen fortsetzen, wird angeschoben und kehrt nach seiner ersten Runde wieder an die Box zurück, um sich anschnallen zu lassen. Zwölf Runden fährt er weiter, ehe sich die Rennkommissare doch noch entschließen, den Franzosen wegen Inanspruchnahme fremder Hilfe zu disqualifizieren: »Das Reglement müßte in bestimmten Fällen Rücksicht auf höhere Gewalt nehmen«, beklagt sich Alliot nicht ganz zu Unrecht...

Ganz vorn hat Ayrton Senna problemlos vom Start weg die Spitze übernommen, Gerhard Berger folgt dichtauf, aber auch das Ferrari-Duo Alain Prost/Nigel Mansell läßt sich vorerst nicht abschütteln: »Ich war gezwungen, am Anfang zu schnell zu fahren, weil der Druck der beiden Ferraris enorm war«, schildert Senna seine Nöte und begründet damit auch die sehr frühen Reifenwechsel, die nach der 15. Runde etwas Belebung in die Prozession bringen. Berger und Prost steuern zuerst die Boxen an, während Mansell dort gleich aufgibt, weil er sich Unterboden

■ *Gerhard Berger ist mit der großen Hoffnung von Ferrari gewechselt, um mit McLaren-Honda Weltmeister werden zu können. Aber der bald 31jährige Österreicher hat gegen seinen neuen Teamkollegen Ayrton Senna keine Chance: Berger unterliegt zwar dem Brasilianer beim direkten Vergleich der Trainingszeiten von 16 WM-Läufen mit 4:12 durchaus respektabel, vermag aber mit dem McLaren MP4/5B-Honda 1990 kein einziges Rennen zu gewinnen. In Hockenheim fährt der Tiroler hinter Senna und Nannini als Dritter durchs Ziel.*

und Aufhängung seines Ferraris beschädigt hat. Senna läßt nach dem 17. Durchgang neue Reifen auziehen, womit nun Nannini den Großen Preis von Deutschland anführt! Senna fährt aber wenigstens noch auf dem zweiten Platz weiter, während Berger hinter Piquet auf Rang vier zurückgefallen ist, und seine baldige Positionsverbesserung nur dem Ausfall des Brasilianers verdanken wird: »Der Motor lief nicht einwandfrei. An Piquet vorbeizufahren, war unmöglich.« Noch schlimmer ergeht es Alain Prost, der sich eine Weile mit dem Williams-Renault von Thierry Boutsen herumschlägt, ehe der Franzose ab der 25. Runde hinter Nannini, Senna und Berger wenigstens wieder Vierter ist: »Ich hatte Schwierigkeiten mit den Reifen«, kommentiert Prost, »der siebte Gang war zu kurz übersetzt, und mit immer leichter werdendem Auto stieß ich auf den Geraden dauernd an den Drehzahlbegrenzer.« Währenddessen begreift Senna allmählich, daß der vor ihm liegende Italiener mit einem einzigen Reifensatz durchfahren will. Hält er sich deshalb so lange mit der Attacke auf Nannini zurück? Oder hat Senna etwa ähnliche Probleme mit seinem Honda-Motor wie Stallkollege Berger? Erst in der 34. von 45 Runden übernimmt Ayrton Senna wieder die Führung und gewinnt zum dritten Mal in Folge den deutschen Grand Prix: »Als ich gemerkt habe, daß Nanninis Reifen immer schlechter wurden, habe ich ernst gemacht.« Am Ende muß sich Alessandro Nannini trotzdem nur um rund sechseinhalb Sekunden geschlagen geben: »Ich ließ Senna praktisch freiwillig vorbei, denn früher oder später hätte er mich ohnehin gepackt.« Und trotzdem ist der 31jährige Italiener beim fairen Publikum der vielumjubelte Held des Rennens: »Freitags hatte ich hier den bösen Abflug, jetzt kassiere ich sechs WM-Punkte – was will ich mehr?«

# Risikogesellschaft

Ayrton Senna kommt als zweifacher Weltmeister ins Motodrom, und dem Brasilianer wird 1991 das gelingen, was zuletzt Alain Prost glückte: Er wird seinen Titel verteidigen. Aber der Weg zu Sennas dritter Weltmeisterschaft ist beschwerlicher denn je und wird von schweren Unfällen begleitet. Nach einem furiosen Saisonstart mit vier Siegen in Folge offenbart sich immer mehr, daß Senna im neuen McLaren MP4/6-Honda V12 gegen Nigel Mansell im gleichfalls neuen Williams FW14-Renault V10 immer mehr ins Hintertreffen gerät. Mansell feiert in Silverstone seinen zweiten Saisonsieg, in der WM-Wertung steht es nurmehr 51:33 für Senna, der zu allem Überfluß beim britischen GP in der letzten Runde den sicheren zweiten Platz verliert, als dem McLaren das Benzin ausgeht. Der Honda V12 ist durstiger und wiegt auch mehr als der Renault V10, was den Leistungsvorteil des japanischen Triebwerks von 730 PS gegen etwa 720 französische Pferdestärken vollends aufzuzehren scheint. Da hilft nur testen, und noch gibt es vor dem Großen Preis von Deutschland offizielle dreitägige Probefahrten am Hockenheimring, die am Freitag, dem 19. Juli 1991, mit einem gewaltigen Unfall des Brasilianers enden: Auf der Anfahrt zur ersten Bremskurve wirft ein Reifendefekt den McLaren-Honda bei Tempo 300 aus der Bahn. Der Rennwagen wird von den Randsteinen regelrecht hochkatapultiert und überschlägt sich schließlich rücklings ins Kiesbett hinein. Ayrton Senna zieht sich auf wundersame Weise nur ein Schleudertrauma und diverse Prellungen zu. Später wird der 31jährige Champion scheinbar ungerührt verkünden: »Wir setzen uns nun mal Risiken aus. Von daher dürfen wir nicht überrascht sein, wenn sie eintreten.«

Die Formel 1 scheint trotzdem sicherer denn je: Die Kohlefaser-Monocoques sorgen dafür, daß selbst Hochgeschwindigkeitsunfälle glimpflich enden. Dies scheint sich bereits acht Tage später in Hockenheim erneut zu bestätigen, als sich im freien Training am Samstagmorgen Erik Comas vor der Ostkurven-Schikane überschlägt. Mit seinem Ligier-Lamborghini ist er auf einer Bodenwelle abgeflogen und dann in die Reifenbarrieren geraten, kurzzeitig schlagen auch Flammen aus dem Fahrzeugheck: »Obwohl ich ohne fremde Hilfe aus dem umgestürzten Wagen herausgekommen bin, stand ich unter Schock und wurde sofort zur Untersuchung in das Mannheimer Universitätsklinikum geflogen.« Die Ärzte stellen keine weiteren Unfallfolgen fest, so daß keine vier Stunden später Erik Comas am Steuer des Ligier-Ersatzwagens sitzt und sich im Abschlußtraining noch für den 26. und letzten Startplatz qualifiziert.

Trügerische Sicherheit? Während am Freitag in Hockenheim das erste Training zum Großen Preis von Deutschland läuft, wird in England der 23jährige Bruder von GP-Routinier Derek Warwick zu Grabe getragen. Paul Warwick ist am vorigen Sonntag bei einem Lauf zur britischen Formel 3 000-Meisterschaft in Oulton Park tödlich verunglückt. Das makabre Schicksal will es, daß Paul Warwick wie einst Jochen Rindt ausreichend viele Punkte gesammelt hat, um posthum Meister zu werden. Paul fuhr für das Team von Nigel Mansell, doch nach außen hin läßt »Nige« nicht durchdringen, was ihn in diesen Tagen tatsächlich bewegt. Mansell konzentriert sich auf die Abstimmungsarbeit und fährt an

■ *Und wieder eine Formel-1-Hoffnung aus deutschen Landen, die scheitern wird: Michael Bartels verpaßt bei seinem ersten von vier Einsätzen im Lotus 102B-Judd knapp die Qualifikation für den Heim-GP... Der mittlerweile von dem Australier Peter Collins und eine Weile auch von dem Franken Horst Schübel geführte Rennstall scheint trotz immenser Schulden wieder bessere Zeiten zu erleben, nicht zuletzt dank des Rennfahrer-Duos Mika Häkkinen/Johnny Herbert. Doch die Lotus-Blüte der frühen 90er Jahre welkt rasch wieder dahin...*

beiden Trainingstagen Bestzeit: »Ich bin echt erstaunt, daß die McLaren und Ferrari nicht schneller sind.« Ayrton Senna kommt am Samstag zwar bis auf zwei Zehntel an die Pole des Engländers heran, doch nur weil Nigel Mansell auf seiner schnellsten Runde von Erik Comas behindert worden ist, was später im Fahrerlager für einen lauten Wortwechsel sorgen wird... Senna gibt sich fürs Rennen keinen Illusionen hin: »Ich werde versuchen, wieder soviele Punkte wie möglich zu holen. Auf einen dritten Platz kann ich hoffen, aber wenn die Williams keine Probleme mit der Zuverlässigkeit bekommen, dürfte es schwer sein, mehr zu erreichen.« Die Williams-Renault sind in Sachen Topspeed der Konkurrenz überlegen: Patrese und Mansell erreichen im Abschlußtraining 338,88 km/h bzw. 338,13 km/h Spitze, während Alesi, der neue zweite Mann bei Ferrari, 332,00 km/h schafft, Prost mit seinem V12 aus Maranello bei 328,37 km/h liegt, und das McLaren-Duo Senna/Berger auf 331,49 km/h und 330,17 km/h kommt.

Für GP-Neuling Michael Bartels werden 317,27 km/h gemessen, bei Start und Ziel ist der Plettenberger mit 254,22 km/h sogar das absolute Schlußlicht, fast 22 km/h hinter Patreses Bestmarke. Was auch illustriert, daß es dem Lotus-Judd des 23jährigen Deutschen etwas an PS fehlt und Bartels deshalb die Qualifikation unglücklich um nicht einmal drei Zehntel verpaßt: »Wenn man mir vor einer Woche gesagt hätte, daß eine Zeit von 1.43,6 nicht reichen würde, hätte ich das nicht geglaubt.« Im Vorjahr hätte Bartels Rundenzeit noch zum zehnten Startplatz genügt: »Ich wußte, daß es nicht leicht sein würde, das Auto ohne jede Testerfahrung auf Anhieb zu qualifizieren. Aber ich wollte wenigstens einen guten Eindruck hinterlassen.« Neun Zehntel Rückstand auf seinen Teamkollegen Mika Häkkinen sind gewiß kein schlechtes Resultat, rund 1,5 Millionen Mark Sponsorgelder reichen für vier WM-Läufe, noch liegen drei Grand-Prix-Wochenenden vor Michael Bartels. Aber am Hungaroring, in Monza und Barcelona wird der junge Deutsche die Qualifikation noch deutlicher als in Hockenheim verpassen, während sich Johnny Herbert mit dem Lotus andernorts zu qualifizieren vermag und in Spa-Francorchamps sogar Siebter wird. Trotz weiterer Anläufe und Umwege: Eine zweite Chance in der Formel 1 bekommt Michael Bartels nicht mehr... Eine andere deutsche Rennfahrerhoffnung hat sich schon tags zuvor im Rahmenprogramm verabschiedet: Heinz-Harald Frentzen verpaßt mit seinem maroden Vortex-Lola als 32. und letzter des Trainings das samstägliche Formel 3 000-Rennen. Sponsor Camel wird sich bald von dem 24jährigen trennen, denn bis dahin gibt es bei Benetton in der Formel 1 längst einen anderen Deutschen, der auf Anhieb dem dreifachen Weltmeister Nelson Piquet davongefahren ist... Schon vor Hockenheim sind ganz andere deutsche Erwartungen gescheitert: Seit Anfang Juli setzt das Footwork-Team nicht mehr den 12Zylinder-Porsche ein. Das Aggregat ist zu spät fertig geworden, was für ständige »Kinderkrankheiten« sorgt, die in der Hektik der laufenden Saison nicht mehr auf die Schnelle zu kurieren sind, schon gar nicht von der einstigen Arrows-Truppe. Wechselseitige Schuldzuweisungen für Probleme mit dem Ölkreislauf leiten eine sommerliche »Denkpause« ein, an deren Ende sich die Wege von Footwork und Porsche trennen werden.

Eine andere Partnerschaft geht in Hockenheim ebenfalls ihrer schleichenden Zerrüttung entgegen, denn Alain Prost fehlen im Ferrari fast zwei

■ *28. Juli 1991: Nigel Mansell gewinnt im Williams FW14-Renault erstmals den Großen Preis von Deutschland. Mit seinem dritten Saisonsieg verkürzt der bald 38jährige Engländer seinen Rückstand auf WM-Spitzenreiter Ayrton Senna auf acht Punkte – »Nige« bekommt doch noch einmal eine Titelchance...*

■ *Jean Alesi (Ferrari 643) riskiert dieselbe Taktik, die im Vorjahr Alessandro Nannini den zweiten Platz bescherte. Der zweite Franzose bei der Scuderia Ferrari hinter Alain Prost fährt ohne Reifenwechsel durch und wird für das Risiko immerhin noch mit dem dritten Platz belohnt. Doch gegen die Williams-Renault von Mansell und Patrese gibt es keine Chance für Alesi. Im Hintergrund Thierry Boutsen, der mit dem Ligier JS35B-Lamborghini Neunter wird.*

Sekunden auf Mansells Pole Position: »Der überarbeitete Motor ist nicht besser als der alte!« Wenn selbst Prost an der Scuderia Ferrari scheitert, sagt das alles über das technsche und personelle Umfeld in Maranello aus. Keine fünf Jahre später werden die Italiener noch einmal alles auf eine Karte setzen, wenn nicht einmal dieses Trumpf-As sticht, dann wäre jede weitere Anstrengung eigentlich sinnlos. Prosts neun Jahre jüngerer Teamkollege Jean Alesi glaubt in seiner ersten Ferrari-Saison 1991 noch an die rote Zukunft, eine Auffassung, die sich von Saison zu Saison erneuert, solange bis Naturtalent Alesi seine besten Rennfahrerjahre vergeudet hat und Michael Schumacher zur Ablösung zur Verfügung steht. Beim Großen Preis von Deutschland am 28. Juli 1991 agiert Alesi indes noch im Stil des kommenden Champions, riskiert wie Nannini im Vorjahr, mit einem einzigen Reifensatz durchzufahren, was dem 27jährigen Ferrari-Fahrer bei Rennmitte zwei Runden lang die Führung beschert, ehe Mansell in der 21. und Patrese in der 37. Runde mit neuen Reifen wieder vorfahren, obwohl der Franzose erbarmungslos zu sperren versucht: »Mir war klar, daß wir leistungsmäßig nicht mit den Williams mithalten können«, rekapituliert Alesi seine tapfere Fahrt zum dritten Platz, »also bin ich mit härteren Reifen gestartet als Prost, um mir den Boxenstop zu sparen. Ferrari erwartet bessere Resultate, aber dafür brauche ich erst einen besseren Ferrari. Gegen die Williams kommen wir nicht an.«

Alain Prost hat sich indessen wieder einmal im Zweikampf mit Ayrton Senna aufgerieben: »Jedesmal, wenn ich versuche, ihn zu überholen, fährt er Zickzack oder tritt schon weit vor dem eigentlichen Bremspunkt, wenn ich noch hinter ihm bin, auf die Bremse. Ich habe wirklich alles probiert.« Bis es in der 37. Runde im Kampf um Platz vier in der ersten Schikane kracht, und Prost von Senna in den Notausgang abgedrängt wird, wo der Ferrari wegen eines Kupplungsdefektes strandet. Ayrton Senna fährt ungerührt weiter: »Es gab keinen Grund, Prost vorbeizulassen. Er war an manchen Streckenteilen schneller als ich, an manchen aber auch langsamer. Er soll nicht immer alles auf andere schieben, wenn es bei ihm nicht läuft.« Alain Prost giftet zurück: »Gugelmin und Suzuki wurden wegen geringfügiger Vergehen in Frankreich und England zu Geldbußen verurteilt. Bei nächster Gelegenheit schieße ich ihn ab.«

Schwacher Trost für den kleinen »Professor«, auch Ayrton Senna sieht nicht die Zielflagge, weil seinem McLaren-Honda wieder einmal das Benzin ausgeht, obwohl die Cockpit-Anzeige noch genügend Sprit im Tank vermutet hat: »Das ist bitter. Ich bin enttäuscht, das könnte uns den Titel kosten.« Mansells souveräner Sieg reduziert Sennas Vorsprung auf den Punktestand 51:43 – doch näher wird der Brite nicht mehr herankommen. McLaren-Honda und Ayrton Senna legen noch ein paar Briketts nach, entfachen mit emsigen Testfahrten noch einmal das Feuer im fast schon verlorenen Duell mit Williams-Renault. Und Nigel Mansell wird sagen: »Ich wurde deshalb nicht Champion, weil seit dem Sommer weder Motor noch Benzin verbessert wurden.«

Im Infield des Motodroms wundern sich am Rennsonntag einige Zaungäste, darunter auch Ex-Weltmeister Jackie Stewart und Sohn Paul, wieso auf einem mitgeführten Mini-Fernseher kein Live-TV-Bild vom Großen Preis von Deutschland reinzubekommen ist. Richtig, ARD und ZDF sitzen 1991 bei der Formel 1 nicht mehr in der ersten Reihe. Bernie Ecclestone hat die Übertragungsrechte in Deutschland an RTL verkauft, für den Dreijahresvertrag soll der Privatsender rund 25 Millionen Mark gezahlt haben. Die öffentlich-rechtlichen Fernsehanstalten haben auf einen harten Preispoker verzichtet, zumal die Übertragungsrechte am GP-Zirkus zuletzt für rund 7,5 Millionen DM über den Verhandlungstisch gegangen sein sollen. Die TV-Rechte für die Fußball-Bundesliga sind wichtiger, und die kosten damals schon 35 Millionen Mark. Bernie Ecclestone rechtfertigt seine Preise mit gewagten Rechenkünsten, addiert sämtliche Formel-1-TV-Wiederholungstäter zu einer jährlichen Gesamtzahl von fast vier Milliarden Fernsehzuschauern auf. In 62 Länder der Erde werde das GP-Spektakel bereits übertragen, was jährlich rund 3437 TV-Stunden ergeben würde: »Das ist relativ mehr als bei den Olympischen Spielen oder einer Fußball-WM«, behauptet der FOCA-Chef, »die Formel 1 läuft über neun Monate, und das ist in jedem Jahr, also sind wir die erfolgreichste und am

■ *Des einen Leid, des anderen Freud: Bertrand Gachot fährt für den neu zum GP-Zirkus gestoßenen Rennstall von Eddie Jordan einen respektablen sechsten Platz heraus. Doch Hockenheim ist auf nicht absehbare Weise Gachots vorletzter Formel-1-WM-Lauf im Jordan 191-Ford. Weil der Belgier im Dezember 1990 bei einem heftigen Streit den englischen Taxifahrer Eric Court mit CS-Reizgas attackierte, landet der ungestüme Rennfahrer im Londoner Brixton-Gefängnis. Beim belgischen Grand Prix in Spa-Francorchamps wird der Formel-1-Neuling Michael Schumacher in Gachots Jordan sitzen.*

meisten beachtete Sportart der Welt.« Sicher scheint, daß diese werbeträchtige Zahlenjonglage dafür sorgt, daß ein Ayrton Senna anno 1991 rund 17 Millionen Dollar Jahresgage bei McLaren-Honda einstreichen kann, dem immer größer werdenden Heer multinationaler Sponsoren sei dank. Am 9. Oktober 1991 wird Max Mosley die Wahl zum FISA-Präsidenten gegen Amtsinhaber Jean-Marie Balestre gewinnen, womit das Grand-Prix-Imperium des Bernie Ecclestone endgültig arrondiert ist. Doch noch gibt es in Sachen Vermarktung weiße Flecken, ganz besonders in Deutschland. Denn hierzulande ist die Formel 1 auf dem Bildschirm ohne nennenswerte deutsche Beteiligung eben auch kein Massenartikel. Das runde Leder und der Filzball dominieren den Fernsehsport, kein vernünftiger Programmgestalter kann damals voraussehen, daß sich daran binnen absehbarer Zeit etwas ändern ließe.

Auch der frischgebackene Formel-1-Teamchef Eddie Jordan ahnt in Hockenheim nicht, was sich über seinem Rennstall zusammenbraut, landen doch seine Fahrer Andrea de Cesaris und Bertrand Gachot mit dem fünften bzw. sechsten Platz wieder einmal in den Punkterängen. Doch keine drei Wochen später muß der Belgier das Jordan-Cockpit mit einer englischen Gefängniszelle tauschen, weil er im Dezember 1990 nach einem heftigen Streit den Londoner Taxifahrer Eric Court mit CS-Gas attackiert hat. Und während Gachot im Knast von Brixton einsitzt, beschafft Mercedes-Benz rund 450 000 DM von Sponsoren, um einen 22jährigen deutschen Nachwuchsrennfahrer beim belgischen Grand Prix im Jordan-Team unterzubringen: Michael Schumacher wird in Spa-Francorchamps ein neues Kapitel in der Geschichte der Formel 1 aufschlagen...

# Schumania

Rezession und Wirtschaftskrise lähmen weltweit die Geschäfte, auch die Formel 1 kommt nicht ungeschoren davon: Von den 16 Teams, die zum Großen Preis von Deutschland am 26. Juli 1992 anreisen, werden sechs binnen der nächsten beiden Jahre dichtmachen, weil der Aufwand nicht mehr zu finanzieren ist. Das Rumpfteam von March wird von den Sponsoren seiner Fahrer Karl Wendlinger und Paul Belmondo mit rund 6,8 Millionen Mark am Leben gehalten: »Mit einem löchrigen Unterboden kannst Du wenigstens fahren«, philosophiert der Österreicher über die finanziellen Prioritäten bei March, »aber ohne Motor und Reifen stehst Du.« Bei Andrea Moda ist der sieben Millionen Dollar Jahresetat längst aufgebraucht, eine Motorrevision des Judd V10 kostet aber 96 000 Dollar, Roberto Moreno dreht in der Vorqualifikation elf Runden, ehe sein Triebwerk in Flammen aufgeht. Zum Glück für die Finanzlage wird Teamkollege Perry McCarthy frühzeitig disqualifiziert, weil er beim Wiegen eine rote Ampel überfahren hat. Das Brabham-Team erscheint in Hockenheim zum vorletzten Mal bei einem Grand Prix: Damon Hill und Eric van der Poele qualifizieren sich wieder einmal nicht. Ebenso dubios wie die Besitzverhältnisse ist das Ende des Traditionsrennstalls, der nur noch den Namen des dreifachen Weltmeisters beschädigt, obwohl er Jack Brabham schon seit 1971 gar nicht mehr gehört. Nach 399 GP-Starts, 35 GP-Siegen und vier Fahrerweltmeisterschaften steht die »Motor Racing Development Limited« vor dem finanziellen Ruin, die Rede ist von 20 Millionen Pfund Schulden, als das Brabham-Team Ende August nicht mehr beim belgischen Grand Prix auftaucht. Der Ruhm von gestern zählt weniger als nichts, die Formel 1 von heute kennt keine Vergangenheit.

Auch die ganz Großen haben Sorgen, der Rückzug von Honda zeichnet sich ab. McLaren International soll 1992 zwar 180 Millionen Mark an Sponsorgeldern eingenommen haben, bei laufenden Betriebskosten von angeblich 100 Millionen Mark für die komplette Formel-1-Saison. Die Truppe von Ron Dennis ist von den Japanern allerdings kostenlos mit Motoren versorgt worden, allein der Triebwerkservice mag Honda zuletzt pro Jahr rund 200 Millionen Mark gekostet haben. Die fetten Zeiten sind vorerst vorbei: »Es handelt sich dabei um das natürliche Auf und Ab in der Wirtschaft«, sagt Bernie Ecclestone, »heute sind die Zeiten schlecht, morgen wieder gut. Vielleicht haben viele Teams in der Vergangenheit ihr Geld nicht sinnvoll ausgegeben. Dann lernen sie es jetzt wenigstens. Schwieige Zeiten sorgen auch dafür, daß die schlechten Teams aussortiert werden und die guten überleben.« Noch verkündet der Große Zampano seine reine Lehre des Sozialdarwinismus, aber seine Show funktioniert nur, wenn genügend Hauptdarsteller mit Siegchancen vorhanden sind. Doch gerade daran krankt anno 1992 das System. Zu überlegen fährt Nigel Mansell im Williams-Renault FW14B mit der »Active Suspension« seinem langersehnten WM-Titel entgegen. Was bei Lotus Ende der 80er Jahre als technisch zu aufwendig begraben wurde, hat man bei Williams wieder ausgekramt: Ein Hydrauliksystem, bei dem herkömmliche Federn nur noch zum Teil das Chassis tragen, sorgt per Computersteuerung dafür, daß der Abstand zwischen Asphalt und Fahrzeugunterboden konstant ge-

■ *Immer eine Nasenlänge voraus: Nigel Mansell läßt es sich während keiner Trainingssitzung nehmen, als erster aus der Boxengasse auf die Strecke zu rollen. Was vermeintlich auf Imponiergehabe des designierten Weltmeisters schließen läßt, hängt tatsächlich mit dem Zustand der Piste zusammen. Zu Beginn einer Session hat die liebe Konkurrenz noch keine Gelegenheit, allzuviel Dreck auf den Asphalt zu wirbeln und Mansells Zeitenjagd zu erschweren. Die grüne Flagge schwenkt der permanente FIA-Formel-1-Starter Roland Bruynseraede, im Hintergrund auf der Boxenmauer im Williams-Team-Outfit Mansell-Intimus Peter Windsor, der sich beim Versuch, den maroden Brabham-Rennstall zu ergattern, auf nie geklärte Weise ein »Veilchen« eingefangen hat…*

halten wird: Das bringt den Williams-Renault Vorteile, indem Abtrieb und Aerodynamik per Datenabgleich stets auf Idealniveau gehalten werden. Mit etwas Mut vermag der Fahrer dank dieser aktiven Radaufhängung in den Kurven noch schnelleres Tempo anzuschlagen, vorausgesetzt, er heißt Nigel Mansell und bleibt mit stoischer Gelassenheit überall am Gas…

Immerhin, in Deutschland läuft der Trend für Ecclestone: Peter Sauber wird 1993 für das Debüt seines Formel-1-Rennstalls Ilmor-V10-Triebwerke seines schweizer Landsmanns Mario Ilien erhalten. Auf dem Motor wird zwar noch nicht der Name des Geldgebers stehen, dafür prangt aber das Logo »Concept by Mercedes-Benz« auf der Rennverkleidung. Sie kommen also doch noch aus Untertürkheim in die Formel 1. Irgendwie, aber doch ganz anders, als ursprünglich einmal geplant: durch den Seiteneingang. Und der junge Mann, der für Mercedes-Benz hätte fahren sollen, so die Schwaben denn tatsächlich ihren echten GP-Einstieg hätten feiern dürfen, eilt in einem Benetton-Ford 1992 von Erfolg zu Erfolg: Wir schreiben das Jahr Eins in der Zeitrechnung nach Schumacher, und der 23jährige Kerpener lockt erstmals die Massen ins Motodrom und vor die Glotze. Natürlich ist der Große Preis ausverkauft, die Brutto-Einnahmen sollen sich auf 15 Millionen Mark belaufen. »Die Erwartungshaltung in Deutschland ist um einiges höher geworden, im letzten Jahr hat wohl noch keiner so richtig dran geglaubt, mich in der Situation zu sehen, in der ich jetzt bin«, bekennt Michael Schumacher vor seinem Heim-GP: »Der öffentliche Druck ist größer geworden, meine Freizeit um ein Vielfaches eingeschränkt. Das ist keine einfache Situation, mit der ich mich als 23jähriger abfinden muß…« Sein redseliger Manager Willi Weber erzählt etwas von einem Millionen-Angebot von Ron Dennis, aber Flavio Briatore habe abgewinkt, was jedoch kein Problem sei, schließlich fühle man sich bei Benetton so wohl: »Im Millionengeschäft haben Gefühle eigentlich nichts zu suchen. Aber Michael und

■ *Der junge deutsche Rennfahrer, der die Nation mit dem Formel-1-Virus infizieren wird, fährt am 26. Juli 1992 in Hockenheim seinen ersten Großen Preis von Deutschland: Michael Schumacher wird Dritter – und von den Massen wie der Sieger gefeiert.*

■ *16. Juli 1992: Am Rande der Vortests zum deutschen Grand Prix geraten Ayrton Senna und Michael Schumacher aneinander. Egomanen müssen sie in diesem eitlen Geschäft alle sein, aber Senna ist der Größte, und das scheint er dem jungen deutschen Emporkömmling auch zeigen zu wollen. Die Auseinandersetzung hat eine Vorgeschichte, die in Sao Paulo beginnt und in Hockenheim eskaliert: Senna gerät außer sich, weil ihm Schumacher an einer haarigen Stelle die Ideallinie blockiert und zu einer Vollbremsung gezwungen habe. Was der Deutsche etwas anders sieht. Ehe der Ayrton Senna »Schumi« an den Kragen gehen kann, schreiten Mechaniker ein...*

ich sind vielleicht die letzten Romantiker. Geld ist nicht alles.« Da biegen sich sogar die Radaufhängungen vor Lachen...

Auf den Zeltplätzen rings ums Motodrom haben sich derweil die Gerlitzkis, Wüstemeyers, Brüggendiecks und Zehntausende anderer »Schumi«-Fans häuslich eingerichtet. Einige campieren schon seit zwei Wochen, weil sie schon die Formel-1-Testfahrten vor Ort erleben wollten. Diese Tests werden dann zwar ab 1993 von der FIA gestrichen, die Treuesten der treuen Schumacher-Gemeinde werden trotzdem schon Wochen vor dem Großen Preis anrücken, um ihren Jahresurlaub in Hockenheim zu verbringen, draußen vor der Tür. Denn eine Chance, zu ihrem Idol ins Fahrerlager vorzudringen, gibt es nicht mehr: Noch nie mag die Verehrung für einen deutschen Rennfahrer größer gewesen sein, und noch nie waren die Massen ihrem Idol so fern wie heute. »Mir bedeutet Michael alles, gleich nach meiner Familie«, bekennen Schumis Hardcore-Fans glaubhaft und bestellen gleich nach dem Großen Preis schon die Karten für nächstes Jahr. Am Fahrerlagereingang liegen Autogrammjäger auf der Lauer, ein Mädchen wird später einmal seinen Urenkeln verklärt erzählen können, wie ihr im Gedränge Jean Alesi mit seinem Leih-Pkw über den Fuß gerollt ist. Michael Schumacher wird gestellt, es gibt Dellen und Lackschäden am neuen 500er Mercedes seines Managers, der begreift, daß es künftig besser sein wird, seinen Schützling besser zu tarnen, gleich mit dem Hubschrauber oder von einer Polizeieskorte begleitet per Motorrad auf Schleichwegen ins Fahrerlager zu schleusen. Die Szenen, die sich rings ums Motodrom seit 1992 abspielen, wären ein weites Forschungsfeld für Soziologen und Psychologen, der Große Preis offeriert zahllose Studienobjekte der immer abstruseren Phänomenologie von Massengesellschaft und Profisport – oder um es mit Hermann Wüstemeyer aus Dinslaken etwas einfacher auf den Punkt zu bringen: »Sobald ich den ersten Formel-1-Motor höre, stellen sich mir alle Haare auf.«

Die Nackenhaare sträuben sich auch bei den Akteuren, zahllose Dreher sorgen für größere und kleinere Schrecken: An einigen Stellen mag der neue Asphalt in Verbindung mit immer wieder auf die Piste gewirbelten Sand für unfreiwillige Pirouetten und Abflüge sorgen. Rund 7,4 Millionen Mark hat die Hockenheimring GmbH für ein neues Layout von Nordkurve, erster Schikane und Ostkurven-Schikane samt neuer Boxen ausgegeben, angeblich 750 000 Mark hat die neue, überdimensionale MOBIL-Öldose auf dem Start- und Zielturm gekostet. Alessandro Zanardi kreiselt im Minardi-Lamborghini am häufigsten, am Samstagmorgen gleich dreimal, aber auch Michael Schumacher erwischt es. Am Freitag ein 360° Dreher bei Tempo 200 auf Sand, den sein Benetton-Stallgefährte Martin Brundle auf die Strecke gewirbelt hat, im Abschlußtraining sogar ein leichter Unfall im Motodrom, der rechts vorn mit einer beschädigten Radaufhängung endet: »Wir müssen wegen unseres Leistungsmankos mit weniger Flügel als alle anderen fahren. Uns fehlt in den Kurven der Abtrieb.« Unterm Strich bleibt Schumacher damit der sechste Startplatz, für die 725 PS seines Ford-Cosworth V8 gegen die 50 bis 60 PS stärkere Kon-

■ *»Kennst Du die Perle, die Perle Tirols? Das Städtchen Kufstein, das kennst Du wohl!« – spätestens seit Karl Wendlinger die Formel-1-Szene bereichert... Der 23jährige Österreicher empfiehlt sich im veralteten March CG911-Ilmor für höhere Aufgaben, doch Karl Wendlingers Karriere wird 1994 in Monte Carlo ihre entscheidende Wende erfahren: Sind wir froh, daß Karl den Unfall überlebt hat, alles andere relativiert sich vor diesem Hintergrund sowieso...*

kurrenz eine respektable Leistung: »Wäre ich in meiner schnellsten Runde im Motodrom nicht abgeflogen, hätte ich Alesis Rundenzeit unterboten.«

Die Williams-Renault V10 und die McLaren-Honda V12 mobilisieren im Training schon um die 800 PS, Patrese wird mit 339 km/h vor der ersten Schikane gemessen, Senna liegt nur bei 330 km/h, Schumacher immerhin bei 329 km/h. In Hockenheim darf noch ein letztes Mal mit Rennbenzin gerast werden, danach werden die ätzenden, hochgiftigen Designer-Mixturen von »normalem Sprit« abgelöst, was etwa 50 bis 70 PS kostet. Die Formel 1 ist wieder mal zu schnell geworden, weshalb für 1993 bereits angekündigt wird, die Hinterradreifen von 17 auf 15 Zoll Breite zu reduzieren. Nigel Mansell fährt wie im Vorjahr sowohl am Freitag als auch am Samstag Bestzeit: »Mein Geheimnis war es, ganz zeitig auf die Strecke zu gehen, als noch kein Verkehr war und noch niemand Dreck auf den Kurs gebaggert hatte.« Im Abschlußtraining überläßt der Brite seinen Rennwagen zunächst sogar Riccardo Patrese, was dem Italiener zum zweiten Startplatz verhilft, ehe Nigel Mansell selbst wieder Platz nimmt und eine neue Bestmarke setzt, bevor er seine Zeitenjagd abbricht: »Ich bin über irgendwelche Teile auf der Strecke gefahren und habe mir dabei den Kühler beschädigt.« Mansells 1.37,960 gleich 250,449 km/h sind rund 1,2 Sekunden schneller als Sennas beste Runde: »Nach fünf Jahren an der Spitze fällt es mir schwer, mich dafür zu motivieren, daß ich chancenlos hinterherfahre«, klagt der Weltmeister, der fürs Rennen eine riskante, aber bereits seit zwei Jahren in Hockenheim bewährte Strategie anwendet. Ayrton Senna entscheidet sich mutig, auf einer härteren Reifenmischung ohne Boxenstop durchzufahren, auch Michael Schumacher wählt diese Lösung.

■ *Alessandro Zanardi produziert mit dem Minardi M192-Lamborghini die meisten Dreher und Abflüge des gesamten Rennwochenendes: Der 25jährige Italiener qualifiziert sich trotzdem für seinen ersten GP-Start in der Saison 1992. Dem eher zurückhaltenden Zanardi geht es wie vielen anderen Formel-1-Neulingen, die sich mit drittklassigem Material begnügen müssen und nach schweren Unfällen alsbald aus dem GP-Zirkus verschwinden. Ein paar Jahre später wird »Alex« Zanardi in der Indycar-Serie demonstrieren, welch exzellenter Rennfahrer der Formel 1 verlorengegangen ist.*

Riccardo Patrese erwischt den besten Start, weil Nigel Mansell von der Halbautomatik seines Williams-Renault etwas gefoppt wird, aber bereits vor der ersten Schikane zieht Mansell bereits wieder in Front und nimmt seinem Stallgefährten pro Runde mindestens eine halbe Sekunde ab. Der Engländer bleibt bis zum äußerst frühen Reifenwechsel nach 14 Runden vorn, fällt danach nicht nur hinter Patrese sondern auch hinter Senna zurück. Was dem Publikum einen interessanten Zweikampf beschert, bei dem Mansell in der Ostkurven-Schikane sogar kurz von der Piste rodelt, als er Senna etwas zu überstürzt attackiert und sich verbremst, ehe dann der Brasilianer in der 19. Runde den Engländer doch noch anstandslos passieren läßt. Einen Umlauf später ist Mansell sogar wieder Spitzenreiter, während Patrese nach seinem Reifenwechsel zunächst sogar noch hinter Schumacher bis auf den vierten Platz abrutscht. Patrese braucht zwölf Runden, ehe er einen Weg an dem Benetton-Ford vorbei findet: »Das war unter der Gürtellinie, Schumacher fuhr einige Male dumme und gefährliche Manöver, um mich hinter sich zu halten. Es darf nicht sein, daß jemand einen anderen Teilnehmer bei mehr als 300 km/h auf der Geraden schneidet!« Schumacher kontert: »Ich kann dazu nur sagen, daß ich ihm tatsächlich einige Male die Tür zumachte. Ich habe volles Verständnis dafür, daß er mich deshalb kritisierte. In Monaco war es praktisch umgekehrt, da war er es, der sich mit Händen und Füßen wehrte. So ist das eben in der Formel 1: Freiwillig gibt sich niemand so schnell geschlagen. Was sich in Hockenheim abspielte, lag absolut innerhalb der Grenzen des Üblichen.« Der rasende Riccardo stürzt sich nun auf Ayrton Senna, 13 Runden verbleiben dem Italiener noch, um sich den zweiten Platz zu erobern. Doch der Weltmeister gibt nicht klein bei, Patrese findet keine brauchbare Lücke und reitet in der Schlußrunde eingangs des Motodroms eine verzweifelte Attacke, die 500 Meter vor dem Ziel in der Auslaufzone endet, wo der unbeschädigt von der Strecke gekreiselte Williams-Renault steckenbleibt: »Das ist nicht gerade mein Wunschergebnis, aber als ich

■ *26. Juli 1992: Was von Anfang an für Michael Schumacher spricht – er freut sich immer auf die Champagnerdusche, als würde er das Ritual zum allerersten Mal in seinem Leben zelebrieren…*

überholen wollte, machte Senna zu, und ich mußte auf dem Schmutz neben der Ideallinie bremsen – da war das Auto nicht mehr zu halten.« Womit unter dem Jubel von 128 000 Zuschauern Michael Schumacher bei seinem Heimrennen doch noch Dritter wird und zur Siegerehrung aufs Podium darf: »Die vier WM-Punkte lagen heute eigentlich außerhalb meiner Reichweite«, mag der 23jährige Deutsche sein Glück kaum fassen, »es ist nicht zu glauben, zumal ich froh bin, überhaupt ins Ziel gekommen zu sein. Schon früh stieg die Öltemperatur meines Motors auf 130 Grad – 100 sind normal. Später rutschte ich auf einen Randstein, beschädigte dabei einen Ölkühler. Öl sprühte auf den linken Hinterreifen, das war kein angenehmes Fahren.« Nigel Mansell kommentiert indes seinen achten Saisonsieg im zehnten WM-Lauf wie gewohnt mit Leidensmiene: »Die Bodenwellen hier sind grausam, ich muß nun erst einmal zum Zahnarzt, so schlug es mir die Kiefer aufeinander.« Er wird die Zähne noch einmal zusammenbeißen, denn der WM-Stand nach Hockenheim macht es möglich, daß der bald 39jährige Engländer bereits beim nächsten Grand Prix in Ungarn vorzeitig Weltmeister werden kann. Nach Punkten lautet die Reihenfolge: Mansell 86, Patrese 40, Schumacher 33, Senna 24, Berger 20… Die WM-Vergabe ist so gut wie entschieden, weitaus spannender geht es hinter den Kulissen zu: Alain Prost wird nach einer einjährigen Pause für 1993 bei Williams-Renault einsteigen, hat sich jedoch längst ausbedungen, daß er Ayrton Senna nicht gleich im ersten Jahr als Partner zugeteilt bekommt. Während der frustrierte Senna seinem Ärger freien Lauf läßt, will der frischgekürte Champion Nigel Mansell bessere Vertragskonditionen bei Williams und fühlt sich am Ende derart hingehalten, daß sich der neue Weltmeister vorläufig im Zorn von der Formel 1 verabschiedet, um 1993 in den USA die Indycar-Rennserie zu fahren und gleich als Rookie zu gewinnen…

# Generationenwechsel

Wie strapazierbar ist der glückliche Zufall in der Formel 1? Radfahren scheint für manchen manchmal etwas gefährlicher zu sein: Drei Tage vor dem ersten Training zum deutschen Grand Prix stürzt Alessandro Zanardi in seiner Heimatstadt Bologna vom Rad, als ihn ein Auto gestreift hat. Der PKW-Fahrer setzt erschrocken zurück, um zu helfen, und rollt dabei mit seinem Gefährt über Zanardis Fußspitze – worauf der 26jährige Italiener in Hockenheim in seinem Lotus-Ford mit Gipsfuß startet, weil zwei Mittelfußknochen und ein Zeh angeknackst sind…

Beim Großen Preis von Deutschland dreht sich Zanardi nach 19 Runden von der Piste, nichts passiert. Einen Monat später übersteht Zanardi beim Training zum belgischen GP in Spa-Francorchamps bei Tempo 240 einen Abflug in die Leitplanken: Ein gewaltiger Schock nebst eines ausgeschlagenen Backenzahnes sind die Folgen – angesichts der Schwere des Unfalls schier unglaublich. Aber im Zeitalter der Kohlefaser-Monocoques scheinen die modernen Formel-1-Helden mittlerweile unsterblich zu sein. Und das Glück ist noch immer nicht aufgebraucht: Beim WARM-UP am Sonntagmorgen wiederholt sich in strömendem Regen das Horrorszenario des Pironi-Unfalls von 1982, diesmal mit Derek Warwick als unfreiwilligem Hauptdarsteller. Der Arrows des Briten rast mit Tempo 300 durch die Gischt, folgt dem McLaren-Ford von Ayrton Senna und dem Williams-Renault von Alain Prost, als das Trio nach der Ostkurve auf den Lola-Ferrari von Luca Badoer aufläuft, der etwa mit 100 km/h am rechten Streckenrand entlangrollt. Senna und

*■ Ein Riesentalent wie Michael Andretti geht 1993 an der Seite Ayrton Sennas sang- und klanglos unter: Der Brasilianer vermag mit dem McLaren MP4/8-Ford sogar seinen Erzrivalen und Formel-1-Heimkehrer Alain Prost im überlegenen Williams FW15C-Renault zu ärgern. Keine Frage: Der 33jährige Ayrton Senna hat den Zenit seiner Rennfahrerkarriere längst noch nicht erreicht – daß Senna am 25. Juli 1993 seinen letzten deutschen Grand Prix bestreitet, vermag kein Mensch zu ahnen…*

■ *24. Juli 1993: Gerade hat »Schumi« in buchstäblich letzter Sekunde Ayrton Senna vom dritten Startplatz verdrängt, das Publikum im Hockenheimer Stadion tobt, doch das Idol beäugt kritisch seinen Erfolg. Genug ist nie genug für einen wie Michael Schumacher.*

Prost erkennen das Hindernis im dichten Wasser-Spray gerade noch rechtzeitig und können ausweichen, während Warwick im Blindflug hineinknallt, auf den Leitplanken entlangschleift und sich ins Kiesbett überschlägt: »Diesmal hätte es ins Auge gehen können«, wird Derek Warwick nach einer ärztlichen Überprüfung in der Heidelberger Universitätsklinik einräumen – und dennoch beim Großen Preis von Deutschland starten: »Natürlich fuhr mir ein gewaltiger Schreck in die Glieder, aber ich bin okay und werde am Rennen teilnehmen.« Und wie zum Hohn auf den Unfall im strömenden Regen wird vier Stunden nach dem Warm-Up bei strahlendem Sonnenschein auf trockener Piste gestartet…

Riccardo Patrese feiert in Hockenheim seinen 250. Grand-Prix-Start – und vielleicht auch ein wenig, daß er all diese Rennen überlebt hat. Wie läßt uns Patrese wissen: »Ich denke nicht über diese Dinge nach, die einzigen Rennen, die zählen, sind das letzte und das nächste…« Michael Schumacher hat auch seinen neuen Kollegen bei Benetton-Ford klar in den Schatten gestellt, übrigens noch deutlicher als im Vorjahr den von vielen Zeitgenossen zu Unrecht unterschätzten Martin Brundle. Schumacher würde Patrese gern im Team behalten, aber die Tage des Italieners in der Formel 1 sind trotz seines GP-Rekordes längst gezählt. Nur weiß der junge Deutsche damals noch nicht, daß Patrese für seine bescheidenen Vorstellungen bei Benetton weitaus mehr Geld bekommt, aber das ist eine ganz andere Geschichte, mit deren Hilfe Schumachers Anwälte geraume Zeit später für ihren Mandanten eine überaus ansehnliche Gehaltserhöhung durchzusetzen vermögen…

Aber wen interessieren Details? Alle interessiert nur »Schumi«! Am Freitag säumen bereits 56 000 Zuschauer den Kurs, am Samstag sind es 78 000 und am Sonntag 150 000. WM-Spitzenreiter Alain Prost zeigt sich beeindruckt: »Es ist für uns alle toll, durch das Motodrom mit den dichtbesetzten Rängen zu fahren. Für Michael ist es wohl am schönsten, weil ihm die Ovationen gelten. Ich weiß, was er empfindet, weil ich zuletzt in Magny-Cours so sehr gefeiert wurde.« Und Bernie Ecclestone mag frohlocken: »Ich habe immer gesagt, wir brauchen einen deutschen GP-Fahrer – deshalb setzte ich mich auch so sehr für Michael ein.« Im Abschlußtraining sorgt das Idol der deutschen Rennfans für einen ersten Paukenschlag, als es lange Zeit hinter Prost die zweitbeste Zeit hält. Dann überschlagen sich die Ereignisse: Damon Hill steigert sich, verdrängt Schumacher auf den dritten Platz, und in der letzten Trainingsminute ist auch noch Ayrton Senna drei Hundertstel schneller als »Schumi«! Doch der Benetton-Ford hat seine letzte Runde noch nicht beendet, unter dem Jubel seiner Fans sichert sich Michael Schumacher mit drei Hundertstel Vorsprung auf Senna im allerletzten Augenblick die dritte Startposition: »Wenige Minuten vor Trainingsende ging ich nochmals mit gebrauchten Reifen auf die Strecke und gab alles, was ich konnte. Ein paarmal war ich wirklich über dem Limit, aber am Ende hatte ich meine Zeit.« Wobei sich Schumacher gleichwohl über die Politik von Ford beschwert: »Es ist ein Unding, daß McLaren hier auch den neuen Serie VIII-Motor fährt. Benetton ist Ford-Partner Nummer Eins – nur wir sollten ihn hier bekommen.«

Alain Prost zeigt sich erleichtert darüber, das Trainingsduell mit seinem Stallgefährten Damon Hill um knapp zwei Zehntel gewonnen zu haben: »Es ist hier immer wichtig, auf der Pole Position zu stehen, weil die erste Kurve immer recht schwierig zu nehmen ist. Die Gerade danach ist sehr lang, aber auch ein wenig schmal und das Anbremsen der ersten Schikane wird sehr hart. Auf der rechten Straßenseite ist der Belag sehr wellig, und wenn Du jemanden an dieser Stelle überholen willst, wird das immer schwierig, besonders, wenn Du noch 200 Liter Benzin im Wagen mitschleppst.« Der »Professor« betätigt sich damit als wahrer Prophet: Denn wie schon so oft in dieser Saison mißlingt dem 38jährigen Franzosen das Kunststück, mit der Halbautomatik einen blitzsauberen Start zu produzieren. Diesmal drehen die Reifen durch: »Ich bin am Start eine Schlafmütze…« Davon profitieren Damon Hill und Michael Schumacher, während Alain Prost sich auf dem dritten Platz bereits der Attacken von Ayrton Senna erwehren muß, vor der ersten Bremskurve wird es wieder einmal eng und den beiden Erzrivalen geht die Straße aus... »Ich wollte Senna diesmal zeigen, daß ich nicht immer nachgebe«, wird Prost erklären. »Wir bremsten beide viel zu spät. Keiner wollte nachgeben, folglich konnte es nicht gutgehen«, zeigt sich Senna milde, »letztlich hatte Prost mehr Glück als ich, aber Spaß hat es trotzdem gemacht.« Der Williams-Renault liegt innen, der McLaren-Ford außen, beide rattern über die Curbs, doch Prost fährt weiter, ohne einen Platz zu verlieren, während sich Senna dreht und nach einer spektakulären Kehrtwende aus dem Stand erst als letzter nach 2.07,667 Minuten zurückkehrt, über 18 Sekunden hinter Spitzenreiter Damon Hill. In dieser dramatischen Startrunde hätte es beinahe in der Ostkurven-Schikane einen Unfall gegeben, als sich Martin Brundle auf dem vierten Platz verbremst und zweimal um die eigene Achse durch den Notausgang dreht, den sicherheitshalber auch der unmittelbar davor plazierte Alain Prost wählt, um einer Kollision zu entgehen. Nach all diesen Aufregungen schafft es der 38jährige Franzose erst in der sechsten Runde, den vom Publikum mit Feuerwerksraketen und Böllerschüssen gefeierten Michael Schumacher vom zweiten Platz zu verdrängen. In der achten Runde zieht Prost an seinem Teamkollegen Damon Hill vorbei, ehe dem neuen Spitzenreiter eine Stop-and-Go-Strafe angezeigt wird. Ebenso spät wie unverständlich haben die Rennkommissäre den Herren Prost, Brundle und Suzuki wegen »Abkürzens der Ostkurven-Schikane« jeweils eine zehnsekündige Zeitstrafe aufgebrummt, die der Williams-Renault-Fahrer nach der neunten Runde am Ende der Boxengasse absitzt: »Es ist ein Skandal, die Stop-and-Go-Strafe war absolut nicht gerechtfertigt«, ereifert sich Alain Prost nach dem Rennen, »wäre ich vorschriftsmäßig durch die Schikane, hätte mich Brundle zwangsläufig abgeschossen. Um einen Crash zu vermeiden, lenkte ich also durch den Notausgang. Die Strafe ist völlig ungerechtfertigt, zumal mir der Vorfall keine Positionsverbesserung brachte.« FIA-Starter Roland Bruynseraede versucht sich zu wehren: »Die sollten mal einen Tag lang meinen Job tun, dann würden sie merken, wie schwer es ist, immer gerecht zu sein.«

Nach Prosts Malheur scheint der Sieg an Damon Hill vergeben, während Michael Schumacher langsam aber sicher den Anschluß verliert. Kurz vor dem Start ist der Kerpener auf den Ersatz-Benetton umgestiegen, weil sein eigentliches Rennfahrzeug auf Bodenwellen aufsetzt und beim Bremsen unruhig liegt. Irgendwas an der aktiven Aufhängung stimmt nicht, auf den neuen Ford-Serie VIII-Motor hat Schumacher aus Sicherheitsgründen sowieso verzichtet, was ihn einiges an Topspeed kostet: Während Prost am Samstag vor der ersten Schikane mit 342,42 km/h gemessen wurde, zeigen die Datenausdrucke für Schumacher und Senna exakt 332,51 km/h an. Nun also der um 20 PS schwächere Treibsatz, dazu im Reserveauto –

■ *25. Juli 1993: Damon Hill (Williams FW15C-Renault) stürmt auf und davon, während Alain Prost (Williams FW15C-Renault) wieder einmal seine Pole Position verschenkt hat. Dahinter folgen Michael Schumacher (Benetton B193B-Ford), Ayrton Senna (McLaren MP4/8-Ford) und Mark Blundell (Ligier JS39-Renault).*

und trotzdem wird »Schumi« gegen Ende seines Heim-GP in 1.41,859 gleich 240,862 km/h knapp vor Senna die schnellste Runde des Rennens drehen... Und wer weiß, was passiert wäre, hätte man sich bei Benetton nicht für zwei Reifenwechsel entschieden: »Wie auf dem ersten Satz untersteuerte mein Benetton gegen Ende, zudem klang mein Motor in der Schlußphase so merkwürdig, daß ich die Gänge vorsichtshalber nicht mehr so hoch ausdrehte.« Und trotzdem ist Schumacher am Ende Zweiter, keine 17 Sekunden hinter Prost...

Senna wechselt nur einmal die Reifen, seine McLaren-Crew benötigt dafür gerade mal 4,8 Sekunden! Ein Weltrekord mit Ewigkeitswert, denn ab nächstem Jahr darf während des Rennens nicht nur neues Reifengummi aufgezogen, sondern auch Sprit nachgefüllt werden. Das hat Bernie Ecclestone am Donnerstagabend vor dem Großen Preis mit den monatelang zerstrttenen Formel-1-Teamchefs vereinbart. Im »Walkershof« in Reilingen drückt der FOCA-Boß nach monatelangen Streitereien für 1994 eine umfassende technische Abrüstung durch: Die Rennställe werden auf aktive Radaufhängungen, Traktionskontrollen, ABS, Servo- und Allradlenkungen verzichten, sündhaft teure und längst vorhandene Technologie wird auf den Müllhaufen geworfen. Denn die Formel 1 soll wieder ausgeglichenere Rennen bieten, die Show muß spannender werden. Ecclestone-Freund und FIA-Präsident Max Mosley wird dieses »Reilinger Abkommen« alsbald absegnen. Und der Grand-Prix-Sport wird 1994 tatsächlich, aber auf völlig andere Art und Weise an Spannung gewinnen... Ayrton Senna liefert aber noch einmal ein begeisterndes Rennen, am Ende seiner Aufholjagd durch das gesamte Feld ist er Vierter, verpaßt einen Platz auf dem Podium nur um knapp zehn Sekunden. Aber manchmal muß auch ein Senna gar nicht auf dem Treppchen stehen, um zu wissen, daß er auch nach seinen eigenen, exorbitant hohen Maßstäben eine ganz außergewöhnliche Leistung vollbracht hat: »Ich habe das Gefühl, daß ich gut fahre, nicht viele Fehler mache. Ich hole aus dem Auto und dem Motor, der uns zur Verfügung steht, das Bestmögliche heraus. Die Resultate beweisen das. Ich habe mehr Ausgeglichenheit als früher, weiß mehr darüber, was ich tue und wie man Dinge optimal tut. Ich schöpfe das vorhandene Potential voll aus.« Der 33jährige Brasilianer weiß bereits, daß er 1994 im besten Formel-1-Rennwagen sitzen wird. Die Aussicht auf den Williams-Renault befriedigt und stimmt versöhnlich: Es wäre an jenem 25. Juli 1993 absurd, auch nur im entferntesten einen Gedanken daran zu verschwenden, daß Ayrton Senna zum letzten Mal bei einem Großen Preis von Deutschland am Start gewesen ist..

Bei Williams-Renault fahren Damon Hill und Alain Prost ohne Reifenwechsel durch, der 33jährige Brite, der vierzehn Tage vorher den sicheren Heim-Sieg in Silverstone wegen eines Motorschadens verpaßte, scheint nun in Hockenheim endlich seinem ersten GP-Sieg entgegenzusteuern. Bei zwölf Sekunden Vorsprung auf Prost fragt Hill sechs Runden vor Schluß per Funk noch einmal an der Williams-Box nach, ob er mit Blick auf die Situation in der WM-Wertung nicht doch noch seinen französischen Teamkollegen vorbeilassen soll?! Doch ostentativ hängen sie ihm die Tafel »P1 – o.k.« bei der nächsten Passage bei Start und Ziel heraus, Hill darf wirklich gewinnen. Alain Prost wird nach dem Rennen sagen: »Ich spürte in den letzten Runden starke Reifenvibrationen.« Michael Schumacher begreift nach der Siegerehrung nur zu bald, daß die Benetton-Regie seinen durchaus möglichen Heimsieg verspielt hat: »Vielleicht hätte ich mir doch den zweiten Reifenwechsel ersparen sollen. Ich wußte leider nicht, daß Prost noch auf seinem ersten Satz unterwegs war.« In der vorletzten Runde signalisiert ein Sensor dem Spitzenreiter per Warnlicht im Cockpit, das ein Reifen Luft verliert: Damon Hill kündigt per Funk das Malheur an und hat diese 44. Runde noch nicht beendet, als es den linken Hinterreifen auf der Anfahrt zur Boxengasse zerreißt... »Es ist noch frustrierender als mein Motorschaden in Silverstone. 13 Sekunden Vorsprung, noch eineinhalb Runden zu fahren – ich hatte den Sieg praktisch in der Tasche.« Frank Williams verteilt zum Trost ein paar Komplimente: »Damon ist schnell, er treibt Prost an und arbeitet hart.« Davon, daß Damon Hill das Zeug zum Weltmeister hat, ist damals nicht die Rede... Gedanken an den Titel macht sich da schon eher Michael Schumacher, er will mit dem Benetton-Team in den nächsten zwei, drei Jahren den WM-Titel anpeilen: »Ob dieser Serie VIII-Motor von Ford ausreicht, um Weltmeister zu werden, würde ich in Frage stellen. Zumindest in der aktuellen Version kann es Schwierigkeiten geben. Da muß also etwas passieren.« Die Klagen werden erhört, Ford bereitet für 1994 den für 15 000 U/min ausgelegten Zetec V8 vor, der 765 PS mobilisieren kann und damit den Abstand zum Renault V10 auf etwa 20 PS verkürzen wird. Doch einstweilen feiern 148 000 Zuschauer »Schumi« schon mal wie einen Weltmeister, als der 24jährige Deutsche auf seiner Auslaufrunde in Richtung Start und Ziel zurückkehrt: »Die Leute haben mich schon beim Training so toll unterstützt, jetzt haben sie mir noch viel mehr geholfen. Ein Riesenkompliment an dieses Publikum!« Ein paar bange Augenblicke gibt es für Michael Schumacher nach dem Rennen freilich erst noch zu überstehen: McLaren hat gegen den Benetton Protest eingelegt, doch die Rennkommissare stellen fest, daß der beanstandete Öltank reglementskonform positioniert ist. Ein Jahr darauf werden Proteste gegen Benetton mehr von Erfolg gekrönt sein…

Alain Prost indes kann in Hockenheim seinen 51. GP-Sieg feiern, wobei sich damals gewiß niemand, am allerwenigsten der 38jährige Franzose selbst, vorstellen mag, daß dies Prosts letzter Sieg bei einem Lauf zur Formel-1-WM gewesen ist. Im Zwischenklassement führt Prost jetzt mit 77 Punkten, Senna und Schumacher folgen deutlich dahinter mit 50 bzw. 36 Zählern: »27 Punkte Vorsprung sind ein gutes Polster, aber wir haben noch sechs Rennen«, stapelt Alain Prost tief, als ob er tatsächlich ahnt, daß er erst zwei Monate und vier Rennen später seine vierte Weltmeisterschaft unter Dach und Fach bringt. Und bis dahin wird der 38jährige auch seinen Rücktritt als Formel-1-Rennfahrer verkündet haben, was aber nicht allein daran liegt, daß sich Alain Prost nicht noch einmal einen Ayrton Senna als Teamkollegen bei Williams-Renault antun möchte: »Mit 25 fährst Du bei jeder Gelegenheit am Limit. Mit 38 fährst Du nur noch schnell, wenn es nötig ist. Ein 25jähriger regeneriert sich schneller als einer, der zehn Jahre älter ist. Ich muß mir beim Fahren meine Kräfte besser einteilen und außerhalb des Cockpits viel härter trainieren.« Einer der klügsten Köpfe des Formel-1-Metiers demonstriert noch im Augenblick des Rücktritts seine Größe. Wer nach einem Jahr Formel-1-Rennpause wieder auf Anhieb zum vierten Mal Weltmeister geworden ist, auch auf einem Williams-Renault, muß niemandem mehr etwas beweisen.

Die Formel 1 steht vor einem Generationenwechsel, auch für einen Thierry Boutsen sind die Tage im GP-Sport gezählt: Von Jordan als Notnagel verpflichtet, hat sich der 36jährige Routinier nie so recht mit Straßenlage und Sitzposition seines neuen Gefährts anfreunden können. In

■ *Ein Reifenmalheur verhindert den ersten GP-Sieg von Damon Hill: Der bald 33jährige Engländer fährt 1993 seine erste komplette Formel-1-Saison. Mit dem Williams FW15C-Renault verfügt der Sohn des unvergessenen zweifachen Weltmeisters Graham Hill über den besten Rennwagen des Grand-Prix-Feldes, was es schwer macht, Damons fahrerische Leistungen im Vergleich zur Konkurrenz einzuschätzen. Sinnigerweise widerfährt in dieser Hinsicht dem sympathischen Briten erst Jahre später ein wenig Gerechtigkeit, nachdem ihm Frank Williams 1996 den Laufpaß gibt und prompt die einstige Überlegenheit des renommierten Formel-1-Rennstalls schwindet.*

Hockenheim ist Boutsen im Training eine Sekunde langsamer als sein 15 Jahre jüngerer Teamkollege Rubens Barrichello: »Jungen Fahrern ist es egal, ob ihr Auto gut oder schlecht liegt. Sie fahren mit allem schnell.« Barrichello scheidet im Rennen aus, Boutsen wird überrundet Dreizehnter, zwei Rennen später, nach seinem 163. GP-Start hat der Belgier genug und hört auf.

Potentielle Nachfolger für ein freiwerdendes Formel-1-Cockpit gibt es zuhauf, manche haben sogar genügend Geld. Einer hat nur sein Talent und schafft es in jenen Sommertagen des Jahres 1993 doch noch, die Tür zur Formel 1 einen Spalt weit zu öffnen und seinen Fuß hinein zu bekommen: Heinz-Harald Frentzen, seit gar nicht so fernen Gruppe-C-Tagen soetwas wie der »verlorene Sohn« Peter Saubers, darf zwischen Hockenheim und Hungaroring in Mugello den schweizer Formel-1-Rennwagen testen. Team Sauber tritt zur Mitte der Saison etwas auf der Stelle: »Wir sind auf der Geraden zu langsam und in den Kurven nicht schnell genug«, klagt Karl Wendlinger nach seinem neunten Platz beim Großen Preis von Deutschland. Heinz-Harald Frentzen hat also nichts zu verlieren, überzeugt in Mugello und löst sich damit doch noch sein GP-Einstiegsbillet. Mit 26 Jahren spät, aber noch nicht zu spät…

# Unter Feuer

Wollte man alle Skandale der GP-Saison 1994 restlos aufzählen, so würde der Umfang dieses Buches nicht ausreichen: Nicht nur das durch ehelichen Kleinkrieg und außerehelichen Verkehr so arg in Verruf geratene britische Königshaus erlebt sein Annus Horribilis. Ein »Schreckensjahr« fegt über den Grand-Prix-Zirkus hinweg: Mit Roland Ratzenberger und Ayrton Senna gibt es nach acht Jahren trügerischen Glücks wieder tote Formel-1-Rennfahrer zu beklagen, während Karl Wendlinger 79 Tage nach seinem Sturz in Monte Carlo mit anschließendem Koma das Innsbrucker Universitätsklinikum wieder verlassen kann. Die negativen Schlagzeilen bedrohen das Geschäft, ausgerechnet vor dem Großen Preis von Deutschland häufen sich auch noch peinliche Vorfälle um das Benetton-Team: Beim britischen GP in Silverstone ist Michael Schumacher in der Einführungsrunde kurze Zeit vor Pole-Setter Damon Hill gefahren, dafür gibts eine Stop-and-Go-Strafe, die Schumacher und das Benetton-Team jedoch zunächst ignorieren, dann folgt die Schwarze Flagge, doch Schumacher fährt immer noch nicht an die Boxen, sitzt seine Zehn-Sekunden-Zeitstrafe erst nach weiteren drei Runden ab. In Silverstone wird der »Fall Schumacher« mit einer Geldbuße von 25 000 Dollar geahndet, der Deutsche behält sogar den zweiten Platz, womit der Kerpener 1994 bei acht WM-Läufen sechsmal gewonnen und zweimal den zweiten Platz belegt hat, was unterm Strich 72 WM-Punkte und die deutliche Führung wären, 33 Zähler vor Silverstone-Sieger Damon Hill. Doch die Rechnung geht nicht auf, kurz vor dem Großen Preis von Deutschland fällt die FIA ein folgenschweres Urteil: Schumacher wird für die Vorfälle in Silverstone nachträglich disqualifiziert, verliert jedoch nicht nur sechs WM-Punkte, sondern darf zur Strafe auch nicht bei den nächsten beiden WM-Läufen in Hockenheim und am Hungaroring starten! Das schiere Entsetzen trifft die Fangemeinde, die sich bereits seit Tagen und Wochen zu Zehntausenden am Motodrom häuslich eingerichtet hat: »Dat iss nich fair!« und »So eine Sauerei!«, sind noch die harmloseren Kommentare. Bei der Hockenheimring GmbH befürchtet man Aufruhr, wenn WM-Spitzenreiter Schumacher nicht startet. 150 000 Eintrittskarten

■ *Ein Spätzünder bekommt doch noch seine Formel-1-Chance: Heinz-Harald Frentzen fährt seine erste Grand-Prix-Saison bei Sauber-Mercedes – nicht wenige Kenner behaupten, 1994 sei das beste Jahr der Rennfahrerkarriere des damals 27jährigen Mönchengladbachers gewesen.*

sind verkauft, das Motodrom ist voll – und dann soll das Idol der Nation nicht starten dürfen?! Zu allem Überfluß gibt es auch noch eine anonyme telefonische Morddrohung gegen Damon Hill, die die Polizei sehr ernst nimmt – kurzum: Nichts, aber auch rein gar nichts ist mehr normal bei diesem Rennwochenende. Aber insofern wird der Große Preis von Deutschland am 31. Juli 1994 zum Spiegelbild der gesamten Formel-1-Saison...

Allein eine Berufung von Schumachers Benetton-Team könnte das FIA-Urteil vorerst nicht vollstreckbar machen, wird »Schumi« seine Fans erlösen? Aber freilich, am Donnerstagvormittag läuft es als DPA-Eilmeldung, und am selben Nachmittag richtet der noch ungekrönte König der Formel 1 auf einer eiligst anberaumten Pressekonferenz die Botschaft an sein Volk: »Der Heim-Grand-Prix ist für jeden Fahrer das wichtigste und emotionsreichste Rennen. So viele Leute sind meinetwegen hergekommen, viele andere haben schon vor sechs Monaten keine Karte mehr bekommen«, erläutert der 25jährige Kerpener mit belegter Stimme, »hier bin ich zuhause, hier möchte ich den Fans etwas geben. Das ist es, was mich begeistert. Ich danke Euch!« Doch für das Benetton-Team hat die FIA an diesem Rennwochenende noch weitere Überraschungen bereit: Die Gerüchteküche brodelt, weil nach dem verhängnisvollen Imola GP die Software aus dem Benetton-Bordcomputer nicht rechtzeitig zur Überprüfung ausgehändigt worden ist und sich bei dem verspäteten Check noch eine Traktionskontrolle aus dem letzten Jahr findet, eine Art »Starthilfe«, die mittlerweile verboten ist, sich aber laut Benetton nicht mehr aktivieren läßt. Schumachers Manager empört sich: »Man versucht, Michael schlecht zu machen. Es ist eine Unverschämtheit, dem Jungen und dem Team jetzt so etwas anzudichten.«

Bald wird das böse Wort vom »Schummel-Schumi« durch die Gazetten gehen, aber vorerst hat Michael Schumacher ganz andere Sorgen. Im Abschlußtraining reicht es dem WM-Favoriten zum vierten Startplatz hinter Berger, Alesi und

■ *31. Juli 1994, die letzten Augenblicke vor dem vielleicht dramatischsten und zugleich enttäuschendsten Rennen um den GP von Deutschland: In der ersten Startreihe rechts vorn auf der Pole der spätere Sieger Gerhard Berger, links daneben im zweiten Werks-Ferrari 412T1B Jean Alesi, dahinter in der zweiten Linie links Michael Schumacher im Benetton B194-Ford und rechts sein künftiger Dauer-Kontrahent Damon Hill mit dem Williams FW16B-Renault. Dahinter noch zu erkennen der zweite Williams-Renault von David Coulthard und die (noch heile) Nase des McLaren MP4/9-Peugeot von Mika Häkkinen...*

Hill: »Mit meiner Leistung bin ich zufrieden, nur mit dem Startplatz nicht. Ich habe erwartet, daß die Ferraris gut sind, denke aber, daß es im Rennen anders aussieht.« Nach den tödlichen Unfällen von Imola hat die FIA mit Korrekturen an den aerodynamischen Bestimmungen versucht, die Kurvengeschwindigkeiten der Formel-1-Rennwagen etwas zu reduzieren, zusammen mit der wieder einmal umgebauten Ostkurvenschikane kostet das in Hockenheim etwa vier bis fünf Sekunden pro Runde. Doch was die Spitzengeschwindigkeit anbelangt, die auf dem kurpfälzer Grand-Prix-Kurs eine weitaus wichtigere Rolle spielt als gute Straßenlage, ist die Konkurrenz von Ferrari und Renault fast schon wieder so schnell wie im Vorjahr, während der neue Ford V8 deutlich abfällt, was die Überholchancen des Kerpeners auf Null reduziert: Für Bergers Ferrari V12 werden am Samstag 334,4 km/h gemessen, Hills Williams-Renault V10 schafft 333,3 km/h, während Schumacher mit 323,4 km/h die Lichtschranke passiert – Rang 15! Ganz vorn liegt der Ligier-Renault von Eric Bernard mit 335,4 km/h, Teamkollege Olivier Panis liegt ex aequo mit Berger auf Rang Zwei der High-Speed-Liste... Heinz-Harald Frentzen schlägt sich bei seinem ersten Heim-GP mit Startplatz neun im Sauber-Mercedes erfreulich, was man von seinem ersten Kontakt mit den Fans am Hockenheimring nur bedingt behaupten kann. Die stellen Frentzens privaten Mercedes-Benz-PKW an den Schranken zum Fahrerlager und ramponieren vor lauter Begeisterung das teure Gefährt: »Um mein Auto zu schützen, rief ich den Fans zu, ich würde aussteigen und Autogramme geben. Aber die glaubten mir zunächst nicht. Erst nach Minuten gelang es mir, die Tür zu öffnen und tatsächlich auszusteigen.« Der Wirtschaftskontrolldienst bläst zur Jagd auf fliegende Händler: Das Schumacher-Management ärgert sich über T-Shirts mit Namen und Konterfei des Rennidols, die außerhalb der offiziellen Schumacher-Kollektion verscherbelt werden… Am Samstagmittag werden die beiden Bremskurven auf den Hockenheimer Waldgeraden offiziell umbenannt: Die erste nach Jim Clark, der bekanntlich unweit davon entfernt am 7. April 1968 tödlich verunglückt ist. Die Schwester von Jim Clark und ihr Mann wohnen der schlichten Zeremonie ebenso bei wie Bernie Ecclestone, dem während des ganzen Aktes das unwürdige Gegröle hinzugeeilter Zuschauer gilt. Eine traurige Szenerie, ob die krakeelenden Massen überhaupt wissen, wer Clark war? Dann geht es weiter in Richtung zu der Schikane zwischen Ostkurve und Motodrom-Eingang, die nun »Ayrton-Senna-Kurve« heißt – ob sie ihn in zwanzig, dreißig Jahren nicht auch längst vergessen haben werden?

Der Rennsonntag beschert das klassische Hockenheim-Rennwetter, sonnig und heiß, was bis zur Startzeit das Rennfieber weiter steigen läßt. »Am schlimmsten war die Fahrerparade in den offenen Autos«, meint Damon Hill, der nach wie vor unter Polizeischutz steht: »Die Leute auf den Tribünen schossen Raketen ab, und ich hatte Angst, da könnte ein richtiger Schuß darunter sein. Ich verstehe ja, daß die Deutschen sich Schumacher als Weltmeister wünschen, aber ich kann die Fans beruhigen: Michael Schumacher ist so gut, daß er das ganz alleine schafft. Für mich ist er das größte Fahrtalent seit Ayrton Senna.« Und so geht denn das wohl verrückteste Rennwochenende in der Geschichte des GP von Deutschland auf seinen Schlußakt zu – und mit viel Glück bleibt dem Motorsport eine weitere Tragödie nach den tödlichen Unfällen von Roland Ratzenberger und Ayrton Senna erspart…

■ …und dann geht alles ganz schnell und so schief wie nur irgendmöglich: Unsanft in der Boxenmauer hängengeblieben sind der Lotus 109-Mugen von Alex Zanardi (links) und der Minardi M194-Ford von Pierluigi Martini, während ganz rechts im Bild der Minardi von Michele Alboreto durch das Gras rodelt und sich die beiden Simtek S941-Ford von David Brabham und Jean-Marc Gounon aus der letzten Startreihe einen Weg durch das Chaos bahnen.

In der Formel 1 kracht es 1994 an allen Ecken und Enden, der Start zum Großen Preis von Deutschland wird zum Symbol: Mag auch alles in Trümmern liegen, wir fahren trotzdem weiter. Erster Schauplatz ist der Bereich Start- und Ziellinie, wo de Cesaris den Lotus-Mugen von Zanardi in die Boxenmauer drängt, wohl weil sein Sauber-Mercedes seinerseits von einem Minardi angeschubst worden ist, aber im Prinzip ist das sowieso egal, denn sowohl Alboreto als auch Martini bleiben mit den beiden Italo-Rennwagen ebenfalls bei dieser Kollision auf der Strecke. Kaum ist dieser Knall verdaut, da braut sich auf der Anfahrt zur Nordkurve das nächste Unheil zusammen: Irvine im Jordan-Hart touchiert Blundell im Tyrrell-Yamaha, der wiederum Coulthards Williams-Renault streift, womit es für Häkkinens McLaren-Peugeot zu eng wird. Der Finne zieht abrupt in Richtung Fahrbahnmitte, bekommt noch einen Schubs von Coulthard und reißt Blundell und Irvine mit. Frentzens Sauber-Mercedes wird von Blundells Tyrrell getroffen, Barrichello landet mit seinem Jordan-Hart im Kiesbett und Brundle befördert mit seinem McLaren-Peugeot irgendwie noch Herberts Lotus-Mugen von der Piste. Die FIA glaubt, den Überblick zu besitzen und wird später Häkkinen für den nächsten GP sperren und Alboreto, de Cesaris sowie Zanardi verwarnen... Zehn von 26 gestarteten Rennwagen sind in den ersten Sekunden dieses GP draußen, mit Alesis Ferrari strandet sogleich ein elftes Gefährt, während die beiden Williams-Renault unter dem lautstarken Jubel des deutschen Rennpublikums bereits nach der ersten Runde ihre Box ansteuern. Bei Coulthards Wagen ist der Frontspoiler demoliert, während Hill sich die Spurstange verbogen hat, als er in der Senna-Kurve mit dem Tyrrell von Katayama aneinandergeraten ist: »Ich war zu ungeduldig. Als ich gemerkt habe, daß ich an Katayama nicht vorbeikomme, bin ich vom Gas. Aber da war schon Schumacher neben mir.« Hill verliert 3 Minuten und 12 Sekunden bei der Reparatur, Coulthard wird später wegen eines Elektrikdefekts im Getriebe aufgeben... Alles läuft für Lokalmatador Michael Schumacher, der nach der ersten Runde dichtauf hinter Gerhard Berger auf Platz zwei folgt – und einige nachdenkliche Zeitgenossen werden sich fragen, ob das vielleicht der Grund sein mag, weshalb das Rennen nicht abgebrochen und neugestartet wird? Heinz-Harald Frentzen, dessen erster Heim-GP bereits nach ein paar 100 Metern beendet ist, bekundet jedenfalls: »Aus zwei Gründen kann ich nicht verstehen, weshalb das Rennen nicht abgebrochen und neu gestartet wurde. Für die 150 000 Zuschauer ist es meiner Meinung nach eine Zumutung, um die Hälfte des Startfeldes betrogen zu werden. Außerdem muß in solchen Fällen aus Sicherheitsgründen abgebrochen werden. Es können trotz aller Sorgfalt Trümmerreste auf der Piste zurückbleiben, die Reifenschäden verursachen können.«

■ *Unterdessen schlägt in der Nordkurve Mika Häkkinen mit seinem McLaren MP4/9-Peugeot unfreiwillig eine weitere Schneise ins Feld...*

Schumacher und Benetton setzen auf zwei Boxenstops, Ferrari und Berger haben nur einen Halt eingeplant. Wenn die Strategie für den Deutschen aufgehen soll, muß er möglichst bald am Österreicher vorbeiziehen, um einen ausreichend großen Vorsprung für den ersten Stop herauszufahren: »Ich setzte den Ferrari unter großen Druck. Ich fühlte, daß ich unter Umständen hätte die Führung übernehmen können.« Doch dem mit wenig Benzin an Bord gestarteten Benetton fehlt auf den Geraden das letzte Quentchen Endgeschwindigkeit, um Berger vorzufahren: »Ich hatte alle Hände voll zu tun, Schumacher hinter mir zu halten. Der Benetton ist immer noch der schnellste Wagen im Feld.« Zumindest im Kurvengeschlängel des Motodroms, aber da gibt es für Schumacher erst recht keine Überholchance. Als »Schumi« bereits nach zwölf von 45 Runden zum Nachtanken und Reifenwechseln die Benetton-Box ansteuert, stellt sich bereits die Frage, ob das überhaupt noch zum Sieg reichen kann? Zumal der Deutsche den Rückstand von 20 Sekunden auf Berger nicht mehr verkürzen kann: »Nach dem Boxenstop hatte ich ein Problem. Ich habe keine Ahnung, was los war, aber der Motor schien Leistung zu verlieren.« Ehe die Benetton-Crew aus den Telemetrie-Daten schlau wird, was mit Schumachers Triebwerk los ist, rollt Teamkollege Jos Verstappen nach der 16. Runde

■ *Die Artisten in der Zirkuskuppel – ratlos... Von links nach rechts scheinen Mark Blundell, Mika Häkkinen und Rubens Barrichello sich noch nicht so recht mit ihrer Rolle als Fußgänger angefreundet zu haben: Wahrscheinlich rechnen sie wie andere kundige Beobachter auch mit dem Abbruch und Neustart des Rennens – der dann aber zur Überraschung aller ausbleibt...*

zum Tankstop herein. Irgendwie verkantet der verantwortliche Mechaniker das Ventil auf dem Einfüllstutzen, Benzin schwappt über auf den glühend heißen Rennwagen, in dem Verstappen sitzt: »Ich dachte, wer gießt denn jetzt Wasser über den Wagen?« Sekundenbruchteile später steht der Benetton in Flammen: »Jetzt aber geriet ich in Panik. Es war fürchterlich. Was sich in wenigen Sekunden abgespielt hat, erschien mir unglaublich lang. Ich habe sofort versucht, mich loszuschnallen. Aber in der extremen Streß-Situation funktioniert das nicht gleich.« Verstappen gelingt es im zweiten Versuch, den Gurtverschluß zu öffnen, während besonnene Streckenposten sofort mit Feuerlöschern zu Hilfe kommen und in Sekundenschnelle die Flammen ersticken. Verstappen und vier Benetton-Mechaniker werden zur Untersuchung ins Krankenhaus gebracht, von dort gibt es dann zum Glück aber Entwarnung.

*Ein Bild, das symptomatisch für den Verlauf der gesamten GP-Saison 1994 stehen könnte: Die Formel 1 im Fegefeuer... Aber Jos Verstappen und seine Benetton-Crew kommen bei diesem mißglückten Tankstop auf wundersame Weise mit vergleichsweise harmlosen Blessuren davon.*

Wir sind noch einmal davongekommen... Bei einer genaueren Untersuchung der Tankanlage wird entdeckt, daß ein Filter fehlt. Dessen Entfernung könnte das Überlaufen verursacht haben, wird es später heißen. Und auch, daß ohne diesen Filter wesentlich schneller nachgetankt werden konnte, sickert ebenfalls durch. Benetton hingegen konstatiert einen Fehler in der Ventilkonstruktion der Herstellerfirma Intertechnique...

Kaum haben Briatore & Co. das Verstappen-Inferno verdaut, da trifft sie und das deutsche Rennpublikum gleichermaßen der nächste Schlag: Schumachers Motor klingt ungesund, der Benetton wird ausgangs der 19. Runde immer langsamer, nach der 20. Runde tauchen bereits Panis und Bernard vor dem WM-Favoriten auf, der langsam ausrollt. Zum ersten Mal in dieser Saison ist Michael Schumacher ausgeschieden, und dies ausgerechnet beim Großen Preis von Deutschland: »Ich bin natürlich sehr, sehr enttäuscht für die Fans, die mich das ganze Wochenende über so toll unterstützt haben,« läßt das enttäuschte Idol wissen, »ich hätte dieses Rennen gewonnen, da bin ich mir sicher. Meine Taktik wäre prächtig aufgegangen. Berger hätte unter meinem Druck bestimmt Fehler gemacht.« Fehler haben beim deutschen Grand Prix ganz andere gemacht, allen voran Damon Hill. Hockenheim hätte den Wendepunkt im Titelrennen markieren können, wird man nach dem spektakulären Ende der Formel-1-Saison in Adelaide mutmaßen können. Doch zum Glück des tüchtigen »Schumi« hat Hill am 31. Juli 1994 nach seinem ausgiebigen Boxenstop wichtige WM-Punkte verpaßt: »Hockenheim ärgert mich. Ich hätte locker gewonnen. Ich wollte Ukyo Katayama überholen und habe zurückgesteckt, weil ich Angst hatte, es würde knapp werden. Hätte ich draufgehalten, wäre nichts passiert. So ist das immer im Leben. Du wirst nicht dafür belohnt, wenn Du zu nett bist.«

Und so gewinnt Gerhard Berger den ersten Grand Prix für Ferrari nach 58 Formel-1-WM-Läufen ohne Sieg. »Unser Präsident Montezemolo heult wahrscheinlich vor dem Fernseher«, scherzt der Tiroler und vergißt nach der langen Durststrecke nicht hinzuzufügen: »Es war mein schönster Sieg für Ferrari, die Emotionen waren so groß, unglaublich.« Nicht minder glücklich wirken Olivier Panis und Eric Bernard, die mit ihren beiden Ligiers erstmals Podiumsplätze herausfahren und bei der internationalen Pressekonferenz nach der Siegerehrung sichtlich Mühe haben, ein paar zusammenhängende Sätze auf Englisch zu parlieren, so ungewohnt ist die Situation für die beiden jungen Franzosen. »Unfälle gehören zum Geschäft, wir hatten einfach das Glück unbehelligt davonzukommen. Aber unser Ergebnis ist nicht nur Glück«, versucht Panis zu erklären. Seit der Übernahme von Ligier durch Flavio Briatore habe sich vieles zum Positiven verändert, meint auch Eric Bernard: »Niemand bei uns wußte, ob und wie es weitergeht. Nun können wir allen Partnern, die uns treu geblieben sind, endlich mal ein Resultat vorweisen. Es war höchste Zeit.«

*Bescheidener Zweiter: Olivier Panis profitiert mit seinem Ligier JS39B-Renault von den zahlreichen Ausfällen, aber der damals 27jährige Franzose wird später noch eindrucksvoll beweisen, daß sein Erfolg von Hockenheim keineswegs nur ein Zufallstreffer gewesen ist.*

# Doppelsieg

Am 17. Juli 1995 melden Rundfunk und Fernsehen den Tod von Juan Manuel Fangio: Der fünffache Formel-1-Weltmeister ist im Alter von 84 Jahren nach langer schwerer Krankheit gestorben. Sein Nierenleiden, die ständigen Dialysen, eine Infektion und dann die tödliche Lungenentzündung, das qualvolle Ende: Fangio hat lange gelitten, wird es heißen, und irgendwie entbehrt das Ableben einer der größten und zugleich menschlichsten Persönlichkeiten in der Geschichte des Motorsports nicht einer makabren Symbolik. Denn tags zuvor haben die modernen Epigonen beim britischen Grand Prix ein Schauspiel dessen geliefert, was Formel 1 geworden ist: Damon Hill will unbedingt sein Heimrennen gewinnen und versucht seinen Rivalen Michael Schumacher an einer Stelle zu überholen, wo überholen nicht möglich ist. Sowohl der Williams-Renault als auch der Benetton-Renault sind nach der Kollision draußen. Die Medien schaukeln den Titelkampf genüßlich hoch. Respekt vor dem Gegner, gar Fairneß? Was heute zählt, ist der Erfolg, und da scheinen alle Mittel recht...

Die FIA kommt kurioserweise nach dem Vorfall von Silverstone auf die Idee, feste Regeln einzuführen, wonach künftig der Vordermann verantwortlich sein soll, wenn es bei Überholmanövern kracht. Der Vorschlag ist derart absurd, das er allerdings bald wieder in der Schublade verschwindet.

Das Klima vor dem Großen Preis von Deutschland am 30. Juli 1995 ist also gereizt, passend zu den hochsommerlichen Ozonwerten, die inzwischen alljährliche Diskussionen über Fahrverbote hervorrufen. Die Zuschauer im Motodrom pfeifen Damon Hill konsequent aus, bejubeln am Freitag einen Ausrutscher des Briten, als der in der Zielkurve seinen Williams-Renault auf regennasser Piste in die Reifenstapel pflanzt. Nach außen hin gibt sich der Brite jedoch locker: »Klar, ich traf deutsche Fans. Sie kamen alle bis auf Schlagweite an mich heran, blieben aber durchweg sehr freundlich.« Vor dem Rennen soll für die Medien und fürs Publikum wieder mal eine Versöhnungsaktion zwischen Hill und Schumacher arrangiert werden. Sonntagmittag, bei der Fahrerpräsentation sollen die beiden Rivalen gemeinsam in einem offenen Oldtimer Platz nehmen, doch Ecclestone lehnt ab, so daß es erst bei der eigentlichen Startaufstellung »spontan« zum Händeschütteln zwischen Weltmeister und Vize-Weltmeister kommt.

Damon Hill steht auf der Pole, obwohl er seine schnellste Runde im Abschlußtraining beinahe abgebrochen hätte: »Im Stadion merkte ich dann, so schlecht ist die Runde gar nicht und legte mich noch einmal mächtig ins Zeug.« Michael Schumacher hat alles riskiert und sich kurz vor Trainingsschluß wenigstens noch zwischen das Williams-Renault-Duo Hill/Coulthard schieben können: »Der Abstimmungskompromiß, der den schnellen Passagen und den Motodrom-Kurven gerecht werden soll, liegt meinem Benetton-Renault nicht.« Hill wirkt entschlossener denn je, später werden einige von »übermotiviert« sprechen: In der WM steht es immer noch 46:35 für Schumacher, aber ausgerechnet in Hockenheim sieht es so aus, als könne der 35jährige Brite dem neun Jahre jüngeren Weltmeister davonfahren. Damon Hill produziert einen perfekten Start und kehrt aus der ersten Runde bereits mit 1,2 Sekunden Vorsprung auf Michael Schumacher

■ *30. Juli 1995: Die Tribünenplätze im Motodrom sind wie üblich ausverkauft, das »Schumi-Fieber« grassiert und erreicht einen neuen Spitzenwert, denn Michael Schumacher gewinnt erstmals den Großen Preis von Deutschland. Aber das ist kurz vor Beginn der Einführungsrunde nicht absehbar, denn Damon Hill (rechts vorn) startet im Williams FW17-Renault aus der Pole vor dem Idol des heimischen Publikums.*

zurück. Doch das spürbare Aufstöhnen der Massen im Motodrom verwandelt sich Sekunden später in grenzenlosen Jubel und hämischen Applaus, als der führende Williams-Renault eingangs der Nordkurve quersteht und mit Karacho in die Reifenstapel knallt. »Ich kann nicht glauben, was passiert ist. Es sah alles so gut aus«, wird der immer noch fassungslose Damon Hill später zu Protokoll geben: »Während der letzten Tage, fuhr ich die Kurve oft genug, um zu wissen, daß ich mich im Augenblick des Unfalls nicht am Limit bewegte. Aber wohl weil irgendwas an der Bremsbalance nicht stimmte, blockierten ohne Vorwarnung die Hinterräder!« Und trotzdem gewinnt Damons sarkastischer Humor noch einmal die Oberhand zurück: »Alle Schumacher-Fans, die nach dem Grand Prix von England sauer auf mich waren, müßte ich mit dem Abflug in Hockenheim eigentlich wieder versöhnt haben.« Die Formel-1-Saison 1995 ist an ihrem endgültigen Wendepunkt zugunsten des Titelverteidigers angelangt: »So, das war's!«, habe er gedacht, als sich Hill vor ihm rausdrehte, wird Michael Schumacher nach dem

Rennen lächelnd zugeben. Selbst Williams-Chefkonstrukteur Patrick Head räumt ein: »Ich will gegenüber Damon nicht ungerecht sein. Er ist ein sehr guter Rennfahrer, Schumacher ein außergewöhnlicher. Er läßt Benetton besser aussehen, als das Team vielleicht ist. So wie Ayrton Senna jahrelang McLaren aufgewertet hat.«

Michael Schumacher verliert die Führung nur nach seinem Boxenstop nach der 19. Runde an David Coulthard, doch als der Schotte vier Runden später zum Nachtanken und Reifenwechseln an die Williams-Box rollt, liegt der Benetton-Renault wieder vorn und hält locker bis ins Ziel sechs Sekunden Vorsprung. Zumal sich Coulthard merkwürdigerweise mit dem zweiten Platz begnügt: »Ich hätte durchaus etwas schneller fahren können, aber ich wollte um keinen Preis einen Abflug riskieren. Wenn man nach acht Rennen nur 17 Punkte auf dem Konto hat, freut man sich über sechs weitere genug.« Und so wird der Große Preis von Deutschland zur einsamen Triumphfahrt für den Weltmeister, der von seinem Publikum im Motodrom unermüdlich Runde für Runde bei jeder Passage mit geschwenkten Fahnen, La-Ola-Wellen und Feuerwerksraketen gefeiert wird. Es ist eine Inszenierung nach Maß, allein auf den deutschen Hauptdarsteller zugeschnitten. Da geht fast unter, daß Gerhard Berger nach seiner Stop-and-Go-Strafe wegen Frühstarts auf den 14. Platz abrutscht, sich aber noch bis auf den dritten Platz vorkämpfen wird: »Als ich nach dem Halt die neue Position auf meiner Signaltafel sah, rechnete ich nicht mehr mit einem Podiumsplatz.« Heinz-Harald Frentzen, aus Sicherheit vor allzu begeisterten Fans im Kofferraum eines Privat-Pkw ins Fahrerlager geschleust, liefert sich ein packendes Duell mit Johnny Herbert im zweiten Benetton-Renault, vermag sich mit dem Ford-V8, dem weiterentwickelten Schumacher-Triebwerk vom Vorjahr, sogar lange im Windschatten zu halten – leider wohl etwas zu lange: »Vielleicht ist das der Grund, weshalb sich mein Motor wenig später ohne Vorwarnung verabschiedet. Schade – ich wäre Fünfter geworden, möglicherweise sogar Vierter, wenn ich Herbert noch erwischt hätte.«

»Join the Best!«, hatten die Mercedes-Benz Vorstände Helmut Werner und Jürgen Hubbert noch im Herbst 1994 vollmundig verkündet, als sie in Untertürkheim die Liaison mit McLaren bekanntgaben. Von ein paar Siegen im ersten Jahr war die Rede und daß McLaren-Mercedes dann 1996 die Weltmeisterschaft anpeilen würde. Aber für Schlagzeilen sorgt dann 1995 leider vorerst nur der vorzeitige Abgang des reaktivierten Ex-Weltmeisters Nigel Mansell. An der Spitze liegen die McLaren-Mercedes in Hockenheim allein bei den Topspeed-Messungen, immerhin macht das noch etwas Hoffnung, das weniger geglückte Chassis überspielen zu können: Mark Blundell ist mit 334,3 km/h unterwegs, für Mika Häkkinen werden 333,3 km/h notiert, womit die ab 1995 wieder vorgeschriebenen Dreiliter-Triebwerke fast schon wieder soviel Schubkraft entwickeln wie ihre letztjährigen Vorgänger, die ihre Stärke noch aus 3,5 Liter Hubraum schöpfen durften. Die Mercedes-Benz V10-Triebwerke von Mario Illien leisten in Hockenheim angeblich 700 PS bei 16 200 U/min, was einem Zuwachs von 30 Pferdestärken gegenüber Silverstone entsprechen würde. Aber die Zeiten der Silberpfeil-Ära sind unwiederbringlich vorbei, nicht nur weil die McLaren-Mercedes im karmesinrot-weißen Marlboro-Look antreten: Blundell fällt an neunter Stelle aus, Häkkinen ist Dritter, als kurz vor Schluß auch sein Motor entzweigeht...

Derweil hängt der siegreiche Benetton-Renault am Abschlepphaken eines ONS-Streckensicherungswagens, weil »Schumi« nach seiner Zieldurchfahrt ausgangs der Nordkurve angehalten hat, um sich bei seinen jubelnden Fans zu bedanken. Danach ist das V10-Triebwerk allerdings nicht mehr angesprungen, weshalb der erste Sieg eines deutschen Rennfahrers beim Großen Preis von Deutschland seit 1939 (sofern man nicht Jochen Rindts »deutsch-österreichischen« Erfolg anno 1970 berücksichtigt) mit der vielleicht längsten Ehrenrunde in der Geschichte der Formel-1-WM durchaus stilecht endet. Michael Schumacher gibt der gemächliche Schleppzug jedenfalls Gelegenheit, seinen Triumph voll und ganz auszukosten: »Das war mein schönster Sieg, er übertrifft emotional sogar alles, was ich nach dem Titelgewinn in Adelaide spürte.«

Keine 48 Stunden später folgt dann der bis dato schönste Tag im Leben des Michael Schumacher, wollen wir hoffen. Nein, nicht der Tag, an dem »Schumi« für angeblich 25 Millionen Dollar pro Jahr den Bund mit Ferrari schließt. Nein, es ist vielmehr der Bund fürs Leben: »Traumhochzeit« bei RTL mit Corinna Betsch, exklusiv an eine Illustrierte für einen guten Zweck

■ *Keine zehn Minuten später hängt der havarierte Williams-Renault in der Reifenbarriere der Nordkurve, während sich der frustrierte Damon Hill an einem besorgten Streckenposten vorbei zu Fuß in Richtung Boxengasse aufmacht.*

■ *Niemand reckt 1995 häufiger die Faust zum Zeichen des Triumphs: Michael Schumacher legt im Benetton B195-Renault mit dem Sieg auf dem Hockenheimring den Grundstein für seine zweite Weltmeisterschaft.*

verhökert, weshalb der Bonner Petersberg mit Sichtblenden verhängt wird, während davor das Wachpersonal lauert, um die arg bedrohte Intimsphäre des Champions zu schützen. Aber selbst das werden sie ihm nachsehen, in deutschen Landen herrscht »Schumania«, da läßt sich Bernie Ecclestone sogar darauf ein, mit seiner Zirkustruppe wieder am so lange verschmähten Nürburgring aufzutreten, zu seinen Bedingungen versteht sich. Und so darf sich die deutsche Fangemeinde auch noch auf den längst ausverkauften Großen Preis von Europa am 1. Oktober 1995 freuen, während vier Wochen nach »Schumis« erstem Heimsieg aus Hockenheim die Kunde kommt, der Große Preis von Deutschland 1996 sei bereits ausverkauft! Die Nachfrage bestimmt den Preis: Für eine Minute TV-Konserve von Schumachers Hockenheim-Sieg soll der Bayerische Rundfunk für seine Sendung *Blickpunkt Sport* 12 000 Dollar bezahlen – und verzichtet dankend... Gut informierte Kreise wollen wissen, daß sich RTL für 175 Millionen Mark bis zum Jahr 2000 weiterhin die Formel-1-Übertragungsrechte in Deutschland gesichert hat. Mittlerweile bezahlt man den deutschen Formel-1-Heroen auch Geld, damit die exklusiv und rasch nach Ende von Training und Rennen vor laufender TV-Kamera etwas von sich geben. Damit sich all das rechnet, muß ein komplexes Grand-Prix-Geschehen auch möglichst einfach konsumierbar sein, die Einschaltquote muß ja stimmen, damit die Preise für die Werbespots in die Höhe gehen. Und da blenden wir uns schon mal sofort nach der Zieldurchfahrt für ein paar Werbespots aus, um dann die Siegerehrung etwas verspätet nachzureichen. Und wer sich darüber grün und blau ärgert, der darf sich künftig beim PAY-TV schwarz zahlen, um sich den ganzen Firlefanz zu ersparen. Ist das die Zukunft des Motorsports und der Formel 1 im besonderen? Einfach genial, dieser Bernie Ecclestone und seine TV-Vermarktung, sagen sich einige aufrechte Herren und vertrauen im selben Jahr ihr von drei Autokonzernen mit Millionenaufwand gehätscheltes Kind namens DTM dankbar der FIA und dem FOCA-Chef an. »Globalisierung« nennt man das jetzt auch im deutschen Motorsport und hält das für der Weisheit letzten Schluß...

Bernie Ecclestone sortiert derweil ganz andere Dinge: Schumacher zu Ferrari, das ist gut fürs Geschäft, weil der neue Superstar in dem roten Renner der Konkurrenz nicht mehr derart überlegen vor der Nase herumfahren wird. Langfristig gedacht, braucht »Schumi« aber einen Gegenspieler von Format, den der Formel-1-Boß in Person von Jacques Villeneuve findet. Der junge Kanadier, Sohn eines immer noch unvergessenen Rennfahrer-Vaters, hat die Indy 500 gewonnen, ist designierter Indycar-Champion – und wird geschickt zu Williams-Renault gelotst: »Weil er der einzige Fahrer ist, der auf lange Sicht Michael Schumacher unter Druck zu setzen vermag«, stellt Ecclestone fest, »für mich ist Villeneuve aus dem gleichen Holz geschnitzt wie Ayrton Senna und Schumacher.« Was Michael Schumacher wert ist, demonstriert er am Nürburgring, wo Kälte und Regen dafür sorgen, daß die Streckenverhältnisse am Renntag schwer zu kalkulieren sind. Was endlich einmal wieder Chancen für ein paar gelungene Überholmanöver bietet, zu Zeiten, in denen die ausgefeilte Aerodynamik der modernen Formel 1 samt immer effektiverer Bremsen und zu wenig Platz auf der Piste zumeist nur für monotone Prozessionen sorgt, die allein durch Boxenstop-Strategie durcheinandergebracht werden können. All dies gilt in den Schlußrunden des Großen Preises von Europa 1995 nicht mehr – und das wird dieses Rennen so einzigartig machen. So entstehen Legenden, wie Fangio 1957 auf der Nordschleife – so vielleicht auch Schumacher 1995 auf dem Retorten-Nürburgring. Wer weiß? In zwanzig, dreißig, vierzig Jahren werden ein paar ergraute Rentner womöglich immer noch davon schwärmen, wie der »Schumi« den Alesi auf der letzten Rille doch noch gepackt hat, damals – wenn es in zwanzig, dreißig, vierzig Jahren überhaupt noch Formel-1-Rennen gibt, von Renten ganz zu schweigen...

Das sonntägliche Warm-Up beginnt wegen Nebels mit 35minütiger Verspätung, die Temperaturen belaufen sich während des gesamten

■ *Die millionenschwere Partnerschaft zwischen Mercedes-Benz und McLaren verheißt hochgesteckte Erwartungen und bringt doch nur einen Wechselbalg hervor: Der McLaren-Mercedes MP4/10B verfügt zwar über ein starkes Triebwerk, wird jedoch von einem schwachen Chassis nachhaltig eingebremst. Der angeblich etwas zu breithüftig geratene Nigel Mansell hat das beizeiten erkannt und sich mit einer ordentlichen Summe Schmerzensgeld in den Formel-1-Ruhestand verabschiedet. Ersatzmann Mark Blundell (im Bild) verfügt ebenso wie Teamkollege Mika Häkkinen in Hockenheim über eine verbesserte Motorvariante, der mit rund 700 PS bei 16 200 U/min nur noch etwa 10 PS auf Renault fehlen: Häkkinen und Blundell verhilft dieser Leistungsschub zwischenzeitlich zu den Plätzen drei und vier – ehe ihre Triebwerke vorzeitig verglühen...*

Rennwochenendes auf maximal 4° bis 7° Celsius. Die Zuschauer ficht das nicht an, das »Schumi-Fieber« wärmt die Herzen. Mercedes-Benz hat 8 000 Gäste geladen und auf einer eigens für 5,5 Millionen Mark gebauten Tribüne plaziert. Damit von dort die Sicht auf eine Videogroßleinwand nicht behindert wird, soll auch eigens ein Bäumchen gefällt worden sein. Mit Blick auf die eher mageren Startplätze 9 und 10 riskieren Häkkinen und Blundell, auf der nassen Piste mit Trockenreifen zu starten, so wie dies Alesi wagen wird. Doch weil die McLaren-Mercedes größere Probleme mit ihrer Fahrzeugabstimmung haben als der Ferrari, reicht es nur zum Hinterherfahren, nicht aber zur Sensation. Es kommt nicht von ungefähr, daß Ron Dennis zwischenzeitlich sogar Alain Prost für Testfahrten im McLaren-Mercedes reaktiviert hat...

Aber keine Vorwürfe an Häkkinen und Blundell, wo es doch das große Talent David Coulthard fertigbringt, seinen Williams-Renault wie zuvor schon in Monza auf dem Weg in die Startaufstellung von der Strecke zu schleudern. Doch der Schotte hat Glück und kann noch vor Schließen der Boxengasse mit dem Ersatzwagen hinaus und auf den ersten Startplatz rollen... »Ich will den Titel aus eigener Kraft holen«, sagt Damon Hill auf die Frage nach der fehlenden Stallregie bei Williams: »Geschenke von David möchte ich nicht.« Im Titelkampf steht es 72:55 für Schumacher, inklusive des Rennens in der Eifel stehen nur noch vier WM-Läufe auf dem Programm, nicht mehr viel Gelegenheiten für Hill, der trotzdem meint: »Am Sonntag werden sich einige Leute wundern. Knapp 25 % der Meister-

■ *1. Oktober 1995: Die profitable »Schumania«, Kanzler Kohl, der ADAC und die in Sachen Werberechte einsichtige Nürburgring GmbH machen es möglich, daß Bernie Ecclestone seinen Formel-1-Zirkus doch wieder in die Eifel schickt. Der Große Preis von Europa wird dank Michael Schumachers furioser Siegesfahrt zu einem vollen Erfolg, was den deutschen Motorsportfreunden auf geraume Zeit hinaus zwei »Heim-Rennen« in der Formel 1 beschert. Im Bild befinden wir uns kurz vor Ende des ersten Renndrittels: Michael Schumacher (auf dem dritten Platz des Zwischenklassements hinter Alesi und Coulthard) wehrt sich gegen die Attacken von Damon Hill, während im Hintergrund Gerhard Berger im Ferrari allmählich den Anschluß verlieren wird.*

schaft liegen vor mir, das reicht aus, um Schumacher noch abfangen zu können.« Michael Schumacher, auf Startplatz drei hinter Coulthard und Hill, gibt sich pessimistisch: »Es wird sehr schwierig, an diesem Wochenende vor den Williams ins Ziel zu kommen.« Die Anspannung wird noch größer, weil die Strecke naß ist, während sich der Regen allmählich verflüchtet. Es darf gepokert werden, doch bis auf Alesi, Häkkinen und Blundell zieht niemand Trockenreifen auf. Der Adrenalinspiegel steigt weiter, als der Start abgebrochen werden muß, weil Max Papis seinen Arrows-Hart abgewürgt hat. Also noch einmal das ganze Prozedere bis zum Neustart: Coulthard behält die Nerven, zieht vorneweg vor Schumacher, während Hill nach verpatztem Start aufschließt. Der packende Dreikampf endet in der 11. von nurmehr 67 Runden, als Schumacher und Hill ihre Boxen ansteuern, während Alesi auf seinen Trockenreifen durchfährt und nach Coulthards Boxenstop ab der 13. Runde die Führung übernimmt: »Ich war Sechster in der Startaufstellung. Da hatten wir nichts zu verlieren. Das war unsere einzige Chance.« Bis zu 40 Sekunden Vorsprung fährt der Franzose heraus und bleibt auch nach seinem einzigen Boxenstop in der 34. Runde vorn. Doch Hill, mittlerweile vor Schumacher, rückt näher, attackiert den Ferrari in der 40. Runde – und verbiegt sich dabei den Frontspoiler. Der Austausch der Williams-»Nase« kostet 32 Sekunden, womit Hill auf den vierten Platz zurückfällt und seinem Teamkollegen Coulthard hinterherjagt, um in der 59. Runde unsanft von der Strecke in einige Reifenstapel zu segeln...

Womit der letzte Akt eines unterhaltsamen GP-Dramas beginnt, zu dem auch einige Hinterbänkler bereits etwas beigetragen haben: In der Pacific-Box erfaßt Andrea Montermini seinen Monteur Paul Summerfield, der mit dem Auftanken noch nicht fertig war. Der Monteur kommt mit gebrochenem Oberschenkel davon, Montermini rollt vier Runden später ohne Benzin aus... Heinz Harald-Frentzen arbeitet sich nach einer STOP-AND-GO-Strafe wegen Frühstarts vom 15. auf den 7. Platz nach vorn, bis sein Sauber-Ford mit dem Forti-Ford von Pedro Diniz kollidiert: »Offensichtlich hat Diniz mich nicht gesehen. Das Ganze passierte zu allem Übel auch noch in der Ford-Kurve.« Aber wen interessiert noch Frentzens Malheur, wenn sich »Schumi« anschickt, nach Hockenheim nun auch in der Eifel zu gewinnen? Schumacher absolviert in der 34. und in der 52. Runde einen zweiten und sogar noch einen dritten Reifenwechsel, was dem glücklichen Jean Alesi einen soliden Vorsprung von 22 Sekunden beschert. Vor dem letzten Boxenstop war Schumacher bis auf 0,8 Sekunden an den Ferrari herangekommen, doch nun bleiben nurmehr 15 Runden, das Rennen scheint gelaufen. Aber Schumacher macht mit den neuen Pneus bis zu zwei Sekunden pro Runde auf den Spitzenreiter gut! Es wird eng, drei Runden vor Schluß klebt der Benetton-Renault förmlich am Heck des Ferraris: »Ich habe mir überlegt, das Rennen als sicherer Zweiter zu beenden, da Hill draußen war. Aber den Fans hier am Ring war ich es schuldig, anzugreifen, denn sie sind alle gekommen, um mich siegen zu sehen«, wird der 26jährige Kerpener später bekennen. In der eigens für die Formel 1 allzu eng umgebauten und deswegen heftigst umstrittenen Veedol-Schikane zwängt er seinen Benetton fest entschlossen am führenden Ferrari vorbei, keine Chance mehr für Alesi: »Meine Vorderreifen waren am Ende. Ich konnte nichts machen. Wir haben uns zwar leicht berührt, trotzdem war die Aktion fair.« Nach seinem siebten Saisonsieg, seinem insgesamt 17. GP-Erfolg überhaupt, ist Michael Schumacher die Titelverteidigung so gut wie sicher: »Weltmeister 1995 darf ich mich noch nicht nennen, denn es ist noch nicht amtlich. Die drei Punkte, die mir zum Titelgewinn fehlen, sollten aber wohl kein ernstes Problem für mich sein.« Und selbst Damon Hill spendet am Rande der Strecke seinem siegreichen Kontrahenten Applaus auf offener Szene: »Michael ist ein großartiger Fahrer – ich ziehe meinen Hut vor ihm. Champion kann ich nicht mehr werden, da brauche ich mir nichts vorzumachen. Diese Saison ist abgehakt – aber ich komme zurück, um 1996 zuzuschlagen.«

■ *Der Schlußakt einer dramatischen Formel-1-Inszenierung: Die Regie führt Michael Schumacher, auf dem Siegerpodest dürfen Jean Alesi (links) und David Coulthard (rechts) assistieren.*

# Absurdistan

Damon Hill hat seine Lektion gelernt, die Nürburgring GmbH und der ADAC auch: Am 28. April 1996 gibt es wieder einen Großen Preis von Europa in der Eifel. Selbst die Politik scheint die Wünsche von Bernie Ecclestones Lippen zu lesen: Während in der Europäischen Union immer lauter ein Verbot von Tabak- und Zigarettenreklame bei Sportveranstaltungen gefordert wird, soll künftig in der deutschen Eifel ausnahmsweise beim Großen Preis von Luxemburg offen für Glimmstengel geworben werden. Aber wahrscheinlich hält man im Bonner Kanzleramt die Formel 1 ohnehin nicht für Sport, sondern Wirtschaftsförderung, soll doch Mr. Ecclestones GP-Zirkus bei einem einzigen Auftritt am Nürburgring einen Geldsegen in Höhe von 70 bis 100 Millionen Mark in die Eifel bringen...

Die ersten drei WM-Läufe des Jahres hat Damon Hill sehr souverän gewonnen, nur beim Auftakt in Melbourne ist sein neuer Teamkollege Jacques Villeneuve ein ebenbürtiger Gegner gewesen. Frank Williams verteilt nicht gerade häufig Komplimente, aber jetzt attestiert er seinem Angestellten: »Damon ist ein anderer Mensch geworden. Er ist reifer, ruhiger, fitter, hat mehr Selbstvertrauen. Kurzum, ein in allen Belangen besserer Rennfahrer.« Für Weltmeister Michael Schumacher hat indes bei Ferrari der von vielen Pessimisten prophezeite Leidensweg begonnen, der neue F310 – erstmals in der Ferrari-Geschichte ein Zehnzylinder! – sieht revolutionär aus, muß aber, wie bei John Barnards Entwürfen mittlerweile üblich, wieder einmal von Grund auf umgebaut werden müssen: »Wir machen bei Testfahrten kleine Schritte«, stellt Michael Schumacher vor dem Großen Preis von Europa fest, »aber Williams werden wir erst zu Saisonmitte einholen – wenn alles klappt. Hier rechne ich mit 0,5 Sekunden Rückstand im Qualifying und einer vollen Sekunde pro Runde im Rennen.« Doch im Training verliert der Weltmeister bereits rund 1,2 Sekunden auf Damon Hills Pole Position. 100 000 Zuschauer am ausverkauften Nürburgring leiden mit ihrem Idol, das immerhin vom dritten Startplatz aus das Rennen aufnimmt. Damon Hills launiger Humor, wie wohl das Talent fürs Rennfahren auch vom unvergessenen Vater ererbt, treibt schöne Blüten: »Die deutschen Fans

■ *28. April 1996: Keine sieben Monate nach dem Comeback fährt die Formel 1 bereits wieder auf dem vor zwölf Jahren eröffneten, gar nicht mehr so neuen Nürburgring. Michael Schumacher hat Rennstall und Gefährt gewechselt: Der Weltmeister scheint die eklatanten Schwächen des neuen Ferrari F310 zumindest in der Eifel ein Wochenende lang überspielen zu können, doch »Schumi« weiß längst, daß der Weg zur Spitze noch weiter entfernt ist, als ohnehin schon befürchtet...*

■ *Zumindest die Spitze schlängelt sich unbeschadet durch das Castrol-S: Jacques Villeneuve (Williams FW18-Renault) führt vom Start weg vor David Coulthard (McLaren MP4/11-Mercedes), Rubens Barrichello (Jordan 196-Peugeot), Michael Schumacher (Ferrari F310) wieder einmal im INFIGHT mit Damon Hill (Williams FW18-Renault), Mika Häkkinen (McLaren MP4/11-Mercedes), Martin Brundle (Jordan 196-Peugeot), Eddie Irvine (Ferrari F310), Johnny Herbert (Sauber C15-Ford), Heinz-Harald Frentzen (Sauber C15-Ford), Olivier Panis (Ligier JS43-Mugen) und Jean Alesi (Benetton B196-Renault).*

lieben mich – speziell, wenn ich in die Leitplanken knalle. Fast alle winken mir zu. Die meisten allerdings nur mit einem Finger...«

Ähnlich trocken bleibt auch erstaunlicherweise das Aprilwetter in der Eifel, so daß die 20 Rennfahrer am Start halt selber etwas für Chaos sorgen müssen. Hills Kupplung rutscht, Schumacher zieht vorbei, aber Coulthard im McLaren-Mercedes und Barrichello im Jordan-Peugeot sind bereits hinter Spitzenreiter Villeneuve her. Weiter hinten versagt an den beiden Benetton-Renault von Berger und Alesi der Knopf, der die elektrohydraulisch gesteuerte Handbremse lösen soll. Das System dient eigentlich dazu, einen durch Anrollen ausgelösten Frühstart zu verhindern... Berger ruiniert sich links vorn einen Reifen und den Rest des Rennens, das er nur als Neunter beenden wird. Ukyo Katayama hat seinen Tyrrell-Yamaha abgewürgt, in die Boxengasse zurückgeschoben, wird der V10 noch einmal angelassen, der Japaner stürmt dem Feld hinterher, wird im Ziel als Zwölfter abgewunken – und dann nachträglich wegen unerlaubter Schiebehilfe disqualifiziert. Teamkollege Mika Salo wird eingangs der zweiten Runde vom wild heranstürmenden Jean Alesi »abgeschossen«, wobei der Benetton des Verursachers gerechterweise mit abgeknicktem Vorderrad auf der Strecke bleibt. Salo fährt durch, wird am Ende sogar Zehnter – und dann ebenfalls wie sein japanischer Stallgeführte disqualifiziert, weil der Tyrrell des Finnen beim Nachwiegen ein Kilogramm »Untergewicht« aufweist...

An der Spitze ändert sich an der Reihenfolge Villeneuve-Coulthard-Barrichello nichts, Hill ist zwar nach fünf Runden an Schumacher vorbeigezogen, doch an dem Jordan-Peugeot des Brasilianers führt kein Weg vorbei, während vorne Villeneuve langsam aber sicher enteilt, Hill hängt hinter Barrichello fest, der auch dafür sorgt, daß Schumacher und Häkkinen wieder auf den Williams-Renault auflaufen. Zu allem Überfluß glaubt WM-Spitzenreiter Damon Hill Fahrwerksprobleme zu registrieren: »Ich hatte das Gefühl, daß das Auto hinten links einknickt. Ich dachte, ich hätte einen Plattfuß oder einen anderen Defekt an der Aufhängung, aber in der Box konnte man nichts feststellen.« Der zusätzliche Check neben dem fälligen Reifenwechsel in der 22. Runde kostet 20,9 Sekunden, womit Hill auf den 11. Rang zurückfällt und mit dem Ausgang des Rennens fortan nichts mehr zu tun hat. Beim mißglückten Versuch, den Ligier-Mugen von Pedro Diniz zu überrunden, rutscht der Williams-Renault sogar noch kurzzeitig von der Piste – nein, es ist wieder mal nicht Damons Tag in Deutschland...

Dafür wächst Michael Schumacher über sich hinaus und rückt Spitzenreiter Jacques Villeneuve immer näher. Sechs Zehntel liegt der Deutsche zurück, als er Ende der 44. Runde zu seinem zweiten und letzten Reifenwechsel an die Ferrari-Box rollt. Nach 8,5 Sekunden stürmt Schumacher wieder zurück auf die Piste – und hat das Pech, hinter dem zweitplazierten McLaren-Mercedes von Coultard festzuklemmen. Villeneuve läßt sich noch zwei Runden Zeit für seinen zweiten und letzten Boxenhalt, nach einem Stop von 8,3 Sekunden, kehrt der Kanadier mit 3,5 Sekunden Vorsprung auf Schumacher ins Rennen zurück. Der Ferrari holt zwar erneut auf, doch Michael Schumacher gelingt kein Überholmanöver: »Ich konnte schneller als Jacques fahren, aber im Top-Speed war ich ihm unterlegen. Von außen sah es vielleicht wie ein beinhartes Duell aus – tatsächlich hatte ich keine Chance.« Ohne Fehl und Tadel fährt Jacques Villeneuve mit dem Weltmeister im Nacken sicher ins Ziel, Williams-Chefkonstrukteur Patrick Head gratuliert: »Das war Dein erster Sieg, der erste von vielen.« Jacques Villeneuve erwidert sämtliche Komplimente mit lächelnder Gelassenheit: »Natürlich freue ich mich, aber ab Montag werde ich nicht mehr daran denken, sondern mich auf den GP in Imola konzentrieren.«

Michael Schumacher wird sagen: »Heute standen drei Sieger auf dem Podest, natürlich Jacques, dann ich – der ich mir maximal Rang Drei ausgerechnet hatte – und David, der Mercedes heute sicherlich sehr glücklich gemacht hat.« Und sogar Damon Hill vermag seinem vierten Platz im »Sandwich« zwischen Coultard und Barrichello noch etwas Positives abzugewinnen: »Immerhin kassierte ich einige Punkte. Platz drei wäre mir noch lieber gewesen, aber deshalb werde ich nicht weinen.«

Das besorgen schon eher die treuesten der treuen »Schumi«-Fans: Denn bis der Formel-1-Zirkus drei Monate später wieder Station in Deutschland macht, steckt die Scuderia Ferrari tief im Jammertal, einem grandiosen Sieg im Regenrennen von Barcelona folgen drei blamable Ausfälle in Montreal, Magny Cours und Silverstone. Die Perspektiven für Michael Schumachers Auftritt beim Großen Preis von Deutschland am 28. Juli 1996 sind wenig vielversprechend: »Das Auto funktioniert ganz gut auf Strecken mit einem rauhen und ebenen Asphalt, wo vom Bodenbelag her genügend Grip vorhanden ist. Auf schnellen Strecken wie dem Hockenheimring treten unsere Schwachstellen gravierender auf als auf langsamen Kursen.« Da paßt es denn auch gut ins Bild, daß am Donnerstag vor dem Großen Preis auf dem Weg zum Hotel in Walldorf die Kupplung an Schumachers neuem Ferrari F355-Privat-PKW kollabiert... Aber der Stim-

*Es sieht knapper aus, als die ganze Angelegenheit tatsächlich gewesen ist, aber dichtauf hinterherfahren und eine Chance zum Überholen haben, sind zwei Paar Stiefel: Jacques Villeneuve gewinnt fehlerfrei und überzeugend seinen ersten Formel-1-GP, während Michael Schumacher mit 0,762 Sekunden Rückstand einen famosen zweiten Platz herausfährt.*

■ *28. Juli 1996: Mit nur 19 Startern ist seit 1965 kein Großer Preis von Deutschland derart dünn besetzt gewesen – und auf dem Bild sind obendrein nur achtzehneinhalb zu sehen, denn Gerhard Berger ist dem Kameraobjektiv fast schon entwischt. Dahinter fädeln sich Benetton-Teamkollege Jean Alesi, Damon Hill (Williams FW18-Renault), Michael Schumacher (Ferrari F310), Mika Häkkinen (links, McLaren MP4/11-Mercedes), Jacques Villeneuve (Williams FW18-Renault), David Coulthard (McLaren MP4/11-Mercedes), Eddie Irvine (Ferrari F310), Martin Brundle (links, Jordan 196-Peugeot), Rubens Barrichello (Jordan 196-Peugeot), Olivier Panis (links, Ligier JS43-Mugen), Pedro Diniz (Ligier JS43-Mugen), Heinz-Harald Frentzen (Sauber C15-Ford), Johnny Herbert (Sauber C15-Ford), Mika Salo (Tyrrell 024-Yamaha), Jos Verstappen (Footwork FA17-Hart), Pedro Lamy (Minardi M195B-Ford), Ricardo Rosset (Footwork FA17-Hart) und Ukyo Katayama (Tyrrell 024-Yamaha).*

mung im Motodrom tut die italienische Pannenserie vorerst keinen Abbruch: Vom Babyblau der letzten beiden Benetton-Jahre haben die »Schumi«-Fans auf Ferrari-Rot umgerüstet, ein für die »Schumacher-Collection« ungemein umsatzfördernder Farbwechsel. RTL lanciert eine Forsa-Umfrage, wonach 96 % der Deutschen Michael Schumacher kennen, 73 % finden den Weltmeister sympathisch. Nicht befragt wurde wahrscheinlich der Vollidiot, der für Sonntag ein Bombenattentat ankündigt. Siebzig Jahre nach dem ersten Großen Preis von Deutschland haben sich die Verhältnisse bis zur Unkenntlichkeit verwandelt: 150 000 Eintrittskarten sind abgesetzt worden, 550 DM kostet der teuerste Tribünenplatz, das Motodrom ist ausverkauft, doch auf dem Schwarzmarkt sind noch bis kurz vor Rennbeginn Tickets zu haben. Die Hockenheimring GmbH hat zwar den Namen jedes einzelnen Käufers aufdrucken lassen, aber daß die Karten trotzdem weiterverscherbelt werden, ist damit nicht zu verhindern. Wer dennoch nicht reinkommt, kann sich ja vor die Glotze setzen: Die Kunst des Aufaddierens bringt zustande, daß angeblich 1995 weltweit 45 Milliarden Zuschauer die Rennen zur Formel-1-WM am Bildschirm verfolgt haben sollen.

Gerade noch rechtzeitig zum Großen Preis von Deutschland läßt Leo Kirch sein Digital-Fernsehen DF 1 auf die Deutschen los: »Der Geist der Formel 1 soll den Stapellauf beflügeln«, formuliert Geschäftsführer Gottfried Zmeck und verheißt schöne Fernsehbilder, ganz nach eigenem Belieben, ohne Werbung und dumme Sprüche – gegen Cash. »Das digitale TV ist der einzig richtige Weg«, lobt Bernie Ecclestone die neue Einnahmequelle, die dann doch nicht wie erhofft sprudeln wird: Bis Jahresende 1996 sollen 200 000 Decoder für jeweils rund 1000 Mark unters Fernsehvolk gebracht werden, ohne die zusätzlich noch fälligen Abonnementskosten. Doch zwölf Monate nach der Pressekonferenz am Hockenheimring schätzen Kenner der Materie, daß höchstens 40 000 Exemplare Käufer gefunden haben, womit die Digital-TV-Pioniere ihre Anlaufkosten in Milliardenhöhe leider nicht decken können…

Für die Journaille gibt es mittlerweile codierte Pressekarten, einmal durch den elektronischen Kontrollschlitz gezogen, öffnet sich die Tür zum hermetisch verschlossenen Mikrokosmos Formel 1. Manche kommen sich noch wichtiger vor als ohnehin schon. Während die Normalos auf den Betonrängen in der Hitze brüten und sixpackweise ihren Flüssigkeitsverlust mit Bier bekämpfen, perlt im Paddock-Club der Schampus: Boris Becker, Placido Domingo und weitere Stars und

Sternchen, Manager und Möchtegern-VIP's geben sich die Ehre – und ein Rennen findet ja auch noch statt. Das vorab schon einen heimlichen Gewinner hat, der Heinz-Harald Frentzen heißt: In England hat es gerade erst *Autosport* verkündet, Frank Williams gibt Hill den Laufpaß und verpflichtet Frentzen! Damon Hill beeilt sich zu entkräften, für 1997 hätten ja noch nicht einmal Vertragsverhandlungen begonnen: »Ich bin zuversichtlich, daß wir uns einigen werden. Ich fühle mich jedenfalls bei Williams sehr wohl und glaube an eine gemeinsame Zukunft.« Doch die wird am 28. August 1996 von Frank Williams aufgekündigt... Heinz-Harald Frentzen scheint bereits in Hockenheim zu wissen, wie die Dinge laufen, er wirkt entspannt, auch wenn er jede ernsthafte Frage über die Williams-Geschichte sofort abbügelt. Zum ersten Mal wird der Mönchengladbacher beim Großen Preis von Deutschland sogar ins Ziel kommen, Platz acht, auf ungeahnte Art und Weise eine kleine Abschiedsvorstellung vom Sauber-Team: »Wir wußten, daß das ein schweres Rennen wird. Wir haben das Beste daraus gemacht.«

Damon Hill steht wieder einmal auf der Pole, nachdem es am Samstag lange so ausgesehen hat, als ob Michael Schumacher den besten Startplatz okkupieren könnte. Aber erst unterbietet Hill die Ferrari-Bestzeit um fünf Zehntel, dann schiebt sich auch noch Berger auf den zweiten Startplatz zwischen den beiden Erzrivalen. Die ganze Saison über demonstrieren Gerhard Berger und Jean Alesi auf eindrucksvolle Art und Weise, daß die einstige Stärke des Benetton-Teams in erster Linie auf den Faktor Michael Schumacher zurückzuführen gewesen ist. Ohne den Deutschen gibt es für die Briatore-Truppe keinen einzigen Sieg mehr, doch ausgerechnet hier in Hockenheim wird der Erfolg so greifbar nah sein wie nie wieder in der Rennsaison 1996. Berger und Alesi setzen auf die Strategie, nur einmal nachzutanken und Reifen zu wechseln: Das Glück will es, daß Damon Hill, der zwei Boxenstops geplant hat, mit wesentlich weniger Treibstoff an Bord den Start verhaut und beide Benetton-Renault sofort die Spitze übernehmen. Hill könnte in der Folge zwar wesentlich schneller als das Führungs-Duo Berger/Alesi fahren, aber erst müßte er einmal vorbeikommen: »Die modernen Formel-1-Autos sind aerodynamisch derart komplex, daß sich ihr Fahrverhalten in den Turbulenzen eines Vordermanns verschlechtert«, doziert Hill nach dem Rennen. Nicht nur ihm ergeht es in Hockenheim so: Bis zur 13. von 45 Runden gibt es auf den ersten elf Plätzen keine einzige Positionsverschiebung! Die konstante Reihenfolge Berger – Alesi – Hill – Schumacher – Coulthard – Villeneuve – Irvine – Häkkinen – Barrichello – Brundle – Frentzen ändert sich erst durch den Ausfall von Häkkinens McLaren-Mercedes...

»Ich führte das Feld an und hätte meinem Verfolger Alesi pro Runde ein, zwei Zehntel abnehmen können«, wird Gerhard Berger behaupten, »aber ich wollte das Material schonen.« Hill biegt nach der 20. Runde zu seinem ersten Boxenstop ab, Alesi und Berger halten erst nach der 22. und der 23. Runde, fallen danach hinter den Williams-Renault des Engländers zurück, doch der hat noch einen Stop vor sich, während die beiden Benetton-Renault durchfahren können. Damon Hill zieht alle Register, um den Vorsprung von 2,3 Sekunden auf Gerhard Berger auszubauen. Als er nach 34 Runden zum zweiten Mal die Williams-Box ansteuert, hat er zwar auf Alesi genügend Abstand herausgefahren, doch das Polster von 15,5 Sekunden auf Berger reicht nicht, der Österreicher übernimmt wieder die Führung und macht keine Anstalten, sich diesen Sieg noch nehmen zu lassen: »In der Schlußphase lag ich dann knapp aber sicher vor Hill.

*Endlich am Ziel – und trotzdem kurz vor dem Laufpaß: Damon Hill gewinnt erstmals den deutschen Grand Prix, verschafft sich im WM-Klassement ein solides Polster von 21 Punkten Vorsprung auf seinen Teamkollegen Jacques Villeneuve – und dennoch wird Frank Williams alsbald verkünden, daß im kommenden Jahr Heinz-Harald Frentzen den Sitz des designierten Weltmeisters einnehmen wird.*

Jetzt sprach alles für zehn Punkte. Auf der Bremse brauchte ich ihn nicht zu fürchten, und auf der Geraden plazierte ich meinen Benetton so geschickt, daß er keinen Weg an mir vorbei finden konnte.« Das funktioniert bis zur 43. Runde, als Bergers Renault V10 ohne Vorwarnung hochgeht: »Was soll ich sagen? In einer Sekunde war alles vorbei. Es hatte sich nichts angekündigt, alles lief perfekt. Ich war sicher, ich könnte Hill weiter hinter mir halten. Der Sieg wäre für mich, für das Team, für alle sehr wichtig gewesen.« Und so gewinnt Damon Hill doch noch den Großen Preis von Deutschland, nachdem ihm am Hockenheimring zuvor nie viel Glück beschieden gewesen ist: »Es war ein phantastisches Rennen. Schade, daß Gerhard ausgefallen ist – die letzten Runden wären sehr aufregend geworden. Ich hätte zwar nicht zuviel riskieren dürfen, weil ich an den WM-Titel denken muß. Aber dieses Rennen wollte ich unbedingt gewinnen.«

Jacques Villeneuve ist Dritter geworden und liegt im Titelkampf nun mit 52 zu 73 gegen Damon Hill zurück: »Das Einzige, was mich wirklich ärgert – wir haben heute morgen entdeckt, daß ich zwei Tage lang mit einem gebrochenen Stoßdämpfer herumgefahren bin. Ich frage mich, was ich hätte erreichen können, wenn wir das bereits am Freitagmorgen gewußt hätten…« Beim fast zeitgleichen Boxenstop mit Michael Schumacher nach der 23. Runde, wäre der Kanadier in seinem Williams beinahe mit dem etwas schneller herausbeschleunigendem Ferrari kollidiert: »Wegen eines Kupplungsproblems kam ich nicht wie geplant weg, aber es sah gefährlicher aus, als es in Wirklichkeit war.« Dafür schnappt sich Villeneuve den Weltmeister keine drei Kilometer weiter auf dem Weg zur Jim-Clark-

■ *Damon Hill feiert seinen Sieg, flankiert von Jean Alesi und Jacques Villeneuve. Prominenz schmückt das Podium, links gibt sich Startenor Placido Domingo die Ehre, rechts präsentiert sich Boris Becker ohne Racket. In Ferrari-roter Hose macht AvD-Präsident Wolfgang-Ernst Fürst von Ysenburg und Büdingen die Honneurs. Vor sieben Jahrzehnten fand erstmals der Große Preis von Deutschland statt – doch die Rennen anno 1926 auf der AVUS und von 1996 auf dem Hockenheimring scheinen Lichtjahre zu trennen.*

■ *Der »moralische Sieger« am Hockenheimring heißt Gerhard Berger: Bis zweieinhalb Runden vor Rennende liegt der Österreicher knapp vor Damon Hill, dann zerreißt es den Renault V10 in Bergers Benetton B196. Teamkollege Jean Alesi wird hinter Damon Hill Zweiter und spielt in der Auslaufrunde den Chauffeur für Gerhard Berger.*

Kurve: »Ich hätte ihm mit Gewalt die Türe zuwerfen können, aber dann wären wir beide von der Strecke geflogen«, erläutert Michael Schumacher geraume Zeit nach dem Rennen mit gemischten Gefühlen: »Es war heute sehr wichtig für uns, ins Ziel zu kommen. Natürlich hätte ich mich unheimlich gefreut, aufs Siegerpodest zu klettern. Aber ich finde es schön, daß sich die Fans auch über einen vierten Rang so freuen konnten.« Immerhin hat »Schumi« zur Freude des Publikums noch David Coulthard knapp hinter sich gelassen. Und dies, obwohl die McLaren-Mercedes in Hockenheim bei allen TOP-SPEED-Messungen die Nase vorn hatten: Für Häkkinen wurden 345 km/h gestoppt, neuer Hockenheimrekord! Knapp zwei Jahrzehnte vorher, zu Zeiten, als in der Formel 1 ebenfalls mit Drei-Liter-Triebwerken gefahren wurde, lag der Bestwert bei 289 km/h, erzielt von Niki Lauda mit dem 12Zylinder-Boxer von Ferrari… Nichts auf Erden hat Bestand, es gibt immer ein nächstes Mal, mag sich 1996 im Motodrom auch Michael Schumacher denken. Noch liegt ein weiter Weg aus dem Ferrari-Tief vor ihm: »Ich vermute, ich habe meine Fans 1995 mit Erfolgen etwas verwöhnt. Jeder weiß, was in dieser Saison passiert ist. Ich denke, daß ich das nächstes Jahr gutmachen kann.«

# Abgesang der alten Männer

Es ist Ende Juli, vielen Deutschen steht das Wasser bis zum Hals: Der Bevölkerung im Oderbruch im wortwörtlichen Sinne. 200 Hektar Land sind überflutet, die Überschwemmungskatastrophe hat ihren Höhepunkt noch nicht erreicht. Die Deiche brechen, so wie die sozialen Sicherungssysteme der Republik: Zu Jahresbeginn meldete die Bundesanstalt für Arbeit über 4,8 Millionen offiziell registrierte Arbeitslose und Monat für Monat erreicht die Statistik im Vergleich zu den Vorjahreswerten neue Rekordmarken. Die Politik scheint sich vorerst verabschiedet zu haben, Regierung und Opposition taktieren nach bestem Wissen und Gewissen. Noch sind es 14 Monate bis zur nächsten Bundestagswahl, aber der Kampf um Machterhalt oder Machtwechsel hat längst begonnen.

Auch Bernie Ecclestone sucht nun sein Lebenswerk zu sichern: Die Formel 1 soll an der Börse positioniert werden, wobei kein geringerer als Helmut Werner, der ehemalige Vorstandschef von Mercedes-Benz, Beihilfe leisten soll. Wenn man offiziösen Daten glauben schenken darf, steht Ecclestone vor seinem 66. Geburtstag, somit scheint es sinnvoll, die Geschäfte langfristig zu ordnen. Börsianer schätzen den Umsatz des Formel-1-Zirkus, basierend auf Zahlenmaterial aus der Saison 1996, auf über 600 Millionen Mark, davon seien 40 % Gewinn. Der Wert des gesamten Formel-1-Pakets inklusive weltweiter Fernsehrechte wird noch zu Jahresbeginn 1997 auf stolze 7 Milliarden Mark beziffert, ehe Ecclestones Imperium von unguten Entwicklungen getroffen wird – was den Börsenwert seines GP-Zirkus bis Saisonmitte auf 4,5 Milliarden Mark reduziert haben dürfte und den bereits für Spätsommer geplanten Börsengang vorerst verdirbt: Die Formel-1-Rennställe wollen sich eine größere Scheibe vom Aktienkuchen abschneiden, in der Europäischen Union droht das flächendeckende Verbot von Tabakwerbung, das digitale PAY-TV-Zeitalter lockt viel weniger Abonnenten als erhofft – und zu allem Überfluß macht dem Goliath ein David in Gestalt von Wolfgang Eisele zusätzlichen Ärger, weil der kleine TV-Produzent aus Heidelberg per einstweiliger Verfügung des Frankfurter Landgerichts durchsetzt, wieder auf eigene Rechnung bei den Rennen zur Truck-Europameisterschaft Filme drehen zu dürfen. Die zentrale Vermarktung sämtlicher internationaler Rennserien durch eine Ecclestone-Agentur im Auftrag des Motorsportweltverbandes FIA stößt bei den deutschen Richtern auf kartellrechtliche Bedenken. Wiewohl das letzte juristische Wort noch längst nicht gesprochen ist, herrscht fortan bei Börsianern große Irritation – zumal die von FIA und Ecclestone angedeutete Möglichkeit, die Formel 1 dann eben nicht mehr in Europa, sondern einfach häufiger in asiatischen Ländern antreten zu lassen, die Schätzung künftiger Einnahmen zusätzlich erschwert. Kurzum, wir werden doch noch etwas länger auf die »Formel-1-Aktie« warten müssen, ebenso wie auch auf Vorstandssitzungen der Formel-1-AG, auf denen dann möglicherweise ja spannungserhaltende, weil geldversprechende Fahrerwechsel, Überholmanöver und Rennresultate beschlossen werden…

Aber weil man das Eisen nun mal tüchtig schmieden soll, solange es noch heiß ist, und weil sich 1997 mit den beiden Schumacher-Brüdern und Frentzen gleich drei deutsche Rennfah-

■ *27. Juli 1997: Das ewig junge Spiel mit dem Nervenkitzel beginnt, sogleich werden sich Gerhard Berger (Benetton B197-Renault), Giancarlo Fisichella (Jordan 197-Peugeot), Mika Häkkinen (McLaren MP4/12A-Mercedes), Michael Schumacher (Ferrari F310B), Heinz-Harald Frentzen (Williams FW19-Renault) und 17 weitere Konkurrenten auf die Einführungsrunde begeben.*

rer in der Formel 1 tummeln, läuft das Grand-Prix-Geschäft hierzulande von Jahr zu Jahr besser, will es scheinen. Während die Nürburgring GmbH für den Großen Preis von Luxemburg den Zuschlag bis zum Jahr 2001 hat, verständigt sich die Hockenheimring GmbH am Rande des '97er WM-Laufes dahingehend mit Bernie Ecclestone, daß der Große Preis von Deutschland bis zum Jahr 2006 im Motodrom stattfindet. Trotz drastischer Preiserhöhungen sind die 130 000 Dreitageskarten für das ›97er Rennwochende schon seit Monaten ausverkauft, »Schumi« sei Dank!

Der 28jährige Ausnahmerennfahrer ist auf dem besten Weg die Scuderia Ferrari in den Griff zu bekommen, Wünsche werden sofort erledigt, Wunder scheinen mit einem wie Schumacher ohnehin an der Tagesordnung. Zudem arbeiten die alten Freunde aus Benetton-Tagen, Ross Brawn und Rory Byrne, wieder mit ihrem jungen Champion zusammen, längst vergessen und vorbei ist die Ära John Barnard bei Ferrari. Soll heißen: Michael Schumacher scheint direkten Kurs auf seine dritte Fahrerweltmeisterschaft nehmen zu können, auch wenn zuvor in Silverstone ein Radlagerschaden einen sicheren Sieg gekostet hat. Der Kerpener kommt als WM-Spitzenreiter zum Großen Preis von Deutschland und so pilgern am letzten Juli-Wochenende Rotkäppchen zu Zehntausenden in den Hardtwald von Hockenheim, um ihrem Idol beizustehen im Kampf gegen die bösen Williams.

Aber die Zeit der märchenhaften Erfolge scheint für das Team von Frank Williams und Patrick Head vorerst vorbei: Das Rennwochenende von Hockenheim bietet eine der blamabelsten Vorstellung des Rennstalls, der erst zwei Wochen zuvor in Silverstone dank Jacques Villeneuve seinen 100. Grand-Prix-Sieg feiern konnte. Liegt es an den Williams FW19-Renault? Oder doch an den beiden Fahrern? Vor Jahresfrist stand Heinz-Harald Frentzen in Hockenheim als heimlicher Gewinner fest, als durchsickerte, daß Damon Hill das Cockpit für den Deutschen räumen muß. Keine zwölf Monate später verkündet das englische Boulevardblatt *Sun* Frentzens baldige Entlassung bei Williams… Der lässig-lockere Frentzen von einst ist nur noch eine Erinnerung aus fernen Zeiten: »Ich wäre am liebsten auf dem Mond gewesen, ganz allein«, kommentiert der Mönchengladbacher seinen vorzeitigen Abflug beim britischen Grand Prix. Wieder und wieder wird Frentzen in Hockenheim von denselben Fragen heimgesucht: Ob er sich Fehler vorzuwerfen habe? Wie er mit dem Druck fertig werde? Wenn sich einer rechtfertigen muß, hat er längst verloren… Am Freitagabend lädt Williams-Sponsor Rothmans zur Pressekonferenz mit Frentzen und Villeneuve: Der Ort der Veranstaltung scheint irgendwie der momentanen Situation im Team zu entsprechen, ein ausrangiertes Werksgelände am Rande des Hockenheimer Industriegebiets Talhaus – ein tristes Ambiente. Vor ein paar Jahren arbeiteten hier noch 200 Arbeiter und Angestellte bei der Firma Aurepa, jetzt stehen auf der Industriebrache Pfützen in den Schlaglöchern, in einer der Hallen ist seit geraumer Zeit eine Indoor-Kartbahn untergebracht.

Jacques Villeneuve trägt die Haare dieses Wochenende im wasserstoffblonden Marilyn-Monroe-Look und erweist sich einmal mehr als souverän und schlagfertig, während einem Heinz-Harald Frentzen fast schon leid tun kann. Wieder dieselbe Fragenlitanei des Interviewers, wieder dieselben Antworten: »Den Fehler in Silverstone, okay, den nehme ich voll auf meine Kappe. Ich wollte die Reifen noch einmal anwärmen, bevor ich auf meine Position kam. Dazu mußte ich Gas geben und dann aber wieder schnell zum Stehen kommen. Ich habe dann einfach falsch geschaltet.« Ob denn nun besonderer Druck des Teams auf ihm laste? »Nein, gar nicht, ich verstehe mich mit meinen Ingenieuren sehr viel besser, als es in der Presse immer dargestellt wird, auch mit Frank und Patrick.« Da riskiert ein Formel-1-Rennfahrer Kopf und Kragen, muß binnen Bruchteilen von Sekunden reagieren und entscheiden – und dann soll er sich auch noch vor einem Haufen von Leuten rechtfertigen, die eigentlich keine Ahnung haben von dem riskanten Job und der komplexen technischen Materie dahinter: Das sind die Momente, in denen wir Heinz-Harald Frentzen und all die anderen Akteure im Formel-1-Cockpit zutiefst bedauern müssen.

Nein, es wird wieder einmal nicht Frentzens Rennwochenende, da ist es auch nur ein schwacher Trost, daß der Deutsche auf Startplatz fünf, sein kanadischer Teamkollege und Titelaspirant Jacques Villeneuve im Abschlußtraining gar nur auf der neunten Position landet: »Keine Balance, kein Grip, es paßt einiges nicht. Wir fuhren harte Reifen, die weichen funktionieren auf dem Auto überhaupt nicht«, erläutert Frentzen die Problemlage. Auch am Rennsonntag spielen die Williams-Renault nicht die sonst gewohnte Hauptrolle. Frentzen verhaut seinen Start, wird deshalb in der Nordkurve vom blitzschnell gestarteten Ferrari Eddie Irvines passiert: »Eddie hat mich abgedrängt und ist mir dabei über mein rechtes Vorderrad gefahren. Das war absolut unnötig, schließlich kann ich nicht in die Wiese fahren.« Irvine sieht die Kollision und den vorzeitigen Ausfall beider Fahrzeuge freilich etwas anders: »Ich hatte einen meiner besten Starts in der Formel 1. In der ersten Kurve spürte ich einen Schlag auf dem linken Hinterrad. Danach war der Reifen kaputt und beschädigte die Karosserie.« Ex-Formel-1-Rennfahrer Martin Brundle kommentiert für die BBC die Fernsehaufnahmen: »Das war ganz klar Frentzens Fehler, Irvine lag vorn, ihm gehörte die Kurve.« Jacques Villeneuve kommt 33 Runden weiter als sein Williams-Teamkollege, dann endet das Rennen des 26jährigen Kanadiers abrupt mit einem Dreher in der Jim-Clark-Kurve, dessen Vorgeschichte bereits eingangs der Nordkurve beginnt: »Als ich Häkkinen auf die Pelle rückte, blockierte ich hinter ihm die Räder. In der ersten Kurve geriet ich zu weit nach außen, Trulli kam näher, ich blieb auf der Geraden innen, er außen, dann drückte er mich ins Gras. Mir ging die Straße aus, also lupfte ich das Gaspedal. Er beobachtete mich in seinen Rückspiegeln, zackte mal links, mal rechts, als wir zur darauf folgenden Kurve anbremsten. Ich war zu weit innen und blockierte die Räder« – was Villeneuve mindestens zwei wertvolle WM-Punkte kostet.

■ *Erst gehen die Nerven entzwei, dann der rechte Vorderreifen und schließlich der gute Ruf: Heinz-Harald Frentzen schleppt sich mit seinem angeschlagenen Williams FW19-Renault nach der ersten Runde zurück an die Box... Im Hintergrund rumpelt Eddie Irvines Ferrari F310B ebenfalls dem vorzeitigen Aus in der Boxengasse entgegen: Nach einem fulminanten Start war sein linker Hinterreifen vom rechten Vorderrad des Frentzen-Williams aufgeschlitzt worden, der Rest ist ebenso kurze wie enttäuschende Renngeschichte.*

■ *»Zuviel Übermut tut selten gut«, altes deutsches Sprichwort: »Schumi II wird in Hockenheim zwar Fünfter, steht aber eindeutig im Schatten seines Jordan-Peugeot-Teamrivalen Giancarlo Fisichella. Zu allem Überfluß wird Ralf Schumacher ausgerechnet am Nürburgring beim »Großen Preis von Luxemburg« auch noch die WM-Chancen seines Bruders Michael torpedieren…*

Williams-Renault spielt in Hockenheim also nicht die erste Geige, was mindestens ebenso überraschen muß, wie der Sieg von Gerhard Berger: Gut, Berger hätte beinahe schon im Vorjahr gewonnen, doch 1997 spricht vor seinem Formel-1-Comeback im Motodrom alles gegen den 37jährigen Österreicher. Eine Kieferhöhlenentzündung samt Operation hat Berger 52 Tage Rennpause beschert: »Wenn man an Infusionen hängt und vollgestopft mit Medikamenten ist, dann wird die Formel 1 zur unwichtigen Sache.« In so einer Situation werde man sehr katholisch, kolportiert der Tiroler seine Reaktion auf die nächste Hiobsbotschaft, die Nachricht vom Tod seines Vaters Johann Berger bei einem Flugzeugabsturz: »Ich hätte nicht gedacht, daß mich das so mitnimmt. Es ist, als wäre ein Teil von mir gestorben.« Als dann Alexander Wurz, sein Landsmann und Ersatzfahrer bei Benetton-Renault, in Silverstone Dritter wird, scheinen Gerhard Bergers Tage in der Formel 1 bereits gezählt, zumal der Tiroler kundtut, den italienischen Rennstall zum Ende der Saison zu verlassen. Weder Berger noch seinem Kollegen Jean Alesi ist es vor dem deutschen Grand Prix am 28. Juli 1997 gelungen, mit dem Benetton-Renault ein Rennen zu gewinnen. Das Team, das mit Michael Schumacher zwei Formel-1-Weltmeisterschaften in Folge und anno 1995 sogar den Konstrukteurstitel holte, droht im Mittelmaß zu versinken – und dann sitzt Gerhard Berger beim samstäglichen Abschlußtraining vor seinem 203. Grand Prix wieder im Benetton B197-Renault und fährt, als ob es nichts Selbstverständlicheres gäbe, gleich auf seiner ersten schnellen Runde die Pole Position heraus…

Ohne die Leistung des Formel-1-Veterans schmälern zu wollen: Die völlig verregneten Freitagssitzungen mögen manche Konkurrenten beim Set-Up fürs Rennen in die falsche Richtung experimentieren lassen. Mit hoher Wahrscheinlichkeit wird der frühe Motorschaden beim Freitagstraining Mika Häkkinen im McLaren-Mercedes den Sieg kosten: »Das Auto war nicht perfekt, trotzdem hätte ich heute mehr rausholen müssen«, grämt sich der Finne am Rennsonntag über seinen dritten Platz. Aber alle Konkurrenten haben am Freitag nur wenig brauchbare Daten sammeln können, die Bedingungen sind also annähernd gleich schlecht: Doch der erfahrene Gerhard Berger verfügt in Sachen Abstimmung nicht nur am Samstag über das gewisse Händchen… Bei zwei weiteren Versuchen im Abschlußtraining unterlaufen dem Tiroler allerdings Fehler, aber Berger hat das Glück des Tüchtigen, daß Giancarlo Fisichella mit dem Jordan-Peugeot am Ende läppische 24 Tausendstelsekunden zur Bestzeit fehlen: »Traumhaft für mich und das Team«, kommentiert Gerhard Berger seine Pole, »ich bin gut drauf, das Auto paßt zu meinem Fahrstil.« Und der beste Startplatz läßt es zu, dieselbe Rennstrategie zu verwenden, die bei Damon Hills Vorjahressieg im Williams-Renault beinahe an Gerhard Berger gescheitert wäre: Diesmal setzt Benetton auf zwei Boxenstops, was in Hockenheim aber nur funktioniert, wenn Berger sofort die Spitze übernimmt und freie Fahrt hat. Mit dieser Taktik ist der Österreicher auch von der Frage der Reifen her auf der sicheren Seite: Goodyear scheint zwar gegen den Formel-1-Neuling Bridgestone mit neuen Mischungen nicht mehr Vabanque spielen zu müssen, um im Reifenkrieg vorerst die Oberhand zu behalten, doch die anderen vom US-Konzern besohlten

Teams auf den vorderen Startplätzen gehen mit nur einem einzigen Reifenwechsel ein gewisses Risiko ein. Das Kalkül von Benetton rechnet sich, weil Gerhard Berger beim Start resolut die Führung übernimmt und sofort nach rechts in Richtung Fahrbahnmitte zieht, um Fisichella, der für seine Ein-Stop-Taktik ohnehin mehr Treibstoff an Bord seines Jordan-Peugeot mitschleppt, keinen Spielraum für eine etwaige Attacke vor der Nordkurve zu lassen. Das Rennen entscheidet sich in diesem Moment allerdings auch gegen Michael Schumacher, der mit seinem Ferrari vom vierten Startplatz aus zwar einen Weg an Mika Häkkinens McLaren-Mercedes vorbeigefunden hat, doch »Fisicos« Jordan-Peugeot vor der Nordkurve nicht mehr schnappt. Wenn das Überholmanöver geklappt hätte, wäre »Schumi« dem jungen Italiener wahrscheinlich davongezogen, so hängt der WM-Spitzenreiter jedoch auf Dauer hinter dem bärenstarken Peugeot-Motor fest – zumal, auch dies sei ausdrücklich festgehalten, Fisichella sich keinen Fehler leistet, der seinem deutschen Hintermann eine echte Überholchance hätte offerieren können. »Ich habe mir hinter Giancarlo die Reifen kaputt gemacht«, wird Michael Schumacher später noch hinzufügen. Ob es andernfalls für Schumacher gegen Berger gereicht hätte? Wohl kaum: »Der zweite Tankstop gegen Ende des Rennens war unplanmäßig, aber notwendig, weil beim ersten Stop aufgrund eines Problems mit dem Tankgerät wider Erwarten zuwenig Treibstoff nachgefüllt wurde. Außerdem funktionierte seit der 20. Runde der fünfte Gang nicht mehr. Das hat pro Runde ein paar Zehntel gekostet, weil ich vom vierten in den sechsten Gang schalten mußte.« Dennoch lautet das zufriedene Fazit des WM-Spitzenreiters nach dem deutschen Grand Prix: »Besser hätte es in punkto Meisterschaft nicht laufen können. Außer vielleicht, wenn ich das Rennen gewonnen hätte. Aber ich glaube, man muß realistisch sein – das war ein tolles Resultat. Auch ein glückliches Resultat. Das muß ich ehrlich sagen. Durch den Ausfall von Giancarlo Fisichella haben wir den zweiten Platz geerbt. Allerdings muß ich auch sagen, ich will die WM nicht gewinnen, weil ein Konkurrent ausfällt. Doch wir waren an diesem Wochenende besser als Williams. Ich möchte Gerhard Berger herzlich gratulieren. Der alte Renn-Opa hat es allen gezeigt.«

Giancarlo Fisichella hätte bei einer Zwei-Stop-Strategie eventuell eine Siegchance besessen, so endet sein grandioses Rennen mit einem unglücklichen Ausfall. Nach Bergers erstem Stop in der 17. Runde übernimmt »Fisco« erstmals die Führung in einem Formel-1-GP, ehe er in der 24. Runde die Jordan-Peugeot-Box zum Auftanken und Reifenwechseln aufsucht. Gerhard Berger erbt wieder die Spitze und scheint sich ein ausreichendes Polster für seinen zweiten Boxenhalt herausfahren zu können, doch in der 29. Runde gerät der Benetton-Renault in die Fahrlinie des explodierenden Ford-Zetec-R V10 des Stewart von Jan Magnussen: »Ich tauchte im sechsten Gang mit rund 300 km/h in den Nebel ein, ich bremste mich fast zum Stillstand und hatte riesige Angst. Wenn da auf der Piste dieses Auto steht, bin ich tot, schoß es mir durch den Kopf... Da habe ich fünf Sekunden verloren und wußte, jetzt kann es mit dem Sieg noch mal eng werden.« Mit rund 20 Sekunden Vorsprung rollt Spitzenreiter Berger in der 34. Runde zu seinem zweiten Stop an die Benetton-Box, einschließlich An- und Ausfahrt vergehen 26,735 Sekunden, bei diesem Grand Prix die schnellste Zeit für einen Halt mit Auftanken und Reifenwechsel, doch nicht schnell genug, um wieder vor Fisichella die

■ *Neue Tiroler Bauernregel: »52 Tage war der Berger krank, jetzt gewinnt er wieder, Gottseidank!«*

■ *Die Verfolgergruppe auf den Plätzen vier bis sieben in der Sachskurve aufgereiht: Mika Häkkinen im McLaren MP4/12A-Mercedes im neuen '97er Silberpfeil-Look vor Jacques Villeneuve (Williams FW19-Renault), Jarno Trulli (Prost JS45-Mugen Honda), der sich erstmals WM-Punkte sichern wird, und Ralf Schumacher (Jordan 197-Peugeot).*

Spitze zu übernehmen... Aber an diesem sonnigen Tag läuft alles für Gerhard Berger: »Fisichella machte einen kleinen Fehler, so konnte ich ihn sofort überholen. Ansonsten wär's schwieriger gewesen, denn er hatte einen guten Speed auf den Geraden.« Beim samstäglichen Abschlußtraining hatte »Fisicos« Jordan-Peugeot am Meßpunkt vor der Jim-Clark-Kurve mit 349,5 km/h die neue Hockenheim-Bestmarke herausgefahren...

Giancarlo Fisichella freut sich auf den zweiten Platz, sein bestes Resultat in seiner allerersten GP-Saison, dazu das bis dato beste Ergebnis für das Formel-1-Team von Eddie Jordan – bis in der 39. Runde der linke Hinterreifen platzt. Fisichella dreht sich eingangs des Motodroms und noch einmal vor der Opel-Kurve bei der Fahrt zu seiner Box, wechselt noch einmal die Reifen und muß in der 40. Runde an siebter Stelle liegend aufgeben, weil bei seinem Reifenmalheur wegfliegende Gummiteile einen Ölkühler beschädigt haben: »Ich kann es nicht fassen, dieser zweite Rang hätte mir gehört! Bis zum Reifenplatzer lief alles reibungslos. Ich war gut gestartet, fand einen guten Rhythmus und fühlte mich wohl. Ich werde wohl nicht eingebildet klingen, wenn ich sage, daß ich mit meiner Leistung zufrieden sein darf.« Der zweite Jordan-Peugeot mit »Schumi II« am Volant wird auf dem fünften Rang klassiert, doch der 22jährige Ralf Schumacher weiß nur zu genau, daß er damit deutlich unter seinen Möglichkeiten geblieben ist – und ihm sein italienischer Teamrivale ausgerechnet beim ersten Heim-GP die Schau gestohlen hat: »Meine Rundenzeiten waren auf der Höhe von jenen Fisichellas. Aber wenn Du von soweit hinten losfährst, ist das Vorwärtskommen praktisch unmöglich. Hinter den Konkurrenten verlierst Du den Abtrieb und ruinierst Dir die Reifen.« Der Frust nagt um so mehr, als Ralf Schumacher am Freitag

■ *Den wahren König zeichnet Großmut aus: Michael Schumacher freut sich mit Gerhard Berger und betätigt sich für Giancarlo Fisichella als Taxifahrer, schließlich hat erst der Ausfall des 24jährigen Italieners »Schumi« den zweiten Platz beschert. Aber was sind schon schöne Gesten, wenn die Rennleitung Schumachers kostenlosen Transportservice mit einer Verwarnung belegt...*

beim freien Training noch Bestzeit vor seinem Bruder Michael gefahren hatte, und auch am Samstagmorgen vor dem Abschlußtraining erneut die Zeitentabelle anführte: »Ich hätte schnell wie ›Fisico‹ sein können, aber auf meiner besten Runde habe ich ausgangs Motodrom gepatzt. Das hat vier Zehntel gekostet.«

Manchmal liegen Sieg und Platz, Triumph und Niederlage an winzigen Details – das ist ein wenig die Lehre dieses abwechslungsreichen Großen Preises von Deutschland auf dem Hockenheimring. Oder um es mit dem siegreichen Gerhard Berger zu sagen: »Ich glaube gar nicht, daß wir so überlegen waren. Die Rennen in dieser Saison sind so eng, daß es genügt, wenn man nur ein bißchen überlegen ist. Jordan ist unheimlich konkurrenzfähig geworden, Fischella fuhr ein großes Rennen. Wir hatten ein wunderbar ausbalanciertes Auto mit dn optimalen Reifen. Wir alle operierten mit sehr wenig Daten an diesem Wochenende. Du kannst nicht einmal behaupten, daß wir besonders clever waren. So wie es unheimlich leicht ist, alles zu verhauen, haben wir diesmal alles richtig gemacht.«

# Anhang

## GP Deutschland, Avus, 11. Juli 1926

20 Runden à 19,61 km = 392,2 km/40 Wagen gestartet, 17 im Ziel

| | |
|---|---|
| 1. Caracciola/D (Mercedes) | 2h54.17,8 = 135,1 km/h |
| 2. Riecken/D (NAG) | 2h57.33,2 |
| 3. Cleer/D (Alfa Romeo) | 3h00.16,8 |
| 4. Clause/F (Bignan) | 3h02.07,4 |
| 5. Klöble/D (NSU) | 3h07.27,0 |
| 6. Schaumburg-Lippe/D (OM) | 3h10.57,2 |
| 7. Scholl/D (NSU) | 3h11.54,2 |
| 8. Islinger/D (NSU) | 3h13.58,8 |
| 9. Santner/D (OM) | 3h16.54,2 |
| 10. Müller/D (NSU) | 3h18.25,4 |
| 11. Backasch/D (Brennabor) | keine Zeitangabe |
| 12. Reichstein/D (Brennabor) | keine Zeitangabe |
| 13. Feldmann/D (Hansa) | keine Zeitangabe |
| 14. Orska/D (NAG) | keine Zeitangabe |
| 15. Mitzlaff/D (Brennabor) | keine Zeitangabe |
| 16. Urban-Emmerich/CS (Brennabor) | keine Zeitangabe |
| 17. Wälti/CH (Bugatti) | keine Zeitangabe |
| Schnellste Runde: Minoia/I (OM) | 161,2 km/h |

(andere zeitgenössische Berichte verzeichnen für Rosenberger/D mit seinem Mercedes in der dritten Runde einen Schnitt von 170,7 km/h)

## GP Deutschland, Nürburgring, 17. Juli 1927

18 Runden à 28,3 km = 509,4 km/21 Wagen gestartet, 7 im Ziel

| | |
|---|---|
| 1. Merz/D (Mercedes-Benz) | 4h59.35,6 = 101,8 km/h |
| 2. Werner/D (Mercedes-Benz) | 5h02.54,6 |
| 3. Walb/D (Mercedes-Benz) | 5h10.49,0 |
| 4. Junek/CS (Bugatti) | 5h40.07,6 |
| 5. Urban-Emmerich/CS (Talbot) | 6h00.32,0 |
| 6. Cleer/D (Bugatti) | 6h07.11,0 |
| 7. von Guillaume/A (Steyr) | keine Zeitangabe |
| Schnellste Runde: Werner/D (Mercedes-Benz) | 15.51,6 = 107,0 km/h |

## GP Deutschland, Nürburgring, 15. Juli 1928

18 Runden à 28,3 km = 509,4 km/41 Wagen gestartet, 10 im Ziel

| | |
|---|---|
| 1. Caracciola/Werner/D (Mercedes-Benz) | 4h54.24,0 = 103,9 km/h |
| 2. Merz/D (Mercedes-Benz) | 4h56.02,2 |
| 3. Werner/Walb/D (Mercedes-Benz) | 5h04.23,0 |
| 4. Brilli-Peri/I (Bugatti) | 5h05.16,0 |
| 5. Kimpel/Rosenberger/D (Mercedes-Benz) | 5h06.29,0 |
| 6. Chiron/MC (Bugatti) | 5h17.26,0 |
| 7. Minoia/I (Bugatti) | 5h23.28,0 |
| 8. Birkin/GB (Bentley) | 5h25.28,0 |
| 9. Simons/D (Bugatti) | keine Zeitangabe |
| 10. Kersting/D (Bugatti) | keine Zeitangabe |
| Schnellste Runde: Caracciola/D (Mercedes-Benz) | 15.13,2 = 111,6 km/h |

## GP Deutschland, Nürburgring, 14. Juli 1929

18 Runden à 28,3 km = 509,4 km/33 Wagen gestartet, 14 im Ziel

| | |
|---|---|
| 1. Chiron/MC (Bugatti) | 4h46.06,4 = 106,9 km/h |
| 2. Philippe/F (Bugatti) | 4h57.52,2 |
| 3. Momberger/D/Graf Arco/A (Mercedes-Benz) | 5h00.37,8 |
| 4. Bouriat/F (Bugatti) | 5h03.28,4 |
| 5. Lepori/CH (Bugatti) | keine Zeitangabe |
| 6. Rosenstein/Rosenberger/D (Mercedes-Benz) | keine Zeitangabe |
| 7. Graf Kalnein/D (Bugatti) | keine Zeitangabe |
| 8. Burgaller/D (Bugatti) | keine Zeitangabe |
| 9. Marquis de Sterlich/F (Maserati) | keine Zeitangabe |
| 10. Kersting/D (Bugatti) | keine Zeitangabe |
| 11. Pirola/I (Alfa Romeo) | keine Zeitangabe |
| 12. Scholl/D (Amilcar) | keine Zeitangabe |
| 13. Ruggieri/I (Maserati) | keine Zeitangabe |
| 14. Macher/D (DKW) | keine Zeitangabe |
| Schnellste Runde: Chiron/MC (Bugatti) | 15.06,0 = 112,58 km/h |

## Eifelrennen, Nürburgring, 6. Juli 1930

Südschleife 30 Runden à 7,8 km = 234,0 km/8 Wagen gestartet, 4 im Ziel

| | |
|---|---|
| 1. von Morgen/D (Bugatti) | 2h08.53,0 = 109,5 km/h |
| 2. Volkhardt/D (Bugatti) | 2h22.57,1 |
| 3. Brudes/D Bugatti) | 2h28.49,0 |
| 4. Broschek/D (Bugatti) | 2h30.49,5 |

Schnellste Runde: ?

## Eifelrennen, Nürburgring, 7. Juni 1931

Südschleife 40 Runden à 7,8 km = 312,0 km/16 Wagen gestartet, 10 im Ziel

| | |
|---|---|
| 1. Caracciola/D (Mercedes-Benz) | 2h50.47,2 = 108,90 km/h |
| 2. von Morgen/D (Bugatti) | 2h53.06,4 |
| 3. von Brauchitsch (Mercedes-Benz) | 3h00.22,3 |
| 4. Seibel/D (Bugatti) | 3h16.56,3 |
| 5. Winter/D (Mercedes-Benz) | 3h21.12,2 |
| 6. Zigrand/D (Bugatti) | 3h29.27,1 |
| 7. Risse/D (Bugatti) | 3h37.05,0 |
| 8. Kortylewski/D (Bugatti) | 3h43.24,2 |
| 9. Stadtgen/D (Bugatti) | 4h05.40,2 |
| 10. Theisen/D (DKW) | 4h24.44,2 |

Schnellste Runde: ?

## GP Deutschland, Nürburgring, 19. Juli 1931

22 Runden à 22,81 km = 501,82 km/33 gestartete Wagen, davon 19 in der »Grand-Prix-Wertung« für Rennwagen der »Formule Libre« ohne Hubraum- und Gewichtsbeschränkung. Der Rest bestritt innerhalb des Großen Preises ein »Rennen der Kleinwagen bis 1100 Kubikzentimeter« über 18 Runden, das von Dudley Froy/GB auf einem Riley in 4h23.56,0 = 93,34 km/h gewonnen wurde. Startaufstellung (Reihenfolge nach Startnummern!):1. Reihe: von Morgen, Burgaller, von Brauchitsch; 2. Reihe. Stuck, Caracciola; 3. Reihe: Dreyfus, Fagioli, Merz; 4. Reihe: Birkin, Spandel5. Reihe: Williams, Varzi, Chiron; 6. Reihe: Lehoux, Bouriat; 7. Reihe: Nuvolari, Howe, Shafer; 8. Reihe: Wimille

Ergebnis:

| | |
|---|---|
| 1. Caracciola/D (Mercedes-Benz) | 4h38.10,0 = 108,24 km/h |
| 2. Chiron/MC (Bugatti) | 4h39.28,0 |
| 3. Varzi/I (Bugatti) | 4h42.10,0 |
| 4. Nuvolari/I (Alfa Romeo) | 4h43.16,0 |
| 5. Merz/D (Mercedes-Benz) | 4h43.54,0 |
| 6. Stuck/D (Mercedes-Benz) | 4h47.34,0 |
| 7. Bouriat/F (Bugatti) | 4h50.04,0 |
| 8. Wimille/F (Bugatti) | 4h52.08,0 |
| 9. Spandel/D (Mercedes-Benz) | 4h54.45,0 |
| 10. Birkin/GB (Maserati) | 5h01.03,0 |
| 11. Earl Howe/GB (Bugatti) | 5h08.19,0 |
| Schnellste Runde: Varzi/I (Bugatti) | 11.48,0 = 115,98 km/h |

Ausfälle: Burgaller/D (Bugatti), Motor – von Brauchitsch/D (Mercedes-Benz), Motor – von Morgen/D (Bugatti), Motor – Shafer/USA (Shafer/Buick Indy-Special), Aufhängung – Williams/GB (Bugatti), Motor – Fagioli/I (Maserati), Unfall – Dreyfus/F (Maserati), Motor – Lehoux/F (Bugatti), Unfall

## Avusrennen, 2. August 1931

15 Runden à 19,656 km = 294,84 km/11 Wagen gestartet, 7 im Ziel

| | |
|---|---|
| 1. Caracciola/D (Mercedes-Benz) | 1h35.07,6 = 185,705 km/h |
| 2. von Morgen/D (Bugatti) | 1h39.49,8 |
| 3. von Brauchitsch/D (Mercedes-Benz) | 1h42.32,2 |
| 4. Broschek/D (Bugatti) | 1h51.32,4 |
| 5. Hartmann/HUN (Bugatti) | 1h51.38,2 |
| 6. Zichy/HUN (Bugatti) | 1h52.37,0 |
| 7. Wälti/CH (Bugatti) | keine Zeitangabe |
| Schnellste Runde: Caracciola/D (Mercedes-Benz) | 5.59,3 = 196,9 km/h |

## Avusrennen, 22. Mai 1932

15 Runden à 19,656 km = 294,84 km/16 Wagen gestartet, 5 im Ziel

| | |
|---|---|
| 1. von Brauchitsch/D (Mercedes-Benz) | 1h30.52,4 = 194,4 km/h |
| 2. Caracciola/D (Alfa Romeo) | 1h30.56,0 |
| 3. Stuber/CH (Bugatti) | 1h34.31,4 |
| 4. Stuck/D (Mercedes-Benz) | 1h35.11,4 |
| 5. Kotte/D (Maserati) | 1h41.43,4 |
| Schnellste Runde: Divo/F (Bugatti) | 5.48,8 = 201,7 km/h |

## Eifelrennen, Nürburgring, 29. Mai 1932

14 Runden à 22,81 km = 319,34 km/? Wagen am Start, 9 im Ziel

| | |
|---|---|
| 1. Caracciola/D (Alfa Romeo) | 2h48.22 = 113,7 km/h |
| 2. Dreyfus/F (Bugatti) | 2h48.44 |
| 3. von Brauchitsch (Mercedes-Benz) | 2h53.18 |
| 4. Stuck/D (Mercedes-Benz) | 2h57.15 |
| 5. Chiron/MC (Bugatti) | 2h58.06 |
| 6. Tauber/CH (Alfa Romeo) | 3h07.24 |
| 7. Hartmann/HUN (Bugatti) | 3h17.59 |
| 8. Broschek/D (Mercedes-Benz) | 3h22.42 |
| 9. Seibel/D (Bugatti) | 3h28.53 |
| Schnellste Runde: Caracciola/D (Alfa Romeo) | 11.42,8 = 117,1 km/h |

## GP Deutschland, Nürburgring, 17. Juli 1932

25 Runden à 22,81 km = 570,25 km/31 Wagen gestartet, davon 9 in der »Grand-Prix-Wertung« für Rennwagen der »Formule Libre« ohne Hubraum- und Gewichtsbeschränkung. Innerhalb des »Großen Preises« bestritten zudem 15 Fahrzeuge in der Klasse bis 1500 Kubikzentimeter ein Rennen über 23 Runden (Sieger: Tauber/CH mit einem Alfa Romeo in 4h54.46,4 = 106,8 km/h) sowie 7 Wagen in der Klasse bis 800 Kubikzentimeter ein Rennen über 19 Runden (Sieger: Hamilton/GB mit einem MG in 4h33.29,0 = 95,0 km/h).

| | |
|---|---|
| 1. Caracciola/D (Alfa Romeo) | 4h47.22,8 = 119,3 km/h |
| 2. Nuvolari/I (Alfa Romeo) | 4h47.53,0 |
| 3. Borzacchini/I (Alfa Romeo) | 4h54.33,0 |
| 4. Dreyfus/F (Bugatti) | 5h01.05,4 |
| Schnellste Runde: Nuvolari/I (Alfa Romeo) | 10.49,4 = 126,6 km/h |

Ausfälle: 1. Runde Pietsch/D (Bugatti), Kühlung – 2. Runde Ruggeri/I (Maserati), Motor – 4. Runde Lehoux/F (Bugatti), Hinterachse – 6. Runde Lewy/Pietsch/D (Bugatti), Unfall – 7. Runde Chiron/MC (Bugatti), Hinterachse

## Avusrennen, 21. Mai 1933

15 Runden à 19,565 km = 294,841 km/11 Wagen gestartet, 7 im Ziel

| | |
|---|---|
| 1. Varzi/I (Bugatti) | 1h25.24,0 = 206,9 km/h |
| 2. Graf Czaykowski/POL (Bugatti) | 1h25.26,0 |
| 3. Nuvolari/I (Alfa Romeo) | 1h30.55,0 |
| 3. Borzacchini/I (Alfa Romeo) | 1h30.55,0 (ex aequo) |
| 5. Jellen/A (Alfa Romeo) | 1h35.33,0 |
| 6. von Brauchitsch/D (Mercedes-Benz) | 1h39.42,0 |
| 7. Hartmann/HUN (Bugatti) | 1h44.14,0 |
| Schnellste Runde: Chaykowski/POL (Bugatti) | 5.17,8 = 221,7 km/h |

## Eifelrennen, Nürburgring, 28. Mai 1933

15 Runden à 22,81 km = 342,15 km/14 Wagen gestartet, 7 im Ziel

| | |
|---|---|
| 1. Nuvolari/I (Alfa Romeo) | 3h00.59 = 113,43 km/h |
| 2. von Brauchitsch/D (Mercedes-Benz) | 3h06.54 |
| 3. Taruffi/I (Alfa Romeo) | 3h09.09 |
| 4. Chiron/MC (Alfa Romeo) | 3h11.48 |
| 5. Hartmann/HUN (Bugatti) | 3h12.12 |
| 6. Pietsch/D (Alfa Romeo) | 3h13.29 |
| 7. Siena/I (Alfa Romeo) | 3h18.11 |

## Avusrennen, 27. Mai 1934

15 Runden à 19,656 km = 294,841 km/11 Wagen gestartet, 6 im Ziel

| | |
|---|---|
| 1. Moll/F (Alfa Romeo) | 1h26.03,0 = 205,24 km/h |
| 2. Varzi/I (Alfa Romeo) | 1h27.30,3 |
| 3. Momberger/D (Auto Union) | 1h27.48,3 |
| 4. Howe/GB (Maserati) | 1h35.18,3 |
| 5. Nuvolari/I (Maserati) | 1h39.09,0 |
| 6. Pietsch/D (Alfa Romeo) | 1h44.29,2 |
| Schnellste Runde: Momberger/D (Auto Union) | 5.12,0 = 225,84 km/h |

## Eifelrennen, Nürburgring, 3. Juni 1934

15 Runden à 22,81 km = 342,15 km/20 Wagen gestartet, 8 im Ziel

| | |
|---|---|
| 1. von Brauchitsch/D (Mercedes-Benz) | 2h47.36,8 = 122,47 km/h |
| 2. Stuck/D (Auto Union) | 2h48.56,2 |
| 3. Chiron/MC (Alfa Romeo) | 2h53.20,2 |
| 4. Pietsch/D (Alfa Romeo) | 3h04.05,2 |
| 5. Penn-Hughes/GB (Alfa Romeo) | 3h04.34,2 |
| 6. Maag/CH (Alfa Romeo) | 3h08.14,0 |
| 7. Hartmann/HUN (Bugatti) | 3h20.40,0 |
| 8. Gaupillat/F (Bugatti) | 3h22.22,0 |

Schnellste Runde: von Brauchitsch/D (Mercedes-Benz) 127,0 km/h

## GP Deutschland, Nürburgring, 15. Juli 1934

25 Runden à 22,81 km = 570,25 km

Startaufstellung (Reihenfolge durch Los bestimmt!):

1. Reihe: Balestrero, Hamilton, Minozzi; 2. Reihe: Chiron, Nuvolari; 3. Reihe: Caracciola, Zehender, Battilana; 4. Reihe: Stuck, Maag; 5. Reihe: Fagioli, Hartmann, Varzi; 6. Reihe: Momberger, Moll; 7. Reihe: Burgaller, Rüesch, Soffietti; 8. Reihe: Geier

Ergebnis:

| | |
|---|---|
| 1. Stuck/D (Auto Union) | 4h38.19,2 = 122,93 km/h |
| 2. Fagioli/I (Mercedes-Benz) | 4h40.26,1 |
| 3. Chiron/MC (Alfa Romeo) | 4h46.32,4 |
| 4. Nuvolari/I (Maserati) | 4h55.10,1 |
| 5. Geier/D (Mercedes-Benz) | 4h59.05,3 |
| 6. Zehender/ROM (Maserati) | 5h14.46,8 |

Noch im Rennen, aber aufgrund zu geringer zurückgelegter Distanz nicht gewertet:
Hartmann/HUN (Bugatti) 5h13.36,2 (24 Runden)

Nachträglich disqualifiziert wegen Überschreiten des 750 kg-Gewichtslimits: Maag/CH (Alfa Romeo), in 5h04.49,4 zunächst auf dem 6. Rang klassiet-

Schnellste Runde: Stuck/D (Auto Union) 10.43,8 = 127,6 km/h

Ausfälle: 1. Runde Hamilton/GB (Maserati), Motor – 2. Runde Varzi/I (Alfa Romeo), Getriebe – 4. Runde Balestrero/I (Alfa Romeo), Getriebe – 5. Runde Burgaller/D (Auto Union), Getriebe – 6. Runde Battilana/I (Alfa Romeo), Getriebe – 7. Runde Moll/F (Alfa Romeo), Getriebe – 11. Runde Minozzi/I (Alfa Romeo), Motor – 14. Runde Caracciola/D (Mercedes-Benz), Motor – 15. Runde Soffietti/I (Alfa Romeo), Hinterachse – 20. Runde Rüesch/CH (Maserati), Benzinpumpe – Momberger/Burgaller/D (Auto Union), disqualifiziert

## Avusrennen, 26. Mai 1935

Zwei Vorläufe über 5 Runden à 19,656 km = 98,28 km, ein Finallauf über 10 Runden à 19,656 km = 196,56 km

Ergebnis 1. Vorlauf/10 Wagen gestartet, 7 im Ziel:

| | |
|---|---|
| 1. Stuck/D (Auto Union) | 23.44,8 = 249,39 km/h |
| 2. Fagioli/I (Mercedes-Benz) | 24.17,0 |
| 3. Dreyfus/F (Alfa Romeo) | 26.52,4 |
| 4. Geier/D (Mercedes-Benz) | 27.05,0 |
| 5. Farina/I (Maserati) | 27.48,0 |
| 6. Nuvolari/I (Alfa Romeo) | 29.15,2 |
| 7. Froy/GB (Bugatti) | 4 Runden |

Ergebnis 2. Vorlauf/9 Wagen gestartet, 7 im Ziel:

| | |
|---|---|
| 1. Caracciola/D (Mercedes-Benz) | 24.47,0 = 238,13 km/h |
| 2. Varzi/I (Auto Union) | 25.41,3 |
| 3. von Brauchitsch/D (Mercedes-Benz) | 26.29,3 |
| 4. Chiron/MC (Alfa Romeo) | 27.21,5 |
| 5. Etancelin/F (Maserati) | 28.40,4 |
| 6. Barbieri/I (Alfa Romeo) | 30.02,4 |
| 7. Hartmann/HUN (Maserati) | 30.03,2 |

Ergebnis Finallauf/8 Wagen gestartet, 6 im Ziel:

| | |
|---|---|
| 1. Fagioli/I (Mercedes-Benz) | 49.13,2 = 238,5 km/h |
| 2. Chiron/MC (Alfa Romeo) | 50.48,4 |
| 3. Varzi/I (Auto Union) | 51.27,4 |
| 4. Stuck/D (Auto Union) | 51.36,4 |
| 5. von Brauchitsch/D (Mercedes-Benz) | 53.18,4 |
| 6. Dreyfus/F (Alfa Romeo) | 54.24,4 |
| Schnellste Runde: Stuck/D (Auto Union) | 4.31,1 = 260,52 km/h |

## Eifelrennen, Nürburgring, 16. Juni 1935

11 Runden à 22,81 km = 250,91 km/16 Wagen gestartet, 9 im Ziel

| | | |
|---|---|---|
| 1. | Caracciola/D (Mercedes-Benz) | 2h08.02,3 = 117,45 km/h |
| 2. | Rosemeyer/D (Auto Union) | 2h08.04,2 |
| 3. | Chiron/MC (Alfa Romeo) | 2h09.34,4 |
| 4. | Fagioli/I (Mercedes-Benz) | 2h12.44,2 |
| 5. | Lang/D (Mercedes-Benz) | 2h13.48,3 |
| 6. | Pietsch/D (Auto Union) | 2h14.49,0 |
| 7. | Dreyfus/F (Alfa Romeo) | 2h16.30,0 |
| 8. | Etancelin/F (Maserati) | 2h19.11,4 |
| 9. | Varzi/zu Leiningen/I/D (Auto Union) | 2h19.59,2 |

Schnellste Runde: Caracciola/D (Mercedes-Benz) 11.03,4 = 123,40 km/h

## GP Deutschland, Nürburgring, 28. Juli 1935

22 Runden à 22,81 km = 501,82 km
Startaufstellung (Reihenfolge durch Los bestimmt!):
1. Reihe: Balestrero, Nuvolari, Stuck; 2. Reihe: von Brauchitsch, Zehender; 3. Reihe: Chiron, Caracciola, Etancelin; 4. Reihe: Mays, Rüesch; 5. Reihe: Fagioli, Rosemeyer, Varzi; 6. Reihe: Pietsch, Hartmann; 7. Reihe: Taruffi, Lang, Ghersi; 8. Reihe: Brivio, Geyer
Ergebnis:

| | | |
|---|---|---|
| 1. | Nuvolari/I (Alfa Romeo) | 4h08.40,2 = 121,1 km/h |
| 2. | Stuck/D (Auto Union) | 4h10.18,8 |
| 3. | Caracciola/D (Mercedes-Benz) | 4h11.03,3 |
| 4. | Rosemeyer/D (Auto Union) | 4h12.51,0 |
| 5. | von Brauchitsch/D (Mercedes-Benz) | 4h14.17,4 |
| 6. | Fagioli/I (Mercedes-Benz) | 4h15.58,3 |
| 7. | Geier/D (Mercedes-Benz) | 21 Runden |
| 8. | Varzi/I/Leiningen/D (Auto Union) | 21 Runden |
| 9. | Pietsch/D (Auto Union) | 20 Runden |
| 10. | Rüesch/CH (Maserati) | 20 Runden |
| 11. | Zehender/ROM (Maserati) | 19 Runden |
| 12. | Ghersi/I (Maserati) | 19 Runden |

Schnellste Runde: von Brauchitsch/D (Mercedes-Benz) 10.32,0 = 129,9 km/h
Ausfälle: 1. Runde Balestrero/I (Alfa Romeo), Unfall – 1. Runde Brivio/I (Alfa Romeo), Differential – 4. Runde Taruffi/I (Bugatti), Unfall – 5. Runde Chiron/MC (Alfa Romeo), Differential – 10. Runde Hartmann/HUN (Maserati), Zündung 12. Runde Mays/von Delius (ERA), Öldruck – 16. Runde Lang (Mercedes-Benz), Motor-Etancelin/F (Maserati), Motor

## Eifelrennen, Nürburgring, 14. Juni 1936

10 Runden à 22,81 km = 228,1 km/14 Wagen gestartet, 10 im Ziel

| | | |
|---|---|---|
| 1. | Rosemeyer/D (Auto Union) | 1h56.41,1 = 117,1 km/h |
| 2. | Nuvolari/I (Alfa Romeo) | 1h58.54,0 |
| 3. | Brivio/I (Alfa Romeo) | 1h59.30,2 |
| 4. | Farina/I (Alfa Romeo) | 1.59.38,3 |
| 5. | Lang/D (Mercedes-Benz) | 2h02.28,0 |
| 6. | Chiron/MC (Mercedes-Benz) | 2h03.33,0 |
| 7. | Varzi/I (Auto Union) | 2h03.35,2 |
| 8. | Stuck/D (Auto Union) | 2h03.36,3 |
| 9. | von Delius/D (Auto Union) | 2h05.53,2 |
| 10. | Zanelli/RCH (Maserati) | 9 Runden |

Schnellste Runde: Rosemeyer/D (Auto Union) 11.25,0 = 120,3 km/h

## GP Deutschland, Nürburgring, 26. Juli 1936

22 Runden à 22,81 km = 501,82 km
Startaufstellung (Reihenfolge durch Los bestimmt!):
1. Reihe: Nuvolari, Stuck, Wimille; 2. Reihe: Caracciola, von Brauchitsch; 3. Reihe: Dreyfus, Trossi, Rosemeyer; 4. Reihe: Seaman, Lang; 5. Reihe: Fagioli, Reus, Brivio; 6. Reihe: Severi, Chiron; 7. Reihe: Cholmondeley-Tapper, Hasse, von Delius; 8. Reihe: Zanelli, Sommer
Ergebnis:

| | | |
|---|---|---|
| 1. | Rosemeyer/D (Auto Union) | 3h48.39,6 = 131,65 km/h |
| 2. | Stuck/D (Auto Union) | 3h52.36,4 |
| 3. | Brivio/I (Alfa Romeo) | 3h57.05,0 |
| 4. | Hasse/D (Auto Union) | 3h59.13,2 |
| 5. | Fagioli/I/Caracciola/D (Mercedes-Benz) | 21 Runden |
| 6. | von Delius/D (Auto Union) | 21 Runden |
| 7. | von Brauchitsch/Lang/D (Mercedes-Benz) | 21 Runden |
| 8. | Trossi/I/Seaman/GB (Maserati) | 21 Runden |
| 9. | Sommer/F (Alfa Romeo) | 19 Runden |
| 10. | Cholmondeley-Tapper/GB (Maserati) | 18 Runden |

Schnellste Runde: Rosemeyer/D (Auto Union) 9.56,6 = 137,6 km/h
Ausfälle: 1. Runde Zanelli/RCH (Maserati), Benzinpumpe – 3. Runde Seaman/GB (Maserati), Bremsen – 3. Runde Wimille/F (Bugatti), Bremsen – 4. Runde Caracciola/D (Mercedes-Benz), Benzinpumpe – 8. Runde Reus/NL (Bugatti), Ölleitung – 8. Runde Dreyfus/F (Alfa Romeo), Zündung – 12. Runde Chiron/MC (Mercedes-Benz), Unfall – 13. Runde Lang/Caracciola/D (Mercedes-Benz), Kompressor – 14. Runde Nuvolari/I (Alfa Romeo), Hinterachse – 18. Runde Severi/I/Dreyfus/F (Alfa Romeo), Ölpumpe

## Avusrennen, 30. Mai 1937

Zwei Vorläufe über 7 Runden à 19,266 km = 134,862 km, ein Finallauf über 8 Runden à 19,266 km = 154,128 km
Ergebnis 1. Vorlauf/5 Wagen gestartet, 5 im Ziel:

| | | |
|---|---|---|
| 1. | Caracciola/D (Mercedes-Benz) | 32.29,3 = 250,34 km/h |
| 2. | Rosemeyer/D (Auto Union) | 32.30,0 |
| 3. | von Delius/D (Auto Union) | 32.37,2 |
| 4. | Seaman/GB (Mercedes-Benz) | 32.48,8 |
| 5. | Balestrero/I (Maserati) | 33.30,3 (5 Runden!!!) |

Ergebnis 2. Vorlauf/6 Wagen gestartet, 5 im Ziel:

| | | |
|---|---|---|
| 1. | von Brauchitsch/D (Mercedes-Benz) | 31.29,3 = 258,03 km/h |
| 2. | Hasse/D (Auto Union) | 31.50,4 |
| 3. | Lang/D (Mercedes-Benz) | 31.51,0 |
| 4. | Hartmann/HUN (Maserati) | 36.53,2 (6 Runden!) |
| 5. | Soffietti/I (Maserati) | 34.40,1 (5 Runden!!!) |

Ergebnis Finallauf/8 Wagen gestartet, 6 im Ziel:

| | | |
|---|---|---|
| 1. | Lang/D (Mercedes-Benz) | 35.30,4 = 261,63 km/h |
| 2. | von Delius/D (Auto Union) | 35.32,4 |

| | |
|---|---|
| 3. Hasse/D (Auto Union) | 36.06,2 |
| 4. Rosemeyer/D (Auto Union) | 36.37,0 |
| 5. Seaman/GB (Mercedes-Benz) | 36.50,4 |
| 6. Hartmann/HUN (Maserati) | 36.50,2 (6 Runden!) |
| Schnellste Runde: Rosemeyer/D (Auto Union) | 276,32 km/h |

## Eifelrennen, Nürburgring, 13. Juni 1937

10 Runden à 22,81 km = 228,1 km/18 Wagen gestartet, 12 im Ziel:

| | |
|---|---|
| 1. Rosemeyer/D (Auto Union) | 1h42.11,2 = 113,5 km/h |
| 2. Caracciola/D (Mercedes-Benz) | 1h43.01,8 |
| 3. von Brauchitsch/D (Mercedes-Benz) | 1h43.56,8 |
| 4. Hasse/D (Auto Union) | 1h45.46,0 |
| 5. Nuvolari/I (Alfa Romeo) | 1h46.25,0 |
| 6. Lang/D (Mercedes-Benz) | 1h48.06,2 |
| 7. Müller/D (Auto Union) | 1h48.35,0 |
| 8. Rüesch/CH (Alfa Romeo) | 1h49.44,0 |
| 9. Kautz/CH (Mercedes-Benz) | ? (10 Runden) |
| 10. von Delius/D (Auto Union) | ? (10 Runden) |
| 11. Soffietti/I (Maserati) | 9 Runden |
| 12. Hartmann/HUN (Maserati) | 9 Runden |
| Schnellste Runde: Rosemeyer/D (Auto Union) | 9.58,8 = 137,0 km/h |

## GP Deutschland, Nürburgring, 25. Juli 1937

22 Runden à 22,81 km = 501,82 km
Startaufstellung:
1. Reihe: von Brauchitsch (9.55,1), Lang (9.52,2), Rosemeyer (9.46,2); 2. Reihe: Nuvolari (10.08,4), Caracciola (10.04,0); 3. Reihe: Seaman (10.12,3), Müller (10.12,0), Hasse (10.10,4); 4. Reihe: Kautz (10.15,3), von Delius (10.15,1); 5. Reihe: Rüesch (10,47,2), Stuck (10.35,3), Farina (10.27,2); 6. Reihe: Belmondo (11.28,3), Pietsch (11.23,1); 7. Reihe: Manoni (12.01,0), Severi (11.47,3), Sommer (11.30,1); 8. Reihe: Balestrero (12.43,0), Evans (12.06,0); 9. Reihe: Cortese (14.04,3), Soffietti (13.29,4), Festetics (12.50,1); 10. Reihe: Minozzi (14.47,2), Hartmann (13.52,0); 11. Reihe: Teagno (14.57,0)
Ergebnis:

| | |
|---|---|
| 1. Caracciola/D (Mercedes-Benz) | 3h46.00,1 = 133,2 km/h |
| 2. von Brauchitsch/D (Mercedes-Benz) | 3h46.46,3 |
| 3. Rosemeyer/D (Auto Union) | 3h47.01,4 |
| 4. Nuvolari/I (Alfa Romeo) | 3h50.04,0 |
| 5. Hasse/D (Auto Union) | 3h51.25,0 |
| 6. Kautz/CH (Mercedes-Benz) | 3h52.10,3 |
| 7. Lang/D (Mercedes-Benz) | 21 Runden |
| 8. Rüesch/CH (Alfa Romeo) | 21 Runden |
| 9. Evans/GB (Alfa Romeo) | 19 Runden |
| 10. Festetics/HUN (Maserati) | 19 Runden |
| 11. Belmondo/I (Alfa Romeo) | 18 Runden |
| Schnellste Runde: Rosemeyer/D (Auto Union) | 9.53,4 = 137,8 km/h |

Ausfälle: 3. Runde Teagno/I (Maserati), Differential – 3. Runde Müller/D (Auto Union), Unfall – 3. Runde Sommer/F (Alfa Romeo), Hinterachse – 4. Runde Balestrero/I (Alfa Romeo), Benzinzufuhr – 5. Runde Severi/I (Maserati), Unfall – 6. Runde Pietsch/D (Maserati), Tank – 7. Runde Seaman/GB (Mercedes-Benz), Unfall – 7. Runde von Delius/D (Auto Union), Unfall – 7. Runde Stuck/D (Auto Union), Kompressor – 8. Runde Cortese/I (Maserati), Fahrgestell – 19. Runde Hartmann/HUN (Maserati) – 19. Runde Farina/I (Alfa Romeo), Zündung – 21. Runde Soffietti/I (Maserati) – 21. Runde Marinoni/I (Alfa Romeo), Hinterachse

## GP Deutschland, Nürburgring, 24. Juli 1938

22 Runden à 22,81 km = 501,82 km
Startaufstellung:
1. Reihe: Seaman (10.01,2), Lang (9.54,1), von Brauchitsch (9.48,4); 2. Reihe: Nuvolari (10.03,3), Caracciola (10.03,1); 3. Reihe: Stuck (10.23,0), Müller (10.19,3), Hasse(10.19,1); 4. Reihe: Biondetti (10.50,0), Farina (10.31,1); 5. Reihe: Pietsch, Dreyfus, Taruffi; 6. Reihe: Ghersi, Hyde; 7. Reihe: Cortese, Balestrero; 8. Reihe: de Graffenried, Comotti
Ergebnis:

| | |
|---|---|
| 1. Seaman/GB (Mercedes-Benz) | 3h51.46,2 = 129,9 km/h |
| 2. Caracciola/Lang/D (Mercedes-Benz) | 3h55.06,1 |
| 3. Stuck/D (Auto Union) | 4h00.42,3 |
| 4. Müller/Nuvolari/D/I (Auto Union) | 4h01.19,1 |
| 5. Dreyfus/F (Delahaye) | 21 Runden |
| 6. Pietsch/D (Maserati) | 20 Runden |
| 7. Balestrero/I (Alfa Romeo) | 19 Runden |
| 8. Gersi/I (Alfa Romeo) | 19 Runden |
| 9. Cortese/I (Maserati) | 19 Runden |
| Schnellste Runde: Seaman/GB (Mercedes-Benz) | 10.09,1 = 134,76 km/h |

Ausfälle: 2. Runde Nuvolari/I (Auto Union), Aufhängung – 2. Runde Comotti/I (Delahaye), Schaltung – 2. Runde Berg/D (Maserati), Benzinpumpe – 2. Runde Biondetti/I (Alfa Romeo), Unfall – 3. Runde Farina/I (Alfa Romeo) – 4. Runde de Graffenried/CH (Maserati), Differental – 15. Runde Hyde/GB (Maserati), Unfall – 16. Runde von Brauchitsch/D (Mercedes-Benz), Unfall – 16. Runde Lang/Bäumer/D (Mercedes-Benz), Motor – 16. Runde Hasse/D (Auto Union), Motor

## Eifelrennen, Nürburgring, 21. Mai 1939

10 Runden à 22,81 km = 228,1 km/13 Wagen gestartet, 12 im Ziel

| | |
|---|---|
| 1. Lang/D (Mercedes-Benz) | 1h40.57,1 = 135,5 km/h |
| 2. Nuvolari/I (Auto Union) | 1h41.08,3 |
| 3. Caracciola/D (Mercedes-Benz) | 1h41.28,4 |
| 4. von Brauchitsch/D (Mercedes-Benz) | 1h42.53,1 |
| 5. Hasse/D (Auto Union) | 1h42.56,1 |
| 6. Bigalke/D (Auto Union) | 1h44.52,1 |
| 7. Müller/D (Auto Union) | 1h46.31,2 |
| 8. H. Hartmann/D (Mercedes-Benz) | 1h48.10,4 |
| 9. Pietsch/D (Maserati) | 9 Runden |
| 10. Joa/D (Maserati) | 9 Runden |
| 11. Etancelin/F (Talbot) | 9 Runden |
| 12. Dipper/D (Maserati) | 9 Runden |
| Schnellste Runde: Lang/D (Mercedes-Benz) | 9.52,2 = 138,5 km/h |

## GP Deutschland, Nürburgring, 23. Juli 1939

22 Runden à 22,81 km = 501,82 km
Startaufstellung:
1. Reihe: Caracciola (9.56,0), von Brauchitsch (9.51,0), Lang (9.43,1); 2. Reihe: Brendel (10.09,4), Müller (9.59,3); 3. Reihe: Pietsch (10.14,0), Stuck 10.13,4), Nuvolari (10.11,2); 4. Reihe: Hasse (10.22,3), Meier (10.19,0); 5. Reihe: Sommer (12.03,3), Dreyfus (11.28,0), Villoresi (10.26,0); 5. Reihe: Raph (12.16,2), Joa (12.15,2); 6. Reihe: Mandirola (13.12,2), Mazaud (12.53,0)
Ergebnis:

| | |
|---|---|
| 1. Caracciola/D (Mercedes-Benz) | 4h08.41,8 = 121,2 km/h |
| 2. Müller/D (Auto Union) | 4h09.39,6 |
| 3. Pietsch/D (Maserati) | 21 Runden |
| 4. Dreyfus/F (Delahaye) | 20 Runden |
| 5. Raph/F (Delahaye) | 19 Runden |
| 6. Mazaud/F (Delahaye) | 19 Runden |
| 7. Joa/D (Maserati) | 19 Runden |
| Schnellste Runde: Caracciola/D (Mercedes-Benz | 10.24,2 = 131,5 km/h |

Ausfälle: 1. Runde Sommer/F (Alfa Romeo), Motor – 1. Runde Stuck/D (Auto Union), Benzinleitung – 3. Runde Lang/D (Mercedes-Benz), Motor – 4. Runde Brendel/D (Mercedes-Benz), Unfall – 6. Runde von Brauchitsch/D (Mercedes-Benz), Tank – 7. Runde Villoresi/I (Maserati), Unfall – 10. Runde Mandirola/CH (Maserati), disqualifiziert nach Tankstop hinter der Boxengasse – 11. Runde Meier/D (Auto Union), Vorderradaufhängung – 12. Runde Hasse/D (Auto Union), Unfall – 19. Runde Nuvolari/I (Auto Union), Motor

## GP Deutschland, Nürburgring, 20. August 1950

16 Runden à 22,81 km = 364,96 km
Startaufstellung:
1. Reihe: Serafini (10.57,0), Simon (10.50,0), Ascari (10.39,5), 2. Reihe: Branca (11.15,8), Kling (11.15,0), Trintignant (11.07,3), 3. Reihe: Ulmen, Manzon, Lang; 4. Reihe: Anderson, Stuck, Bracco; 5. Reihe: Glauser, Loyer, Seiler; 6. Reihe: Eymart, Gordini, Heeks; 7. Reihe: Aebli, Bonnet, Hirt; 8. Reihe: Schell, von Brauchitsch, Gommann; 9. Reihe: Berger, Macklin, Roosdorp; 10. Reihe: Godia, Robert, Dattner; 11. Reihe: Bernheim, Riess, Lundberg; 12. Reihe: Krakau, Marcy, Pietsch; 13. Reihe: Bossong
Ergebnis:

| | |
|---|---|
| 1. Ascari/I (Ferrari) | 2h55.00,8 = 125,0 km/h |
| 2. Simon/F (Gordini) | 2h57.21,7 |
| 3. Trintignant/F (Gordini) | 3h03.28,5 |
| 4. Ulmen/D (Veritas) | 15 Runden |
| 5. Seiler/CH (Gordini) | 15 Runden |
| 6. Macklin/GB (HWM) | 15 Runden |
| 7. Gommann/D (AFM) | 14 Runden |
| 8. Eymart/CH (Gordini) | 14 Runden |
| 9. Berger/F (Jicey) | 13 Runden |
| 10. Godia/E (Cisitalia) | 11 Runden |
| Schnellste Runde: Ascari/I (Ferrari) | 10.43,6 = 127,77 km/h |

Ausfälle: Schell/USA (Cooper), Motor – Kling/D (Veritas), Kolben - Stuck/D (AFM), disqualfiziert wegen unerlaubter Starthilfe – von Brauchitsch/D (AFM), Motor – Serafini/I (Ferrari), Getriebe – Anderson/GB (HWM), Differential – Pietsch/D (Veritas), Kupplung – Manzon/F (Gordini), Ventilschaden – Lang/D (Veritas), Motor – Branca/CH (Gordini), Motor – Loyer/F (Gordini) – Marcy/F (Veritas) – Krakau/D (BMW) – Bossong/D (BMW) – Bernheim/CH (Cisitalia) – Riess/D (AFM) – Roosdorp/NL (Ferrari) – Bracco/I (Ferrari) – Dattner/D (Gordini) – Robert/F (Cisitalia) – Lundberg/S (BMW) – Aebli/D (Veritas) – Bonnet/F (DB) – Heeks/D (AFM) – Gordini/F (Gordini) – Glauser/D (Veritas) – Hirt/D (Veritas)

## GP Deutschland, Nürburgring, 29. Juli 1951

20 Runden à 22,81 = 456,2 km
Startaufstellung:
1. Reihe: Farina (10.01,0), Fangio (9.59,0), Gonzales (9.57,5): Ascari (9.55,8; 2. Reihe: Pietsch (10.15,7), Taruffi (10.12,9), Villoresi (10.06,6); 3. Reihe: Cabantous (10.52,8), Bonetto (10.46,1), Manzon (10.28,9), Fischer (10.23,8); 4. Reihe: Trintignant (11.07,5), Chiron (11.00,2) Simon (10.57,5); 5. Reihe: Claes (11.33,6), Branca (11.26,7), de Graffenried (11.25,6), Rosier (11.08,2); 6. Reihe: Etancelin (11.52,9), Hamilton (11.49,3), Levegh (11.41,9); 7. Reihe: Swaters (12.09,1)
Ergebnis:

| | |
|---|---|
| 1. Ascari/I (Ferrari) | 3h23.03,3 = 134,8 km/h |
| 2. Fangio/RA (Alfa Romeo) | 3h23.33,8 |
| 3. Gonzalez/RA (Ferrari) | 3h27.42,3 |
| 4. Villoresi/I (Ferrari) | 3h28.53,5 |
| 5. Taruffi/I (Ferrari) | 3h30.52,4 |
| 6. Fischer/CH (Ferrari) | 19 Runden |
| 7. Manzon/F (Gordini) | 19 Runden |
| 8. Rosier/F (Talbot) | 19 Runden |
| 9. Levegh/F (Talbot) | 18 Runden |
| 10. Swaters/B (Talbot) | 18 Runden |
| 11. Claes/B (Talbot) | 18 Runden |
| Schnellste Runde: Fangio/RA (Alfa Romeo) | 9.55,8 = 137,9 km/h |

Ausfälle: 2. Runde de Graffenried/CH (Maserati), Motor – 3. Runde Chiron/MC (Talbot), Zündung – 4. Runde Etancelin/F (Talbot), Getriebe – 4. Runde Branca/ CH (Maserati), Motor – 8. Runde Farina/I (Alfa Romeo), Getriebe – 12. Runde Pietsch/D (Alfa Romeo), Unfall – 12. Runde Simon/F (Gordini), Motor – 12. Runde Hamilton/GB (Talbot), Öldruck – 13. Runde Bonetto/I (Alfa Romeo), Kompressor – 14. Runde Trintignant/F (Gordini), Motor – 18. Runde Giraud-Cabantous/F (Talbot), Unfall

## GP Deutschland, Nürburgring, 3. August 1952

18 Runden à 22,81 km = 410,58 km
Startaufstellung: (offizielle Trainingszeiten wurden vom Veranstalter nicht veröffentlicht)
1. Reihe: Manzon, Trintignant, Farina, Ascari; 2. Reihe: Pietsch, R. Fischer, Taruffi; 3. Reihe: Behra, Bonetto, Heeks, Klenk; 4. Reihe: Gaze, Frère, Riess; 5. Reihe: Helfrich, Laurent, Bianco, Ulmen; 6. Reihe: Aston, Peters, Brudes; 6. Reihe: Balsa, Schoeller, Krause, Niedermayer; 7. Reihe: (Krakau), Carini, Cantoni; 8. Reihe: Claes, (L.Fischer), Nacke, Klodwig

Nicht gestartet: L. Fischer/D (AFM), Krakau/D (AFM), Merkel/D (BMW-Eigenbau)
Nicht qualifiziert: Collins/GB (HWM)
Ergebnis:

| | | |
|---|---|---|
| 1. | Ascari/I (Ferrari) | 3h06.13,3 = 132,2 km/h |
| 2. | Farina/I (Ferrari) | 3h06.27,4 |
| 3. | R. Fischer/CH (Ferrari) | 3h13.23,4 |
| 4. | Taruffi/I (Ferrari) | 17 Runden |
| 5. | Behra/F (Gordini) | 17 Runden |
| 6. | Laurent/B (Ferrari) | 16 Runden |
| 7. | Riess/D (Veritas) | 16 Runden |
| 8. | Ulmen/D (Veritas) | 16 Runden |

Im Ziel, aber wegen zu großem Rückstand nicht gewertet:
Niedermayr/D (AFM, 15 Runden), Claes/B (HWM, 15 Runden), Klenk/D (Veritas, 14 Runden), Klodwig/D (BMW-Heck, 14 Runden)
Schnellste Runde: Ascari/I (Ferrari) 10.05,1 = 135,8 km/h
Ausfälle: 1. Runde Peters/D (Veritas) – 1. Runde Frère/B (HWM), Getriebe – 1. Runde Bonetto/I (Maserati), disqualifiziert wegen Inanspruchnahme fremder Hilfe – 1. Runde Trintignant/F (Gordini), Getriebe – 1. Runde Carini/I (Ferrari), Bremsen – 1. Runde Helfrich/D (Veritas) – 1. Runde Pietsch/D (Veritas), Getriebe – 1. Runde Bianco/BR (Maserati) – 2. Runde Aston/GB (Aston-Butterworth), Öldruck – 3. Runde Krause/D (BMW-Reif) – 3. Runde Schoeller/CH (Ferrari) – 4. Runde Cantoni/URU (Maserati), Hinterachse – 5. Runde Balsa/F (BMW) – 5. Runde Nacke/D (BMW) – 5. Runde Brudes/D (Veritas) – 6. Runde Gaze/AUS (HWM), Hinterachse – 7. Runde Heeks/D (AFM) – 8. Runde Manzon/F (Gordini), Unfall nach Radverlust

## GP Deutschland, Nürburgring, 2. August 1953

18 Runden à 22,81 km = 410,58 km
Startaufstellung:
1. Reihe: Hawthorn (10.12,6), Farina (10.04,1), Fangio (10.03,7), Ascari (9.59,8); 2. Reihe: Bonetto (10.40,8), Villoresi (10.22,8), Trintignant (10.21,7); 3. Reihe: de Graffenried (10.46,6), Schell (10.46,2), Behra (10.45,5), Marimon (10.41,0); 4.Reihe: Herrmann (10.59,8), Salvadori (10.57,5), Moss (10.48,3); 5. Reihe: Heeks (11.18,0 ), Brown (11.08,7), McAlpine (11.07,3), Bira (11.02,1); 6. Reihe: Fitzau (11.23,4), Nuckey (11.22,1), Swaters (11.18,9); 7: Reihe: Claes (11.45,5), Barth (11.40,8), Stuck (11.37,2), Rosier (11.27,4); 8. Reihe: Helfrich (11.56,3), Adolff (11.53,1), Krause (11.49,5); 9. Reihe: Klodwig (12.24,6), Loof (12.16,8), Bechem (12.13,3), Seidel (11.59,3); 10. Reihe: Karch (-), Bauer (-)
Ergebnis:

| | | |
|---|---|---|
| 1. | Farina/I (Ferrari) | 3h02.25,0 = 135,0 km/h |
| 2. | Fangio/RA (Maserati) | 3h03.29,0 |
| 3. | Hawthorn/GB (Ferrari) | 3h04.08,6 |
| 4. | Bonetto/I (Maserati) | 3h11.13,6 |
| 5. | de Graffenried/CH (Maserati) | 17 Runden |
| 6. | Moss/GB (Cooper-Alta) | 17 Runden |
| 7. | Swaters/B (Ferrari) | 17 Runden |
| 8. | Ascari/Villoresi/I (Ferrari) | 17 Runden |
| 9. | Herrmann/D (Veritas) | 17 Runden |
| 10. | Rosier/F (Ferrari) | 17 Runden |
| 11. | Nuckey/GB (Cooper-Bristol) | 16 Runden |
| 12. | Helfrich/D (Veritas) | 16 Runden |
| 13. | McAlpine/GB (Connaught) | 16 Runden |
| 14. | Krause/D (BMW-Eigenbau) | 16 Runden |
| 15. | Klodwig/D (BMW-Heck) | 15 Runden |
| 16. | Seidel/D (Veritas) | 14 Runden |

Schnellste Runde: Ascari/I (Ferrari) 9.56,0 = 137,78 km/h
Ausfälle: 1. Runde Stuck/D (AFM-Bristol) – 1. Runde Loof/D (Veritas), Benzinpumpe – 1. Salvadori/GB (Connaught), Motor – 1. Runde Trintignant/F (Gordini), Differential – 2. Runde Bauer/D (Veritas) – 3. Runde Bechem/D (AFM) – 4. Runde Adolff/D (Ferrari) – 4. Runde Fitzau/D (AFM) – 7. Runde Schell/USA (Gordini), Zylinderkopfdichtung – 7. Runde Bira/SM (Connaught), Kipphebel gebrochen – 8. Runde Behra/F (Gordini), Schaltung – 9. Runde Heeks/D (Veritas) – 11. Runde Karch/D (Veritas) – 12. Runde Barth/D (EMW) – 13. Runde Claes/B (Connaught) – 14. Runde Marimon/RA (Maserati) – 15. Runde Villoresi/Ascari/I (Ferrari), Motor – 16. Runde Brown/GB (Cooper-Bristol), Motor und Hinterradaufhängung

## GP Deutschland, Nürburgring, 1. August 1954

22 Runden à 22,81 km = 501,82 km
Startaufstellung:
1. Reihe: Moss (10.00,7), Hawthorn (9.53,3), Fangio (9.50,1); 2. Reihe: Gonzalez (10.01,8), Herrmann (10.01,5); 3. Reihe: Trintignant (10.07,5), Frère (10.05,9); 4. Reihe: Behra (10.11,9); 5. Reihe: Taruffi (10.23,0), Manzon (10.16,0), Lang (10.13,1); 6. Reihe: Mantovani (10.39,1), Schell (10.28,7); 7. Reihe: Rosier (11.04,3), Mieres (10.47,0), Bucci (10.43,7); 8. Reihe: Pilette (11.13,4), Bira (11.10,3); 9. Reihe: Kling, Helfrich
Nicht gestartet: Marimon/RA (Maserati), beim Training am 31. Juli tödlich verunglückt; Villoresi/I (Maserati), nach Marimons Unfall auf Start verzichtet
Ergebnis:

| | | |
|---|---|---|
| 1. | Fangio/RA (Mercedes-Benz) | 3h45.45,8 = 133,5 km/h |
| 2. | Gonzalez/RA/Hawthorn/GB (Ferrari) | 3h47.22,3 |
| 3. | Trintignant/F (Ferrari) | 3h50.54,4 |
| 4. | Kling/D (Mercedes-Benz) | 3h51.52,3 |
| 5. | Mantovani/I (Maserati) | 3h54.36,3 |
| 6. | Taruffi/I (Ferrari) | 21 Runden |
| 7. | Schell/USA (Maserati) | 21 Runden |
| 8. | Rosier/F (Ferrari) | 21 Runden |
| 9. | Manzon/F (Ferrari) | 20 Runden |
| 10. | Behra/F (Gordini) | 20 Runden |

Schnellste Runde: Kling/D (Mercedes-Benz) 9.55,1 = 138,0 km/h
Ausfälle: 1. Runde Pilette/B (Gordini), Aufhängung – 2. Runde Moss/GB (Maserati), Lagerschaden – 3. Runde Mieres/RA (Maserati), Tankleck – 4. Runde Hawthorn/GB (Ferrari), Hinterachse – 5. Runde Frère/B (Gordini), Radverlust – 8. Runde Herrmann/D (Mercedes-Benz), Benzinleitung – 9. Runde Helfrich (Klenk-Meteor), Motor – 9. Runde Bucci/RA (Gordini), Radverlust – 11. Runde Lang/D (Mercedes-Benz), Unfall – 19. Runde Bira/SM (Maserati), Lenkung

## GP Berlin, AVUS, 19. September 1954

60 Runden à 8,4 km = 504 km
Startaufstellung:
1. Reihe: Kling (2.15,1), Herrmann (2.13,6), Fangio (2.12,3); 2. Reihe: Swaters (2.26,9), Behra (2.25,0); 3. Reihe: Manzon* (2.30,3), Pilette (2.27,4), Rosier (2.27,0); 4. Reihe: Niedermayer (2.37,4), Wacker (2.32,9); 5. Reihe: Schell (2.52,1)
* Manzon/F (Ferrari) nach Motorschaden nicht gestartet
Ergebnis:

| | |
|---|---|
| 1. Kling/D (Mercedes-Benz) | 2h19.59,8 = 213,5 km/h |
| 2. Fangio/RA (Mercedes-Benz) | 2h20.00,3 |
| 3. Herrmann/D (Mercedes-Benz) | 2h20.00,7 |
| 4. Pilette/B (Gordini) | 57 Runden |
| 5. Swaters/B (Ferrari) | 56 Runden |
| 6. Wacker/USA (Gordini) | 55 Runden |
| 7. Niedermayer/D (Klenk-Meteor) | 52 Runden |
| 8. Schell/USA (Maserati) | 50 Runden |
| Schnellste Runde: Fangio/RA (Mercedes-Benz) | 2.13,4 = 224,0 km/h |

Ausfälle: 1. Runde Rosier/F (Maserati), Kardanwelle – 15. Runde Behra/F (Gordini), Motorschaden

## GP Deutschland, Nürburgring, 5. August 1956

22 Runden à 22,81 km = 501,82 km
Startaufstellung:
1. Reihe: Moss (10.03,4), Castellotti (9.54,4), Collins (9.51,5), Fangio (9.51,2); 2. Reihe: Maglioli (10.26,7), Perdisa* (?), Musso (10.20,3); 3. Reihe: Halford (11.04,1), de Portago (10.37,1), Salvadori (10.32,4), Behra (10.31,6); 4. Reihe: Rosier (11.39,0), Gould (11.33,2), Schell (11.16,5); 5. Reihe: Scarlatti (13.05,2), Pilette** (?), Godia (11.57,6), Manzon (11.55,8); 5. Reihe: Volonterio (14.17,1), Piotti (13.50,1); 6. Reihe: Villoresi (-); Milhoux (-)
* Perdisa/I (Maserati) nach Unfall bei Sportwagenrennen vor dem GP nicht gestartet, ** Pilette/B (Gordini) nach Trainingsunfall nicht gestartet
Ergebnis:

| | |
|---|---|
| 1. Fangio/RA (Lancia-Ferrari) | 3h38.43,7 = 137,7 km/h |
| 2. Moss/GB (Maserati) | 3h39.30,1 |
| 3. Behra/F (Maserati) | 3h46.22,0 |
| 4. Godia/E (Maserati) | 20 Runden |
| 5. Rosier/F (Maserati) | 19 Runden |
| Im Ziel, aber wegen zu großem Rückstand nicht gewertet: | |
| Volonterio/CH (Maserati) | 16 Runden |
| Schnellste Runde: Fangio/RA (Lancia-Ferrari) | 9.41,6 = 141,2 km/h |

Ausfälle: 1. Runde Piotti/I (Maserati), Motor – 1. Runde Scarlatti/I (Ferrari), Motor – 1. Runde Manzon/F (Gordini), Vorderradaufhängung – 3. Runde Salvadori/GB (Maserati), Hinterradaufhängung – 4. Runde Gould/GB (Maserati), Öldruck – 4. Runde Maglioli/I (Maserati), Lenkung – 6. Runde Castellotti/I (Lancia-Ferrari), Elektrik – 9. Runde Collins/GB (Lancia-Ferrari), Tankleck – 13. Runde Musso/I/Castellotti/I (Lancia-Ferrari), Unfall – 13. Runde Schell/USA (Maserati), Motor überhitzt – 14. Runde Villoresi/I (Maserati), Motor – 15. Runde de Portago/E/Collins/GB (Lancia-Ferrari), Unfall – 16. Runde Milhoux/B (Gordini) – 17. Runde Halford/GB (Maserati), disqualifiziert wegen Schiebehilfe

## GP Deutschland, Nürburgring, 4. August 1957

22 Runden à 22,81 km = 501,82 km
Startaufstellung:
1. Reihe: Collins (9.34,7), Behra (9.30,5), Hawthorn (9.28,4), Fangio (9.25,6); 2. Reihe: Moss (10.00,0), Schell (9.41,2), Gregory (9.51,3), Lewis-Evans (9.45,0), Musso (9.43,1); 3. Reihe: Salvadori (10.06,0), Scarlatti (10.04,9), Barth (10.02,0); 4. Reihe: Brabham (10.18,8), Naylor (10.15,0), Halford (10.14,5), Maglioli (10.08,9); 5. Reihe: Godia (10.32,3), de Beaufort (10.25,9), Gould (10-20,8); 6. Reihe: Gibson (11.46,4), England (11.08,4), Marsh (10.48,2)
Ergebnis:

| | |
|---|---|
| 1. Fangio/RA (Maserati) | 3h30.38,3 = 142,9 km/h |
| 2. Hawthorn/GB (Ferrari) | 3h30.41,9 |
| 3. Collins/GB (Ferrari) | 3h31.13,9 |
| 4. Musso/I (Ferrari) | 3h34.15,9 |
| 5. Moss/GB (Vanwall) | 3h35.15,8 |
| 6. Behra/F (Maserati) | 3h35.16,8 |
| 7. Schell/USA (Maserati) | 3h37.25,8 |
| 8. Gregory/USA (Maserati) | 21 Runden |
| 9. Brooks/GB (Vanwall) | 21 Runden |
| 10. Scarlatti/I (Maserati) | 21 Runden |
| 11. Halford/GB (Maserati) | 21 Runden |
| Schnellste Runde: Fangio/RA(Maserati) | 9.17,4 = 147,3 km/h |

Ausfälle: 3. Runde Gould/GB(Maserati), Hinterachse – 11. Runde Lewis-Evans/GB (Vanwall), Getriebe – 12. Runde Godia/E (Maserati), Lenkung – 15. Runde Herrmann/D (Maserati), Rahmenbruch
Formel 2:

| | |
|---|---|
| 1. Barth/D (Porsche) | 21 Runden (12. im Ziel) |
| 2. Naylor/GB (Cooper-Climax) | 20 Runden |
| 3. de Beaufort/NL (Porsche) | 20 Runden |
| 4. Marsh/GB (Cooper-Climax) | 17 Runden |
| Schnellste Runde: Salvadori/GB (Cooper-Climax) | 10.03,8 = 136,0 km/h |

Ausfälle: 4. Runde Gibson/GB (Cooper-Climax), Lenkung – 5. Runde England/GB (Cooper-Climax), Zündung – 7. Runde Brabham/AUS (Cooper-Climax), Differential – 12. Runde Salvadori/GB (Cooper-Climax), Aufhängung – 14. Runde Maglioli/I (Porsche), Antriebswelle

## GP Deutschland, Nürburgring, 3. August 1958

15 Runden à 22,81 km = 342,15 km
Startaufstellung:
1. Reihe: Collins (9.21,9), Moss (9.19,1), Brooks (9.15,0), Hawthorn (9.14,0); 2. Reihe: Trintignant (9.36,9), Salvadori (9.35,3), von Trips (9.24,7) ; 3. Reihe: Burgess (9.55,3), P. Hill (9.48,9), Behra (9.46,8), Schell (9.39,6); 4. Reihe: Marsh (9.57,5), Barth ( 9.57,2), McLaren (9.56,0); 5. Reihe: Gibson (10.55,0), Seidel (10.21,0), Bueb (10.02,6), de Beaufort (10.01,5); 5. Reihe: Bonnier* (9.42,7), Herrmann* (10.13,5), Brabham* (9.43,4); 6. Reihe: Naylor** (10.17,9), Allison* (9.44,3), Goethals* (11.22,9), G. Hill* (18.56,0)
* weniger als das Minimum von sechs Trainingsrunden absolviert
** wegen Regelverstoßes auf den letzten Startplatz relegiert
Nicht gestartet: Ruttman/USA (Maserati)

Ergebnis:

| | |
|---|---|
| 1. Brooks/GB (Vanwall) | 2h21.15,0 = 145,4 km/h |
| 2. Salvadori/GB (Cooper-Climax) | 2h24.44,7 |
| 3. Trintignant/F (Cooper-Climax) | 2h26.26,2 |
| 4. von Trips/D (Ferrari) | 2h27.31,3 |
| 5. Allison/GB (Lotus-Climax) | 13 Runden |
| Schnellste Runde: Moss/GB (Vanwall) | 9.09,2 = 149,6 km/h |

Ausfälle: 2. Runde Bonnier/S (Maserati), Motor – 4. Runde Moss/GB (Vanwall), Elektrik – 4. Runde Behra/F (BRM), Aufhängung – 4. Runde Herrmann/ D (Maserati), Motor – 9. Runde Schell/USA (BRM), Bremsen – 11. Runde Collins/GB (Ferrari), tödlich verunglückt – 12. Runde Hawthorn/GB (Ferrari), Kupplung

Formel 2:

| | |
|---|---|
| 1. McLaren/NZL (Cooper-Climax) | 2h27.41,3 |
| 2. Barth/D (Porsche) | 2h27.47,4 |
| 3. Burgess/GB (Cooper-Climax) | 2h28.14,3 |
| 4. Marsh/GB (Cooper-Climax) | 2h28.24,9 |
| 5. P. Hill/USA (Ferrari) | 2h29.00,5 |
| Schnellste Runde: Barth/D (Porsche) | 9.42,8 = 140,9 km/h |

Ausfälle: 1. Runde Brabham/AUS (Cooper-Climax), Unfall – 1. Runde Naylor/GB (Cooper-Climax), Benzinpumpe – 3. Runde Gibson/GB (Cooper-Climax) – 4. Runde de Beaufort/NL (Porsche) – 4. Runde Goethals/B (Cooper-Climax), Benzinpumpe – 5. Runde G. Hill/GB (Lotus), Ölzufuhr – 9. Runde Seidel/D (Cooper-Climax), Aufhängung – 13. Runde Bueb/GB (Lotus-Climax), Ölzufuhr

## GP Deutschland, Avus, 2. August 1959

60 Runden à 8,3 km = 498 km (aus Sorge vor Reifendefekten aufgrund der Belastungen in der überhöhten Nordkurve wurde der Grand Prix schließlich in zwei Läufen à 30 Runden ausgetragen)

Startaufstellung:

1. Reihe: Brabham (2.07,4), Gurney (2.07,2), Moss (2.06,8), Brooks (2.05,9); 2. Reihe: Bonnier (2.10,3), P. Hill (2.07,6), Gregory (2.07,5); 3. Reihe: Herrmann (2.11,4), G. Hill (2.10,8), McLaren (2.10,4), Schell (2.10,3); 4. Reihe: Allison* (2.05,8), Ireland (2.14,6), Trintignant (2.12,7); 5. Reihe: Burgess* (2.18,9)

Nicht gestartet: Behra/F (Porsche), während eines Sportwagenrennens am 1. August auf der Avus tödlich verunglückt; von Trips/D (Porsche), nach Behras Unfall zurückgezogen; * als Reservefahrer nachgerückt

1. Lauf:

| | |
|---|---|
| 1. Brooks/GB (Ferrari) | 1h03.17,6 = 236,0 km/h |
| 2. Gurney/USA (Ferrari) | 1h03.18,9 |
| 3. P. Hill/USA (Ferrari) | 1h04.22,1 |
| 4. McLaren/NZL (Cooper-Climax) | 29 Runden |
| 5. Schell/USA (BRM) | 29 Runden |
| 6. Trintignant/F (Cooper-Climax) | 29 Runden |
| 7. Bonnier/S (BRM) | 29 Runden |
| 8. Herrmann/D (BRM) | 29 Runden |
| 9. Burgess/GB (Cooper-Maserati) | 28 Runden |

Ausfälle: 2. Runde Moss/GB (Cooper-Climax), Kraftübertragung – 3. Runde Allison/GB (Ferrari), Kupplung – 8. Runde Ireland/GB (Lotus-Climax), Motor – 11. Runde G. Hill/GB (Lotus-Climax), Getriebe – 16. Runde Brabham/AUS (Cooper-Climax), Kraftübertragung – 24. Runde Gregory/USA (Cooper-Climax), Motor

2. Lauf:

| | |
|---|---|
| 1. Brooks/GB (Ferrari) | 1h06.14,0 = 225,6 km/h |
| 2. P. Hill/USA (Ferrari) | 1h06.14,3 |
| 3. Gurney/USA (Ferrari) | 1h06.14,6 |
| 4. Trintignant/F (Cooper-Climax) | 1h06.32,4 |
| 5. Bonnier/S (BRM) | 29 Runden |
| 6. Burgess/GB (Cooper-Maserati) | 28 Runden |
| 7. Schell/USA (BRM) | 20 Runden |

Ausfälle: 7. Runde Herrmann/D (BRM), Unfall; 7. Runde McLaren/NZL (Cooper-Climax), Kraftübertragung

Gesamtwertung:

| | |
|---|---|
| 1. Brooks/GB (Ferrari) | 2h09.31,6 = 230,7 km/h |
| 2. Gurney/USA (Ferrari) | 2h09.33,5 |
| 3. P. Hill/USA (Ferrari) | 2h10.36,4 |
| 4. Trintignant/F (Cooper-Climax) | 59 Runden |
| 5. Bonnier/S (BRM) | 58 Runden |
| 6. Burgess/GB (Cooper-Maserati) | 56 Runden |
| 7. Schell/USA (BRM) | 49 Runden |

Schnellste Runde: Brooks/GB (Ferrari) 2.04,5 = 240,0 km/h (18. Runde)

## GP Deutschland, Nürburgring, 31. Juli 1960

32 Runden à 7,75 km = 250,2 km

Startaufstellung:

1. Reihe: G. Hill (3.10,2), Brabham (3.10,0), von Trips (3.09,6), Bonnier (3.08,0); 2. Reihe: Barth* (3.13,5), Herrmann (3.10,8); 3. Reihe: Trintignant (3.15,3), Ireland (3.15,2), McLaren (3.14,3); Gurney (3.13,9); 4. Reihe: Marsh (3.19,0), Lawton (), Lewis (3.17,8); 5. Reihe: de Beaufort (3.22,1), Laureau (3.22,1) Gendebien (3.19,4), Seidel (3.19,4); 6. Reihe: H. Taylor (3.28,0), Schlesser (3.23,5), Bianchi (3.22,4)

* Gregory/USA 3.11,7 (Cooper-Maserati), nach Trainingsunfall nicht gestartet

Ergebnis:

| | |
|---|---|
| 1. Bonnier/S (Porsche) | 1h55.12,1 = 129,2 km/h |
| 2. von Trips/D (Porsche) | 1h55.13,4 |
| 3. Brabham/AUS (Cooper-Climax) | 1h57.15,1 |
| 4. G. Hill/GB (Porsche) | 1h57.21,2 |
| 5. Herrmann/D (Porsche) | 1h57.29,2 |
| 6. Barth/D (Porsche) | 1h57.32,3 |
| 7. Ireland/GB (Lotus-Climax) | 31 Runden |
| 8. Gurney/USA (Lotus-Climax) | 31 Runden |
| 9. McLaren/NZL (Cooper-Climax) | 31 Runden |
| 10. Marsh/GB (Cooper-Climax) | 30 Runden |
| 11. Seidel/D (Cooper-Climax) | 30 Runden |
| 12. Laureau/F (Cooper-Climax) | 30 Runden |
| 13. H. Taylor/GB (Laystall-Climax) | 29 Runden |
| 14. de Beaufort/NL (Cooper-Climax) | 29 Runden |
| 15. Schlesser/F (Cooper-Climax) | 27 Runden |
| Schnellste Runde: Bonnier/S (Porsche) | 3.29,9 = 132,9 km/h |

Ausfälle: 1. Runde Lewis/GB (Cooper-Climax), disqualifiziert – 4. Runde Lawton/NZL (Cooper-Climax), Motor – 5. Runde Trintignant/F (Cooper-Climax), Motor – 5. Runde Gendebien/B (Cooper-Climax), Kupplung – 19. Runde Bianchi/B (Cooper-Climax), Lagerschaden

## Großer Preis der Solitude, 23. Juli 1961

25 Runden à 11,417 km = 285,425 km
Startaufstellung:
1. Reihe: McLaren (4.01,9), Gurney (4.01,5), Bonnier (4.01,1); 2. Reihe: Moss (4.03,7), Ireland (4.02,7); 3. Reihe: Brabham (4.05,5), Clark (4.04,2), Herrmann (4.03,8); 4. Reihe: Barth (4.07,3), T. Taylor (4.05,9); 5. Reihe: de Beaufort (*), May (*), Spence (*): 6. Reihe: Trintignant (*), Seidel (*); 7. Reihe: Monteverdi (*), Bussinello (*)
* keine Zeitangabe
Nicht gestartet: Arundell/GB (Lotus-Climax) 4.16,0
Ergebnis:

| | | |
|---|---|---|
| 1. | Ireland/GB (Lotus-Climax) | 1h41.04,6 = 169,43 km/h |
| 2. | Bonnier/S (Porsche) | 1h41.04,7 |
| 3. | Gurney/USA (Porsche) | 1h41.04,9 |
| 4. | McLaren/NZL (Cooper-Climax) | 1h41.22,5 |
| 5. | Brabham/AUS (Cooper-Climax) | 1h41.52,2 |
| 6. | Herrmann/D (Porsche) | 1h42.06,1 |
| 7. | Clark/GB (Lotus-Climax) | 1h42.32,5 |
| 8. | Barth/D (Porsche) | 1h44.31,9 |
| 9. | T. Taylor/GB (Lotus-Climax) | 1h45.26,6 |

Schnellste Runde: Gurney/USA (Porsche) 3.58,6 = 172,2 km/h
Ausfälle: 1. Runde May/CH (Lotus-Climax), Unfall – 2. Runde Monteverdi/CH (MBM-Porsche), Motor – 6. Runde de Beaufort/NL, (Porsche), Motor – 6. Runde Spence/GB (Emeryson-Climax), Getriebe – 6. Runde Seidel/D (Lotus-Climax), Lenkrad – 12. Runde Bussinello/I (De Tomaso-Alfa Romeo), Motor – 14. Runde Trintignant/F (Cooper-Maserati), Motor – 22. Runde Moss/GB (Lotus-Climax), Getriebe

## GP Deutschland, Nürburgring, 6. August 1961

15 Runden à 22,81 km = 342,15 km
Startaufstellung:
1. Reihe: Bonnier (9.04,8), Moss (9.01,7), Brabham (9.01,4), P. Hill (8.55,2); 2. Reihe: Gurney (9.06,6), G. Hill (9.06,4), von Trips (9.05,5); 3. Reihe: Herrmann (9.12,7), Surtees (9.11,2), Brooks (9.09,3), Clark (9.08,1); 4. Reihe: Ginther (9.16,6), Mairesse (9.15,9), McLaren (9.13,0); 5. Reihe: Lewis (9.31,4), de Beaufort (9.28,4), Ireland (9.22,9), Salvadori (9.22,0); 6. Reihe: Trintignant (9.38,5), Marsh (9.37,7), Bandini (9.35,4); 7. Reihe: Ashmore (10.06,0), Burgess (10.01,4), Seidel (9.59,9), Maggs (9.45,5); 8. Reihe: Collomb (10.23,0)
Ergebnis:

| | | |
|---|---|---|
| 1. | Moss/GB (Lotus-Climax) | 2h18.12,4 = 148,5 km/h |
| 2. | von Trips/D (Ferrari) | 2h18.33,8 |
| 3. | P. Hill/USA (Ferrari) | 2h18.34,9 |
| 4. | Clark/GB (Lotus-Climax) | 2h19.29,5 |
| 5. | Surtees/GB (Cooper-Climax) | 2h20.05,5 |
| 6. | McLaren/NZL (Cooper-Climax) | 2h20.53,8 |
| 7. | Gurney/USA (Porsche) | 2h21.35,0 |
| 8. | Ginther/USA (Ferrari) | 2h23.35,5 |
| 9. | Lewis/GB (Cooper-Climax) | 2h23.36,1 |
| 10. | Salvadori/GB (Cooper-Climax) | 2h30.23,9 |
| 11. | Maggs/ZA (Lotus-Climax) | 14 Runden |
| 12. | Burgess/GB (Cooper-Climax) | 14 Runden |
| 13. | Herrmann/D (Porsche) | 14 Runden |
| 14. | de Beaufort/NL (Porsche) | 14 Runden |
| 15. | Marsh/GB (Lotus-Climax) | 13 Runden |
| 16. | Ashmore/GB (Lotus-Climax) | 13 Runden |

Schnellste Runde: P. Hill/USA (Ferrari) 8.57,8 = 152,7 km/h
Ausfälle: 1. Runde Braham/AUS (Cooper-Climax), Unfall – 2. Runde G. Hill/GB (BRM-Climax), Unfall – 3. Runde Ireland/GB (Lotus-Climax), Feuer – 4. Runde Seidel/D (Lotus-Climax), Lenkung – 5. Runde Bonnier/S (Porsche), Motor – 7. Runde Brooks/GB (BRM-Climax), Motor – 11. Runde Bandini/I (Cooper-Maserati), Motor – 12. Runde Collomb/F (Cooper-Climax), Differential – 12. Runde Trintignant/F (Cooper-Maserati), Motor – 14. Runde Mairesse/B (Ferrari), Unfall

## Großer Preis der Solitude, 15. Juli 1962

25 Runden à 11,417 km = 285,425 km
Startaufstellung:
1. Reihe: Bonnier (3.55,8), Gurney (3.54,8), Clark (3.53,9); 2. Reihe: Siffert (4.14,0), T. Taylor (4.02,3); 3. Reihe: de Beaufort (4.21,2), Burgess (4.17,5), Marsh (4.14,2); 4. Reihe: Kuhnke (4.27,9), Settember (4.21,8); 5. Reihe: Seifert (5.18,8), Collomb (4.42,6 ), Schiller (4.28,1); 6. Reihe: Mitter (-)
Nach Trainingsunfall nicht gestartet: Campbell-Jones/GB (Emeryson-Climax)
Ergebnis:

| | | |
|---|---|---|
| 1. | Gurney/USA (Porsche) | 1h45.37,2 = 162,1 km/h |
| 2. | Bonnier/S (Porsche) | 1h47.24,3 |
| 3. | T. Taylor/GB (Lotus-Climax) | 1h49.32,3 |
| 4. | Burgess/GB (Cooper-Climax) | 24 Runden |
| 5. | de Beaufort/NL (Porsche) | 23 Runden |
| 6. | Mitter/D (Lotus-Climax) | 23 Runden |
| 7. | Schiller/CH (Porsche) | 23 Runden |
| 8. | Collomb/F (Cooper-Climax) | 19 Runden |

Im Ziel, aber wegen zu großem Rückstand nicht gewertet:
Seifert/D (Lotus-Climax) 18 Runden
Schnellste Runde: Gurney/USA (Porsche) 3.55,6 = 174,4 km/h
Ausfälle: 2. Runde Siffert/CH (Lotus-BRM), Elektrik – 5. Runde Kuhnke/D (Lotus-Climax), Motor – 10. Runde Marsh/B (BRM-Climax) – 11. Runde Settember/USA (Emeryson-Climax), Ölleck – 19. Runde Clark/GB (Lotus-Climax), Unfall

## GP Deutschland, Nürburgring, 5. August 1962

15 Runden à 22,81 km = 342,15 km
Startaufstellung:
1. Reihe: Surtees (8.57,5), Clark (8.51,2), G. Hill (8.50,2), Gurney (8.47,2); 2. Reihe: Ginther (9.05,9), Bonnier (9.04,0), McLaren (9.00,7); 3. Reihe: Trintignant (9.19,0), R. Rodriguez (9.14,2), Salvadori (9.14,1), de Beaufort (9.12,9); 4. Reihe: Walter (9.30,0), Baghetti (9.28,1), P. Hill (9.24,7); 5. Reihe: Bandini (9.39,7), Siffert (9.39,3), Burgess (9.39,2), Vaccarella (9.33,8); 6. Reihe: Lewis (9.58,0), Schiller (9.51,5), Greene (9.47,1); 7. Reihe: Bianchi (10.40,7), Brabham (10.21,6), Maggs (10.21,2), Collomb (10.09,7); 7. Reihe: T. Taylor* (9.57,0)
* mit Ersatzmotor aus der letzten Reihe gestartet

Nicht qualifiziert, weil weniger als das Minimum von fünf Trainingsrunden absolviert: Shelly/NZL (Lotus-Climax) 10.18,6 – Seidel/D (Lotus-BRM) 10.38,2 – Chamberlain/GB (Lotus-Climax) 11.12,9 – Seifert/D (Lotus-BRM) 11.38,9

Ergebnis:

| | |
|---|---|
| 1. G. Hill/GB (BRM) | 2h38.45,3 = 129,3 km/h |
| 2. Surtees/GB (Lola-Climax) | 2h38.47,8 |
| 3. Gurney/USA (Porsche) | 2h38.49,7 |
| 4. Clark/GB (Lotus-Climax) | 2h39.27,4 |
| 5. McLaren/NZL (Cooper-Climax) | 2h40.04,9 |
| 6. R. Rodriguez/MEX (Ferrari) | 2h40.09,1 |
| 7. Bonnier/S (Porsche) | 2h43.22,6 |
| 8. Ginther/USA (BRM) | 2h43.45,4 |
| 9. Maggs/ZA (Cooper-Climax) | 2h43.52,1 |
| 10. Baghetti/I (Ferrari) | 2h47.00,0 |
| 11. Burgess/GB (Cooper-Climax) | 2h47.00,6 |
| 12. Siffert/CH (Lotus-Climax) | 2h47.03,8 |
| 13. de Beaufort/NL (Porsche) | 2h47.57,1 |
| 14. Walter/CH (Porsche) | 14 Runden |
| 15. Vaccarella/I (Porsche) | 14 Runden |
| 16. Bianchi/B (ENB-Maserati) | 14 Runden |
| Schnellste Runde: G. Hill/GB (BRM) | 10.12,2 = 134,1 km/h |

Ausfälle: 1. Runde T. Taylor/GB (Lotus-Climax), Unfall – 3. Runde Collomb/F (Cooper-Climax), Getriebe – 4. Runde Bandini/I (Ferrari), Unfall – 4. Runde Salvadori/GB (Lola-Climax), Getriebe – 4. Runde Trintignant/F (Lotus-Climax), Getriebe – 4. Runde Schiller/CH (Lotus-BRM), Motor – 8. Runde Greene/GB (Gilby-BRM), Aufhängung – 9. Runde P. Hill/USA (Ferrari), Stoßdämpfer – 9. Runde Brabham/AUS (Brabham-Climax), Vergaser – 10. Runde Lewis/GB (Cooper-Climax), Aufhängung

## Großer Preis der Solitude, 28. Juli 1963

25 Runden à 11,417 km = 285,425 km

Startaufstellung:

1. Reihe: Bonnier (3.54,4), Brabham (3.51,8), Clark (3.50,2); 2. Reihe: T. Taylor (3.55,9), Arundell (3.55,6); 3. Reihe: Amon (3.59,0), Siffert (3.58,7), Ireland (3.56,4); 4. Reihe: Bandini (4.01,2), Hall (4.00,3); 5. Reihe: de Beaufort (4.06,4), Anderson (4.05,2), Mitter (4.04,9); 6. Reihe: Settember (4.08,0), Hailwood (4.07,0); 7. Reihe: Cabral (4.19,9), Raby (4.17,4), P. Hill (4.09,6); 8. Reihe: Seifert (4.28,4), Robinson (4.28,0); 8. Reihe: T. Parnell (4.43,6), Pilette (4.38,7), Collomb (4.29,5); 9. Reihe: Maring (4.17,2), Kuhnke (4.51,2); 10. Reihe: Burgess (-), Carter (4.59,1)

Ergebnis:

| | |
|---|---|
| 1. Brabham/AUS (Brabham-Climax) | 1h40.06,9 = 171,06 km/h |
| 2. Arundell/GB (Lotus-Climax) | 1h40.31,6 |
| 3. Ireland/GB (BRP-BRM) | 1h42.37,4 |
| 4. Bandini/I (BRM) | 1h43.46,0 |
| 5. Mitter/D (Porsche) | 24 Runden |
| 6. Hall/USA (Lotus-BRM) | 24 Runden |
| 7. de Beaufort/NL (Porsche) | 24 Runden |
| 8. Anderson/GB (Lola-Climax) | 24 Runden |
| 9. Bonnier/S (Cooper-Climax) | 23 Runden |
| 10. Cabral/POR (Cooper-Maserati) | 23 Runden |
| 11. Collomb/F (Lotus-Climax) | 22 Runden |
| 12. A. Pilette/B (Lotus-Climax) | 21 Runden |

Im Ziel, aber wegen zu großem Rückstand nicht gewertet:

| | |
|---|---|
| Raby/GB (Gilby-BRM) | 20 Runden |
| Robinson/GB (Lotus-Climax) | 20 Runden |
| Hailwood/GB (Lola-Climax) | 18 Runden |
| Seifert/D (Lotus-BRM) | 18 Runden |
| Clark/GB (Lotus-Climax) | 17 Runden |
| Schnellste Runde: Clark/GB (Lotus-Climax) | 3.49,1 = 179,4 km/h |

Ausfälle: 1. Runde Kuhnke/D (Lotus-Borgward), Motor – 2. Runde Carter/GB (Lotus-Climax), Motor – 5. Runde T. Parnell/GB (Lotus-BRM), Motor – 6. Runde T. Taylor/GB (Lotus-Climax), Antrieb – 6. Runde Amon/NZL (Lola-Climax), Motor – 8. Runde P. Hill/USA (Lotus-BRM), Benzinleitung – 9. Runde Burgess/GB (Scirocco-BRM), Zündung – 12. Runde Settember/USA (Scirocco-BRM), Ventilschaden – 17. Runde Maring/D (Lotus-Borgward), Motor – 18. Runde Siffert/CH (BRM), Ventilschaden

## GP Deutschland, Nürburgring, 4. August 1963

15 Runden à 22,81 km = 342,15 km

Startaufstellung:

1. Reihe: G. Hill (8.57,2), Bandini (8.54,3), Surtees (8.46,7), Clark (8.45,8); 2. Reihe: Mairesse (9.03,5), Ginther (9.02,8), McLaren (8.57,3); 3. Reihe: Ireland (9.14,6), Maggs (9.11,6), Siffert (9.11,1), Brabham (9.04,2); 4. Reihe: Amon (9.10,1), Gurney (9.17,2), Bonnier (9.16,0); 5. Reihe: T. Taylor (9.33,8), de Beaufort (9.25,1), Hall (9.22,7), Mitter (9.20,9); 6. Reihe: Collomb (10.01,0), Cabral (9.53,1), Burgess (9.52,2); 7. Reihe: Settember (10.02,0)

Nicht qualifiziert: A. Pilette/B (Lotus-Climax) 10.20,0 – Raby/GB (Gilby-BRM) 10.44,7 – T. Parnell/GB (Lotus-Climax) 11.07,2 – Kuhnke/D (Lotus-Borgward) 11.23,5

Ergebnis:

| | |
|---|---|
| 1. Surtees/GB (Ferrari) | 2h13.06,8 = 154,2 km/h |
| 2. Clark/GB (Lotus-Climax) | 2h14.24,3 |
| 3. Ginther/USA (BRM) | 2h15.51,7 |
| 4. Mitter/D (Porsche) | 2h21.18,3 |
| 5. Hall/USA (Lotus-BRM) | 14 Runden |
| 6. Bonnier/S (Cooper-Climax) | 14 Runden |
| 7. Brabham/AUS (Brabham-Climax) | 14 Runden |
| 8. T. Taylor/GB (Lotus-Climax) | 14 Runden |
| 9. Siffert/CH (Lotus-BRM) | 10 Runden ** |
| 10. Collomb/F (Lotus-Climax) | 10 Runden |
| Schnellste Runde: Surtees/GB (Ferrari) | 8.47,0 = 155,8 km/h |

Ausfälle: 1. Runde Bandini/I (BRM), Unfall – 1. Runde Ireland/GB (Lotus), Unfall – 2. Runde Mairesse/B (Ferrari), Unfall – 3. Runde G. Hill/GB (BRM), Getriebe – 3. Runde Amon/NZL (Lola-Climax), Unfall – 4. Runde McLaren/NZL (Cooper-Climax), Unfall – 6. Runde Burgess/GB (Scirocco-BRM), Lenkung – 6. Runde Settember/USA (Scirocco-BRM), Unfall – 7. Runde Cabral/POR (Cooper-Climax), Getriebe – 7. Runde Gurney/USA (Brabham-Climax), Getriebe – 8. Runde Maggs/ZA (Cooper-Climax), Motor – 10. Runde de Beaufort/NL (Porsche), Radverlust – 11. Runde Siffert/CH (Lotus-BRM), Differential (** trotz Ausfalls gewertet)

## Großer Preis der Solitude, 19. Juli 1964

20 Runden à 11,417 = 228,34 km
Startaufstellung:
1. Reihe: G. Hill (3.52,8), Surtees (3.49,8), Clark (3.49,6); 2. Reihe: Hailwood (3.55,3), Bandini (3.54,2); 3. Reihe: Brabham (3.56,3), Anderson (3.55,7), Spence (3.55,6); 4. Reihe: Siffert (3.56,7), T. Taylor (3.56,4); 5. Reihe: Bonnier (3.59,4), Amon (3.58,8), Ireland (3.57,4); 5. Reihe: Revson (3.59,6), Mitter (3.59,5); 6. Reihe: Maring (4.30,8), Diel (4.18,4), de Beaufort (4.17,0)
Ergebnis:

| | |
|---|---|
| 1. Clark/GB (Lotus-Climax) | 1h33.02,2 = 147,25 km/h |
| 2. Surtees/GB (Ferrari) | 133.12,6 |
| 3. Anderson/GB (Brabham-Climax) | 19 Runden |
| 4. Revson/USA (Lotus-BRM) | 19 Runden |
| 5. Bonnier/S (Brabham-BRM) | 19 Runden |
| 6. T. Taylor/GB (Lotus-BRM) | 18 Runden |
| 7. Siffert/CH (Brabham-BRM) | 18 Runden |
| 8. de Beaufort/NL (Porsche) | 18 Runden |
| 9. Hailwood/GB (Lotus-BRM) | 16 Runden |
| 10. Maring/D (BKL Lotus-Borgward) | 16 Runden |

Schnellste Runde: Clark/GB (Lotus-Climax) 3.58,7 = 172,18 km/h
Ausfälle: 1. Runde Bandini/I (Ferrari), Unfall – 1. Runde Brabham/AUS (Brabham-Climax), Unfall – 1. Runde Amon/NZL (Lotus-BRM), Unfall – 1. Runde Mitter/D (Lotus-Climax), Unfall – 1. Runde Diel/D (BKL Lotus-Borgward), Unfall – 1. Runde G. Hill/GB (BRM), Unfall – 1. Runde Ireland/GB (BRP-BRM), Unfall – 4. Runde Spence/GB (Lotus-Climax), Unfall nach Aufhängungsschaden

## GP Deutschland, Nürburgring, 2. August 1964

15 Runden à 22,81 km = 342,15 km
Startaufstellung:
1. Reihe: Bandini (8.42,6), Gurney (8.39,3), Clark (8.38,8), Surtees (8.38,4); 2. Reihe: McLaren (8.47,1), Brabham (8.46,6 ), G. Hill (8.43,8); 3. Reihe: Ginther (8.57,9), Siffert (8.56,9), Amon (8.54,0), P. Hill (8.52,7); 4. Reihe: Trintignant (9.06,8), Hailwood (9.01,9), Bonnier (9.01,3); 5. Reihe: Revson (9.13,0), Spence (9.09,9), Maggs (9.09,6), Anderson (9.07,5); 6. Reihe: Baghetti (9.14,6), Barth (9.14,2), Mitter (9.14,1); 7. Reihe: Bucknum (9.34,3)
Nicht gestartet: de Beaufort/NL (Porsche) 9.37,9, im Training verunglückt, am 4. August 1964 verstorben – Nicht qualifiziert: A. Pilette/B (Scirocco-Climax) 10.29,4
Ergebnis:

| | |
|---|---|
| 1. Surtees/GB (Ferrari) | 2h12.04,8 = 155,4 km/h |
| 2. G. Hill/GB (BRM) | 2h13.20,4 |
| 3. Bandini/I (Ferrari) | 2h16.57,6 |
| 4. Siffert/CH (Brabham-BRM) | 2h17.27,9 |
| 5. Trintignant/F (BRM) | 14 Runden |
| 6. Maggs/ZA (BRM) | 14 Runden |
| 7. Ginther/USA (BRM) | 14 Runden |
| 8. Spence/GB (Lotus-Climax) | 14 Runden |
| 9. Mitter/D (Lotus-Climax) | 14 Runden |
| 10. Gurney/USA (Brabham-Climax) | 14 Runden |

Schnellste Runde: Surtees/GB (Ferrari) 8.39,0 = 158,2 km/h
Ausfälle: 1. Runde Bonnier/S (Brabham-BRM), Zündung – 1. Runde Hailwood/GB (Lotus-BRM), Motor – 2. Runde P. Hill/USA (Cooper-Climax), Motor – 3. Runde Baghetti/I (BRM), Vergaser – 4. Runde Barth/D (Cooper-Climax), Kupplung – 5. Runde Anderson/GB (Brabham-Climax), Aufhängung – 8. Runde Clark/GB (Lotus-Climax), Motor – 11. Runde Revson/USA (Lotus-BRM), Unfall – 12. Runde Brabham/AUS (Brabham-Climax), Motor – 12. Runde Bucknum/USA (Honda), Unfall – 13. Runde Amon/NZL (Lotus-BRM), Aufhängung

## GP Deutschland, Nürburgring, 1. August 1965

15 Runden à 22,81 km = 342,15 km
Startaufstellung:
1. Reihe: Surtees (8.27,0), G. Hill (8.26,8), Stewart (8.26,1), Clark (8.22,7), 2. Reihe: Bandini (8.33,8), Spence (8.33,4), Gurney (8.29,0); 3. Reihe: Siffert (8.39,6), McLaren (8.39,0), Bonnier (8.37,9), Rindt (8.37,5); 4. Reihe: Brabham (8.44,9), Hulme (8.42,3), Mitter (8.40,4); 5. Reihe: Gregory (9.14,3), Gardner (8.59,3), Attwood (8.57,7), Amon (8.50,5); 6. Reihe: Hawkins (9.16,8)
Nicht gestartet: Anderson/GB (Brabham-Climax) 8.47,4, Unfall im Training – Nicht qualifiziert: Bussinello/I (BRM) 9.17,7 – Raby/GB (Brabham-BRM) 9.17,8
Ergebnis:

| | |
|---|---|
| 1. Clark/GB (Lotus-Climax) | 2h07.52,4 = 160,5 km/h |
| 2. G. Hill/GB (BRM) | 2h08.08,3 |
| 3. Gurney/USA (Brabham-Climax) | 2h08.13,8 |
| 4. Rindt/A (Cooper-Climax) | 2h11.22,0 |
| 5. Brabham/AUS (Brabham-Climax) | 2h12.33,6 |
| 6. Bandini/I (Ferrari) | 2h13.01,0 |
| 7. Bonnier/S (Brabham-Climax) | 2h13.50,9 |
| 8. Gregory/USA (BRM) | 14 Runden |

Schnellste Runde: Clark/GB (Lotus-Climax) 8.24,1 = 162,9 km/h
Ausfälle: 1. Runde Gardner/AUS (Brabham-BRM), Kraftübertragung – 2. Runde Stewart/GB (BRM), Aufhängung – 3. Runde Hawkins/AUS (Lotus-Climax), Ölverlust – 5. Runde Hulme/NZL (Brabham-Climax), Lenkung – 7. Runde McLaren/NZL (Cooper-Climax), Schaltung – 9. Runde Spence/GB (Lotus-Climax), Halbwelle – 9. Runde Mitter/D (Lotus-Climax), Kühlung – 9. Runde Attwood/GB (Lotus-BRM), Kühlung – 10. Runde Amon/NZL (Lotus-BRM), Zündung – 10. Runde Siffert/CH (Brabham-BRM), Motor – 11. Runde Surtees/GB (Ferrari), Schaltung

## GP Deutschland, Nürburgring, 7. August 1966

15 Runden à 22,81 km = 342,15 km
Startaufstellung:
1. Reihe: Scarfiotti (8.20,2), Stewart (8.18,8), Surtees (8.18,0), Clark (8.16,5); 2. Reihe: Parkes (8.21,7), Bandini (8.21,1), Brabham (8.20,8); 3. Reihe: Bondurant (8.33,0), G. Hill (8.28,6), Rindt (8.27,7), Gurney (8.22,8); 4. Reihe: Anderson (8.42,5), Spence (8.38,6), Bonnier (8.35,2); 5. Reihe: Beltoise (9.00,4), Arundell (8.52,7), Ickx (8.52,0), Hulme (8.49,3); 6. Reihe: Ahrens (9.04,7), P. Rodriguez (9.03,0), Schlesser (9.01,5); 7. Reihe: J. Taylor (9.08,9), Rees (9.08,4), Courage (9.06,0), Herrmann (9.05,7); 8. Reihe: Hahne (9.17,0), Lawrence (9.10,9)

Nicht gestartet: Ligier/F (Cooper) Trainingsunfall – Moser/CH (Brabham/Formel 2) 9.06,0 – Mitter/D (Lotus/Formel 2) 9.32,2

Ergebnis:

| | | |
|---|---|---|
| 1. | Brabham/AUS (Brabham) | 2h27.03,0 = 128,9 km/h |
| 2. | Surtees/GB (Cooper) | 2h27.47,4 |
| 3. | Rindt/A (Cooper) | 2h29.35,6 |
| 4. | G. Hill/GB (BRM) | 2h33.44,4 |
| 5. | Stewart/GB (BRM) | 2h35.31,9 |
| 6. | Bandini/I (Ferrari) | 2h37.59,4 |
| 7. | Gurney/USA (Eagle) | 14 Runden |
| 8. | Arundell/GB (Lotus) | 14 Runden |

Schnellste Runde: Surtees/GB (Cooper) 8.49,0 = 155,2 km/h

Ausfälle: 1. Runde J. Taylor/GB (Brabham), Unfall – 2. Runde Anderson/GB (Brabham), Kraftübertragung – 4. Runde Bondurant/USA (BRM), Motor – 4. Runde Bonnier/S (Cooper), Kupplung – 9. Runde Hulme/NZL (Brabham), Zündung – 10. Runde Parkes/GB (Ferrari), Unfall – 10. Runde Scarfiotti/I (Ferrari), Batterie – 11. Runde Lawrence/GB (Cooper), Aufhängung – 12. Runde Clark/GB (Lotus), Unfall – 13. Runde Spence/GB (Lotus), Elektrik

Formel 2:

| | | |
|---|---|---|
| 1. | Beltoise/F (Matra) | 14 Runden |
| 2. | Hahne/D (Matra) | 14 Runden |
| 3. | Schlesser/F (Matra) | 14 Runden |
| 4. | Herrmann/D (Brabham) | 14 Runden |

Ausfälle: 1. Runde Ickx/B (Matra), Unfall – 3. Runde Ahrens/D (Brabham), Getriebe – 4. Runde Courage/B (Lotus), Unfall – 4. Runde Rees/GB (Brabham), Motor – 8. Runde P. Rodriguez/MEX (Lotus), Motor

## GP Deutschland, Nürburgring, 6. August 1967

15 Runden à 22,835 km = 342,53 km

Startaufstellung:

1. Reihe: Stewart (8.16,9), Hulme (8.15.2), Clark (8.13,5); 2. Reihe: Brabham (8.18,9), Surtees (8.18,2), McLaren (8.17,7); 3. Reihe: Spence (8.26,5), Rodriguez (8.22,2), Rindt (8.20,9), Amon (8.20,4); 3. Reihe: Hahne (8.32,8), G. Hill (8.31,7), Siffert (8.31,4); 4. Reihe: Ligier (9.14,4), Bonnier (8.47,8), Irwin (8.41,6);

Formel 2

1. Reihe: Schlesser (8.40,6), Rees (8.39,8), Oliver (8.34,9), Ickx (8.14,0); 2. Reihe: Mitter (8.52,6), Ahrens (8.47,8), Hobbs (8.46,2); 3. Reihe: Hart (8.59,7)

Nicht gestartet: Redman/GB (Lola-Ford/Formel 2) 9.59,7

Ergebnis:

| | | |
|---|---|---|
| 1. | Hulme/NZL (Brabham-Repco) | 2h05.55,7 = 163,2 km/h |
| 2. | Brabham/AUS (Brabham-Repco) | 2h06.34,2 |
| 3. | Amon/NZL (Ferrari) | 2h06.34,7 |
| 4. | Surtees/GB (Honda) | 2h08.21,4 |
| 5. | Bonnier/S (Cooper-Maserati) | 2h14.37,8 |
| 6. | Ligier/F (Brabham-Repco) | 14 Runden |
| 7. | Irwin/GB (BRM) | 13 Runden |
| 8. | Rodriguez/MEX (Cooper-Maserati) | 13 Runden |

Im Ziel, aber wegen zu großem Rückstand nicht gewertet:

| | |
|---|---|
| Siffert/CH (Cooper-Maserati) | 11 Runden |

Schnellste Runde: Gurney/USA (Eagle-Weslake) 8.15,1 = 166,0 km/h

Ausfälle: 3. Runde Spence/GB (BRM), Getriebe – 4. Runde Clark/GB (Lotus-Ford), Vorderradaufhängung – 4. Runde McLaren/NZL (Eagle-Weslake), Ölleitung – 5. Runde Rindt/A (Cooper-Maserati), Lenkung – 6. Runde Stewart/GB (BRM), Getriebe – 7. Runde Hahne/D (Lola-BMW), Vorderradaufhängung – 8. Runde G. Hill/GB (Lotus-Ford), Hinterradaufhängung – 13. Runde Gurney/USA (Eagle-Weslake), Halbwelle

Formel 2:

| | | |
|---|---|---|
| 1. | Oliver/GB (Lotus-Ford) | 2h12.04,9 = 155,6 km/h (5. im Ziel) |
| 2. | Rees/GB (Brabham-Ford) | 2h14.43,6 (7. im Ziel) |
| 3. | Hobbs/GB (Lola-BMW) | 13 Runden (10. im Ziel) |

Im Ziel, aber wegen zu großem Rückstand nicht gewertet:

| | |
|---|---|
| Hart/GB (Protos-Ford) | 12 Runden |

Schnellste Runde: Ickx/B (Matra-Ford) 8.21,8 = 163,8 km/h

Ausfälle: 1. Runde Mitter/D (Lotus-Ford), Motor – 3. Runde Schlesser/F (Matra-Ford), Kupplung – 5. Runde Ahrens/D (Protos-Ford), Kühler – 12. Runde Ickx/B (Matra-Ford), Vorderradaufhängung

## GP Deutschland, Nürburgring, 4. August 1968

14 Runden à 22,835 km = 319,69 km

Startaufstellung:

1. Reihe: Rindt (9.31,9), Amon (9.14,9), Ickx (9.04,0); 2. Reihe: Elford (9.53,0), G. Hill (9.46,0); 3. Reihe: Courage (10.00,1), Surtees (9.57,8), Stewart (9.54,2); 4. Reihe: Gurney (10.13,9), Siffert (10.03,4); 5. Reihe: Oliver (10.18,7), Beltoise (10.17,3), Hulme (10.16,0); 6. Reihe: Brabham (10.23,1), Rodriguez (10.19,7); 7. Reihe: Hahne (10.42,9), Ahrens (10.37,3), McLaren (10.33,0); 8. Reihe: Attwood (10.48,2), Bianchi (10.46,6)

Ergebnis:

| | | |
|---|---|---|
| 1. | Stewart/GB (Matra-Ford) | 2h19.03,2 = 137,9 km/h |
| 2. | G. Hill/GB (Lotus-Ford) | 2h23.06,4 |
| 3. | Rindt/A (Brabham-Repco) | 2h23.12,6 |
| 4. | Ickx/B (Ferrari) | 2h24.58,4 |
| 5. | Brabham/AUS (Brabham-Repco) | 2h25.24,3 |
| 6. | Rodriguez/MEX (BRM) | 2h25.28,2 |
| 7. | Hulme/NZL (McLaren-Ford) | 2h25.34,2 |
| 8. | Courage/GB (BRM) | 2h26.59,6 |
| 9. | Gurney/USA (Eagle-Weslake) | 2h27.16,9 |
| 10. | Hahne/F (Lola-BMW) | 2h29.14,6 |
| 11. | Oliver/GB (Lotus-Ford) | 13 Runden |
| 12. | Ahrens/D (Brabham-Repco) | 13 Runden |
| 13. | McLaren/NZL (McLaren-Ford) | 13 Runden |
| 14. | Attwood/GB (BRM) | 13 Runden |

Schnellste Runde: Stewart/GB (Matra-Ford) 9.36,0 = 142,7 km/h

Ausfälle: 1. Runde Elford/GB (Cooper-BRM), Unfall – 4. Runde Surtees/GB (Honda), Zündung – 7. Runde Siffert/CH (Lotus-Ford), Zündung – 7. Runde Bianchi/B (Cooper-BRM), Benzinleck – 9. Runde Beltoise/F (Matra), Unfall – 12. Runde Amon/NZL (Ferrari), Unfall

## GP Deutschland, Nürburgring, 3. August 1969

14 Runden à 22,835 km = 319,69 km

Startaufstellung:
1. Reihe: Rindt (7.48,0), Stewart (7.42,4), Ickx (7.42,1); 2. Reihe: Hulme (7.52,8), Siffert (7.50,3); 3. Reihe: McLaren (7.50,3), Courage (7.56,5), Elford (7.56,1); 4. Reihe: Beltoise (8.00,3), Hill (7.57,0); 5. Reihe: Oliver (8.16,2), Andretti (8.15,4), Surtees* (8.12,1); 6. Reihe: Bonnier (8.35,0)
* nicht gestartet
Formel 2
1. Reihe: Pescarolo (8.14,8), Cevert (8.13,9), Servoz-Gavin (8.11,1); 2. Reihe: Ahrens (8.23,2), Westbury (8.20,0); 3. Reihe: Perrot (8.35,4), Stommelen (8.28,1), Attwood (8.24,6);
Mitter/D (BMW 8.36,5) am 1. August tödlich verunglückt; das verbliebene BMW-Werksteam (Hahne/D 8.19,5 – Quester/A 8.26,8) verzichtete daraufhin ebenso auf einen Start wie Herrmann/D (Lotus-Ford 8.50,3)
Ergebnis:

| | |
|---|---|
| 1. Ickx/B (Brabham-Ford) | 1h49.55,4 = 174,5 km/h |
| 2. Stewart/GB (Matra-Ford) | 1h50.53,1 |
| 3. McLaren/NZL (McLaren-Ford) | 1h53.17,0 |
| 4. Hill/GB (Lotus-Ford) | 1h53.54,2 |
| 5. Siffert/CH (Lotus-Ford) | 12 Runden ** |
| 6. Beltoise/F (Matra-Ford) | 12 Runden ** |

Schnellste Runde: Ickx/B (Brabham-Ford) 7.43,8 = 177,2 km/h
Ausfälle: 1. Runde Andretti/USA (Lotus-Ford), Unfall – 1. Runde Elford/GB (McLaren-Ford), Unfall – 2. Runde Courage/GB (Brabham-Ford), Unfall – 5. Runde Bonnier/S (Lotus-Ford), Benzinleck – 11. Runde Rindt/A (Lotus-Ford), Zündung – 12. Runde Oliver/GB (BRM), Ölleck – 12. Runde Hulme/NZL (McLaren-Ford), Kraftübertragung – 13. Runde Beltoise/F (Matra-Ford), Aufhängung (** trotz Ausfalls gewertet) – 13. Runde Siffert/CH (Lotus-Ford), Aufhängung (** trotz Ausfalls gewertet)
Formel 2:

| | |
|---|---|
| 1. Pescarolo/F (Matra-Ford) | 1h58.06,4 = 162,4 km/h (5. im Ziel) |
| 2. Attwood/GB (Brabham-Ford) | 13 Runden (6. im Ziel) |
| 3. Ahrens/D (Brabham-Ford) | 13 Runden (7. im Ziel) |
| 4. Stommelen/D (Lotus-Ford) | 13 Runden (8. im Ziel) |
| 5. Westbury/GB (Brabham-Ford) | 13 Runden (9. im Ziel) |
| 6. Perrot/CH (Brabham-Ford) | 13 Runden (10. im Ziel) |

Schnellste Runde: Servoz-Gavin/F (Matra-Ford) 8.12,4 = 166,9 km/h
Ausfälle: 7. Runde Servoz-Gavin/F (Matra-Ford), Motor – 10. Runde Cevert/F (Tecno-Ford), Getriebe

## GP Deutschland, Hockenheim, 2. August 1970

50 Runden à 6,789 km = 339,45 km
Startaufstellung1.59,5:
1. Reihe: Ickx (1.59,5), Rindt (1.59,7); 2. Reihe: Regazzoni (1.59,8), Siffert (2.00,0); 3. Reihe: Pescarolo (2.00,5), Amon (2.00,9); 3. Reihe: Stewart (2.01,0), Rodriguez (2.01,1); 4. Reihe: Andretti (2.01,5), Miles (2.01,6); 5. Reihe: Stommelen (2.01,6), Brabham (2.02,0); 6. Reihe: Fittipaldi (2.02,0), Cevert (2.02,1); 7. Reihe: Surtees (2.02,1), Hulme (2.02,1); 8. Reihe: Gethin (2.02,2), Oliver (2.02,3); 9. Reihe: Peterson (2.02,4), Hill (2.03,0); 10. Reihe: Beltoise (2.05,2)
Nicht qualifiziert: Redman/GB (De Tomaso-Ford) 2.02,7 – de Adamich/I (McLaren-Alfa Romeo) 2.03,0 – Moser/CH (Bellasi-Ford) 2.06,2 – Hahne/D (March-Ford) 2.07,1

Ergebnis:

| | |
|---|---|
| 1. Rindt/A (Lotus-Ford) | 1h42.00,3 = 199,7 km/h |
| 2. Ickx/B (Ferrari) | 1h42.01,0 |
| 3. Hulme/NZL (McLaren-Ford) | 1h43.22,1 |
| 4. Fittipaldi/BR (Lotus-Ford) | 1h43.55,4 |
| 5. Stommelen/D (Brabham-Ford) | 49 Runden |
| 6. Pescarolo/F (Matra-Simca) | 49 Runden |
| 7. Cevert/F (March-Ford) | 49 Runden |
| 8. Siffert/CH (March-Ford) | 47 Runden ** |
| 9. Surtees/GB (Surtees-Ford) | 46 Runden ** |

Schnellste Runde: Ickx/B (Ferrari) 2.00,5 = 202,8 km/h
Ausfälle: 4. Runde Gethin/GB (McLaren-Ford), Gaszug – 5. Runde Beltoise/F (Matra-Simca), Vorderradaufhängung – 5. Runde Brabham/AUS (Brabham-Ford), Ölleck – 6. Runde Oliver/GB (BRM), Motor – 8. Runde Rodriguez/MEX (BRM), Zündung – 12. Runde Peterson/S (March-Ford), Motor – 16. Runde Andretti/USA (March-Ford), Schaltung – 21. Runde Stewart/GB (March-Ford), Motor – 25. Runde Miles/GB (Lotus-Ford), Motor – 31. Runde Regazzoni/CH (Ferrari), Motor – 35. Runde Amon/NZL (March-Ford), Motor – 38. Runde Hill/GB (Lotus-Ford), Motor – 47. Runde Surtees/GB (Surtees-Ford), Motor (** trotz Ausfalls gewertet) – 48. Runde Siffert/CH (March-Ford), Motor (** trotz Ausfalls gewertet)

## Jochen-Rindt-Gedächtnisrennen, Hockenheim, 13. Juni 1971

35 Runden à 6,789 km = 237,615 km
Startaufstellung:
1. Reihe: Ickx (1.56,8); 2. Reihe: Regazzoni (1.57,8), Wisell (1.59,6); 3. Reihe: Gethin (2.00,1), Ganley (2.00,5); 4. Reihe: Surtees (2.01,5), Peterson (2.01,5); 5. Reihe: Galli (2.02,1), Stommelen (2.02,1); 6. Reihe: Miles (2.02,2), Walker (2.02,8); 7. Reihe: Beuttler (2.03,1), Barber (2.03,2); 8.Reihe: Soler-Roig (2.06,8), Lamplough (2.13,3); 9. Reihe: Perrot (2.16,0), Allen (2.20,4)
Nicht gestartet: Trimmer/GB (Lotus-Ford) 2.08,1 – Terbeck/D (BRM) 2.31,7
Ergebnis:

| | |
|---|---|
| 1. Ickx/B (Ferrari) | 1h10.11,7 = 203,1 km/h |
| 2. Peterson/S (March-Ford) | 1h11.05,5 |
| 3. Surtees/GB (Surtees-Ford) | 1h11.28,7 |
| 4. Ganley/NZL (BRM) | 1h11.43,8 |
| 5. Galli/I (March-Alfa Romeo) | 1h11.56,9 |
| 6. Barber/USA (March-Ford) | 34 Runden |
| 7. Stommelen/D (Surtees-Ford) | 34 Runden * |
| 8. Soler-Roig/E (March-Ford) | 34 Runden |
| 9. Walker/AUS (Lotus-Ford) | 34 Runden |
| 10. Wisell/S (Lotus-Ford) | 33 Runden |
| 11. Perrot/CH (March-Ford) | 31 Runden |
| 12. Lamplough/GB (BRM) | 31 Runden |
| Im Ziel, aber wegen zu großem Rückstand nicht gewertet: | |
| Regazzoni/CH (Ferrari) | 25 Runden |

6* inklusive einer Strafminute wegen Auslassens einer Schikane
Schnellste Runde: Ickx/B (Ferrari) 1.58,8 = 205,7 km/h
Ausfälle: 4. Runde Gethin/GB (McLaren-Ford), Gaszug – 6. Runde Miles/GB (BRM), Zylinderkopfdichtung – 14. Runde Allen/GB (March-Ford), Tankleck – 28. Runde Beuttler/GB (March-Ford), Schaltung

## GP Deutschland, Nürburgring, 1. August 1971

12 Runden à 22,835 km = 274,02 km
Startaufstellung:
1. Reihe: Ickx (7.19,2), Stewart (7.19,0); 2. Reihe: Regazzoni (7.22,7), Siffert (7.22,4); 3. Reihe: Hulme (7.26,0), Cevert (7.23,4); 4. Reihe: Fittipaldi (7.27,5), Peterson (7.26,5); 5. Reihe: Pescarolo (7.30,3), Schenken (7.29,8); 6. Reihe: Stommelen (7.34,7), Andretti (7.31,7); 7. Reihe: Ganley (7.36,6), Hill (7.36,1); 8. Reihe: Amon (7.37,3), Surtees (7.36,7); 9. Reihe: Elford (7.39,98), Wisell (7.39,96); 10. Reihe: de Adamich (7.41,7), Gethin (7.41,4); 11. Reihe: Beuttler (7.52,6), Galli (7.47,8)
Nicht qualifiziert: Bonnier/S (McLaren-Ford) 8.17,0 – Marko/A (McLaren-Ford) keine Zeit
Ergebnis:

| | |
|---|---|
| 1. Stewart/GB (Tyrrell-Ford) | 1h29.15,7 = 184,2 km/h |
| 2. Cevert/F (Tyrrell-Ford) | 1h29.45,8 |
| 3. Regazzoni/CH (Ferrari) | 1h29.52,8 |
| 4. Andretti/USA (Ferrari) | 1h31.20,7 |
| 5. Peterson/S (March-Ford) | 1h31.44,8 |
| 6. Schenken/AUS (Brabham-Ford) | 1h32.14,3 |
| 7. Surtees/GB (Surtees-Ford) | 1h32.34,7 |
| 8. Wisell/S (Lotus-Ford) | 1h35.47,4 |
| 9. Hill/GB (Brabham-Ford) | 1h35.52,7 |
| 10. Stommelen/D (Surtees-Ford) | 11 Runden |
| 11. Elford/GB (BRM) | 11 Runden |
| 12. Galli/I (March-Alfa Romeo) | 10 Runden |
| Schnellste Runde: Cevert/F (Tyrrell-Ford) | 7.20,1 = 186,8 km/h |

Ausfälle: 2. Runde Ickx/B (Ferrari), Unfall – 3. Runde Ganley/NZL (BRM), Motor – 3. Runde de Adamich/I (March-Alfa Romeo), Benzineinspritzung – 4. Runde Hulme/NZL (McLaren-Ford), Benzinleck – 4. Runde Beuttler/GB (March-Ford), disqualfiziert wegen unerlaubter Anfahrt zur Boxengasse via Nordkurve – 6. Runde Pescarolo/F (March-Ford), Aufhängung – 6. Runde Gethin/GB (McLaren-Ford), Unfall – 7. Runde Amon/NZL (Matra-Simca), Unfall – 7. Runde Siffert/CH (BRM), disqualifiziert wegen unerlaubter Anfahrt zur Boxengasse via Nordkurve – 9. Runde Fittipaldi/BR (Lotus-Ford), Ölleck

## GP Deutschland, Nürburgring, 30. Juli 1972

14 Runden à 22,835 km = 319,69 km
Startaufstellung:
1. Reihe: Stewart (7.08,7), Ickx (7.07,0); 2. Reihe: Peterson (7.11,6), E. Fittipaldi (7.09,9); 3. Reihe: Reutemann (7.12,4), Cevert (7.12,2); 4. Reihe: Amon (7.13,9), Regazzoni (7.13,4); 5. Reihe: Hulme (7.14,5), Pescarolo (7.14,4); 6. Reihe: Schenken (7.17,2), Pace (7.16,6); 7. Reihe: Stommelen (7.17,5), Beltoise (7.17,3); 8. Reihe: Hailwood (7.21,0), Hill (7.18,4); 9. Reihe: Ganley (7.22,3), Wisell (7.21,4); 10. Reihe: de Adamich (7.23,7), Redman (7.23,2); 11. Reihe: Merzario (7.25,9), W. Fittpaldi (7.24,8); 12. Reihe: Lauda (7.32,2), Walker (7.29,5); 13. Reihe: Charlton (7.34,1), Bell (7.33,3); 14. Reihe: Beuttler (7.35,9)
Ergebnis:

| | |
|---|---|
| 1. Ickx/B (Ferrari) | 1h42.12,3 = 187,7 km/h |
| 2. Regazzoni/CH (Ferrari) | 1h43.00,6 |
| 3. Peterson/S (March-Ford) | 1h43.19,0 |
| 4. Ganley/NZL (BRM) | 1h44.32,5 |
| 5. Redman/GB (McLaren-Ford) | 1h44.48,0 |
| 6. Hill/GB (Brabham-Ford) | 1h45.11,9 |
| 7. W. Fittipaldi/BR (Brabham-Ford) | 1h45.12,4 |
| 8. Beuttler/GB (March-Ford) | 1h47.23,0 |
| 9. Beltoise/F (BRM) | 1h47.32,5 |
| 10. Cevert/F (Tyrrell-Ford) | 1h47.56,0 |
| 11. Stewart/GB (Tyrrell-Ford) | 13 Runden ** |
| 12. Merzario/I (Ferrari) | 13 Runden |
| 13. de Adamich/I (Surtees-Ford) | 13 Runden |
| 14. Schenken/AUS (Surtees-Ford) | 13 Runden |
| 15. Amon/NZL (Matra-Simca) | 13 Runden |
| Im Ziel, aber wegen zu großem Rückstand nicht gewertet: | |
| Pace/BR (March-Ford) | 11 Runde |
| Schnellste Runde: Ickx/B (Ferrari) | 7.13,6 = 189,6 km/h |

Ausfälle: 4. Runde Wisell/S (BRM), Motor – 4. Runde Lauda/A (March-Ford), Öltank leck – 4. Runde Charlton/ZA (Lotus-Ford), Übelkit des Fahrers – 5. Runde Bell/GB (Tecno), Motor – 6. Runde Walker/AUS (Lotus-Ford), Öltank leck – 6. Runde Stommelen/D (March-Ford), Elektrik – 7. Runde Reutemann/RA (Brabham-Ford), Antrieb – 9. Runde Hailwood/GB (Surtees-Ford), Vorderradaufhängung – 9. Runde Hulme/NZL (McLaren-Ford), Motor – 11. Runde E. Fittipaldi/BR (Lotus-Ford), Getriebe – 11. Runde Pescarolo/F (March-Ford), Unfall – 14. Runde Stewart/GB (Tyrrell-Ford), Kollision (** trotz Ausfalls gewertet)

## GP Deutschland, Nürburgring, 5. August 1973

14 Runden à 22,835 km = 319,69 km
Startaufstellung:
1. Reihe: Peterson (7.08,3), Stewart (7.07,8); 2. Reihe: Ickx (7.09,7), Cevert (7.09,3); 3. Reihe: Reutemann (7.15,9), Lauda (7.09,9); 4. Reihe: Hulme (7.16,5), Revson (7.15,9); 5. Reihe: Regazzoni (7.18,2), Beltoise (7.18,1); 6. Reihe: Pescarolo (7.18,8), Pace (7.18,8); 8. Reihe: E. Fittipaldi (7.19,7), W. Fittipaldi (7.19,1); 9. Reihe: Stommelen (7.22,2), Mass (7.20,4); 10. Reihe: Hailwood (7.22,3), Oliver (7.22,3); 11. Reihe: Hill (7.27,1), Beuttler (7.26,6); 12. Reihe: Purley (7.54,2), Follmer (7.28,3)
Nicht gestartet: Ganley/NZL (Willams-Ford) 7.25,1
Ergebnis:

| | |
|---|---|
| 1. Stewart/GB (Tyrrell-Ford) | 1h42.03,0 = 188,0 km/h |
| 2. Cevert/F (Tyrrell-Ford) | 1h42.04,6 |
| 3. Ickx/B (McLaren-Ford) | 1h42.44,2 |
| 4. Pace/BR (Surtees-Ford) | 1h42.56,8 |
| 5. W. Fittipaldi/BR (Brabham-Ford) | 1h43.22,9 |
| 6. E. Fittipaldi/BR (Lotus-Ford) | 1h43.27,3 |
| 7. Mass/D (Surtees-Ford) | 1h43.28,2 |
| 8. Oliver/GB (Shadow-Ford) | 1h43.28,7 |
| 9. Revson/USA (McLaren-Ford) | 1h44.14,8 |
| 10. Pescarolo/F (Williams-Ford) | 1h44.35,5 |
| 11. Stommelen/D (Brabham-Ford) | 1h45.30,3 |
| 12. Hulme/NZL (McLaren-Ford) | 1h45.41,7 |
| 13. Hill/GB (Shadow-Ford) | 1h45.52,0 |

14. Hailwood/GB (Surtees-Ford) 13 Runden
15. Purley/GB (March-Ford) 13 Runden
16. Beuttler/GB (March-Ford) 13 Runden
Schnellste Runde: Pace/BR (Surtees-Ford) 7.11,4 = 190,6 km/h
Ausfälle: 1. Runde Peterson/S (Lotus-Ford), Zündung – 2. Runde Lauda/A (BRM), Unfall – 5. Runde Beltoise/F (BRM), Getriebe – 6. Runde Follmer/USA (Shadow-Ford), Unfall – 8. Runde Regazzoni/CH (BRM), Motor – 8. Runde Reutemann/RA (Brabham-Ford), Motor

## GP Deutschland, Nürburgring, 4. August 1974

14 Runden à 22,835 km = 319,69 km
Startaufstellung:
1. Reihe: Lauda (7.00,8), Regazzoni (7.01,1); 2. Reihe: E. Fittipaldi (7.02,3), Scheckter (7.03,4); 3. Reihe: Depailler (7.06,2), Reutemann (7.07,2); 4. Reihe: Hulme (7.08,8), Peterson (7.09,0); 5. Reihe: Ickx (7.09,1), Mass (7.09,8); 6. Reihe: Pryce (7.09,8), Hailwood (7.10,1); 7. Reihe: Hunt (7.10,4), Watson (7.10,5); 8. Reihe: Beltoise (7.10,5), Merzario (7.11,2); 9. Reihe: Pace (7.12,7), Jarier (7.14,9); 10. Reihe: Hill (7.15,5), Stuck (7.16,0); 11. Reihe: Laffite (7.17,6), Schuppan (7.20,8); 12. Reihe: Brambilla (7.20,9), Pescarolo (7.20,9); 13. Reihe: Bell (7.22,0), Ashley* (7.24,6)
* nicht qualifiziert, aber als erster Ersatzfahrer auf Verdacht mitgestartet
Nicht qualifiziert: Migault/F (BRM) 7.26,5 – Schenken/AUS (Trojan) 7.29,1 – Edwards/GB (Lola) 7.31,5 – Perkins/AUS (Amon) 7.46,2 – Amon/NZL (Amon) 8.26,2 – Ganley/NZL (Maki) keine Zeit nach Trainingsunfall
Ergebnis:
1. Regazzoni/CH (Ferrari) 1h41.35,0 = 188,825 km/h
2. Scheckter/ZA (Tyrrell-Ford) 1h42.25,7
3. Reutemann/RA (Brabham-Ford) 1h42.58,3
4. Peterson/S (Lotus-Ford) 1h42.59,2
5. Ickx/B (Lotus-Ford) 1h43.00,0
6. Pryce/GB (Shadow-Ford) 1h43.53,1
7. Stuck/D (March-Ford) 1h44.33,7
8. Jarier/F (Shadow-Ford) 1h45.00,9
9. Hill/GB (Lola-Ford) 1h45.01,4
10. Pescarolo/F (BRM) 1h45.52,7
11. Bell/GB (Surtees-Ford) 1h46.52,7
12. Pace/BR (Brabham-Ford) 1h48.01,3
13. Brambilla/I (March-Ford) 1h50.18,1
14. Ashley/GB (Token) 13 Runden
Schnellste Runde: Scheckter/ZA (Tyrrell-Ford) 7.11,1 = 190,698 km/h
Ausfälle: 1. Runde Lauda/A (Ferrari), Unfall – 2. Runde Watson/GB (Brabham-Ford), Vorderradaufhängung – 3. Runde Hulme/NZL (McLaren), nach Unfall beim Start auf Ersatzwagen gestartet und disqualifiziert – 3. Runde Laffite/F (Williams-Ford), Hinterradaufhängung – 4. Runde E. Fittipaldi/BR (McLaren), Hinterradaufhängung – 5. Runde Schuppan/AUS (Ensign-Ford), Getriebe – 5. Runde Beltoise/F (BRM), Motor – 6. Runde Merzario/I (Williams-Ford), Gaszug – 6. Runde Depailler/F (Tyrrell-Ford), Unfall – 11. Runde Mass/D (Surtees-Ford) – 12. Runde Hunt/GB (Hesketh-Ford), Getriebe – 13. Runde Hailwood/GB (McLaren), Unfall

## GP Deutschland, Nürburgring, 3. August 1975

22 Runden à 22,835 km = 319,69 km
Startaufstellung:
1. Reihe: Lauda (6.58,6), Pace (7.00,9); 2. Reihe: Scheckter (7.01,3), Depailler (7.01,4); 3. Reihe: Regazzoni (7.01,6), Mass (7.01,8); 4. Reihe: Stuck (7.02,1), E. Fittipaldi (7.02,7); 5. Reihe: Hunt (7.02,7), Reutemann (7.04,0); 6. Reihe: Brambilla (7.06,0), Jarier (7.07,1); 7. Reihe: Andretti (7.08,2), Watson (7.09,4); 8. Reihe: Laffite (7.10,0), Pryce (7.10,1); 9. Reihe: Brise (7.10,9), Peterson (7.11,6); 11. Reihe: Donohue (7.11,8), Ashley* (7.15,9); 12. Reihe: Jones (7.18,6), W. Fittipaldi (7.19,1); 13. Reihe: Ertl (7.19,5), van Lennep (7.20,4); 14. Reihe: Lombardi (7.36,4)
* nach Trainingsunfall nicht gestartet
Nicht qualifiziert: Trimmer/GB (Maki) 7.43,1
Ergebnis:
1. Reutemann/RA (Brabham-Ford) 1h41.14,1 = 189,473 km/h
2. Laffite/F (Williams-Ford) 1h42.51,8
3. Lauda/A (Ferrari) 1h43.37,4
4. Pryce/GB (Shadow-Ford) 1h44.45,5
5. Jones/AUS (Hill-Ford) 1h45.04,4
6. van Lennep/NL (Ensign-Ford) 1h46.19,6
7. Lombardi/I (March-Ford) 1h48.44,5
8. Ertl/A (Hesketh-Ford) 1h48.55,0
9. Depailler/F (Tyrrell-Ford) 13 Runden
Schnellste Runde: Regazzoni/CH (Ferrari) 7.06,4 = 192,790 km/h
Ausfälle: 1. Runde Mass/D (McLaren-Ford), Unfall – 2. Runde Peterson/S (Lotus-Ford), Kupplung – 2. Runde Donohue/USA (March-Ford), Reifen – 3. Runde Watson/GB (Lotus-Ford), Aufhängung – 4. Runde Brambilla/I (March-Ford), Reifen – 4. Runde Stuck/D (March-Ford), Motor – 5. Runde W. Fittipaldi/BR (Fittipaldi-Ford), Motor – 6. Runde E. Fittipaldi/BR (McLaren-Ford), Reifen – 6. Runde Pace/BR (Brabham-Ford), Aufhängung – 8. Runde Jarier/F (Shadow-Ford), Reifen – 8. Runde Scheckter/ZA (Tyrrell-Ford), Unfall – 10. Runde Brise/GB (Hill-Ford), Unfall – 10. Runde Regazzoni/CH (Ferrari), Öldruck – 11. Runde Hunt/GB (Hesketh-Ford), Hinterachse – 13. Runde Andretti (Parnelli-Ford), Benzinmangel

## GP Deutschland, Nürburgring, 1. August 1976

4 Runden à 22,835 km = 319,69 km
Startaufstellung:
1. Reihe: Hunt (7.06,5), Lauda* (7.07,4); 2. Reihe: Depailler (7.08,8), Stuck (7.09,1); 3. Reihe: Regazzoni (7.09,3), Laffite* (7.11,3); 4. Reihe: Pace (7.12,0), Scheckter (7.12,2); 5. Reihe: Mass (7.13,0), Reutemann (7.14,9); 6. Reihe: Peterson (7.14,9), Andretti (7.16,1); 7. Reihe: Brambilla (7.17,7), Jones (7.19,9); 8. Reihe: Stommelen (7.21,6), Nilsson (7.23,0); 9. Reihe: Amon* (7.23,1), Pryce (7.23,3); 10. Reihe: Watson (7.23,5), E. Fittipaldi (7.28,0); 11. Reihe: Merzario (7.28,8), Ertl* (7.30,0); 12. Reihe: Jarier (7.30,9), Lunger* (7.32,7); 13. Reihe: Edwards (7.38,6), Pesenti-Rossi (7.48,5)
* zum Neustart nicht mehr angetreten
Nicht qualifiziert: Pescarolo/F (Surtees-Ford) 8.04,2

Ergebnis:

| | | |
|---|---|---|
| 1. | Hunt/GB (McLaren-Ford) | 1h41.42,7 = 188,586 km/h |
| 2. | Scheckter/ZA (Tyrrell-Ford) | 1h42.10,4 |
| 3. | Mass/D (McLaren-Ford) | 1h42.35,1 |
| 4. | Pace/BR (Brabham-Alfa Romeo) | 1h42.36,9 |
| 5. | Nilsson/S (Lotus-Ford) | 1h43.40,0 |
| 6. | Stommelen/D (Brabham-Alfa Romeo) | 1h44.13,0 |
| 7. | Watson/GB (Penske-Ford) | 1h44.16,6 |
| 8. | Pryce/GB (Shadow-Ford) | 1h44.30,9 |
| 9. | Regazzoni/CH (Ferrari) | 1h45.28,7 |
| 10. | Jones/AUS (Surtees-Ford) | 1h45.30,0 |
| 11. | Jarier/F (Shadow-Ford) | 1h46.34,4 |
| 12. | Andretti/USA (Lotus-Ford) | 1h46.40,8 |
| 13. | E. Fittipaldi/BR (Fittipaldi-Ford) | 1h47.07,9 |
| 14. | Pesenti-Rossi/I (Tyrrell-Ford) | 13 Runden |
| 15. | Edwards/GB (Hesketh-Ford) | 13 Runden |

Schnellste Runde: Scheckter/ZA (Tyrrell-Ford) 7.10,8 = 190,821 km/h
Ausfälle nach dem ersten Start: 2. Runde Lauda/A (Ferrari), Unfall – 2. Runde Lunger/USA (Surtees-Ford), Kollision – 2. Runde Ertl/A (Hesketh-Ford), Kollision – 2. Runde Laffite/F (Ligier), Getriebe
Ausfälle nach dem Neustart: 1. Runde Stuck/D (March-Ford), Kupplung – 1. Runde Peterson/S (March-Ford), Unfall – 1. Runde Reutemann/RA (Brabham-Alfa Romeo), Einspritzpumpe – 1. Runde Depailler/F (Tyrrell-Ford), Unfall – 2. Runde Brambilla/I (March-Ford), Unfall – 4. Runde Merzario/I (Williams-Ford), Unfall

## GP Deutschland, Hockenheim, 31. Juli 1977

47 Runden à 6,789 km = 319,083 km
Startaufstellung:
1. Reihe: J. Scheckter (1.53,07), Watson (1.53,34); 2. Reihe: Lauda (1.53,53), Hunt (1.53,68); 3. Reihe: Stuck (1.53,91), Laffite (1.53,97); 4. Reihe: Andretti (1.53,99), Reutemann (1.54,27); 5. Reihe: Nilsson (1.54,44), Brambilla (1.54,53); 6. Reihe: Tambay (1.54,77), Jarier (1.55,19); 7. Reihe: Mass (1.55,25), Peterson (1.55,70); 8. Reihe: Depailler (1.55,92), Patrese (1.56,09); 9. Reihe: Jones (1.56,22), I. Scheckter (1.56,35); 10. Reihe: Schuppan (1.56,54), Ribeiro (1.56,63); 11. Reihe: Lunger (1.56,64), Regazzoni (1.56,68); 12. Reihe: Keegan (1.56,89), Rebaque (1.57,18)
Nicht qualifiziert: Nève/B (March-Ford) 1.57,26 – Villota/E (McLaren-Ford) 1.57,39 – Heyer/D (ATS-Penske-Ford) 1.57,58 *** – E. Fittipaldi/BR (Fittipaldi-Ford) 1.58,53 – Merzario/I (March-Ford) 1.59,13 – Pilette/B (BRM) 1.59,55
*** nach dem Start als »Ersatzfahrer« ins Feld gemogelt, aber nicht qualifiziert
Ergebnis:

| | | |
|---|---|---|
| 1. | Lauda/A (Ferrari) | 1h31.48,62 = 208,496 km/h |
| 2. | J. Scheckter/ZA (Wolf-Ford) | 1h32.02,95 |
| 3. | Stuck/D (Brabham-Alfa Romeo) | 1h32.09,52 |
| 4. | Reutemann/RA (Ferrari) | 1h32.48,89 |
| 5. | Brambilla/I (Surtees-Ford) | 1h33.15,99 |
| 6. | Tambay/F (Ensign-Ford) | 1h33.18,43 |
| 7. | Schuppan/AUS (Surtees-Ford) | 46 Runden |
| 8. | Ribeiro/BR (March-Ford) | 46 Runden |
| 9. | Peterson/S (Tyrrell-Ford) | 42 Runden ** |
| 10. | Patrese/I (Shadow-Ford) | 42 Runden ** |

Schnellste Runde: Lauda/A (Ferrari) 1.55,99 = 210,680 km/h
Ausfälle: 1. Runde Regazzoni/CH (Ensign-Ford), Kollision mit Jones – 1. Runde Jones/AUS (Shadow-Ford), Kollision mit Regazzoni – 5. Runde Jarier/F (ATS-Penske-Ford), Unfall – 8. Runde Watson/GB (Brabham-Alfa Romeo), Motor – 9. Runde I. Scheckter/ZA (March-Ford), Kupplung – 9. Runde Heyer/D (ATS-Penske-Ford), Schaltung – 14. Runde Lunger/USA (McLaren-Ford), Getriebe – 20. Runde Rebaque/MEX (Hesketh-Ford), Lichtmaschine – 21. Runde Laffite/F (Ligier), Motor – 22. Runde Depailler/F (Tyrrell-Ford), Motor – 26. Runde Mass/D (McLaren-Ford), Getriebe – 31. Runde Nilsson/S (Lotus-Ford), Motor – 32. Runde Hunt/GB (McLaren-Ford), Benzinpumpe – 34. Runde Andretti/USA (Lotus-Ford), Motor – 40. Runde Keegan/GB (Hesketh-Ford), Kollision mit Ribeiro – 43. Runde Patrese/I (Shadow-Ford), Hinterrad verloren (** trotz Ausfalls gewertet) – 43. Runde Peterson/S (Tyrrell-Ford), Motor (** trotz Ausfalls gewertet)

## GP Deutschland, Hockenheim, 30. Juli 1978

45 Runden à 6,789 km = 305,505 km
Startaufstellung:
1. Reihe: Peterson (1.51,99), Andretti (1.51,90); 2. Reihe: Scheckter (1.52,68), Lauda (1.52,29); 3. Reihe: Jones (1.53,50), Watson (1.52,84); 4. Reihe: Hunt (1.53,54), Laffite (1.53,54); 5. Reihe: Fittipaldi (1.54,03), Jabouille (1.53,61) T; 6. Reihe: Reutemann (1.54,17), Tambay (1.54,04); 8. Reihe: Patrese (1.54,34), Depailler (1.54,32); 9. Reihe: Pironi (1.54,63), Villeneuve (1.54,40); 10. Reihe: Rebaque (1.55,57), Stommelen (1.55,18); 11. Reihe: Brambilla (1.55,86), Rosberg (1.55,57); 12. Reihe: Mass (1.56,21), Piquet (1.56,15); 13. Reihe: Stuck (1.56, 45), Ertl (1.56,25)
Nicht qualifiziert: Regazzoni/CH (Shadow-Ford) 1.56,57 – Jarier/F (ATS-Ford) 1.57,40 – Keegan/GB (Surtees-Ford) 1.57,86 – Merzario/I (Merzario-Ford) 1.58,31
Vorqualifikation am 27. Juni 1978: 1. Rosberg/SF (Wolf-Ford) 2.10,13 – 2. Merzario/I (Merzario-Ford) 2.10,82 – 3. Rebaque/MEX (Lotus-Ford) 2.11,80 – ausgeschieden: 4. Arnoux/F (Martini-Ford) 2.12,25 – 5. Lunger/USA (McLaren-Ford) 2.12,27
T = mit Turbolader

Ergebnis:

| | | |
|---|---|---|
| 1. | Andretti/USA (Lotus-Ford) | 1h28.00,90 = 208,233 km/h |
| 2. | Scheckter/ZA (Wolf-Ford) | 1h28.16.25 |
| 3. | Laffite/F (Ligier) | 1h28.28,91 |
| 4. | Fittpaldi/BR (Fittipaldi-Ford) | 1h28.37,78 |
| 5. | Pironi/F (Tyrrell-Ford) | 1h28.58,16 |
| 6. | Rebaque/MEX (Lotus-Ford) | 1h29.38,76 |
| 7. | Watson/GB (Brabham-Alfa Romeo) | 1h29.40,43 |
| 8. | Villeneuve/CDN (Ferrari) | 1h29.57,77 |
| 9. | Patrese/I (Arrows-Ford) | 44 Runden |
| 10. | Rosberg/SF (Wolf-Ford) | 42 Runden |
| 11. | Stommelen/D (Arrows-Ford) | 42 Runden |
| 12. | Ertl/A (Ensign-Ford) | 41 Runden ** |

Schnellste Runde: Peterson/S (Lotus-Ford) 1.55,62 = 211,354 km/h
Ausfälle: 1. Runde Depailler/F (Tyrrell-Ford), Startunfall – 2. Runde Stuck/D (Shadow-Ford), Unfall – 2. Runde Mass/D (ATS-Ford), Unfall – 6. Runde Jabouille (Renault), Motor – 12. Runde Lauda/A (Brabham-Alfa Romeo), Motor – 15. Runde Reutemann/RA (Ferrari), Dampfblasenbildung in der Benzinzufuhr – 17. Runde Tambay/F (McLaren-Ford), Unfall – 25. Runde Brambilla/I (Surtees-Ford), Dampfblasenbildung in der Benzinzufuhr – 32. Runde Jones/AUS (Williams-Ford), Dampfblasenbildung in der Benzinzufuhr – 32. Runde Piquet/BR (Ensign-Ford), Motor – 35. Runde Hunt/D (McLaren-Ford), disqualifiziert wegen unerlaubten Abkürzens der Strecke auf dem Weg zu einem Boxenstop – 37. Runde Peterson/S (Lotus-Ford), Getriebe – 42. Runde Ertl/A (Ensign-Ford), Motor (** trotz Ausfalls gewertet)

## GP Deutschland, Hockenheim, 29. Juli 1979

45 Runden à 6,789 km = 305,505 km
Startaufstellung:
1. Reihe: Jones (1.48,75), Jabouille T (1.48,48); 2. Reihe: Piquet (1.49,50), Laffite (1.49,43); 3. Reihe: Regazzoni (1.50,12), Scheckter (1.50,00); 4. Reihe: Pironi (1.50,40), Lauda (1.50,37); 5. Reihe: Arnoux T (1.50,48), Villeneuve (1.50,41); 6. Reihe: Watson (1.50,86), Andretti (1.50,68); 7. Reihe: Ickx (1.51,07), Reutemann (1.50,94); 8. Reihe: Lees (1.51,50), Tambay (1.51,47); 9. Reihe: Mass (1.52,74), Rosberg (1.52,01); 10. Reihe: Lammers (1.53,59), Patrese (1.52,93); 11. Reihe: Fittipaldi (1.54,01), de Angelis (1.53,73); 12. Reihe: Rebaque (1.55,86), Stuck (1.54,47)
Nicht qualifiziert: Gaillard/F (Ensign-Ford) 1.55,95 – Merzario/I (Merzario-Ford) 2.01,84
T = mit Turbolader
Ergebnis:

| | |
|---|---|
| 1. Jones/AUS (Williams-Ford) | 1h24.48,83 = 216,092 km/h |
| 2. Regazzoni/CH (Williams-Ford) | 1h24.51,74 |
| 3. Laffite/F (Ligier-Ford) | 1h25.07,22 |
| 4. Scheckter/ZA (Ferrari) | 1h25.20,03 |
| 5. Watson/GB (McLaren-Ford) | 1h26.26,63 |
| 6. Mass/D (Arrows-Ford) | 44 Runden |
| 7. Lees/GB (Tyrrell-Ford) | 44 Runden |
| 8. Villeneuve/CDN (Ferrari) | 44 Runden |
| 9. Pironi/F (Tyrrell-Ford) | 44 Runden |
| 10. Lammers/NL (Shadow-Ford) | 44 Runden |
| 11. de Angelis/I (Shadow-Ford) | 43 Runden |
| 12. Piquet/BR (Ensign-Ford) | 42 Runden ** |
| Schnellste Runde: Villeneuve/CDN (Ferrari) | 1.51,89 = 218,400 km/h |

Ausfälle: 1. Runde Stuck/D (ATS-Ford), Vorderradaufhängung – 2. Runde Reutemann/RA (Lotus-Ford), Unfall – 5. Runde Fittipaldi/BR (Fittipaldi-Ford), Zündung – 8. Runde Jabouille/F (Renault), Unfall – 10. Runde Arnoux/F (Renault), Reifenschaden – 17. Runde Andretti/USA (Lotus-Ford), Gleichlaufgelenk – 23. Runde Rebaque/MEX (Lotus-Ford), Handling – 25. Runde Ickx/B (Ligier-Ford), Reifenschaden – 28. Runde Lauda/A (Brabham-Alfa Romeo), Motor – 30. Runde Rosberg/SF (Wolf-Ford), Motor – 31. Runde Tambay/F (McLaren-Ford), Hinterradaufhängung – 35. Runde Patrese/I (Arrows-Ford), Reifenschaden – 43. Runde Piquet/BR (Brabham-Alfa Romeo), Motor (** trotz Ausfalls gewertet)

## GP Deutschland, Hockenheim, 10. August 1980

45 Runden à 6,789 km = 305,505 km
Startaufstellung:
Jones (1.45,85), Jabouille T (1.45,89), Arnoux T (1.46,00), Reutemann (1.46,14), Laffite (1.46,78), Piquet (1.46,90), Pironi (1.47,20), Rosberg (1.47,64), Andretti (1.48,45), Patrese (1.48,58), de Angelis (1.48,59), Fittipaldi (1.48,70), Surer (1.48,72), Prost (1.48,75), Rebaque (1.48,751.48,78), Villeneuve (1.48,86), Mass (1.48,93), Cheever (1.49,06), Giacomelli (1.49,11), Watson (1.49,26), Scheckter (1.49,32), Daly (1.49,51), Jarier (1.49,52), Lammers (1.50,30)
Nicht qualifiziert: Keegan/GB (Williams-Ford) 1.50,75 – Ertl/A (ATS-Ford) 1.53,13
T = mit Turbolader
Ergebnis:

| | |
|---|---|
| 1. Laffite/F (Ligier-Ford) | 1h22.59,73 = 220,826 km/h |
| 2. Reutemann/RA (Williams-Ford) | 1h23.02,32 |
| 3. Jones/AUS (Williams-Ford) | 1h23.43,26 |
| 4. Piquet/BR (Brabham-Ford) | 1h23.44,21 |
| 5. Giacomelli/I (Alfa Romeo) | 1h24.16,22 |
| 6. Villeneuve/CDN (Ferrari) | 1h24.28,45 |
| 7. Andretti/USA (Lotus-Ford) | 1h24.32,74 |
| 8. Mass/D (Arrows-Ford) | 1h24.47,48 |
| 9. Patrese/I (Arrows-Ford) | 44 Runden |
| 10. Daly/IRL (Tyrrell-Ford) | 44 Runden |
| 11. Prost/F (McLaren-Ford) | 44 Runden |
| 12. Surer/CH (ATS-Ford) | 44 Runden |
| 13. Scheckter/ZA (Ferrari) | 44 Runden |
| 14. Lammers/NL (Ensign-Ford) | 44 Runden |
| 15. Jarier/F (Tyrrell-Ford) | 44 Runden |
| 16. de Angelis/I (Lotus-Ford) | 43 Runden ** |
| Schnellste Runde: Jones/AUS (Williams-Ford) | 1.48,49 = 225,245 km/h |

Ausfälle: 5. Runde Rebaque/MEX (Brabham-Ford), Getriebe – 9. Runde Rosberg/SF (Fittipaldi-Ford), Radlager – 19. Runde Fittipaldi/BR (Fittipaldi-Ford), Bremsen und defekte Schürze – 19. Runde Pironi/F (Ligier-Ford), Gelenkwelle – 24. Runde Cheever/USA (Osella-Ford), Getriebe – 27. Runde Arnoux/F (Renault), Motor – 28. Runde Jabouille/F (Renault), Motor – 40. Runde Watson/GB (McLaren-Ford), Motor – 44. Runde de Angelis/I (Lotus-Ford), Radlager

## GP Deutschland, Hockenheim, 2. August 1981

45 Runden à 6,789 km = 305,505 km
Startaufstellung:
Prost T (1.47,50), Arnoux T (1.47,96), Reutemann (1.48,43), Jones (1.48,49), Pironi T (1.49,00), Piquet (1.49,03), Laffite (1.49,28), Villeneuve T (1.49,44), Watson (1.49,52), de Cesaris (1.49,58), Tambay (1.50,00), Andretti (1.50,64), Patrese (1.50,65), de Angelis (1.50,74), Mansell (1.50,86), Rebaque (1.51,17), Jarier (1.52,19), Cheever (1.52,19), Giacomelli (1.52,21), Borgudd (1.52,54), Daly (1.52,65), Surer (1.52,85)
Salazar (1.53,16), Stohr (1.53,19)
Nicht qualifiziert: Rosberg/SF (Fittipaldi-Ford) 1.53,28 – Henton/GB (Toleman-Hart) T 1.53,31 – Gabbiani/I (Osella-Ford) 1.53,39 – Warwick/GB (Toleman-

Hart) T 1.53,58 – Alboreto/I (Tyrrell-Ford) 1.53,69 – Serra/BR (Fittipaldi-Ford) 1.54,89
T = mit Turbolader
Ergebnis:

| | | |
|---|---|---|
| 1. | Piquet/BR (Brabham-Ford) | 1h25.55,60 = 213,294 km/h |
| 2. | Prost/F (Renault) | 1h26.07,12 |
| 3. | Laffite/F (Talbot-Ligier) | 1h27.00,20 |
| 4. | Rebaque/MEX (Brabham-Ford) | 1h27.35,29 |
| 5. | Cheever/USA (Tyrrell-Ford) | 1h27.46,12 |
| 6. | Watson/GB (McLaren-Ford) | 44 Runden |
| 7. | de Angelis/I (Lotus-Ford) | 44 Runden |
| 8. | Jarier/F (Osella-Ford) | 44 Runden |
| 9. | Andretti/USA (Alfa Romeo) | 44 Runden |
| 10. | Villeneuve/CDN (Ferrari) | 44 Runden |
| 11. | Jones/AUS (Williams-Ford) | 44 Runden |
| 12. | Stohr/I (Arrows-Ford) | 44 Runden |
| 13. | Arnoux/F (Renault) | 44 Runden |
| 14. | Surer/CH (Theodore-Ford) | 43 Runden ** |
| 15. | Giacomelli/I (Alfa Romeo) | 43 Runden |

Im Ziel, aber wegen zu großem Rückstand nicht gewertet:
Salazar/RCH (Ensign-Ford) 40 Runden
Schnellste Runde: Jones/AUS (Williams-Ford) 1.52,42 = 217,371 km/h
Ausfälle: 2. Runde Pironi/F (Ferrari), Motor – 5. Runde de Cesaris/I (McLaren-Ford), Unfall – 13. Runde Mansell/GB (Lotus-Ford), Benzinleck – 16. Runde Daly/IRL (March-Ford), Spurstange – 28. Runde Tambay/F (Talbot-Ligier), Radlager – 28. Runde Patrese/I (Arrows-Ford), Motor – 28. Runde Reutemann/RA (Williams-Ford), Motor – 36. Runde Borgudd/S (ATS-Ford), Motor – 44. Runde Surer/CH (Theodore-Ford), Aufhängung (** trotz Ausfalls gewertet)

## GP Deutschland, Hockenheim, 8. August 1982

45 Runden à 6,797 km = 305,865 km
Startaufstellung:
Pironi* T (1.47,947), Prost T (1.48,890), Arnoux T (1.49,256), Piquet T (1.49,415), Tambay T (1.49,570), Patrese T (1.49,760), Alboreto (1.52,625), de Cesaris (1.52,786), Rosberg (1.52,892), Watson (1.53,073), Giacomelli (1.53,887), Cheever (1.54,211), de Angelis (1.54,476), Warwick T (1.54,594), Laffite (1.54,982), Winkelhock (1.55,223), Henton (1.55,474), Mansell (1.55,866), Daly (1.55,876), Jarier (1.56,250), Guerrero (1.56,489), Salazar (1.56,537), Baldi (1.56,680), Boesel (1.57,245), Serra (1.57,337), Surer (1.57,402)
* nach Trainingsunfall nicht gestartet, Pole Position blieb auf Veranlassung von Ferrari frei; ebenfalls nach Trainingsunfall nicht gestartet: Lauda/A (McLaren-Ford) 1.52,683 (dafür Surer nachgerückt)
Nicht qualifiziert: Byrne/IRL (Theodore-Ford) 1.59,007 – Keegan/GB (March-Ford) 1.59,951 – T. Fabi/I (Toleman-Hart) T keine Zeit
T = mit Turbolader
Ergebnis:

| | | |
|---|---|---|
| 1. | Tambay/F (Ferrari) | 1h27.25,178 = 209,929 km/h |
| 2. | Arnoux/F (Renault) | 1h27.41,557 |
| 3. | Rosberg/SF (Williams-Ford) | 44 Runden |
| 4. | Alboreto/I (Tyrrell-Ford) | 44 Runden |
| 5. | Giacomelli/I (Alfa Romeo) | 44 Runden |
| 6. | Surer/CH (Arrows-Ford) | 44 Runden |
| 7. | Henton/GB (Tyrrell-Ford) | 44 Runden |
| 8. | Guerrero/COL (Ensign-Ford) | 44 Runden |
| 9. | Mansell/GB (Lotus-Ford) | 43 Runden |
| 10. | Warwick/GB (Toleman-Hart) | 43 Runden |
| 11. | Serra/BR (Fittipaldi-Ford) | 43 Runden |

Schnellste Runde: Piquet/BR (Brabham-BMW) 1.54,035 = 214,576 km/h
Ausfälle: 4. Runde Winkelhock/D (ATS-Ford), Kupplung – 4. Runde Jarier/F (Osella-Ford), Dreher – 7. Runde Baldi/I (Arrows-Ford), Motor – 9. Runde Cheever/USA (Talbot-Ligier), Schürze – 10. Runde de Cesaris/I (Alfa Romeo), Unfall – 14. Runde Patrese/I (Brabham-BMW), Motor – 15. Runde Prost/F (Renault), Einspritzung – 19. Runde Salazar/RCH (ATS-Ford), Kollision mit Piquet – 19. Runde Piquet/BR (Brabham-BMW), Kollision mit Salazar – 22. Runde de Angelis/I (Lotus-Ford), Handling – 23. Runde Boesel/BR (March-Ford), Unfall – 26. Runde Daly/IRL (Williams-Ford), Motor – 37. Runde Laffite/F (Talbot-Ligier), Schürze – 37. Runde Watson/GB (McLaren-Ford), Unfall

## GP Deutschland, Hockenheim, 7. August 1983

45 Runden à 6,797 km = 305,865 km
Startaufstellung:
Tambay T (1.49,328), Arnoux T (1.49,435), de Cesaris T (1.50,845) Piquet T (1.51,082), Prost T (1.51,228), Cheever T (1.51,540), Baldi T (1.51,867), Patrese T (1.52,105), Warwick T (1.54,199), Giacomelli T (1.54,648), de Angelis T (1.54,831), Rosberg (1.55,289), Johansson T (1.55,870), Boutsen (1.56,015), Laffite (1.56,318), Alboreto (1.56,398), Mansell T (1.56,490), Lauda (1.56,730), Jarier (1.57,018), Surer (1.57,072), Sullivan (1.57,426), Cecotto (1.57,744), Watson (1.57,776), Guerrero (1.57,744), Boesel (1.58,413), Ghinzani (1.58,473)
Nicht qualifiziert: Acheson/GB (March-Ford) 1.59,003 – C. Fabi/I (Osella-Alfa Romeo) 2.01,113 – Winkelhock/D (ATS-BMW) T keine Zeit
T = mit Turbolader
Ergebnis:

| | | |
|---|---|---|
| 1. | Arnoux/F (Ferrari) | 1h27.10,319 = 210,524 km/h |
| 2. | de Cesaris/I (Alfa Romeo) | 1h28.20,971 |
| 3. | Patrese/I (Brabham-BMW) | 1h28.54,412 |
| 4. | Prost/F (Renault) | 1.29.11,069 |
| *** | Lauda/A (McLaren-Ford) | 44 Runden |
| 5. | Watson/GB (McLaren-Ford) | 44 Runden |
| 6. | Laffite/F (Williams-Ford) | 44 Runden |
| 7. | Surer/CH (Arrows-Ford) | 44 Runden |
| 8. | Jarier/F (Ligier-Ford) | 44 Runden |
| 9. | Boutsen/B (Arrows-Ford) | 44 Runden |
| 10. | Rosberg/SF (Williams-Ford) | 44 Runden |
| 11. | Cecotto/YV (Theodore-Ford) | 44 Runden |
| 12. | Sullivan/USA (Tyrrell-Ford) | 43 Runden |
| 13. | Piquet/BR (Brabham-BMW) | 42 Runden ** |

*** im Ziel Fünfter, wegen Zurücksetzens in der Boxengasse disqualifiziert
Schnellste Runde: Arnoux/F (Ferrari) 1.53,938 = 214,758 km/h

Ausfälle: 1. Runde Guerrero/COL (Theodore-Ford), Motor – 2. Runde Mansell/GB (Lotus-Renault), Motor – 5. Runde Alboreto/I (Tyrrell-Ford), Zündung – 11. Runde de Angelis/I (Lotus-Renault), Motor – 12. Runde Tambay/F (Ferrari), Motor – 12. Runde Johansson/S (Spirit-Honda), Motor – 18. Runde Warwick/GB (Toleman-Hart), Motor – 20. Runde Giacomelli/I (Toleman-Hart), Turbolader – 25. Runde Baldi/I (Alfa Romeo), Motor – 28. Runde Boesel/BR (Ligier-Ford), Motor – 35. Runde Ghinzani/I (Osella-Alfa Romeo), Motor – 39. Runde Cheever/USA (Renault), Gaszug – 43. Runde Piquet/BR (Brabham-BMW), Feuer wegen Defekt in der Benzinzufuhr (** trotz Ausfalls gewertet)

## GP Deutschland, Hockenheim, 5. August 1984

44 Runden à 6,797 km = 299,068 km
Startaufstellung:
Prost T (1.47,012), de Angelis T (1.47,065), Warwick T (1.48,382), Tambay T (1.48,425), Piquet T (1.48,584), Alboreto T (1.48,847), Lauda T (1.48,912), T. Fabi T (1.49,304), Senna T (1.49,395), Arnoux T (1.49,857), de Cesaris T (1.50,117), Laffite T (1.50,511), Winkelhock T (1.50,686), Surer T (1.51,475), Boutsen T (1.51,551), Mansell T (1.51,715), Hesnault T (1.51,872), Cheever T (1.51,950), Rosberg T (1.52,003), Patrese T (1.52,769), Ghinzani T (1.54,546), Alliot T (1.55,505), Gartner T (1.55,594), Rothengatter T (1.56,112), Palmer T (1.56,797), Johansson (1.59,461)
T = mit Turbolader
Nicht qualifiziert: Thackwell/NZL (Tyrrell-Ford) 1.59,516
Ergebnis:

| | | |
|---|---|---|
| 1. | Prost/F (McLaren-TAG-Porsche) | 1h24.43,210 = 211,803 km/h |
| 2. | Lauda/A (McLaren-TAG-Porsche) | 1h24.46,359 |
| 3. | Warwick/GB (Renault) | 1h25.19,633 |
| 4. | Mansell/GB (Lotus-Renault) | 1h25.34,873 |
| 5. | Tambay/F (Renault) | 1h25.55,159 |
| 6. | Arnoux/F (Ferrari) | 43 Runden |
| 7. | de Cesaris/I (Ligier-Renault) | 43 Runden |
| 8. | Hesnault/F (Ligier-Renault) | 43 Runden |
| | Johansson/S (Tyrrell-Ford) | 43 Runden * |
| 9. | Rothengatter/NL (Spirit-Hart) | 42 Runden |

* gemäß FISA-Entscheid wurden dem Tyrrell-Team aufgrund eines Regelverstoßes beim Detroit Grand Prix nachträglich alle im Verlauf der Saison erzielten Plazierungen gestrichen.
Schnellste Runde: Prost/F (McLaren-TAG-Porsche) 1.53,538 = 215,515 km/h
Ausfälle: 1. Runde Surer/CH (Arrows-BMW), Benzinzufuhr – 4. Runde Senna/BR (Toleman-Hart), Unfall – 7. Runde Alliot/F (RAM-Hart), Motor – 8. Runde de Angelis/I (Lotus-Renault), Motor – 8. Runde Boutsen/B (Arrows-BMW), Motor – 10. Runde Laffite/F (Williams-Honda), Motor – 10. Runde Rosberg/SF (Williams-Honda), Zündung – 11. Runde Palmer/GB (RAM-Hart), Turbolader – 13. Runde Alboreto/I (Ferrari), Zündung – 13. Runde Gartner/A (Osella-Alfa Romeo), Turbolader – 14. Runde Ghinzani/I (Osella-Alfa Romeo), Zündung – 16. Runde Patrese/I (Alfa Romeo), Getriebe – 23. Runde Piquet/BR (Brabham-BMW), Getriebe – 28. Runde T. Fabi/I (Brabham-BMW), Ladedruck – 29. Runde Cheever/USA (Alfa Romeo), Turbolader – 31. Runde Winkelhock/D (ATS-BMW), Ladedruck

## GP Europa, Nürburgring, 7. Oktober 1984

67 Runden à 4,542 km = 304,314 km
Startaufstellung:
Piquet T (1.18,871), Prost T (1.19,175), Tambay T (1.19,499), Rosberg T (1.20,652), Alboreto T (1.20,910), Arnoux T (1.21,180), Warwick T (1.21,571), Mansell T (1.21,710), Patrese T (1.21,937), T. Fabi T (1.22,206), Boutsen T (1.22,248), Senna T (1.22,439), Cheever T (1.22,525), Laffite T (1.22,613), Lauda T (1.22,643), Surer T (1.22,708), de Cesaris T (1.23,034), Berger T (1.23,116), Hesnault T (1.23,322), Ghinzani T (1.24,699), Palmer T (1.25,050), Gartner T (1.26,156), de Angelis T (1.26,161), Baldi T (1.28,137), Alliot T (1.30,259), Johansson T (1.41,178)
T = mit Turbolader
Ergebnis:

| | | |
|---|---|---|
| 1. | Prost/F (McLaren-TAG-Porsche) | 1h35.13,284 = 191,751 km/h |
| 2. | Alboreto/I (Ferrari) | 1h35.37,195 |
| 3. | Piquet/BR (Braham-BMW) | 1h35.38,206 |
| 4. | Lauda/A (McLaren-TAG-Porsche) | 1h35.56,370 |
| 5. | Arnoux/F (Ferrari) | 1h36.14,714 |
| 6. | Patrese/I (Alfa Romeo) | 66 Runden |
| 7. | de Cesaris/I (Ligier-Renault) | 65 Runden |
| 8. | Baldi/I (Spirit-Hart) | 65 Runden |
| 9. | Boutsen/B (Arrows-BMW) | 64 Runden ** |
| 10. | Hesnault/F (Ligier-Renault) | 64 Runden |
| 11. | Warwick/GB (Renault) | 61 Runden ** |
| 12. | Gartner/A (Osella-Alfa Romeo) | 60 Runden ** |

Schnellste Runde: Piquet/BR (Brabham-BMW) 1.23,146 = 196,656 km/h
Ausfälle: 1. Runde Senna/BR (Toleman-Hart), Rosberg/SF (Williams-Honda), Berger/A (ATS-BMW), Surer/CH (Arrows-BMW), Ghinzani/I (Osella-Alfa Romeo), Massenkollision nach dem Start – 17. Runde Johansson/S (Toleman-Hart), Wasserpumpe – 25. Runde de Angelis/I (Lotus-Renault), Turbolader – 27. Runde Laffite/F (Williams-Honda), Turbolader – 35. Runde Palmer/GB (RAM-Hart), Motor – 37. Runde Alliot/F (RAM-Hart), Turbolader – 37. Runde Cheever/USA (Alfa Romeo), Benzinpumpe – 47. Runde Tambay/F (Renault), Zündung – 51. Runde Mansell/GB (Lotus-Renault), Motor – 57. Runde T. Fabi/I (Brabham-BMW), Getriebe – 61. Runde Gartner/A (Osella-Alfa Romeo), Benzinmangel (** trotz Ausfalls gewertet) – 62. Runde Warwick/GB (Renault), Turbolader (** trotz Ausfalls gewertet) – 65. Runde Boutsen/B (Arrows-BMW), Benzinmangel (** trotz Ausfalls gewertet)

## GP Deutschland, Nürburgring, 4. August 1985

67 Runden à 4,542 km = 304,314 km
Startaufstellung:
T. Fabi T (1.17,429), Johansson T (1.18,616), Prost T (1.18,725), Rosberg T (1.18,781), Senna T (1.18,792), Piquet T (1.18,802), de Angelis T (1.19,120), Alboreto T (1.19,194), Patrese T (1.19,338), Mansell T (1.19,475), Surer T ( 1.19,558), Lauda T (1.19,652), Laffite T (1.19,656), de Cesaris T (1.19,738), Boutsen T (1.19,781), Tambay T (1.19,917), Berger T (1.20,666), Cheever T (1.21,074), Bellof T (1.21,219), Warwick T (1.21,237), Alliot T (1.22,017), Winkelhock T (1.22,607), Hesnault T (1.23,161), Palmer T (1.24,217), Rothengatter T (1.26,478), Brundle

(1.27,621), Martini T (1.40,506)
T = mit Turbolader
Ergebnis:

| | | |
|---|---|---|
| 1. | Alboreto/I (Ferrari) | 1h35.31,337 = 191,147 km/h |
| 2. | Prost/F (McLaren-TAG-Porsche) | 1h35.42,998 |
| 3. | Laffite/F (Ligier-Renault) | 1h36.22,491 |
| 4. | Boutsen/B (Arrows-BMW) | 1h36.26,616 |
| 5. | Lauda/A (McLaren-TAG-Porsche) | 1h36.45,309 |
| 6. | Mansell/GB (Williams-Honda) | 1h36.48,157 |
| 7. | Berger/A (Arrows-BMW) | 66 Runden |
| 8. | Bellof/D (Tyrrell-Renault) | 66 Runden |
| 9. | Johansson/S (Ferrari) | 66 Runden |
| 10. | Brundle/GB (Tyrrell-Ford) | 63 Runden |
| 11. | Martini/I (Minardi) | 62 Runden |
| 12. | Rosberg/SF (Williams-Honda) | 61 Runden ** |

Schnellste Runde: Lauda/A (McLaren-TAG-Porsche) 1.22,806 = 197,464 km/h
Ausfälle: 1. Runde de Cesaris/I (Ligier-Renault), Kollision – 7. Runde Palmer/GB (Zakspeed), Benzinpumpe – 8. Runde Alliot/F (RAM-Hart), Turbolader – 8. Runde Hesnault/F (Renault), Kupplung – 8. Runde Patrese/I (Alfa Romeo), Getriebe – 8. Runde Winkelhock/D (RAM-Hart), Motor – 15. Runde Surer/CH (Brabham-BMW), Motor – 19. Runde Tambay/F (Renault), Unfall – 23. Runde Piquet/BR (Brabham-BMW), Turbolader – 25. Runde Warwick/GB (Renault), Zündung – 26. Runde Senna/BR (Lotus-Renault), Gelenkwelle – 29. Runde T. Fabi/I (Toleman-Hart), Kupplung – 32. Runde Rothengatter/NL (Osella-Alfa Romeo), Getriebe – 40. Runde de Angelis/I (Lotus-Renault), Motor – 45. Runde Cheever/USA (Alfa Romeo), Turbolader – 62. Runde Rosberg/SF (Williams-Honda), Bremsen (** trotz Ausfalls gewertet)

## GP Deutschland, Hockenheim, 27. Juli 1986

44 Runden à 6,797 km = 299,068 km
Startaufstellung:
Rosberg T (1.42,013), Prost T (1.42,166), Senna T (1.42,329), Berger T (1.42,541), Piquet T (1.42,545), Mansell T (1.42,696), Patrese T (1.43,348), Arnoux T (1.43,693), T. Fabi T (1.44,001), Alboreto T (1.44,308), Johansson T (1.44,346), Dumfries T (1.44,768), Tambay T (1.44,979), Alliot T (1.45,047), Brundle T (1.45,432), Palmer T (1.45,887), Danner T (1.46,355), Streiff T (1.47,371), Jones T (1.47,518), Warwick T (1.48,206), Boutsen T (1.49,240), Nannini T (1.49,369), de Cesaris T (1.50,066), Rothengatter T (1.50,918), Ghinzani T (1.56,468), Berg T (1.56,959)
T = mit Turbolader
Ergebnis:

| | | |
|---|---|---|
| 1. | Piquet/BR (Williams-Honda) | 1h22.08,263 = 218,463 km/h |
| 2. | Senna/BR (Lotus-Renault) | 1h22.23,700 |
| 3. | Mansell/GB (Williams-Honda) | 1h22.52,843 |
| 4. | Arnoux/F (Ligier-Renault) | 1h23.23,439 |
| 5. | Rosberg/SF (McLaren-TAG-Porsche) | 43 Runden ** |
| 6. | Prost/F (McLaren-TAG-Porsche) | 43 Runden ** |
| 7. | Warwick/GB (Brabham-BMW) | 43 Runden |
| 8. | Tambay/F (Lola-Ford) | 43 Runden |
| 9. | Jones/AUS (Lola-Ford) | 42 Runden |
| 10. | Berger/A (Benetton-BMW) | 42 Runden |
| 11. | Johansson/S (Ferrari) | 41 Runden |
| 12. | Berg/CDN (Osella-Alfa Romeo) | 40 Runden |

Im Ziel, aber wegen zu geringer Distanz nicht gewertet:
Rothengatter/NL (Zakspeed) 38 Runden
Schnellste Runde: Berger/A (Benetton-BMW) 1.46,604 = 229,534 km/h
Ausfälle: 1. Runde T. Fabi/I (Benetton-BMW), Unfall – 7. Runde Alboreto/I (Ferrari), Halbwellenbruch – 8. Runde Streiff/F (Tyrrell-Renault), Motor – 11. Runde Ghinzani/I (Osella-Alfa Romeo), Motor – 12. Runde Alliot/F (Ligier-Renault), Zündung – 14. Runde Boutsen/B (Arrows-BMW), Turbo – 18. Runde Dumfries/GB (Lotus-Renault), Kühler defekt – 20. Runde Nannini/I (Minardi), Motor – 21. Runde de Cesaris/I (Minardi), Getriebe – 23. Runde Patrese/I (Brabham-BMW), Turbo – 35. Runde Brundle/GB (Tyrrell-Renault), Motor – 38. Runde Palmer/GB (Zakspeed), Motor – 39. Runde Danner/D (Arrows-BMW), Turbo – 44. Runde Prost/F (McLaren-TAG-Porsche), Benzinmangel – 44. Runde Rosberg/SF (McLaren-TAG-Porsche), Benzinmangel

## GP Deutschland, Hockenheim, 26. Juli 1987

44 Runden à 6,797 km = 299,068 km
Startaufstellung:
Mansell T (1.42,616), Senna T (1.42,873), Prost T (1.43,202), Piquet T (1.43,705), Alboreto T (1.43,921), Boutsen T (1.45,066), de Cesaris T (1.45,411), Johansson T (1.45,428), T. Fabi T (1.45,497), Berger T (1.45,902), Patrese T (1.46,096), Arnoux T (1.46,323), Warwick T (1.46,525), Nakajima T (1.46,760), Cheever T (1.47,780), Nannini T (1.47,887), Ghinzani T (1.49,236), Campos T (1.49,668), Brundle T (1.51,062), Danner T (1.51,448), Alliot (1.52,760), Streiff (1.53,528), Palmer (1.54,491), Capelli (1.54,616), Fabre (1.54,997), Caffi T (2.07,753)
T = mit Turbolader
Ergebnis:

| | | |
|---|---|---|
| 1. | Piquet/BR (Williams-Honda) | 1h21.25,091 = 220,394 km/h |
| 2. | Johansson/S (McLaren-TAG-Porsche) | 1h23.04,682 |
| 3. | Senna/BR (Lotus-Honda) | 43 Runden |
| 4. | Streiff/F (Tyrrell-Ford) | 43 Runden |
| 5. | Palmer/GB (Tyrrell-Ford) | 43 Runden |
| 6. | Alliot/F (Lola-Ford) | 42 Runden |
| 7. | Prost/F (McLaren-TAG-Porsche) | 39 Runden ** |

Im Ziel, aber wegen zu geringer Distanz nicht gewertet:
Brundle/GB (Zakspeed) 34 Runden
Schnellste Runde: Mansell/GB (Williams-Honda) 1.45,716 = 231,462 km/h
Ausfälle: 6. Runde Patrese/I (Brabham-BMW), Elektrik – 7. Runde Arnoux/F (Ligier-Megatron), Zündung – 8. Runde Capelli/I (March-Ford), Verteiler – 10. Runde Nakajima/JPN (Lotus-Honda), Hinterradaufhängung – 10. Runde Cheever/USA (Arrows-Megatron), Gaszug – 11. Runde Fabre/F (AGS-Ford), Motor – 11. Runde Alboreto/I (Ferrari), Turbolader – 13. Runde de Cesaris/I (Brabham-BMW), Motor – 18. Runde Caffi/I (Osella-Alfa Romeo), Motor – 19. Runde T. Fabi/I (Benetton-Ford), Motor – 20. Runde Berger/A (Ferrari), Turbolader – 22. Runde Danner/D (Zakspeed), Antriebswelle – 24. Runde Warwick/GB (Arrows-Megatron), Turbolader – 26. Runde Nannini/I (Minardi), Motor – 26. Runde Mansell/GB (Williams-Honda), Motor – 27. Runde Boutsen/B (Benetton-Ford), Motor – 29. Runde Campos/E (Minardi), Motor – 33. Runde Ghinzani/I (Ligier-Megatron), Motor – 40. Runde Prost/F (McLaren-TAG-Porsche), Lichtmaschine (** trotz Ausfalls gewertet)

## GP Deutschland, Hockenheim, 24. Juli 1988

44 Runden à 6,797 km = 299,068 km
Startaufstellung:
Senna T (1.44,596), Prost T (1.44,873), Berger T (1.46,115), Alboreto T (1.47,154), Piquet T (1.47,681), Nannini (1.48,208), Capelli (1.48,703), Nakajima T (1.48,781), Boutsen (1.48,837), Gugelmin (1.49,511), Mansell (1.49,880), Warwick T (1.50,459), Patrese (1.50,719), de Cesaris (1.51,004), Cheever T (1.51,171), Streiff (1.51,642), Arnoux (1.52,080), Larini T (1.52,168), Caffi (1.52,277), Alliot (1.52,293), Dalmas (1.52,436), Schneider T (1.52,664), Ghinzani T (1.52,674), Palmer (1.52,908), Modena (1.52,998), Larrauri (1.53,043)
T = mit Turbolader
Nicht qualifiziert: Perez-Sala/E (Minardi-Ford) 1.53,356 – Johansson/S (Ligier-Judd) 1.53,507 – Bailey/GB (Tyrrell-Ford) 1.53,576 – Martini/I (Minardi-Ford) 1.53,596
Ergbnis:

| | |
|---|---|
| 1. Senna/BR (McLaren-Honda) | 1h32.54,188 = 193,148 km/h |
| 2. Prost/F (McLaren-Honda) | 1h33.07,797 |
| 3. Berger/A (Ferrari) | 1h33.46,283 |
| 4. Alboreto/I (Ferrari) | 1h34.35,100 |
| 5. Capelli/I (March-Judd) | 1h34.43,794 |
| 6. Boutsen/B (Benetton-Ford) | 43 Runden |
| 7. Warwick/GB (Arrows-Megatron) | 43 Runden |
| 8. Gugelmin/BR (March-Judd) | 43 Runden |
| 9. Nakajima/JPN (Lotus-Honda) | 43 Runden |
| 10. Cheever/USA (Arrows-Megatron) | 43 Runden |
| 11. Palmer/GB (Tyrrell-Ford) | 43 Runden |
| 12. Schneider/D (Zakspeed) | 43 Runden |
| 13. de Cesaris/I (Rial-Ford) | 42 Runden |
| 14. Ghinzani/I (Zakspeed) | 42 Runden |
| 15. Caffi/I (Dallara-Ford) | 42 Runden |
| 16. Larrauri/RA (EuroBrun-Ford) | 42 Runden |
| 17. Arnoux/F (Ligier-Judd) | 41 Runden |
| 18. Nannini/I (Benetton-Ford) | 40 Runden |
| Im Ziel, aber wegen zu geringer Distanz nicht gewertet: | |
| Dalmas/F (Lola-Ford) | 39 Runden |

Schnellste Runde: Nannini/I (Benetton-Ford) 2.03,032 = 198,885 km/h
Ausfälle: 2. Runde Piquet/BR (Lotus-Honda), Unfall und Kupplung – 9. Runde Alliot/F (Lola-Ford), Unfall – 16. Runde Modena/I (EuroBrun-Ford), Motor – 17. Runde Mansell/GB (Williams-Judd), Getriebe – 28. Runde Larini/I (Osella-Alfa Romeo), Benzinzufuhr – 35. Runde Patrese/I (Williams-Judd), Unfall – 39. Runde Streiff/F (AGS-Ford), Gaszug

## GP Deutschland, Hockenheim, 30. Juli 1989

45 Runden à 6,797 km = 305,865 km
Startaufstellung:
Senna (1.42,300), Prost (1.43,295), Mansell (1.44,020), Berger (1.44,467), Patrese (1.44,511), Boutsen (1.44,702), Nannini (1.45,033), Piquet (1.45,475), Pirro (1.45,845), Alesi (1.46,888), Grouillard (1.46,893), Brundle (1.47,216), Martini (1.47,380), Gugelmin (1.47,387), Alliot (1.47,486), Modena (1.47,511), Warwick (1.47,533), Nakajima (1.47,663), Palmer (1.47,676), Caffi (1.47,679), de Cesaris (1.47,879), Capelli (1.48,078), Arnoux (1.48,266), Johansson (1.48,348), Cheever (1.48,396), Alboreto (1.48,670)
Nicht qualifiziert: Perez-Sala/E (Minardi-Ford) 1.48,686 – Gachot/B (Onyx-Ford) 1.49,004 – Danner/D (Rial-Ford) 1.49,767 – Weidler/D (Rial-Ford) 1.49,770, wegen unerlaubter Hilfe durch Mechaniker disqualifiziert
Vorqualifikation am 28. Juli 1989: 1. Gachot/B (Onyx-Ford) 1.47,283 – 2. Johansson/S (Onyx-Ford) 1.47,700 – 3. Alliot/F 1.47,746 (Lola-Lamborghini) – 4. Alboreto/I (Lola-Lamborghini) 1.47,919 – ausgeschieden: 5. Dalmas/F (AGS-Ford) 1.47,920 – 6. Larini/I (Osella-Ford) 1.48,301 – 7. Tarquini/I (AGS-Ford) 1.48,558 – 8. Ghinzani/I (Osella-Ford) 1.48,564 – 9. Moreno/BR (Coloni-Ford) 1.48,567 – 10. Raphanel/F (Coloni-Ford) 1.48,780 – 11. Foitek/CH (EuroBrun-Judd) 1.49,458 – 12. Suzuki/JPN (Zakspeed-Yamaha) 1.49,527 – 13. Schneider/D (Zakspeed-Yamaha) 1.50,455
Ergebnis:

| | |
|---|---|
| 1. Senna/BR (McLaren-Honda) | 1h21.43,302 = 224,566 km/h |
| 2. Prost/F (McLaren-Honda) | 1h22.01,453 |
| 3. Mansell/GB (Ferrari) | 1h23.06,556 |
| 4. Patrese/I (Williams-Renault) | 44 Runden |
| 5. Piquet/BR (Lotus-Judd) | 44 Runden |
| 6. Warwick/GB (Arrows-Ford) | 44 Runden |
| 7. de Cesaris/I (Dallara-Ford) | 44 Runden |
| 8. Brundle/GB (Brabham-Judd) | 44 Runden |
| 9. Martini/I (Minardi-Ford) | 44 Runden |
| 10. Alesi/F (Tyrrell-Ford) | 43 Runden |
| 11. Arnoux/F (Ligier-Ford) | 42 Runden |
| 12. Cheever/USA (Arrows-Ford) | 40 Runden ** |
| Schnellste Runde: Senna/BR (McLaren-Honda) | 1.45,884 = 231,094 km/h |

Ausfälle: 1. Runde Grouillard/F (Ligier-Ford), Getriebe – 2. Runde Alboreto/I (Lola-Lamborghini), Elektrik – 3. Runde Caffi/I (Dallara-Ford), Elektrik – 5. Runde Boutsen/B (Williams-Renault), Unfall – 7. Runde Nannini/I (Benetton-Ford), Elektrik – 9. Runde Johansson/S (Onyx-Ford), Radlager – 14. Runde Berger/A (Ferrari), Unfall – 17. Runde Palmer/GB (Tyrrell-Ford), Gaszug – 21. Runde Alliot/F (Lola-Lamborghini), Motor – 27. Runde Pirro/I (Benetton-Ford), Unfall – 29. Runde Gugelmin/BR (March-Judd), Getriebe – 33. Runde Capelli/I (March-Judd), Motor – 37. Runde Nakajima/JPN (Lotus-Judd), Unfall – 38. Runde Modena/I (Brabham-Judd), Motor – 41. Runde Cheever/USA (Arrows-Ford), Benzinleitung (** trotz Ausfalls gewertet)

## GP Deutschland, Hockenheim, 29. Juli 1990

45 Runden à 6,802 km = 306,090 km
Startaufstellung:
Senna (1.40,198), Berger (1.40,434), Prost (1.41,732), Mansell (1.42,057), Patrese (1.42,195), Boutsen (1.42,380), Piquet (1.42,872), Alesi (1.43,255), Nannini (1.43,594), Capelli (1.44,349), Suzuki (1.44,363), Bernard (1.44,496), Nakajima (1.44,650), Gugelmin (1.45,193), Martini (1.45,237), Warwick (1.45,244), Modena (1.45,547), Caffi (1.45,604), Alboreto (1.45,755), Donnelly (1.45,790), D. Brabham (1.46,110), Larini (1.46,187), Pirro (1.46,506), Alliot (1.46,596), Lehto (1.46,857), Foitek (1.47,209)

Nicht qualifiziert: Grouillard/F (Osella-Ford) 1.47,429 – Barilla/I (Minardi-Ford) 1.47,747 – Dalmas/F (AGS-Ford) 1.47,789 – de Cesaris/I (Dallara-Ford) 1.40,032
Vorqualifikation am 27. Juli 1990: 1. Alliot/F (Ligier-Ford) 1.45,513 – 2. Larini/I (Ligier-Ford) 1.46,186 – 3. Grouillard/F (Osella-Ford) 1.46,828 – 4. Dalmas/F (AGS-Ford) 1.47,125 – ausgeschieden: 5. Tarquini/I (AGS-Ford) 1.48,127 – 6. Moreno/BR (EuroBrun-Judd) 1.48,983 – 7. Gachot/B (Coloni-Ford) 1.50,460 – 8. Langes/I (EuroBrun-Judd) 1.50,897 – 9. Gicomelli/I (Life) 2.10,786
Ergebnis:

| | |
|---|---|
| 1. Senna/BR (McLaren-Honda) | 1h20.47,164 = 227,334 km/h |
| 2. Nannini/I (Benetton-Ford) | 1h20.53,684 |
| 3. Berger/A (McLaren-Honda) | 1h20.55,717 |
| 4. Prost/F (Ferrari) | 1h21.32,434 |
| 5. Patrese/I (Williams-Renault) | 1h21.35,192 |
| 6. Boutsen/B (Williams-Renault) | 1h22.08,655 |
| 7. Capelli/I (March-Judd) | 44 Runden |
| 8. Warwick/GB (Lotus-Lamborghini) | 44 Runden |
| 9. Caffi/I (Arrows-Ford) | 44 Runden |
| 10. Larini/I (Ligier-Ford) | 43 Runden |
| 11. Alesi/F (Tyrrell-Ford) | 40 Runden ** |

Im Ziel, aber wegen zu geringer Distanz nicht gewertet:

| | |
|---|---|
| Lehto/SF (Monteverdi-Ford) | 39 Runden |

Schnellste Runde: Boutsen/B (Williams-Renault) 1.45,602 = 231,882 km/h
Ausfälle: 1. Runde Modena/I (Brabham-Judd), Kupplung – 1. Runde Pirro/I (Dallara-Ford), Unfall – 2. Runde Donnelly/GB (Lotus-Lamborghini), Kupplung – 11. Runde Alboreto/I (Arrows-Ford), Motor – 13. Runde D. Brabham/AUS (Brabham-Judd), Motor – 13. Runde Gugelmin/BR (March-Judd), Motor – 13. Runde Alliot/F (Ligier-Ford), Disqualifikation wegen Schiebestarts – 16. Runde Mansell/GB (Ferrari), Aufhängung und Unterboden nach Dreher beschädigt – 20. Runde Foitek/CH (Monteverdi-Ford), Dreher – 21. Runde Martini/I (Minardi-Ford), Motor – 24. Runde Piquet/BR (Benetton-Ford), Motor – 25. Runde Nakajima/JPN (Tyrrell-Ford), Elektrik – 34. Runde Suzuki/JPN (Lola-Lamborghini), Kupplung – 36. Runde Bernard/F (Lola-Lamborghini), Elektrik – 41. Runde Alesi/F (Tyrrell-Ford),
(** trotz Ausfalls gewertet)

## GP Deutschland, Hockenheim, 28. Juli 1991

45 Runden à 6,802 km = 306,090 km
Startaufstellung:
Mansell (1.37,087), Senna (1.37,274), Berger (1.37,393), Patrese (1.37,435), Prost (1.39,034), Alesi (1.39,042), de Cesaris (1.40,239), Piquet (1.40,560), Moreno (1.40,957), Martini (1.40,998), Gachot (1.41,308), Capelli (1.41,330), Nakajima (1.41,390), Modena (1.41,566), Brundle (1.41,615), Gugelmin (1.41,735), Boutsen (1.41,823), Pirro (1.42,021), Morbidelli (1.42,058), Lehto (1.42,171), Blundell (1.42,216), Suzuki (1.42,474), Häkkinen (1.42,726), Larini (1.43,035), Bernard (1.43,321), Comas (1.43,364)
Nicht qualifiziert: Alboreto/I (Footwork-Ford) 1.43,409 – Bartels/D (Lotus-Judd) 1.43,624 – Tarquini/I (AGS-Ford) 1.43,787 – van de Poele/B (Lamborghini) 1.44,207
Vorqualifikation am 26. Juli 1991: 1. Brundle/GB (Brabham-Yamaha) 1.42,810 – 2. Tarquini/I (AGS-Ford) 1.43,939 – 3. Alboreto/I (Footwork-Ford) 1.44,034 – 4. Blundell/GB (Brabham-Yamaha) 1.44,257 – ausgeschieden: 5. Grouillard/F (Fondmetal-Ford) 1.44,645 – 6. Caffi/I (Footwork-Ford) 1.45,282 – 7. Barbazza/I (AGS-Ford) 1.46,604 – 8. Chaves/POR (Coloni-Ford) 1.47,546
Ergebnis:

| | |
|---|---|
| 1. Mansell/GB (Williams-Renault) | 1h19.29,661 = 231,028 km/h |
| 2. Patrese/I (Williams-Renault) | 1h19.43,440 |
| 3. Alesi/F (Ferrari) | 1h19.47,279 |
| 4. Berger/A (McLaren-Honda) | 1h20.02,312 |
| 5. de Cesaris/I (Jordan-Ford) | 1h20.47,198 |
| 6. Gachot/B (Jordan-Ford) | 1h21.10,266 |
| 7. Senna/BR (McLaren-Honda) | 44 Runden ** |
| 8. Moreno/BR (Benetton-Ford) | 44 Runden |
| 9. Boutsen/B (Ligier-Lamborghini) | 44 Runden |
| 10. Pirro/I (Dallara-Judd) | 44 Runden |
| 11. Brundle/GB (Brabham-Yamaha) | 43 Runden |
| 12. Blundell/GB (Brabham-Yamaha) | 43 Runden |
| 13. Modena/I (Tyrrell-Honda) | 41 Runden |

Schnellste Runde: Patrese/I (Williams-Renault) 1.43,569 = 236,434 km/h
Ausfälle: 1. Runde Larini/I (Lamborghini), Unfall – 10. Runde Bernard/F (Lola-Ford), Kraftübertragung – 12. Runde Martini/I (Minardi-Ferrari), Unfall – 15. Runde Morbidelli/I (Minardi-Ferrari), Motor – 16. Runde Suzuki/JPN (Lola-Ford), Motor – 20. Runde Häkkinen/SF (Lotus-Judd), Motor – 22. Runde Gugelmin/BR (Leyton House-Ilmor), Getriebe – 23. Runde Comas/F (Ligier-Lamborghini), Motor – 27. Runde Nakajima/JPN (Tyrrell-Honda), Getriebe – 28. Runde Piquet/BR (Benetton-Ford), Motor – 36. Runde Lehto/SF (Dallara-Judd), Motor – 37. Runde Capelli/I (Leyton House-Ilmor), Elektrik – 38. Runde Prost/F (Ferrari), Kupplung – 45. Runde Senna/BR (McLaren-Honda), Benzinmangel (** trotz Ausfalls gewertet)

## GP Deutschland 1992, Hockenheim, 26. Juli 1992

45 Runden à 6,815 km = 306,675 km
Startaufstellung:
Mansell (1.37,960), Patrese (1.38,310), Senna (1.39,106), Berger (1.39,716), Alesi (1.40,959), Schumacher (1.41,132), Comas (1.41,942), Boutsen (1.42,112), Brundle (1.42,136), Wendlinger (1.42,357), Herbert (1.42,645), Capelli (1.42,748), Häkkinen (1.42,749), Grouillard (1.42,797), Suzuki (1.42,838), Katayama (1.43,079), Alboreto (1.43,171), Martini (1.43,556), Tarquini (1.43,777), de Cesaris (1.43,790), Lehto (1.43,931), Belmondo (1.44,130), Gugelmin (1.44,521), Zanardi (1.44,593), Gachot (1.44,596), Morbidelli (1.44,763)
Nicht qualifiziert: Modena/I (Jordan-Yamaha) 1.45,088 – van de Poele/B (Brabham-Judd) 1.45,098 – Chiesa/CH (Fondmetal-Ford) 1.45,459 – Hill/GB (Brabham-Judd) 1.45,871
Vorqualifikation am 24. Juli 1992: 1. Tarquini/I (Fondmetal-Ford) 1.45,518 – 2. Gachot/B (Venturi-Lamborghini) 1.45,766 – 3. Katayama/JPN (Venturi-Lamborghini) 1.46,599 – 4. Chiesa/CH (Fondmetal-Ford) 1.48,502 – ausgeschieden: Moreno/BR (Andrea Moda-Judd) 1.48,878 – McCarthy/GB (Andrea Moda-Judd) an Fahrzeugwaage vorbeigefahren und deshalb disqualifiziert

Ergebnis:

| | |
|---|---|
| 1. Mansell/GB (Williams-Renault) | 1h18.22,032 = 234,798 km/h |
| 2. Senna/BR (McLaren-Honda) | 1h18.26,532 |
| 3. Schumacher/D (Benetton-Ford) | 1h18.56,494 |
| 4. Brundle/GB (Benetton-Ford) | 1h18.58,991 |
| 5. Alesi/F (Ferrari) | 1h19.34,639 |
| 6. Comas/F (Ligier-Renault) | 1h19.58,530 |
| 7. Boutsen/B (Ligier-Renault) | 1h19.59,212 |
| 8. Patrese/I (Williams-Renault) | 44 Runden ** |
| 9. Alboreto/I (Footwork-Mugen) | 44 Runden |
| 10. Lehto/SF (Dallara-Ferrari) | 44 Runden |
| 11. Martini/I (Dallara-Ferrari) | 44 Runden |
| 12. Morbidelli/I (Minardi-Lamborghini) | 44 Runden |
| 13. Belmondo/F (March-Ilmor) | 44 Runden |
| 14. Gachot/B (Venturi-Lamborghini) | 44 Runden |
| 15. Gugelmin/BR (Jordan-Yamaha) | 43 Runden |
| 16. Wendlinger/A (March-Ilmor) | 42 Runden |

Schnellste Runde: Patrese/I (Williams-Renault) 1.41,591 = 241,498 km/h
Ausfälle: 2. Runde Zanardi/I (Minardi-Lamborghini), Getriebe – 2. Runde Suzuki/JPN (Footwork-Mugen), Dreher – 9. Runde Katayama/JPN (Venturi-Lamborghini), Dreher – 9. Runde Grouillard/F (Tyrrell-Ilmor), Motor – 17. Runde Berger/A (McLaren-Honda), Zündung – 22. Runde Häkkinen/SF (Lotus-Ford), Motor – 22. Runde Capelli/I (Ferrari), Motor – 24. Runde Herbert/GB (Lotus-Ford), Benzindruck – 26. Runde de Cesaris/I (Tyrrell-Ilmor), Motor – 34. Runde Tarquini/I (Fondmetal-Ford), Motor – 45. Runde Patrese/I (Williams-Renault), Dreher (** trotz Ausfalls gewertet)

## GP Deutschland, Hockenheim, 25. Juli 1993

45 Runden à 6,815 km = 306,675 km
Startaufstellung:
Prost (1.38,748), Hill (1.38,905), Schumacher (1.39,580), Senna (1.39,616), Blundell (1.40,135), Brundle (1.40,855), Patrese (1.41,101), Suzuki (1.41,138), Berger (1.41,242), Alesi (1.41,304), Warwick (1.41,449), Andretti (1.41,531), Herbert (1.41,564), Wendlinger (1.41,642), Zanardi (1.41,858), Comas (1.41,945), Barrichello (1.42,025), Lehto (1.42,032), de Cesaris (1.42,203), Fittipaldi (1.42,658), Katayama (1.42,682), Martini (1.42,786), Alliot (1.42,910), Boutsen (1.43,007), Badoer (1.43,345), Alboreto (1.44,166)
Ergebnis:

| | |
|---|---|
| 1. Prost/F (Williams-Renault) | 1h18.40,885 = 233,861 km/h |
| 2. Schumacher/D (Benetton-Ford) | 1h18.57,549 |
| 3. Blundell/GB (Ligier-Renault) | 1h19.40,234 |
| 4. Senna/BR (McLaren-Ford) | 1h19.49,114 |
| 5. Patrese/I (Benetton-Ford) | 1h20.12,401 |
| 6. Berger/A (Ferrari) | 1h20.15,639 |
| 7. Alesi/F (Ferrari) | 1h20.16,726 |
| 8. Brundle/GB (Ligier-Renault) | 44 Runden |
| 9. Wendlinger/A (Sauber-Ilmor) | 44 Runden |
| 10. Herbert/GB (Lotus-Ford) | 44 Runden |
| 11. Fittipaldi/BR (Minardi-Ford) | 44 Runden |
| 12. Alliot/F (Larrousse-Lamborghini) | 44 Runden |
| 13. Boutsen/B (Jordan-Hart) | 44 Runden |
| 14. Martini/I (Minardi-Ford) | 44 Runden |
| 15. Hill/GB (Williams-Renault) | 43 Runden |
| 16. Alboreto/I (Lola-Ferrari) | 43 Runden |
| 17. Warwick/GB (Footwork-Mugen) | 42 Runden |

Schnellste Runde: Schumacher/D (Benetton-Ford) 1.41,859 = 240,862 km/h
Ausfälle: 1. Runde Comas/F (Larrousse-Lamborghini), Getriebe – 2. Runde de Cesars/I (Tyrrell-Yamaha), Getriebe – 5. Runde Badoer/I (Lola-Ferrari), Aufhängung hinten – 5. Runde Andretti/USA (McLaren-Ford), Lenkung – 10. Runde Suzuki/JPN (Footwork-Mugen), Getriebe – 20. Runde Zanardi/I (Lotus-Ford), Dreher – 23. Runde Lehto/SF (Sauber-Ilmor), Unfall – 29. Runde Katayama/JPN (Tyrrell-Yamaha), Dreher – 35. Runde Barrichello/BR (Jordan-Hart), Radlager

## GP Deutschland, Hockenheim, 31.Juli 1994

45 Runden à 6,823 km = 307,035 km
Startaufstellung:
Berger (1.43,582), Alesi (1.44,012), Hill (1.44,026), Schumacher (1.44,268), Katayama (1.44,718), Coulthard (1.45,146), Blundell (1.45,474), Häkkinen (1.45,487), Frentzen (1.45,893), Irvine (1.45,911), Barrichello (1.45,939), Panis (1.46,165), Brundle (1.46,218), Bernard (1.46,290), Herbert (1.46,630), Morbidelli (1.46,817), Fittipaldi (1.47,102), de Cesaris (1.47,235), Verstappen (1.47,316), Martini (1.47,402), Zanardi (1.47,425), Comas (1.48,229), Alboreto (1.48,295), Beretta (1.48,681), D. Brabham (1.48,870), Gounon (1.49,204)
Nicht qualifiziert: Belmondo/F (Pacific-Ilmor) 1.51,122 – Gachot/B (Pacific-Ilmor) 1.51,292
Ergebnis:

| | |
|---|---|
| 1. Berger/A (Ferrari) | 1h22.37,272 = 222,970 km/h |
| 2. Panis/F (Ligier-Renault) | 1h23.32,051 |
| 3. Bernard/F (Ligier-Renault) | 1h23.42,314 |
| 4. Fittipaldi/BR (Footwork-Ford) | 1h23.58,881 |
| 5. Morbidelli/I (Footwork-Ford) | 1h24.07,816 |
| 6. Comas/F (Larrousse-Ford) | 1h24.22,717 |
| 7. Beretta/MC (Larrousse Ford) | 44 Runden |
| 8. Hill/GB (Williams-Renault) | 44 Runden |

Schnellste Runde: Coulthard/GB (Williams-Renault) 1.46,211 = 231,264 km/h
Ausfälle: 1. Runde Frentzen/D (Sauber-Mercedes), Unfall – 1. Runde de Cesaris/I (Sauber-Mercedes), Unfall – 1. Runde Alboreto/I (Minardi-Ford), Unfall 1. Runde Martini/I (Minardi-Ford), Unfall – 1. Runde Irvine/IRL (Jordan-Hart), Unfall – 1. Runde Barrichello/BR (Jordan-Hart), Unfall – 1. Runde Herbert/GB (Lotus-Mugen), Unfall – 1. Runde Zanardi/I (Lotus-Mugen), Unfall – 1. Runde Häkkinen/SF (McLaren-Peugeot), Unfall – 1. Runde Blundell/GB (Tyrrell-Yamaha), Unfall – 1. Runde Alesi/F (Ferrari), Elektrik – 7. Runde Katayama/JPN (Tyrrell-Yamaha), Gaszug – 16. Runde Verstappen/NL (Benetton-Ford), Fahrzeugbrand bei Tankstop – 18. Runde Coulthard/GB (Williams-Renault), Elektrik – 20. Runde Brundle/GB (McLaren-Peugeot), Motor – 21. Runde Schumacher/D (Benetton-Ford), Motor – 38. Runde D. Brabham/AUS (Simtek-Ford), Getriebe – 40. Runde Gounon/F (Simtek-Ford), Motor

## GP Deutschland, Hockenheim, 30. Juli 1995

45 Runden à 6,823 km = 307,035 km
Startaufstellung:
Hill (1.44,385), Schumacher (1.44,465), Coulthard (1.44,540), Berger (1.45,553), Barrichello (1.45,765), Irvine (1.45,846), Häkkinen (1.45,849), Blundell (1.46,221), Herbert (1.46,315), Alesi (1.46,356), Frentzen (1.46,801), Panis (1.47,372), Salo (1.47,507), Boullion (1.47,636), Papis (1.48,093), Badoer (1.49,302), Katayama (1.49,402), Suzuki (1.49,716), Inoue (1.49,892), Martini (1.49,990), Diniz (1.52,961), Moreno (1.53,405), Montermini (1.53,492), Lavaggi (1.54,625)
Ergebnis:

| | | |
|---|---|---|
| 1. | Schumacher/D (Benetton-Renault) | 1h22.56,043 = 222,120 km/h |
| 2. | Coulthard/GB (Williams-Renault) | 1h23.02,031 |
| 3. | Berger/A (Ferrari) | 1h24.04,140 |
| 4. | Herbert/GB (Benetton-Renault) | 1h24.19,479 |
| 5. | Boullion/F (Sauber-Ford) | 44 Runden |
| 6. | Suzuki/JPN (Ligier-Mugen) | 44 Runden |
| 7. | Katayama/JPN (Tyrrell-Yamaha) | 44 Runden |
| 8. | Montermini/I (Pacific-Ford) | 42 Runden |
| 9. | Irvine/IRL (Jordan-Peugeot) | 41 Runden ** |

Schnellste Runde: Schumacher/D (Benetton-Renault) 1.48,824 = 225,711 km/h
Ausfälle: 1. Runde Papis/I (Footwork-Hart), Getriebe – 1. Runde Salo/SF (Tyrrell-Yamaha), Kupplung – 2. Runde Hill/GB (Williams-Renault), Unfall – 9. Runde Diniz/BR (Forti-Ford), Bremsen – 10. Runde Inoue/JPN (Footwork-Hart), Getriebe – 12. Runde Martini/I (Minardi-Ford), Motor – 13. Runde Alesi/F (Ferrari), Motor – 14. Runde Panis/F (Ligier-Mugen), Kühlerleck – 18. Runde Blundell/GB (McLaren-Mercedes), Motor – 21. Runde Barrichello/BR (Jordan-Peugeot), Motor – 28. Runde Moreno/BR (Forti-Ford), Antriebswelle – 28. Runde Lavaggi/I (Pacific-Ford), Getriebe – 29. Runde Badoer/I (Minardi-Ford), Getriebe – 33. Runde Frentzen/D (Sauber-Ford), Motor – 34. Runde Häkkinen/SF (McLaren-Mercedes), Motor – 42. Runde Irvine/IRL (Jordan-Peugeot), Motor (** trotz Ausfalls gewertet)

## GP Europa, Nürburgring, 1. Oktober 1995

67 Runden à 4,556 km = 305,252 km (nach Startabbruch und einer zweiten Einführungsrunde um einen Umlauf gekürzt)
Startaufstellung:
Coulthard (1.18,738), Hill (1.18,972), Schumacher (1.19,150), Berger (1.19,821), Irvine (1.20,488), Alesi (1.20,510), Herbert (1.20,653), Frentzen (1.20,749), Häkkinen (1.20,866), Blundell (1.20,909), Barrichello (1.21,211), Brundle (1.21,541), Boullion (1.22,059), Panis (1.22,062), Salo (1.23,058), Lamy (1.23,328), Papis (1.23,689), Badoer (1.23,760), Tarquini (1.24,286), Montermini (1.24,696), Inoue (1.24,900), Diniz (1.25,157), Moreno (1.26,098), Delétraz (1.27,853)
Ergebnis:

| | | |
|---|---|---|
| 1. | Schumacher/D (Benetton-Renault) | 1h39.59,044 = 183,180 km/h |
| 2. | Alesi/F (Ferrari) | 1h40.01,728 |
| 3. | Coulthard/GB (Williams-Renault) | 1h40.34,426 |
| 4. | Barrichello/BR (Jordan-Peugeot) | 65 Runden |
| 5. | Herbert/GB (Benetton-Renault) | 65 Runden |
| 6. | Irvine/IRL (Jordan-Peugeot) | 65 Runden |
| 7. | Brundle/GB (Ligier-Mugen) | 65 Runden |
| 8. | Häkkinen/SF (McLaren-Mercedes) | 64 Runden |
| 9. | Lamy/POR (Minardi-Ford) | 63 Runden |
| 10. | Salo/SF (Tyrrell-Yamaha) | 63 Runden |
| 11. | Badoer/I (Minardi-Ford) | 63 Runden |
| 12. | Papis/I (Footwork-Hart) | 63 Runden |
| 13. | Diniz/BR (Forti-Ford) | 61 Runden |
| 14. | Tarquini/I (Tyrrell-Yamaha) | 60 Runden |
| 15. | Delétraz/CH (Pacific-Ford) | 59 Runden |

Schnellste Runde: Schumacher/D (Benetton-Renault) 1.21,180 = 202,039 km/h
Ausfälle: 1. Runde Inoue/JPN (Footwork-Hart), Elektronik – 15. Runde Blundell/GB (McLaren-Mercedes), Dreher – 15. Runde Panis/F (Ligier-Mugen), Dreher – 18. Runde Frentzen/D (Sauber-Ford), Unfall – 23. Runde Moreno/BR (Forti-Ford), Antriebswelle – 41. Runde Berger/A (Ferrari), Elektrik – 45. Runde Boullion/F (Sauber-Ford), Unfall – 46. Runde Montermini/I (Pacific-Ford), Benzinmangel – 59. Runde Hill/GB (Williams-Renault), Unfall

## GP Europa, Nürburgring, 28. April 1996

67 Runden à 4,556 km = 305,252 km
Startaufstellung:
Hill (1.18,941), Villeneuve (1.19,721), Schumacher (1.20,149), Alesi (1.20,711), Barrichello (1.20,818), Coulthard (1.20,888), Irvine (1.20,931), Berger (1.21,054), Häkkinen (1.21,078), Frentzen (1.21,113), Brundle (1.21,177), Herbert (1.21,210), Verstappen (1.21,367), Salo (1.21,458), Panis (1.21,509), Katayama (1.21,812), Diniz (1.22,733), Fisichella (1.22,921), Lamy (1.23,139), Rosset (1.23,620)
Nicht qualifiziert, weil nicht innerhalb des Limits von 107 % der Trainingsbestzeit (= 1.24,467): Montermini/I (Forti-Ford) 1.25,053 – Badoer/I (Forti-Ford) 1.25,840
Ergebnis:

| | | |
|---|---|---|
| 1. | Villeneuve/CDN (Williams-Renault) | 1h33.26,473 = 196,006 km/h |
| 2. | Schumacher/D (Ferrari) | 1h33.27,235 |
| 3. | Coulthard/GB (McLaren-Mercedes) | 1h33.59,307 |
| 4. | Hill/GB (Williams-Renault) | 1h33.59,983 |
| 5. | Barrichello/BR (Jordan-Peugeot) | 1h34.01,186 |
| 6. | Brundle/GB (Jordan-Peugeot) | 1h34.22,040 |
| 7. | Herbert/GB (Sauber-Ford) | 1h34.44,500 |
| 8. | Häkkinen/SF (McLaren-Mercedes) | 1h34.44,911 |
| 9. | Berger/A (Benetton-Renault) | 1h34.47,534 |
| | Salo/SF (Tyrrell-Yamaha) | 66 Runden * |
| 10. | Diniz/F (Ligier-Renault) | 66 Runden |
| | Katayama/JPN (Tyrrell-Yamaha) | 65 Runden * |
| 11. | Rosset/BR (Footwork-Hart) | 65 Runden |
| 12. | Lamy/POR (Minardi-Ford) | 65 Runden |
| 13. | Fisichella/I (Minardi-Ford) | 65 Runden |

Schnellste Runde: Hill/GB (Williams-Renault) 1.21,363 = 201,585 km/h
* Salo als 10. im Ziel, aber wegen 1,5 kg Untergewicht seines Rennwagens disqualifiziert – Katayama als 12. im Ziel, aber wegen Schiebestarts disqualifiziert
Ausfälle: 2. Runde Alesi/F (Benetton-Renault), Kollision mit Salo – 7. Runde Irvine/IRL (Ferrari), Kollision mit Panis – 7. Runde Panis/F (Ligier-Mugen), Kollision mit Irvine – 39. Runde Verstappen/NL (Footwork-Hart), Getriebe – 60. Runde Frentzen/D (Sauber-Ford), nach Dreher Unterboden beschädigt

## GP Deutschland, Hockenheim, 28. Juli 1996

45 Runden à 6,823 km = 307,035 km
Startaufstellung:
Hill (1.43,912), Berger (1.44,299), M. Schumacher (1.44,477), Häkkinen (1.44,644), Alesi (1.44,670), Villeneuve (1.44,842), Coulthard (1.44,951), Irvine (1.45,389), Barrichello (1.45,452), Brundle (1.45,876), Diniz (1.46,575), Panis (1.46,746), Frentzen (1.46,899), Herbert (1.47,711), Salo (1.48,139), Katayama (1.48,381), Verstappen (1.48,512), Lamy (1.49,461), Rosset (1.49,551)
Nicht qualifiziert, weil nicht innerhalb des Limits von 107 % der Trainingsbestzeit (= 1.51,186): Lavaggi/I (Minardi-Ford) 1.51,357
Ergebnis:

| | | |
|---|---|---|
| 1. | Hill/GB (Williams-Renault) | 1h21.43,417 = 225,410 km/h |
| 2. | Alesi/F (Benetton-Renault) | 1h21.54,869 |
| 3. | Villeneuve/CDN (Williams-Renault) | 1h22.17,343 |
| 4. | Schumacher/D (Ferrari) | 1h22.24,934 |
| 5. | Coulthard/GB (McLaren-Mercedes) | 1h22.25,613 |
| 6. | Barrichello/BR (Jordan-Peugeot) | 1h23.25,516 |
| 7. | Panis/F (Ligier-Mugen) | 1h23.27,329 |
| 8. | Frentzen/D (Sauber-Ford) | 44 Runden |
| 9. | Salo/SF (Tyrrell-Yamaha) | 44 Runden |
| 10. | Brundle/GB (Jordan-Peugeot) | 44 Runden |
| 11. | Rosset/BR (Footwork-Hart) | 44 Runden |
| 12. | Lamy/POR (Minardi-Ford) | 43 Runden |
| 13. | Berger/A (Benetton-Renault) | 42 Runden ** |

Schnellste Runde: Hill/GB (Williams-Renault) 1.46,504 = 230,628 km/h
Ausfälle: 1. Runde Verstappen/NL (Footwork-Hart), Unfall – 14. Runde Häkkinen/SF (McLaren-Mercedes), Getriebe – 20. Runde Katayama/JPN (Tyrrell-Yamaha), Unfall – 20. Runde Diniz/BR (Ligier-Mugen), Elektronik – 26. Runde Herbert/GB (Sauber-Ford), Getriebe – 35. Runde Irvine/GB (Ferrari), Getriebe – 43. Runde Berger/A (Benetton-Renault), Motor (** trotz Ausfalls gewertet)

## GP Deutschland, Hockenheim, 27. Juli 1997

45 Runden à 6,823 km = 307,035 km
Startaufstellung:
Berger (1.41,873), Fisichella (1.41,896), Häkkinen (1.42,034), M. Schumacher (1.42,181), Frentzen (1.42,421), Alesi (1.42,493), R. Schumacher (1.42,498), Coulthard (1.42,687), Villeneuve (1.42,967), Irvine (1.43,209), Trulli (1.43,226), Barrichello (1.43,272), Hill (1.43,361), Herbert (1.43,660), Magnussen (1.43,927), Diniz (1.44,069), Nakano (1.44,112), Fontana (1.44,552), Salo (1.45,372), Verstappen (1.45,811), Marques (1.45,942), Katayama (1.46,499)
Ergebnis:

| | | |
|---|---|---|
| 1. | Berger/A (Benetton-Renault) | 1h20.59,046 = 227,478 km/h |
| 2. | Schumacher/D (Ferrari) | 1h21.16,573 |
| 3. | Häkkinen/SF (McLaren-Mercedes) | 1h21.23,816 |
| 4. | Trulli/I (Prost-Mugen Honda) | 1h21.26,211 |
| 5. | R. Schumacher/D (Jordan-Peugeot) | 1h21.29,041 |
| 6. | Alesi/F (Benetton-Renault) | 1h21.33,763 |
| 7. | Nakano/JPN (Prost-Mugen Honda) | 1h22.18,768 |
| 8. | Hill/GB (Arrows-Yamaha) | 44 Runden |
| 9. | Fontana/RA (Sauber-Petronas) | 44 Runden |
| 10. | Verstappen/NL (Tyrrell-Ford) | 44 Runden |
| 11. | Fisichella/I (Jordan-Peugeot) | 40 Runden ** |

Schnellste Runde: Berger/A (Benetton-Renault) 1.45,747 = 232,278 km/h
Ausfälle: Marques/BR (Minardi-Hart), am Start stehengeblieben – 1. Runde Irvine/GB (Ferrari), Kollision – 1. Runde Frentzen/D (Williams-Renault), Kollision – 2. Runde Coulthard/GB (McLaren-Mercedes), Kraftübertragung – 9. Runde Diniz/BR (Arrows-Yamaha), Unfall – 9. Runde Herbert/GB (Sauber-Petronas), Unfall – 24. Runde Katayama/JPN (Minardi-Hart), Benzinmangel – 28. Runde Magnussen/DK (Stewart-Ford), Motor – 34. Runde Salo/SF (Tyrrell-Ford), Kupplung – 34. Runde Barrichello/BR (Stewart-Ford), Motor – 34. Runde Villeneuve/CDN (Williams-Renault), Dreher – 41. Runde Fisichella/I (Jordan-Peugeot), Ölleitung (** trotz Ausfalls gewertet)

## Quellenverzeichnis


ADAC Württemberg (Hg.), Solitude 1903-1965. Die Automobilrennen (1990)

I. Bamsey, Vanwall 2.5 Litre F1 (1990)

J. Blunsden/D. Phipps, Ford Grand Prix-Motoren (1973)

M. Brunner/M. Surer, Motorsport explosiv (1989)

A. Büttner/F. Feez, Männer, Kurven und Rekorde (1937)

G. Cancellieri/C. de Agostini/M. Schröder, Auto Union (1979)

A. Cimarosti, Autorennen (1986)

M. Cooper-Evans, Rob Walker (1993)

W. Court, Power and Glory, Vol. 1: 1906-1951 (1988)

W. Court, Power and Glory, Vol. 2: 1952-1973 (1990)

W. Court, Grand Prix Requiem (1992)

G. Crombac, Colin Chapman (1987)

C. Demand/P. Simsa, Kühne Männer, tolle Wagen (1987)

J. Deschenaux, Jo Siffert (1972)

J. Deschenaux, Marlboro Grand Prix Guide 1950-1991 (1992)

G. Donaldson, Grand Prix People (1990)

G. Effenberger, Niki Lauda (1978)

J.M. Fangio/R. Carozzo, Fangio. My Racing Life (1990)

E. Ferrari, Piloti, che gente... (1987)

R. Flower, Autorennen (1975)

J. Födisch, Der Nürburgring (1996)

R. von Frankenberg, Die großen Fahrer unserer Zeit (2. Aufl. 1956)

R. von Frankenberg, Jo Siffert (o.J.)

R. von Frankenberg/B. Müller, Rennfahrer (1971)

G. Gauld, Jim Clark (3rd Ed. 1992)

G. Goddard/D. Nye, Track Pass (1990)

G. Goddard/D. Nye, Classic Racing Cars (1991)

T. R. Griffiths, Grand Prix (1992)

A. Hall, Maserati 250F (1990)

D. Hayhoe, Grand Prix Data Book (1989)

R. Häfeli, Verstummte Motoren (1969)

M. Hamilton, British Grand Prix (1990)

M. Hawthorn, Challenge Me the Race (1958/repr. 1988)

M. Hawthorn, Champion Year (1959/repr. 1989)

A. Henry, Flat-12 (1981)

A. Henry, Ferrari – The Grand Prix Cars (1984)

A. Henry, Brabham – The Grand Prix Cars (1985)

A. Henry, Fifty Famous Motor Races (1988)

A. Henry, March – The Grand Prix & Indy Cars (1989)

A. Henry, The Turbo Years (1990)

A. Henry, Williams – The Business of Grand Prix Racing (1991)

A. Henry, Goodyear 250 Grand Prix Wins (1991)

A. Henry, Driving Forces (1992)

A. Henry, Formula One. Driver by Driver (1992)

A. Henry/J. Surtees, John Surtees, World Champion (1991)

G. Hill, Kalkuliertes Risiko (1971)

C. Hilton, Grand Prix Showdown! (1992)

S. Hirst, Grand Prix Chronology (1972)

D. Hodges, A-Z of Formula Racing Cars (1990)

E. Hornickel, Wer wußte das von Rosemeyer? (1937)

E. Hornickel, Das sind unsere Rennfahrer (1940)

I. Ireland, All arms and elbows (1994)

P. Kirchberg, Grand-Prix-Report Auto Union (2. Aufl. 1984)

P. Kirchberg (Hg.), Automobilrennen und Wettbewerbe in aller Welt, 2 Bde (1985)

R. Kitschigin, Mythos AVUS (1995)

U. Kubisch/G. Rietner, Die AVUS im Rückspiegel (1987)

M. Lang, Grand Prix! Vol. 1: 1950 to 1965 (1981)

M. Lang, Grand Prix! Vol. 2: 1966 to 1973 (1982)

M. Lang, Grand Prix! Vol. 3: 1974 to 1980 (1983)

M. Lang, Grand Prix! Vol. 4: 1981 to 1984 (1992)

N. Lauda, Formel 1 (4. Aufl. 1976)

M. Lawrence, Grand Prix Cars 1945-65 (1989)

M. Lawrence, The Story of March (1990)

J. Lewandowski, Maserati (2. Aufl. 1988)

P. Lewis, Alf Francis – Racing Mechanic 1948-1958 (1958/repr.1991)

R. Louis, Wolfgang Graf Berghe von Trips (1989)

K. Ludvigsen, Mercedes-Benz Renn- und Sportwagen (2. Aufl. 1982)
K. Ludvigsen, Porsche (2. Aufl. 1984)
G. Molter, Juan Manuel Fangio (2. Aufl. 1969)
G. Molter, Jack Brabham (2. Aufl. 1972)
G. Molter, Rudolf Caracciola (1995)
G. C. Monkhouse, Mercedes-Benz Grand Prix 1934-1955 (1985)
C. Nixon, Racing the Silver Arrows (1986)
C. Nixon, Mon ami mate (1991)
D. Nye, The Grand Prix Tyrrells (1975)
D. Nye, Theme Lotus 1956-1986. From Chapman to Ducarouge (1986)
D. Nye, Das große Buch der Formel-1-Rennwagen (1986)
D. Nye, McLaren – The Grand Prix, CanAm and Indy Cars (1988)
D. Nye, Cooper Cars (3rd Ed. 1991)
D. Nye, Autocourse History of the Grand Prix Car 1945-65 (1993)
D. Nye (with T. Rudd), BRM, Vol. 1 (1994)
D. Nye/S. Moss, Stirling Moss. My cars, my career (1987)
D. Nye/S. Moss, Fangio – Ein Pirelli-Album (1991)
A. Pritchard, Grand-Prix-Rennen 1950-1970 (o.J.)
A. Pritchard, Directory of Formula One Cars 1966-1986 (1986)
A. Pritchard, Grand Prix Reflections (1989)
A. Pritchard, Grand Prix Racing: The Enthusiast's Companion (1991)
A. Pritchard/R. Salvadori, Roy Salvadori, Racing Driver (1985)
H. Prüller, Lorbeer bis zum nächsten Mal (1969)
H. Prüller, Jochen Rindt, Tribut an einen Weltmeister (1970)
C. Posthumus, Deutschlands Großer Preis (1967)
G. Rancati, Enzo Ferrari (1989)
I. Rendall, The chequered flag (1993)
M. Riedner, Mercedes-Benz W 196 (1986)
N. Roebuck, Grand Prix Greats (1986)
N. Roebuck, Inside Formula 1 (1989)
H. T. Rowe/A. Neubauer, Männer, Frauen und Motoren (1970)
T. Rudd, It was fun! (1993)
A. Schlang, Grand Prix 1986-1996, (11 Bde, 1986-1996)
U. Schwab, Grand Prix 1966-1985 (20 Bde, 1966-1985)
S. Small, The Guiness complete Grand Prix Who's Who (1994)
S. Small (Ed.), The Grand Prix Drivers (1987)
A. R. Smith, Fifties Motor Racing (1990)
L. Stanley, Grand Prix. The legendary years (1994)
J. Stewart, Stil und Technik des Rennfahrers (1988)
K. Sturm, Ayrton Senna. Seine Siege, sein Vermächtnis (1994)
J. Surtees, Pirelli Album of Motor Racing Heroes (1992)
R. Taylor, Indy. 75 Years of Racing's greatest spectacle (1991)
J. Thompson/D. Rabagliatti/K. P. Sheldon, The Formula One Record Book (1974)
E. Tragatsch, Das große Rennfahrerbuch (1970)
D. Tremayne, Racers apart (1991)
S. Watkins, Life at the limit (1996)
H. U. Wieselmann, Als gäbe es kein morgen (1969)
Williams-Renault Formel-1-Rennwagen-Buch (1994)
B. Yates, Enzo Ferrari. Leben und Legende (1992)
H. Zwickl, Die Angst bleibt an den Boxen (3. Aufl. 1969)

Als unverzichtbare Informationsquelle dienten sämtliche Jahrgänge der Fachzeitschriften auto, motor und sport, sport auto, Motorsport Aktuell/Powerslide und Rallye Racing

# Nürburgring

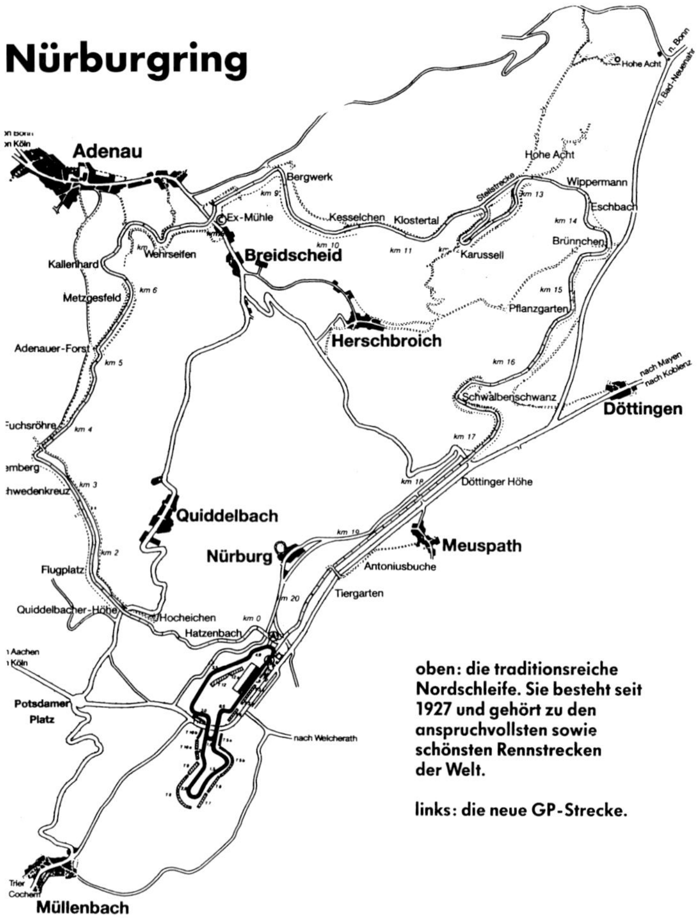


**oben: die traditionsreiche Nordschleife. Sie besteht seit 1927 und gehört zu den anspruchvollsten sowie schönsten Rennstrecken der Welt.**

**links: die neue GP-Strecke.**

# Hockenheimring

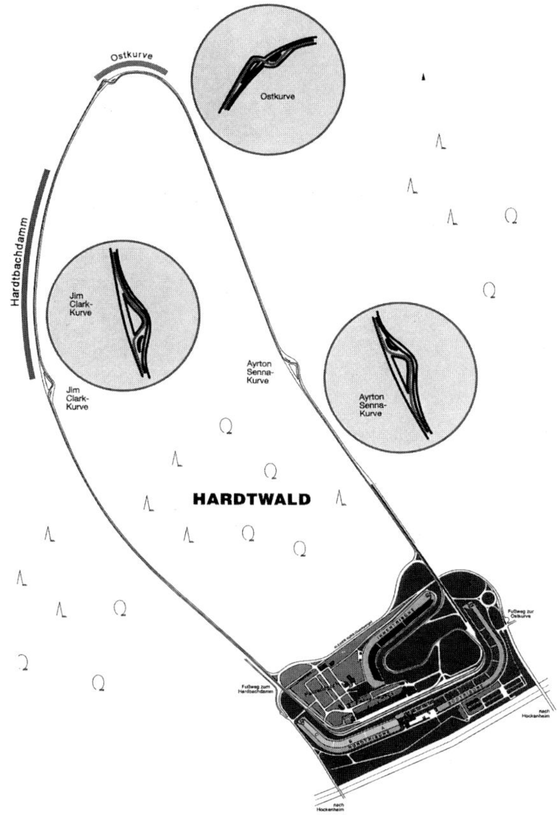


# AVUS

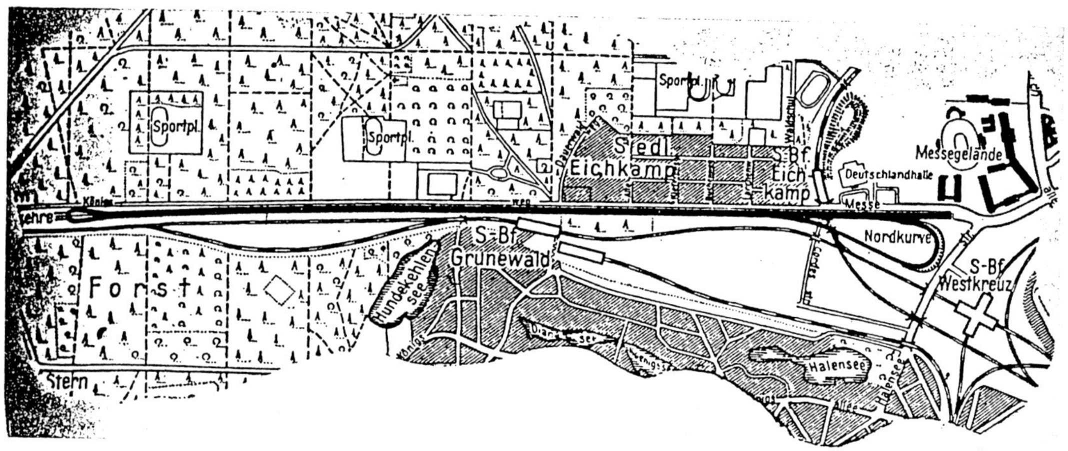


# Solitude

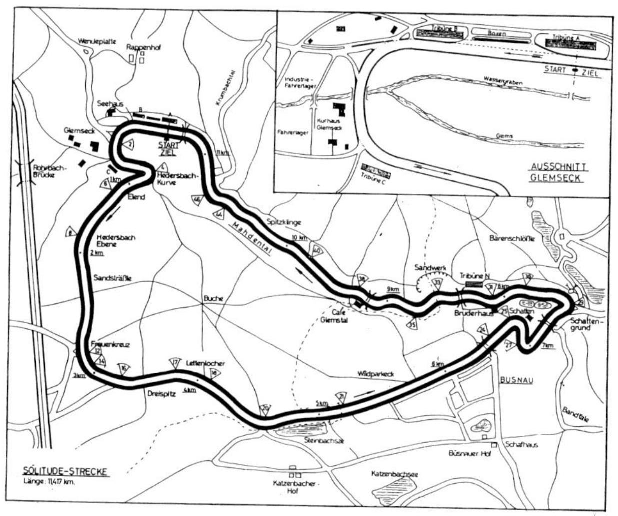

# Alle 14 Tage mehr als nur Ergebnisse:

auto motor und sport

LESEN WAS LÄUFT.

# Schnelle Runden – rasante Bücher

Willy Knupp
**RED MAGIC**
**Michael Schumacher und Ferrari**
Die Formel-1-Saison 1997 hat zwei Stars: Michael Schumacher und den Boliden aus Maranello. Das richtige Geburtstagsgeschenk für Ferrari, das in diesem Jahr sein 50jähriges Jubiläum feiert. Top-Autoren und tolle Fotos setzen den schweren Start in der letzten Saison und das Triumphjahr 1997 meisterhaft in Szene.

150 Seiten, 240 Farbabb., geb.
**Bestell-Nr. 30377**
**DM 39,80/sFr 37,90/öS 291,–**

Adriano Cimarosti
**Das Jahrhundert des Rennsports**
Schon vor 100 Jahren kämpften Rennfahrer in fragilen Kisten verbissen um den Sieg. Heute sitzen die Piloten am Steuer von High-Tech-Boliden, die aus einem Liter Hubraum bis zu 800 PS freisetzen. Doch immer noch zählt nur eines: der Sieg. Ein Streifzug durch die Geschichte des Grand-Prix-Rennsports.

450 Seiten, 1000 Abb., geb.
**Bestell-Nr. 01848**
**DM 128,–/sFr 115,–/öS 934,–**

Christoph Schulte
**Die jungen Wilden in der Formel 1**
Sie sind jung, wild, hungrig auf den Sieg. Manchem alten Hasen fahren sie schon um die Ohren. Zwar demolieren die Youngsters häufiger Frontspoiler und Radaufhängungen. Doch das nimmt ihnen niemand übel. Denn Verstappen, Irvine, Ralf Schumacher & Co. bringen Spannung und Dramatik in die Königsklasse.

176 Seiten, 200 Farbabb., geb.
**Bestell-Nr. 30366**
**DM 39,80/sFr 37,90/öS 291,–**

Daniel Picot/Mike Riedner
**Ferrari – Die Renngeschichte**
Dieser Kunstbildband ist der Ferrari unter den Rennsport-Büchern. Tolle Aquarelle und erstklassige Texte setzen die Story des springenden Pferdes aus Maranello in Szene. Ein faszinierender Rückblick auf die größten Siege und bittersten Niederlagen der Boliden des Commendatore Enzo Ferrari, die überall dabei waren, wo Rennwagen über die Pisten donnerten. Limitierte Auflage mit einem vom Künstler signierten Kunstdruck!

200 Seiten, 110 Farbabbildungen, gebunden
**Bestell-Nr. 01849** **DM 168,–/sFr 151,–/öS 1.226,–**

Mike Riedner
**Doppelsieg**
Als Rennfahrer jagte er die Top-Piloten in den Arenen zwischen Schweden und Tripolis. Nach dem Krieg wechselte er vom Cockpit an den Schreibtisch. Dort machte er sich wieder auf die Jagd – nach Zeitschriften und Büchern. Die Biographie des Paul Pietsch, Gründer von »Motorpresse« und »Motorbuch Verlag«.

240 Seiten, 220 Abb., 20 Farbabb., geb.
**Bestell-Nr. 01480**
**DM 78,–/sFr 72,–/öS 569,–**

Thora Hornung
**Die Nürburgring-Story**
60 Jahre Rennsport im Zeichen der Nürburg erschließen sich hier zwischen den beiden Buchdeckeln. Diese faszinierende Chronik des Eifel-Kurses resümmiert in fesselnden Berichten und Geschichten sämtliche Rennen. Dazu gibt's jede Menge Daten und Tabellen. Eine Pflichtlektüre für jeden Rennsport-Fan.

252 Seiten, 106 Abb., 16 Farbabb., geb.
**Bestell-Nr. 01200**
**DM 39,80/sFr 37,90/öS 291,–**

Gert Hack/Fritz Indra
**Formel 1-Motoren**
In der Formel 1 entscheidet auch der Motor über die Chancen eines Boliden. Hier nehmen Profis die Triebwerke der Königsklasse unter die Lupe – vom Vierventiler über den Turbo bis zu den Drei-Liter-Saugmotoren. Diese Neuauflage des 1985 erschienenen Werks befindet sich auf dem neuesten Technik-Stand.

288 Seiten, 119 sw-Abb., 61 Zeichn., geb.
**Bestell-Nr. 01803**
**DM 49,80/sFr 47,50/öS 364,–**

**Motor buch Verlag**

IHR VERLAG FÜR
AUTO-BÜCHER

Postfach 10 37 43 · 70032 Stuttgart
Telefon (0711) 2108065
Telefax (0711) 2108070

Stand Oktober 1997 – Änderungen in Preis und Lieferfähigkeit vorbehalten

# ACTION, SHOW & FUN

HOCKENHEIMRING · GRAND PRIX DER MÖGLICHKEITEN

FIA FORMEL 1 GRAND PRIX STRECKE · FIA GT MEISTERSCHAFT · SUPERTOURENWAGEN CUP · INTERNAT. DRAGSTER RENNEN · SUPERBIKE WM + DM · KART
INLINE SKATING · RADSPORTARENA · RACING SCHOOL · MOTOR-SPORT-MUSEUM · OPEN AIR-FESTIVALS · TAGUNGSHOTEL

HOCKENHEIMRING Hockenheim-Ring-GmbH, Postfach 1106 · 68754 Hockenheim · Info: Telefon: 06205 / 9500 Telefax: 06205 / 95 02 99

# Die Formel 1 für Ihren Motor:

# Mobil 1

## 0W-40

Nirgends auf der Welt sind die Ansprüche an das Motorenöl höher als im Motorsport. Grund genug für Mobil, sich seit über 10 Jahren als Hauptsponsor in Hockenheim zu engagieren: Der Große Mobil 1 Preis von Deutschland ist das Motorsportereignis des Jahres. Das Team West-McLaren-Mercedes hat sich für Mobil 1 entschieden – und was für den Silberpfeil das Beste ist, ist für Ihr Fahrzeug gerade richtig.

Die außergewöhnliche Viskositätsspanne SAE 0W-40 des vollsynthetischen Motorenöls Mobil 1 bietet exzellente Kaltstarteigenschaften, hohe Kraftstoffeinsparungen und optimale Sicherheit – auch in extremsten Motorsituationen.

Kommen Sie jetzt zum Ölwechsel in Ihre Fachwerkstatt.
Mobil 1 erhalten Sie auch an Aral- und BP-Tankstellen.

Mobil 1®
Erfahren Sie den Unterschied

http://www.mobil1.de